ESCHENHAGEN/KATTMANN/RODI · FACHDIDAKTIK BIOLOGIE

DIETER ESCHENHAGEN
ULRICH KATTMANN
DIETER RODI

Fachdidaktik Biologie

3. Auflage

AULIS VERLAG DEUBNER & CO KG · KÖLN

Die Deutsche Bibliothek – CIP-Titelaufnahme

Eschenhagen, Dieter:
Fachdidaktik Biologie / Dieter Eschenhagen ; Ulrich Kattmann ;
Dieter Rodi. – 3. Aufl. – Köln : Aulis Verl. Deubner, 1996
ISBN 3-7614-1574-5
NE: Kattmann, Ulrich:; Rodi, Dieter

1. Auflage 1985
2. völlig überarbeitete Auflage 1993
3. gegenüber der 2. Auflage unveränderte Auflage 1996

Best. Nr. 4102

Druck und Bindung: Druckerei Plump, Rheinbreitbach
ISBN 3-7614-1574-5

Inhaltsverzeichnis

Aus dem Vorwort zur 1. Auflage 1985

Mit dem Entschluß, ein Lehrbuch zur Fachdidaktik Biologie zu verfassen, strebten die Autoren an, eine nicht zu umfangreiche, aber auch nicht zu stoffarme Orientierungshilfe für die Unterrichtspraxis und das Studium zu schaffen.
Im deutschen Sprachraum liegen mehrere hilfreiche Darstellungen der Biologiedidaktik vor. Es fehlte bisher jedoch ein Lehrbuch, in dem der Hauptakzent auf den systematischen Überblick über den gegenwärtigen Stand der Biologiedidaktik gelegt wird. ...
Besonderen Wert haben sie auf begrifflich-terminologische Klärungen gelegt und damit versucht, die Fachsprache der Biologiedidaktik zu vereinheitlichen und zu vereinfachen.
Zwei Umstände erlauben es, den Umfang des Lehrbuchs zugunsten von Lesbarkeit und systematischer Klarheit zu beschränken. Zum einen ist die Darstellung auf die biologiedidaktischen Probleme im engeren Sinne konzentriert, während die Verzahnung mit allgemeindidaktischen Fragen nur in Grundzügen umrissen wird. ... Zum anderen werden diejenigen speziellen biologiedidaktischen Fragen, die mit bestimmten Unterrichtsinhalten verknüpft sind, nicht behandelt. Die Berücksichtigung dieser Fragen hätte den Charakter des Lehrbuches gesprengt. In diesem Bereich liegt heute eine große Anzahl von Unterrichtshilfen in Zeitschriften, Handbüchern und Schullehrbüchern vor.

Vorwort zur 2. Auflage

Seit dem Erscheinen der 1. Auflage der »Fachdidaktik Biologie« haben sich die Biologiedidaktik und der Biologieunterricht in einigen Bereichen sehr schnell weiterentwickelt. Genannt seien hier die Stichworte »Bioethik«, »Sprache im Biologieunterricht«, »Wissenschaftspropädeutik«, »Gesundheitsbildung«, »Naturerleben« und »Computereinsatz«. Dieser Entwicklung ist in der Neuauflage durch die Aufnahme einiger neuer Kapitel bzw. durch die Ergänzung und gründliche Überarbeitung der übrigen Teile Rechnung getragen worden.
Daneben wurden besonders im Bereich der Unterrichtsmethoden, Medien und Lernorte die fachdidaktische Terminologie und die Anordnung der entsprechenden Abschnitte im Buch weiter systematisiert, so daß - nach der Kennzeichnung der Biologiedidaktik als Wissenschaft und dem Abriß der Geschichte des Biologieunterrichts - die Gliederung des Buches jetzt vollständig den

wesentlichen Elementen des Unterrichts folgt: fachspezifische und fächerübergreifende Inhalte, Schülerinnen und Schüler, Lehrerinnen und Lehrer, Unterrichtsziele, Methoden, Medien, Lernorte, Evaluation.
Um eine Erweiterung des Buchumfangs zu vermeiden, mußten einige Kürzungen vorgenommen werden. Aus demselben Grunde konnte auch die im Vorwort der 1. Auflage geäußerte Absicht, die neuere biologiedidaktische Literaur möglichst vollständig zu erfassen, nicht uneingeschränkt weiter verfolgt werden. Einige ältere Publikationen sind fortgefallen und bei Sammelbänden ist nicht jeder Artikel angegeben. Bei mehreren Arbeiten desselben Verfassers zu demselben Thema wird zuweilen nur der am leichtesten zugängliche erwähnt. Dennoch dürfte das Literaturverzeichnis mit über 1500 Titeln den umfassendsten Nachweis von Veröffentlichungen der deutschsprachigen Biologiedidaktik darstellen.
Beibehalten ist die Konzentration auf die themenübergreifenden biologiedidaktischen Fragen. Für die speziellen Fragen, die mit bestimmten Unterrichtsthemen verknüpft sind, sei auf das Handbuch für den Biologieunterricht des Sekundarbereichs I verwiesen, das von den Autoren der »Fachdidaktik Biologie« herausgegeben wird.
Wir danken den Kolleginnen und Kollegen, die uns durch anerkennende und kritische Hinweise bei der Weiterentwicklung dieses Buches unterstützt haben, besonders *Ilka* und *Harald Gropengießer, Heide Homann, Roland Hedewig, Frank Horn, Dietmar Linhart* und *Jürgen Mayer.*

Oldenburg und Schwäbisch Gmünd, Herbst 1993
Dieter Eschenhagen, Ulrich Kattmann, Dieter Rodi

1 Aufgaben der Fachdidaktik Biologie

1.1 Biologiedidaktik als Wissenschaft

Das Wort »Didaktik« wird im deutschen Sprachraum seit dem 17. Jahrhundert für den Bereich des Lehrens, Lernens und Unterrichtens verwendet *(Johann Amos Comenius).* Es wird heute in einem engeren und einem weiteren Sinne benutzt. Im Begriffspaar »Didaktik und Methodik« wird die *Didaktik* auf die Fragen der Lernziele und Lerninhalte (das »Was« des Lernens und Unterrichtens) beschränkt und die *Methodik* (das »Wie« des Lernens und Unterrichtens) als selbständiger Bereich angesehen. Dies geschieht besonders in der Tradition der bildungstheoretischen Didaktik, bei der die Bestimmung der Lerninhalte (Didaktik) der Wahl der Unterrichtsformen (Methodik) vorgeordnet war (Primat der Inhalte). Durch den Einfluß der lerntheoretischen Didaktik und der Curriculumtheorien (s. Abschnitt 1.2.2) wird die Wechselbeziehung zwischen Lerninhalten und Lernformen stärker hervorgehoben und die Methodik als integraler Bestandteil der Didaktik angesehen. Didaktik umfaßt hier also auch die methodischen Überlegungen. Diese können dadurch stärkeren Einfluß auch auf Lerninhalte und Lernziele bekommen (vgl. *Memmert* 1975).

Von der Allgemeinen Didaktik werden die *Fachdidaktiken* unterschieden, die sich mit den Fragen des Lernens und Unterrichtens einzelner Wissensbereiche bzw. Schulfächer befassen. Dabei sind die Aufgaben der Fachdidaktik nicht auf den Schulunterricht zu beschränken, sondern sie umfassen alle Bildungsbereiche.
Die Fachdidaktik Biologie beschäftigt sich also mit der Vermittlung von Inhalten und Arbeitsweisen der Biowissenschaften. Im Begriff »Biologiedidaktik« ist der Bereich der Methodik des Faches eingeschlossen. Verbreitet ist die Ansicht, daß die Biologiedidaktik (wie die andere Fachdidaktiken) eine Brückenfunktion zwischen dem Fach (Biologie) und der allgemeinen Didaktik hat, wobei die wissenschaftlich fundierte Verknüpfung beider Bereiche als die eigentliche biologiedidaktische Aufgabe beschrieben wird (vgl. *Schaefer* 1971 b; *Rüther* 1978; *Pick* 1981).
Dabei wird von einigen Autoren die Nähe der Biologiedidaktik zur Biologie betont, da sie auf das Verstehen der fachwissenschaftlichen Aussagen ganz besonders angewiesen sei: »Das Spezifikum der Biologiedidaktik besteht darin, biologische Inhalte auf vorgegebene allgemeindidaktische Systeme

(allgemeine Lernziele, Curriculumparameter, Unterrichtsformen usw.) anzuwenden. Dazu ist eine genaue Untersuchung und Analyse biologischer Inhalte in bezug auf ihre Bedeutung für den Schüler erforderlich - nicht der allgemeindidaktischen Systeme« (*Berck* 1980, 89; vgl. 1978, 20; *Schaefer* 1971 b, 395). Stärker auf die Prozesse fachdidaktischer Arbeit ist folgende Definition abgestellt: »Im Gegensatz zur Fachbiologie, welche Organismen mit ihren Strukturen und Funktionen im Zusammenhang mit anderen Organismen und ihrer unbelebten Umwelt untersucht, befaßt sich die Fachdidaktik Biologie vor allem mit den Lehr-, Lern- und Entscheidungsprozessen, die im Umfeld der Vermittlung biologischer Wissensbestände und Arbeitsweisen ablaufen« (*Werner* 1978, 84; vgl. 1980).

Ohne die Nähe zur Fachwissenschaft »Biologie« zu verneinen, stellen mehrere Autoren doch stärker heraus, daß Biologiedidaktik von der Biologie abweicht, da sie grundsätzlich *erziehungswissenschaftlichen Charakter* hat (vgl. *Ewers* 1979 b; *Kattmann* 1980 b). In der Fachdidaktik geht es nicht nur um Anwendung von Fachwissen, sondern um die Vermittlung von Fachwissen. In der Vermittlung von Biologie haben Biologiedidaktiker nicht nur die Biologie zu vertreten, sondern auch und vor allem pädagogische Anforderungen an dieses Fach zu richten und nach dem spezifischen Beitrag der Biologie, ihrer Rolle und ihrer Bedeutung in unserem Leben zu fragen. Der Zoologe *Gerd von Wahlert* (1977, 48) bemerkt dazu: »Den Didaktikern kommt die Aufgabe zu, auf Inhalte und Formen der Weitergabe von wissenschaftlichen Fragen und Ergebnissen Einfluß zu nehmen. Dabei muß die Isolierung und Objektivierung aufgehoben werden, die für den Wissenschaftsbetrieb in einem gewissen Grade unabweisbar ist ..., indem die Sachaussagen in menschliche und gesellschaftliche Zusammenhänge eingebettet werden.« Daher sollen Biologiedidaktiker auch auf die Theorienbildung innerhalb der Biologie Einfluß nehmen. Der Erziehungswissenschaftler *Rudolf Messner* (1980, 38) führt im selben Sinne zum »Eigenständigen der Didaktik der Biologie« aus: »Wesentlich ist hier die Analyse der Wissenschaft Biologie unter Bildungsanspruch, d. h. die Analyse und Kritik des Wirklichkeitsbezuges der biologischen Wissenschaft unter zukunftsgerichteten humanen und gesellschaftlichen Perspektiven.«

Biologiedidaktik ist daher nicht einfach das methodische Umsetzen biologischer Aussagen in den Unterricht. Sie hat vielmehr die Aussagen der Biowissenschaftler im Dialog mit diesen kritisch zu reflektieren und muß diese Kritik in die Vermittlung einschließen. Die Biologiedidaktik hat einen Doppelcharakter, sie ist weder nur Biologie noch ausschließlich Erziehungswissenschaft. Bei der Vermittlung von Biologie ist sie Teil der Fachwissenschaft »Biologie« und zugleich ihr Gegenüber (vgl. *Kattmann* 1980 a, 164; b, 103 ff.).

Biologiedidaktik ist die mit der Vermittlung von Biologie befaßte Didaktikwissenschaft. »Vermittlung« meint hier umfassend sowohl das »Nahebringen« des biologischen Wissens an die Lerner wie auch das »In-Beziehung-Bringen« dieses Wissens zu den Lernern, zu deren Lebenswelt, deren Vorwissen, Anschauungen und Werthaltungen.

Biologiedidaktik ist auch *empirisch* arbeitende Wissenschaft. Die Ergebnisse didaktisch-empirischer Untersuchungen sind prinzipiell nur in einem beschränkten Rahmen verallgemeinerbar. Ihr Gültigkeitsbereich läßt sich bestimmen, wenn die Untersuchungen unter exakt definierten Bedingungen durchgeführt und von klaren theoretischen Annahmen her konzipiert werden. Vor allem Erhebungen, mit denen ein Problem methodisch vielseitig angegangen wird, ermöglichen allgemeine Aussagen zu einem bestimmten Fragenkomplex. Untersuchungen, die diesen Ansprüchen genügen, setzen meist aber einen so hohen personellen und materiellen Aufwand voraus, daß ihrer Durchführung enge Grenzen gesetzt sind. Damit ergibt sich für die Biologiedidaktik das Bild, daß nur wenige empirische Arbeiten dem heutigen wissenschaftlichen Standard entsprechen und daß die Aussagekraft dieser Arbeiten relativ eng auf die untersuchten Verhältnisse begrenzt ist (vgl. *Kattmann* 1983 b).
Trotz dieser Schwierigkeiten dürfen die Biologiedidaktiker nicht vor der Aufgabe resignieren, wichtige Voraussetzungen für das Gelingen von Biologieunterricht auf der Adressatenseite zu ergründen (vgl. *Werner* 1978; 1980; *Strey* 1980; 1982 b; *Lieb* 1982; *Staeck* 1984; 1991 a; *Hedewig* 1992, 89). Die Schwerpunkte empirischer biologiedidaktischer Forschung liegen bisher in den folgenden Bereichen:
- Lernvoraussetzungen und biologisches Wissen bei Schülern (z. B. ökologisches Wissen, Formenkenntnisse, s. Abschnitt 4.5.3);
- Schülerinteressen bezogen auf Biologie und Biologieunterricht (s. Abschnitt 5.4);
- Alltagsvorstellungen von Schülern zu biologischen bestimmten Bereichen (s. Abschnitt 5.3);
- Begriffslernen bezogen auf biologische Konzepte und Termini (s. Abschnitt 9.3.2);
- Wirkung des Einsatzes von Medien und Unterrichtsmethoden (s. Abschnitt 10.1.4);
- Elemente der Unterrichtspraxis (z. B. zur Umwelterziehung und zur Verwendung von Experimenten und lebenden Organismen (s. Abschnitte 4.5.3 und 10.1.4).

Von der allgemeindidaktischen Forschung unterscheidet sich die fachdidaktische speziell dadurch, daß durch sie die fachliche bzw. bereichspezifische Komponente von Lernen und Vermitteln besonders beachtet wird. Fachdidaktisches Forschen kann daher durch ein dreischrittiges Vorgehen charakterisiert werden, wie es beispielweise zur Untersuchung von Schülervorstellungen vorgeschlagen wird:

1. »Fachliche Klärung«: Welche Genese, Funktion und Bedeutung haben die biologischen Begriffe, und in welchem konzeptuellen Kontext stehen sie?
2. »Schülervorstellungen«: Wie sind die biologischen Fachbegriffe bei Schülern repräsentiert, welche Vorstellungen werden mit ihnen verbunden, und welche unterschiedlichen Konzepte werden verwendet?
3. »Didaktische Rekonstruktion«: Welche Bedingungen sind bei der Vermittlung der Begriffe zu beachten, und welche Möglichkeiten eröffnen sich? (*Gropengießer/Kattmann* 1994).

Die Arbeiten in den drei Schritten beeinflussen sich wechselseitig. So kann sich bei der Konstruktion des Unterrichts herausstellen, daß Teile der Sachanalyse korrigiert und die Erhebung von Schülervorstellungen ergänzt werden müssen. Im Vorgehen werden fachlich bestimmtes Wissen und Schülervorstellungen sorgfältig aufeinander bezogen und gegeneinander abgeglichen, um so für das Lernen und Vermitteln effektivere Unterrichtsansätze zu entwickeln, als dies nur von der Sachstruktur oder nur von der Lernpsychologie her möglich wäre.

Aus dem empirischen Vorgehen ergibt sich keine Reduktion der wissenschaftlichen Methoden im Sinne eng ausgelegter naturwissenschaftlicher Objektivierung. Die angedeutete Aufgabe der Vermittlung mit dem Herstellen von menschlichen Bezügen und Wertentscheidungen wäre dann nicht zu leisten: »Eine empirisch-analytische, rein naturwissenschaftlich orientierte Didaktik mag noch in der Lage sein, einen Teil dieser Aufgabe zu leisten, sie kann aber keinesfalls gesetzte Sinn-Normen im Hinblick auf ihre Wertigkeit, auf die Verbindlichkeit ihrer Ansprüche beurteilen. Daß aber auch dieses geleistet werden muß, ist für einen Didaktiker, der Auswirkungen seiner Forschungsarbeit auf Lehrplangestaltung und Unterrichtspraxis bezweckt, selbstverständlich« (*Eschenhagen* 1977).

Literatur

Berck, K.-H., 1980; *Eschenhagen* 1977; *Ewers* 1979 b; *Hedewig* 1984; 1992; *Hedewig/Staeck* 1984; *Kattmann* 1980 a; b; 1983 b; *Gropengießer/Kattmann* 1994; *Lieb* 1982; *Memmert* 1975; *Messner* 1980; *Pick* 1981; *Rodi/Bauer* 1980; *Rüther* 1978; *Schaefer* 1971 b; *Staeck* 1984; 1991 a; *Strey* 1980; 1982 b; *v. Wahlert* 1977;*Werner, H.,* 1978; 1980

1.2 Sinn und Bedeutung der Biologiedidaktik für den Unterricht

1.2.1 Unterrichtsbezogene Aufgaben der Fachdidaktik

Schule ist nicht der einzige Ort, an dem Biologie vermittelt wird. Biologiedidaktik muß daher andere Lernorte und Lernmedien berücksichtigen (z. B. Veranstaltungen der Hochschulen und des Freizeitbereiches, Massenmedien, Bücher). Aus historischen Gründen und wegen der Wirksamkeit sind jedoch der Schulunterricht und die Lehrerbildung das Hauptaufgabenfeld der Biologiedidaktik. Da die Fachdidaktik bezogen auf den Schulunterricht entstanden ist, spiegelt sich in der Entwicklung des Biologieunterrichts in Deutschland auch die Geschichte der Biologiedidaktik (s. Kapitel 2).
Für die Analyse und Beschreibung des Unterrichts unterscheidet *Gerhard Schaefer* (1971 a) neun wichtige Fragen (s. Abb. 1-1). Die durch die Fragen

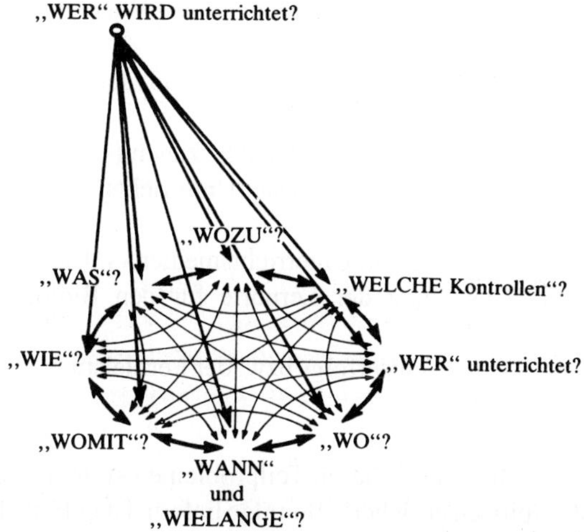

Abb. 1-1: Beziehungsnetz der für den Unterricht wichtigen Fragengruppen, »didaktisches System Δ« (aus *Schaefer* 1971 a):
»Wer« wird unterrichtet? (Adressatenfragen)
»Wozu« soll unterrichtet werden? (Zielfragen)
»Was« soll unterrichtet werden? (Stoff-Fragen)
»Wie« soll unterrichtet werden? (Methodenfragen)
»Womit« soll unterrichtet werden? (Medienfragen)
»Wann« und »Wie lange« soll unterrichtet werden? (Zeitfragen)
»Wo« wird unterrichtet? (Milieufragen)
»Wer« unterrichtet? (Personalfragen)
»Wie« wird der Unterricht »kontrolliert«? (Evaluationsfragen)

angesprochenen Bedingungen stehen im Unterricht in engen Wechselbeziehungen, so daß keine der Fragen isoliert von den anderen beantwortet werden kann. Das Beziehungsnetz wird durch die Pfeile im »didaktischen System« des Unterrichts verdeutlicht. Um Unterricht planen und beschreiben zu können, müssen zuvor diejenigen Bedingungen und Faktoren (Parameter) aus dem Beziehungsnetz ausgewählt werden, die für wichtig gehalten werden und in die Planung eingehen sollen. Daneben wirken aber im Unterricht immer weitere, nicht erfaßte und zuweilen unkontrollierbare Faktoren.
Die biologiedidaktische Arbeit soll der Lehrperson helfen, in möglichst vielen Bereichen ihres Unterrichts rationale und wissenschaftlich begründete Entscheidungen zu fällen. Derartige Hilfen zum Unterrichten des Faches betreffen vor allem:

- Bestimmung des Verhältnisses der Bezugswissenschaft zum Unterrichtsfach »Biologie« sowie Auswahl und Anordnung pädagogisch bedeutsamer Inhalte (s. Kapitel 3);
- Einbeziehen fachübergreifender Aufgaben (s. Kapitel 4);
- Berücksichtigung der Lernvoraussetzungen und Vorstellungen der Schüler (s. Kapitel 5);
- Bestimmung der Rolle der Lehrpersonen und der zum Biologielehren nötigen Qualifikationen (s. Kapitel 6);
- Formulierung und Auswahl von Unterrichtszielen (s. Kapitel 7);
- Auswahl und Anwendung verschiedener Unterrichtsmethoden (s. Kapitel 8 und 9);
- Beurteilung des Einsatzes von Unterrichtsmedien (s. Kapitel 10);
- Bedeutung und Gestaltung der Lernorte für den Biologieunterricht (s. Kapitel 11);
- Überprüfung des Unterrichtserfolgs bzw. der Lernleistungen der Schüler (s. Kapitel 12).

Biologiedidaktik soll zu allen diesen Teilproblemen systematisch begründete und möglichst empirisch gesicherte Beiträge liefern. Über Einzelfragen hinaus können durch biologiedidaktisches Arbeiten konsistent entwickelte und empirisch erprobte Unterrichtsmodelle bereitgestellt werden, in denen das System des geplanten Unterrichts beispielhaft als *Curriculum* beschrieben wird (s. Abschnitt 1.2.2).
Die Gegenstände des Unterrichts sind für die Biologiedidaktik nicht in der Fachwissenschaft Biologie vorzufinden, sondern sie müssen für den Unterricht erst hergerichtet werden. Daher ist die *Didaktische Rekonstruktion* der Lerninhalte eine zentrale biologiedidaktische Aufgabe (s. Abschnitt 3.2.4). Dabei

entwickelt die Biologiedidaktik ein eigenes Verständnis der Wissenschaft Biologie, die so in ihrer Rolle als Teil menschlicher Kultur und in ihrer Bedeutung für das Leben des Menschen für den Unterricht fruchtbar wird. Auf der Grundlage eines solchen Verständnisses der Wissenschaft und des Unterrichtsfaches »Biologie« werden *Strukturierungsprinzipien* für den Biologieunterricht formuliert (s. Abschnitt 3.2.5).

1.2.2 Curriculum

Der Terminus »Curriculum« bezeichnete bis ins 17. Jahrhundert im deutschen Sprachraum einfach Lehrplaninhalte und deren Abfolge. Als »Lebenslauf« kann die Wortbildung »Curriculum vitae« übersetzt werden, mit der vor allem der Bildungsgang einer Person gemeint ist. Seit der Aufklärung kam das Wort aus der Mode; aus dem angelsächsischen Bereich ist es mit neuer Bedeutung in den deutschen Sprachgebrauch zurückgekehrt. Es gibt mehrere Umschreibungen des Begriffs »Curriculum«, die sich darin unterscheiden, daß einmal mehr das Produkt (das fertige »Curriculummaterial«), ein anderes Mal mehr die Stationen, Entscheidungsträger und Schritte bei der Planung und Durchführung (der »Curriculumprozeß«) oder schließlich die Überprüfung der Wirkungen und Folgen (die »Curriculumevaluation«) betont werden (vgl. *Reisse* 1975).

Mit »Curriculum« wird im engeren Sinne das *Curriculummaterial*, der festgelegte Unterrichtsplan, bezeichnet. »Das Curriculum ist die systematische Darstellung des beabsichtigten Unterrichts über einen bestimmten Zeitraum als konsistentes System mit mehreren Bereichen zum Zwecke der optimalen Vorbereitung, Verwirklichung und Evaluation von Unterricht« (*Frey* 1971, 50). Das Curriculum ist danach ein System von Lern- und Lehrelementen mit mehreren unterschiedlichen Teilen: Lernzielen, Lerninhalten, Angaben über Tätigkeiten von Lehrern und Schülern (Lehrverfahren, Arbeitsweisen, Unterrichtsorganisation), Evaluationsverfahren (Tests). »Ein Curriculum ist ein in allen seinen Teilen operationalisierter Lehrplan« (*Kattmann* 1971 a, 114).

Der *Curriculumprozeß* umfaßt mehr als den verfaßten Lehrplan. Das fertige Curriculummaterial ist nur eine Station im gesamten Curriculumprozeß, zu dem auch die Bedingungen, Vorgänge und Wirkungen gehören, die zum verfaßten Curriculum führen oder von ihm ausgehen: »Wie können Lernsituationen entwickelt, verwirklicht und evaluiert werden, welche im Horizont ihrer gesellschaftlichen und dinglichen Umwelt wie der individuellen Selbstinterpretation des Lernenden gerechtfertigt sind und zugleich die Selbstentfaltung aller Betroffenen (Lehrende, Lernende, Abnehmer, Kontaktpersonen usw.) vor, während und nach dem anvisierten Lernprozeß garantieren?« (*Frey* 1976, 76). Mit dieser Frage werden Ziele von Erziehung umfassend angesprochen. Die Aufgabe wird faßbarer, wenn sie in einige wichtige Teile zerlegt wird. Durch curriculare Überlegungen werden Lern- und Lehrplanung grundlegend umgestaltet (vgl. *Häußler/Künzli* 1975, 240):

- Das Unterrichtsgeschehen soll umfassend als *komplexes System* verstanden werden. Dabei werden neue Verknüpfungen der Lehrinhalte gestiftet, traditionelle Fachinhalte und Fächergrenzen dagegen in Frage gestellt.
- Es wird angestrebt, das Unterrichtsgeschehen auf dessen *gesamtgesellschaftliche Bedeutung zu* beziehen. Der Unterricht soll Qualifikationen für das Leben als Staatsbürger bereitstellen (vgl. *Robinsohn* 1969).
- Das Unterrichtsgeschehen soll *zielorientiert* geplant werden. Die Ziele selbst sollen gerechtfertigt und die Mittel angegeben werden, mit denen sie angemessen verwirklicht werden können.
- Die Unterrichtsplanung soll als ein Prozeß gestaltet werden, an dem die vom Unterricht *Betroffenen beteiligt* sind.

Zusammengenommen ist die Curriculumarbeit nichts anderes als der Versuch, den Unterricht möglichst systematisch und rational aufgrund empirisch gewonnener Ergebnisse zu planen und zu beschreiben. Damit ist auch gesagt, daß das Curriculum und der angestrebte *Unterricht* nicht dasselbe sind. Trotz der Unterscheidung von Unterricht und Curriculum besteht die Gefahr, daß durch das Erfassen einer großen Anzahl von Bedingungen und die sehr kleinschrittige Beschreibung des Unterrichts der Unterrichtsverlauf zu sehr festgelegt wird, da besondere Umstände des jeweiligen konkreten Unterrichts und besonders die Beziehungen zwischen Lehrpersonen und Schülern nicht berücksichtigt werden. Um zu verhindern, daß Schüler und Lehrkräfte zu bloßen Objekten und Konsumenten von »vorgefertigtem« Unterricht werden, wurden unter den Bezeichnungen »Offenes Curriculum« oder »Handlungsorientiertes Curriculum« Programme entwickelt, in denen die Unterrichtsprozesse gegenüber den Inhalten in den Vordergrund gestellt werden und der Unterricht vorwiegend von selbstorganisierten Lernprozessen bestimmt wird (s. Abschnitt 8.2; vgl. *Brügelmann* 1972; *Heipcke/Messner* 1973; *Hoebel-Mävers* 1976; *Marek* 1980; *Otto* 1984).
In diesem Sinne beschreibt *Klaus Dylla* (1978; 1986) die Beteiligung von Lehrern an der Curriculumentwicklung (s. Abschnitt 6.2).
Der Gegensatz zwischen »geschlossenen« und »offenen« Curricula kann aufgelöst werden, wenn Lehrpersonen (und Schüler) es verstehen, die Angaben

in Lernmaterialien nicht unreflektiert zu übernehmen und zu befolgen, sondern gegenüber den eigenen Zielen und Erfahrungen abzuwägen und auf diese Weise für die eigene Unterrichtsplanung und -gestaltung zu nutzen. Das beste Curriculum (ob »offen« oder »geschlossen«) kann und darf die eigene Unterrichtsplanung nicht ersetzen (s. Abschnitt 6.3).

1.2.3 Richtlinien

Die ministeriell erlassenen Richtlinien für den Biologieunterricht haben sich durch das Vorbild der Curriculumarbeit seit 1970 stark verändert (vgl. Rahmenplan des VDBiol 1973; 1987; *Hedewig/Rodi* 1982). Neben dem Wechsel in der Anordnung und der Auswahl von Lehrinhalten (s. Abschnitt 2.3.2) sind vor allem die Veränderungen in der Form und im Umfang auffallend. Dagegen hat sich der Prozeß der Erstellung von Richtlinien - abgesehen von wenigen Ausnahmen - nicht gewandelt. Noch immer tagen kleine Kommissionen, anfänglich unter Geheimhaltungspflicht. Anhörungen finden meist erst statt, wenn die wesentlichen Entscheidungen bereits getroffen sind. Biologiedidaktische Fachleute werden häufig nicht oder erst bei der Begutachtung beteiligt. Die Richtlinien variieren immer noch stark zwischen den einzelnen Bundesländern, zuweilen sogar zwischen den Schulformen eines einzigen Bundeslandes. Dem gegenüber steht die Notwendigkeit, die Bildungssysteme in Europa über die Staatsgrenzen hinweg im Interesse der Freizügigkeit aufeinander abzustimmen (vgl. *Grimme* 1986; *Schaefer* 1986; *Staeck* 1993).
Während früher die Richtlinien fast ausschließlich aus kurzen, stichwortartigen Stoffkatalogen bestanden, sind heute sogenannte Lehrplanleisten üblich, in denen Lernziele, Lerninhalte und Begriffe, methodische Hinweise und zuweilen auch Literatur- und Materialhinweise aufgeführt werden. Meist sind die Themenbereiche als Unterrichtseinheiten angeordnet. Häufig werden auch Angaben über die vorgesehene Unterrichtsdauer gemacht. Diese umfangreichen und differenzierten Lehrpläne haben den Vorteil, daß sie den Lehrkräften mehr helfende Hinweise zum angestrebten Unterricht geben als frühere. Doch zeigt sich hier - wie bei den ausgearbeiteten Curricula - die Gefahr, daß der Unterrichtsplan zu sehr festgelegt wird und die Lehrenden einengt. Dies ist bei den Richtlinien sehr schwerwiegend, da diese als Ausführungsbestimmungen der Schulgesetze rechtlich verbindlich sind. Zwar wird in den Richtlinien oft nur der Lernzielkatalog verbindlich gemacht, doch meinen die Lehrenden häufig, den gesamten Plan mit allen Einzelheiten einhalten zu müssen. Da die meisten Richtlinien stofflich überladen sind, können sie auf diese Weise zur

Gängelung von Lehrenden und Lernenden führen. Es ist daher für die Lehrkräfte wichtig, jeweils in der Fachkonferenz zu klären, welche Teile des Lehrplans rechtlich verbindlich sind und wie der notwendige pädagogische Freiraum zu nutzen bzw. herzustellen ist.
Die Lehrpläne der Bundesländer sind als *Rahmenrichtlinien* formuliert, die den Freiraum für die Lehrpersonen, bezogen auf Unterrichtssituation, regionale Bedingungen und Interessen der Schüler, ausdrücklich vorsehen. Die jeweils verpflichtenden Teile sollen meist nur etwa 70 % der Unterrichtsdauer in Anspruch nehmen. Diese Bestimmung erweist sich zwar angesichts der meist vorherrschenden Stofffülle als unrealistisch, sie sollte jedoch ebenso ernst genommen werden wie die inhaltlich verpflichtenden Vorgaben. Richtlinien sollten in erster Linie nicht als amtliche Vorschrift angesehen, sondern als Orientierung für den abgestimmten Lehrplan einer Schule und die eigene Unterrichtsplanung genutzt werden (s. Abschnitt 6.3).

Literatur

Brügelmann 1972; *Dylla* 1978; 1986; *Frey* 1971; 1976; *Grimme* 1986; *Häußler/Künzli* 1975; *Hedewig* 1992; *Hedewig/Rodi* 1982; *Hedewig/Staeck* 1984; *Heipcke/Messner* 1973; *Hoebel-Mävers* 1976; *Kattmann* 1971 a; *Marek 1980; Otto, A. R.*, 1984; Rahmenplan VDBiol 1973; 1987; *Reisse* 1975; *Robinsohn* 1969; *Schaefer* 1971 a; 1986; Staeck 1987; 1991 a; 1993; *Werner* 1978; s. auch die Literatur zum Abschnitt 3.2

2 Zur Geschichte des Biologieunterrichts in Deutschland

2.1 Die Entwicklung bis 1933

2.1.1 Anfänge

Als Begründer der europäischen Didaktik gilt der Pfarrer und Lehrer der böhmischen Brüderunität in Prerov und Fulnek, *Johann Amos Comenius* (1592 bis 1670). Seine »Magna Didactica«, die 1632 erschien, enthält den Entwurf einer umfassenden Schulreform, die *Comenius* als den wichtigsten Teil eines Planes zur Erneuerung der Welt ansieht. *Comenius* fordert eine öffentliche Schule, in der in der Muttersprache unterrichtet wird. Der Lehrplan soll neben dem System der antiken und mittelalterlichen Bildung, den sieben »Freien Künsten« (Grammatik, Rhetorik, Dialektik, Arithmetik, Geometrie, Musik, Astronomie), auch »Realien« umfassen. Die Lehrer sollen die »Kräfte der Pflanzen und Metalle, den Bau des menschlichen Körpers« kennen. Die besondere Bedeutung von *Comenius* für den naturwissenschaftlichen Unterricht liegt in der Einführung naturwissenschaftlicher Denk- und Arbeitsweisen in den Unterricht. Sein Lateinbuch von 1658, der »Orbis pictus«, war für lange Zeit das wichtigste naturkundliche Schulbuch (Textbeispiel abgedruckt bei *Keckstein* 1980, 9). Das Wissen über die Natur soll nach *Comenius* nicht von dem Erzählen oder dem Zitieren von Texten und Autoritäten stammen, sondern aus direkter Beobachtung und Schlußfolgerung.
Unter dem Einfluß von *Comenius* wurde 1662 der naturkundliche Unterricht in die Gothaer Schulordnung eingeführt. Ebenfalls im Sinne von *Comenius* gründete der pietistische Theologe *August Hermann Francke* um 1700 in Halle mehrere Schulen, u. a. auch eine Lateinschule für Bürgersöhne, womit er die Bildungsprivilegien der adeligen Stände durchbrach. In einigen Schulen führte er seit 1721 auch einen regelmäßigen naturwissenschaftlichen Unterricht ein. Dieser stand zwar nicht im Lehrplan, diente aber zur »Erholung« von den Anstrengungen des Sprachunterrichts (»Recreationsübungen«). Im Sommer waren jeweils am Mittwoch- und Samstagnachmittag Exkursionen vorgesehen, um Botanik zu lehren. Im Winter sollten anatomische Übungen durchgeführt werden, z. B. das Sezieren von Hunden und das Ausstopfen von Vögeln. Als Ergänzung standen außerdem ein Botanischer Garten und eine Naturaliensammlung zur Verfügung. Nach ähnlichen Grundsätzen waren die Realschulen von *Christoph Semler* 1708 in Halle und von *Johann Julius Hecker* 1748

in Berlin gestaltet, die die »Realien« in den Lehrplan aufnahmen. *Semler* ließ im Unterricht sogar schon mikroskopieren und Seidenraupen züchten.
Die auf diese Anfänge folgende Entwicklung des Biologieunterrichts bis 1933 ist von *Irmtraut Scheele* (1981) eingehend untersucht und anhand vieler regionaler Beispiele dargestellt worden. Mehrere Autoren gliedern die Entwicklung in eine Reihe von Phasen, die durch die jeweils vorherrschenden »Betrachtungsweisen« charakterisiert werden (vgl. Siedentop 1972; *Grupe* 1977; *Mostler/Krumwiede/Meyer* 1979; *Killermann* 1991). Die Betrachtungsweisen werden auch in der folgenden Darstellung berücksichtigt. Die Hauptzüge der Geschichte des Biologieunterrichts werden jedoch anhand dreier durchgehender Stränge dargestellt (s. Abb. 2-1): Ein Strang betrifft vorwiegend die Bedeutung der Biologie für das alltägliche Leben. Der zweite Strang ist am jeweils vorherrschenden Verständnis der Wissenschaft »Biologie«. ausgerichtet. Beide Orientierungen tragen in unterschiedlicher Weise zum dritten Strang, der methodischen Unterrichtsgestaltung, bei.

2.1.2 Biologieunterricht als »Lebenskunde«

Die Einführung von naturkundlichen Teilen in den Unterricht der Schulen erfolgte anfänglich weitgehend unter dem Gesichtspunkt des »nützlichen Wissens« *(utilitaristische Betrachtungsweise).* Die Inhalte betrafen daher vor allem Nutzpflanzen und Nutztiere, Heilkräuter und die Landwirtschaft. Das erste deutsche Naturkunde-Schulbuch (Realienbuch von 1657) des Gothaer Rektors *Andreas Reyher* verrät diese Ausrichtung schon im Titel: »Kurzer Unterricht von natürlichen Dingen, von etlichen nützlichen Wissenschaften, von geistlichen und weltlichen Landsachen, von etlichen Hausregeln für gemeine teutsche Schulen im Fürstenthumb Gotha«. 1776 erschien der »Bauernfreund«, ein Lesebuch für Volksschulen von *Friedrich Eberhard von Rochow.* Der Titel wurde bald in »Kinderfreund« geändert (Textbeispiel bei *Keckstein* 1980, 19). Der gesamte Unterricht wurde von *von Rochow* darauf ausgerichtet, durch die Vermittlung von naturwissenschaftlichem Wissen die Verwüstungen des 7jährigen Krieges zu beseitigen, die gerade in ländlichen Gebieten sehr groß waren.
Gegen den reinen Nützlichkeitsstandpunkt kämpfte um 1830 *August E. Lüben.* Er richtete den biologischen Unterricht ganz nach dem wissenschaftlichen System von *Carl von Linné* aus (s. unten). Dagegen machten die »Preußischen Regularien« von 1854 die praktische Bedeutung zur Norm für alle naturkundlichen Inhalte.

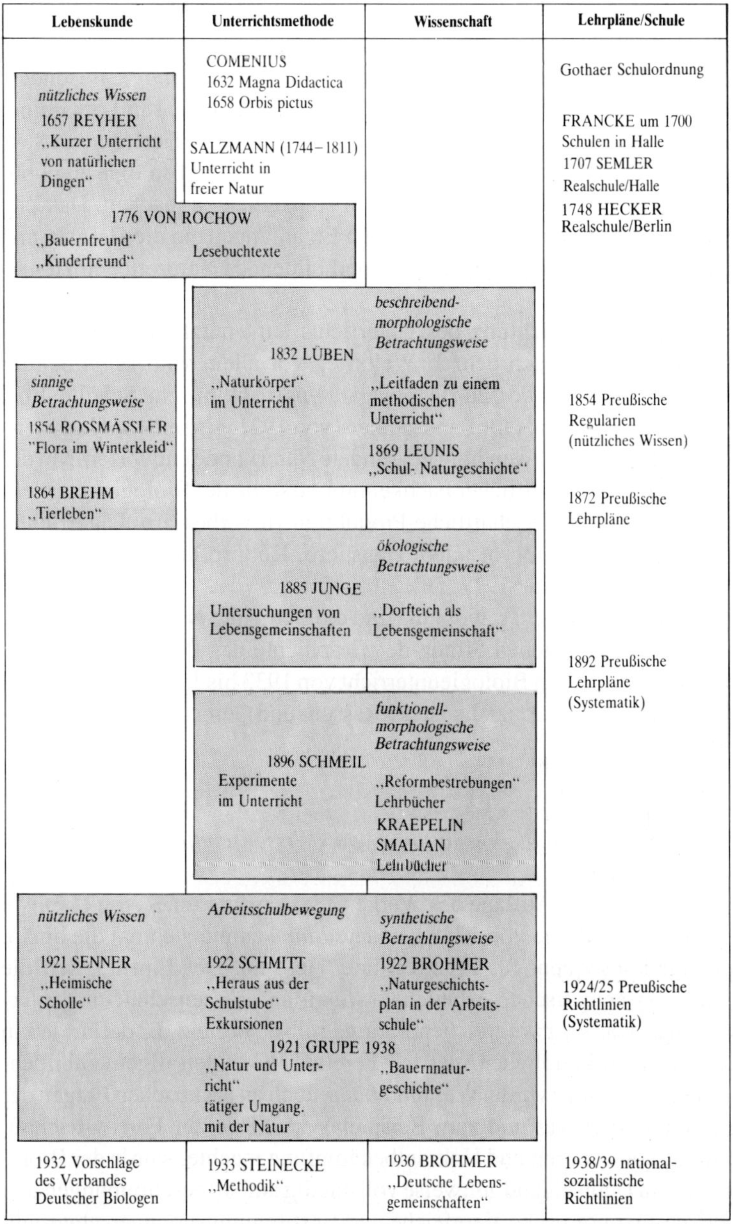

Abb. 2-1: Übersicht zur Geschichte des Biologieunterrichts in Deutschland

In dieser geistigen Situation und unter dem Einfluß dichterischer Naturbeschreibung wurde der Unterricht von mehreren Autoren auf das Naturerleben und die Gemütsbildung ausgerichtet *(sinnige Naturbetrachtung)*. Besonders *Emil August Roßmäßler* (»Der Mensch im Spiegel der Natur«, 1850-55; »Flora im Winterkleid«, 1854) und *Alfred E. Brehm* (»Illustriertes Tierleben«, 1864) versuchten, z. T. aus sozialpolitischen Motiven heraus, die Biologie zu popularisieren und somit breiten Volksschichten zugänglich zu machen. Das Ziel aller Bemühungen war, mit eindrucksvollen Erzählungen ein die Gefühle und den Geist gleichermaßen ansprechendes und bildendes Naturerleben zu vermitteln.
Die Tradition der Ausrichtung des Unterrichts auf »nützliche Kenntnisse« wurde in der Notlage nach dem 1. Weltkrieg vor allem von *Anton Senner* wieder aufgenommen. In dessen Hauptwerk »Unsere heimische Scholle. Eine experimentelle Naturkunde für Landschüler« von 1921 wird eine auf landwirtschaftlich-technischer Anwendung gegründete Naturkunde entworfen. Mit der Vermittlung landwirtschaftlicher Fachkenntnisse sollte der Biologieunterricht dabei helfen, die landwirtschaftliche Produktion zu verbessern. Unterrichtsthemen waren demgemäß vor allem Haustiere, Kulturpflanzen, Schädlinge und Unkräuter (vgl. *Grupe* 1977, 56).
Der einseitige Nützlichkeitsstandpunkt und die Betonung emotionaler Aspekte, die den lebenskundlichen Strang der Geschichte des Biologieunterrichts kennzeichnen, wurden im Biologieunterricht von 1933 bis 1945 noch überstei-gert und im Sinne nationalsozialistischer Rassen- und Gemeinschaftsideologie mißbraucht (s. unten).

2.1.3 Biologieunterricht als Vermittlung von »Wissenschaft«

1735 erschien die erste Auflage des Werkes »Systema naturae« von *Carl von Linné*. In der 10. Auflage von 1758 wendete *Linné* zum erstenmal die binäre Nomenklatur konsequent für Pflanzen und Tiere an. Der Einfluß, den die taxonomisch-systematischen Arbeiten von *Linné* auf Wissenschaft und Unterricht ausübten, war sehr weitreichend. *Linné* selbst sorgte z. B. dafür, daß in Schweden der naturkundliche Unterricht bereits 1747 an den allgemeinbildenden Schulen eingeführt wurde. Während *Linné* auch an praktischen Fragen der Biologie interessiert war und zum Beispiel Vorschläge zur Forstwirtschaft, Kultivierung von Mooren und Unkrautbekämpfung machte, wurde der Biologieunterricht in Deutschland zeitweise vollständig auf Artbeschreibungen und systematisch-taxonomische Vergleiche und Bestimmungsübungen abgestellt *(beschreibend-morphologische Betrachtungsweise).* 1832 bzw. 1836 veröffentlichte *August E. Lüben* zwei Teile eines »Leitfaden zu einem methodischen Unterricht in der Naturgeschichte in Bürgerschulen, Realschulen, Gymnasien und Seminarien«. Mit diesen Werken führte *Lüben* das *Linné*sche System nicht nur als Stoffanordnungsprinzip, sondern auch als wesentlichen Inhalt in den Schulunterricht ein. Die Beschäftigung mit dem *Linné*schen System sollte die formalen Fähigkeiten der Schüler, vor allem deren Beobachtungsfähigkeit und logisches Denken, schulen (vgl. *Scheele* 1981, 50). Im Sommer wurden Pflanzen, im Winter Tiere nach einem starren Schema (Kopf-Schwanz- bzw. Wurzel-Blüte-Methode) genau beschrieben (Textbeispiel bei *Siedentop* 1972, 19). Die systematischen Kategorien wurden von *Lüben* nach dem Prinzip »Vom Besonderen zum Allgemeinen« behandelt, zuerst verwandte Arten, danach Gattungen, dann Familien, Ordnungen usw.. In der Folgezeit bestimmte dieses Konzept mit nur leichten Abänderungen weitgehend den Biologieunterricht besonders an Realschulen und Gymnasien. Das zeigen zum Beispiel die sehr verbreiteten Schulbücher von *Johannes Leunis.* In dessen »Schul-Naturgeschichte« von 1869 wird das Bestimmen von Pflanzen und Tieren zum Selbstzweck (Textbeispiel bei *Siedentop* 1972, 19).

Während dieses schematische Vorgehen und diese lebensfernen Inhalte den Unterricht bestimmten, forderte *Emil August Roßmäßler* zur selben Zeit, »daß in dem Schüler ein für sein ganzes Leben nachhaltiges Bedürfnis und Verständnis für einen freudvollen Verkehr mit der Natur begründet werde« (»Der naturgeschichtliche Unterricht. Gedanken und Vorschläge zu einer Umgestaltung desselben«, 1860, zitiert nach *Siedentop* 1972, 19; vgl. *Scheele* 1981, 87 ff.). Er und andere versuchten auch in populärwissenschaftlichen Schriften, die Natur als geschichtlich gewordenes Gefüge und große Einheit eindrücklich darzustellen. Diese Naturauffassung war durch die Anschauung *Alexander von Humboldt*s (1769-1859) beeinflußt, der im Aufdecken der Zusammenhänge die eigentliche Aufgabe der Naturwissenschaften sah. Für das wissenschaftliche Erforschen organismusübergreifender Systeme waren die Arbeiten des Kieler Zoologen *Karl August Möbius* bahnbrechend. In der Abhandlung über »Die Nester der geselligen Wespen« wurden 1856 erstmals die Gesetzmäßigkeiten einer Tiersozietät genau dargestellt. Mit der Arbeit über »Die Auster und die Austernwirtschaft« führte *Möbius* 1877 den Begriff »Biozönose« (»Lebensgemeinde«, heute als Lebensgemeinschaft bezeichnet) in die Biologie ein und verknüpfte zugleich ökologische Erkenntnisse mit ökonomischen.
Ein Schüler von *Möbius,* der Lehrer *Friedrich Junge,* versuchte die neuen Gedanken im Schulunterricht anzuwenden. In seinem Buch »Der Dorfteich als

Lebensgemeinschaft« (1885, 3. Aufl. 1907) beschrieb er seinen Unterricht, in dem die gesetzmäßigen Erscheinungen in Lebensgemeinschaften der vorherrschende Gegenstand des Lernens sind. Der Unterricht *(ökologische Betrachtungsweise)* sollte sich an den »Gesetzen des organischen Lebens« orientieren (vgl. *Brucker* 1980, 49 f.; *Stipproweit/Ant* 1986; *Trommer* 1986). Diese betreffen nach *Junge* die Erhaltungsmäßigkeit, organische Harmonie in Lebensgemeinschaften, Anpassung und Angepaßtheit von Lebewesen, Arbeitsteilung, Entwicklung, Gestaltbildung und Sparsamkeit bei Organismen. Für die Behandlung der Lebensgemeinschaften im Unterricht gelten folgende Regeln (*Junge* 1907, 8 f; 19; 34 f.):

»Es ist ein klares gemütvolles Verständnis des einheitlichen Lebens in der Natur anzustreben.«
»Betrachte jedes Wesen als einen in sich vollkommenen Organismus. ... [Dies] gibt den sichersten Grundstein zur Achtung und Schonung des Naturlebens und zur Liebe der Natur ab.«

»1) ... Betrachte jedes Wesen ... nach seinen Wechselbeziehungen zu andern in derselben Gemeinschaft, in seiner Beziehung zum Ganzen, nach seiner Abhängigkeit von Wärme, Licht, Luft, Wasser ...
2) Mache am Schluß des Kurses eine zweckentsprechende Zusammenstellung der Einzelwesen, ... aus welcher die gleichmäßige Abhängigkeit hervorleuchtet ...
3) Betrachte die ganze Lebensgemeinschaft als Glied eines höhern Ganzen, speziell in ihrer Beziehung zum Menschen ...
4) Auf höherer Stufe werden die Glieder und die Lebensbedingungen einer Gemeinschaft mit denen einer anderen verglichen, z. B. Teich und Wald.

Durch die Behandlung von Lebensgemeinschaften ist es ermöglicht, den Stoff im Einzelnen zu beschränken und sich doch zu vertiefen ... Ferner ermöglicht die Betrachtung der Lebensgemeinschaft mehr und mehr das Verständnis des Lebens auf der Erde als einer Gemeinschaft; ... 'die Natur in jedem Winkel der Erde ist ein Abglanz des Ganzen' sagt *Humboldt*«.

Junge entwickelte eine vielseitige biologische Artbeschreibung, die über taxonomisch wichtige Bestimmungsmerkmale *(Leunis)* und systematisch-morphologische Bauplanmerkmale *(Lüben)* weit hinausgeht. Sie enthält anschauliche Angaben über den Lebensort, die Bewegung, Ernährung, Atmung, Sinnesleistungen, Fortpflanzung und Entwicklung. Außerdem wird selbstverständlich die Rolle der Art als Glied der Biozönose hervorgehoben.
*Junge*s Versuch, die Lebensgemeinschaft und ökologische Beziehungen der Organismen unter allgemeinbiologischen Gesichtspunkten in den Mittelpunkt des Unterrichts zu stellen, war weitgehend erfolglos. Nur in der Volksschule, wo der Lehrplan wenig einschränkende Bestimmungen machte, wurde das Prinzip des Vorgehens nach Lebensgemeinschaften teilweise angewendet. Die meisten Lehrer waren für einen solchen Unterricht nicht hinreichend ausgebildet und die entsprechenden ökologischen Disziplinen auch noch kaum entwickelt. Zudem waren einige »Gesetzmäßigkeiten« *Junge*s sehr abstrakt, nur wenig belegt oder sogar recht spekulativ.

So war es nicht verwunderlich, daß die Preußischen Richtlinien von 1892 für Realschulen, Realoberschulen und Gymnasien übergreifende Aspekte ökologischer oder allgemeinbiologischer Art nur in sehr geringem Ausmaß berücksichtigten. Sie forderten schwerpunktmäßig Kenntnisse in der zoologischen und botanischen Systematik. Diese Festlegungen des Lehrplans ließen für weitergehende Neuerungen nur wenig Spielraum. In diesem Rahmen muß daher die Reform des Biologieunterrichts gesehen werden, die mit dem Wirken von *Otto Schmeil* verbunden ist. *Schmeil* bemühte sich darum, eine allgemeinbiologisch ausgerichtete, experimentell arbeitende Biologie an den Schulen durchzusetzen. Mit den Ideen von *Junge* setzte er sich gründlich auseinander und übernahm von diesem das Konzept der vielseitigen Artbeschreibung. Im gesamten Unterricht, besonders in dem von *Schmeil* vergrößerten Anteil der Menschenkunde, sollten Bau und Funktion der Lebewesen verknüpft werden *(funktionell-morphologische Betrachtungsweise)*. Die Ausrichtung des Unterrichts auf den Gedanken der Lebensgemeinschaft lehnte *Schmeil* allerdings ab und behielt (wie der Lehrplan vorschrieb) das Vorgehen nach dem System der Lebewesen auf den unteren Klassenstufen bei. Grundlegend für *Schmeil*s Reformkonzept wurde seine Kampfschrift »Über die Reformbestrebungen auf dem Gebiete des naturgeschichtlichen Unterrichts« (1896; zitiert bei *Siedentop* 1972, 20 f.; *Eschenhagen/Kattmann/Rodi* 1985, 22 f.). *Schmeil* führte darin aus:

»5. Die Reformbewegung richtet sich allein gegen die einseitige Herausarbeitung des Systems, nicht etwa auch gegen systematische Gruppierungen, die in Form von Rückblicken, Zusammenfassungen und dergleichen selbstverständlich auch in Zukunft unternommen werden müssen.

6. Bau und Lebensweise sollen in ursächlichen Zusammenhang gebracht werden; es kommt nicht auf ein Aufzählen der charakteristischen Eigenschaften, sondern auf eine Einführung in das Verständnis an.

7. Für den Schüler gilt es, selbständig, elementar zu forschen; das Eindringen in den kausalen Zusammenhang der Erscheinungen setzt eine viel größere Aufmerksamkeit und ein weit genaueres Beobachten voraus als der rein morphologische Unterricht. ...

13. Erkenntnis der Kausalität in bezug auf die Einzelwesen und die gesamte Natur muß als Leitmotiv für den Unterricht gelten, jedoch hüte man sich ja davor, zu meinen, als ob man mit dem Erfassen dieser Verhältnisse nun die letzten Gründe alles Lebens erkannt hätte.

14. Aufgabe der Schule kann nur sein, unwiderleglich feststehende Tatsachen zu lehren.

16. Nur durch fleißiges Beobachten, durch Selbstschauen und Selbstuntersuchen ist es möglich, den schlimmsten Feind alles geistbildenden Unterrichts aus der Schule zu verbannen: den Verbalismus.

17. Das Volk wird an der Spitze der Völker marschieren, welches mit der höchsten sittlichen Tüchtigkeit die tiefste Kenntnis der Natur in ihren mannigfachen Erscheinungen verbindet.«

Der Einfluß von *Schmeil*s Konzept war sehr groß. Er erfaßte fast alle Schulen und ist bis heute spürbar geblieben. Ganz in *Schmeil*s Sinne wirkten viele andere Lehrbuchautoren. Die vielseitige Artbeschreibung, wie sie *Junge* und *Schmeil* forderten, verführte allerdings viele Lehrkräfte dazu, die Lebewesen allein unter dem Gesichtspunkt der »Zweckmäßigkeit« und »Angepaßtheit« zu betrachten. Beeinflußt war diese Sicht durch die Selektionstheorie von *Charles Darwin* (»Über die Entstehung der Arten«, 1859), aber auch durch ältere teleologische Vorstellungen (s. Abschnitt 3.3.2). Diese einseitige Betrachtung rief Kritik und Spott hervor, wie sie *Hermann Löns* in seinem »Zweckmäßigen Meyer« formulierte (Textbeispiel bei *Brucker* 1980, 51 ff.; *Meyer* 1983). Die für die Geschichte der Biologie revolutionären Theorien *Darwin*s selbst fanden zunächst keinen Eingang in den Biologieunterricht. *Schmeil* lehnte die Behandlung ab, da im Unterricht für Spekulationen kein Platz sei (s. obige These 14). Auf der Oberstufe der Gymnasien führte der Versuch, *Darwin*sche Theorien zu behandeln, zum Verbot: Der Blütenbiologe *Hermann Müller* hatte in einer Schule in Lippstadt versucht, *Darwin*s Arbeiten im Unterricht zu behandeln. Dies führte 1879 zum Eklat. Eltern, kirchliche Stellen und Journalisten empörten sich. 1882 verbot der Preußische Kultusminister die Durchführung des Biologieunterrichts auf der Oberstufe der höheren Schulen. Die Vermittlung der Evolutionslehre wurde 1883 für den gesamten Schulunterricht verboten. Erst mit den Richtlinien von 1925 wurde Biologie als Pflichtfach im Oberstufenunterricht eingeführt und die Evolutionslehre in den Lehrplan aufgenommen.

Von der Evolutionslehre abgesehen, förderten die Ideen *Schmeil*s die Orientierung des Biologieunterrichts an der Entwicklung der Wissenschaft. Wenn auch die funktionell-morphologische Betrachtungsweise bei *Schmeil* noch den Schwerpunkt bildete, so stieß er doch eine Entwicklung an, in der versucht wurde, die verschiedenen biologischen Grunderkenntnisse im Unterricht zu einem einheitlichen Bild zu vereinen. Noch bevor *Max Hartmann* im Jahre 1924 seine »Allgemeine Biologie« (4. Auflage 1953) veröffentlichte, entwarf *Paul Brohmer* für den Unterricht das Konzept einer »synthetischen Naturgeschichte« (»Der Naturgeschichtsplan in der Arbeitsschule«, 1922). *Brohmer* strebt an, alle bisherige Naturerkenntnis möglichst lückenlos ineinanderzufügen *(synthetische Betrachtungsweise).* Bei diesem Ziel liegt es nahe, das Konzept der »Lebensgemeinschaft« wieder stärker zu betonen, wie es *Heinrich Grupe* (»Bauernnaturgeschichte für Landschulen«, 1938) und besonders *Cornel Schmitt* (»Biologie in Lebensgemeinschaften«, 1932 ff.) taten. Später wurde es dann von *Brohmer* unter dem Einfluß des Nationalsozialismsus aufgegriffen und im Sinne der Gemeinschaftsideologie ausgedeutet (s. unten; vgl. *Trommer* 1983 f.).

Die Preußischen Richtlinien von 1924/25 zeigten einige Neuerungen (vgl. *Scheele* 1981, 259 ff.). In den allgemeinen Bestimmungen wurden nun die Gesetzmäßigkeiten des Lebendigen betont. In den Stoffplan wurde die Evolutionslehre sowie erstmalig auch die 1900 wiederentdeckte *Mendel*sche Genetik eingeführt. Am Prinzip der Stoffanordnung änderte sich allerdings wenig. Die Richtlinien waren weiterhin nach dem System der Lebewesen aufgebaut. In der 9. bzw. 10. Klassenstufe war Menschenkunde vorgesehen (teilweiser Abdruck der Richtlinien bei *Mostler/Krumwiede/Meyer* 1979, 7 f.).

2.1.4 Die Entwicklung der Unterrichtsmethoden

Die Forderung von *Comenius* nach unmittelbarer Anschauung und nach Beobachtung von Naturobjekten im Unterricht wurde zunächst nur von wenigen befolgt (z. B. von *Herrmann August Francke* in seinen Anstalten in Halle). Eine frühe Ausnahme war der evangelische Pfarrer *Christian Gotthilf Salzmann* (1744 bis 1811), der von den Erziehungsideen *Jean Jaques Rousseaus* beeindruckt war und forderte, den Unterricht in freier Natur durchzuführen, die Lebewesen in ihrer natürlichen Umgebung zu beobachten und Naturaliensammlungen anzulegen.

Die Einführung des »Realienunterrichts« an den öffentlichen Schulen erfolgte unter anderen Bedingungen. Naturkundliche Themen wurden als »nützliches Wissen« (s. oben) im Gelegenheitsunterricht angesprochen, z. B. bei einer passenden Bibelstelle oder mit geeigneten *Lesebuchtexten.* Diese Methode hielt sich bis ins 19. Jahrhundert. Noch 1846 schrieb ein Autor (zitiert bei *Grupe* 1977, 48 f.):

»In unseren Volksschulen ist die Zeit des Unterrichts so sehr beschränkt, daß der Lehrer alles tut, was man billigerweise von ihm fordern kann, wenn er seine Schüler dahin bringt, daß sie mit einiger Fertigkeit lesen, schreiben und rechnen können. Sollen sie außerdem auch noch einige Sachkenntnisse und die notwendigen Verstandesbegriffe erhalten, so müssen die Bücher so eingerichtet sein, daß die Kinder durch den Inhalt des Gelesenen zum Denken genötigt und mit den notwendigen Sachkenntnissen versehen werden.«

August E. Lüben, der mit seinen Anleitungen für den Unterricht seit 1832 den Lesebuchunterricht grundsätzlich ablehnte, führte den »Naturkörper« nachdrücklich als Anschauungsobjekt ein und begründete so eine eigenständige Methodik des naturgeschichtlichen Unterrichts. Neben dem bisher geübten bloßen Beschreiben führte er auch das Vergleichen in den Unterricht ein, das das Interesse der Schüler fördern und zu einem genauen Beobachten und Unterscheiden anregen sollte. *Lüben* schildert sein Unterrichtsverfahren in den

Anweisungen für die Biologielehrenden sehr anschaulich (zitiert bei *Grupe* 1977, 49 f.; vgl. *Klausing* 1968, 87; *Scheele* 1981, 48 f.):

»Die erste Bedingung ist, daß man überall von der Anschauung ausgehe und dem Schüler die Naturkörper selbst vorführe. Naturgeschichte ohne Naturkörper ist ein Unding; Abbildungen bleiben immer nur ein Notbehelf. Eine zweite Bedingung ist, daß die Kinder zum Selbstsehen und Selbstfinden angeleitet werden, damit sie ihre Sinne und Erkenntnisse kräftewirkend üben. Der Nutzen des naturgeschichtlichen Unterrichts geht ganz verloren, wenn der Lehrer selbst die Gegenstände beschreibt und selbst das System aufbaut. Bei dem Vorzeigen von Naturkörpern hat man besonders darauf zu achten, daß sie den Sinnen des Kindes so nahe wie möglich gebracht werden, bis seine Seele ein vollständiges Bild davon erhalten hat. Haben die Kinder ein Naturprodukt genau betrachtet, so halte man sie an, dasselbe in den passendsten Ausdrücken zu beschreiben ... Als Grundsatz gelte: Beginne mit dem Nahen und Bekannten und schließe daran das Ferne und Unbekannte. Wer bloß das Nützliche und Schädliche heraussucht, macht engherzig und gibt dem Eigennutz und der Selbstsucht Nahrung.«

Lübens unterrichtsmethodische Prinzipien - zuerst das originale Naturobjekt, vom Nahen zum Fernen, vom Leichten zum Schweren - werden auch heute noch oft nachgesprochen, obgleich sie für einen methodisch vielseitigen und reflektierten Unterricht doch zu einfach und schematisch erscheinen (s. Abschnitt 10.1). Gegenüber dem Vorlesen aus Büchern war *Lübens* Vorgehen dagegen ein wesentlicher Fortschritt. Sein Verfahren hat den Biologieunterricht des 19. Jahrhunderts weitgehend mitbestimmt. Die mit diesem Vorgehen bei *Lüben* verbundene rein morphologisch-beschreibende Betrachtungsweise und der von *Johannes Leunis* perfekt als Bestimmungsübung gestaltete Unterricht aber führten zu einer Gegenbewegung. Diese fand in der »sinnigen Betrachtungsweise« der Natur ihren Ausdruck (s. oben). Man legte Wert auf erlebnishafte und gemütvolle Naturerzählungen. Daher wurde der Unterricht wieder mit vorgegebenen und bestenfalls nachempfundenen Texten bestritten. In dieser Situation forderte vor allem *Otto Schmeil* seit 1895 einen auf Beobachtungen, Untersuchungen und Experimente ausgerichteten Biologieunterricht und setzte diesen zum großen Teil selbst gegen den von ihm kritisierten »Verbalismus« durch.

Die im ersten Drittel des 20. Jahrhunderts in Europa vorherrschende sogenannte *Reformpädagogische Bewegung* hatte zum Ziel, die Schule durch eine Pädagogik vom Kinde aus grundlegend umzugestalten. An der »alten« Schule wurden deren Lebensfremdheit, einseitiger Intellektualismus. autoritärer Stil und Methodenschematismus (*Herbart*sche Formalstufen) kritisiert. Den naturwissenschaftlichen Unterricht erreichten solche Ideen vor allem durch die »Arbeitsschulbewegung«. Man wollte den spontanen Drang des Kindes nach selbständiger und vor allem manueller Betätigung anregen und fördern. Die

Arbeit selbst ist nicht nur Mittel zur Bildung, sondern auch bildend mittels der durch sie gemachten Erfahrungen und der Selbstprüfung des eigenen Tuns anhand des hergestellten Produkts. Innerhalb der Arbeitsschulbewegung lassen sich drei Richtungen unterscheiden:

- Elementare handwerkliche und andere berufliche Arbeit soll mit herkömmlichen Unterrichtsinhalten verknüpft werden (*Georg Kerschensteiner:* »Begriff der Arbeitsschule«, 1912).
- Der traditionelle Lehrstoff soll zwar weitgehend beibehalten werden, aber der Prozeß des Lernens wird als »freie geistige Tätigkeit« verstanden. An die Stelle der Stoffvermittlung soll das selbständige Lösen von z. T. selbst gestellten Aufgaben treten (*Hermann Gaudig:* »Freie geistige Schularbeit in Theorie und Praxis«, 1928).
- Der Unterricht soll an den Problemen industrieller Arbeit und Produktion orientiert werden. (»Polytechnischer Unterricht«, *Pawel P. Blonskij*).

Den Biologieunterricht in Deutschland hat nur die erste Richtung maßgeblich beeinflußt. Die Leitidee der Arbeitsschulbewegung im Biologieunterricht heißt: tätiger Umgang mit der Natur. Deshalb wurde gefordert, Pflanzen und Tiere der Heimat in den Mittelpunkt des Unterrichts zu stellen, damit die Schüler mit der heimatlichen Natur vertraut werden und diese erleben können. In vielem stimmen die Leitideen der Arbeitsschule mit denen des Projektunterrichts überein (s. Abschnitt 8.3.2). Im Sinne dieses Arbeitsunterrichts ist es nur konsequent, wenn *Cornel Schmitt* den Biologieunterricht möglichst ganz aus den Schulräumen hinaus verlegen möchte, wie er es imTitel seines Buches von 1922 angibt: »Heraus aus der Schulstube! Naturgeschichte im Freien«. *Schmitt* entwickelte eine Methodik der Exkursionen, auf denen die Schüler gezielt biologische Erkenntnisse erarbeiten sollten (Beispiele bei *Brucker* 1980, 38 f.). Für die praktische Arbeit wurden von *Paul Brohmer* und *Heinrich Grupe* Bestimmungsbücher verfaßt, in denen die Schlüssel nach einfachen Merkmalen bzw. Lebensräumen die komplizierten Bestimmungsverfahren ersetzten. Die Bemühungen um eine methodisch vielseitige und auf die Arbeitsweisen der Wissenschaft »Biologie« bezogene Gestaltung des Unterrichts sind von *Fritz Steinecke* (1933, 2. Aufl. 1951 a) erstmals zu einer umfassenden Methodik des Biologieunterrichts zusammengefaßt worden.

Literatur

Brucker 1980; *Eschenhagen/Kattmann/Rodi* 1985; *Grupe* 1977; *Hartmann* 1953; *Junge* 1907; *Keckstein* 1980; *Killermann* 1991; *Klausing* 1968; *Meyer, G.*, 1983; *Mostler/Krumwiede/Meyer* 1979; *Reichart/Reichart/Trommer* 1984; *Scheele* 1981; *Siedentop* 1972; *Steinecke* 1951 a; *Stipproweit/Ant* 1986; *Timmermann* 1978; *Trommer* 1983 f.; 1986

2.2 Nutzung und Mißbrauch im Nationalsozialismus

2.2.1 Das Programm

Seit der Regierungsübernahme im Jahre 1933 war es ein Ziel der nationalsozialistischen Politiker, den Biologieunterricht in den Dienst ihrer weltanschaulichen Ideen und politischen Absichten zu stellen. Besonders deutlich wird dies im Erlaß des Preußischen Kultusministers zur Vererbungs- und Rassenkunde vom 13. September 1933 (vgl. *Kanz* 1990, 83). Darin heißt es:

»1. In den Abschlußklassen sämtlicher Schulen ... ist unverzüglich die Erarbeitung dieser Stoffe in Angriff zu nehmen, und zwar Vererbungslehre, Rassenkunde, Rassenhygiene, Familienkunde und Bevölkerungspolitik.
Die Grundlage wird dabei im wesentlichen die Biologie geben müssen, der eine ausreichende Stundenanzahl - 2 bis 3 Wochenstunden, nötigenfalls auf Kosten der Mathematik und der Fremdsprachen - sofort einzuräumen ist. Da jedoch biologisches Denken in allen Fächern Unterrichtsgrundsatz werden muß, so sind auch die übrigen Fächer, besonders Deutsch, Geschichte, Erdkunde, in den Dienst dieser Aufgabe zu stellen. Hierbei haben sie mit der Biologie zusammenzuarbeiten.
2. In sämtlichen Abschlußprüfungen sind diese Stoffe für jeden Schüler pflichtgemäßes Prüfungsgebiet, von dem niemand befreit werden darf«.

Diese Zielsetzungen bedeuteten für den Biologieunterricht einen erheblichen Gewinn an bildungspolitischer Bedeutung, die sich (allerdings erst 1938/39) mit einem auf allen Klassenstufen der weiterführenden Schulen durchgehend zweistündigen Anteil an den Stundentafeln auswirkte (vgl. *Kanz* 1990, 219 ff.). Die Ausrichtung auf das im Sinne nationalsozialistischer Vorstellungen »nützliche Wissen« drückte sich auch im Namen des Faches aus, das in der Volksschule jetzt offiziell »Lebenskunde« hieß (s. Abb. 2-1). Es sind hauptsächlich fünf Bereiche, in denen die Nationalsozialisten hofften, Teile ihrer Weltanschauung und ihrer politischen Ziele mit Hilfe des Biologieunterrichts durchsetzen zu können:

a) Nach den Grundsätzen der nationalsozialistischen *Erblehre* soll die Erbgesundheit des Volkes durch gezielte Auslese (bewußte Partnerwahl, Verhinderung der Fortpflanzung von »Minderwertigen«) garantiert werden. Als Begründer der Eugenik (Lehre von der Erbgesundheit) gilt *Francis Galton* (1822 bis 1911). In Deutschland entwarf vor allem *Adolf Ploetz* »Grundlinien einer Rassenhygiene« (1895). Das Wort »Rassenhygiene« ist gleichbedeutend mit dem Wort »Eugenik«. Es enthält die Bezeichnung »Rasse« im Sinne von »Volk« (Volksgesundheit) und hat mit der Einteilung in »Rassetypen«, also der eigentlichen Rassenkunde, nichts zu tun. Bezugspunkt zur Biologie ist die *Humangenetik.* Bereits 1923 erschien als Standardwerk das Lehrbuch von *Ernst Baur, Eugen Fischer* und *Fritz Lenz* »Menschliche Erblehre und Rassenhygiene« (5. und letzte Auflage 1940).

b) Als ein Kernstück nationalsozialistischer Weltanschauung sollte die *Rassenlehre* den Unterricht bestimmen. Diese hat ihre Wurzeln in den Rassentheorien des 18. und 19. Jahrhunderts. Die Anschauung von der Überlegenheit bestimmter Menschenrassen über andere (*Christoph Meiners,* 1747 bis 1810) wurde von *J. A. Comte de Gobineau* (1816 bis 1882) zu einer Geschichtsphilosophie ausgebaut, nach der das historische Schicksal eines Volkes von dessen harmonischer Rassenzusammensetzung abhängt. Rassenmischung führt danach zum geschichtlichen Niedergang von Völkern und Staaten. Diese Rassenvorstellungen sind seit dem Ende des 17. Jahrhunderts in der europäischen Geistesgeschichte sehr verbreitet. *Meiners, Gobineau* und später noch *Houston Stewart Chamberlain* (1855 bis 1927) sind nur herausragende Vertreter dieser allgemeinen europäischen Idee. Von den Nationalsozialisten wird die Überlegenheit der sogenannten »arischen Rasse« postuliert; sie meinen, daß besonders Juden und Zigeuner minderwertig seien (Überlegenheitsrassismus) und das deutsche Volk in seiner »Rassereinheit« durch Vermischung bedroht sei (Reinhalterassismus). Obgleich die Bezeichnung von »Ariern« und »Juden« als Rassen schon damals keineswegs mit biologischen Erkenntnissen übereinstimmte, ist der Bezugspunkt zur Biologie hier die *Rassenanthropologie.*

c) In der nationalsozialistischen Weltanschauung ist die *Volksgemeinschaft* eine durch »Blut« (Verwandtschaft) und »Boden« (Lebensraum) verbundene organismusähnliche Einheit (vgl. *Scherf* 1989). Ziel der Erziehung soll daher die organische Eingliederung des einzelnen in die Lebensgemeinschaft des Volkes sein. Das Individuum soll zurücktreten gegenüber dem übergreifenden Ganzen. Der Bezugspunkt zur Biologie ist hier die *Ökologie* mit den Begriffen »Lebensgemeinschaft« und »Lebensraum«. Dabei erhält die propagierte »ganzheitliche Auffassung« den Zweck, daß sich der einzelne dem übergeordneten Ganzen zu unterwerfen habe: »Bei näherem Zusehen ergibt sich, daß das einzelne Lebewesen in seinem anorganischen und organischen Lebensraum, seiner Lebensgemeinschaft, nicht mehr Sinn und Lebensberechtigung hat als die Zelle im Zellverband des Metazoenkörpers« (*Rudolf Genschel* 1933). In diesem Sinne verfaßte *Paul Brohmer* 1936 sein Werk »Die deutschen Lebensgemeinschaften«. Er schrieb im Vorwort: »Wollen wir im nationalsozialistischen Geiste erziehen, so müssen wir uns frei machen von der Einzelschau, die dem liberalistischen Geiste entsprach; vielmehr müssen wir die Kinder zu einer Gesamtschau führen. Das gilt natürlich auch für die Betrachtung jedes Einzelwesens, muß jedoch wegen der Notwendigkeit der völkischen Erziehung ebenso für die Behandlung von Lebensgemeinschaften angestrebt werden.«

d) Mit dem Konzept des arteigenen Verhaltens steuerte auch die gerade erst entstehende *Ethologie* ihren Teil zur nationalsozialistischen Gemeinschafts- und Ganzheitsideologie bei. *Konrad Lorenz* (1940 a) empfahl, gegenüber »asozial gewordenen Mitgliedern« des Volkes auf angeborene Art und Weise zu reagieren: »Der einzige Faktor, der eine den in Rede stehenden Verfallserscheinungen entgegenwirkende Auslese verursacht, liegt im Vorhandensein bestimmter angeborener Schemata, die bei vollwertigen Menschen nur auf bestimmte, den Solltypus der Art kennzeichnende Merkmale ansprechen, bei deren Fehlen aber eine gefühlsmäßige Abstoßung bewirken. ... Die wirksamste rassenpflegerische Maßnahme ist daher wenigstens vorläufig sicher die möglichste Unterstützung der natürlichen Abwehrkräfte, wir müssen - und dürfen - uns hier auf die Gefühle unserer Besten verlassen und ihnen die Gedeihen und Verderben unseres Volkes bestimmende Auslese anvertrauen. Versagt diese Auslese, mißlingt die Ausmerzung der mit Ausfällen behafteten Elemente, so durchdringen diese den Volkskörper in biologisch ganz analoger Weise und aus ebenso analogen Ursachen, wie die Zellen einer bösartigen Geschwulst den gesunden Körper durchdringen und mit ihm schließlich auch sich selbst zugrunde richten.«
Diese Weltanschauung propagierte *Lorenz* (1940 b) auch für den Biologieunterricht (vgl. *Deichmann* 1992).

e) Die nationalsozialistische Weltanschauung ist geprägt von der Abwehr rational geleiteter Erkenntnis, die als »rationalistisch« und »liberalistisch« bezeichnet wird. Wichtiger als verstandesmäßige Einsicht sind die gefühlsmäßige Einstimmung (»Stimme des Blutes«), die ergreifende Erfahrung der Gemeinschaft und das Einfügen in den von ehernen Lebensgesetzen bestimmten Naturablauf. Bezugspunkt zur Biologie sind hier die schwärmerisch *emotionale Naturbeschreibung* (sinnige Naturbetrachtung) und einige weltanschaulich ausgedeutete *Evolutionsvorstellungen.*

Die Bezugspunkte zur Biologie wurden von den Nationalsozialisten gesucht. Sie ergeben sich nicht zwingend aus der Wissenschaft selber. Den Bereichen a und b der nationalsozialistischen Ideologie liegt eine einseitige Betonung des Genetischen zugrunde, den Bereichen b bis e eine Überbewertung der Funktion von Systemen, die das Individuum übergreifen. Population, Lebensgemeinschaft, Rasse, Volk und Natur gelten als schicksalsbestimmende Ganzheiten. Alle vier Bereiche durchzieht ein ungeschichtliches und statisches Naturbild, in dem jede Veränderung des gegebenen Zustandes als Bedrohung gesehen wird. Sofern eingegriffen wird (Auslese), soll nur der ursprüngliche »natürliche« Zustand wiederhergestellt, sollen »Rasse«, »Volksgemeinschaft« und »Lebensraum« gegen den drohenden Verfall geschützt werden. Das daraus resultierende Programm eines nationalsozialistischen Biologieunterrichts umriß *Jacob Graf* (1937, zitiert bei *Ewers* 1974, 58 f.):

»Im Rahmen des nationalsozialistischen Strebens nach der rassisch begründeten Volksgemeinschaft erwächst dem lebenskundlichen Unterricht vor allem die Aufgabe, die dem nordrassisch-deutschen Menschen eingeborene Lebenskraft zur Ganzheitsschau zu wecken und zu pflegen, damit jeder einzelne sich seiner Ein- und Unterordnung in die große Allgesetzlichkeit, ins göttliche Werden der lebendigen Natur bewußt werde und in der Erfüllung ihrer 'ewigen, ehernen Gesetze' den Sinn seines Lebens erblicke. Dies bedeutet: Abwendung von der Vergottung des Einzelmenschen und Hinwendung zu der uns übergeordneten Lebenseinheit unserer Volkheit und Rasse durch Erziehung zur Volksgemeinschaft, und zwar erstens durch Ausbildung und Vertiefung des Gemeinschaftsgefühls im Bewußtsein der blutsmäßigen Verbundenheit mit allen deutschen Volksgenossen; zweitens durch Erwecken und Pflege des über das Einzelwesen hinausgerichteten Selbsterhaltungswillens im Bewußtsein der rassisch bedingten Eigenart seines Volkes und der Andersartigkeit und Gegensätzlichkeit der übrigen Völker innerhalb der organisch gegliederten Menschheit.

Außer dem allgemeinen und unmittelbar auf die Volksgemeinschaft gerichteten Unterrichtsziel muß die erb- und rassenkundliche Unterweisung selbstverständlich auch einzelpersönlichen Zwecken dienen. Deshalb ist die Beherrschung derjenigen erb- und rassenkundlichen Tatsachen und Zusammenhänge erforderlich, die erstens für praktische Lebensbedürfnisse (Tier- und Pflanzenzucht), zweitens zur persönlichen erbgesundheitlichen Lebensgestaltung (Berufswahl, Gattenwahl, Gesundheitspflege), drittens zum Verständnis der biologischen Zusammenhänge und der Bedeutung der Rassen im Leben der Völker, und viertens zur Unterbauung und Begründung der nationalsozialistischen Weltanschauung unentbehrlich sind.«

2.2.2 Die Mitwirkung von Biologen und Biologielehrern

Die Frage, wie wirksam diese Vorstellungen im Biologieunterricht von 1933 bis 1945 waren, läßt sich von den Voraussetzungen her beantworten, auf die sie bei Biologielehrkräften trafen. Einen Einblick vermitteln hierzu die Vorschläge des 1931 gegründeten Deutschen Biologen-Verbandes zur Lehrplangestaltung, die 1932 veröffentlicht wurden (zitiert bei *Klausing* 1968, 117 ff.; *Eschenhagen/Kattmann/Rodi* 1985, 30 f.). Diese Vorschläge enthielten die Forderung, den Biologieunterricht lebendig zu gestalten und nach modernen Erkenntnissen der Biologie zu reformieren. Lebende Organismen sollten neben der Menschenkunde im Vordergrund stehen. Bemerkenswert ist, daß bereits nachdrücklich die sexuelle Aufklärung von Mädchen und Jungen gefordert wird. In Hinblick auf die Entwicklung nach 1933 interessieren vor allem die folgenden Punkte:

»5. Die Mädchen sind durch die biologische Unterweisung auf den Mutterberuf hin zu erziehen. Auch müssen sie über das Notwendigste der häuslichen Krankenpflege unterrichtet werden.
6. Die rassenbiologisch gefährdete Zukunft des deutschen Volkes macht einen gründlichen Unterricht über Vererbungslehre und Eugenik zum dringenden Gebot. Von diesem Unterricht kann die tiefste ethische Wirkung auf die Jugend erwartet werden, die angesichts des Niedergangs der Sittlichkeit im deutschen Volke notwendig erscheint. ...
8. Der biologische Unterricht soll keineswegs nur eine gewisse Menge von Wissen übermitteln, er soll zu biologischem Denken und Handeln erziehen. Z. B. bedeutet eugenischer Unterricht ein höchst bedeutsames Stück staatsbürgerlicher Erziehung. Die vorwiegend sprachlich-historische und formale Bildung, die die höhere Schule bisher vermittelte, berücksichtigt nur die geistige Seite der Volksgemeinschaft. Die biologischen Beziehungen des einzelnen zur Gesamtheit sind aber nicht minder bedeutsam. Deshalb liegt es im Interesse des Staates, den biologischen Unterricht zu fördern.
9. Der weltanschauliche und ästhetische Wert, der biologischen Betrachtungen innewohnt und nicht geringer ist als derjenige geisteswissenschaftlicher Fächer, muß im Unterricht zum Ausdruck kommen, was allerdings nur möglich ist, wenn hinreichende Zeit dafür zur Verfügung gestellt wird.
10. Die praktische, sittliche und staatsbürgerliche Bedeutung der Biologie rechtfertigt die Forderung, biologischen Unterricht den Schülern aller Schulgattungen ... in genügendem Maße angedeihen zu lassen. Die Biologie ist unter die Kernfächer aller Schulen aufzunehmen«.

Otto Klausing (1968, 119 f.) meint: »Im Rückblick geben nur Punkt 6 und Punkt 9 zu kritischer Besinnung Anlaß ... Es gibt keine Ursache, der eugenischen Bemühung in Punkt 6 der zitierten Leitsätze des Biologen-Verbandes ein anderes Motiv zu unterstellen als den heutigen Bemühungen zur eugenischen Aufklärung über Strahlenschädigungen des Keimplasmas.« Wie sehr die Nationalsozialisten beim Thema »Eugenik« an verbreitete Überzeugungen anknüpfen konnten, zeigt die Tatsache, daß das Thema bereits 1928 bzw. 1932 in die Lehrpläne für die höheren Schulen Hamburgs bzw. Sachsens eingeführt wurde (vgl. *Scheele* 1981, 272). Wenn die oben skizzierten biologiebezogenen Hauptaspekte der nationalsozialistischen Ideologie beachtet werden, findet man weitere Vorstellungen, an die die nationalsozialistischen Politiker erfolgreich anknüpfen konnten: In Punkt 8 wird die Volksgemeinschaft biologisch begründet; in Punkt 9 die weltanschauliche Bedeutung der Biologie mit der ästhetischen verknüpft. Im zusammenfassenden Punkt 10 wird lediglich die nützliche Funktion des Biologieunterrichts begründet (praktische, sittliche und staatsbürgerliche Bedeutung), die aufklärerische und wissenschaftlich kritische Aufgabe aber bleibt schon 1932 unerwähnt. Die sich als Nothelfer anbietende »Biologie« konnte allzuleicht als nationalsozialistische »Lebenskunde«

genutzt werden (vgl. *Kattmann* 1979; 1988 c; *Ant/Stipproweit* 1986; *Bäumer-Schleinkofer* 1992).
Die Richtlinien von 1938/39 enthielten alle zur Durchführung eines nationalsozialistisch bestimmten Unterrichts nötigen Angaben. Ab 1937 erschienen entsprechend bearbeitete Schulbücher, in denen die neuen Unterrichtsinhalte didaktisch umgesetzt wurden (Zitate und Bilder bei *Kattmann/Seidler* 1989). Zu diesen Büchern gehören die »Biologie für die höhere Schule« von *Jacob Graf* und die Neubearbeitung des verbreiteten Lehrbuchs von *Kraepelin/Schaeffer/Franke* (»Das Leben«). Im Menschenkundeband des letzteren Werkes (1942 bearbeitet von *Erich Thieme*) finden sich u. a. die folgenden Abschnitte: »Das deutsche Volk und seine Rassen«, »Die Rassenkreise der Erde und ihre Lebensräume«, »Rassenmischung und die Rassenschutzgesetze«, »Die Minderwertigkeit und ihre Bekämpfung«, »Die Geburtenfrage, eine Schicksalsfrage«. Die traditionellen Teile der Menschenkunde (Bau und Funktion des Körpers) stehen unter der Hauptüberschrift: »Die Leistungsfähigkeit des Einzelmenschen als Grundlage völkischen Lebens«.
Trotz dieser eindeutigen Aufgabenstellung sind die Richtlinien und Schulbücher nicht ausschließlich unter dem Aspekt des politischen Mißbrauchs zu beurteilen. Sie enthalten vielmehr Inhalte der Allgemeinen Biologie in großem Umfang und stellen hier z. T. hohe Ansprüche an Lehrpersonen und Schüler. *Klausing* (1968, 121) bewertet daher die Richtlinien und den mit diesen möglichen Unterricht folgendermaßen: »Im sachlichen Teil dieser Bildungspläne für Biologie sind praktisch alle wesentlichen Anliegen berücksichtigt, die dem wissenschaftlich orientierten Schulbiologen, bei Überwindung einer rein akademischen Orientierung, nach dem damaligen Stand der Forschung möglich und wünschenswert erscheinen konnten. Die ideologischen Elemente sind vorwiegend in den methodischen Hinweisen enthalten und spielen daher im eigentlichen Stoffplan nur eine untergeordnete Rolle. Trotz der textlichen Breite der Ideologismen ist das sachlich-stoffliche Übergewicht so groß, daß es objektiv mehr als nur ein Gegengewicht darstellt. Das gilt sowohl für die Oberschule wie auch für die Volksschule. Die biologischen Stoffpläne gaben dem Lehrer damit die Möglichkeit eines rein sachlichen und zugleich streng am Maßstab der Wissenschaftlichkeit meßbaren Biologieunterrichtes.«
Die Gefahr des *ideologischen Mißbrauchs* sieht *Klausing* nur in der mangelnden fachlichen Ausbildung der Lehrer. »Dementsprechend war das Ausweichen auf einen stundenfüllenden biologisch-ideologischen Unterricht ... nur allzu bequem« (*Klausing* 1968, 121). Der Historiker *Hans-Günter Zmarzlik* (1966) schätzt dagegen die ideologische Wirksamkeit von Richtlinien und Schulbüchern im Unterricht nach 1939 höher ein. Es ist wohl zu bezweifeln,

daß die wissenschaftlichen Inhalte als Gegengewicht gegen die allgegenwärtige politische Ideologie stehen konnten und daß eine bessere, rein fachliche Ausbildung den politischen Mißbrauch stärker hätte verhindern können. So zeigt die Geschichte des Rassismus, daß auch wissenschaftlich arbeitende Biologen nicht gegen die Verführung durch eine in der Konsequenz verbrecherische Ideologie gefeit waren (vgl. *Seidler/Rett* 1982; 1988; *Chroust* 1984; *Müller-Hill* 1984; *Becker* 1988; *Kattmann/Seidler* 1989; *Bäumer* 1990; *Deichmann* 1992; *Preuschoft/Kattmann* 1992; *Weingart/Kroll/Bayertz* 1992; *Vogel* 1992). Augenscheinlich haben diejenigen Wissenschaftler und manche Biologielehrer, die sich von den Nationalsozialisten vereinnahmen ließen, dies nicht mit schlechtem Gewissen getan, sondern in gutem Glauben oder gar aus wissenschaftlicher Überzeugung. Sie haben sich vor 1933 zwar zurückhaltender geäußert, aber dennoch schon im selben Sinne wie später. Sie wurden nicht nur mißbraucht, sondern sie waren auch zu gebrauchen. Und viele haben aus eigenem Antrieb aktiv mitgewirkt. Sie wurden daher nicht von »außen« durch eine politische Ideologie verführt, sondern konnten dieser von »innen« her aus eigener Überzeugung entgegenkommen. Ein solcher Irrweg wird sich daher auch künftig nicht dadurch verhindern lassen, daß Wissenschaft und Unterricht eng fachlich ausgerichtet werden und politisch »abstinent« sind. Vielmehr sollten Wissenschaft und Unterricht didaktisch so reflektiert werden, daß die politischen Bezüge in kritischer Distanz bearbeitet werden und Totalitätsansprüchen einer Ideologie entgegengewirkt wird (vgl. *Kattmann* 1982; 1992 d; s. Abschnitt 2.3.1).

Literatur

Ant/Stipproweit 1986; *Bäumer* 1990; *Bäumer-Schleinkofer* 1992; *Becker, P. E.*, 1988; *Brohmer* 1936; *Chroust* 1984; *Deichmann* 1992; *Eschenhagen/Kattmann/Rodi* 1985; *Ewers* 1974; *Genschel* 1933; *Graf* 1937; *Kanz* 1990; *Kattmann* 1979; 1982; 1988 c; 1992 d; *Kattmann/Seidler* 1989; *Klausing* 1968; *Lorenz* 1940 a; b; *Müller-Hill* 1984; *Preuschoft/Kattmann* 1992; *Scheele* 1981; *Scherf* 1989; *Seidler/Rett* 1982; 1988; *Vogel, C.*, 1992; *Weingart/Kroll/Bayertz* 1992; *Zmarzlik* 1966

2.3 Die Entwicklung nach 1945

2.3.1 Folgerungen aus der bisherigen Geschichte

Nach dem Kriege begann der Biologieunterricht in der Bundesrepublik Deutschland dort, wo er etwa um 1900 nach der Reform von *Schmeil* gestanden hatte. Folgerungen wurden aus der Geschichte nicht oder nur vordergründig gezogen. Die Beziehungen des Biologieunterrichts zum Nationalsozialismus wurden einseitig als politisch aufgenötigter Mißbrauch gewertet, ohne daß die Rolle bedacht wurde, die biologische Konzepte (»Rasse«, »Erbgesundheit«, »Lebensgemeinschaft«) und Biologen selbst, z. B. durch Erstellen von Rassengutachten, dabei gespielt hatten. So blieben einige Probleme ungelöst, die sich heute neu stellen (vgl. *Klausing* 1968, 129 ff.; *Kattmann* 1982; 1988 c):

a) Die *Rassenanthropologie* und die *Eugenik* wurden nach 1945 tabuisiert, aber nicht korrigiert. So konnten Irrtümer und falsche Vorstellungen weiterleben. Für den Biologieunterricht ergibt sich die Aufgabe, biologische Informationen zur Anthropologie und Humangenetik besonders sorgfältig zu vermitteln und dabei in der Vergangenheit vernachlässigte populationsgenetische Überlegungen einzubeziehen.

b) Die *Biologie der Lebensgemeinschaften* wurde vor allem in der Hauptschule im Anschluß an die Ideen *Junges* weitergeführt, ohne daß dabei der Gebrauch der Vorstellungen von Lebensraum und Lebensgemeinschaft im Sinne nationalsozialistischer Gemeinschaftsideologie bedacht wurde. Ein solches Vorgehen ergibt aber ein völlig falsches Bild von der Rolle der Individuen. Aufgabe des Biologieunterrichts wäre es demnach, die besonderen Beziehungen in den einzelnen Biosystemen höherer Ordnung (s. Abb. 3-1) zu beschreiben und insbesondere die Rolle der Organismen als selbständige Individuen in den übergreifenden Systemen herauszustellen. Es gibt biologisch keinen Grund, das spannungsvolle dialektische Verhältnis zwischen Individuum und übergreifenden Systemen zugunsten einer Seite aufzulösen (s. Abschnitt 3.1).

c) Es ist zu klären, welche Bedeutung eine sogenannte *ganzheitliche Betrachtung* in der Biologie hat. Diese Bezeichnung wurde nach 1945 meist auf eine umfassende Beschreibung des Einzelorganismus beschränkt (vgl. *Kuhn* 1967; 1975 a). In der nationalsozialistisch gedeuteten Biologie sind »Rasse«, »Volk« und »Lebensgemeinschaften« das Individuum bestimmende »Ganzheiten«, die als die übergreifenden Ordnungen aufrechterhalten bleiben müssen. Heute können in systemtheoretischer Beschreibung derartige Vorstellungen in neuem Gewande wieder auftreten, wenn die mit der Evolution verbundenen Eigenschaften aller Biosysteme, nämlich die Veränderlichkeit und die Geschichtlichkeit, nicht beachtet werden.

d) In der nationalsozialistischen Ideologie wurde die Evolutionstheorie in *vulgär-darwinistischem* Sinne unter den Stichwörtern »Selektion« und »Ausmerze« als Rechtfertigung von Krieg, Rassenvernichtung und Mord an behinderten Menschen mißbraucht. Vor 1933 hatte die Evolutionstheorie keine große Rolle im Biologieunterricht gespielt, da sie als spekulativ abgelehnt wurde. Nach 1945 wurde die Evolutionstheorie zunächst nur als Thema in den Abschlußklassen vorgesehen. Dieser Umstand verhinderte, daß sie als die wesentliche Grundlage biologischer Erkenntnis auch auf unteren Klassenstufen vermittelt wurde. In der DDR wurde die Evolution des Menschen ideologisch einseitig gedeutet, indem dogmatisch gelehrt wurde, die Menschwerdung sei im Sinne von *Friedrich Engels* als Produkt von Eiweißnahrung und Arbeitsteilung zu verstehen. Von den Anhängern kreationistischer Vorstellungen wurde und wird die Evolutionstheorie aufgrund buchstäblicher Auslegung der Schöpfungsberichte der Bibel abgelehnt.
Dieser Umgang mit der zentralen biologischen Theorie erfolgte wohl mit aufgrund der historisch bedingten Wissens- und Verständnislücken. Die Einsicht, daß die Evolutionstheorie der gesamten Biologie zugrundeliegt, sollte daher im Biologieunterricht künftig konsequent beachtet werden. (vgl. *Kattmann* 1992 d).

e) Biologieunterricht diente in einigen Phasen seiner Geschichte vor allem der *Gemütsbildung* und einem einfühlsamen Erleben der Natur (sinnige Naturbetrachtung). An diesen Traditionsstrang knüpfte nach 1945 vor allem der Unterricht an der Hauptschule an, indem er teilweise auf die Ziele religiöser Erziehung ausgerichtet wurde. Er sollte anleiten »zur Ehrfurcht vor Gott und seinem Werk« (Richtlinien und Stoffpläne für die Volksschule in Nordrhein-Westfalen, 3. Auflage 1963, 32; vgl. *Hörmann* 1965; *Kuhn* 1975 a, 20; zur Kritik: *Werner* 1973, 47-52). Obgleich dieser Versuch der Anbindung des Biologieunterrichts an die Religion von den Autoren als Abwehr von Ideologien gedacht war, steht er doch in der Linie jener überwiegend gefühlsmäßigen und irrationalen Erfassung der Natur, die ein Kennzeichen nationalsozialistischer Ideologie war. Ein Biologieunterricht, der sich auf rationale Erkenntnisgewinnung der Wissenschaft »Biologie« bezieht, darf sich daher heute nicht mehr von einer einzelnen weltanschaulichen oder religiösen Gruppe beanspruchen lassen, sondern muß sich für mehrere Deutungen offen halten. Diese Aufgabe läßt sich aber gerade nicht ohne einen klaren Bezug des Biologieunterrichts zu allgemeinen ethischen Normen erfüllen. Dies gilt sowohl im Bereich zwischenmenschlicher Beziehungen, wo der Unterricht den Menschenrechten verpflichtet ist (Grundgesetz der Bundesrepublik Deutschland), wie im ökologischen Bereich, wo das Handeln des Menschen ebenfalls biologisch mitbestimmte Maßstäbe erfordert (s. Abschnitt 3.5.1). Damit sind auch Erziehungsziele der emotionalen Dimension (Werthaltungen, Erleben) verbunden. »Naturerleben« und »Naturverstehen« sollten daher nicht gegeneinander gestellt, sondern aufeinander bezogen werden (s. Abschnitt 4.5).

Die geschilderten Probleme ergeben sich zum großen Teil aus gesellschaftlichen Anforderungen, die der Biologieunterricht erfüllen muß, wenn er Biologie in pädagogisch verantwortlicher Weise vermitteln soll. In der Geschichte der Biologie sind die beiden Stränge »Biologieunterricht als Lebenskunde« und »Biologieunterricht als Vermittlung von Wissenschaft« weitgehend unverbunden geblieben. Dieses unvermittelte Nebeneinander hat die widerstandslose Nutzung und den unglaublichen Mißbrauch des Biologieunterrichts durch eine politisch verbrecherische Ideologie begünstigt.
So bleibt als wichtige Folgerung, das Verhältnis von Wissenschaft und gesellschaftlich bedeutsamem Wissen zu überdenken und für die Vermittlung im Biologieunterricht neu zu bestimmen. Diese Aufgabe wurde in der Bundesrepublik Deutschland mit der Curriculumreform seit dem Ende der 60er Jahre angegangen (s. Abschnitte 1.2.2 und 2.3.2).

2.3.2 Haupttendenzen der Reform seit 1960

Die Reform des Biologieunterrichts wurde in der Bundesrepublik Deutschland durch allgemeindidaktische und biologiedidaktische Überlegungen zur Stoffauswahl und Stoffanordnung vorbereitet. Richtungweisend waren das Konzept des »Elementaren« und »Fundamentalen« von *Wolfgang Klafki* (1964) und das »Prinzip des Exemplarischen« von *Martin Wagenschein* (1962; s. Abschnitt 3.2.3).
Biologiedidaktiker wie *Wilhelm Brockhaus* (1958), *Alfons Beiler* (1965), *Werner Siedentop* (1968, 4. Aufl. 1972), *Hans Esser* (1969, 3. Aufl. 1978), *Wilfried Stichmann* (1970) und *Hans Grupe* (1971, 4. Aufl. 1977) formulierten neue Grundsätze für den Biologieunterricht, die auf den allgemeindidaktischen

Konzepten aufbauten und moderne Entwicklungen in der Biologie berücksichtigten. Ihre Vorschläge betrafen
- die Orientierung an Grundsachverhalten (Phänomenen des Lebendigen),
- die Auswahl zeitgemäßer Bildungsinhalte,
- die Wissenschaftsorientierung,
- das Einüben und die Einsicht in biologische Arbeitsweisen.

Diese Prinzipien wurden während der Curriculumreform seit etwa 1970 aufgegriffen und weiterentwickelt, so daß sie den heutigen Biologieunterricht wesentlich mitbestimmen. Die Curriculumentwicklung bekam wichtige Anstöße zur Neuorientierung durch internationale Konferenzen (z. B. OECD 1963), angelsächsische Curriculum-Projekte (vgl. *Huhse* 1968) und vor allem die programmatische Schrift »Bildungsreform als Reform des Curriculum« von *Saul B. Robinsohn* (1969). Die Neugestaltung des Biologieunterrichts betraf neben der Auswahl und Anordnung von Inhalten auch die angestrebten Unterrichtsformen und Lernprozesse (s. Abschnitt 1.2.2 und Kapitel 3; vgl. *Sönnichsen* 1973; *Werner* 1973; *Memmert* 1975; *Kattmann/Isensee* 1977; *Hedewig* 1980 b; *Kattmann* 1980 a; *Stichmann* 1981).

Den Rahmen für die Reform gab die Bildungskommission des Deutschen Bildungsrates im »Strukturplan für das Bildungswesen« (1970), in dem die Ziele für den *Sekundarbereich I* als Grundbildung für alle umrissen wurden. Diese Grundbildung soll für alle allgemeinbildenden Schulen wissenschaftsorientiert sein. In der Reform des Biologieunterrichts spielt die Verknüpfung individualer und sozialer Probleme mit biologisch bestimmten Inhalten eine große Rolle. Die Verknüpfung von »Wissenschaftsrelevanz«, »Schülerrelevanz« und »Gesellschaftsrelevanz« (s. Abschnitt 3.2.2) erfolgte mit unterschiedlichen Schwerpunkten. Der »Rahmenplan des VDBiol« (1973; 1987; vgl. MNU-Empfehlungen 1991) ist hauptsächlich an allgemeinbiologischen Disziplinen orientiert. Konzepte, mit denen eine weitergehende Integration des Biologieunterrichts mit sozialwissenschaftlich bestimmten Bereichen angestrebt wird, liegen mit dem »humanzentrierten Biologieunterricht« (*Kattmann* 1980 a), der »Existenzbiologie« (*Drutjons* 1982) sowie dem als »ganzheitlich-kritisch« bezeichneten Biologieunterricht vor (*Ellenberger* 1993).

Bezogen auf die Lehrpläne lassen sich die Haupttendenzen folgendermaßen zusammenfassen (vgl. *Hedewig* 1980 a; 1992; *Staeck* 1987; 1991 b; *Bayrhuber/Mayer* 1990):
- Der Unterricht wird aus Einzelthemen (Unterrichtseinheiten) aufgebaut. Viele Themen werden bereits auf unteren Klassenstufen behandelt und später unter anderem Aspekt wiederholt (Spiralprinzip).

- Der humanbiologische Anteil hat stark zugenommen. Er ist nicht mehr auf die Klassenstufen 9 und 10 beschränkt, sondern beginnt bereits in Klassenstufe 5/6 und ist z. T. in allgemeinbiologische Themen integriert. Die klassischen humanbiologischen Themen (Organsysteme) werden durch Gesundheitserziehung, Sexualerziehung sowie humanethologische, humangenetische Themen und z. T. die Stammesgeschichte ergänzt. In einigen Richtlinien kann man von einer »humanzentrierten Grundausrichtung« sprechen (*Staeck* 1991 b, 268).
- Die Anordnung nach der Tier- und Pflanzensystematik sowie die monographische Behandlung einzelner Arten treten zurück gegenüber der Behandlung allgemeinbiologischer Phänomene (Kennzeichen des Lebendigen). Diese Tendenz ist allerdings für die Klassenstufen 5 und 6 seit Mitte der 70er Jahre rückläufig. Es wird seitdem in einigen Lehrplänen ausdrücklich auf monographische Behandlung und systematische Anordnung Wert gelegt und gegen eine allgemeinbiologische Orientierung Stellung bezogen.
- Zusammen mit Art-Monographien wird wieder Nachdruck auf Formenkenntnisse gelegt, die aber zumeist nicht als Selbstzweck, sondern in ihrer Funktion für ökologische Themen, Freizeit, wirtschaftliche Nutzung und für das Verständnis allgemeinbiologischer Phänomene integriert werden sollen.
- Fast überall nehmen Themen der Ökologie und des Umweltschutzes breiten Raum ein.
- Im methodischen Bereich werden wissenschaftliche Verfahrensweisen und ein experimentell ausgerichteter Unterricht empfohlen, womit ein entdekkendes Lernen angestrebt wird (s. Abschnitt 8.2).

Der *Sekundarbereich II* wurde für die allgemeinbildenden Schulen durch die »Vereinbarung zur Neugestaltung der gymnasialen Oberstufe vom 7. Juli 1972« (1976) neu organisiert. Die Jahrgangsklassen wurden zugunsten eines Systems von Grund- und Leistungskursen aufgelöst. Das Curriculum wurde neu formuliert, da Aufgaben und Stundenumfang des Unterrichts erheblich abgeändert wurden (vgl. *Trommer* 1980 a). Die Themen der Kurse sind meist an den Gebieten der Allgemeinen Biologie orientiert: Zytologie, Stoffwechselphysiologie, Sinnes- und Nervenphysiologie, Ethologie, Entwicklungsbiologie, Genetik, Ökologie, Evolution. Zusätzlich werden die Inhalte vielfach an den Ebenen der biologischen Organisation orientiert: Molekulare Ebene und Zell-Ebene, Ebene des Organismus, Ebene der Populationen und Ökosysteme (vgl. *Krumwiede* 1982). Besonderes Gewicht wird in den Richtlinien auch den methodischen und erkenntnistheoretischen Fragestellungen zugemessen (s. Abschnitt 3.3; vgl. *v. Falkenhausen* 1979, 101; 1992; *Trommer* 1980 b). Die

Unterschiede zwischen den einzelnen Bundesländern sind in der inhaltlichen Ausgestaltung der Kurse nicht sehr groß. Sie unterscheiden sich in der Reihenfolge und in den Kombinationen, in denen die biologischen Teildisziplinen unterrichtet werden sollen. Am Anfang steht fast immer die Zytologie. Der »Vorläufige Rahmenplan« von Berlin (1984) fällt mit einem humanbiologischen Kurs und einem biologischen Grundpraktikum aus dem Rahmen. Fächerübergreifende Kurse, wie sie der »Rahmenplan des VDBiol« (1973; 1987) fordert, hat nur das Land Schleswig-Holstein eingerichtet, und zwar zur Kybernetik und zur Wissenschaftstheorie (vgl. die Übersicht über die Länderbestimmungen bei *Hedewig* 1980 b, 23 f.; 1992; *Krumwiede* 1982).
Trotz der grundsätzlichen Übereinstimmung gibt es unterschiedliche Zielsetzungen. So sollen die nach den Richtlinien des Landes Nordrhein-Westfalen zur Auswahl gestellten Kursabfolgen die gesamte Biologie repräsentieren (Richtlinien für die gymnasiale Oberstufe 1981, 83). Dagegen sollen bei den Kursstrukturplänen des Landes Hessen (1979) thematische Schwerpunkte gebildet werden, die »zur Beurteilung der inneren Zusammenhänge der belebten Natur (Weltverständnis) ..., des Selbstverständnisses des Menschen« sowie »wichtiger pragmatischer und gesellschaftlicher Probleme« von unmittelbarer Bedeutung sind. Die stärkste Unterordnung unter eine Leitidee wird im »Vorläufigen Rahmenplan« des Landes Berlin (1984) vollzogen. Alle Kurse stehen dort unter dem Oberthema »Der Mensch als naturbegründetes und kulturabhängiges Wesen«. Die Schüler sollen befähigt werden, »die biologische Bedingtheit des Menschen und die Gefährdung durch seine natürliche und kulturelle Umwelt zu begreifen.«
Vielfach wird die in den Kursen zu unterrichtende Stofffülle beklagt und kritisiert (vgl. z. B. *Fels* 1978, 77; *Hafner* 1980, 171). Im Hinblick auf derartige Fehlentwicklungen wird von der Kultusministerkonferenz in den »Empfehlungen zur Arbeit in der gymnasialen Oberstufe« (1978, 8) betont: »Es ist keinesfalls Sinn der Grundkurse, die Wissensbestände eines Faches in enzyklopädischer Form weiterzugeben.« Die Leistungskurse haben vor allem die Aufgabe, vertieftes Verständnis und erweiterte Kenntnisse wissenschaftspropädeutisch zu vermitteln (s. Abschnitt 3.3). Sie sollen den Schülern ein intensives Eindringen in einen Problembereich ermöglichen und sie zum selbständigen Arbeiten anleiten. Die Schüler sollen für ihre Arbeit adäquate Methoden wählen, deren Übertragbarkeit und Grenzen kennen sowie ihre Arbeitsergebnisse angemessen formulieren können. Bezogen auf die Tendenz, daß in Leistungskursen sehr spezielle Themen abgehandelt werden, das Grundwissen aber häufig vernachlässigt wird (vgl. *Fels* 1978, 70; *Hafner* 1980, 170; Unterricht Biologie 1980, 77 ff.), stellen die »Empfehlungen« (1978, 8 f.) sehr

deutlich heraus: »Es ist keinesfalls die Aufgabe der Leistungskurse, die inhaltlichen und methodischen Voraussetzungen für einen *bestimmten* Studiengang zu liefern oder gar einen wissenschaftlichen Ausbildungsgang oder Teile davon bereits auf der Schule vorwegzunehmen. ...Im Unterricht ist darauf zu achten, daß sowohl eine enge Spezialisierung als auch eine stoffliche Überfrachtung vermieden wird. Lehrer und Schüler müssen länger bei einem Sachgebiet verweilen können, wenn die angestrebten Ziele erreicht werden sollen.« Auch die Leistungskurse sind also nicht als Vorbereitung auf ein späteres Fachstudium zu verstehen, sondern sollen vor allem fächerübergreifende und allgemeine Fähigkeiten fördern.
Die Entscheidung, auch sehr spezielle Themen vor allem im Bereich der Molekularbiologie und Biochemie zu behandeln, wird zuweilen mit dem für ein Abiturfach nötigen Leistungsanspruch und mit der Entwicklung der Wissenschaft »Biologie« begründet, in der chemische und physikalische Methoden immer größere Bedeutung erlangten. Dagegen wird von einigen Autoren eingewendet, daß die Eigenart der Biologie darin bestehe, mehrere Systemebenen zu berücksichtigen und den Gegenstand unter verschiedenen Aspekten sowie in seinen komplexen Bezügen zu anderen Sachverhalten, z. B. gesellschaftlichen Zusammenhängen, zu behandeln (vgl. *v. Falkenhausen* 1979; *Nath* 1980; *Trommer* 1980 a; b; *Daumer* 1982; *Bojunga* 1985). Die Schwierigkeit des Faches »Biologie« ergebe sich somit aus der Vielfalt der Betrachtungsweisen, der Berücksichtigung von Variabilität und Komplexität sowie aus dem dialektischen Einbezug verschiedener Gesichtspunkte, nicht aber aus einer unbedingten Orientierung an Chemie und Physik (vgl. *Schaefer* 1982).
Die von den Kultusministern für alle Abiturfächer beschlossenen »Einheitlichen Prüfungsanforderungen« (1983) sollen die Vergleichbarkeit der Anforderungen im Abitur zwischen den Bundesländern und den einzelnen Abiturfächern sicherstellen. Die dabei nötigen Festschreibungen formaler und inhaltlicher Anforderungen sind, bezogen auf die genannten Ziele der gymnasialen Sekundarstufe II, nicht unumstritten, da die so vereinbarten Standards einerseits der individuellen Schwerpunktsetzung, andererseits durch einen zu hohen Fachanspruch der allgemeinen Grundbildung entgegenwirken können (s. Abschnitt 12.2.3).

Das *Bildungssystem der DDR* bestand aus einer 10jährigen allgemeinen Schule (Polytechnische Oberschule, POS) und einer auf dieser aufbauenden 2jährigen Oberstufe (Erweiterte Oberschule, EOS), die zum Abitur führte. Der verbindlich vorgeschriebene »Präzisierte Lehrplan Biologie« war in den unteren Klassenstufen an Systematik, auf der Klassenstufe 8 an Menschenkunde und erst danach an allgemeinbiologischen Disziplinen orientiert (vgl. *Sönnichsen* 1973; *Gärtner* 1977; *Dietrich* 1985). Die Bestimmungen der streng verpflichtenden Lehrpläne wurden z. T. durch politisch-ideologische Vorgaben massiv beeinflußt (vgl. *Dietrich* u. a. 1979, z. B. 30 ff., 227 ff.; *Dietrich* 1985; *Teutloff/ Schubert* 1991; *Tille* 1992 f.). Auch die letzte Überarbeitung des Lehrplans Biologie war an zentral vorgegebene Direktiven gebunden, durch die die systematische Orientierung beibehalten und eine von den Fachleuten angestrebte stärkere Reform mit einer Strukturierung an allgemeinbiologischen Aspekten ausgeschlossen wurde (vgl. *Litsche/Löther* 1990). Stattdessen wurde versucht, die modernen Aspekte der Biologie mit Grundsätzen zur »Linienführung« stärker einzubringen (vgl. *Horn* 1987; 1989; *Zabel* 1988). Mit dem Beitritt der östlichen Bundesländer zur Bundesrepublik Deutschland wurden in diesen Rahmenpläne entwickelt, die weitgehend an denen der alten Bundesländer orientiert sind (vgl. *Manitz* 1991; *Zabel* 1991b; c; *Schulz* 1991; MNU-Empfehlungen 1991).

Durch die zunnehmende Freizügigkeit in Europa wurden besonders seit Beginn der 80er Jahre der Austausch der Erfahrungen intensiviert und die gegenseitige Abstimmung bei der Entwicklung des Biologieunterrichts angestrebt. Die Rolle des Biologieunterrichts ist in den Bildungssystemen der Staaten Europas jedoch trotz der Bemühungen internationaler Vereinigungen z. T. noch sehr unterschiedlich (vgl. *Schaefer* 1982 b; 1986; *Grimme* 1986; *Staeck* 1993).

Literatur

Bayrhuber/Mayer 1990; Beiler 1965; *Berck, K.-H.,* 1975 b; *Bojunga* 1985; *Brockhaus* 1958; *Daumer* 1982; *Dietrich* 1985; *Dietrich* u. a. 1979; *Drutjons* 1982; *Ellenberger* 1993; Deutscher Bildungsrat 1970; Einheitliche Prüfungsanforderungen 1983; Empfehlungen gymnasiale Oberstufe 1978; *Esser, Hans,* 1978; *v. Falkenhausen* 1979; 1992; *Fels* 1978; *Gärtner* 1977; *Grimme* 1986; *Grupe* 1977; *Hafner* 1980; *Hedewig* 1980 a; 1992; *Hörmann* 1965; *Horn* 1987; 1989; *Huhse* 1968; *Kattmann* 1980 a; 1982; 1988 c; 1992 d; *Kattmann/Isensee* 1977; *Klafki* 1964; *Klausing* 1968; *Krumwiede* 1982; *Kuhn, W.,* 1967; 1975 a; Kursstrukturpläne Hessen 1979; *Litsche/Löther* 1990; *Manitz* 1991; *Memmert* 1975; MNU-Empfehlungen 1991; *Nath* 1980; OECD 1963; Rahmenplan des VDBiol 1973; 1987; Richtlinien NRW 1963; 1981; *Robinsohn* 1969; *Schaefer* 1980 b; 1982 b; 1986; *Schulz, I.,* 1991; *Siedentop* 1972; *Skaumal/Staeck* 1980; *Sönnichsen* 1973; *Staeck* 1987; 1991 b; 1993; *Stichmann* 1970; 1981; Teutloff/*Schubert* 1991; *Tille* 1992 f.; *Trommer* 1980 a; b; Unterricht Biologie 1980; Verinbarung gymnasiale Oberstufe 1976; Vorläufiger Rahmenplan Berlin 1984; *Wagenschein* 1962; *Werner, H.,* 1973; *Zabel* 1988; 1991 b; c

3 Biologie als Wissenschaft und Unterrichtsfach

3.1 Zum Begriff »Biologie«

Die Anfänge der »Wissenschaft vom Leben« sind älter als das Wort »Biologie«, das heute für diesen Wissenschaftsbereich verwendet wird. Die umfangreichen Naturbeobachtungen, -beschreibungen und -deutungen des *Aristoteles* (384 bis 322 v. Chr.) haben die Naturbetrachtung des gesamten Mittelalters geprägt (vgl. *Arber* 1960). Als eigenständige Wissenschaft konnte die Biologie erst entstehen, als die Gemeinsamkeiten von Pflanzen und Tieren (und schließlich auch des Menschen) als Lebewesen gegenüber der nichtlebenden Natur stärker in den Blick kamen. Bis zur Wende vom 18. zum 19. Jahrhundert waren die Botanik und die Zoologie als Teile der Naturgeschichte mit der Erforschung anderer Naturbereiche eng verbunden. Die Naturgeschichte umfaßte die lebende und die nichtlebende Natur. Noch *Carl von Linné* hat 1735 in seinem die moderne Systematik der Pflanzen und Tiere begründenden Werk »Systema naturae per regna tria naturae« die drei Naturreiche »Mineralien«, »Pflanzen« und »Tiere« zusammen behandelt. Ganz auf *Aristoteles* fußend, unterschied er »Mineralien, die nur wachsen können« (man denke an Kristalle), »Pflanzen, die wachsen und leben« sowie »Tiere, die wachsen, leben und fühlen«. Erst später wurde aus der gesamten Naturgeschichte die »Naturkunde« ausgegliedert, die sich mit physikalischen und chemischen Phänomenen befaßt. Die Bezeichnung »Naturgeschichte« wurde dann überwiegend für die Beschäftigung mit Pflanzen und Tieren verwendet. Der Genfer Naturforscher *Charles Bonnet* (1720 bis 1793) war der erste, der »unorganische« und »organische« Stoffe ausdrücklich gegenüberstellte. Die Unterscheidung »organisch/anorganisch« wurde in der Folgezeit von vielen Naturforschern aufgenommen. Der französische Arzt *Xavier Bichat* (1711 bis 1802), der als der Begründer der Gewebelehre gilt, trennte 1801 prinzipiell die »sciences physiques« von den »sciences physiologiques« ab, also die physischen (Physik, Chemie, Geologie) von den physiologischen Naturwissenschaften (Biologie, Medizin).

Das Wort »Biologie« wurde zuerst von dem Braunschweiger Arzt *Theodor G. A. Roose* verwendet. Dieser bezeichnete 1797 sein Buch »Grundzüge der Lehre von der Lebenskraft« im Vorwort als den »Entwurf einer Biologie«. Der Titel des Buches war ein Zugeständnis an den damals herrschenden Vitalismus (s. Abschnitt 3.3.2), dem *Roose* selbst durchaus nicht zustimmte. Der Mediziner

Karl Friedrich Burdach (1776-1847) verwendete das Wort »Biologie« für die Lebenserscheinungen des Menschen.
Den Begriff »Biologie« haben schließlich zwei Naturforscher gleichzeitig in seiner heutigen Bedeutung geprägt: der Bremer Mediziner *Gottfried Reinhold Treviranus* in seinem Werk »Biologie oder Philosophie der lebenden Natur für Naturforscher und Ärzte« (1802 bis 1822) sowie der französische Zoologe und Naturphilosoph *Jean Baptiste de Lamarck,* vor allem in seinem Werk »Recherches sur l'organisation des corps vivants« (Untersuchungen über die Organisation lebender Körper, 1802). *Treviranus* betrachtete als Ziel der Biologie die »Erforschung der Triebfedern, wodurch jener große Organismus, den wir Natur nennen, in ewiger reger Tätigkeit erhalten wird«. Er setzte hierfür eine einheitliche Naturbetrachtung voraus, die Botanik und Zoologie übergreift. In dieses Vorgehen schloß er auch angewandte Biologie (Landwirtschaft, Heilkunde) und ökologische Überlegungen ein (vgl. *Leps* 1977; *Jahn* 1990, 298).
Heute wird die Biologie auf verschiedene Weise als Naturwissenschaft verstanden, und das Wort »Biologie« wird entsprechend unterschiedlich übersetzt. Die wörtliche Bedeutung »Wissenschaft vom Leben« ist umstritten. Gegenwärtig vertreten viele Biologen die Auffassung, daß das Wort »Leben« einen metaphysischen Begriff bezeichne, der nicht Gegenstand der Naturwissenschaft Biologie sein könne. Biologie sei vielmehr die »Lehre von den lebenden Körpern und den Vorgängen, die sich an ihnen abspielen« (*Hartmann* 1953, 16). In den entsprechenden Definitionen der Biologie wird das Wort »Leben« daher vermieden. Die Definitionen beziehen sich auf »Lebewesen« oder deren Gesamtheit, das »Lebendige«. Soweit von »lebendigen Systemen« gesprochen wird, sind damit ausschließlich Organismen (Lebewesen) gemeint (*Libbert* 1986, 15; vgl. Herder Lexikon der Biologie 1984; *Czihak/Langer/Ziegler* 1990). Viele Biologiedidaktiker schließen sich diesen Definitionen an (vgl. z. B. *Grupe* 1977, 1; *Killermann* 1991, 14 f.).
Eine andere Auffassung vertreten diejenigen Autoren, die auch die organismusübergreifenden Systeme wie Populationen, Biozönosen, Ökosysteme als lebende Systeme (Biosysteme) bezeichnen. Grundlegend ist dabei, daß nicht nur die Organismen allein, sondern auch die anderen Biosysteme als Träger der Lebensprozesse angesehen werden. In dieser systemtheoretischen Auffassung wird naturwissenschaftlich von »Leben« als der Gesamterscheinung aller spezifischen Prozesse in Biosystemen gesprochen. »Biologie ist die Wissenschaft vom Leben« (*v. Sengbusch* 1985, VII; vgl. *Bünning* 1959; s. Abschnitt 3.3.2: Systemtheoretische Betrachtungsweise). Diese Sicht wird weitergeführt in der Aussage, daß die Biosphäre als Gesamt-Ökosystem der Erde alle Biosysteme umgreift. Von einer Wissenschaft der Lebewesen wird Biologie

damit zur Wissenschaft von der Biosphäre, deren Strukturen und deren Geschichte (vgl. *v. Wahlert* 1977; 1981; *v. Wahlert/v. Wahlert* 1977; *Kattmann* 1980 a, XXII ff.; 143; 1984). Aufgrund dieser Auffassung ist die Definition der Biologie in ihrer ursprünglichen Wortbedeutung wieder möglich.
In die gleiche Richtung gehen die vom russischen Biogeochemiker *Vladimir I. Vernadsky* entwickelten Vorstellungen. Die übergreifenden Biosysteme wie Biozönosen und Ökosysteme sind primäre Organisationsformen der »lebenden Materie« (vgl. *Wernadski* 1972). Erdgeschichte und Lebensgeschichte sind eng verbunden. Der Planet Erde wird in seiner heutigen Gestalt wesentlich von den Lebewesen bestimmt und kann daher als »Bioplanet« charakterisiert werden. Biologie und Geologie rücken dann wieder so eng zusammen, wie es ihren Gegenständen entspricht (vgl. *Schmidt* 1989; *Kattmann* 1991 b).
Die Gliederung der Biologie in verschiedene *Teilgebiete* und Aspekte ist von den skizzierten verschiedenen Grundauffassungen und historischen Faktoren bestimmt (s. Tabelle 3-1). Die traditionelle Aufteilung des Faches in die Sparten der *Speziellen Biologie* ist durch die Entstehung einer großen Anzahl diese Gliederung übergreifender Teildisziplinen ergänzt und z. T. überholt worden. Diese zur traditionellen Einteilung quer stehenden, die Organismengruppen übergreifenden Teildisziplinen werden zusammen als *Allgemeine Biologie* bezeichnet. Als dritte Kategorie kann neben die Spezielle Biologie und die Allgemeine Biologie die *Theoretische Biologie* gestellt werden, deren Arbeitsgebiete die gesamte Biologie mit allen anderen Teildisziplinen betreffen. Alle die genannten Teilgebiete können als Grundlagenwissenschaften und als *Angewandte Biologie* betrieben werden. Schließlich kann noch eine *Meta-Ebene* aufgeführt werden, auf der die Disziplinen vereinigt sind, die *über* Biologie Aussagen machen; zu diesen gehört auch die Biologiedidaktik.

Teildisziplinen Spezielle Biologie	Allgemeine Biologie	Theoretische Biologie	
Botanik Zoologie Humanbiologie Mikrobiologie	Physiologie Genetik Ökologie Phylogenetik Cytologie Molekularbiologie Biochemie	Biosystemtheorie Evolutionstheorie	
Metadisziplinen			
Geschichte der Biologie	Biologiedidaktik	Wissenschaftstheorie	Erkenntnistheorie

Tabelle 3-1: Teildisziplinen und Metadisziplinen der Biologie

Das Verständnis der Biologie hat sich in ihrer Geschichte gewandelt (s. Abschnitt 3.4, Tabelle 3-6). Aufgaben und Aufteilung der Einzeldisziplinen der Allgemeinen Biologie werden heute meist von denjenigen Lebenserscheinungen her beschrieben, die bei Organismen zu finden sind. Dabei werden gern drei Klassen von Phänomenen aufgezählt:
- diejenigen, die in der Zeit invariabel sind: Organisation;
- diejenigen, die sich in der Zeit wiederholen: Funktion;
- diejenigen, die in der Zeit progressiv sind: Entwicklung.

Diese Gliederung wurde als Dreiheit (Bau, Funktion und Entwicklung) vielfach wissenschaftssystematischen und didaktischen Überlegungen zugrundegelegt (vgl. *Knoll* 1974 a).

Um einer solchen einseitigen Beschränkung auf die Funktionen des Organismus zu entgehen, unterscheidet *Ernst Mayr* (1979, 186) zwei prinzipiell verschiedene und weitgehend getrennte Gebiete der Biologie: »Funktionsbiologie«, die sich mit den Wechselbeziehungen und Strukturen innerhalb des Organismus befaßt, und »Evolutionsbiologie«, die nach der Evolution der Strukturen des Lebendigen fragt, also nach der Geschichte von Population-Umwelt-Systemen: Funktionsbiologie und Evolutionsbiologie sind im Sinne von *Mayr* keine Gegensätze, sondern sie ergänzen einander. Die Unterscheidung von *Mayr* trifft sich mit systemtheoretischen Ansätzen anderer Autoren (s. Abschnitt 3.3.2). Diese orientieren sich an den Ebenen biologischer Organisation, wobei unterschiedliche Fragestellungen sowie die »zwei Biologien« von *Mayr* miteinander verknüpft werden können. Der Ökologe *Eugene P. Odum* (1983, 5 f.) nennt die folgenden Ebenen: Gene, Zellen, Organe, Organismen, Populationen, Gemeinschaften, Ökosysteme, Biosphäre.

Zur besseren Gliederung der Biologie werden von verschiedenen Autoren unter diesen Ebenen bestimmte hervorgehoben. So gliedert *Peter von Sengbusch* (1985) seine »Allgemeine Biologie« nach den Organisationsstufen »Zelle«, »Vielzeller« und »Gesellschaften« (Biozönosen) und schließt die »Evolution« als übergreifenden Prozeß an. *Ulrich Kattmann* (1980 a, 143 ff.) hebt nur drei grundlegende Biosysteme hervor: Biosphäre, Population, Organismus. Die Begründung hierfür ist die Tatsache, daß die drei ausgewählten Biosysteme nach biologischen Kriterien abgrenzbar und außerdem durch drei verschiedene Arten von Relationen (Beziehungen) charakterisiert sind: Die Biosphäre ist das umfassende Gesamt-Ökosystem der Erde, die konstituierenden Beziehungen sind ökologisch zu beschreiben; die Population wird definiert durch die Grenzen des Genflusses, die Beziehungen sind generativ und genetisch; der Organismus ist morphologisch abzugrenzen, die Beziehungen sind physiologisch zu beschreiben, er ist Träger der genetischen Information.

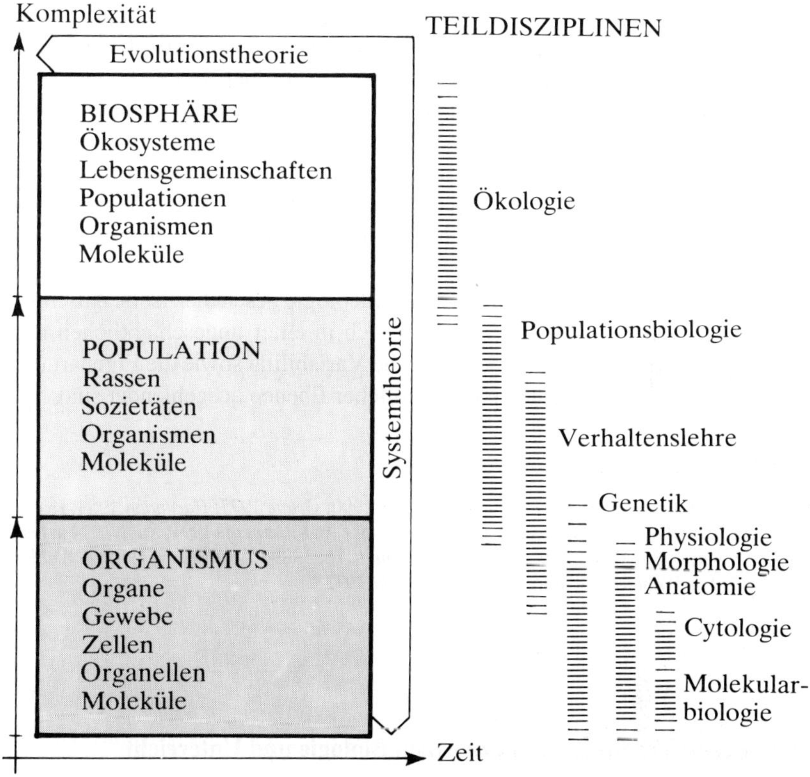

Abb. 3-1: Struktur der Biologie als Wissenschaft von der Biosphäre und deren Geschichte (nach *Kattmann* 1980 a).
Es sind drei Ebenen biologischer Organisation dargestellt: Biosphäre-Population-Organismus. Diese drei Biosysteme sind gegenüber den anderen Teilsystemen hervorgehoben, da sie Beziehungsgefüge dreier verschiedener Relationen darstellen (physiologische, generative und ökologische Beziehungen) und nach biologischen Kriterien eindeutig abgrenzbar sind.
Das Achsenkreuz verdeutlicht, daß Biologie nur in Abhängigkeit von Zeit und Komplexität verstanden werden kann. Systemtheorie und Evolutionstheorie bilden daher durchgehende Forschungs- und Erklärungsaspekte der Biologie. Die Pfeilrichtungen geben an, daß der Verlauf der Evolution nur gegen die Zeitrichtung rekonstruiert werden kann und Biosysteme nur analysiert, nicht aber allein aufgrund der Kenntnis isolierter Teile aufgebaut werden können. Die einzelnen Teildisziplinen (Markierungen rechts) können in ihren Schwerpunkten den drei Biosystemen zugeordnet werden.

Alle Biosysteme haben eine Geschichte. Die *Evolution* ist daher das übergreifende Geschehen (Geschichte der Biosphäre). Abbildung 3-1 verdeutlicht die in dieser Sicht entstehende Struktur der Biologie. Sie zeigt, wie traditionelle Teildisziplinen den Ebenen biologischer Organisation zugeordnet, somit aufeinander bezogen und in eine Gesamtschau eingeordnet werden können.
Die Relationen in und zwischen Biosystemen müssen dialektisch beschrieben werden, so daß eine Systemebene nicht in der anderen aufgeht oder zu deren Gunsten aufgelöst werden kann (Teil-Ganzes-Relationen). Andernfalls kann die systemtheoretische Sicht in politischer oder ideologischer Absicht dazu mißbraucht werden, z. B. die Unterordnung des Individuums unter ein übergeordnetes System (wie Natur, Art, Volk ,Rasse) zu begründen, wie dies in der »ganzheitlichen« nationalsozialistischen Ideologie geschehen ist (s. Abschnitt 2.2.2). Ein solcher Mißbrauch gründet sich in einer ungeschichtlichen und statischen Sicht der Biosysteme, in der die Variabilität sowie die Eigenart und Autonomie der Biosysteme unterschiedlicher Ebenen ausgeblendet sind.

Literatur

Arber 1960; *Bünning* 1959; *Czihak/Langer/Ziegler* 1990; *Grupe* 1977; *Hartmann* 1953; Herder Biologie 1984; *Jahn* 1990; *Kattmann* 1980 a; 1984; 1991 b; *Killermann* 1991; *Knoll* 1974 a; *Leps* 1977; *Libbert* 1986; *Mayr* 1979; *Odum* 1983; *Schmidt, H.,* 1989; *v. Sengbusch* 1985; *v. Wahlert* 1977; 1981; *v. Wahlert/v. Wahlert* 1977; *Wernadski* 1972

3.2 Zum Verhältnis von Bezugsfach Biologie und Unterricht

3.2.1 Sinn und Bedeutung von Biologieunterricht heute

Biologiedidaktik beschränkt sich nicht darauf, Aussagen der Biowissenschaften methodisch in den Unterricht umzusetzen. Sie muß die Inhalte und Arbeitsweisen der Biologie vielmehr in mehrfacher Hinsicht kritisch sichten und bearbeiten. Eine wichtige Aufgabe besteht darin, das Fachwissen auf pädagogisch bedeutsame Elemente hin zu untersuchen und aufzuschlüsseln. Dabei sollen also diejenigen Momente des »Lernstoffs« freigelegt werden, die Lernprozesse unmittelbar bewirken oder fördern können (vgl. *Berck* 1980, 91). Im Sinne der bildungstheoretischen Didaktik soll die *didaktische Analyse* den »Bildungsgehalt« aufdecken und den größeren Sinnzusammenhang herstellen (vgl. *Klafki* 1964). Die Fachinhalte sind also in übergreifende Zusammenhänge zu stellen. Dies gilt sowohl für fachübergreifende wie für innerfachliche Bezüge. Das Herstellen innerfachlicher Bezüge ist in der Biologie besonders wichtig, da diese durch die moderne Entwicklung in zahlreiche Teildisziplinen und Spezialgebiete zergliedert ist (s. Abschnitt 3.2.5).

Sinn und Bedeutung des Biologieunterrichts ergeben sich aus den Beiträgen der Unterrichtsinhalte und Unterrichtsprozesse für das Selbst- und Weltverständnis der Lernenden und für die daraus erwachsende Fähigkeit zu handeln. Diese Beiträge werden meist als »Bildungswert« der Biologie zusammengefaßt. Anstelle des vage und unscharf erscheinenden Begriffes »Bildung« wurde unter dem Einfluß amerikanischer Psychologie und Ethnologie der Begriff »Enkulturation« eingeführt, mit dem das Hineinwachsen des jungen Menschen in die jeweilige kulturelle Umwelt mit deren Normen, Traditionen und Erfahrungen (kulturelle Objektivationen wie Kunst, Wissenschaft, Technik) beschrieben wird (vgl. *Werner* 1973, 54 f.; *Leicht* 1981, 24). Der Begriff der Enkulturation ist jedoch kaum schärfer zu umreißen als der der Bildung. Er ist dadurch charakterisiert, daß die jeweiligen kulturellen Bedingungen als vorgegeben und damit für das Individuum als bestimmend betrachtet werden, während im Begriff der Bildung der Prozeß der Auseinandersetzung zwischen Individuum und Umwelt betont wird, in dem sich das Individuum die Welt und sein Selbst verstehend erschließt (vgl. *Klafki* 1980 a). Der konkrete Inhalt von Bildung und Erziehung ist jeweils nur bezogen auf eine bestimmte gesellschaftliche und geschichtliche Situation zu bestimmen. Für die Gegenwart hat *Wolfgang Klafki* (1993) »epochaltypische Schlüsselprobleme« formuliert (s. Abschnitt 4.1). In diesem Zusammenhang kann der Biologieunterricht beitragen

- zu einer erlebnishaften Bindung des jungen Menschen an die Natur (Naturerleben);
- zur Grundlegung eines wissenschaftlichen Welt- und Selbstverständnisses;
- zur Bewältigung und Nutzung sowie zum nachhaltigen Schutz der Natur;
- zur Förderung des Verantwortungsbewußtseins für den eigenen Körper, für den Mitmenschen und die Gesellschaft;
- zur Förderung des verantwortungsvollen Umgangs mit allen Lebewesen (nach *Stichmann* 1970, 11; 1981, 109; ergänzt durch *Zucchi* 1992, 411; vgl. *Killermann* 1991, 46 f.).

Die Beiträge der Biologie und des Biologieunterrichts zu einem rational fundierten Selbst- und Weltverständnis werden seit langem von Fachwissenschaftlern (vgl. *Mohr* 1970; *Markl* 1971) und einigen Biologiedidaktikern (vgl. *Siedentop* 1972, 11-13; *Grupe* 1977, 207-217; *Esser* 1978, 10-20; *Leicht* 1981,

21-42) vor allem als Einsicht in die Grundphänomene des Lebendigen sowie die Stellung und Rolle des Menschen in der Natur beschrieben. Von anderen werden fachdidaktische Folgerungen aus der Entwicklung der Biologie zu einer experimentell exakten sowie einer zunehmend angewandten Naturwissenschaft gezogen (vgl. *Mostler/Krumwiede/Meyer* 1979, 5 f.). Die Entwicklung der Biologie erfordert eine vertiefte Methodenkenntnis und Methodenkritik und führt so zu einer wissenschaftspropädeutischen Akzentuierung des Unterrichts (s. Abschnitt 3.3).
Der angewandte Aspekt führt auch aus der Biologie heraus zu dem Auftrag, im Biologieunterricht *individuale und soziale Probleme* verstärkt zu erfassen (vgl. *Grupe* 1977, 208 f.; *Memmert* 1975, 20-25; *Hedewig* 1980 a, 15; 1992). Als wesentliche Bereiche werden in diesem Zusammenhang genannt: Gesundheit (Körperpflege, Ernährung, Zivilisationskrankheiten), Ökologie und Umweltschutz (u. a. Artenschutz, Landschaftsschutz, Umweltgefahren), Zusammenleben der Menschen (Aggression, Gruppenverhalten, Rassenfragen, Bevölkerungsprobleme), Freizeitbeschäftigung (Naturerleben, Pflege von Pflanzen und Tieren). Die angeführten Probleme verlangen das Einbeziehen von *Nachbardisziplinen* der Biologie wie Psychologie und Sozialkunde oder darüber hinaus ein fächerübergreifendes Vorgehen (s. Kapitel 4). Der Umwelterziehung und der Gesundheitserziehung wird in diesem Zusammenhang besondere Bedeutung zugesprochen (vgl. *Hedewig* 1992, 89 f.). In Weiterführung des Ansatzes der Hessischen Rahmenrichtlinien (s. Abschnitt 2.3.2) wird von einigen Autoren ein als »ganzheitlich-kritisch« verstandener Biologieunterricht angestrebt, der an der Lebenssituation der Lernenden orientiert ist und sie in die Lage versetzt, biologisches Wissen verantwortlich und angemessen anzuwenden (vgl. *Ellenberger* 1993). *Peter Drutjons* (1982) möchte die Aufgaben des Biologieunterrichts völlig auf das zum Leben und Überleben Notwendige beschränken (»Existenzbiologie«; zur Kritik vgl. *Eschenhagen* 1983 a).

In letzter Zeit ist besonders die Rolle der *Formenkunde* für das Verständnis des Lebendigen hervorgehoben worden (vgl. *Sturm* 1982; *Eschenhagen 1985; Eschenhagen/Kattmann/Rodi* 1989; 1992; *Mayer* 1992; 1993; *Janßen* 1993; Bibliographie: *Mayer/Mertins* 1993; *Zabel* 1993). Formenkunde sollte dabei die höchsten Taxa einschließen, so daß das Bild von den Lebewesen nicht auf die traditionelle Dichotomie von Pflanzen und Tieren beschränkt bleibt. Die fünf Reiche der Organismen - Pflanzen, Pilze, Tiere, Protoktisten und Moneren (Bakterien) - sollten endlich Einzug in die Schulen halten (vgl. *Horn* 1993).
Das Phänomen »Vielfalt« sollte nicht auf eine reine Orientierung am System der Lebewesen reduziert werden. Die *Biodiversität* betrifft vielmehr alle

Organisationsebenen des Lebendigen. Die Erforschung des Bioplaneten Erde sollte zunehmend zu einer Sicht führen, mit der die Evolution der Lebewesen nicht durch isolierte Stammeslinien und abgegrenzte Typen beschrieben wird, sondern als Koevolution in Abhängigkeit, Konkurrenz und Kooperation der Arten (synökologische Betrachtung der Evolution). Die Lebewesen sind in ihrer Geschichte und Zukunft durch konkrete Beziehungen miteinander verbunden und nur in geschichtlicher und aktualer Abhängigkeit zueinander zu verstehen und zu beschreiben. Der Zoologe *Gerd von Wahlert* (1977) sieht in der Geschichtlichkeit des Lebendigen die spezifische und zentrale Aussage der Biologie, die vom Biologieunterricht zu vermitteln ist. Dabei ist stärker als bisher zu beachten, daß auch der Mensch mit Kultur und Technik Teil der Natur ist. Die mit der Stellung und dem Handeln des Menschen in der Natur verbundenen Probleme sollten dazu führen, im Biologieunterricht verstärkt ethische Fragen zu behandeln (s. Abschnitt 3.5; vgl. *v. Falkenhausen* 1992; *Gebhard* 1992 a; *Gropengießer/Kattmann* 1991).

3.2.2 Bereiche der Inhaltsauswahl

Eine Aufgabe der Fachdidaktik ist es, die notwendigen Entscheidungen bei der Auswahl von Unterrichtszielen und Unterrichtsinhalten möglichst weitgehend zu begründen und durch die Angabe von Grundsätzen einsehbar zu machen. Allgemein werden drei Bereiche unterschieden, in denen derartige Entscheidungen für den Unterricht fallen: Wissenschaft, Gesellschaft und Schüler. Diese Aufzählung stammt von *Ralph W. Tyler* (1973) und wurde in der Curriculumentwicklung übernommen (vgl. *Huhse* 1968). Die Bereiche können auch als unterrichtsbezogene Fragen formuliert werden:

»1. Bedürfnisse und Interessen des Schülers: Was möchte und was braucht der Schüler jetzt? ('Schülerrelevanz').
2. Anforderungen in der Gesellschaft: Welche Qualifikationen braucht der Staatsbürger gegenwärtig und wahrscheinlich in absehbarer Zeit? ('Gesellschaftsrelevanz').
3. Anforderungen der jeweiligen Bezugswissenschaften: Welches Wissen ist für den Schüler notwendig, damit wissenschaftliche Aussagen sachgemäß verstanden und angewendet werden können? ('Wissenschaftsrelevanz')« (*Kattmann/Schaefer* 1974, 11).

Dabei zeigt sich meistens, daß die Gesichtspunkte die Auswahl der konkreten Inhalte nicht nachhaltig beeinflussen, da diese viel stärker vom Vorverständnis des Auswählenden bestimmt wird als durch vorgegebene Kriterien. Außerdem

sind die drei Bereiche nicht unabhängig voneinander, sondern Individuum (Schüler) und Wissenschaft sind vom Bereich »Gesellschaft« beeinflußt. Für sich genommen, sind die drei Kriterien für die Inhaltsauswahl ungeeignet. *Wolfgang Memmert* (1975, 20; vgl. 1980 b) zieht daraus den Schluß, daß die Gesellschaftsrelevanz als Hauptdeterminante des Entscheidungsprozesses fungieren müsse. In der Curriculumpraxis wurde dagegen häufig der Determinante »Wissenschaft« der meiste Einfluß eingeräumt; die Determinante »Schüler« wurde oft nur deklamatorisch berücksichtigt (vgl. *Huhse* 1968).
Da sich aus der Orientierung an den Bereichen z. T. widersprüchliche Tendenzen ergeben, wäre es für ein nachprüfbares Verfahren notwendig, das Verhältnis der Bereiche zueinander genauer zu beschreiben (vgl. *Sönnichsen* 1973; *Kattmann* 1980 a, 80 f.).
Dies könnte durch übergeordnete *Erziehungsziele* geschehen. In diesem Zusammenhang ist es bedeutsam, daß bereits *Tyler* die drei Bereiche nicht als Entscheidungskriterien betrachtete, sondern lediglich als Ressourcen (Quellen) zur Gewinnung relevanter Unterrichtsziele. Die Anzahl der so gewonnenen Ziele ist größer, als von der Schule verwirklicht werden kann. Daher fordert *Tyler* (1973), daß die Auswahl mit Hilfe eines Gesamtkonzeptes der Erziehung in der Schule und durch Kriterien der Lernpsychologie erfolgen solle.
Die Funktion der drei Bereiche ist also ohne übergeordnete Kriterien ungeklärt. Besonders viele unterschiedliche Stellungnahmen gibt es zur Bedeutung der »Gesellschaftsrelevanz« (vgl. *Drutjons* 1980). Daher sollten die drei Bereiche lediglich als grobes Hilfsinstrument verwendet werden, um ungeeignete Lernziele und Lerninhalte auszuschließen (vgl. *Memmert* 1980 b).
Für die weitergehende Begründung von Unterrichtsinhalten sowie zu deren Aufschlüsselung unter verschiedenen Gesichtspunkten (Aspektierung) haben mehrere Autoren Konzepte und Instrumente vorgelegt (vgl. *Bayrhuber* 1977; *Strauß* 1977; *Strey* 1980; *Adl Amini* 1980).

3.2.3 Exemplarisches Prinzip und Orientierungswissen

Die Frage der Auswahl von Unterrichtsinhalten ist eng verknüpft mit dem sogenannten *exemplarischen Prinzip* von *Martin Wagenschein* (1973; vgl. 1962). Obgleich der Begriff in der Literatur nicht einheitlich verwendet wird, versteht man darunter doch allgemein ein Verfahren der Stoffauswahl, das geeignet ist, die Stoffülle zu beschränken.
Kennzeichnend ist, daß nach dem exemplarischen Prinzip der Unterricht nicht linear erfolgt, sondern an bestimmten zu erschließenden Problemen orientiert

wird. Die Schüler lernen den Unterrichtsstoff in der Regel dann nicht in einer fachlich bestimmten systematischen Reihenfolge, sondern gehen vom ausgewählten Beispiel aus in die Tiefe. *Werner Siedentop* (1972, 46) schildert dieses Vorgehen am Thema »Knochenbruch«: »Während der wissenschaftlich-systematische Weg von der Zelle über die Gewebe zu den Organen führt und man an der richtigen Stelle den Knochenbruch behandelt, würde der exemplarische Weg mit einem Einstieg bei dem im Augenblick eines Unfalls aufflammenden Interesse an einem Knochenbruch einsetzen. Was ist geschehen? Wie erfolgt die erste Hilfeleistung? Was tut der Arzt? Warum? Wollen die Schüler ihre Fragen beantwortet haben, so müssen sie sich zunächst mit dem Bau des Knochens und seiner Funktion beschäftigen (unter Heranziehung mikroskopischer Präparate, physikalischer und chemischer Versuche). Dabei stößt man auf die Begriffe Zelle, Gewebe, Knochensystem, Muskeln, Bewegung, Heilung, Regeneration u. a.«

Mit dem exemplarischen Verfahren soll ein »Vorratslernen« vermieden werden, bei dem die Schüler vor allem das lernen, was sie erst später oder vielleicht gar nicht benötigen. Damit hat das exemplarische Verfahren eine große Nähe zum problemorientierten Unterricht und zum entdeckenden Lernen (vgl. *Scholz* 1980; *Neber* 1981). Mit ihm sollen die folgenden Ziele erreicht werden (*Siedentop* 1972, 46; im Anschluß an *Wagenschein*):

»Die Schüler sollen

1. erfahren, was es in der Biologie als Naturwissenschaft heißt, eine Einzelerscheinung zu verstehen, zu erklären, eine Ursache zu finden;
2. erfahren, wie man ein Experiment als eine Frage an die Natur ausdenkt, ausführt, auswertet und wie man daraus zu Regeln und Gesetzen vordringt;
3. erfahren, wie ein Teilgebiet der Biologie mit anderen in Verbindung steht, wie ein Ordnungssystem entwickelt wird;
4. Einsicht gewinnen in das, was ein Modell ist;
5. erfahren, wie ein Forschungsverfahren der Biologie selber zum Gegenstand wissenschaftlicher Betrachtungen werden kann (wissenschaftstheoretische Betrachtung, 'Methodenproblem');
6. an einigen Begriffsbildungen erfahren, wie biologische Denkweisen geistesgeschichtlich formend geworden sind (Entwicklungsgedanke, Gedanke der Ganzheit, Gestaltwandel);
7. an einigen Beispielen Einsicht gewinnen in das geschichtliche Werden biologischer Auffassungen und ihre Einflüsse auf kulturelle und zivilisatorische Entwicklung der Völker.«

Es wird also erwartet, daß die ausgewählten Beispiele nicht nur für sich selbst stehen, sondern auf andere Fälle übertragbar sind und also wichtige allgemeine

Einsichten vermitteln. *Wolfgang Memmert* (1975, 30) nennt die folgenden Vorteile des exemplarischen Vorgehens:

»a) Bei gleich ausführlicher Behandlung braucht ein einzelnes Beispiel nur den Bruchteil der für alle Fälle benötigten Zeit.
b) Die eingesparte Zeit kommt entweder anderen Stoffen zugute oder gestattet eine eingehendere, vertiefte Behandlung des Beispielfalles unter vermehrtem Einsatz methodischer Hilfsmittel.
c) Die verstärkte Arbeit an *einem* Objekt kann unter Anwendung wissenschaftlicher Methoden geschehen und trägt daher zur sogenannten »formalen« Bildung bei (Denkschulung und arbeitstechnische Schulung).
d) Die Eigentätigkeit beim Nachvollzug wissenschaftlicher Methoden bildet eine starke Motivation (Interesse, Aufmerksamkeit und Problembewußtsein erhöhen den Lernerfolg). Auch die Übung sozialer Unterrichtsformen ist dabei möglich.
e) Die geringere Anzahl von Informationseinheiten und deren bessere Verknüpfung mit dem Gesamtproblem fördern die Denk- und Gedächtnisleistungen.«

Demgegenüber müssen auch Schwierigkeiten und Nachteile gesehen werden (vgl. *Siedentop* 1972, 47 ff.; *Memmert* 1975, 30 ff.):

- Von einem einzigen Beispiel sind keine allgemeinen Einsichten abzuleiten, auch wenn an ihm viele allgemeine Prinzipien demonstriert werden können. Für den Schüler ist ja nicht sicher, daß die Eigenschaften des gewählten Gegenstandes sich auch bei anderen Beispielen wiederfinden lassen. Diese Schwierigkeit kann durch gezieltes Einsetzen von Vergleichen (s. Abschnitt 9.2.3) gemildert werden. Das Übertragen und Anwenden der gewonnenen Erkenntnisse auf andere Fälle muß gesondert geübt werden.
- Biologie darf die Vielfalt des Lebendigen nicht vernachlässigen: »Freilich zeigt jedes einzelne Lebewesen die gleichen Grunderscheinungen des Lebendigen und kann damit exemplarisch zum Spiegel einer hierauf angelegten Allgemeinen Biologie werden, doch vermögen wir auf Grund dieser Allgemeinen Biologie kein einziges Lebewesen von einem anderen zu unterscheiden« (*Klausing* 1968, 169).
- Die durch die Beschränkung auf wenige Beispiele eingesparte Zeit kann z. T. dadurch wieder vertan werden, daß viele Inhalte sich durch Überschneidungen bei den Beispielen wiederholen.
- Es besteht die Gefahr, daß das Wissen ungeordnet bleibt, die Übersicht verloren geht und Zusammenhänge unerkannt bleiben, die die Einzelbeispiele übergreifen. Ohne Ordnungsschemata sind die Schüler dann überfordert.

Das nötige Breitenwissen und die Einzelkenntnisse können zu gering werden, da das Allgemeine dominiert. Einzelkenntnisse können aber im konkreten Fall (bestimmte Lebenssituationen) wichtiger sein als allgemeines Wissen. Es werden außerdem häufig zu wenig Kenntnisse vermittelt, auf denen der nachfolgende Unterricht aufbauen könnte.
- Der Lehrer kann überfordert sein, da er nicht voraussehen kann, wie der exemplarische Unterricht im einzelnen verlaufen wird. Er muß sich sehr vielseitig orientieren, um auf den Unterricht gut vorbereitet zu sein.

Die Einwände zeigen, daß das exemplarische Prinzip nicht alleiniger Grundsatz für die Inhaltsauswahl des Unterrichts sein kann. So wird verschiedentlich vorgeschlagen, daß exemplarisches Vorgehen von Unterrichtsphasen abgelöst werden sollte, in denen das nötige *Orientierungswissen* systematisch vermittelt wird. Aufgrund lerntheoretischer Überlegungen wird außerdem gefordert, den Unterricht an leitenden Konzepten und anderen begrifflichen Orientierungshilfen (advanced organizers, cognitive bridges) auszurichten (vgl. *Ausubel* 1960; UNESCO 1977, 109 ff.). In der Biologie stehen mehrere Ordungsschemata zur Verfügung, nach denen das Wissen geordnet werden kann:
- System der Organismen,
- Stammbaum der Organismen,
- Disziplinen der Biologie,
- Grundphänomene des Lebendigen,
- Systemebenen und Systemteile (Kompartimente).

Wenn eines oder mehrere Ordnungsschemata wiederholt im Unterricht benutzt werden, können sich die Schüler zunehmend auch selbständig mit ihnen orientieren.

3.2.4 Didaktische Rekonstruktion

Biologielehrer und Biologiedidaktiker sind sich im allgemeinen darin einig, daß Methoden und Aussagen aus dem Wissenschaftsbereich nicht unbesehen und unverändert in den Biologieunterricht an den Schulen übernommen werden sollen. Auch bei einem wissenschaftsorientierten Unterricht sind daher die Inhalte, Probleme und Verfahrensweisen nicht nur aus der im Wissenschaftsbereich vorhandenen Fülle auszuwählen, sondern darüber hinaus für den Schulunterricht zuzurichten, d. h. in eine angemessene Form und einen angemessenen Umfang zu bringen.

Teilaufgaben: Didaktische Reduktion und Transformation

Selbstverständlich besteht die fachdidaktische Arbeit auch darin, die unterrichtlichen Informationen auf die Lernvoraussetzungen und -fähigkeiten der Lernenden abzustimmen. Die Aufgabe der didaktischen Vereinfachung wird unter inhaltlichem Aspekt meist als »didaktische Reduktion« bezeichnet. Die didaktische Reduktion betrifft aber nicht nur die Inhalte, sondern auch das Niveau der sprachlichen Darstellung und der wissenschaftsbezogenen Arbeitsweisen (vgl. *Staeck* 1987, 253; *Killermann* 1991, 258). Hat man diese unterrichtsmethodische Umwandlung von wissenschaftlichen Aussagen und Methoden im Blick, wird besser von »didaktischer« oder »methodischer Transformation« gesprochen. Die didaktische Reduktion hat die Aufgabe, komplizierte Sachverhalte auf wesentliche Teile bzw. Zusammenhänge zu beschränken und so zu vereinfachen, daß falsche Vorstellungen vermieden werden. Der Sachverhalt kann vereinfacht werden, indem gezielt ein kleinerer Ausschnitt des Gegenstandes oder des Phänomens gewählt wird (z. B. Darstellung einer Nahrungskette anstelle eines Nahrungsnetzes; sektorale Reduktion) oder indem die Struktur durch Weglassen von Beziehungen vereinfacht wird (z. B. Schematisieren, black-box-Methode, Modellbildungen; strukturelle Reduktion, vgl. *Weber* 1976; *Staeck* 1987, 249 ff.; *Killermann* 1991, 256 f.).

Die beiden Formen der didaktischen Reduktion können auch miteinander kombiniert werden, die zweitgenannte Form, die strukturelle Reduktion, ist jedoch die weitaus wichtigere. Bei diesem Typ wird eine Aussage »lediglich hinsichtlich der Kompliziertheit und des Umfanges ihrer Struktur, nicht dagegen in ihrer inhaltlichen Kernaussage vereinfacht« (*Weber* 1976, 7). Als Hauptverfahren der strukturellen Reduktion werden genannt (vgl. *Weber* 1976; *Staeck* 1987):

- Weglassen von wissenschaftlichen Daten, die die Kernaussage nicht berühren,
- Überführen von verbaler Darstellung in einfache Diagramme,
- Entwicklung vereinfachender Modellvorstellungen.

Die didaktische Vereinfachung kann die kognitive und auch die psychomotorische Dimension von Unterrichtszielen betreffen, indem die Komplexität der zu lernenden Kenntnisse wie der zu übenden Techniken und Arbeitsschritte oder der im Experiment verwendeten Apparate reduziert wird.

Fraglich ist hingegen die Möglichkeit oder Wirksamkeit der didaktischen Reduktion in der emotional-affektiven Dimension: Die mit einer Fragestellung, einem Sachverhalt oder einer Methode verbundenen Gefühle, Einstellungen und Interessen lassen sich kaum in der gleichen Weise vereinfachen, wie das bezogen auf die kognitive und die psychomotorische Dimension angenommen werden kann. Dieser Mangel läßt es zweifelhaft erscheinen, ob das Umsetzen wissenschaftlicher Aussagen in den Unterricht mit dem Prozeß der didaktischen Reduktion und Transformation hinreichend beschrieben ist. Dies gilt bei genauerem Überlegen auch für die kognitive Dimension.

Umfassende Aufgabe: didaktische Rekonstruktion

Die Sachverhalte sind im Unterricht nicht immer nur in ihrer Komplexität zu reduzieren, sondern es sind häufig solche fachlichen und fachübergreifenden Bezüge zu berücksichtigen, die die Wissenschaftler als Fachleute in ihren fachlichen Diskussion voraussetzen können, die den Nichtspezialisten und den Schülern aber nicht bekannt sind. Dazu gehört zum Beispiel, wie bestimmte Ergebnisse gewonnen wurden und verwendet werden. Dazu gehören auch theoretische Vorannahmen und kontroverse Auffassungen, die von Fachwissenschaftlern häufig nicht mitgeteilt werden, und schließlich auch vielfach nicht beachtete Ergebnisse von Nachbardisziplinen. Die didaktisch bearbeitete Darstellung wird in diesen Fällen also nicht einfacher, sondern komplexer. Diese Komplexität ist aber nötig, um fachlich falsche Vorstellungen bei Schülern zu vermeiden. Hinzu kommt, daß die biologisch beschriebenen Sachverhalte im Unterricht häufig weit stärker, als dies je im Wissenschaftsbereich der Fall ist, in umweltliche, gesellschaftliche und individuale Zusammenhänge einzubetten sind, um ihre Bedeutung für das Leben des einzelnen in der Gesellschaft und der gesamten Biosphäre zu verdeutlichen (vgl. *v. Wahlert* 1977, 48). Die Gegenstände des Schulunterrichts sind also nicht vom Wissenschaftsbereich vorgegeben, sie müssen vielmehr in pädagogischer Zielsetzung erst hergestellt, d. h. didaktisch rekonstruiert werden.
Die Aufgabe der didaktischen Rekonstruktion entspricht der Auffassung, daß fachdidaktisches Arbeiten mehr ist als effektives methodisches Umsetzen oder motivierendes Einkleiden von wissenschaftlicher Erkenntnis. Sie umfaßt in diesem Sinne mehr als nur eine didaktische Strukturierung (so *Weinberg* 1984). Es geht vielmehr umfassend um die Vermittlung, also das «Nahebringen» des biologischen Wissens an die Schüler wie auch das «In-Beziehung-Bringen» dieses biologischen Wissens zur Lebenswelt der Schüler (s. Abschnitt 1.1; vgl. *Kattmann* 1980 b; 1992 c). *Re*-Konstruktion bedeutet in diesem Sinne sowohl *Neu*-Konstruktion im Sinne des Herstellens pädagogisch bedeutsamer Zusammenhänge wie auch das *Wieder*herstellen von im Wissenschafts- oder Lehrbetrieb verlorengegangenen Sinnbezügen und *Rück*bezug auf Primärerfahrungen bzw. originäre Aussagen der Bezugswissenschaften.

Die dem Fachdidaktiker gestellte Aufgabe ist somit umfangreicher als nur die der didaktischen Reduktion und Transformation. Die didaktische Rekonstruktion enthält die Schritte der inhaltlichen Vereinfachung und der methodischen Gestaltung. Während der Teilprozeß der didaktischen Reduktion auf den oberen Klassenstufen aufgrund der zunehmenden kognitiven und psychomotorischen Leistungsfähigkeit der Schüler immer mehr zurücktreten kann, verliert die umfassendere Aufgabe der didaktischen Rekonstruktion dort nichts von ihrer Bedeutung. Auch auf den höheren Klassenstufen gilt es nämlich zu verhindern, daß der Unterricht lediglich Teile eines Hochschulstudiums vorwegnimmt (s. Abschnitt 2.3.2). Die Besonderheit, auch die besondere Schwierigkeit des Faches Biologie liegt im Unterschied etwa zu Chemie und Physik in den vielseitigen Betrachtungsweisen, die Biologen auf ihre Gegenstände anwenden (vgl. *Schaefer* 1982).
Der bei der didaktischen Rekonstruktion nötige Rückbezug zur Wissenschaft Biologie ist am besten anhand von Originalarbeiten herzustellen (vgl. *Kattmann* 1992 c). *Heinrich E. Weber* (1976) hält wissenschaftliche Originalarbeiten für den Fachdidaktiker dagegen im allgemeinen für unzugänglich und meint daher, fachdidaktische Arbeiten seien an Lehrbuchtexten orientiert. Im Sinne der didaktischen Rekonstruktion sind jedoch wissenschaftliche Lehrbücher eine denkbar schlechte Quelle. Mit ihnen wird nämlich oft die geforderte Einsicht in Zusammenhänge sowie in Komplexität und Geschichtlichkeit der Einzelphänomene durch eine verallgemeinernde Darstellung von Wissensbeständen verdrängt.

3.2.5 Strukturierungsprinzipien

Unter »Struktur« wird das Gefüge der Relationen zwischen den Elementen eines Systems verstanden. Das gilt auch für das System »Unterricht«. Geht man also vom Wortsinn der Bezeichnung »Strukturierung« aus, so ist das Stiften einer Ordnung zwischen den Elementen (Inhalten) des Unterrichts die primäre Aufgabe, wobei die Elemente als vorgegeben angenommen werden können. Tatsächlich aber haben die Grundsätze, nach denen eine Strukturierung des Unterrichts vorgenommen wird (Strukturierungsprinzipien), auch einen unmittelbaren Einfluß auf die *Auswahl* der Inhalte (s. Abschnitt 3.2.2), da bestimmte Inhaltsbereiche betont, andere ausgeklammert oder vernachlässigt werden. Das Einfügen oder Weglassen von Inhalten verändert wiederum zugleich das Beziehungsgefüge zwischen den Inhalten. Deshalb müssen bei der fachdidaktischen Strukturierung des Biologieunterrichts die Auswahl, die

Begründung und die Anordnung gemeinsam geleistet werden (vgl. *Kattmann/ Isensee* 1977).
Vorwiegend durch amerikanische Curriculumarbeiten ist die Bedeutung der »Struktur der Disziplin« für das Lernen der Schüler betont worden (vgl. *Bruner* 1970; *Schwab* 1972). *Gerd Brucker* (1978; 1979) hat die Bedeutung der Strukturierung des Unterrichts anhand eines geschichtlichen Abrisses herausgestellt. Danach kann die Aufgabe der Strukturierung des Biologieunterrichts darin gesehen werden, den Schülern ein für sie bedeutungsvolles und beziehungsreiches Lernangebot zu machen. Erst durch das Stiften von bedeutungsvollen Zusammenhängen wird das Lernen der Einzelinhalte des Unterrichts für die Schüler sinnvoll (vgl. *Nagel* 1978; zur Kritik am Konzept der Strukturierungsansätze vgl. *Werner* 1980).

Vor dem Einsetzen der neueren Curriculumentwicklung wurde der Biologieunterricht innerhalb der verschiedenen Schultypen jeweils ziemlich einheitlich strukturiert. Im Gymnasien wurde die Abfolge durch das System der Lebewesen bestimmt, erst in der Oberstufe wurden allgemeinbiologische Themen behandelt. In der Hauptschule und teilweise in der Realschule folgte der Biologieunterricht den Jahreszeiten oder war nach Lebensräumen strukturiert (vgl. *Eschenhagen/Kattmann/Rodi* 1985, 105 ff.).

Strukturierung nach Disziplinen der Allgemeinen Biologie
Die ersten Reformversuche, das systematisch-taxonomische Vorgehen mit neuem »Leben« zu erfüllen, d. h. den Unterricht an allgemeinbiologischen Prinzipien zu orientieren, stammen bereits von *Otto Schmeil* und *Friedrich Junge* (s. Abschnitt 2.1.3).
Allgemeinbiologische Teildisziplinen wie Physiologie, Genetik, Verhaltenslehre, Ökologie machten in neuerer Zeit eine stürmische Entwicklung durch. Die herkömmliche Strukturierung des Biologieunterrichts geriet zunehmend in Gegensatz zu dieser Entwicklung (vgl. *Sönnichsen* 1973, 19). Je mehr neuere Ergebnisse und Forschungsrichtungen auch im Schulunterricht berücksichtigt wurden, um so mehr wurde auch das taxonomische Strukturierungsprinzip aufgegeben zugunsten einer Orientierung an den neuen Teildisziplinen und den damit betonten allgemeinbiologischen Phänomenen (»Kennzeichen des Lebendigen«). An die Stelle monographischer Behandlung einzelner Tier- oder Pflanzenarten (»Das Eichhörnchen«, »Die Schlüsselblume«) sowie einzelner Tier- oder Pflanzengruppen (»Die Fische«, »Die Farne«) trat die Behandlung derjenigen Erscheinungen, die für Lebewesen charakteristisch sind, wie

Bewegung, Ernährung, Stofftransport, Reizbarkeit, Verhalten, Fortpflanzung, Entwicklung, Vererbung, ökologische Beziehungen, Evolution. Mit diesem Vorgehen wurde zugleich die Trennung von Pflanzenkunde, Tierkunde und Menschenkunde aufgegeben.
Entscheidende Anstöße für die Neustrukturierung des Biologieunterrichts in der Bundesrepublik Deutschland kamen von den Curriculumentwicklungen in den USA (Biological Sciences Curriculum Study, BSCS 1963, 3. Aufl. 1973) und in Großbritannien (*Nuffield* Biology 1966, 2. Aufl. 1975), die nach allgemeinbiologischen Kriterien aufgebaut sind (vgl. *Sönnichsen* 1973; *Werner* 1973). Diese Entwicklungen wurden in der Bundesrepublik Deutschland vor allem vom Institut für die Pädagogik der Naturwissenschaften (IPN) in Kiel aufgenommen und weitergeführt (IPN Einheitenbank Curriculum Biologie 1974 ff.; vgl. *Kattmann/Schaefer* 1974). In diesen Zusammenhang ist auch der Rahmenplan des Verbandes Deutscher Biologen (1973, Neubearb. 1987) zu stellen.
Karla Etschenberg (1979) geht über die allgemeinbiologische Orientierung bei der Themenauswahl hinaus, indem sie in ihrem Strukturierungsvorschlag die »Kennzeichen des Lebendigen« direkt zur Themenabfolge benutzt.
Neben der Orientierung an der Entwicklung der Bezugswissenschaft »Biologie« (»Wissenschaftsrelevanz«) spielten bei der Wahl allgemeinbiologischer Strukturierungsprinzipien auch Überlegungen zur individualen und sozialen Bedeutung der biologischen Inhalte eine Rolle (»Schülerrelevanz« und »Gesellschaftsrelevanz« des Biologieunterrichts). Bei der Entwicklung der Hessischen Rahmenrichtlinien (1972, Neubearb. 1978) zeigte sich, daß die Disziplinen der Allgemeinen Biologie eine größere Nähe zu individualen und sozialen Problemen aufweisen als die der Speziellen Biologie.

Unabhängig von einzelnen Ausprägungen ist die allgemeinbiologische Orientierung, die mit experimentell ausgerichtetem Unterricht (forschendem Lernen) verbunden ist, vor allem bezogen auf die Klassenstufen 5 und 6 des Gymnasiums kritisiert worden, da sie die Schüler überfordere und deren Interessen nicht entspreche (vgl. *Kettling* 1987). Obgleich bereits *Klaus Dylla* (1972) zeigte, daß die Einstellungen der Lehrer diese selbst hindern, die Interessen und Fähigkeiten der Schüler richtig einzuschätzen, wird das allgemeinbiologische Vorgehen als nicht altersgemäß für die Schüler der Orientierungsstufe angesehen. Es wird daher für die Klassenstufen 5 und 6 eine Beschränkung auf bestimmte systematische Gruppen gefordert (Wirbeltiere, Blütenpflanzen), auch wenn die allgemeinbiologische Orientierung beibehalten wird.

Ein grundsätzlicher Einwand legt nahe, das allgemeinbiologische Vorgehen zu modifizieren: Bei rigoroser Anwendung vergleichender Betrachtung und besonders bei einer Beschränkung auf experimentelle Fragestellungen können die Lebewesen selbst als »Ganze« aus dem Blick geraten und nur noch als Träger bestimmter »Funktionen« betrachtet werden. Die Beachtung der Organisationsformen des Lebendigen (Biosysteme: Organismen, Populationen, Ökosysteme) sollte nach diesem Einwand in die allgemeinbiologische Orientierung hineingenommen werden, um den Ganzheitscharakter der Biosysteme zu wahren und in der Betrachtung herauszustellen sowie die Vielfalt des Lebendigen zu betonen (vgl. *Mayer* 1992).
Ein weiterer Einwand gegen ein frühes Einsetzen allgemeinbiologischer Orientierung richtet sich gegen die damit gegebene Wiederholung derselben Themenkomplexe auf mehreren Klassenstufen. Die eigentlich geforderte Behandlung der Themen unter verschiedenen Aspekten und jeweils altersgemäßer Komplexität (Spiralprinzip) gelingt nicht immer, so daß der Eindruck reiner Wiederholung sowie der Vorwegnahme lohnender Themen für höhere Klassenstufen entstehen kann.

Als Fortführung und Differenzierung der Strukturierung nach allgemeinbiologischen Prinzipien kann der Vorschlag verstanden werden, den Unterricht nach »universellen Lebensprinzipien« zu strukturieren (vgl. *Schaefer* 1990 a).

Neuartige Strukturierungsansätze

Die Neustrukturierung des Biologieunterrichts wurde in den einzelnen Ländern der Bundesrepublik Deutschland unterschiedlich durchgeführt. Die Orientierung an allgemeinbiologischen Teildisziplinen wurde nicht vorbehaltlos akzeptiert und reichte offensichtlich auch nicht aus, um einen verbindlichen Gesamtrahmen für den Biologieunterricht herzustellen. Selbst innerhalb der einzelnen Lehrplanentwürfe und Unterrichtskonzepte fehlen daher häufig ein die Unterrichtsthemen verbindender Zusammenhang und leitende Gesichtspunkte für die Themenfolgen. Die einzelnen Unterrichtsthemen sind vielmehr meist nur lose miteinander verknüpft. Der Biologieunterricht besteht dann aus mehreren Strängen, die an verschiedenen Teildisziplinen orientiert sind und gegeneinander weitgehend isoliert erscheinen (zum Beispiel Abfolgen ökologischer und physiologischer oder ethologischer Themen, die zueinander kaum Verknüpfungen aufweisen). Die z. T. stark auseinanderweichenden Lehrplanentwicklungen führten zu der Frage, ob eine überzeugendere Strukturierung nach durchgehenden und tragfähigen Prinzipien gefunden werden könne.

Diese Frage wurde 1974 auf einem IPN-Symposion zum Thema »Strukturierung des Biologieunterrichts« behandelt, in dem mehrere Strukturierungsansätze vorgestellt und von Fachleuten aus verschiedenen Bereichen diskutiert wurden (vgl. *Kattmann/Isensee* 1977). Zwei dieser Strukturierungsansätze sind formaler Art und ordnen lediglich vorgegebene Unterrichtsinhalte neu an:

- Im *prozeßorientierten* Ansatz ist der Unterricht vorwiegend an naturwissenschaftlichen Arbeitsweisen orientiert (s. Kapitel 8). Dieser Ansatz spielt vorwiegend im Sachunterricht der Primarstufe eine Rolle.
- Im *systemtheoretischen* Ansatz (vgl. *Schaefer* 1977 b) wird versucht, vorgegebene Unterrichtsinhalte, etwa die des VDBiol-Rahmenplans, in eine systemtheoretisch bestimmte Abfolge umzuordnen.

Die folgenden Ansätze sind dagegen vorwiegend inhaltlich orientiert.

Mehrere Autoren haben *ökologische* Strukturierungsansätze vorgelegt (vgl. *Eulefeld* 1977; *Rodi* 1977; *Schulte* 1977).

Günter Eulefeld will mit seinem Ansatz jedoch nicht allein ökologische Inhalte betonen, sondern mit dem der Ökologie innewohnenden »Denken in Wechselbeziehungen« den gesamten Biologieunterricht strukturieren. Damit schließt er sich an den Versuch *Friedrich Junge*s (1885) an (s. Abschnitt 2.1.3). *Eulefeld*s Strukturierungsprinzip enthält Hauptkonzepte, die untergliedert und erläutert werden und jeweils als innere Stoffverbindungen die einzelnen Unterrichtseinheiten verknüpfen sollen: Erhaltung, Reproduktion, Anpassung, Wechselbeziehung. »Bei Verwendung des Prinzips werden einige der bisherigen Schwerpunktthemen des Unterrichts zurückgestuft:

- Die Systematik verliert ihre strukturierende Funktion und wird zum Hilfsmittel für die Erleichterung der Übersicht über die Formenvielfalt durch ordnende Vereinfachung; sie spielt weiterhin eine wichtige Rolle für die Theorie der Evolution, die auch zur Erklärung der Existenz des Menschen herangezogen wird.
- Die morphologisch-anatomische Beschreibung der Organismen wird auf diejenigen beschränkt, die eine Funktion im Rahmen größerer Zusammenhänge erhalten (z. B. Anpassung, Homöostase, Evolution).
- Die Beziehung von Struktur und Funktion wird nicht mehr selbstzweckartig bei der Unterscheidung der verschiedenen Organismengruppen verwendet, sondern erhält ihre Bedeutung im ökologischen Ansatz (Erhaltung des individuellen Systems in seiner Umwelt; evolutive Anpassung der Arten an veränderte Umweltbedingungen). Auf der anderen Seite werden neue Schwerpunkte zu setzen sein, die für das Verständnis der ökologischen Situation des Menschen von entscheidender Bedeutung sind« (*Eulefeld* 1977, 142).

Von *Ulrich Kattmann* wurde der *humanzentrierte* Strukturierungsansatz vorgelegt und im Anschluß an das Symposion weiter ausgearbeitet sowie umfangreich begründet. Mit dem humanzentrierten Strukturierungsansatz wird versucht, den Bezug zum Menschen für Lehrer und Schüler im gesamten Biologieunterricht deutlich auszuweisen und dabei biologisches Wissen durchgehend mit sozialen und individualen Fragen zu verknüpfen (*Kattmann* 1980 a). Dieser Versuch setzt voraus, daß die biologische »Fachstruktur« nicht einfach als vorgegeben angenommen, sondern selbst in Frage gestellt wird. Daher wird im Zusammenhang mit der humanzentrierten Strukturierung ein didaktisches Verständnis der Wissenschaft »Biologie« entwickelt. Biologie wird als Wissenschaft von der »Biosphäre und deren Geschichte« verstanden (vgl. *v. Wahlert* 1977; 1981; *Kattmann* 1980 a; s. Abschnitt 3.1). Die Bedeutung dieses

	Frage 1: Welchen biologischen *Grundlagen und Bedingungen* verdankt der Mensch seine Existenz?	Frage 2: Worin besteht die *Eigenart* des Menschen, und welche Bedeutung hat sie für die Biosphäre?	Frage 3: Welche Bedeutung hat die *Variabilität* des Menschen?
Biosphäre	1.1 Evolution 1.2 Ökosysteme	2.1 Die Doppelrolle des Menschen 2.2 Die menschliche Umwelt 2.3 Die menschlichen Gesellschaften	3.1 Zukünftige Evolution des Menschen
Population	1.3 Verhalten 1.4 Variabilität und Vererbung 1.5 Sexualität	2.4 Die menschliche Lebensspanne und das soziale Lernen 2.5 Die Symbolsprache und die nichtsprachliche Verständigung 2.6 Die menschliche Sexualität	3.2 Biologische Unterschiede zwischen Rassen 3.3 Biologische Unterschiede zwischen sozialen Gruppen 3.4 Biologische Unterschiede zwischen den Geschlechtsgruppen
Organismus	1.6 Organismische Systeme 1.7 Reizbarkeit, Transinformation, Regulation 1.8 Fortpflanzung, Wachstum und Entwicklung 1.9 Stoff- und Energiewechsel 1.10 Aktive Bewegung	2.7 Das differenzierte Gehirn und die generalisierte Hand 2.8 Das menschliche Gesicht 2.9 Der ständige bipede Aufrechtgang	3.5 Biologische Unterschiede zwischen Individuen

Tabelle 3-2: Fragen und Katalog von Konzepten des humanzentrierten Strukturierungsansatzes (nach *Kattmann* 1980 a, gekürzt)

Wissenschaftsverständnisses für einen humanzentrierten Unterricht wird darin deutlich, daß der Mensch selbst Teil und Gegenüber der Biosphäre ist und so deren Geschichte und Zukunft teilt. Auf dieser Grundlage wird der Biologieunterricht auf der Sekundarstufe I mit Hilfe dreier Fragen strukturiert. Den drei Fragen sind drei Kataloge von Konzepten zugeordnet (s. Tabelle 3-2). Diese Konzepte sollen bei der Planung der einzelnen Unterrichtseinheiten beachtet werden und auf diese Weise ein inneres Beziehungsnetz zwischen den verschiedenen Stoffgebieten herstellen (innere Stoffverbindungen). Die stärker übergreifenden Konzepte stehen so an der Spitze der Tabelle (Evolution, Doppelrolle des Menschen, zukünftige Evolution des Menschen). Die in der neueren Entwicklung betonten allgemeinbiologischen Konzepte sind in dem Katalog zu Frage 1 enthalten. Dem entwickelten Biologieverständnis entspricht es, daß die Konzepte sich auf die drei biologischen Ebenen »Biosphäre«, »Population«, »Organismus« (s. Abbildung 3-1) beziehen. Der humanzentrierte Ansatz stellt also die allgemeinbiologische Orientierung in den übergreifenden Rahmen des entwickelten Biologieverständnisses.
Zur Konkretisierung sind neben einer Unterrichtseinheit (DER Mensch und DIE Tiere, *Kattmann/Stange-Stich* 1974) Themenskizzen für einen Lehrplanentwurf ausgearbeitet worden (*Kattmann* 1980 a, 255 ff.). Um zu prüfen, was eine humanzentrierte Strukturierung insgesamt leistet, müßte der Ansatz bei der Entwicklung von Unterrichtseinheiten, Lehrplänen oder bei der unmittelbaren Unterrichtsplanung der Lehrpersonen systematisch angewendet werden.

Literatur

Adl Amini 1980; *Ausubel* 1960; *Bayrhuber* 1977; *Berck, K.-H.,* 1975 b; 1976; 1980; 1987 a; Biological Sciences Curriculum Study 1973; *Bojunga* 1985; *Brucker* 1978; 1979; *Bruner* 1970; *Drutjons* 1973; 1980; 1982; *Dylla* 1972; *Ellenberger* 1993; *Eschenhagen* 1983 a; 1985; *Eschenhagen/Kattmann/Rodi* 1985; 1989; 1992; *Etschenberg* 1979; *Etschenberg/Gerhardt* 1984; *Esser, Hans,* 1978; *Eulefeld* 1977; *Ewers* 1974; *v. Falkenhausen* 1992; *Gebhard* 1992 a; *Gropengießer/Kattmann* 1991; *Grupe* 1977; *Hedewig* 1980 a; 1992; *Hefter* 1982; *Hoebel-Mävers* 1973; *Horn* 1993; *Huhse* 1968; IPN-Einheitenbank 1974 ff.; *Janßen* 1993; *Kattmann* 1980 a; b; 1992 c; *Kattmann/Isensee* 1977; *Kattmann/Schaefer* 1974; *Kattmann/Stange-Stich* 1974; *Kettling* 1987; *Killermann* 1983; 1991; *Klafki* 1964; 1980 a; 1993; *Klausing* 1968; *Korbes* 1976; *Kruse* 1976; *Leicht* 1981; *Markl* 1971; *Mayer* 1992; 1993; *Mayer/Mertins* 1993; *Memmert* 1975; 1980 b; *Mohr* 1970; *Mostler/Krumwiede/Meyer* 1979; *Nagel* 1978; *Neber* 1981; *Nuffield* Biology 1975; Rahmenplan VDBiol 1973; 1987; Rahmenrichtlinien Hessen 1978; Rodi 1977; Schaefer 1976 a; 1977 b; 1982 a; 1990 a; *Scholz* 1980; *Schulte, G.,* 1977; *Schwab* 1972; *Siedentop* 1972; *Sönnichsen* 1973; *Staeck* 1987; *Stichmann* 1970; 1981; *Strauß* 1977; *Strey* 1980; *Sturm* 1982; *Tyler* 1973; UNESCO 1977; *Wagenschein* 1962; 1973; 1982; v. *Wahlert* 1977; 1981; *Weber, H. E.,* 1976; *Weinberg* 1984; *Werner, H.,* 1973; 1980; *Zabel* 1993; *Zucchi* 1992; s. auch Literatur zu Abschnitt 2.3

3.3 Wissenschaftspropädeutik

3.3.1 Zum Begriff

Wissenschaftspropädeutik meint das Hinführen zur und das Nachdenken über Wissenschaft. *Elisabeth von Falkenhausen* (1988, 10 f.; vgl. 1991) nennt als Aufgaben der Wissenschaftspropädeutik im Biologieunterricht u. a.:
- die Struktur der Wissenschaft Biologie erkennen zu lassen;
- zum Weltverständnis beizutragen;
- Methoden und Denkansätze zu vermitteln, die zu verläßlichem naturwissenschaftlichen Wissen führen.

Mit diesen Aufgaben kann die Wissenschaftspropädeutik der geforderten *Wissenschaftsorientierung* des Unterrichts gerecht werden (vgl. Deutscher Bildungsrat 1974), sie ist jedoch weit mehr als deren systematische Umsetzung. Mit Wissenschaftspropädeutik wird in Bezug auf die jeweilige Wissenschaft eine Metaebene eingenommen. Somit ist auch die Wissenschaftsorientierung selbst kritisch zu reflektieren: Vorgehensweisen und Struktur der Wissenschaft (»teaching science as science«, *Schwab* 1972) sind nur Elemente des wissenschaftspropädeutischen Unterrichts, aus ihnen ergibt sich nicht notwendig eine Strukturierung des Unterrichts nach der Struktur der Fachwissenschaft (vgl. dagegen *v. Falkenhausen* 1988, 86). Vielmehr verlangen wissenschaftspropädeutische Überlegungen - stärker als in den Fachwissenschaften - auch die außerwissenschaftlichen Zusammenhänge zu berücksichtigen, in denen die fachwissenschaftlichen Aussagen entstehen und für die sie formuliert werden. Diese Beziehungen können sich in Strukturierungsprinzipien unterschiedlich auswirken (s. Abschnitt 3.2.5). Innerhalb des wissenschaftspropädeutischen Vorgehens sind daher besonders wissenschafts- und ideologiekritische Komponenten zu betonen, z. B. in Auseinandersetzung mit biologistischen Aussagen (s. Abschnitt 3.3.3).

3.3.2 Erkenntnisgewinnung in der Biologie

Induktion und Deduktion
In der Vorstellung vieler Schüler, Nichtfachleute und auch Biologen besteht das Vorgehen der Naturwissenschaften darin, durch vorurteilsfreies Beobachten und Experimentieren Fakten und Daten zu sammeln, diese sorgfältig

auszuwerten und dann aus den so ermittelten Ergebnissen Gesetzmäßigkeiten abzuleiten. Von vielen erfaßten Einzelfällen soll dabei auf das Allgemeingültige (Regel, Gesetzmäßigkeit) geschlossen werden. Einen solchen Schluß vom Besonderen auf das Allgemeine nennt man in der Logik »Induktion«. Der entgegengesetzte Schluß vom Allgemeinen auf das Besondere heißt »Deduktion«. Unbestritten ist, daß im Vorgehen empirischer Wissenschaften notwendig immer beide Arten des Schließens enthalten sind; induktive und deduktive Teile sind eng miteinander verknüpft und lösen einander im Erkenntnisprozeß mehrfach ab. Über die Möglichkeiten und die Bedeutung induktiver Schlüsse in der Erkenntnisgewinnung gibt es jedoch unterschiedliche Auffassungen.

Die ältere, *induktivistische* Auffassung basiert innerhalb der Biologie vor allem auf den Darstellungen von *Max Hartmann* (1948; 1953), die auch in der biologiedidaktischen Literatur mehrfach übernommen worden sind (vgl. *Grupe* 1977, 197 ff.; Richtlinien NRW 1981; *Killermann* 1991, 19 f.; *Klautke* 1990). *Hartmann* (1953, 5 ff.) hält die Induktion für die logische Basis der Biologie, nämlich die »reine, generalisierende Induktion« als Grundlage der vergleichenden Methode und die sogenannte »exakte Induktion« als die Grundlage der experimentellen Methode. »Die reine oder generalisierende Induktion... sucht die Gleichheiten und Ungleichheiten an verschiedenen Gegenständen herauszustellen und bringt die verschiedenen ganzen Gegenstände (Systematik) oder Teile von ihnen (vergleichende Anatomie) in ein System von allgemeinen Begriffen und allgemeinen Aussagen.«
Da die generalisierende Induktion »vorderhand nichts über die Gesetzmäßigkeit und Notwendigkeit der von ihr aufgewiesenen Ordnung« aussagt, müssen beim rein induktiven Vorgehen immer bereits Allgemeinbegriffe vorausgesetzt werden. Diese sind jedoch bei *Hartmann* nicht Teil des Erkenntnisprozesses, sondern in der Natur vorgegeben, sie beruhen auf »der Ordnungsvoraussetzung der Naturwirklichkeit«. Die reine Induktion kann in dieser Sicht also Ordnung schaffen, weil die Natur geordnet ist. Mit Hilfe der generalisierenden Induktion sollen so die »Wesenszüge« der biologischen Gegenstände herausgestellt werden.
Gesichert wird dieses Verfahren nach *Hartmann* dadurch, daß während des Vorgehens stets Analysen des Gegenstandes (gedankliches oder tatsächliches Zerlegen) mit Synthesen abwechseln. Als Beispiel dient oft das Aufstellen von Familienmerkmalen durch das Untersuchen mehrerer Pflanzen. Dabei werden z. B. die Merkmale einer Taubnesselblüte untersucht (Analyse) und danach zum Merkmalskombinat dieser Art zusammengestellt (Synthese). Der Vergleich mehrerer Pflanzenarten (Analyse) führt dann zum Merkmalskombinat

und Begriff des »Lippenblütlers« (Synthese). Auf diese Weise können nach *Hartmann* bei genügend großer Induktionsbasis (hinreichend viele, verschiedenartige Einzelfälle) Aussagen über biologische Gesetzmäßigkeiten gemacht werden, ja sogar »allgemein umfassende biologische Theorien« seien »mit rein generalisierender Induktion gewonnen worden«. Derartig gewonnene Kenntnisse über Gesetzmäßigkeiten können aber auch nach *Hartmanns* Auffassung mit reiner Induktion nie ganz exakt bewiesen werden: »Dazu wäre es notwendig, den induktiven Schluß durch die Analyse sämtlicher Einzelfälle zu sichern, was unmöglich ist« (*Hartmann* 1953, 9). Daher seien die durch die reine Induktion gewonnenen Aussagen hypothetisch und müßten durch ein weiteres Verfahren abgesichert werden: die »exakte Induktion«.
Aus den Hypothesen werden bei der »exakten Induktion« Einzelfälle abgeleitet, die durch Experimente überprüft werden können. Das Hauptelement des Verfahrens ist also hier die Deduktion eines überprüfbaren Einzelfalles aus den Hypothesen. Diese Hypothesen werden durch die »generalisierende Induktion« gewonnen. Nach der experimentellen Prüfung wird das Wissen in der induktivistischen Sicht nicht mehr als hypothetisch angesehen, sondern bekommt bei genügender empirischer Überprüfung den Status einer wissenschaftlichen »Theorie«.
Es muß betont werden, daß die Annahme eines wissenschaftlichen Fortschreitens von ungesicherten Hypothesen zur Aufdeckung von Naturgesetzmäßigkeiten auf der nicht ableitbaren und nicht beweisbaren, somit metaphysischen Voraussetzung beruht, mit den induktiven Methoden würden vorhandene Naturordnungen und Wesenszüge der Gegenstände erfaßt.

In der neueren, auf *Karl R. Popper* (1966; 1984) fußenden erkenntnistheoretischen Literatur wird die skizzierte Auffassung rein induktiver Erkenntnisgewinnung aufgrund »voraussetzungsloser« Beobachtungen und Experimente als unhaltbar bezeichnet, da jede Beobachtung und jedes Experiment bereits in Anlage und Deutung durch theoretische Vorannahmen (Hypothesen) geleitet seien. Danach werden von uns immer nur diejenigen Aspekte der »Wirklichkeit« erfaßt, die wir aufgrund unserer eingeschränkten Fragestellung überhaupt beachten. Unsere theoretischen Vorannahmen bestimmen so unsere möglichen Erfahrungen mit. Unsere Erkenntnisse sind von unseren Vorannahmen (Hypothesen, Theorien) abhängig. Am Anfang des naturwissenschaftlichen Forschens stehen hier also nicht voraussetzungslose Beobachtungen und Induktion, sondern Hypothesen. Diese beziehen sich zwar meist auch auf Vorerfahrungen, sind aber nicht völlig aus diesen zu gewinnen oder durch ein Denkverfahren aus diesen abzuleiten. Sie enthalten vielmehr stets einen

spekulativen oder intuitiven Anteil. Anders als in induktivistischer Auffassung werden die aus den Hypothesen ableitbaren Vermutungen über mögliche Versuchsergebnisse nicht mit Induktionen aus Vorerfahrungen begründet, sondern mit den theoretischen Annahmen (Hypothesen) selbst (vgl. *Böhnke* 1978; *Kattmann* 1984, 9 ff.; *v. Falkenhausen* 1988, 99-109; *Vollmer* 1990).
Eine wissenschaftliche Hypothese ist in dieser Sicht eine Annahme (Vermutung) über einen bisher unbekannten Zusammenhang, mit deren Hilfe bestimmte Ergebnisse von Beobachtungen und Experimenten vorhergesagt und erklärt werden können. Wissenschaftliche Hypothesen sind also stets so formuliert, daß Folgerungen aus ihnen durch Beobachtungen oder Experimente überprüfbar und prinzipiell widerlegbar sind. Da die erwarteten Ergebnisse aus Hypothesen abgeleitet werden, heißt das Verfahren *hypothetisch-deduktiv*.
Die Ergebnisse von Beobachtungen und Experimenten können Hypothesen entweder bestätigen oder aber widerlegen, niemals aber als wahr und völlig unumstößlich »verifizieren«. Widersprechen die Ergebnisse den Vorhersagen einer Hypothese, so wird diese entweder verworfen oder aber so abgewandelt, daß ihre Vorhersagen mit den Ergebnissen in Einklang stehen und durch weitere Experimente geprüft werden können. Eine wissenschaftliche Theorie (gr. Anschauung) ist bei diesem Verfahren nichts anderes als ein durch empirische Überprüfungen abgesichertes, in sich möglichst widerspruchfreies Hypothesengefüge. Auch eine als gesichert geltende Theorie kann durch neue Ergebnisse ganz oder in Teilen widerlegt werden. Eine naturwissenschaftliche Theorie behält also stets Hypothesencharakter.
Mit Beobachtungen und Experimenten können Theorien und Hypothesen selbst nicht geprüft werden, sondern nur die aus ihnen abgeleiteten Folgerungen: »Die Theorie wird gesetzt, Folgerungen werden aus ihr abgeleitet, das Eintreten von Ereignissen unter bestimmten Bedingungen vorhergesagt, und diese Voraussage wird geprüft. Die Prüfung ist der Maßstab für die Berechtigung und Bewährung der Theorie. Aber nicht sie selbst wird geprüft, mit der Wirklichkeit vergleichbar ist nur das Eintreffen oder Nicht-Eintreffen ihrer Voraussagen ... Experimentell klar entscheidbar sind nur die Konsequenzen, nicht die Theorien selber ... Experimentell geprüft ... ist eine Theorie, wenn ihre bekannten Vorhersagen sich in der Wirklichkeit bestätigen. In diesem eingeschränkten Sinne entspricht sie dann auch der Wirklichkeit, trifft auf die Wirklichkeit zu und wird auch praktisch-technisch im Umgang mit der Wirklichkeit verwendet. Dabei bleibt hier noch offen, ob andere Theorien nicht das Gleiche oder auch Besseres leisten« (*Sachsse* 1967, 86). Die Geltung einer Theorie läßt sich auch nicht einfach durch die Anzahl der Experimente stützen, die ihre Voraussagen bestätigen. Vielmehr hängt die Überzeugungskraft der

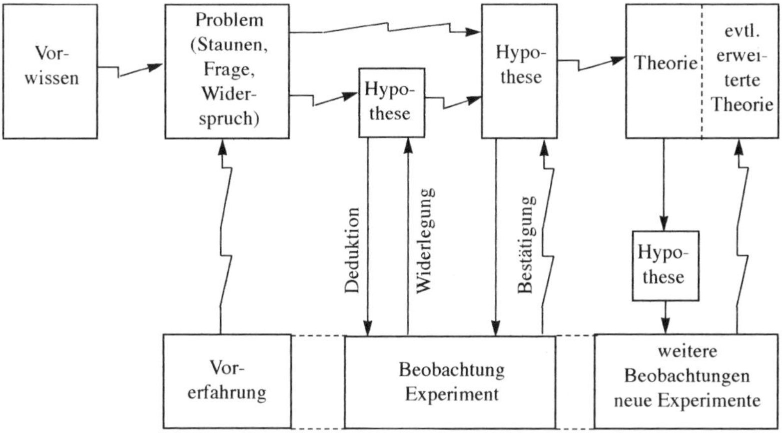

Abb. 3-2: Deduktion und Intuition beim naturwissenschaftlichen Vorgehen. Gerade Pfeile geben logische Schlüsse, gezackte Folgerungen mit intuitiven Anteilen an. Man beachte den logischen Unterschied zwischen Widerlegung und Bestätigung einer Hypothese (nach *v. Falkenhausen* 1988, 108, verändert).

Experimente von der Bewertung ab, die der einzelne Wissenschaftler den Ergebnissen für seine Theorie zumißt. Neben Deduktionen enthält das wissenschaftliche Vorgehen immer auch nicht logisch ableitbare intuitive und spekulative Elemente (s. Abb. 3-2).

Die oben angeführte »generalisierende Induktion« ist in dieser Sicht nichts weiter als eine Analyse der jeweils bekannten Fälle und führt keinen Schritt über das hinaus, was bereits vorher bekannt war. Eine Übertragung auf unbekannte Fälle ist mit induktiven Schlüssen nicht möglich. Es gibt zum Beispiel von der Kenntnis einiger Arten von Lippenblütlern keinen Schluß, der aussagt: Alle Lippenblütler haben vier Staubgefäße. Ein Schluß von einer Anzahl bekannter Pflanzen auf unbekannte Pflanzenarten ist - ohne theoretische Begründung - nicht möglich.
Somit ist auch ausgeschlossen, Hypothesen und Theorien aufgrund induktiver Schlüsse direkt aus der Erfahrung oder Wahrnehmung der »Wirklichkeit« abzuleiten. Diese prinzipielle Aussage muß insofern gegen Mißverständnisse erläutert werden, als auch beim hypothetisch-deduktiven Verfahren induktive Schlüsse, z. B. beim Verallgemeinern und Abstrahieren von Versuchsergebnissen, enthalten sind. Es geht also nicht darum, ob in jedem Falle deduktiv oder induktiv gearbeitet wird, sondern um den Stellenwert und die Funktion der

Anteile im naturwissenschaflichen Vorgehen. Diese Wertung hat Folgen für die Anwendung der Erkenntnismethoden im Unterricht. Die erkenntnismäßigen Voraussetzungen der Biologie rücken besonders klar beim *wissenschaftsgeschichtlichen Vorgehen* in den Vordergrund (s. Abschnitte 3.4 und 9.2.1).

Biologie und Physik

Durch die kausalanalytische Forschung in Physiologie und Molekularbiologie entsteht oft der Eindruck, als arbeite die Biologie als Naturwissenschaft durchweg mit denselben Methoden wie die Physik und die Chemie. Nach dieser Auffassung können die biologischen Aussagen prinzipiell auf solche der Physik und Chemie zurückgeführt werden. Konsequenterweise wird dann die Biologie nur aus praktischen Gründen von den »exakten« Naturwissenschaften abgegrenzt, da es zwar möglich, aber nicht zweckmäßig sei, die biologischen Erklärungen aus einer Theorie der Atome abzuleiten (vgl. *Mohr* 1970, 24 f.). Entsprechend wird der Unterschied zwischen den Naturwissenschaften nicht in grundsätzlicher, sondern nur in praktischer Hinsicht gesehen, da dieser allein im unterschiedlichen »Grad der Komplexität« der Gegenstände bestehe: »Die biol[ogische] Aussage 'Das Pferd trabt' läßt sich vielleicht, aber sehr umständlich, als raum-zeitl[ich] koordinierte Reaktion zahlr[eicher] Moleküle chemisch beschreiben, eine umfassende Darstellung auf der Ebene der Physik wäre jedoch hoffnungslos verwirrend« (*Vogel/Angermann* 1967, 11).
An dieser Auffassung ist richtig, daß biologische Gesetzmäßigkeiten formal genauso formuliert werden können wie physikalische oder chemische und auch gleiche Gültigkeit beanspruchen (vgl. *Mohr* 1981, 192 ff.). Sie läßt aber unberücksichtigt, daß die Gegenstände der Biologie nicht nur komplexer sind als diejenigen der Physik und Chemie, sondern auch anderen Systemebenen angehören. Ausschlaggebend für eine verschiedene Betrachtungsweise ist nicht allein die Zunahme an *Komplexität*, denn diese steigt auch innerhalb der Physik und Chemie bei zunehmender Analyse, zum Beispiel des Atomkerns, an. Makromoleküle sind komplexer als einfache Moleküle. Beide gehören jedoch derselben Systemebene »Moleküle« an. Vielzeller sind komplexer als Einzeller. Beide gehören jedoch derselben Systemebene »Organismus« an und sind nicht vollständig von der Ebene der »Moleküle« her zu erklären.
Lebewesen sind nicht als gleichsam zu ungeheurer Komplexität gesteigerte »Moleküle« zu beschreiben. Die Organisationsebene des Organismus hat (wie die Ebenen von Populationen und von Ökosystemen) vielmehr ihre eigenen *Systemgesetzmäßigkeiten*, die als solche besonders zu erfassen und zu beschreiben sind (s. Abb. 3-1; vgl. *Mohr* 1981, 148 ff.; *Wuketits* 1983, 131 ff.).

Vitalismus und Mechanismus
Historisch ist die Frage nach den besonderen Eigenschaften lebender Systeme im Streit zwischen Vitalismus und Mechanismus sowie dessen Überwindung durch systemtheoretische Auffassungen entschieden worden (vgl. *v. Bertalanffy* 1932; 1990; *Kattmann* 1980 a). In mechanistischen Anschauungen wird angenommen, daß alle Lebensvorgänge prinzipiell mit Hilfe chemisch-physikalischer Gesetzmäßigkeiten von Teilabläufen erklärt werden können. Im einzelnen verbinden sich mit der Position des »Mechanismus« weltanschaulich unterschiedliche Deutungen und Erklärungsversuche (vgl. *v. Bertalanffy* 1932, 37 ff.). Die mechanistische Auffassung wurde seit dem 17. Jahrhundert durch bahnbrechende Entdeckungen gestützt: 1628 erforschte *William Harvey* den Blutkreislauf und wies nach, daß das Blut im Körper nach physikalischen Prinzipien zirkuliert. *Harvey* begründete damit die neuzeitliche Physiologie. *Friedrich Wöhler* stellte 1828 den Harnstoff im chemischen Labor her und widerlegte damit die vorher herrschende Anschauung, daß zum Entstehen organischer Stoffe eine besondere, den Lebewesen eigene »Lebenskraft« notwendig sei.

Eine konkrete und zugleich extreme Form erhielt der Mechanismus durch die Anschauung, daß Lebewesen wie eine Maschine funktionieren *(René Descartes; Julien Offray de Lamettrie)*. Gegen diese »Maschinentheorie« des Organismus wendeten sich die Vitalisten. Sie griffen dabei z. T. auf ältere Vorstellungen zurück. Eine für seine Zeit moderne Form gab dem Vitalismus *Hans Driesch* (1921). Im Unterschied zu seinen Vorgängern spricht er von der »Entelechie« nicht als »Energie« oder »Kraft«, sondern als »seelenartigem« Lenker des organismischen Geschehens, also als Informationsgröße. Seine Anschauungen gewann *Driesch* bei den Untersuchungen zur Entwicklung des Seeigelkeims: »Der Vitalismus stellt zunächst etwas Negatives fest, nämlich den 'nicht-mechanischen' Charakter des in Rede stehenden Geschehens. Aber diese Negation trägt einen positiven Kern in sich: das, was da am Werke ist, arbeitet ja wie ein geistiger Mensch, wenn auch nicht 'bewußt'. Wir können von einem seelenartigen Agens reden« (*Driesch* 1957, 137).

Sowohl Vitalismus wie auch Mechanismus sind in ihrem Kern weltanschauliche, wissenschaftlich nicht begründbare Positionen (vgl. *v. Bertalanffy* 1932; 1990). Sowohl die Annahme lückenlos geltender physikalisch-mechanischer Gesetzmäßigkeiten wie auch die Gegenbehauptung einer Eigengesetzlichkeit des Lebendigen lassen sich auf der methodischen Ebene des Vitalismus-Mechanismus-Streites empirisch nicht prüfen. Im Vitalismus werden zusätzlich zielgerichtet (teleologisch) wirkende Faktoren angenommen, die empirisch nicht faßbar sind und daher keinen wissenschaftlichen Erklärungswert haben. Im methodischen Vorgehen aber stimmen Vitalisten und Mechanisten völlig überein: Beide versuchen, die Prozesse des Lebens dadurch zu erklären, daß sie einzelne Faktoren analysieren und daß die Summe dieser Faktoren das vollständige Bild, das »Ganze« des lebenden Systems, ergeben soll. Vitalismus und Mechanismus bedienen sich also beide gleichermaßen einer *analytisch-summativen Betrachtungsweise.*

Der Mechanist glaubt, daß er den ganzen Organismus vollständig erklären kann, wenn ihm nur alle Teile, Vorgänge und Stoffe im Organismus bekannt sind. Der Vitalist *Driesch* kommt bei demselben analysierenden Vorgehen und dem Zusammenzählen der Faktoren zu einer anderen Gleichung: Er fügt die »Entelechie« als weiteren Faktor hinzu. Der Unterschied zwischen Mechanismus und Vitalismus kann kurzgefaßt so ausgedrückt werden: »Vitalismus ist Mechanismus plus Entelechie«.

Systemtheoretische Betrachtungsweise

Bei beiden Anschauungen wird übersehen, daß die beobachteten Lebenserscheinungen immer schon an eine vorgegebene Organisation gebunden sind und daher nicht einfach aus einer Summe von Faktoren resultieren. Die Frage, welche Rolle die spezifische Ordnung der Teile und Vorgänge, die bei Lebewesen zu finden ist, für die Lebensprozesse spielt, führte *Ludwig von Bertalanffy* zur »Organismischen Auffassung«: »Die organismische Methode besteht darin, für organische Systeme als ganze exakt formulierte Gesetzmäßigkeiten aufzusuchen« (*v. Bertalanffy* 1990, 159). Dies ist eine systemtheoretisch-ganzheitliche Betrachtungsweise.

Zur Erklärung der Lebenserscheinungen wird hier die Theorie der offenen Systeme herangezogen. Ein System wird definiert als eine Gruppe von Elementen, die miteinander in Wechselbeziehungen (Interaktionen) stehen (vgl. *Klaus* 1968, 63 ff.; *v. Bertalanffy/Beier/Laue* 1977). *Offene Systeme* sind solche, die Materie mit ihrer Umgebung austauschen. Unter bestimmten Umständen sind offene Systeme in der Lage, sich selbst zu organisieren und sich selbst zu erhalten. Es handelt sich um Selbstorganisationsprozesse von Systemen fernab vom thermodynamischen Gleichgewicht (*Ilja Progogine*). Halten sich die Materieeinströme in das System und die Materieausströme aus dem System die Waage, so spricht man von einem *Fließgleichgewicht.* Ein einfaches Beispiel für ein offenes System im Fließgleichgewicht ist die Kerzenflamme: Bei ruhigem Brennen bleibt ihre Gestalt im Wechsel der

Bestandteile erhalten; Materieeinströme (Kerzenwachs, Sauerstoff) und Materieausströme (Kohlenstoffdioxid, Wasser) halten sich die Waage. Organismen sind ungleich komplizierter als das System der Kerzenflamme. Aber auch sie durchfließt ein ständiger Materiestrom (Nahrungsaufnahme, Ausscheidung, Atmung). »Ein lebender Organismus ist ein Stufenbau offener Systeme, der sich aufgrund seiner Systembedingungen im Wechsel der Bestandteile erhält« (*v. Bertalanffy* 1990, 124).

Die systemtheoretische Betrachtungsweise unterscheidet sich grundlegend von der analytisch-summativen, wie sie sowohl mechanistischen als auch vitalistischen Auffassungen zugrundeliegt. Da sich die Beziehungen innerhalb eines Systems wechselseitig beeinflussen, entsprechen die im System herrschenden Wechselbeziehungen (Systemrelationen) nicht den einzelnen Beziehungen, die man bei der Analyse des Systems findet (Einzelrelationen). Auch in der analytisch-summativen Betrachtungsweise ist selbstverständlich bekannt, daß zu einem System nicht nur die Elemente, sondern auch die Relationen zwischen den Elementen gehören. Es werden jedoch die Relationen des Systems als summativ aus den Einzelrelationen zusammengesetzt gedacht. Dagegen betont die Systembetrachtung, daß bei der Analyse Informationen verloren gehen, die bei der versuchten Synthese eines Systems nicht wieder erscheinen. Das Ganze ist etwas anderes als die Summe seiner Teile. Zur Rekonstruktion eines Systems aus den Teilen benötigt man mehr Informationen als die Summe der Informationen über die Teile (vgl. *Weiss* 1970, 60).

Mit dem Mechanismus stimmt die systemtheoretische Auffassung darin überein, daß keinerlei Faktoren angenommen werden, die über physikalisch-chemische Wechselbeziehungen hinausgehen. Mit dem Vitalismus stimmt die systemtheoretische Sicht darin überein, daß Organismen als Systeme besondere Eigenschaften und Prozesse zeigen, die analytisch-summativ nicht zu erklären sind. Der methodische Fehler der Vitalisten bestand vor allem darin, daß sie zwecksetzende (teleologische) Faktoren als Kausalursache in die zweckmäßig und zielgerichtet erscheinenden Lebensvorgänge einsetzten (vgl. *Reichenbach* 1968, 219 f.; *Kattmann* 1971 b; *Werner* 1973, 53; *Leicht* 1978, 53 f.). Durch die systemtheoretisch-ganzheitliche Auffassung wird es aber überflüssig, nach besonderen Teilen oder Faktoren im Organismus zu suchen, die diese Lebensprozesse hervorrufen könnten (Lebenskraft, Entelechie). »Was uns als typischer Lebensvorgang entgegentritt, ist also . . . das Resultat gleich notwendiger Elemente.. . Jeder dieser Teile leistet eine wichtige Teilfunktion, und wenn wir irgendeinen von ihnen fortnehmen, erscheint gerade dieser eine uns plötzlich als besonders wichtig, weil er jetzt den ganzen Lebensvorgang verhindert.« Daher ist auch der Versuch, »den seit Jahrtausenden gesuchten 'materiellen Lebensgeist', die 'lebendige Substanz' zu finden, gescheitert ... Nicht einzelne Teile leben, sondern die besondere Form natürlicher Vorgänge, die wir als Leben im physiologischen Sinne bezeichnen, ist das Resultat des Zusammenwirkens der für sich leblosen Faktoren« (*Bünning* 1959, 130; zum Begriff »Leben« s. auch Abschnitt 3.1).

Die systemtheoretische Auffassung wird ergänzt und modifiziert durch die neueren Theorien zum deterministischen Chaos und zu Fraktalen (vgl. z. B. *Gerok* 1989; *Schlichting* 1992). Diese Theorien liefern Erklärungsmuster, nach denen viele Musterbildungen aufgrund von teleomatisch ablaufenden Vorgängen stattfinden können, indem nur die Anfangsbedingungen, nicht aber alle Einzelheiten programmiert sind. Ebenso sind stationäre Zustände nicht mehr unbedingt auf einen geregelten Gleichgewichtszustand zurückzuführen. So stellen sich viele ökologische Verhältnisse, die früher als »ökologisches Gleichgewicht« beschrieben wurden, als eine Folge bzw. Zyklen von Populationswachstum und Zusammenbruch dar. An die Stelle von Gleichgewichtsbeschreibungen tritt daher das Erfassen des Zusammenwirkens von aufbauenden und abbauenden Prozessen, durch die sich komplexe Systeme bis an eine kritische Grenze aufbauen und erhalten bleiben, solange diese Grenze nicht überschritten wird (selbsterzeugte Kritizität, vgl. *Bak/Chen* 1991).

Biologische Erklärungen

Infolge der Widerlegung des Vitalismus wird das finale Fragen nach Zweckmäßigkeit und biologischer Bedeutung (»Wozu dient eine bestimmte Struktur oder Verhaltensweise?«) im Biologieunterricht häufig als fragwürdig betrachtet. Der Hinweis auf sinnvoll abgestimmt erscheinende Prozesse, die auf ein erkennbares Ziel gerichtet sind, gerät dabei in das Zwielicht vitalistischer Anschauungen. Hinter der finalen Frageweise wird der Wunsch vermutet, in der Natur selbst sinnvolles und planvolles Handeln vorzufinden oder diese im religiösen Sinne zu deuten. So wird darauf hingewiesen, daß bei finaler Begrifflichkeit anthropomorphisierende Vorstellungen in die Naturprozesse hineingetragen würden. Sinn und Plan seien eigentlich etwas der Natur Fremdes. Der Mensch entnehme diese Begriffe seiner eigenen Welt, und es werde in der finalen Frageweise bei Lebewesen und Naturprozessen so getan, »als ob ihnen ein zwecksetzendes Prinzip innewohne« (*Brüggemann* 1958, 205).

Mit diesen Einwänden erscheint aber das finale Fragen selbst überinterpretiert. Es bleibt nämlich neben der Kausalanalyse immer sinnvoll, nach der Rolle (der

Funktion, dem »Sinn« oder der »biologischen Bedeutung«) einer Struktur oder eines Prozesses in einem größeren biologischen Systemzusammenhang zu fragen (vgl. *Remane* 1960, 10; *Lorenz* 1965, 384 ff.).

Hans Mohr (1981,142 ff.) nennt Antworten auf diese Fragen *funktionale Erklärungen.* Diesen Erklärungen muß nur dann widersprochen werden, wenn sie an die Stelle *kausaler Erklärungen* treten sollen (vgl. *Schrooten* 1968; *Weber* 1968; *Kattmann* 1971 b). Im Unterricht sollte daher zwischen den Fragen nach den Funktionen (»Wozu?«) und nach den Kausalursachen (»Wie?« und »Warum«?) unterschieden werden (vgl. *Kattmann* 1971 b; *Bär* 1978; *Schmidt* 1981).
Bei zweckmäßig und zielgerichtet ablaufenden Prozessen sollte zwischen verschiedenen funktionalen Erklärungen differenziert werden (s. Tabelle 3-3): Als *teleomatisch* werden alle Prozesse bezeichnet, die automatisch aufgrund physikalischer oder chemischer Gesetzmäßigkeiten zu einem bestimmten Abschluß kommen (z. B. Einstellen einer chemischen Reaktion auf ein Gleichgewicht; Ausrollen einer Kugel zur Ruhelage nach einem Stoß aufgrund von Reibung).

Erklärungstyp	Bereich
kausale Erklärung	(chemische, physikalische, physiologische) Kausalanalyse: Nachweis durch Beobachtung und Experiment Nah-Ursachen (proximate causes)
funktionale Erklärungen	Analyse der Funktion (»Bedeutung«)
teleomatische Erklärung	Prozeß verläuft automatisch durch Annäherung an das thermodynamische Gleichgewicht (chemisch-physikalische Systeme)
teleonomische Erklärung	Funktion aufgrund eines vorgegebenen Programms (technische und organismische Systeme) Selektion als Ursache für Funktionen: Fern-Ursachen (ultimate causes)
teleologische Erklärung	Funktion aufgrund eines bewußt angestrebten Zweckes (Handeln des Menschen, kulturelle Systeme)
historische Erklärung	Naturgeschichte, Evolution der Biosysteme Artbildung, Katastrophen und Koevolution als geschichtliche Ursachen

Tabelle 3-3: Typen und Anwendungsbereiche biologischer Erklärungen

Als *teleologisch* werden diejenigen Prozesse angesehen, bei denen tatsächlich ein zwecksetzendes Prinzip vorausgesetzt werden kann. Dies kann wohl nur für das Handeln von Menschen oder Menschengruppen angenommen werden. Streng von den teleologischen sind *teleonomische* Prozesse zu unterscheiden: »Ein teleonomischer Vorgang oder ein teleonomisches Verhalten ist ein Vorgang oder Verhalten, das sein Zielgerichtetsein dem Wirken eines Programms verdankt« (*Mayr* 1979, 207). Als Programm wird die »kodierte oder im voraus angeordnete Information [bezeichnet], die einen Vorgang (oder ein Verhalten) so steuert, daß er zu einem vorgegebenen Ende führt« (*Mayr* 1979, 213). Diese Definitionen sind ohne weiteres auch auf technische Prozesse anwendbar, da es nicht darauf ankommt, wie das einem teleonomischen Prozeß zugrundeliegende Programm zustandekommt. Bei Organismen beruht das Programm auf genetischer Information, die teilweise oder sogar überwiegend durch erlernte Informationen ergänzt werden kann. Vor allem Entwicklungsprozesse lassen sich teleonomisch erklären. Zielsetzende Faktoren werden bei teleonomischen Prozessen nicht angenommen. Die Frage, wie die aus evolutionärer und individueller »Erfahrung« zusammengesetzten Programme, die den Prozessen zugrundeliegen, entstanden sind, wird nicht beantwortet. Diese Beschränkung muß bei allen Beschreibungen und Analysen teleonomischer Prozesse beachtet werden (vgl. *Leicht* 1978, 40 ff.).

Da Biosysteme eine Geschichte haben, sind historisch bedingte Ursachen in biologische Erklärungen aufzunehmen. Innerhalb der Evolutionsforschung wird üblicherweise zwischen *Nah-Ursachen* (proximate causes) und *Fern-Ursachen* (ultimate causes) unterschieden. Die proximaten Ursachen sind physiologisch oder ethologisch beschriebene Kausalursachen im engeren Sinne. Die ultimaten Ursachen sind eigentlich funktionale Erklärungen, die mit Hilfe der Annahme von biogeschichtlich wirksamen Selektionsfaktoren kausal gedeutet werden. Bei den ultimaten Ursachen ist jedoch zu bedenken, daß sowohl die Funktionen wie auch die Selektionsbedingungen und -faktoren sich im Laufe der Geschichte verändert haben können, so daß eine Erklärung aus den aktuell gegebenen Funktionen nicht ohne weiteres zulässig ist.
Das Erfassen und Beschreiben historischer Bedingungen haben indes in der Biologie grundsätzlich einen eigenständigen Erklärungswert neben der Kausalanalyse (vgl. *Arber* 1960; »narrative explanations« vgl. *Mayr* 1984). Experimentell durchgeführte Kausalanalyse und *erklärende Naturgeschichte* ergänzen einander; sie können einander nicht ersetzen.

Betrachtungsweisen und Methodenkomplementarität

Als Weiterführung der systemtheoretischen Betrachtungsweise des Organismus kann es angesehen werden, wenn auch die den Organismus übergreifenden Gefüge unter dem Systemgesichtspunkt betrachtet werden. Die *Systembetrachtung* kann dabei im Unterricht in zwei Dimensionen stattfinden, die im Interesse einer angemessenen Begriffsbildung nicht miteinander vermengt werden sollten. Die eine Dimension betrifft Unterbegriff-Oberbegriff-Relationen. Die Betrachtung wird dabei aufsteigend abstrakter und formaler. Sie leistet das Aufzeigen gleichartiger bzw. verschiedenartiger Systeme (z. B. die Unterscheidung von offenen und geschlossenen Systemen).

Die zweite Dimension betrifft *Teil-Ganzes-Relationen.* Die Systeme werden dabei aufsteigend komplexer. Diese Betrachtung leistet das Aufzeigen von Systemstrukturen und Zusammenhangen. Das Aufsteigen zu Systemen höherer Ordnung bedeutet dabei nicht ein Ansteigen von Abstraktheit: Die Teile sind nicht konkreter als die Systeme, denen sie angehören. Da die Beziehungen zwischen Teilsystemen betont werden, führt diese Betrachtung zu dialektischen Teil-Ganzes Relationen und zum sogenannten Netzdenken.

Dieses »Denken in Systemen« ist von *Gerhard Schaefer* (1975; 1978 a; 1980; 1984) als »inklusives Denken« dem »exklusiven Denken« gegenübergestellt worden. Das »inklusive Denken« zeichnet sich dadurch aus, daß es stets mehrere Bezüge und Alternativen berücksichtigt (s. Tabelle 3-4). Ein grundsätzlicher Gegensatz oder eine scharfe Abgrenzung zwischen den beiden »Denkweisen« besteht jedoch nicht. Es handelt sich nicht um zwei Arten zu denken, sondern um das Einbeziehen oder Ausklammern eines engeren oder weiteren Umfeldes (Kontextes) im Denken. Zwischen »inklusivem« und »exklusivem« Denken in ihren Extremformen bestehen alle möglichen Übergänge. Ob ein Denken exkludierend oder inkludierend ist, läßt sich allenfalls im Gegenüber zweier verschiedener Überlegungen zeigen. Man kann daher besser vom Denken im engeren oder weiteren Kontext sprechen. »Exklusiv« und »inklusiv« schließen sich nicht aus, sondern ergänzen einander. Da es sich nicht um zwei verschiedene Denkweisen handelt, können die mit *Schaefer*s Unterscheidung angesprochenen Sachverhalte wohl besser im Bereich der Methoden beschrieben werden als im Bereich des Denkens.

Neben der Komplexität - die *Schaefer* besonders betont - sind beim wissenschaftlichen Vorgehen aber auch die Variabilität und die Geschichtlichkeit der Biosysteme besonders zu beachten (s. Abschnitt 3.1). *Ernst Mayr* (1979) stellt vor allem die Bedeutung des »Denkens in Populationen« heraus, mit dem die Vielfalt und die Verschiedenheit der Individuen innerhalb der Organisationstypen erfaßt wird.

Die Eigenschaften der Biosysteme legen es nahe, bei der biologischen Forschung besonders diejenigen Methoden zu berücksichtigen, mit denen nur sehr vorsichtig in die Beziehungsgefüge eingegriffen wird. In diesem Sinne können den stark objektivierenden Methoden »ganzheitliche Methoden« gegenübergestellt werden (s. Tabelle 3-5). Die ganzheitlichen Methoden sollen die objektivierenden sinnvoll begrenzen. Die beide Methodengefüge sind also in dem Sinne *komplementär*, daß ihre gleichzeitige Anwendung ausgeschlossen ist, sie sich im Nacheinander aber ergänzen.

Exklusive Denkweise	**Inklusive Denkweise**
1. Selektion, spezialisiertes Denken, strenge Fachgrenzen.	1. Integratives Denken. Vielseitigkeit, fließende Fachgrenzen
2. Maximaler Fortschritt auf einem speziellen Gebiet bis zur Spitzenleistung. »Ökonomisches Denken«.	2. Gebremster Fortschritt auf einem Gebiet durch gleichzeitige Berücksichtigung anderer Bereiche. »Ökologisches Denken«.
3. Entscheidungsdenken in den Kategorien »Entweder-oder«, »erst das eine - dann das andere« (siehe Gangschaltung beim Auto).	3. Kompromißdenken, Koexistenzdenken in den Kategorien »Sowohl - als auch«, »hier das eine - dort gleichzeitig das andere«...
4. Objekte sind machbar; sie können »identisch« gemacht werden (Normgewinde, Ersatzteile). Identitätsdenken, »ahistorisches« Denken, mit großer Exaktheit. Postulat der heutigen Naturwissenschaft: volle Reproduzierbarkeit.	4. Objekte sind nicht beliebig machbar. Wachsen autonom, besitzen Individualität und sind niemals »identisch«. Diskriminatives Denken, Variabilitätsdenken, historisches Denken mit Unschärfe der Einzelaussage. Mangelnde Reproduzierbarkeit.
5. Herstellung technischer Produkte egozentrisch bestimmt. Umwelt allein im Dienste menschlicher Interessen. »Ausbeutungsdenken«, »Verschleißdenken«.	5. Herstellung technischer Produkte mit einer heterozentrischen Haltung. »Schutzdenken« (Tierschutz, Umweltschutz), »Erhaltungsdenken«, »Schonungsdenken«.
6. Absolut fehlerfreies Funktionieren: Perfektionsdenken, deterministisches Denken, Sicherheit für den Augenblick.	6. Fehlerhaftigkeit, mangelnde Perfektion in speziellen Bereichen werden in Kauf genommen, um Stabilität auf lange Sicht zu erreichen. Flexibilitätsdenken, Anpassungsdenken evolutionäres Denken, probabilistisches Denken.
7. Einfaches Modelldenken. Einfache Modelle bilden die betrachtete Wirklichkeit hinreichend ab (... Lichtwelle - Wasserwelle).	7. Modelldenken problematisch. Einfache Modelle versagen oft (siehe Gleichgewicht eines Ökosystems - ... einer Waage...).

Tabelle 3-4: »Exklusives« und »inklusives« Denken nach *Schaefer* (1978 a, 13 f.)

Entwicklung von Methodengefügen, die den Menschen (Subjekt) nur partiell vom Objekt trennen und nur vorsichtig in den Objektbereich eingreifen

1	*Manipulatives Verfügen über das Leben*		*Einbindung des Forschers in das zu erforschende System*
1.1	Laborexperiment	wird begrenzt durch	Freilandbeobachtung
1.2	berechnende Gesetzesfindung		zählende Regelfindung
1.3	Benutzung sinnesferner Meßinstrumente		Gebrauch der Sinnesorgane
1.4	distanzierendes Quantifizieren und eigennütziges »Kiebitzen«		mitspielendes, teilnehmendes Beobachten
1.5	Apparative und maschinelle Ausnutzung		Bearbeitung durch organverstärkende Werkzeuge
1.6	harte, »parasitische« Technik		weiche, symbiotische Technik

Entwicklung von Methodengefügen, die Offenheit, Begrenztheit und Komplexität der Objekte berücksichtigen

2	*mechanistische Beschreibung islolierter Teilobjekte*		*Beschreibung ganzheitlichen Systemverhaltens*
2.1	Herstellen der Geschlossenheit	wird begrenzt durch	Anerkennen der Offenheit
2.2	kybernetische Beschreibung		Erfassen des Systemverhaltens
2.3	einlinig kausale Deutung		Erfassen nichtlinearer Kausalität in komplexen Beziehungsgefügen
2.4	Ausblendung von Teilsystemen und Teilaspekten		Berücksichtigung der Dialektik von Teil-Ganzes-Relationen
2.5	deterministische Festlegung und Vorhersage		spieltheoretisches Kalkül
2.6	exponentielles Wachstum		auf Ressourcen und Beziehungen abgestimmte Entwicklung

Entwicklung von Methodengefügen, die die Variabilität und die Geschichtlichkeit der Objekte berücksichtigen

3	*Formulierung allgemeingültiger Gesetzmäßigkeiten*		*Erfassen der Individualität von Biosystemen*
3.1	statische und zeitlose Beschreibung	wird begrenzt durch	historisch-dialektische Beschreibung
3.2	Berechnung für alle Fälle		Diagnose des Einzelfalls
3.3	Reduzierung auf einfache Typen		Anerkennen und Beschreiben der Vielfalt
3.4	Wahl zwischen Alternativentscheidungen		Abwägen vieler verschiedener Lösungsmöglichkeiten
3.5	uniforme, globale Großtechnik		vielfältige, lokal angepaßte Kleintechnik

Tabelle 3-5: Komplementäre Methodengefüge (nach *Kattmann* 1980 a, 159, verändert)

3.3.3 Sinn und Bedeutung im Unterricht, Beispiele

Durch einen wissenschaftspropädeutisch orientierten Unterricht sollen die Schüler befähigt werden,

- naturwissenschaftliche Konzepte und Arbeitsweisen reflektiert anzuwenden (dies gilt insbesondere für Beobachtung, Experiment und die aus ihnen gewonnenen Aussagen);
- Grenzen und Tragfähigkeit naturwissenschaftlicher Aussagen zu reflektieren und diese entsprechend zu beurteilen;
- Wege der Erkenntnis nachzuvollziehen und an einzelnen wissenschaftsgeschichtlichen Beispielen darzustellen;
- Folgen naturwissenschaftlicher Erkenntnisse in ihrer Ambivalenz zu erkennen (vgl. Empfehlungen zur Arbeit in der gymnasialen Oberstufe 1978, 4 f.; *v. Falkenhausen* 1989, 11).

Wenn methodische Voraussetzungen und mögliche Formen der Erklärung nicht beachtet werden, so können auch Beobachtungen und Experimente leicht zu logischen Fehlschlüssen verleiten (vgl. *Kattmann/Jungwirth* 1988). Wissenschaftstheoretische Fragen sollten auch in der Lehrerbildung berücksichtigt werden (vgl. *Rottländer* 1988).

Ein wesentlicher wissenschaftspropädeutischer Aspekt ist die angemessene Auseinandersetzung mit pseudo-wissenschaftlichen Konzepten, d. h. solchen Vorstellungen, die den Anspruch von Naturwissenschaft erheben, diesem aber nicht gerecht werden können. Beispiele sind die Eugenik (vgl. *Kattmann* 1991 c), der Lyssenkoismus (vgl. *Galinsky/Regelmann* 1984; *Regelmann* 1984) sowie der heute als »Schöpfungswissenschaft« mit wissenschaftlichem Anspruch auftretende *Kreationismus* (vgl. *Scharf/Stripf* 1989; *Rottländer* 1989 a; b; *Kattmann* 1992). Das Verhältnis von Biologie und *Religion* ist jedoch nicht auf der Tatsachenebene zu bestimmen, sondern auf der Sinnebene. Biologische und religiöse Aussagen entsprechen den unterschiedlichen Möglichkeiten, die Wirklichkeit zu erfassen und zu deuten (vgl. *Kattmann* 1971 b; 1972; 1992 a; *Süßmann/Rapp* 1981; *Johannsen* 1982; *Lüke* 1990; 1993).
Die Behandlung von nicht-wissenschaftlichen Konzepten kann dazu dienen, die dagegen stehenden naturwissenschaftlichen Aussagen zu präzisieren, ihren Geltungsbereich zu bestimmen und so zu vermeiden, sie dogmatisch auszulegen. Die Schüler sollen im Unterricht erfahren, daß die naturwissenschaftlichen Erkenntnisse grundsätzlich hypothetisch sind und ihre Deutungen nicht nur von methodischen Voraussetzungen, sondern auch von persönlichen und gesellschaftlich vorherrschenden Anschauungen abhängen können. Auch der

Zusammenhang von Fälschungen in der Wissenschaft mit den herrschenden Anschauungen hat hier seinen unterrichtlichen Ort (vgl. *Koch* 1992 f.). Wichtige Themen sind die ideologisch-politische Umdeutung biologischer Aussagen (Biologismus) und die gesellschaftliche Bedingtheit der Wirksamkeit von Wissenschaft und Wissenschaftlern (vgl. *Beyer/Kattmann/Meffert* 1982; *Quitzow* 1988; *Weß* 1989; *Preuschoft/Kattmann* 1992).

Für den wissenschaftspropädeutischen Unterricht bieten sich diejenigen Themenbereiche an, bei denen wissenschaftstheoretische oder ideologische Aspekte besonders naheliegen, wie dies bei der Evolutionsbiologie, Ethologie und Soziobiologie sowie Molekulargenetik, Humangenetik und Anthropologie der Fall ist. Fachwissenschaftler haben zu einigen Bereichen Bücher geschrieben, die sich an eine breitere Öffentlichkeit wenden und wegen der kritischen Analysen auch als Grundlage für den wissenschaftspropädeutischen Unterricht geeignet sind: zur Vergleichenden Verhaltenslehre (*Zippelius* 1992); zum Verhalten des Menschen (*Bischof* 1985); zur Humangenetik/Anthropologie (*Gould* 1983; *Lewontin/Rose/Kamin* 1988). Darüber hinaus gibt es zu den genannten Bereichen kritische Übersichtsartikel (vgl. *Beyer/Kattmann/Meffert* 1982; *Vogel* 1983; *Kattmann* 1983 a; 1985; 1991 d; 1992 b; 1993 c). Die veröffentlichten Unterrichtsbeispiele und Unterrichtsmaterialien betreffen fast alle die Sekundarstufe II (vgl. *v. Falkenhausen* 1989). Als Unterrichtsmethode herrscht die Textanalyse vor, für die zahlreiche Unterrichtsvorschläge und Textsammlungen vorliegen (s. Abschnitt 8.2.8; vgl. *Beyer/Kattmann/Meffert* 1980; *Schrooten* 1981; *Süßmann/Rapp* 1981; *Kattmann/Pinn* 1984; *Galinsky/Regelmann* 1984; *Rimmele* 1984; *Quitzow* 1986; 1990; *Weß* 1989; *Rottländer* 1992). Exemplarisch können die Schüler Untersuchungen anhand einer Originalarbeit durchführen (vgl. z. B. *Schneider* 1985; *Schäferhoff* 1993). Im Studienbrief zur Neuroethologie (*Ewert/Kühnemund* 1986) werden die methodischen Voraussetzungen der Wissenschaft im Dialog zwischen den beiden Autoren (Fachwissenschaftler und Fachdidaktiker) entwickelt und dabei beispielhaft unterschiedliche Denkweisen und Bedeutungszuweisungen durch die Wissenschaftler demonstriert.

Widerspruch gegen einen zu theoretisch und methodisch einseitigen wissenschaftspropädeutischen Unterricht (vgl. *Spieß* 1982) sollte u. a. mit größerer Vielfalt der Arbeitsweisen und Gegenstände begegnet werden. Wissenschaftspropädeutik sollte kein Sonderdasein führen, sondern an vielen Stellen des Unterrichts auch auf eigene Experimente und Beobachtungen angewendet werden (vgl. *v. Falkenhausen* 1989, 13 ff.).

Wissenschaftspropädeutische Überlegungen führen im Unterricht vielfach zu Beispielen aus der Wissenschaftsgeschichte und zu ethischen Fragen. Beide Bereiche haben aber im Unterricht keineswegs nur wissenschaftspropädeutische Funktion, so daß ihnen eigene Ausführungen gewidmet sind (s. Abschnitte 3.4 und 3.5).

Literatur

Arber 1960; *Bak/Chen* 1991; *Bär* 1978; *v. Bertalanffy* 1932; 1990; *v. Bertalanffy/Beier/Laue* 1977; *Beyer/Kattmann/Meffert* 1980; 1982; *Bischof* 1985; *Böhnke* 1978; *Brüggemann* 1958; *Bünning* 1959; Deutscher Bildungsrat 1974; *Driesch* 1921; 1957; Empfehlungen gymnasiale Oberstufe 1978; *Ewert/Kühnemund* 1986; *Fäh* 1984; *v. Falkenhausen* 1988; 1989; 1991; *Galinsky/Regelmann* 1984; *Gerok* 1989; *Gould* 1983; *Grupe* 1977; *Hartmann* 1948; 1953; *Johannsen* 1982; *Kattmann* 1971 b; 1972; 1980 a; 1982; 1983 a; 1984; 1985; 1991 c; d; 1992 a; b; 1993 c; *Kattmann/Jungwirth* 1988; *Kattmann/Pinn* 1984; *Killermann* 1991; *Klaus* 1968; *Klautke* 1990; *Koch, M.*, 1992 f.; *Kuhn, T. S.*, 1967; *Leicht* 1978; *Lewontin/Rose/Kamin* 1988; *Lorenz* 1965 b; c; *Lüke* 1990; 1993; *Mayr* 1979; 1984; *Mohr* 1970; 1981; *Popper* 1966; 1984; *Preuschoft/Kattmann* 1992; *Quitzow* 1986; 1988 a; 1990; *Regelmann* 1984; *Reichenbach* 1968; *Remane* 1960; Richtlinien NRW 1981; *Rimmele* 1984; *Rottländer* 1989 a, b; 1992; *Rottländer/Reinhard* 1988; *Sachsse* 1967; 1968; *Schaefer* 1975; 1978 a; 1980; 1984; *Schäferhoff* 1993; *Scharf/Stripf* 1989; *Schlichting* 1992; *Schmidt, H.*, 1981; *Schneider, I.*, 1985; *Schrooten* 1968; 1981 a; *Schwab* 1972; *Spieß* 1982; *Süßmann/Rapp* 1981; Vereinbarungen gymnasiale Oberstufe 1976; *Vogel, C.*, 1983; *Vogel/Angermann* 1967; *Vollmer* 1985 f.; 1990; *Weber, W.*, 1968; *Weiss , P. A.*, 1970; *Werner, H.*, 1973; *Weß* 1989; *Wuketits* 1983; *Zippelius* 1992

3.4 Geschichte der Biologie im Biologieunterricht

3.4.1 Zum Begriff

Die Wissenschaft »Biologie« ist älter als ihr Name (s. Abschnitt 3.1). Die Entwicklung zu einer experimentell forschenden und technisch angewandten Naturwissenschaft konnte erst beginnen, nachdem die Unterschiede zwischen Nichtlebendem und Lebendigem erkannt worden waren. Die Entwicklung der Wissenschaft folgte nicht allein eigenen Gesetzen, sondern war auch abhängig von gesellschaftlichen Verhältnissen, sozialen Bedingungen sowie individuellen Einstellungen und Wünschen. In der Geschichte haben sich dabei nicht nur die Ansichten über die Gegenstände, sondern auch Charakter und Struktur der Biologie als Fach gewandelt (s. Tab. 3-6). Sichtbar ist in der Geschichte der Biologie aber auch, daß bestimmte Motive und Wege biologischen Handelns

Biologie als Lehre von	1. Phase den **Lebewesen**	2. Phase den **Lebens-erscheinungen**	3. Phase der **Biosphäre**
orientiert sich an der	Morphologie	Physiologie	Evolutionsökologie
und *verhält sich* dabei in ...			
... kognitiver Hinsicht	vergleichend-betrachtend	analysierend	geschichtlich-ganzheitlich
... affektiver Hinsicht	genießend	beherrschend	partnerschaftlich
...expressiver Hinsicht	beschreibend	experimentell und manipulierend	pflegend-gestaltend

Tabelle 3-6: Drei Phasen der Biologie in ihrer Geschichte (nach *v. Wahlert* 1977, verändert)

trotz des Wandels der äußeren Bedingungen gleich geblieben sind. Die geschichtliche Betrachtung zeigt, auf welchen Voraussetzungen die heutigen Erkenntnisse beruhen und welche Denkwege dabei verlassen wurden oder noch heute konkurrierend nebeneinander existieren.
Wegen der Verbindung zu menschlichen Werten und Normen betreffen die geschichtlich wirksamen Konzepte der Biologie nicht nur das Selbstverständnis des Faches, sondern auch das individuale, soziale und politische Verhalten der Menschen. Biologische Konzepte haben vielfach einen unmittelbaren Bezug zur politischen Geschichte gehabt und zuweilen auch einen direkten Einfluß auf diese ausgeübt. So wurde die Eroberung und Beherrschung »farbiger« Völker im Imperialismus mit der biologischen Überlegenheit der »weißen Rasse« zu rechtfertigen versucht. Die historische Wirksamkeit von biologisch bestimmten Normen und Werten ist somit ein wichtiger Teilaspekt der Biologiegeschichte (s. Abschnitt 3.5).
Die Geschichte der Biologie läßt sich anhand des Wandels der Konzepte in einzelnen Disziplinen oder mit Hilfe einer Aufgliederung in Epochen darstellen, wobei jedoch meist beides ineinandergreift (vgl. *Jahn* 1990).

3.4.2 Sinn und Bedeutung

Über die Bedeutung der Wissenschaftsgeschichte für den Unterricht gibt es gegensätzliche Positionen (vgl. *Ewers* 1978 a). Im Biologieunterricht sollte deren Behandlung im Zusammenhang mit den anderen Unterrichtsinhalten und Zielen gesehen werden. Dann können der Wissenschaftsgeschichte vor allem zwei Aufgaben zugeschrieben werden:

- die *biologiemethodische* Funktion (zum besseren Verstehen biologischer Aussagen): Die Schüler sollen den historischen Erkenntnisprozeß in wesentlichen Teilen nachvollziehen, um dabei einen tieferen Einblick in Sachverhalte zu bekommen;
- die *wissenschaftspropädeutische* Funktion (zum wissenschaftskritischen Reflektieren biologischer Aussagen): Die Schüler sollen zum einen erfahren, daß die Wissenschaft »Biologie« etwas geschichtlich Gewordenes ist, zum anderen sollen sie die historischen und gesellschaftlichen Einflüsse auf die Erkenntnisbildung kennenlernen.

Biologie historisch verstehen

Von einigen Didaktikern wird vermutet, daß die Schüler biologische Fakten und Zusammenhänge besser verstehen können, wenn sie die Geschichte der Entstehung und Entdeckung nachvollziehen.

Gegen diese Auffassung wird (allerdings bezogen auf die Physik) eingewendet, daß die historisch gewonnenen Einsichten, wenn sie einmal erreicht worden sind, in einem System tradiert wurden und somit von vornherein leichter und besser systematisch in unserem heutigen Verstehenszusammenhang zu vermitteln seien. Der historische Gang könne zwar der Lehrkraft tiefere Einsichten gewähren, aber diese könne man dann den Schülern ohne den Umweg über die Historie weitergeben: »Der historische Prozeß stellt sich daher rückblickend immer dar als eine innerwissenschaftliche Theoriendynamik und als eine Dynamik der Phänomenproduktion im Rahmen einer Hierarchie von systematischen Abhängigkeiten ... Die umfassende These ist dann, daß man den Gewinn an Verständnis, den man durch historische Studien subjektiv erworben hat, immer weitergeben kann, ohne das Historische auch nur als solches zu nennen« (*Jung* 1983, 12).

Dem gegenüber steht die Annahme, daß die Schüler (wie die Lehrpersonen) gerade beim Studium der Geschichte wichtiger wissenschaftlicher Begriffe deren Genese selbst begreifend erforschen und damit die Inhalte für sich erschließen können. »Die geistige Welt des Kindes steht nicht etwa im Gegensatz zum Geist des Forschens. Das recht angesprochene Kind stellt sein Steuer schon richtig und zieht den hastenden Lehrer wieder in die ruhige Urströmung zurück, die auch für die Wissenschaft immer der Beweggrund ist. ... Der Lehrer kann nicht irregehen an Hand des forschenden Kindes und an der Hand der ursprünglichen Forschung« (*Wagenschein* 1965, 202).

Diese *historisch-genetische* Ausformung des exemplarischen Prinzips durch *Martin Wagenschein* setzt voraus, daß die historische Genese der Wissenschaft und deren individuelle Aneignung durch den Schüler grundsätzlich in gleicher Weise oder parallel verlaufen. Trotz der berechtigten Einwände, daß es eine logische Abfolge in der Wissenschaftsgeschichte und eine entsprechende Rekapitulation der Vorstellungen durch die Schüler kaum gebe (vgl. *Petersen* 1975, 89 ff.), erscheint das historisch-genetische Vorgehen überall dort angebracht, wo eine Übereinstimmung zwischen vorherrschenden Schülervorstellungen und in der Wissenschaftsgeschichte auftretenden Anschauungen nachweisbar ist oder naheliegt. In diesen Fällen sind nämlich auch als Umwege erscheinende Irrtümer oder vorläufige Lösungen fruchtbar für das heutige Verständnis der Sachverhalte (vgl. *Puthz* 1993).
Das historisch-genetische Vorgehen darf also nicht überall und schematisch angewendet werden, sondern es bedarf der sorgfältigen didaktischen Begründung. In vielen Fällen können die Schüler bei geschichtlichem Vorgehen also bei ihren Vorstellungen abgeholt und über den historischen Erkenntnisweg tatsächlich zur heutigen Sicht geleitet werden, ohne daß dabei eine ständige Korrelation zwischen dem Verlauf der Wissenschaftsgeschichte und den Erkenntnisschritten der Schüler angenommen werden müßte.

Ein weiteres Argument für wissenschaftshistorisches Vorgehen im Unterricht besteht darin, gerade die Fremdheit und das Ungewohnte der in der Geschichte auftretenden Anschauungen und Erklärungsversuche didaktisch zu nutzen. Indem eine heute vertraute Erklärung für eine Erscheinung mit einer ganz anderen historisch bedeutsamen Interpretation konfrontiert wird, können Unverstandenes oder nur halb Durchschautes aufgedeckt werden. Dabei werden diejenigen Bedingungen für das Verständnis der biologischen Aussagen herausgearbeitet, die bei allzu vertrauten Erklärungen gewöhnlich unbewußt vorausgesetzt werden und damit ungeklärt bleiben und so Verständnisschwierigkeiten der Schüler bewirken können.

Biologie historisch reflektieren

Wissenschaftsgeschichte sollte im Biologieunterricht demonstrieren, auf welchen geschichtlichen und erkenntnistheoretischen Voraussetzungen naturwissenschaftliche Aussagen beruhen. Sie dient dann nicht dazu, die biologischen Aussagen selbst zu verstehen, sondern *über* sie nachzudenken und dabei ihren historischen Charakter zu erfassen (s. Abschnitt 3.3).
Fälschlich wird die Wissenschaftsgeschichte häufig nach einem überholten

induktivistischen Schema geschildert (s. Abschnitt 3.3.2). Danach hätte zum Beispiel *Gregor Mendel* seine Regeln durch bloßes Auszählen bei seinen Kreuzungsexperimenten gewonnen (vgl. *Götz/Knodel* 1980, 61 f.), *Charles Darwin* die Evolutionstheorie aufgrund von Beobachtungen während seiner Weltreise aufgestellt und *William Harvey* den Blutkreislauf anhand von Experimenten und Berechnungen entdeckt. Weder *Darwin* noch *Mendel* oder *Harvey* haben aber ihre Theorien allein aus Beobachtungsdaten oder Ergebnissen von Experimenten abgeleitet, vielmehr hatte die Theorie Vorrang, und daher ist der Erkenntnisweg als hypothetisch-deduktiv zu beschreiben (vgl. *Kattmann* 1984 a, 9 f.; *Puthz* 1993). Der Biologieunterricht kann mit Hilfe wissenschaftsgeschichtlicher Fallstudien wesentlich zur Einsicht in den naturwissenschaftlichen Erkenntnisprozeß und dessen methodische Voraussetzungen beitragen, die im übrigen selbstverständlich auch beim eigenen Beobachten und Experimentieren der Schüler reflektiert werden sollten (s. Abschnitte 3.3.2 und 9.2.1).

Die Geschichte der Biologie sollte indes nicht als bloße Abfolge logisch begründeter Erkenntnisschritte bzw. als Wissensakkumulation vermittelt werden. Diese Form der Darstellung ist, bezogen auf Entwürfe für den Biologieunterricht, von wissenschaftshistorischer Seite scharf kritisiert worden, wobei allerdings auch einseitig ideologische Argumente vorgebracht wurden (vgl. *Schramm* 1987). Der Erkenntnisfortschritt vollzog sich in vielen Fällen im Zusammenhang mit gesellschaftlich drängenden Fragen. Es sollte herausgestellt werden, welche Fragen in der Wissenschaft verfolgt, welche vernachlässigt wurden, in welchem Entstehungs- bzw. Verwertungszusammenhang das wissenschaftliche Tun stattfand. »Die Einbeziehung wissenschaftshistorischer Fragestellungen in den Biologieunterricht fördert die Kritikfähigkeit der Schüler, indem sie in die Lage versetzt werden, geistesgeschichtliche und sozialgeschichtliche Voraussetzungen und Folgen wissenschaftlicher Fragestellungen und Entdeckungen zu erkennen sowie die normativen Standards gegenwärtig gültiger Wissenschaftssysteme zu hinterfragen« (*Ewers* 1978 b, 132).
Besonders deutliche Beispiele für politische Funktionen von Biologie sind die Rollen, die die Biologie im Nationalsozialismus und der Lyssenkoismus im Stalinismus spielten. Es ist äußerst bedenklich, wenn Biologen sich heute wiederum mit dem Anspruch biologischer Erkenntnis zu gesellschaftlichen und politischen Fragen äußern mögen, ohne eine Einsicht in die Traditionen, in denen sie stehen, auch nur anzudeuten. Die historisch naiv zu nennenden genetizistischen Denkweisen einiger Biologen entspringen wahrscheinlich der bei zahlreichen Naturwissenschaftlern zu findenden Abwehr dagegen, ihre

Wissenschaft in geschichtlichen Wirkungszusammenhängen zu sehen. Vielmehr herrscht noch die Sicht einer in Inhalten und Methoden autonomen und wertfreien Wissenschaft vor. Entsprechend wird selbst die Verquickung von Biologie mit einer verbrecherischen Ideologie einseitig als aufgezwungener Mißbrauch der Wissenschaft erklärt und im übrigen aus dem Bewußtsein verdrängt. Um so dringlicher ist die Aufgabe des Biologieunterrichts, gerade über die Wissenschaftsgeschichte der Zeit von 1933 bis 1945 zu informieren und Gegenwartsbezüge herzustellen (s. Abschnitt 2.2). Solche Themen sollten nicht dazu dienen, Vorgänge oder Personen willkürlich in Zusammenhänge zu bringen, die diffamieren oder disqualifizieren. Wohl aber sollte an ihnen erkannt werden, welche Überzeugungen und welche Gedankenwege (selbst bei redlicher Gesinnung der Handelnden) zu den unfaßbaren Verbrechen der deutschen Faschisten geführt haben und heute in dieselbe Richtung weisen können.

Das wissenschaftsgeschichtliche Vorgehen kann pädagogisch auch schon dadurch gerechtfertigt sein, daß der geschichtliche Charakter der Wissenschaft im Handeln und im Lebensweg von Menschen deutlich wird. Ein solcher Brückenschlag zur menschlichen Seite der Wissenschaft kommt denjenigen Schülern entgegen, die sich besonders für die Rolle der Naturwissenschaften im menschlichen Leben interessieren. Folgende Fragen können diesen Aspekt erschließen: «Wie konnte man überhaupt auf ein solches Experiment kommen? Wie kam man auf diese Erklärung? Was bedeutet diese Entdeckung für den Entdecker, für sein Leben, für seine Zeit? Welche Folgen hatte sie für ihn und für andere Menschen, für den Lauf der Geschichte? Konnte man das nicht voraussehen?« (*Jung* 1983, 14).
In diesem Rahmen lohnt auch der Nachvollzug historischer Versuche (vgl. *Palm* 1984 f.; *Scharf/Tönnies* 1989 f.). Das Herausstellen der persönlichen Leistungen großer Naturwissenschaftler (vgl. *Holzmann* 1991) sollte dabei nicht in Gegensatz zur Schilderung der historisch wirksamen gesellschaftlichen Bedingungen gesetzt werden. Wenn auch gezeigt werden kann, daß bestimmte wissenschaftliche Entwicklungen mit gesellschaftlichen Problemen verknüpft sind (z. B. bei der Entwicklung der Zellenlehre, vgl. *Jeske* 1978), so wird die individuelle Leistung der beteiligten Forscher doch dadurch nicht aufgehoben. Im Unterricht sollte aber vermieden werden, den Aspekt persönlicher Forschungsleistungen zu isolieren und die Wissenschaftsgeschichte als Heldensage zu erzählen. Neben Erfolgen sollten auch Unzulänglichkeiten und Fälle wissenschaftlicher Fälschungen behandelt werden (vgl. *Kattmann/Pinn* 1984; *Schmidt* 1984; *Koch* 1992 f.).

3.4.3 Beispiele

In den bisher vorliegenden Unterrichtsvorschlägen und Quellensammlungen für den Unterricht wurden vorwiegend die folgenden Themenbereiche ausgewählt:

- Da die *Evolutionstheorie* sich immer mehr als eine Grundlage der gesamten Biologie herausstellt, erscheint auch die historische Beschäftigung mit ihr besonders gut geeignet, in die Grundlagen und Voraussetzungen der modernen Biologie einzudringen. In den Unterrichtsmaterialien stehen hier meist erkenntnistheoretische und auch geistesgeschichtliche Aspekte im Vordergrund (vgl. Quellensammlungen: *Fels* 1967; *Falkenhan/Müller-Schwarze* 1981; *Stripf* u. a. 1984; *Stripf* 1989; DIFF 1985 ff.; 1990; Unterrichtsentwürfe: *Kattmann* 1984 b; *Pflumm/Wilhelm* 1984; *Stripf* 1984).
- Die Geschichte der *Genetik* wird im Unterricht besonders mit den Namen und Leistungen von *Mendel*, *Avery* sowie *Watson* und *Crick* verbunden, wobei der hypothetisch-deduktive Erkenntnisweg, die verwendeten Methoden und der Wechsel der Konzepte im Vordergrund stehen (vgl. *Böhnke* 1978; *Falkenhan/Müller-Schwarze* 1981; *Knievel* 1984 b; *Steinmetz* 1984). Hier geht es u. a. auch um die Frage des politischen Einflusses, wie er sich z. B. im Fall »Lyssenko« in einer Phase der sowjetischen Biologie zeigt (vgl. Unterrichtsbeispiele von *Palm* 1966; *Galinsky/Regelmann* 1984).
- *Humangenetik* und biologische *Anthropologie* gehören geschichtlich z. T. in die ideologisch geprägte «polemische Zone» der Biologie (vgl. *Grupe* 1977). Für die unterrichtliche Aufarbeitung der Geschichte der Biologie im Nationalsozialismus können Biologiebücher und Dokumente der Zeit ausgewertet werden (vgl. *Kattmann/Seidler* 1989; s. Abschnitt 2.2). Neben der Anthropologie und Humangenetik müßte auch die Rolle ökologischer und ethologischer Konzepte berücksichtigt werden (einzelne Beispiele bei *Trommer* 1983; 1984; 1990).
- Als weitere Problembereiche sind die Vorstellungen zur *Urzeugung* (vgl. *Heubgen* 1982), die Entstehung der *Zelltheorie* sowie die Entwicklung der *Physiologie* zu nennen, die besonders zur Illustration des Erkenntnisfortschritts herangezogen werden (vgl. *Götz/Knodel* 1980; Quellen bei *Falkenhan/Müller-Schwarze* 1981; zur Problemgeschichte der Photosynthese vgl. *Oehring* 1978; 1982; zur Entdeckung des Blutkreislaufs vgl. *Hirschfelder/Rüther/Düning* 1984; zu Infektionskrankheiten vgl. *Rottländer* 1992).
- Als ältester Zweig der Biologie kann die *Morphologie* zu geschichtlicher Betrachtung reizen, z. B. anhand der Arbeiten von *Johann Wolfgang von Goethe* (vgl. *Wittmann/Maas/Kiewisch* 1985).

- Das Problem von Finalität und Kausalität bei biologischen Phänomenen durchzieht die Geschichte der Biologie bis heute. Das methodische Grundsatzproblem läßt sich besonders klar am Streit zwischen Vitalisten und Mechanisten behandeln, wobei weltanschauliche und philosophische Fragen einbezogen werden können (vgl. *Kattmann* 1971 b; *Fäh* 1984; s. Abschnitt 3.3.2).

Aus den aufgelisteten Beispielen geht hervor, daß es für den Biologieunterricht angemessener erscheint, Probleme und Ideen zu studieren und in ihrer Entwicklung zu verfolgen, als geschichtliche Epochen zu charakterisieren. Wissenschaftsgeschichtliche Epochen sind nämlich schwer faßbar, und ihre Charakteristika treffen nur auf Teilbereiche wirklich zu (vgl. *Jahn* 1990). Darüber hinaus ist auch der Bezug zum übrigen Biologieunterricht beim problemorientierten Vorgehen viel enger als bei einer historisch vergleichenden Sichtweise.

Literatur

Böhnke 1978; DIFF 1985 ff.; 1990; *Ewers* 1978 a; b; *Fäh* 1984; *Falkenhan/Müller-Schwarze* 1981; *Fels* 1967; *Galinsky/Regelmann* 1984; *Götz/Knodel* 1980; *Grupe* 1977; *Heubgen* 1982; *Hirschfelder/Rüther/Düning* 1984; *Holzmann* 1991; *Jahn* 1990; *Jeske* 1978; *Jung* 1983; *Kattmann* 1971 b; 1984 a; b; *Kattmann/Pinn* 1984; *Kattmann/Seidler* 1989; *Knievel* 1984 b; *Koch, M.*, 1992 f.; *Mannzmann* 1973; *Oehring* 1978; 1982; *Palm* 1966; 1984 f.; *Petersen* 1975; *Pflumm/Wilhelm* 1984; *Puthz* 1993; *Rottländer* 1992; *Scharf/Tönnies* 1989 f.; *Schmidt, H.*, 1984; *Schramm* 1987; *Steinmetz* 1984; *Stripf* 1984; 1989; *Stripf* u. a. 1984; *Trommer* 1983; 1984; 1990; *Wagenschein* 1965; *v.Wahlert* 1977; *Walch/Knoll* 1987; *Wittmann/Maas/Kiewisch* 1985

3.5 Ethik im Biologieunterricht

3.5.1 Zum Begriff

Ethik ist die philosophische Disziplin, die sich systematisch mit den Normen und Regeln des menschlichen Handelns beschäftigt, also die Frage nach dem zu beantworten sucht, »was sein soll«. Von der Ethik wird die »Moral« als das System von gesellschaftlich anerkannten Normen unterschieden. Die Verbindung von Biologieunnterricht und Ethik ist nicht neu. Sie ist schon mit dem Erziehungsauftrag der Schule und dem Lebensbezug von biologisch bestimmten Themen vorgegeben. Besonders deutlich ist dieser Zusammenhang bei den fächerübergreifenden Aufgaben des Biologieunterrichts (s. Abschnitt 4.1).

Bioethik
Von Bioethik wird meist im Zusammenhang mit Problemen geredet, die durch neue Entwicklungen in der Medizin und den biochemisch orientierten Wissenschaften besonders bedeutsam sind: Beginn und Ende des menschlichen Lebens (z. B. Schwangerschaftsabbruch, humanes Sterben); Fortpflanzungstechnik (z. B. Samenübertragung, In-vitro-Fertilisation, Keimtransfer); Gentechnik (z. B. Genanalyse, Gentherapie; gentechnisch veränderte Organismen); Verhaltenssteuerung durch Psychopharmaka.
Ethische Herausforderungen ergeben sich jedoch nicht nur aus neuen technischen Möglichkeiten, sondern auch aus den absehbaren Folgen bereits erfolgter und andauernder Eingriffe des Menschen in die Natur und der daraus erwachsenden Verantwortung für die Mitgeschöpfe. Für diesen Bereich hat sich der Name *Umweltethik* eingebürgert, die auch Naturschutz- und Tierschutzethik umfaßt (s. Abschnitt 4.5).
Schließlich betreffen ethische Fragen zentral die Probleme des (friedlichen) Zusammenlebens der Menschen, bei denen biologisch bestimmte Anschauungen wirksam sind, z. B. beim Rassismus und bei der Diskriminierung der Geschlechter (s. Abschnitt 4.4).
Der Terminus »Bioethik« wird im folgenden in einem umfassenden Sinne verwendet, so daß die Umweltethik und die Ethik des Zusammenlebens eingeschlossen sind.

Die pädagogischen Überlegungen zur Bioethik orientieren sich vielfach an der von *Albert Schweitzer* (1975; 1976) begründeten Ethik der »Ehrfurcht vor dem Leben«. Zu den mit der Entwicklung der Technik und der Gefährdung der Biosphäre gegebenen ethischen Problemen gibt es mehrere grundsätzliche philosophische Entwürfe (vgl. *Jonas* 1984; *Meyer-Abich* 1986; *Altner* 1991; *Leopold* 1992).

Heimliche Ethik
Die Verknüpfung von biologisch bestimmten Aussagen und ethischen Überlegungen ist in den genannten Bereichen offensichtlich und auch für den Biologieunterricht unabweisbar. Darüber hinaus können ethische Aussagen in biologischen Darstellungen enthalten sein, die nicht ohne weiteres bewußt werden. Bei einer Analyse von Aussagen zur Evolution des Menschen wird beispielsweise deutlich, daß mit dem vermittelten Bild der Evolution ethische Aussagen transportiert werden, nämlich die positive Wertung der Aggression und des Kampfes sowie die jeweiligen Rollenzuweisungen an Männer und

Frauen. Biologisch bestimmte Aussagen sind darauf zu prüfen, welche heimliche Ethik sie enthalten. Dies gilt z. B. für Denkfiguren, die in der Humanethologie vorherrschen, in denen mit der behaupteten Unangepaßtheit des Menschen an die Bedingungen der technisch-industriellen Zivilisation kulturpessimistische Anschauungen verbreitet werden. Diese «heimliche» Ethik kann gerade auch dann ihre Wirkung haben, wenn sie weder von der Lehrperson noch von den Schülern bewußt wahrgenommen wird (vgl. *Dulitz/Kattmann* 1990, 8 ff.). Das Behandeln ethischer Fragen im Unterricht erfordert daher Biologen und Biologielehrer, die sich der ethischen Implikate ihrer Aussagen bewußt sind. Schüler sind dazu anzuleiten, ethische Elemente in den Aussagen von Wissenschaftlern zu erkennen.

3.5.2 Sinn und Bedeutung

Die Behandlung ethischer Fragen im Biologieunterricht ist aufgrund der Entwicklungen in Biologie und Gesellschaft in letzter Zeit deutlich herausgestellt und sogar als »neues Unterrichtsprinzip« formuliert worden (*Bade* 1992; vgl. *Hedewig/Stichmann* 1988; *Dulitz/Kattmann* 1990; *Brehmer* 1993; Bibliographie: *Bade* 1990 a).

Indoktrinationsverbot

Das gegenwärtige Interesse am Thema »Ethik« darf nicht darüber hinwegtäuschen, daß mit ihm für den Unterricht Vorbehalte, Einwände und echte Schwierigkeiten verbunden sind. Ein an ethischen Fragen orientierter Unterricht steht in der Gefahr des Moralisierens und der Bevormundung der Schüler. Das Bundesverfassungsgericht hat im Zusammenhang mit der Sexualerziehung ein Indoktrinationsverbot für den Unterricht ausgesprochen. Indoktrination liegt immer dann vor, wenn individuelle Überzeugungen oder Ideale einseitig betont oder für alle verpflichtend gemacht werden sollen. Das gilt auch für die Anschauungen einflußreicher gesellschaftlicher Gruppen und deren Partialethos. Ethische Grundsätze können nicht aus der Biologie oder aus als »natürlich« angesehenen Gegebenheiten abgeleitet werden. Es gibt keine naturbegründeten Normen (vgl. *Dulitz/Kattmann* 1990, 12 f.). Die Lehrpersonen dürfen also ihre persönlichen Überzeugungen anderen nicht aufzwingen oder auch nur aufgrund ihrer Rolle in den Vordergrund stellen. Damit nämlich würde den Schülern erschwert, sich selbst ethisch zu entscheiden. Wie in der Sexualerziehung ist indes auch in anderen Bereichen ein Ausweichen auf eine

völlige Enthaltsamkeit nicht möglich. Ethische Fragen können aufgrund der heimlichen Ethik, die mit jedem biologischen Inhalt verbunden sein kann, im Unterricht nicht gänzlich vermieden werden - selbst wenn man dies wollte.
Das sich aus der pluralen Gesellschaft und der Entscheidungsfreiheit des einzelnen ergebende Verbot der Indoktrination bedeutet auch nicht, daß die persönlichen Entscheidungen rein subjektiv und ethisch beliebig zu begründen und unter sich gleichwertig seien. Bei den in der Biologie anstehenden Problemen wird es meist mehrere ethisch vertretbare Lösungen geben. Das heißt aber nicht, daß jeder beliebige Lösungsvorschlag ethisch zu akzeptieren wäre. Vielmehr sind die vorgeschlagenen Lösungen im Gespräch vernünftig zu begründen. Die Schüler sind demnach nicht über eine bestimmte Moral zu belehren, sondern sie sind zu befähigen, ethische Probleme zu erkennen, auf diese zu reagieren und ethisch vertretbare Lösungen zu finden. Dabei ist nicht entscheidend, ob am Ende über eine Lösung ein allgemeiner Konsens hergestellt wird, sondern daß die Schüler lernen, über ethische Fragen eingehend nachzudenken.

Ethische Reflexionsebenen
Die ethische Reflexion soll verhindern, daß die Schüler durch unerkannte oder unbedacht übernommene Werturteile bzw. Vorschriften und Verhaltensregeln bevormundet werden. In Schülergesprächen sollte angestrebt werden, ethisch orientierte Entscheidungsprozesse anzustoßen.
Grundlegende Werturteile können rein aus Vernunftgründen abgeleitet werden. Solche ethischen Normen sind:

- Universalität des gebotenen Verhaltens (allgemeine Regeln für das Verhalten aller Menschen);
- Gegenseitigkeit (Fairneß, Goldene Regel: »Was du nicht willst...«; Gültigkeit des Verhaltens auch bei Vertauschen der Rollen);
- Solidarität (Eintreten für den anderen auch gegen das eigene Interesse; Eintreten für die Schwächeren, stellvertretend auch für kommende Generationen und die nichtmenschliche Mitwelt).

Für ethische Aussagen, die über diese allgemeinen Normen hinausgehen, lassen sich idealtypisch drei Formen unterscheiden: Ordnungsethik, Gesinnungsethik und Verantwortungsethik. Die drei Idealtypen sind nicht als sich ausschließende Gegensätze, sondern als drei Reflexions- und Begründungsebenen zu sehen, die durchlaufen werden und einander so ablösen können, daß die vorhergehende jeweils in der nachfolgenden (im doppelten Sinne des Wortes) aufgehoben ist (s. Tabelle 3-7).

Reflexions-ebene / Eigenschaften	**Ordnungsethik**	**Gesinnungsethik**	**Verantwortungsethik**
- die Ethik gründet sich *normativ* auf	Ordnung	Gesinnung	Verantwortung
- sie wird *kognitiv* bestimmt durch	Werte	Ziele	Folgen
- sie wird *affektiv* beeinflußt durch	Tabus	Appelle	Chancen und Risiken
- sie wird *pragmatisch* geleitet durch	Tugenden	Motive	Vernunft
- ihre *Urteile* sind im Grundsatz	kategorisch und zeitlos gültig	subjektiv herrschend und universell verpflichtend	geschichtlich gebildet und revidierbar

Tabelle 3-7: Ebenen ethischer Reflexion (nach *Dulitz/Kattmann* 1990)

In der *Ordnungsethik* liefern Tatsachenaussagen und kategoriale Unterscheidungen die Grundlagen für ethische Werturteile. So wird mit der (biologischen) Tatsache, daß der menschliche Keim von Anfang an als solcher erkennbar ist, die kategoriale Aussage verknüpft, daß von der Befruchtung an spezifisch menschliches Leben vorhanden sei. Hieraus wiederum folgt das Werturteil, mit einem gentechnischen Eingriff in einen solchen Keim werde die personale Identität angetastet, mit der Tötung des Keims ein menschliches Leben zerstört. Die Urteile gründen sich auf angenommene Seins-Ordnungen. Abweichungen werden als Verletzungen von Tabus empfunden. Positiv wird das Handeln geleitet durch die in natürlicher Ordnung geltenden Tugenden. Derartige Aussagen haben den Vorzug, eindeutig zu sein. Bei der Orientierung an Ordnungsethik und den geforderten Wertentscheidungen besteht jedoch die Gefahr eines nur schwer nachvollziehbaren Dogmatismus, vor allem dann, wenn andere ethische Entscheidungen rigoros abgelehnt werden. Ordnungsethik kann auf Gefahren aufmerksam machen und helfen, gefährliche Entwicklungen abzuwehren. Sie hindert daran, vorschnell und leichthin über Grenzen hinwegzuschreiten.

In der *Gesinnungsethik* sind die mit einer Handlung verfolgten Absichten und Ziele der Maßstab für die ethische Beurteilung. Gesinnungsethisch wäre z. B. ein gentechnischer Eingriff an einem menschlichen Keim dann gerechtfertigt, wenn damit eine Erbkrankheit geheilt oder menschliches Leiden überhaupt abgewehrt werden soll. Die therapeutischen Absichten und Motive können jedoch leicht in gegenteilige Folgen verkehrt werden. Gerade das Ziel, Krankheiten zu verhindern, kann dazu verleiten, ein Gesundheitsideal anzustreben, in dem Leiden, Krankheit und Behinderung keinen Platz haben. Statt des Leidens wird dann der Leidende verhindert. Gesinnungsethik lenkt die Sicht auf Motive und Ziele menschlichen Handelns und ist in dieser Funktion unverzichtbar. Gute Absichten können ethisches Handeln aber allein nicht begründen. Man läuft sonst leicht Gefahr, das Gegenteil zu erreichen. Im Unterricht ist es daher mit dem Betonen affektiver Unterrichtselemente oder mit emotionalen Appellen nicht getan. Gesinnungsethischer Eifer darf rationale Information über Bedingungen und Folgen des Handelns nicht ersetzen.

Die *Verantwortungsethik* ist dadurch ausgezeichnet, daß mit ihr die absehbaren Folgen einer Handlung einschließlich möglicher Fern- und Nebenfolgen bedacht werden und daraus folgend das Handeln an menschlichen Maßstäben ausgerichtet sowie die mit ihm verknüpften Chancen und Risiken abgewogen werden. Zu den menschlichen Maßstäben des Handelns gehören:
- Vorsicht beim Eingreifen in komplexe Lebensgefüge;
- Beschränkung auf faßbare Aufgaben mit überschaubaren Dimensionen;
- langsames Tempo der Entwicklung;
- Rechnen mit menschlichem Versagen (Fehlerfreundlichkeit).

Da sich die Folgen einer Handlung mit den Bedingungen ändern, sind verantwortungsethische Urteile in dieser Hinsicht immer vorläufig und grundsätzlich revidierbar. Sie stehen unter dem Vorbehalt neuer Situationen und neuer Erkenntnisse. Verantwortungsethische Aussagen sind damit grundsätzlich für vernunftbezogene Nachfragen und Überprüfungen offen. Verantwortungsethisch werden keine unantastbaren Bereiche formuliert, in die der Mensch nicht eingreifen dürfte. Die Schranken ergeben sich aufgrund der Unfähigkeit des Menschen, die Folgen seines Handelns zu erkennen und zu tragen. Die weitreichenden Konsequenzen moderner Technik für Mensch und Umwelt machen es zur verantwortungsethischen Maxime, das Nichtwissen der Folgen und Nebenfolgen einzugestehen.

3.5.3 Zur Durchführung, Beispiele

Allein die Unterscheidung der Formen der Ethik und der Reflexionsebenen kann schon die ethischen Vorstellungen der Schüler differenzieren und klären helfen. Das unterrichtliche Vorgehen sollte im übrigen so organisiert werden, daß bei ethischen Entscheidungsprozessen die drei Reflexionsebenen in der angegebenen Reihenfolge durchschritten und auf der jeweils nachfolgenden Stufe miteinander verknüpft werden (s. Tabelle 3-7).

Wenn ethische Fragen im Mittelpunkt des Unterrichts stehen, kommt es darauf an, die Problemsituationen so anschaulich wie möglich zu machen. Durch Fallstudien können die Schüler jeweils vor die Aufgabe gestellt werden, eine Entscheidungssituation nachzuvollziehen. Zu dem Problem, ob die ethischen Überlegungen schließlich in ein entsprechendes Handeln münden, wird der Schulunterricht wohl keine letzte Antwort geben und möglicherweise auch nicht den entscheidenden Beitrag leisten können.
Besonders wichtig sind das Erkennen der ethischen Probleme in einer Entscheidungssituation sowie die Reflexion der Werte und der möglichen Handlungen. Es sollte vermieden werden, ein einziges konträres Wertepaar zu formulieren, um so die Einordnung der Meinungen in alternative ethische Grundpositionen zu erreichen (vgl. *Bayrhuber* 1988; 1992). Die Orientierung an nur einem Wertepaar führt zu vereinfachenden ethischen Schablonen und kann daher von den persönlichen Stellungnahmen der Schüler ablenken. Durch die ethische Analyse sollen die Schüler vielmehr angeregt werden, sich mit möglichst vielen Wertorientierungen selbst auseinanderzusetzen und vielseitige Möglichkeiten des Handelns vor einer Entscheidung ins Auge zu fassen. Die nötigen ethischen Reflexionen können im Unterricht systematisch anhand einer Abfolge von Schritten und »ethisch klärenden Fragen« angestoßen und organisiert werden. (vgl. *Kattmann* 1988 a; 1991 a; *Dulitz/Kattmann* 1990, 18 ff.; 1992).

Wo immer es möglich ist, sollten die Schüler hautnah an die Probleme herangeführt werden, so daß die ethischen Fragen von der *originalen Begegnung* selbst provoziert werden. Das erfordert Unterricht außerhalb des Klassenraumes. So können Begegnung mit Behinderten ermöglicht, Praktika in einem Alten- und Pflegeheim oder Rehabilitationszentrum für Drogensüchtige durchgeführt sowie Patenschaften zu Krankenhäusern, Altenwohnungen, für ein Naturschutzgebiet oder einen Schulwald übernommen werden (vgl. *Winkel* 1978 a, 169 f.).

In der gegenwärtigen Schulorganisation werden derartige originale Begegnungen vorerst die Ausnahme bleiben, so daß *Rollenspiele* und *Planspiele* oft an die Stelle treten werden, in denen die Schüler Entscheidungssituationen erleben und reflektieren können. Während im Rollenspiel die Entscheidungssituationen von verschiedenen Positionen her durchgespielt und nahegebracht werden können, eignet sich das Planspiel besonders gut dazu, das verantwortungsethische Abwägen von Entscheidungen samt den Folgen zu simulieren (vgl. *Eschenhagen/Kattmann/Rodi* 1985, 328 ff.).

Die *Materialien* für die Fallstudien müssen anschaulich und problemhaltig genug sein, um Betroffenheit herstellen zu können. Neben kontroversen Texten aus dem Wissenschaftsbereich können dazu auch emotional ansprechende Bilder, einschließlich Karikaturen, dienen (vgl. *Kühne* u. a. 1987; *Beer/Schober/Wulff* 1988; *Dulitz/Kattmann* 1990). Auf unteren Klassenstufen können Anspielszenen, die den Ausgang einer Entscheidungssituation offen lassen, den Einstieg in ein Unterrichtsgespräch erleichtern.

Bei der im Biologieunterricht manchmal noch ungewohnten *Textarbeit* sollten die Schüler auch dazu angeleitet werden, die Texte auf verborgene ethische Argumente oder Implikationen zu befragen, um so der heimlichen Ethik auf die Spur zu kommen. Das kann auch am eingeführten Biologie-Schulbuch geschehen (s. Abschnitt 9.2.8).

Einen besonderen Akzent bekommt das Thema »Biologie und Ethik« auf dem Hintergrund ethisch bedeutsamer Geschehnisse in der *Wissenschaftsgeschichte* (s. Abschnitt 3.4).

Zur Bioethik im Unterricht gibt es einige Materialsammlungen, die z. T. mehrere Themen umgreifen (vgl. *Birnbacher/Hörster* 1982; *Birnbacher/Wolf* 1988; *Beer/Schober/Wulff* 1988; *Bade* 1989; *Dulitz/Kattmann* 1990; *Gebhard/Johannsen* 1990; *Erhard* u. a. 1992). Unterrichtsentwürfe betreffen vor allem die Sekundarstufe II, und zwar zu den Bereichen Umwelt und Naturschutz (vgl. *Bittner* 1983; *Bade* 1985; *Ehrnsberger* 1985; *Pfister* 1986; *Drutjons* 1987; *Dulitz/Kattmann* 1991) sowie zur Fortpflanzungs- und Gentechnik (vgl. *Klein* 1987; 1993 a; b; *Kühne* u. a. 1987; *Hinske/Weigelt* 1988; *Bade* 1990 b).

Literatur

Altner 1991; *Bade* 1985; 1986; 1989; 1990 a, b; 1992; *Bayrhuber* 1988; 1992; *Beer/Schober/Wulff* 1988; *Berkholz* 1980; *Birnbacher/Hörster* 1982; *Birnbacher/Wolf* 1988; *Bittner* 1983; *Bremer* 1993; *Drutjons* 1987; *Dulitz/Kattmann* 1990; 1991; *Ehrnsberger* 1985; *Erhard* u. a. 1992; *Eschenhagen/Kattmann/Rodi* 1985; *Gebhard/Johannsen* 1990; *Hedewig/Stichmann* 1988; *Hinske/Weigelt* 1988; *Jonas* 1984; 1985; *Kattmann* 1988 a; 1991 a; *Klein, R. L.*, 1987; 1993 a; b; *Kühne* u. a. 1987; *Leopold* 1992; *Meyer-Abich* 1986; *Pfister* 1986; *Schweitzer* 1975; 1976; *Schwoerbel* 1982; *Stichmann* 1988; *Winkel* 1978 a

4 Fächerübergreifende Aufgaben

4.1 Allgemeines

Fächerübergreifende pädagogische Aufgaben des Biologieunterrichts betreffen Gegenstände oder Bereiche, deren Bedeutung sich von dem allgemeinen Erziehungsauftrag der Schule herleitet. Diese Aufgaben ergeben sich nicht zwingend oder vollständig aus den Zielen der einzelnen Schulfächer selbst. Vielmehr sind die sozialen und individualen Probleme zu berücksichtigen, die sich den Menschen in der jeweiligen Zeit und Gesellschaft stellen. Für die Gegenwart nennt *Wolfgang Klafki* (1993, 56 ff.) fünf »Schlüsselprobleme«:
- »die Friedensfrage«;
- »die Umweltfrage«;
- »die gesellschaftlich produzierte Ungleichheit ... zwischen sozialen Klassen und Schichten, zwischen Männern und Frauen, ... behinderten und nichtbehinderten Menschen, ... Menschen, die einen Arbeitsplatz haben, und denen, für die das nicht gilt, ... Ausländern und der einheimischen Bevölkerung«;
- »die Gefahren und die Möglichkeiten der neuen technischen Steuerungs-, Informations- und Kommunikationsmedien«;
- »die Subjektivität des einzelnen ... in der Spannung zwischen individuellem Glücksanspruch, zwischenmenschlicher Verantwortung und der Anerkennung des bzw. der jeweils Anderen.«

Zu den Gegenständen, die diese Schlüsselprobleme zentral berühren und zugleich fächerübergreifende Aufgaben im Biologieunterricht betreffen, gehören die Bereiche »Gesundheit«, »Sexualität«, »Frieden« und »Umwelt« (vgl. *Grupe* 1977, 148 ff.; *Mostler/Krumwiede/Meyer* 1979, 155-215; *Kattmann* 1980 a, 167-216). Den genannten Begriffen ist gemeinsam, daß sie sich nicht jeweils auf einen fest umgrenzten Zustand beziehen, sondern Probleme und Aufgaben betreffen, die nur dynamisch als Prozeß zu beschreiben sind. Dementsprechend lassen sich die vier Bereiche auch nicht scharf gegeneinander abgrenzen; es bestehen vielmehr zum Teil sehr weitgehende Überschneidungen.

Fächerübergreifende pädagogische Aufgaben werden oft als durchgehende Leitlinien angesehen, die im Unterricht an vielen Stellen aufgegriffen werden sollten *(Unterrichtsprinzipien)*. Dabei wird häufig ein reiner Gelegenheitsunterricht (abgestimmt auf Klassensituation und aktuelle Ereignisse) empfohlen. Daneben gibt es aber die Auffassung, daß diese Aufgaben als pflichtgemäße

Unterrichtsthemen in mehreren Fächern planvoll und lernzielorientiert behandelt werden sollten (vgl. *Staeck* 1987, 64 ff.).
Um eine derartige systematische Behandlung bemüht sich eine auf die Probleme bezogene »Aufgabendidaktik« oder »Bereichsdidaktik«, die die Fachdidaktik (im engeren Sinne) ergänzt. Durch aufgabendidaktische Überlegungen wird fachlich bestimmtes Wissen mit den individual und sozial bedeutsamen Problemen der Bereiche verknüpft. Dies ist für den Biologieunterricht besonders wichtig, da das Fach Biologie von seinen Gegenständen her sehr starke Bezüge zu sozialwissenschaftlich bestimmten Bereichen aufweist (vgl. z. B. Themen der Verhaltensbiologie, Entwicklungsbiologie, Populationsbiologie und Ökologie). Innerhalb der Naturwissenschaften nimmt die Biologie eine Mittlerstellung zu den Sozialwissenschaften ein, zumal der Mensch einer ihrer zentralen Gegenstände ist. Die unterschiedlichen Rollen, die biologische Argumente in gesellschaftlichen Fragen sowie in geschichtlichen Zusammenhängen spielen, und die vielfältigen Beiträge biologischer Erkenntnisse zu politischen Entscheidungen sind daher auch im Biologieunterricht besonders zu beachten (vgl. *Beyer/Kattmann/Meffert* 1982; s. Abschnitt 3.3.3).
Die mit den Begriffen »Gesundheit«, »Sexualität«, »Frieden« und »Umwelt« gestellten pädagogischen Aufgaben können keinesfalls von der Schule allein gelöst werden. Vielmehr spielen hier außerschulische Maßnahmen und Aktivitäten im allgemeinen eine größere Rolle als bei fachlichen Themen im engeren Sinne. Eine sinnvolle und effektive Gesundheitserziehung, Sexualerziehung, Friedenserziehung oder Umwelterziehung kann daher in der Regel nur durch Einbeziehen außerschulischer Erfahrungen und Institutionen erreicht werden, insbesondere durch eine Zusammenarbeit mit den Eltern (wie es in der Sexualerziehung selbstverständlich ist). Stärker als bei anderen Unterrichtsinhalten ist hier entscheidend, ob die im Unterricht vermittelten Einsichten im Verhalten der Schüler wirksam werden. Die Unterrichtsziele betreffen neben der kognitiven Dimension verstärkt auch die affektive Dimension. Entsprechend sorgfältig müssen verhaltensrelevante und emotional ansprechende Unterrichtsmethoden und Unterrichtsinhalte ausgewählt und aufeinander abgestimmt werden. Schülerzentrierte, nur wenig vom Lehrer kontrollierte Sozialformen sind hier unverzichtbar, um die Schüler zu eigenen Stellungnahmen und persönlichen Lösungen kommen zu lassen (s. Abschnitt 8.2).

Literatur

Bayrhuber u. a. 1994; *Beyer/Kattmann/Meffert* 1982; DIFF 1987; *Grupe* 1977; *Kattmann* 1980 a; *Klafki* 1993; *Mostler/Krumwiede/Meyer* 1979; *Quitzow* 1988; *Staeck* 1987

4.2 Gesundheitserziehung

4.2.1 Zum Begriff »Gesundheit«

Die Weltgesundheitsorganisation (WH0) definierte 1946 »Gesundheit« als den Zustand völligen körperlichen, seelisch-geistigen und sozialen Wohlbefindens. Es ist der Vorzug dieser Definition, daß sie die drei Komponenten, die Gesundheit ausmachen, deutlich in den Blick rückt. Weniger befriedigend erscheint, daß die Definition ganz auf dem subjektiven Urteil aufbaut. So ist ein Mensch, bei dem ein Carcinom diagnostiziert worden ist, sicher nicht als gesund anzusprechen, auch wenn er sich (noch) wohlfühlt. Es ist daher versucht worden, objektiv nachweisbare Sachverhalte in die Definition von »Gesundheit« einzubeziehen. Zum Beispiel bezeichnet *Hans Glatzel* (1970, 7) denjenigen Menschen als gesund, der »sich wohl fühlt und lebensfroh ist und dessen psychische und physische Leistungsfähigkeit im Rahmen der psychischen und physischen Leistungsbreite der Mehrheit gleichartiger, gleichaltriger und unter gleichen Umweltbedingungen lebender Menschen liegt«. Solche Versuche zur Objektivierung des Gesundheitsbegriffes nützen dem Gesundheitserzieher wenig. Das Ziel, auf das sich sein Bemühen richtet, kann nur ein relatives, von Individuum zu Individuum unterschiedliches Optimum des Befindens sein (vgl. *Esser* 1978, 169). So ist es zum Beispiel nicht sinnvoll, anzustreben, daß ein zuckerkrankes Kind sich in jeder Hinsicht mit der Mehrheit der Gleichaltrigen messen kann; es ist aber ein vernünftiges Ziel, auch dieses Kind so zu erziehen, daß es sich im Rahmen seiner Möglichkeiten wohlfühlt.

Die Definition der WHO kennzeichnet Gesundheit als einen Idealzustand. Bereits Hunger oder Müdigkeit mindern das Wohlbefinden. Solche »Beeinträchtigungen ..., die sich mit einer gewissen Periodizität bei allen Menschen bemerkbar machen und durch gezielte Maßnahmen beseitigen lassen: Hunger, Durst ..., Schlafbedürfnis, ... [können] nicht als Krankheit« gelten (*Glatzel* 1970, 7). Aber auch unabhängig von solchen periodischen Schwankungen bleibt der Zustand des allseitigen Wohlbefindens bei den meisten Menschen nicht dauerhaft erhalten. Diesen Einschränkungen trägt eine Formulierung von *Rudolf Affemann* (nach *Brauner* 1980, 70) Rechnung, die Gesundheit als »Fähigkeit, trotz eines gewissen Maßes an Mängeln, Störungen, Schäden leben, arbeiten, genießen und zufrieden sein zu können«, umschreibt. Diese Definition ist nicht nur realistischer als die der WHO; in ihr ist auch schon eine Tendenz zur Dynamisierung des Gesundheitsbegriffes erkennbar, die in den letzten Jahren immer deutlicher geworden ist. Gesundheit wird heute oft nicht als ein Zustand, sondern als ein Prozeß umschrieben, zum Beispiel: »Gesundheit ist die Beseitigung oder Kompensation von Störungen ...« (*Schaefer* 1987, 9) oder »Gesundheit ist ein Weg, der sich bildet, indem man ihn geht« (*Schipperges* 1982, aus *Schneider* 1990 a, 8). Das mehr oder weniger gute Gelingen dieses Prozesses hängt von der Auseinandersetzung des Menschen mit einer Vielzahl von Einflüssen ab. Man hat versucht, diese »Gesundheitsfaktoren« im einzelnen zu bestimmen und zu Gruppen zusammenzufassen. So unterscheidet *Lothar Staeck* (1990, 27) genetische Faktoren, Lebensgewohnheiten, Umweltfaktoren (physikalische und gesellschaftliche) und medizinische Faktoren, während bei *Volker Schneider* (1990 a, 9) die Bereiche des Selbst, der sozialen Bezüge und der Umweltbedingungen genannt sind (vgl. auch *Schaefer* 1987, 7 f.). An solchen Übersichten läßt sich verdeutlichen, daß Gesundheit ein komplexes »biopsychosoziales« Phänomen ist (vgl. *Schwarzer* 1990), dem nur eine vielperspektivische und ganzheitliche Sicht gerecht wird. Das Empfinden eines Menschen, gesund oder nicht gesund zu sein, läßt sich oft durch medizinische Untersuchungen nicht bestätigen. Die subjektive Befindlichkeit umfaßt weit mehr Elemente als der objektive Befund, im günstigen Fall auch die Überzeugung, etwaigen Gefährdungen der Gesundheit angemessen begegnen zu können. In diesem Sinne ist Gesundheit auch als Ausdruck einer allgemeinen Lebenshaltung des Individuums zu interpretieren.

4.2.2 Gesundheitserziehung - Aufgaben und Voraussetzungen

Man kann Gesundheitserziehung als die Gesamtheit aller »Maßnahmen der Information, Aufklärung, Belehrung oder Beeinflussung (bezeichnen), die geeignet sind, bei Individuen Verhaltensweisen zu bewirken, die der Erhaltung und Verbesserung der Gesundheit dienlich sind« (*Gedicke* 1972, Bd. 1, 153). Durch die Zielsetzung, das Verhalten des Menschen zu beeinflussen, unterscheidet sich die Gesundheitserziehung von der Gesundheitspflege. Gesundheitspflegerische Maßnahmen im Schulbereich zielen unmittelbar auf die Erhaltung oder Verbesserung des Gesundheitszustandes der hier tätigen Menschen; sie reichen vom Schulbau und Vorsorgeuntersuchungen bis hin zur Unterrichtsorganisation und zur Gestaltung des Schullebens (vgl. z. B. *Lutz-Dettinger* 1979; *Gropengießer* 1985; Friedrich Verlag 1990; *Borneff/Borneff* 1991). Sofern solche Maßnahmen zur Entwicklung einer gesundheitsfördernden Einstellung und eines entsprechenden Verhaltens der Schüler eingesetzt werden, erhalten sie eine gesundheitserzieherische Funktion.

Schulische Gesundheitspflege und Gesundheitserziehung kann man als Bereiche einer umfassenden Gesundheitsvorsorge und Gesundheitsförderung betrachten, die alle individuellen, familialen und öffentlichen Bemühungen um die Verbesserung der Gesundheit der Menschen beinhaltet.
Bis vor kurzem herrschte die Ansicht vor, der Schwerpunkt der schulischen Gesundheitserziehung liege in der kognitiven Dimension, es gehe hier in erster Linie um Informationen (Aufklärung). Die Erfahrung zeigt aber, daß sich keineswegs mit dem Erwerb der wesentlichen Kenntnisse und Einsichten auch die erwünschten Haltungen und Fähigkeiten einstellen. »Die ... Diskrepanz zwischen Wissen und Handeln, die jedem Pädagogen bekannt ist, tritt auf kaum einem Gebiet so deutlich zutage wie dem der Gesundheitserziehung« (*Hedewig* 1980 b, 9; vgl. 1991). Aus dieser Erfahrung ergibt sich die Forderung, Konzepte zu entwickeln, die es besser ermöglichen, die Schüler auch in der affektiven und der psychomotorischen Dimension zu beeinflussen.
Während die didaktischen Entwürfe, die sich an dem sozialmedizinischen »Konzept der Risikofaktoren« orientieren (vgl. *Staeck* 1987, 75 ff.; *Hedewig* 1991), noch viele Anklänge an das »Aufklärungskonzept« zeigen, enthalten diejenigen gesundheitserzieherischen Vorstellungen, die auf dem »Konzept der Lebensweise« (»Lebensstilkonzept«) aufbauen, viele weiterführende Elemente. Zu nennen sind hier das von *Ilka* und *Harald Gropengießer* (1985) vertretene Konzept »Gesunde Schule« und das »Ganzheitskonzept« (vgl. *Staeck* 1990; *Hedewig* 1991). Beiden Ansätzen liegt ein dynamischer und ganzheitlicher Gesundheitsbegriff zugrunde. Besonders im erstgenannten Entwurf wird die Schule nicht nur als Stätte der Vermittlung von Bildung verstanden, sondern auch als ein Lebensraum der Schüler (und der beteiligten Erwachsenen), in dem sich ein die Gesundheit erhaltender und fördernder Lebensstil entwickeln kann.
Als wichtige Kennzeichen des Konzepts »Gesunde Schule« können gelten (vgl. *Gropengießer/Gropengießer* 1985, 7 f.; *Gropengießer* 1990):

- Das Recht auf ein gesundes Leben muß in der Schule konkret eingelöst werden, und zwar für alle am Schulleben beteiligten Personen.
- Die Bedürfnisse der Schüler (physiologische Bedürfnisse, Bedürfnisse nach Sicherheit, Zugehörigkeit, Anerkennung, Selbstverwirklichung) müssen berücksichtigt werden.
- Die Gesundheitserziehung zielt auf persönliche Betroffenheit; Ansatzpunkt ist der tägliche Erfahrungsbereich.
- Gesundheitserziehung ist konkret und positiv; sie zeigt den Schülern Wege zu gesundheitsförderndem Verhalten und betont mehr die Erfolge als die Mißerfolge auf diesem Weg.

- Wichtig für das Gelingen der Gesundheitserziehung sind Erfahrungen in der Gruppe und die dadurch zu begründenden Gewohnheiten.
- Die Schüler sollen nicht unkritisch Werte und Normen der Lehrkräfte übernehmen, sondern zu selbständigem Entscheiden gelangen.
- Gesundheitserziehung überschreitet die Grenzen der Schulfächer und fordert die Lehrpersonen nicht nur als Vertreter ihrer Fächer, sondern als Erzieher und Menschen.
- Gesundheitserziehung kann nur gelingen, wenn die Grenze zwischen der Schule und ihrem Umfeld von innen nach außen und von außen nach innen durchlässig wird.

Zwar hat dieser Entwurf gewisse utopische Züge (vgl. *Gropengießer/Gropengießer* 1985, 8 f.), doch kann er durchaus richtungweisend für das Planen und Handeln der Beteiligten sein.

Das »Ganzheitskonzept« zielt darauf ab, »konsequent den gesamten Menschen mit seinen affektiven, sozialen, pragmatischen und kognitiven Persönlichkeitsdimensionen in die Didaktik der Gesundheitserziehung ... einzubeziehen« (*Staeck* 1990, 27). Ein Vergleich zwischen Einzelmerkmalen dieses Ansatzes (vgl. auch *Schneider* 1990 b; *Hedewig* 1991; *Hurrelmann* 1991; *Homfeldt* 1993) mit den dargestellten Elementen des Konzepts »Gesunde Schule« zeigt viele Ähnlichkeiten.

Die neuen Vorstellungen über Inhalte und Methoden der Gesundheitserziehung enthalten ein erweitertes Verständnis der Rolle der Biologielehrkräfte. Auch in Zukunft sind sie als Experten für die Information über biologische Grundlagen von Krankheit und Gesundheit gefragt. Darüber hinaus aber sind sie - wie die Lehrkräfte anderer Unterrichtsfächer - dafür verantwortlich, daß der Lebensraum und Arbeitsplatz Schule im Sinne der neuen Konzeptionen gestaltet wird.

4.2.3 Zur Effektivität der schulischen Gesundheitserziehung

Die Effektivität der bisherigen schulischen Gesundheitserziehung ist - im großen und ganzen - als gering einzuschätzen. Die Gründe dafür sind mannigfaltig. Die Entwicklung des gesundheitsbezogenen Verhaltens wird von einer ganzen Reihe von Faktoren (z.B. Familie, Kindergarten, Schule, Gleichaltrigengruppe, Massenmedien, Gesundheitsbehörden) beeinflußt, unter denen die Schule nicht einmal den ersten Rang einnimmt. Zweifellos hat die Familie

meist den größten Einfluß, denn sie wirkt so dauerhaft, vielseitig und intensiv auf die Heranwachsenden ein wie keiner der anderen Faktoren. Vor allem beeinflußt sie mit ihren gezielten Maßnahmen und ihrem gesamten Lebensstil das Kind in einem Alter, in dem sich seine Gewohnheiten herausbilden und festigen. Für die schulische Gesundheitserziehung ergibt sich daraus die Konsequenz, daß sie häufig gegen gesundheitsschädliche Verhaltensweisen angehen muß, die bereits im Elternhaus zur Gewohnheit geworden sind.
Eine bedeutende Rolle für das Handeln der Heranwachsenden spielen auch Peer-groups, in deren Werteskala Abenteuerlust und Risikoverhalten meist weit höher rangieren als ein gesundheitsförderndes Verhalten (vgl. *Hedewig* 1991, 374 f.).
Eine wichtige Voraussetzung für den Erfolg der gesundheitserzieherischen Bemühungen in der Schule ist das Interesse der Schüler an ihrer Gesundheit und der Gesundheitsvorsorge. In einer zusammenfassenden Darstellung einer repräsentativen Befragung zum Thema »Schüler und Gesundheit« wird festgestellt: »Die angesprochenen Eltern, Lehrer und Schüler zeigten sich außerordentlich aufgeschlossen und hilfsbereit. Auf dem Hintergrund der Gesamtergebnisse interpretieren wir dieses Engagement u. a. als Zeichen für die positive soziale Wünschbarkeit der Thematik und für ein aktivierbares Bewußtsein ... « (*Reuter/Höcher* 1977, 19). Auch einige konkrete Ergebnisse der Befragung signalisieren ein hohes Maß des Interesses an Problemen der Gesundheit. So stufen 81 % der befragten Schüler der Sekundarstufe I Gesundheit als das »Wichtigste im Leben« ein (vor »Schönes Familienleben« mit 32 % und »Langes Leben« mit 24 %; vgl. *Reuter/Höcher* 1977, 41).
Nach einer Untersuchung an etwa 3000 Schülern der Klassenstufen 5 bis 9 ist das Interesse an Fragen der Gesundheit im Vergleich zu anderen Themen der Biologie mittelstark bis stark, bei Jungen allerdings deutlich geringer als bei Mädchen. Bei beiden Geschlechtern nimmt das Interesse an Fragen der körperlichen Gesundheit mit dem Älterwerden ab, während das Interesse an Problemen der seelischen Gesundheit gleich hoch bleibt oder sogar (bei Mädchen) zur 9. Klasse hin etwas zunimmt (vgl. *Todt/Schütz/Moser* 1978).
Das Interesse an der Gesundheitserziehung und auch deren Effektivität hängen in hohem Maße von den bevorzugten Unterrichtsinhalten und den vorherrschenden Unterrichtsmethoden sowie von der Einbettung des Unterrichts über Gesundheitsthemen in das gesamte Schulleben ab. Mit der zunehmenden Verwirklichung von Vorstellungen der oben erwähnten Konzepte wird sich wohl auch die Effektivität der schulischen Gesundheitserziehung erhöhen (s. auch Abschnitt 4.2.5).

4.2.4 Gesundheitserziehung als Unterrichtsprinzip, als Prinzip des Schullebens und als Bereich des Biologieunterrichts

Wegen der Wichtigkeit, Vielseitigkeit und Schwierigkeit der Aufgabe der Gesundheitserziehung ist es verständlich, daß seit langem gefordert wird, Gesundheitserziehung müsse als ein »Unterrichtsprinzip« verstanden werden, und zwar in einem mehr oder weniger umfassenden Sinne. In einem ersten Ansatz kann man die Gesundheitserziehung als Prinzip für die Menschenkunde innerhalb das Faches Biologie erklären. So nimmt nach *Wilfried Stichmann* (1970, 89) »eine gesellschafts- und praxisbezogene Unterrichtsplanung zur Humanbiologie ... zunächst die gesundheitserzieherischen Anliegen in den Blick«. Viele Autoren erweitern die Geltung des Unterrichtsprinzips Gesundheitserziehung über die Humanbiologie hinaus auf den gesamten Biologieunterricht. Nach diesen Vorstellungen ginge es darum, bei jeder passenden Gelegenheit, also auch im Zusammenhang mit botanischen, zoologischen oder ökologischen Themen, Aspekte der Gesundheitserziehung zu berücksichtigen (vgl. Hinweise bei *Mostler/Krumwiede/Meyer* 1979,165).
Die Gesundheitserziehung kann auch als allgemeines Unterrichtsprinzip gelten, das nicht nur im Biologieunterricht, sondern auch in anderen Fächern eine Rolle spielen sollte, vor allem im Sport, in Haushaltslehre, Sozialkunde und Religion bzw. Ethik. Nach dieser Vorstellung sollte jeder Lehrer nicht nur die in seinem Fach liegenden Möglichkeiten nutzen, sondern auch jeden geeigneten aktuellen Anlaß für die Gesundheitserziehung aufgreifen.
Schließlich läßt sich - unter Einbeziehung des gesamten Schullebens - der Kreis noch weiter ziehen. Die Gesundheit sowie das Gesundheitsbewußtsein und -verhalten werden ja über die Unterrichtsveranstaltungen hinaus von einer Reihe weiterer Faktoren im Schulbereich beeinflußt, z. B. bauliche Gestaltung der Schule und des Schulgeländes, Einrichtung der Schulräume, Organisation des Wochen- und Tagesablaufs, Durchführung der Pausen, außerschulische Unternehmungen (Klassenfahrten u. a.), Elternabende, Vorbildwirkung der Lehrpersonen. Die Einbeziehung dieser Parameter führt schließlich zu dem Konzept »Gesunde Schule« oder ähnlichen Entwürfen für eine umfassende Gesundheitsförderung.

Die Proklamation der Gesundheitserziehung zum Unterrichtsprinzip birgt die Gefahr in sich, daß sie schließlich »überall und nirgends« berücksichtigt wird, daß sich keine Lehrperson wirklich für sie verantwortlich fühlt. Darum sei hier betont: Gesundheitserziehung ist nicht nur Unterrichtsprinzip, sondern auch ein Themenbereich innerhalb des Biologieunterrichts. Die Biologielehrkräfte tragen die hauptsächliche, wenn auch keineswegs die alleinige Verantwortung in diesem Bereich (vgl. z.B. *Grimme/Schaefer* 1983; *Schaefer* 1987). Sie vermitteln Kenntnisse und Erkenntnisse und haben damit relativ gute Möglichkeiten, die Schüler auch im Hinblick auf deren Einstellungen und Aktivitäten zu beeinflussen. Ihre Bemühungen werden dann günstige Erfolgsaussichten haben, wenn sie selbst und alle anderen Lehrpersonen die Gesundheitsvorsorge als allgemeines Prinzip des Schullebens anerkennen und praktizieren.

4.2.5 Zur Behandlung von Themen der Gesundheitserziehung

Gesundheitsthemen wurden früher im Biologieunterricht meist im Anschluß an die Behandlung eines Organs oder Organsystems angesprochen, z.B. Erkrankungen der Lunge und Wege zu ihrer Vermeidung im Anschluß an die Behandlung von Anatomie und Physiologie der Atemorgane. Ein Vorteil dieses Weges liegt darin, daß ein angemessenes Verständnis für pathologische Verhältnisse und ihre Vorbeugung besser zu erreichen ist, wenn die normale Funktion des betreffenden Organs bereits bekannt ist. Nachteilig wirkt sich aus, daß »das Interesse der Schüler viel stärker den Krankheiten und ihren Behandlungsmöglichkeiten gilt als dem 'normalen' Körper« (*Breuer* 1971 a, 85). Der Motivationslage der Schüler wird häufig dadurch Rechnung getragen, daß man den Einstieg in den Unterricht über eine Krankheit wählt, dann die Notwendigkeit herausstellt, Bau und Funktionen des gesunden Organsystems kennenzulernen, und schließlich - nach der Behandlung der normalen Anatomie und Physiologie - zum Ausgangspunkt des Unterrichts zurückkehrt.
Dieses Vorgehen wird schon seit langem in Frage gestellt. So empfiehlt *Aenne Döpp-Woesler* (1978), bei der Gesundheitserziehung von *Realsituationen* des persönlichen Alltags der Schüler auszugehen. Als Themenkreise schlägt sie u. a. vor: Körperpflege, Wohnumwelt, Familie, partnerschaftliche Bindungen, Lebens- und Arbeitsformen und Bewegungsmangel, Erkrankungen und Pflege im Familienkreis, Vorbereitung auf das Berufsleben, Formen des heutigen »Genießens« und ihre Folgen. In einer Stellungnahme zu *Döpp-Woesler*s Vorschlägen nennt *Roland Hedewig* (1980, 11) noch eine Reihe weiterer Themenkreise, u. a. Infektionskrankheiten, Einwirkung von Lärm und Schadstoffen aus der Umwelt, Gebrauch und Mißbrauch von Medikamenten. Auch die Drogen- und die AIDS-Problematik sind hier zu nennen. In den vergangenen 20 Jahren sind sehr viele Unterrichtshilfen zu solchen Themen veröffentlicht worden, vor allem in Themenheften der biologiedidaktischen Zeitschriften.

Eine besondere Akzentuierung erfährt diese inhaltliche Orientierung der Gesundheitserziehung durch die Ausrichtung an sogenannten Risikofaktoren. »Im Mittelpunkt dieser gesundheitserzieherischen Akzentsetzung stehen insbesondere die zivilisationsbedingten und häufig selbstverschuldeten Risikofaktoren ..., wie z. B. Bewegungsmangel, Fehlernährung, Übergewicht, Bluthochdruck, erhöhte Werte des Blutfettes ..., des Blutzuckers und Streß« (*Staeck* 1990, 27). Den Schülern soll die Bedeutung dieser Risiken für ihr eigenes Leben deutlich werden, und sie sollen Möglichkeiten zu deren Vermeidung kennenlernen. Damit soll vor allem die Bereitschaft der Schüler zu einer gesundheitsfördernden Lebensweise entwickelt werden. Die Hauptschwierigkeit bei diesem Vorgehen dürfte sich daraus ergeben, daß für die meisten Schüler Gesundheit »ein Ideal (ist), das man zu sehr hat, um danach aktiv zu streben« (Bundesminister für Jugend 1975, 48). Zwar machen neuere »Gesundheits- und Krankheitsdaten ... deutlich, daß Anlaß zur Sorge um das körperliche, seelische und soziale Wohl der Kinder und Jugendlichen besteht« (*Hurrelmann* 1991, 7), doch neigen wohl auch heute die meisten Jugendlichen (wie auch viele Erwachsene) dazu, gesundheitliche Risiken zwar abstrakt anzuerkennen, aber nicht konkret auf sich selbst zu beziehen. »Die Effektivität des Risikofaktoren-Modells als Konzept für wirksame Gesundheitserziehung muß daher angezweifelt werden« (*Gropengießer/Gropengießer* 1985, 6).
Durch Betonung der *positiven* Gesundheitsfaktoren können die Mängel dieser Orientierung zumindest teilweise behoben werden. Wenn den Schülern im Unterricht über entsprechende Themen schwerpunktmäßig aufgezeigt wird, wie man gesund leben und dabei glücklich sein kann, dürften sich die Erfolgsaussichten der Gesundheitserziehung erhöhen - allerdings wohl nur unter der Voraussetzung, daß die Schule den Heranwachsenden wenigstens partiell ermöglicht, ein gesundes Leben zusammen mit den Mitschülern und Lehrpersonen zu praktizieren. Mit dieser Wendung von der gesundheitserzieherischen Theorie zur Praxis geht die Vorstellung von der Ausrichtung auf die positiven Gesundheitsfaktoren in das im Abschnitt 4.2.2 dargestellte Konzept »Gesunde Schule« ein. Im Idealfalle werden die Aktionen der Schule zur Gesundheitsförderung durch einen Biologieunterricht flankiert, der die wesentlichen Informationen über Risikofaktoren, Krankheitsursachen sowie Präventions- und Interventionsmaßnahmen vermittelt (Unterrichtsvorschläge vgl. *Gropengießer* 1985; Friedrich Verlag 1990).

In bezug auf die Methodik gelten für die Gesundheitserziehung ähnliche Empfehlungen wie für andere fächerübergreifende Aufgaben des Biologieunterrichts, vor allem die Umwelterziehung (s. Abschnitt 4.5.5). Besonders

wichtig ist, daß Unterrichtsformen gewählt werden, die den Schülern das betreffende Thema auch emotional nahebringen. Auf den unteren Klassenstufen sollten Erlebnisse der Schüler und das Einüben gewisser Gesundheitstechniken (z. B. Zahnpflege, Fuß- und Rückenübungen) ein wichtige Rolle spielen. Auf den höheren Schulstufen werden Methoden gewählt, die geeignet sind, die Unterrichtsinhalte zu problematisieren und die Schüler zu aktivieren. Bedeutsam ist der Einsatz experimenteller Methoden (vgl. z. B. *Pommerening* 1982). Der Unterricht sollte häufig an außerschulische Erfahrungen der Schüler oder an veröffentlichte Erfahrungsberichte anknüpfen (vgl. z. B. *Leuchtenstern* 1980). Manchmal sind Fallstudien oder Projekte der Thematik besonders angemessen (s. Abschnitt 8.3; vgl. *Hedewig* 1980, 47 ; 1993; *Eschenhagen* 1990). Optimal ist es, wenn solche Vorhaben das Schulleben direkt betreffen, beispielsweise die Einführung eines gemeinsamen Pausenfrühstücks oder eine Aktion zur Vermeidung des Rauchens im Schulgebäude.
Bei dem Bemühen, eine emotionale Betroffenheit der Schüler hervorzurufen, darf nicht beabsichtigt werden, die Schüler durch schockierende Texte, Bilder oder Filme abzuschrecken. Nach aller Erfahrung erschwert die Abschrekkungsmethode die erwünschten Einstellungs- und Verhaltensänderungen, da sie Abwehr und Verdrängung bewirkt. Vielmehr sollte den Schülern deutlich werden, daß es sich lohnt, gesund zu leben, weil man dadurch nicht nur für die Zukunft, sondern auch schon in der Gegenwart an Lebensqualität (Widerstandskraft, Leistungsfähigkeit, Lebensfreude) gewinnt.

Literatur

Affemann 1978; *Borneff/Borneff* 1991; *Brauner* 1980; *Breuer* 1971 a; Bundesminister für Jugend 1975; *Carl* 1981 a; *Döpp-Woesler* 1978; *Eschenhagen* 1990; *Esser, Hans.*, 1978; *Fluche* 1988; Friedrich Verlag 1990; *Gedicke* 1972; *Glatzel* 1970; *Grimme/Schaefer* 1983; *Gropengießer, I.*, 1985; 1990; *Gropengießer, I./Gropengießer* 1985; *Hedewig* 1980 b; 1988 a; 1991; 1993 b; *Homfeldt* 1993; *Hurrelmann* 1991; *Jüdes/Jutzi/Rohde* 1987; *Koch, R.*, 1981; *Leuchtenstern* 1980; *Lutz-Dettinger* 1979; *Mostler/Krumwiede/Meyer* 1979; *Pommerening* 1982; *Reuter/Höcher* 1977; *Schaefer* 1987; 1990; *Schneider, V.*, 1990 a; b; *Schwarzer* 1990; *Skaumal/Plänitz* 1983; *Staeck* 1987; 1990; *Stichmann* 1970; *Todt/Schütz /Moser* 1978

4.3 Sexualerziehung

4.3.1 Zum Begriff »Sexualität«

In der Umgangssprache wird das Wort »Sexualität« vieldeutig gebraucht. Die aus antiker griechischer Philosophie stammende Unterscheidung zwischen »Sexualität«, »Erotik« und »Liebe« ist meist an der Dreiteilung des Menschen in Körper, Seele und Geist orientiert. Mit dieser künstlichen Zerlegung des Menschen in niedere und höhere Schichten werden auch die geschlechtlichen Äußerungen bewertet: Sexualität gilt dann als niedere (körperliche) Form der Geschlechtsbeziehungen (zur biologischen Bedeutung vgl. *Eschenhagen/ Kattmann/Rodi* 1993).
Dagegen wird Sexualität in der heutigen Anthropologie und überwiegend in der Sexualerziehung (auch Geschlechtserziehung oder Geschlechtererziehung genannt) als personale Geschlechtlichkeit verstanden, die den ganzen Menschen umfaßt. Die Geschlechtlichkeit des Menschen läßt sich in diesem Verständnis keinesfalls auf die Funktionen der Geschlechtsorgane, auf Fortpflanzung und genitale Sinnlichkeit beschränken. *Sigmund Freud* deutete scheinbar nicht sexuelle Verhaltensweisen bei Kindern als »prägenitale« Sexualität. Sexualität wird in dieser Deutung zu einem Grundphänomen in allen Lebensphasen. Schließlich spielt in der Sicht der Sozialwissenschaften die Sexualität eine große Rolle im sozialen Lernen und bei sozialer Kommunikation, so daß sie unter diesem Aspekt als »Soziosexualität« bezeichnet wird. Es kann also nicht gelingen, eine so vielgestaltige Erscheinung, wie sie die Sexualität des Menschen darstellt, abgrenzend und »rein« zu definieren. Eines ihrer Kennzeichen ist es gerade, daß fast jeder Teilbereich menschlichen Lebens sexuelle Bedeutung erlangen oder entsprechend gedeutet werden kann. Umgekehrt kann die Sexualität aus fast allen Lebensbereichen ausgeblendet oder verdrängt werden, wenn entsprechende Erziehungsmethoden angewendet werden und gesellschaftliche Normen dies verlangen (vgl. *van den Berg* 1960; *Haeberle* 1985, 170 ff.). Anstelle einer festschreibenden Definition kann versucht werden, die Sexualität dynamisch von den Funktionen her zu beschreiben, die sie für das Leben des Menschen hat oder zumindest haben kann.
Es lassen sich vier grundlegende *Aufgaben der Sexualität* unterscheiden:
- Herstellen und Erhalten von Variabilität (Vielfalt und Individualität),
- Fortpflanzung,
- Partnerbeziehung (Kommunikation, Liebe),
- Selbstverwirklichung (zum Beispiel Lust, Befriedigung, Erfüllung).

Diese Aufgaben sind miteinander verklammert. Sexualität des Menschen wird verzerrt, wenn nur eine der Aufgaben isoliert oder einseitig zum eigentlichen Ziel erklärt wird. Dies geschieht zum Beispiel, wenn ausschließlich die Funktion des Lustgewinns gesehen oder Sexualität nur im Rahmen der Fortpflanzungsfunktion als vollgültig anerkannt wird.
Eine weitere Verfälschung der Sexualität kann darin gesehen werden, daß die genannten Aufgaben für bestimmte Zwecke umfunktioniert werden, wie bei der Indienstnahme der Sexualität als Mittel gesellschaftlicher und politischer Veränderungen oder als Gegenstand von Prestigebedürfnissen und Leistungsdenken. In der Isolierung einzelner Teilfunktionen und in der Ausnutzung für fremde Zwecke bestehen die hauptsächlichen Formen der *Ideologisierung* von Sexualität.

4.3.2 Sexualerziehung - Aufgaben und Voraussetzungen

Sexualerziehung bezieht sich auf den skizzierten dynamischen Begriff von Sexualität. Sie kann daher nicht als vom übrigen Unterricht losgelöste Veranstaltung betrachtet werden, sondern nur als Element der *Gesamterziehung*. »Formelhaft läßt sich S.[exualerziehung] bestimmen als päd.[agogische] Bemühung um diejenigen Momente des ... Lernens junger Menschen (und auch noch Erwachsener!), die deren Dispositionen zu sexuellem (insbesondere soziosexuellem) Erleben und Verhalten unmittelbar oder auch nur mittelbar betreffen« (*Scarbath* 1976 b, 403). Mit dem Bezug auf »Erleben« und »Verhalten« ist angegeben, daß Sexualerziehung sich nicht auf Wissensvermittlung im Sinne einer verkürzt verstandenen »Aufklärung« beschränkt. Solange sexuelle Normen in der Gesellschaft öffentlich unbestritten waren, fand Sexualerziehung meist unauffällig und ohne besondere Maßnahmen als informelle Anpassung an die jeweiligen sexuellen Standards statt. Die Notwendigkeit bewußt geplanter sowie pädagogisch und öffentlich verantworteter Sexualerziehung ergibt sich heute zwingend aus dem Fehlen unbezweifelt geltender Normen in weiten Bereichen und den sich daraus ergebenden gegensätzlichen Auffassungen und gesellschaftspolitischen Kontroversen (z. B. Familienpolitik, Sexualstrafrecht, Abtreibung und Geburtenregelung, Stellung der Frau).
In einer pluralen Gesellschaft ist es nicht die Aufgabe der Schule, in kontroversen Bereichen verbindliche Normen zu vermitteln, wohl aber, eine Gesprächsbasis zwischen den verschiedenen Auffassungen herzustellen. In dieser Situation müssen Orientierungshilfen gegeben werden, damit die Schüler ihren eigenen Weg in der Pluralität der Anschauungen und Normen finden können.

Obgleich die Notwendigkeit von Sexualerziehung in der *Schule* von nur wenigen bestritten wird, unterscheiden sich die Autoren doch hinsichtlich der Ziele, der Konzepte und der Abgrenzung zu familialer Sexualerziehung erheblich (vgl. *Bach* 1991; *Etschenberg* 1993 a).
Die neuere Entwicklung wurde geprägt durch den Gegensatz zwischen einer behütenden und frühen sexuellen Erfahrungen entgegenwirkenden (»repressiven«) Sexualerziehung und einer sexuelle Erfahrung fördernden, in ihrem Anspruch befreienden (»emanzipatorischen«) Sexualerziehung. Die letztere wurde zwar zunächst von einer politischen Schülerbewegung aufgegriffen und mitformuliert (vgl. *Kentler* 1970, 142 ff.), aber schließlich von jenen heftig kritisiert, die Sexualerziehung ausschließlich als politische Erziehung zur Veränderung verstanden und daher sexuelle Liberalisierung als Anpassung an die Verhältnisse einer kapitalistischen Gesellschaft deuteten. Von z. T. verzerrender Kritik, die an *»progressistischer«* Sexualpädagogik geübt wird, sollten die Bemühungen unterschieden werden, einige Tendenzen der sogenannten emanzipatorischen Sexualerziehung zu korrigieren und diese auf humane Ziele hin zu orientieren. Abgewehrt werden soll damit zum Beispiel die Gleichsetzung von sexueller Liberalisierung mit Freiheit und das Ersetzen von personaler Liebe durch Lust (vgl. *Scarbath* 1974).
Der Mehrzahl der Richtlinien und der Sexualpädagogen gibt als umfassende Aufgabe der Sexualerziehung in der Schule an, den Kindern und Jugendlichen bei der Ausbildung ihres sexuellen Erlebens und Verhaltens zu helfen. Als drei Teilziele dieser »Dispositionsverbesserung« formuliert *Horst Scarbath* (1969, 54): »Der junge Mensch sollte über die wichtigsten 'Fakten' der Geschlechtlichkeit sachgerecht informiert sein; er sollte ein kritisches Selbst- und Weltverständnis gewonnen haben, in dem die Geschlechtlichkeit voll integriert ist; er sollte schließlich eine sittliche und emotionale Haltung erworben haben, die ihm ein jeweils situationsgemäßes humanes Erleben und Verhalten ermöglicht.«
Eine neue Situation hat sich für die Sexualerziehung aufgrund des Auftretens der Seuche AIDS ergeben. Der sexualerzieherische Inhalt ist dabei nicht die Immunbiologie, sondern die Prävention. Stichworte sind hier die hauptsächlichen Übertragungswege und die mit der Seuche verbundenen Ängste (vgl. *Etschenberg* 1990 a; 1993 b; *Gadermann* 1992; *Mischnik/Roßbach* 1992).

Es ist wiederholt von Sexualpädagogen gefragt worden, ob Schule nicht ein ungeeigneter Ort sei, eine Sexualerziehung mit diesen Zielen zu betreiben, da die Randbedingungen der Schule mit Leistungsdruck und 45-Minuten-Stunden einer wirklichen Sexualerziehung im Wege ständen. Darüber hinaus wird

ein grundsätzliches Defizit in der Pädagogik angezeigt und für die Mängel in der Sexualerziehung verantwortlich gemacht (vgl. *Müller* 1992). Es muß betont werden, daß ein Rückzug der Sexualerzieher aus der Schule die Probleme nicht lösen, sondern nur verstärken würde. Sexualerziehung findet nämlich auch dann statt, wenn sie nicht pädagogisch geplant und reflektiert wird (heimliche Erziehung). Auch ein Ausklammern und Verschweigen hat sexualpädagogische Wirkungen. Die Frage ist also nicht, ob Sexualerziehung an der Schule stattfinden soll, sondern wie sie stattfindet (vgl. *Hunger* 1975; *Kattmann/Lucht-Wraage-Stange-Stich* 1990).
Nach der oben zitierten Aufgabenbeschreibung ist die *Wissensvermittlung* ein wesentlicher und notwendiger, aber keineswegs hinreichender Teil schulischer Sexualerziehung. Die Information über biologische Fakten hat dabei zwei Aufgaben: Einmal stellt sie den Schülern das nötige Wissen und die nötigen Wörter bereit, um sich angemessen und sachbezogen in Gesprächen äußern zu können. Zum anderen vermag sie naives und irreführendes Halbwissen zu klären, zum Beispiel im Hinblick auf Bau und Funktion der Geschlechtsorgane, Zeugung, Schwangerschaft und Geburt (vgl. *Fels* 1969, 13 f.; *Eschenhagen/Kattmann/Rodi* 1993). Der Schulunterricht hat hier die Funktion, Unterschiede im Wissensstand der Schüler, die aus familialen oder sozialen Gründen bestehen, auszugleichen. Das bloße Wissen (z. B. über die Funktion von Organen) hilft den Schülern allerdings noch nicht, mit ihrer Geschlechtlichkeit umzugehen. Die Informationen sollten daher nicht als Fakten isoliert vermittelt, sondern in die Zusammenhänge gestellt werden, in denen Fragen und Probleme der Schüler zu finden sind (s. Abschnitt 5.3.5). Hinsichtlich des sexuellen Erlebens und Verhaltens hat die Schule die wichtige Aufgabe, die Schüler gegen die Versuche der Manipulation durch Werbung und Massenmedien widerstandsfähig zu machen, indem das Bild von Sexualität in der Öffentlichkeit (Sex als Ware, Sexualität als Selbstbestätigung und Leistungsmaßstab, Sexualität als Attribut von Jugend) hinterfragt und korrigiert wird.

Von den Richtlinien ist teilweise die Formel von der »Erziehung zur Liebesfähigkeit« übernommen worden. Auch wenn das gemeinte Ziel bejaht wird, müssen doch die begrenzten Möglichkeiten der Schule bedacht werden. Der Ausdruck Liebes»fähigkeit« läßt in diesem Kontext Liebe doch zu sehr als eine in der Schule lernbare Fertigkeit wie Rechnen, Schreiben und Lesen erscheinen. Bescheidener und realistischer erscheint das Ziel, Sexualerziehung an der Schule auf das Bejahen von Partnerschaft und das Erlernen von partnerschaftlichem Verhalten auszurichten (vgl. *Etschenberg* 1986; 1993 a).

Weitgehende Übereinstimmung besteht unter den Sexualerziehern, daß die Bedürfnisse und Interessen der Schüler für die Gestaltung des Unterrichts eine bestimmende Bedeutung haben. Zwar gilt dies grundsätzlich auch für anderen Unterricht, bei der Sexualerziehung aber können die *Schülerbedürfnisse* nicht nur die Auswahl von Unterrichtsformen und -inhalten beeinflussen, sondern selbst Gegenstand des Unterrichts werden. Die Lehrperson muß also noch mehr als sonst auf die Schüler hören und deren Interessen in besonderer Weise reflektieren (vgl. *Kattmann* 1978, 9 ff.; *Henke* 1973).
Die rechtlichen Bestimmungen (s. unten) fordern, daß die Schüler im Unterricht nicht auf bestimmte Normen und bestimmtes Verhalten festgelegt werden dürfen *(Indoktrinationsverbot).* In den Unterricht ist vielmehr »kontroverse Sinnorientierung« einzubringen. »Das besagt, daß für so konzipierten Sexualunterricht ein Klima besonders förderlich ist, in dem Lehrer und Schüler sich ermutigt sehen, eigene existentielle Haltungen und Lösungsversuche zu artikulieren, zu problematisieren und zu begründen« (*Scarbath* 1974, 355).
Die der Sexualerziehung angemessenen Unterrichtsformen sind daher weitgehend schülerzentriert. Dabei hat das Schülergespräch besonders wichtige Funktionen. Im Gespräch müssen schulisch vorherrschende Leistungsanforderungen zugunsten eines freien Dialogs zwischen Schülern und zwischen Schülern und Lehrperson zurücktreten. So kann verhindert werden, daß einer den anderen bevormundet und durch Autorität oder Mehrheit einen Meinungsdruck ausübt. Im Unterrichtsgespräch ist besonders auch auf die verwendete Sprache zu achten, und zwar sowohl hinsichtlich der Sprachebene wie auch der verwendeten Namen und Fachwörter für den sexuellen Bereich (vgl. *Kattmann/Lucht-Wraage/Stange-Stich* 1990, 17 ff.).
Nach den Ansätzen »kommunikativer Didaktik« (vgl. *Zitelmann/Carl* 1970; *Müller* 1979) wird der gesamte Unterricht im Sinne sozialen Lernens gestaltet. Hierbei spielen emotional ansprechende Medien (Fotos, Comics, Texte, Poster), die Anschauung in den Unterricht einbringen sowie Gespräche und gemeinsames Handeln anstoßen, eine wichtige Rolle (vgl. *Figge* u. a. 1977; *Schwadtke* 1975; *Kattmann* 1978; *Müller* 1979; *Fahle/Oertel* 1994). Wie in anderen stark pädagogisch ausgerichteten Teilen des Unterrichts (vgl. Friedens-, Gesundheits- und Umwelterziehung) ist die Lehrperson mehr als sonst mit ihren persönlichen Einstellungen und Haltungen gefordert. In einigen Bundesländern können Lehrer sich bei der Sexualerziehung durch Kollegen vertreten lassen, da keine Lehrkraft gezwungen sein soll, Sexualkunde zu unterrichten. Andere Bundesländer verpflichten ausdrücklich alle Lehrkräfte. Es ist aber wohl sehr fragwürdig, wenn ein Unterricht, der Zwänge und Ängste abbauen soll, selbst mit dienstlicher Verpflichtung durchgesetzt werden soll.

Die Weigerung einiger Lehrpersonen zeigt vielmehr das Defizit in der Lehrerausbildung an, in der sexualerzieherische Veranstaltungen nur sehr mangelhaft vertreten sind. Die Sexualerziehung muß bei der Erziehung der Erzieher anfangen (vgl. die Untersuchung von *Springer* 1978 sowie *Machnik* 1975; *Hunger* 1975; *Kluge* 1981 b).

In der gegenwärtigen Situation bleibt nur der Weg, gehemmte oder unwillige Lehrer zum sexualpädagogischen Unterricht zu ermutigen. Dies kann durch Anleitung mit Hilfe geeigneter Unterrichtsmodelle geschehen. Wichtiger noch ist das gemeinsame Lernen der Kollegen durch einen Erfahrungsaustausch, der sich nicht allein auf Unterrichtserfolge bezieht. Gelegenheit hierzu gibt die von Richtlinien geforderte Planung und Abstimmung der Lehrkräfte verschiedener Fächer (s. Abschnitt 6.1; vgl. *Erber* 1977). Entscheidend ist der Mut zu dem Entschluß, sich auf ein wechselseitiges Lernen mit den Schülern gerade im Hinblick auf die Einstellungen zur Sexualität einzulassen. Nicht der perfekte »Sexualexperte« erscheint als das geeignete Leitbild für die Sexualerzieher, sondern die Lehrperson, die sich auch mit ihren Hemmungen und möglicherweise Ängsten in das Lernen mit ihren Schülern einbringt.

Für die Sexualerziehung in der Schule hängt viel davon ab, daß die vom Bundesverfassungsgericht und von den Richtlinien vorgeschriebene Unterrichtung der *Eltern* nicht als lästige Pflicht verstanden, sondern zur Elternschulung genutzt wird. Bei den Eltern kann Verständnis dafür geweckt werden, daß familiale und schulische Sexualerziehung unterschiedliche Aufgaben haben. Die Erziehung im Elternhaus findet im privat-intimen Raum statt, die schulische aber hat öffentlichen Charakter. Sie hat u. a. die Aufgabe, das Bild von Sexualität zu reflektieren und zu korrigieren, das die Schüler durch die übrige Öffentlichkeit gewinnen (z. B. durch Werbung und Massenmedien). Schule und Elternhaus können sich also in der Sexualerziehung ergänzen und sollten möglichst übereinstimmend handeln. Der Elternabend ermöglicht den Eltern, ihre Erziehung auf den Unterricht in der Schule abzustimmen. Die Lehrperson kann Vorschläge und Anregungen der Eltern für ihren Unterricht berücksichtigen. Dies fällt meist leicht, da nach aller Erfahrung die Mehrzahl der Eltern gegenüber der schulischen Sexualerziehung aufgeschlossen und bereit ist, auch neue Informationen aufzunehmen und umzulernen. Demgegenüber hat nach einer Befragung von *Kluge* (1981 b) nur etwa die Hälfte der Lehrpersonen die Eltern pflichtgemäß über den geplanten Unterricht informiert.

Nach einer Fallstudie stimmt die Mehrzahl der Eltern folgenden Themen in den Klassenstufen 4 bis 6 ausdrücklich zu: »Genitalorgane, Geschlechtshygiene, Menstruation, Gliedsteife und Samenerguß, Petting, Geschlechtsverkehr, Schwangerschaft und Geburt, Empfängnisregelung, Sittlichkeitsdelikte«. Nur

etwa 5 % der Eltern lehnen diese Themen ausdrücklich ab, mehr als 90% bejahen die Zusammenarbeit zwischen Elternhaus und Schule (vgl. *Sackser* 1979). Auch unter den Eltern gibt es selbstverständlich extreme Meinungen. In diesem Fall ist der Hinweis auf die geltenden *rechtlichen Bestimmungen* (Schulgesetz und Richtlinien) nötig.
Nach einem Urteil des Bundesverfassungsgerichts von 1978 hat der Staat aufgrund seines allgemeinen Erziehungsauftrages das Recht, neben reiner Wissensvermittlung auch »eigentliche« Sexualerziehung durchzuführen, die weltanschauliche und ethische Inhalte betrifft. Für diese Sexualerziehung bedarf es allerdings entsprechender gesetzlicher Regelungen durch die Landesparlamente, die die leitenden Erziehungsziele festlegen. Nach dem Urteil des Verfassungsgerichts muß der Sexualunterricht offen angelegt sein, d. h. unterschiedliche Werthaltungen und weltanschauliche Überzeugungen in der Gesellschaft beachten sowie auf die der Eltern Rücksicht nehmen. Die Eltern müssen vor dem Unterricht über dessen Form und Inhalte genau informiert werden. Sie haben allerdings kein Mitbestimmungsrecht an der Gestaltung des Unterrichts. Diese liegt ausschließlich in der Verantwortung der Lehrperson. Die Verwendung von Pornografie im Unterricht ist vom Strafgesetzbuch her in jedem Fall untersagt (auch bei Einwilligung der Eltern).

4.3.3 Zur Effektivität von Sexualerziehung

Die Wirkungen der Sexualerziehung auf das Verhalten der Schüler sind nur sehr schwer abzuschätzen. Die Einflüsse von Massenmedien (vor allem Fernsehen und Zeitschriften) sowie von Elternhaus und Gruppen Gleichaltriger sind hier sicher stärker zu veranschlagen als der Effekt von wenigen Unterrichtsstunden. Eine generelle Aussage wird auch dadurch erschwert, daß die Durchführung der Sexualerziehung stark variiert, da sie weitgehend vom Engagement der beteiligten Lehrpersonen abhängt.
Zum *Sexualverhalten Jugendlicher* liegen einige Untersuchungen vor (vgl. *Sigusch/Schmidt* 1973; *Schlaegel* u. a. 1975; *Walczak* u. a. 1975 a; b; *Husslein* 1982; *Schmid-Tannwald/Urdze* 1983; *Glück/Scholten/Strötges* 1992). Insgesamt sind die Ergebnisse dieser Erhebungen vorsichtig zu deuten. Es wird nicht das Verhalten selbst erfaßt, sondern die Angaben der Befragten über ihr Verhalten in einem bestimmten Alter.
Befragungen von Jugendlichen der 10. Klassenstufe (*Klein,* zitiert bei *Kattmann* 1978, 9 f.; *Müller,* zitiert bei *Henke* 1973, 96) weisen darauf hin, daß Themen, die Partnerbeziehungen betreffen und mit emotionalen Fragen verknüpft sind,

an erster Stelle des Interesses stehen (voreheliche Beziehungen, Abtreibung, Empfängnisregelung). Von Schülern der 5. und 6. Klassenstufe wurde den Themen zur Geburt und Zeugung der erste Rangplatz zugewiesen (*Kattmann/ Lucht-Wraage/Stange-Stich* 1990, 24; vgl. *Glück* 1981). Der häufig beklagte Umstand, daß das Interesse der Schülern an der Sexualerziehung im Laufe des Unterrichts nachläßt, dürfte vor allem darauf zurückzuführen sein, daß viele Lehrer auch diesen Bereich lediglich als Wissensvermittlung betrachten.

4.3.4 Sexualerziehung als Unterrichtsprinzip und Bereich des Biologieunterrichts

Sexualerziehung ist an der Schule nicht als Lehrfach eingerichtet, sondern die einzelnen Schulfächer sollen nach den Bestimmungen der Richtlinien jeweils einen eigenen Beitrag leisten. Diese Delegation der Aufgaben an mehrere Schulfächer (Biologie, Sozialkunde, Religion, Deutsch, Kunst, Musik, Sport) wird (mißverständlich) mit dem Namen »Unterrichtsprinzip« bezeichnet.
Die Arbeitsteilung sollte nicht so verstanden werden, daß die jeweiligen Schulfächer nur ihren eigenen Aspekt beitragen und die Schüler sich dann ein eigenes Bild zusammensetzen müssen. Jedes Fach sollte vielmehr die Thematik mit fachbestimmten Schwerpunkten versehen, ohne daß der pädagogische Gesamthorizont aus dem Blick gerät. Für den Biologieunterricht bedeutet dies, daß er dort die Fächergrenzen überschreiten sollte, wo biologische Aussagen aus anthropologischen und pädagogischen Gründen in einen größeren Zusammenhang zu stellen sind. Eine Arbeitsteilung, die dem Biologieunterricht die Vermittlung wissensmäßiger Grundlagen und Voraussetzungen überließe und die pädagogische Fortführung, etwa das Erörtern der mit dem Wissen verknüpften ethischen Fragen, allein anderen Fächern zuwiese, kommt sowohl sexualpädagogisch wie auch von der anthropologischen und gesellschaftspolitischen Bedeutung biologischen Wissens her nicht in Betracht.
Da die Arbeitsteilung zwischen den Fächern nur wenig oder gar nicht funktioniert, wird Sexualerziehung als »Unterrichtsprinzip« heftig kritisiert (vgl. *Lutzmann* 1976). Die Einführung eines eigenen Schulfaches ist aber gegenwärtig nicht nur unrealistisch, sondern wahrscheinlich pädagogisch auch nicht unbedenklich. Die Erscheinung »Sexualität« würde damit aus den anderen Schulfächern herausgelöst und isoliert. Im Interesse eines angemessenen Umgangs mit biologischem Wissen kann es nur liegen, einen großen Teil der Sexualerziehung im Biologieunterricht zu belassen. Der Biologielehrer sollte sich dann allerdings davor hüten, die Sexualität auf Sexualmorphologie und

Sexualphysiologie zu beschränken. Fragen der Genetik (Variabilität der Geschlechter), der Individualentwicklung und des Verhaltens gehören genauso zum Bild der Sexualität wie die Vorgänge der Fortpflanzung oder Bau und Funktion der Geschlechtsorgane.

4.3.5 Zur Behandlung von Themen der Sexualerziehung

Es besteht weitgehende Übereinstimmung, daß die Sexualität des Menschen nicht ausschließlich in fachlichen Zusammenhängen vermittelt werden sollte. Eine Ausnahme stellt die Sexualkunde in Baden-Württemberg dar, die auf die biologische Information beschränkt sein soll, während die sexualerzieherischen Inhalte fakultativ in einem Unterricht vermittelt werden sollen, an dem die Kinder freiwillig teilnehmen. Eine solche Trennung hält die Mehrzahl der Sexualpädagogen für nicht vertretbar. In den meisten Richtlinien und Schulbüchern sind daher Abschnitte zur Sexualität des Menschen vorgesehen, nach denen die humanbiologischen Themen im Zusammenhang mit sexualerzieherischen Zielen behandelt werden sollen.
Aus den Überlegungen zu den Voraussetzungen der Sexualerziehung (s. oben) ergibt sich, daß diese Inhalte möglichst eng mit denjenigen Fragen verknüpft unterrichtet werden sollten, die die Schüler unmittelbar betreffen. Ein oft geübter Einstieg in die Sexualerziehung ist der Einsatz eines *Fragebogens* (vgl. *Sackser* 1978; *Zöller* 1975 a). Aufgabe des Fragebogens ist dabei nicht nur, das Vorwissen der Schüler zu erfassen, um den Unterricht darauf abstimmen zu können. Es kann auch erwartet werden, daß die Schüler durch die Fragen dazu angeregt werden, bestimmte Probleme für sich in der Beantwortung zu reflektieren. Der Vorteil eines Fragebogens wird vor allem darin gesehen, daß die Schüler hier die Möglichkeit haben, sich ohne Scheu und Konsequenzen für die eigene Person frei äußern zu können.
Diese Methode ist z. T. scharf kritisiert worden (vgl. *Knoop* 1981). Die Schüler seien gezwungen, sich zu Fragen zu äußern, die sie kaum oder gar nicht reflektiert hätten. Ein Fragebogen widerspreche der notwendigen Kommunikation, die den gesamten Unterricht durchziehen soll. Er schaffe keine Situation der Aussprache, sondern werfe die Schüler auf sich selbst zurück. Die Kritik ist sicher gegenüber ausgefeilten Fragebogenaktionen berechtigt. Einfache Fragebogen aber, die den Schülern auch Gelegenheit geben, eigene Fragen zu stellen und Interessen anzugeben, die sie offen (noch) nicht äußern mögen, können in manchen Klassen durchaus geeignet sein, die Schüler zu motivieren und zum Thema hinzuführen.

In einem schülerorientierten sexualerzieherischen Unterricht sollten folgende Problembereiche berücksichtigt werden (vgl. *Kattmann* 1978):

- *Sexuelles Erleben des Kindes, des Jugendlichen und des Erwachsenen:* Unbefangene Nacktheit; sexuelle Ängste; Selbstbefriedigung; sexuelle Signale und Sprache; Geschlechtsakt und sexuelle Partnerschaft.
- *Gesellschaftliche Verformung sexueller Bedürfnisse:* Leistungsprinzipien; Reizüberflutung und Werbung; Kommerzialisierung der Sexualität zur Ware; Prostitution.
- *Fragen des Verhältnisses von menschlicher Sexualität zur Fortpflanzung:* Schwangerschaft; Geburt; Abtreibung; Empfängnisverhütung.
- *Einstellungen zu den durch die Sexualität bestimmten gesellschaftlichen Rollen:* Rollen von Mann und Frau; Emanzipation; Verhältnis der Geschlechter zu den Kindern; Ehe; Sexualität im Alter; Außenseiterrollen der Prostitution und der Homosexualität; Sexualität und Rassenprobleme.

Die Auswahl von Themen für einzelne Klassenstufen ist an den Fragen zu orientieren, die für die Schüler in einem bestimmten Alter besonders aktuell bzw. aus gesellschaftlichen Gründen notwendig sind (vgl. *Etschenberg* 1993 a; *Schmidt* 1993). Wenn auch die Sexualerziehung im Biologieunterricht nicht nach allgemeinbiologischen Kriterien unterrichtet werden sollte, so spricht doch nichts dagegen, innerhalb allgemeinbiologisch orientierter Unterrichtseinheiten auch sexualpädagogisch bedeutsame Inhalte anzusprechen, zum Beispiel bei der Verhaltenslehre (sexuelle Signale), der Entwicklung des Kleinkindes und den Eltern-Kind-Beziehungen, der Biologie des Lebenslaufes von der Geburt bis zu Altern und Tod, den sozialen Problemen von Schwangerschaft, Geburt und Abtreibung, Variabilität der Geschlechter sowie bei Fragen der Genetik (vgl. *Eschenhagen* 1978; *Thiel-Ludwig* 1980; *Fahrenberger* 1983; *Molenda* 1983; *Meier/Müller* 1984; *Winkel* 1992, *Beisenherz* 1993; *Döhl* 1993: *Etschenberg/Erber/Kattmann* 1993).

Literatur

Albrecht 1980; *Bach, K. R.,* 1991; *Beisenherz* 1993; *Berg, van den,* 1960; *Erber, M.,* 1977; 1978; *Döhl* 1993; *Eschenhagen* 1978; *Eschenhagen/Kattmann/Rodi* 1993; *Etschenberg* 1986, 1990 a; 1993 a; b; *Etschenberg/Erber/Kattmann* 1993; *Fahle/Oertel* 1994; *Fahrenberger* 1983; *Fels* 1969; *Figge* u. a. 1977; *Gadermann* 1992; *Glück* 1981; *Glück/Scholten/Strötges* 1992; *Haeberle* 1985; *Henke* 1973; *Hunger* 1975; *Husslein* 1982; *Kattmann* 1978; *Kattmann/Lucht-Wraage/Stange-Stich* 1990; *Kentler* 1970; *Kluge* 1981 a; b; *Knoll* 1975; 1977; *Knoop* 1977; 1981; *Lutzmann* 1976; 1977; *Machnik* 1975; *Meier/Müller* 1984; *Mischnik/Roßbach* 1992; *Molenda* 1983; *Müller, R.,* 1979; *Müller, W.,* 1992; *Sackser* 1978; 1979; *Scarbath* 1969; 1974; 1976 b; *Schlaegel* u. a. 1975; *Schmid-Tannwald/Urdze* 1983; *Schmidt, R.-B.,* 1993; *Schwadtke* 1975; *Skaumal* 1986; *Sigusch/Schmidt* 1973; *Springer* 1978; *Staeck* 1987; *Thiel-Ludwig* 1980; *Walczak* u. a. 1975 a; b; *Winkel* 1992; *Zitelmann/Carl* 1970; *Zöller* 1975 a

4.4 Friedenserziehung

4.4.1 Zum Begriff »Frieden«

Wird das Wort »Frieden« nicht auf den militärischen Bereich beschränkt, so bezeichnet es in der Umgangssprache weit mehr als die Abwesenheit von Krieg und direkter Gewalt. Es betrifft vielmehr auch Formen persönlichen und gesellschaftlichen Zusammenlebens. Auf einen solchen umfassenden und alltäglichen Friedensbegriff bezieht sich *Hartmut von Hentig* (1987, 62 f.) in seiner Auslegung: »Frieden - das ist der pauschale und viel mißbrauchte Gegenbegriff zu den Leiden und Verkehrtheiten unserer Welt, zu dem, was offensichtlich nicht gutgehen *kann* und was die Menschen darum schon in der Vorstellung beunruhigt. Soll Friede greifbar werden, muß man ihn in einzelne Aufgaben zerlegen - zum Beispiel in diese sechs: Die Vermeidung oder Verhinderung von Gewalt; die Sicherung der materiellen Bedürfnisse; die Verwirklichung von sozialer Gerechtigkeit; die Gewährung und Forderung von politischer Mitbestimmung; die Wiederherstellung eines ausgewogenen Verhältnisses von Mensch und Umwelt, zwischen dem, was wir machen, und dem, was wir nur zerstören können; die Verständigung zwischen den Generationen.«

Wie bei den Begriffen »Gesundheit« und »Sexualität« erscheint es auch bei dem Begriff »Frieden« nicht angemessen, einen Zustand zu definieren, sondern den Begriff durch Aufgaben und Prozesse zu beschreiben (dynamischer Friedensbegriff). *Johann Galtung* versteht Frieden als den Prozeß der Vermeidung und Abschaffung von Gewalt. Als Gewalt sieht er nicht nur die von Personen ausgeführten Gewalttätigkeiten an (direkte, »personale« Gewalt), sondern ebenso die Wirkungen von gesellschaftlichen Strukturen, sofern diese Ungleichheit, Ungerechtigkeit, Abhängigkeit, Bevormundung, Unterdrükkung erzeugen (indirekte, »strukturelle« Gewalt). »Gewalt liegt dann vor, wenn Menschen so beeinflußt werden, daß ihre aktuelle somatische und geistige Verwirklichung geringer ist als ihre potentielle Verwirklichung« (*Galtung* 1971, 57). Damit werden als »Gewalt« sehr unterschiedliche Ursachengefüge zusammengefaßt. Im sozialen Bereich deckt sich dieser Friedensbegriff weitgehend mit dem Ziel der Emanzipation als Befreiung von Unmündigkeit, Diskriminierungen, Zwängen und Abhängigkeiten (vgl. *Esser* 1973); er wird weitgehend gekennzeichnet durch die Elemente gesellschaftlicher Freiheit und sozialer Gerechtigkeit. Die Entdeckung und Aufdeckung indirekter, struktureller Gewalt sollte allerdings die Bedeutung der direkten Gewalt für den Friedensbegriff nicht zudecken: »Wenn es um Frieden geht und Frieden Abwesenheit von Gewalt ist, dann müßte die Aktion sich sowohl gegen personale als auch gegen strukturelle Gewalt richten« (*Galtung* 1971, 64). In diesem Zusammenhang stellt sich auch die Frage nach den Ursachen menschlicher Aggressivität (als Disposition zu gewalttätiger Austragung von Konflikten) und damit nach den Bedingungen gewaltfreier Aktion und möglichen Friedens. Neben der Diskussion und Auswertung konkurrierender Erklärungsversuche der Aggression (psychoanalytische und ethologische Triebtheorien, Lerntheorien, Frustrations-Aggressions-Hypothese, physiologische Kausalforschung) spielt die grundsätzliche Bewertung menschlicher Aggressivität eine wesentliche Rolle zur Ausschärfung des Friedensbegriffes. Während Aggression im allgemeinen ausschließlich als destruktiv verstanden wird, kann sie ganz vom Wortsinn her beschrieben werden »im Sinne des adgredi, des Herangehens an Menschen und Dinge« (*Ammon* 1971, 17), was zur Unterscheidung von konstruktiver und destruktiver Aggression führt. Auch ohne eine solche ausdrückliche Unterscheidung wird aus ethologischer und psychoanalytischer Sicht ein Friedenszustand, in dem die als Aggression bezeichneten Antriebe des Menschen unterdrückt oder abdressiert sind, nicht für erstrebenswert gehalten (vgl. *Mitscherlich* 1969, 126 f.; *Strauß* 1980 a, 317 f.). Für die Beschreibung von Frieden stellt sich damit die Frage, wie die Disposition zur Aggression in sie positiv aufgenommen werden könnte.

In der Beschreibung von Frieden als umfassender Aufgabe sind schließlich die Wechselbeziehungen zwischen verschiedenen Ebenen menschlichen Zusammenlebens zu erfassen. In der Friedensforschung werden meist eine Makroebene und eine Mikroebene unterschieden. Die *Makroebene* umfaßt die Beziehungen zwischen Völkern und Staaten, globale Zusammenhänge (Weltfrieden), Ost-West- und Nord-Süd-Konflikte sowie Probleme nationaler Minderheiten (z. B. Rassenprobleme). Die *Mikroebene* betrifft das Zusammenleben der Individuen in Kleingruppen, in Familie, Beruf und Freizeit, sowie die Erziehung und das persönliche Engagement für soziale Gerechtigkeit, gewaltfreie Vertretung von Interessen und gewaltfreie Konfliktbewältigung. Im Sinne einer stärkeren Beachtung von Gruppenprozessen und Gruppenkonflikten (Gruppenaggression, Stereotypen und Vorurteilen, Minderheiten- und Randgruppen) empfiehlt es sich jedoch, drei Bereiche zu unterscheiden: internationale Probleme mit globalem Charakter, soziale, innergesellschaftliche Probleme sowie Fragen des persönlichen und zwischenmenschlichen (interindividuellen) Zusammenlebens (globale, soziale und individuelle Perspektive des Friedens, vgl. *Kattmann* 1980 a, 196 f.). Die so ausgewiesene *Mesoebene* umfaßt nicht nur die Gruppenprozesse, sondern auch die Rolle von gesellschaftlichen und kulturellen Institutionen bei der Friedenssicherung und Konfliktbewältigung (vgl. *Esser* 1991).

4.4.2 Friedenserziehung - Aufgaben und Voraussetzungen

Daß Erziehung die Aufgabe hat, zur Verwirklichung und Erhaltung des Friedens beizutragen, ist wohl unbestritten. Wie aber sind »friedensrelevante Lernprozesse« zu ermöglichen (*Scarbath* 1976 a; vgl. *Nicklas* 1993), die im Verhalten der Schüler wirksam werden? Wie kann die Handlungskompetenz der Schüler erhöht werden, sich für den Frieden auf den verschiedenen Ebenen einzusetzen? Die Antworten auf diese Fragen sind in der Friedenserziehung recht unterschiedlich. Den Maßstab für das Vorgehen gibt der oben skizzierte positiv gefüllte Friedensbegriff.
Alle Entwürfe zur Friedenserziehung stimmen darin überein, daß sie Unterrichtsformen fordern, bei denen die Schüler möglichst selbsttätig und mitbestimmend beteiligt sind. Ziele und Methoden des Unterrichts sollen einander entsprechen. Daher muß in der Friedenserziehung Unterricht möglichst so organisiert werden, daß die Schüler vom Verhalten und Urteil der Lehrperson unabhängig sind. Direktive und repressive Unterrichtsmaßnahmen widersprechen hier nicht nur den pädagogischen Zielen, sondern können sich als »strukturelle Gewalt« sogar so auswirken, daß sie an die Stelle der friedenserzieherischen Ziele treten: »Die gewaltsame Erziehung zur Gewaltlosigkeit gewöhnt die Erziehungsmethode, nicht die Erziehungsabsicht ein und verewigt die Gewalt, die sie verhindern will« (*Hacker* 1971, 17).
Der Unterrichtsprozeß sollte daher möglichst offen und schülerzentriert gestaltet werden. Die hierfür angemessene Sozialform wäre »die sich selbst organisierende Lerngruppe, die autonom über die Festlegung der Lernziele, die Planung der Unterrichtsschritte, die Wahl der Arbeitsmethode und die Beurteilung und Bewertung der Arbeitsergebnisse entscheidet« (*Nicklas/Ostermann* 1973, 319 f.). In der Schule ist eine derartige Lernsituation nur selten und unvollkommen herzustellen. Es gibt aber verschiedene Arbeitsweisen und Sozialformen des Unterrichts, die sich einem solchen Ziel annähern (s. Abschnitt 8.2). Die gewählten Unterrichtsmethoden sollten das »Entdecken und Rechtfertigen von alternativen Zielen, von neuartigen Lernsituationen und von Rollenverschiebungen zwischen den Beteiligten« zulassen (Deutscher Bildungsrat 1974, 71 f.).

4.4.3 *Friedenserziehung als Unterrichtsprinzip und Bereich des Biologieunterrichts*

Als Teil der Gesamterziehung ist Friedenserziehung nicht auf bestimmte Fächer beschränkt, sondern kann in allen Fächern zur Geltung kommen. Dies gilt zumindest für die Gestaltung des Unterrichts durch entsprechende kooperative und offene Unterrichtsformen (vgl. Friedrich Verlag 1983; *Röhrs* 1983; *Reich/Weber* 1984; *Calließ/Lob* 1988).

Darüber hinaus kann Friedenserziehung als Unterrichtsprinzip verstanden werden, mit dem bestimmte Unterrichtsinhalte auf die Ziele Gewaltlosigkeit und Frieden ausgerichtet werden. Der Schwerpunkt liegt dabei eindeutig im Bereich der Fächer Sozialkunde, Deutsch und Geschichte sowie Religion. Die Beiträge des Biologieunterrichts ergeben sich vor allem aus zwei Umständen:

- In öffentlichen Diskussionen und sozialwissenschaftlich bestimmten Unterrichtsentwürfen werden z. B. beim Thema »Aggression« biologische Sichtweisen weitgehend vernachlässigt. Für eine Beurteilung konkurrierender Anschauungen über Aggression sind aber auch die biologischen Aspekte nötig.
- In der Öffentlichkeit werden häufig biologisch bestimmte Argumente so vorgetragen, daß sie im Gegensatz zu den Zielen der sozialen Gerechtigkeit und der Gewaltfreiheit stehen. Dies betrifft z. B. Aussagen zur Aggressivität und zur genetischen Ungleichheit der Menschen (z. B. zur Friedensfähigkeit des Menschen und zu Verhaltensunterschieden zwischen Menschen verschiedener Herkunft). Der Biologieunterricht hat hier die Aufgabe, falsche und mißverständliche Vorstellungen zu biologischen Sachverhalten besonders dann zu klären, wenn diese das friedliche Zusammenleben gefährden (z. B. bei Ausländerfeindlichkeit, Rassenvorurteilen, Ablehnen von Behinderten und Alten, Fixierung auf bestimmte Geschlechtsrollen).

4.4.4 *Zur Behandlung von Themen der Friedenserziehung im Biologieunterricht*

Für friedenserzieherische Überlegungen zum Biologieunterricht wird häufig beim Thema »Aggression« angesetzt (vgl. z. B. *Johst* 1991). In älteren Unterrichtsvorschlägen zu diesem Thema wird vielfach menschliches und tierliches Verhalten oberflächlich parallelisiert und ein stark vereinfachtes Bild menschlichen Verhaltens vermittelt (vgl. *Strauß* 1980 b, 349; *Kattmann* 1983 a; 1985). Erst in letzter Zeit wird ein größeres Themenspektrum angesprochen

und zuweilen sogar zugunsten einer schulischen »Friedensarbeit« so ausgeweitet, daß dann z. B. auch Umweltmaßnahmen inbegriffen sind (vgl. *Strauß* 1988 b).
Bezieht man die Aufgaben der Friedenserziehung auf den oben umschriebenen Friedensbegriff, so betrifft sie folgende Themenbereiche des Biologieunterrichts:

- auf der individualen Ebene die Themen »Gehorsam und Autorität«, »Signale der Kommunikation«, »Aggression«, »Kooperation und gegenseitige Hilfe in Gruppen«;
- auf der sozialen Ebene die Themen »Außenseiter«, »Verhalten gegenüber Randgruppen (Alte, Behinderte, Minderheiten)«, »Rassenvorurteile und Rassendiskriminierung«;
- auf der globalen Ebene die Themen »Welternährung und Hunger«, »Bevölkerungswachstum und Überbevölkerung«.

Diese Themen verlangen, daß die biologischen Inhalte eng verknüpft mit emotionalen und ethischen Fragen unterrichtet und Ergebnisse mehrerer Wissenschaften im Unterricht berücksichtigt werden (vgl. *Kattmann* 1988 b; *Strauß* 1988 a). Bei den Beiträgen des Biologieunterrichts zur Friedenserziehung sollte es nicht darum gehen, viele neue Inhalte in den Unterricht einzuführen, sondern darum, teilweise schon bisher unterrichtete Inhalte in friedenspädagogischer Absicht zu gestalten und zu nutzen. Meistens ist dabei eine Abstimmung mit sozialwissenschaftlich bestimmten Fächern sinnvoll.

Besonders bei den Themen der individualen und der sozialen Ebene sind Unterrichtsformen anzustreben, die den Bezug zur Erfahrungswelt der Schüler herstellen und Betroffenheit erzeugen. Die Schüler sollen sich mit eigenem und fremdem Verhalten identifizieren oder sich davon distanzieren können. Eine realitätsnahe Methode besteht in der Beobachtung von Menschengruppen durch die Schüler (z. B. von Spielgruppen auf dem Schulhof; vgl. *Strauß* 1980 b). Ein wichtiges Mittel sind Spiele, die durch ihren Verlauf kooperatives Verhalten erfordern (vgl. z. B. *Beyer/Schüler* 1980), und Rollenspiele, bei denen Situationen im Spiel erlebt werden und danach das Verhalten der Spieler analysiert und bewertet wird (vgl. *Hartung/Menzel* 1983). Bei Themen der globalen Ebene erscheinen besonders Fallstudien und Planspiele geeignet, um komplexe Zusammenhänge zu vermitteln und Betroffenheit der Schüler zu erzeugen, die eine Einstellung der »internationalen Loyalität« (*Nicklas/Ostermann* 1973, 317) fördert. Wichtig bei allen friedenspädagogischen Unterrichtsvorhaben scheint ein methodischer Dreischritt - Analyse, Bewertung, Fortführung - zu sein (vgl. *Nicklas/Ostermann* 1973, 326).

Die Bewertung bzw. Kritik bestehender Zustände oder Verhaltensweisen sollte sich an diskutierfähigen Normen, Zielen und Folgen möglichen Handelns orientieren. In diese Bewertungen gehen Vorstellungen über eine humane Lösung von Problemen ein, die für alle Beteiligten offenzulegen sind (s. Abschnitt 3.5.2). Bei der Fortführung geht es um Vorschläge, Ansätze und Strategien für friedliches Verhalten und friedliche Entwicklungen. Allerdings sollte die Fortführung im Horizont und möglichst innerhalb der Handlungsmöglichkeiten der Schüler liegen, um im Unterricht nicht bei bloßen Programmen und Appellen zu enden.

Literatur

Ammon 1971; *Beyer/Schüler* 1980; *Calließ/Lob* 1988; Deutscher Bildungsrat 1974; *Esser, Hartmut,* 1991; *Esser, J.,* 1973; Friedrich Verlag 1983; *Galtung* 1971; 1973; *Gronemeyer* 1976; *Hacker* 1971; *Hartung/Menzel* 1983; *v. Hentig* 1987; *Johst* 1991; *Kattmann* 1980 a; 1983 a; 1985; 1988 b; *Mitscherlich* 1969; *Nolting* 1983; *Nicklas* 1993; *Nicklas/Ostermann* 1973; *Reich/Weber* 1984; *Röhrs* 1983; *Scarbath* 1976 a; *Senghaas* 1971; *Strauß* 1980 a; b; 1988 a; b; *Treml* 1986; *Vogel, G.,* 1981; *Wulf* 1973

4.5 Umwelterziehung

4.5.1 Zu einigen Begriffen

Umwelt

Der Begriff »Umwelt« wurde ursprünglich von *Jakob von Uexküll* 1921 als die Merk- und Wirkwelt von Tieren definiert (vgl. *v. Uexküll/Kriszat* 1956). Heute wird außerdem die »Minimalumwelt« (Nische), die »physiologische Umwelt«, die »ökologische Umwelt« und die »kosmische Umwelt« unterschieden. Zur »ökologischen Umwelt« werden alle direkt und indirekt wirksamen Einflüsse gerechnet, soweit sie überhaupt feststellbar sind (vgl. *Altenkirch* 1977, 48).

Schwierigkeiten treten auf, wenn man diese Definition auf die *Umwelt des Menschen* anzuwenden versucht, da zu dieser derartig viele direkte und indirekte Einflüsse gehören, daß es bei der Beschreibung zu Abgrenzungsschwierigkeiten kommt (vgl. *Eschenhagen* 1981 b, 49). Von *Willfried Janßen* (1978, 19) wird der Begriff der menschlichen Umwelt folgendermaßen erläutert: Umwelt ist die »allgemeine und umfassende Bezeichnung für die Gesamtheit

aller von außen auf den Menschen einwirkenden Erscheinungen, Einflüsse und Faktoren, die seine Lebensbedingungen und sein Verhalten bestimmen ...:
a) *Natürliche Faktoren*, d. h. die natürlichen Bedingungen wie Klima, Luft ... Wasser ..., Landschaftsformen ..., Gesteine und Bodenarten, Pflanzen- und Tierwelt;
b) *soziale Faktoren* ..., d. h. die Bedingungen, Denk- und Verhaltensvoraussetzungen im Konflikt mit anderen Menschen, Gruppen oder Institutionen, die für die Erfahrung der gesellschaftlichen Wirklichkeit, für das Verstehen ihrer Veränderung und für die Mitbestimmung ihrer Strukturen bestimmend sind;
c) *kulturelle (bzw. zivilisatorische) Faktoren*, d. h. die Ergebnisse und Entwicklungsperspektiven von Wissenschaft, Technologie und Kultur, die es erlauben, alle Lebensvorgänge langfristig, d. h. weit in die Zukunft hinein ..., die damit verbundenen Wertsysteme und institutionalisierten Verhaltensanforderungen an die Mitglieder der Gesellschaft zu beeinflussen.«

In dieser Umschreibung ist der Begriff der Umwelt des Menschen sehr weit gefaßt. Meist wird er unter Ausschluß der sozialen und kulturellen Faktoren enger definiert (z. B. *Barney* 1980, 493): »Wörtlich bedeutet Umwelt die physikalische und biologische Umgebung jeweiliger Organismen - in diesem Falle des Homo sapiens, der Spezies Mensch.«

Umweltschutz, Naturschutz

Menschen können die Umwelt u. a. mit Hilfe der Technik stark beeinflussen und verändern. Die Eingriffe können die Lebensgrundlagen der Menschen und anderer Lebewesen gefährden und so zur Umweltzerstörung führen. Die Bestrebungen zum Schutz der Umwelt werden *Umweltschutz* genannt.

»Als Umweltschutz wird die Gesamtheit der Maßnahmen bezeichnet, die notwendig sind, um

- dem Menschen eine natürliche Umwelt zu sichern, wie er sie für seine Gesundheit und ein menschenwürdiges Dasein braucht.
- Boden, Luft, Wasser, Pflanzen- und Tierwelt vor nachhaltigen Wirkungen menschlicher Eingriffe zu schützen und Schäden oder Nachteile aus menschlichen Eingriffen zu beseitigen« (*Engelhardt* 1980, 14).

Der Begriff »natürliche Umwelt« ist hier nicht im Sinne einer naturbelassenen, sondern einer »naturnahen«, vom Menschen wenig beeinflußten Umwelt gemeint, denn heute sind alle Lebensräume der Erde in irgendeiner Weise vom Einfluß des Menschen mit geprägt. Der Umweltschutz bezieht in heutiger Sicht auch die technischen Maßnahmen mit ein, mit denen den Folgen der Technik vorbeugend und mildernd begegnet werden kann (vgl. *Stichmann* 1985, 4).

Statt des Wortes »Umweltschutz« werden in der Biologie manchmal die Namen »Lebensschutz« oder »Bioprotektion« verwendet im Sinne der »Erhaltung der Lebensgrundlage des Menschen, der Tiere und der Pflanzen« (vgl. *Bruns* 1969, 415).

Bis zum Ende der 60er Jahre wurde der Begriff »Umweltschutz« in Deutschland kaum verwendet. Der Schwerpunkt der Bemühungen lag beim *Naturschutz,* also im Schutz der natürlichen Umwelt und der von der Zivilisation bedrohten Tiere und Pflanzen und ihrer Lebensräume (vgl. *Bleckmann/Berck/Schwab* 1980; *Weiss* 1983). Das Bundesnaturschutzgesetz vom 12.02.1990 bestimmt im § 1: »Natur und Landschaft sind im besiedelten und unbesiedelten Bereich so zu schützen, zu pflegen und zu entwickeln, daß 1. die Leistungsfähigkeit des Naturhaushaltes, 2. die Nutzungsfähigkeit der Naturgüter, 3. die Pflanzen- und Tierwelt sowie 4. die Vielfalt, Eigenheit und Schönheit von Natur und Landschaft als Lebensgrundlage des Menschen und als Voraussetzung für seine Erholung in Natur und Landschaft nachhaltig gesichert sind.« Diese Bestimmungen schließen nicht nur den erhaltenden, sondern auch den gestaltenden Naturschutz ein (vgl. *Grupe* 1977, 113). Naturschutz ist Teil des biologischen und ökologischen Umweltschutzes. Bei der heutigen Belastung unserer Landschaft läßt sich Artenschutz (Schutz von Pflanzen und Tieren; vgl. *Teutsch* 1985; *Scharf* 1988; *Eschenhagen/Kattmann/Rodi* 1991, 1 ff.) sinnvoll nur als Biotopschutz betreiben, indem man die Lebensräume der bedrohten Arten schützt.
Der Gedanke, die Natur vor dem Menschen zu schützen, reicht mit seinen Wurzeln bis ins humanistische Zeitalter zurück. In Deutschland war es am Ende des letzten Jahrhunderts vor allem *Ernst Rudorff*, der sich für den Schutz der Natur einsetzte (vgl. *Preuß* 1966). Der Naturschutz hat sich konsequent weiterentwickelt und wird seit Anfang dieses Jahrhunderts von staatlichen Naturschutzstellen öffentlich vertreten. Unter der Bezeichnung »Naturschutz« wurden auch damals schon Probleme des Gewässerschutzes, der Luftreinhaltung und des Schutzes des Bodens angesprochen, die man heute zu dem umfassenderen Begriff Umweltschutz rechnet (vgl. *Trommer* 1983 f.; *Stichmann* 1985).
Seit Anfang der 70er Jahre wurde weltweit erkannt, daß die Menschheit in einer Überlebenskrise steht. Erscheinungen dieser Krise sind: Anwachsen der Erdbevölkerung, Hunger in weiten Bereichen der Erde, Umweltzerstörungen großen Ausmaßes, Ausbeutung von Energie- und Rohstoffvorräten, Technisierung von Industrie, Landwirtschaft und Medizin ohne Rücksicht auf lokale oder individuelle Voraussetzungen und Folgen (vgl. *Kattmann* 1980 a). Beim

Umweltschutz geht es nicht nur um den Schutz der Natur um ihrer selbst willen (vgl. Beschluß der KMK vom 30.09.1953) - obwohl dieses Anliegen genauso bedeutend ist wie früher -, sondern um den Schutz der gesamten Umwelt des Menschen zur Sicherung der Überlebenschance der Menschheit (vgl. Beschluß der KMK vom 17.10.1980).

Ökologie

Eine wesentliche wissenschaftliche Grundlage für den Umweltschutz ist die Ökologie. Ökologie ist die Wissenschaft, die sich mit den Beziehungen der Organismen zu ihrer biotischen und abiotischen Umwelt befaßt. *Ernst Haeckel* hat 1866 den Begriff zuerst geprägt (oikos, gr. das Haus, logos, gr. die Lehre). »Unter Oecologie verstehen wir die gesamte Wissenschaft von den Beziehungen des Organismus zur umgebenden Außenwelt, wohin wir in weiterem Sinne alle Existenzbedingungen rechnen können« (zitiert nach *Eulefeld* 1979, 671). In dieser Fassung hat der Ökologiebegriff auch heute noch Bedeutung, obgleich er wesentlich erweitert wurde: So werden nicht nur die Beziehungen zwischen einzelnen Organismen und ihrer Umwelt damit gemeint, sondern auch die Beziehungen eines Systems von Organismen (Biozönose) zu seiner Umwelt. Ökologie ist die Wissenschaft von den Ökosystemen (s. Abschnitt 3.1). Sie ist eine sehr komplexe Wissenschaft, die zur Lösung der auftretenden Probleme neben verschiedenen Teildisziplinen der Biologie (z. B. Physiologie, Morphologie, Genetik, Ethologie) auch andere Bereiche der Naturwissenschaften (z. B. Physik, Chemie, Geologie, Klimatologie) benötigt. Ein Denken in komplexen Systemen (inklusives Denken, s. Abschnitt 3.3.2) ist erforderlich. Der Begriff »Ökologie« hat in den letzten Jahren noch eine zusätzliche Erweiterung erfahren. Er spielt nicht mehr nur in der Biologie, sondern auch in den Sozialwissenschaften, der Politik, der Rechtswissenschaft und in der »alternativen Szene« eine Rolle (vgl. *Eulefeld* u. a. 1981 b, 24; *Fingerle* 1984). Die unterschiedliche Bedeutung des Wortes in den verschiedenen Zusammenhängen führt oft zu Mißverständnissen.

Naturschutzerziehung, Umwelterziehung, Umweltbildung

Naturschutzerziehung ist ein nicht unwesentlicher Teil der pädagogischen Aufgaben des Biologieunterrichts (vgl. *Bleckmann/Berck/Schwab* 1980; *Weiss* 1983; *Scharf* 1986). Im einzelnen kann man folgende Zielsetzungen unterscheiden: Wecken von naturbezogenen Interessen (Naturverbundenheit); Erziehung zur Ehrfurcht vor dem Leben (Eigenwert der Lebewesen, Artenschutz), Sensibilisierung für die Schönheit von Lebewesen und naturnahen Landschaften, Förderung der Verantwortung für den Erhalt naturnaher Lebensräume (Biotopschutz, Landschaftspflege).

»*Umwelterziehung* ist Unterricht angesichts der Überlebenskrise« (*Kattmann* 1980 a, 168). Sie »ist der Prozeß des Erkennens von Werten und klärenden Vorstellungen (concepts) im Hinblick auf die Entwicklung der Fähigkeiten und Einstellungen, die notwendig sind, um die Beziehungen zwischen dem Menschen, seiner Kultur und seiner natürlichen Umwelt (biophysical surroundings) zu verstehen und zu würdigen« (International Union for the Conservation of Nature and Natural Resources 1970, zitiert nach *Eulefeld* u. a. 1981, 61). Diese Definition schließt die Ausbildung von Kenntnissen (kognitive Dimension), Fähigkeiten und Fertigkeiten (pragmatische Dimension) sowie Einstellungen und Verhaltensweisen (affektive Dimension) mit ein. Umwelterziehung bedeutet Erziehung zu umweltgerechtem Verhalten und ist ein wesentlicher Teil der Gesamterziehung. Ethische Fragen der Verantwortung des Menschen spielen dabei eine entscheidende Rolle (vgl. *Pfeifer* 1980; *Teutsch* 1981; *Meyer-Abich* 1984; *Auer* 1984; *Jonas* 1985; *Bade* 1986; *Strey* 1989; *Dulitz/Kattmann* 1990, 126 ff.; *Altner* 1991; s. Abschnitt 3.5.2).
Seit dem Symposium des Bundesministeriums für Bildung und Wissenschaft im Jahre 1986 wird statt Umwelterziehung auch der Terminus *Umweltbildung* verwendet. »Bildung richtet sich mehr auf das einzelne Individuum und seine Persönlichkeitswerdung. Erziehung ist dagegen mehr an den Lernhilfen orientiert, die den Lernenden zur Verfügung gestellt werden« (*Eulefeld* 1993, 8 f; zum Begriff der Bildung s. Abschnitt 1.2.1). Mit »Umweltbildung« werden alle Bevölkerungsschichten (auch Erwachsene) angesprochen. Ziel ist es, Umweltbewußtsein und umweltgerechtes Verhalten in breiten Schichten der Bevölkerung zu verankern und zu fördern. Es geht zum einen um Wissensvermittlung über naturwissenschaftlich-technische, ökologische, ökonomische und soziale Fragen, um die Anpassung unseres Verhaltens an diese Erkenntnisse, zum anderen um die Ausbildung und Schärfung eines Umweltgewissens.
Für den Sprachgebrauch der Schule ist weiterhin der Begriff Umwelterziehung üblich (vgl. Bundesminister für Bildung und Wissenschaft 1989; 1991). In den folgenden Abschnitten wird daher ausschließlich der Begriff Umwelterziehung verwendet; er schließt auch die Naturschutzerziehung mit ein.
Das Anliegen der Umwelterziehung bzw. Umweltbildung wird nicht allein von der Schule, sondern auch von weiteren Institutionen vertreten. Als ein Beispiel sei die Deutsche Gesellschaft für Umwelterziehung (DGU) genannt, die sich als Dienstleistungsunternehmen für die Entwicklung des Umweltbewußtseins

sieht (vgl. *Eulefeld* 1991). Seit 1989 bringt sie jährlich in Zusammenarbeit mit dem IPN einen Band »Modelle der Umwelterziehung in der Bundesrepublik Deutschland« heraus, in dem aktuelle Fragen der schulischen Umwelterziehung diskutiert werden. Die Fachtagungen werden teils auch auf Institutionen europäischer Länder ausgedehnt (vgl. DGU u. a. 1990).

4.5.2 Umwelterziehung - Aufgaben und Voraussetzungen

Aufbauend auf Vorarbeiten der ersten UNESCO-Weltkonferenz in Tiflis 1977 (vgl. UNESCO 1979) und der Folgetagung in München (vgl. *Eulefeld/Kapune* 1979; Sekretariat der KMK 1987), hat die Kultusministerkonferenz am 17.10.1980 Ziele der Umwelterziehung formuliert.
Der Schüler soll

»- die durch Verfassung und Gesetz gegebenen Rechte und Pflichten des Bürgers kennenlernen und dadurch bereit werden, an den Aufgaben der Sorge für die Umwelt und des Umweltschutzes mitzuwirken;
- zu einer gezielten Beobachtung und Untersuchung seiner Umwelt bewegt werden;
- Einblick in ökologische Zusammenhänge gewinnen und die Wirkung von Störungen kennenlernen;
- Ursachen von Umweltbelastungen und teilweise nicht wieder rückgängig zu machenden Umweltveränderungen kennenlernen;
- die Verflechtung ökologischer, ökonomischer und gesellschaftlicher Einflüsse erkennen, die zum gegenwärtigen Zustand unserer Umwelt geführt haben;
- erkennen, daß die Erhaltung der Vielgestaltigkeit von Lebewesen und Landschaft nicht nur zur Sicherung der natürlichen Lebensgrundlagen für die gegenwärtige, sondern auch für die zukünftige Generation erforderlich ist;
- erkennen, daß Umweltbelastung ein internationales Problem und eine Existenzfrage für die gesamte Menschheit ist und daß Sorge für die Umwelt somit eine internationale Aufgabe darstellt, bei der den hochentwickelten Industriestaaten eine besondere Verantwortung zukommt;
- zur Einsicht gelangen, daß verantwortungsbewußtes Handeln des einzelnen und der Gesellschaft notwendig ist, um dem Menschen die Umwelt zu sichern, die er für ein gesundes und menschenwürdiges Dasein braucht;
- erkennen, daß Sorge für die Umwelt die Auseinandersetzung mit Interessengegensätzen einschließt und deshalb eine sorgfältige Abwägung von ökonomischen und ökologischen Gesichtspunkten notwendig ist.«

In der DDR hatte die Umwelterziehung in den Lehrplänen gleichfalls einen hohen Stellenwert (vgl. *Seidel/Berner* 1987; *Kaiser/Bade* 1989). Ihre Wirksamkeit war dagegen begrenzt (vgl. *Zabel* 1991 a). Die Geheimhaltung aller Umweltdaten erschwerte eine objektive Information. Der absolute Vorrang wirtschaftlicher Interessen verhinderte eine unvoreingenommene Interpretation der offensichtlichen Umweltbelastungen. Die praktische Tätigkeit und das Erleben spielten eine untergeordnete Rolle. In den ostdeutschen Bundesländern ist daher besonders gefordert, die Bevölkerung auf ihre Umweltsituation aufmerksam zu machen, eine reine Konsumorientierung abzubauen und die Umwelterziehung zu intensivieren (s. Abschnitt 4.5.2).

Die Schüler werden auch nach ihrer Schulzeit in ihrem persönlichen und beruflichen Bereich mit Problemen des Umweltschutzes konfrontiert. Oft verlangt der einzelne von Institutionen (Industrie und Behörden) Opfer, ohne selbst zu Einschränkungen bereit zu sein. So ist eine wichtige Aufgabe der Umwelterziehung, daß jeder in bezug auf seine unmittelbare Umgebung ein umweltgerechtes Verhalten erwirbt. Dann wird er möglicherweise auch in verantwortungsvollen Positionen als Naturwissenschaftler, Jurist oder Politiker umweltgemäße Entscheidungen treffen. Das Verantwortungsbewußtsein für die Zukunft ist nicht nur lokal, sondern national und vor allem global zu sehen (vgl. *Barney* 1980; *Kattmann* 1980 a, 176 ff.).
Wesentliche Voraussetzungen für die Umwelterziehung sind das Naturverständnis und das Umweltbewußtsein (vgl. *Markl* 1986; *Strey* 1986, 48 ff.; *Calließ/Lob* 1987; *Göpfert* 1988; *Wagenschein* 1982; *Trommer* 1990 a; *Leser* 1991). *Ulrich Kattmann* (1993 a) unterscheidet in diesem Zusammenhang sieben Weisen, die Natur zu verstehen:

1. Die benötigte Natur (Lebensgrundlage des Menschen),
2. die geliebte Natur (artgerechter Umgang mit Pflanzen und Tieren, Pflege der Landschaft),
3. die verehrte Natur (religiös-kultische Naturbegegnung),
4. die erlebte Natur (emotionale, einfühlsame Wahrnehmung),
5. die beherrschte Natur (Umgestaltung zur Nutzung),
6. die bedrohte Natur (Naturzerstörung als Ökokrise),
7. die gelebte Natur (Natur als Lebenszusammenhang, der Mensch ist in die Natur eingeschlossen, er ist zugleich Teil und Gegenüber der Natur).

Anhand der Sichtweisen lassen sich verschiedene, zum Teil widersprechende pädagogisch-didaktische Konzeptionen unterscheiden, in denen jeweils die genannten Aspekte unterschiedlich zum Tragen kommen (vgl. *Eschenhagen* 1989 b; *Mertens* 1991; *Zucchi* 1992; *Kattmann* 1993 a).

Das Verständnis der bedrohten und benötigten Natur wurde zum Konzept einer »Existenzbiologie« umgesetzt (*utilitaristischer Ansatz*; vgl. *Drutjons* 1986; 1987; 1988). Danach soll der Unterricht - ausgehend von der privaten Lebensführung der Bürger - auf Überlebensfragen hin orientiert werden und zu einem Handeln anleiten, das die Existenz der Menschheit sichert. Auch die von der UNESCO-Weltkonferenz entwickelten und von der KMK 1980 formulierten Ziele beachten ausschließlich die Sicherung der natürlichen Lebensgrundlagen für die gegenwärtige und die zukünftige Generation, sie sind demnach im wesentlichen anthropozentrisch ausgerichtet.
Der *Ökopädagogik* (vgl. *Beer/de Haan* 1984; 1987) und Programmen zum *Naturerleben* (vgl. *Janßen/Trommer* 1988, 7; *Trommer* 1988; 1992; *Cornell* 1991) liegt das Verständnis der erlebten Natur zugrunde. Die Schulung der Wahrnehmungsfähigkeit mit allen Sinnen, die emotionale Begegnung mit dem originalen Objekt und ästhetische Aspekte spielen dabei eine wichtige Rolle (vgl. *Hedewig/Vogt* 1992). Die Ökopädagogik setzt stärker bei den Ursachen als bei den Symptomen der Umweltkrise an. Sie distanziert sich von der durch das naturwissenschaftlich-technische Denken beherrschten Industriegesellschaft mit Großtechnologie. Als Ausweg werden mittlere, sanfte und angepaßte Technologien angesehen (vgl. *Zucchi* 1992, 415).
Die *»Leitidee des Pflegerischen«* (*Winkel* 1978 a) geht von der geliebten Natur aus. Die Fürsorge für das Leben wird auf Landschaften und Ökosysteme sowie auf den Mitmenschen ausgedehnt.
Das Verständnis *»Natur als Lebenszusammenhang«* reflektiert das Wechselwirkungsgefüge zwischen Mensch und übriger Natur (gelebte Natur). Das Verhältnis kann dann als Teilhabe des Menschen an der Natur (Biosphäre) und der Natur am Menschen umschrieben werden. Im humanzentrierten Biologieunterricht (vgl. *Kattmann* 1980 a) liegt ein Konzept vor, in dem Biologie als Wissenschaft von der Geschichte der Biosphäre definiert und die Doppelrolle des Menschen in der Biosphäre herausgestellt wird.

In einigen Konzepten zur Umwelterziehung wird versucht, die verschiedenen Sichtweisen miteinander zu verknüpfen (vgl. *Janßen* 1988; *Klautke/Köhler* 1991; s. Abb. 4-1). Hauptziel ist das Erreichen einer wachsenden Sensibilisierung für die Belange des Umweltschutzes. Ausgangspunkt sind das Erleben und die Begegnung mit der Natur (emotionale Ebene). Beschreiben und Erklären sollen zu Informationen und zum Wissen über die Natur sowie zum Naturverständnis führen (Sachebene; vgl. *Jäkel* 1992; *Engelhardt* 1993). Schließlich soll die Reflexion über das erworbene Wissen Betroffenheit erzeugen und zu einer Wertung führen (Bewußtseinsebene). Wenn dieses

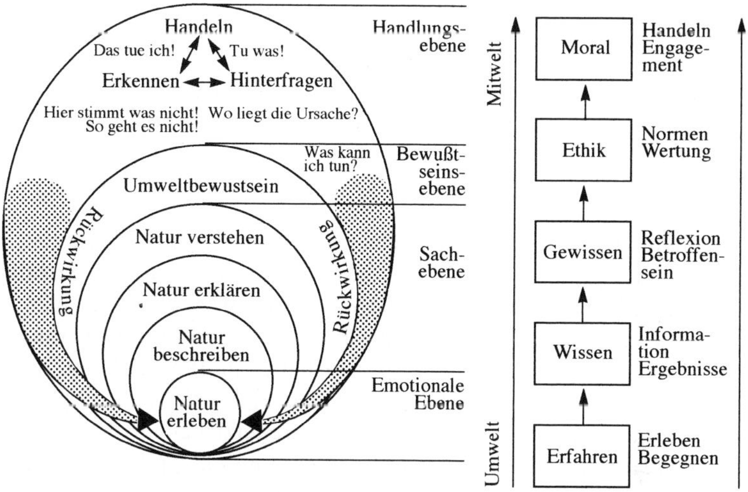

a b

Abb. 4-1: a) Ebenen der Naturbegegnung (nach *Janßen* 1988). b) Stufen der Umwelterziehung (nach *Klautke/Köhler* 1991)

Bewußtsein in entsprechendes Handeln umgesetzt wird, kann für den Umweltschutz Effektives geleistet werden (Handlungsebene; vgl. *Michelsen/Siebert* 1985; *Unterbruner* 1986; *Erdmann/Kastenholz* 1992).

Umwelterziehung mündet konsequent in die *Erziehung zur Verantwortung* (vgl. *Zöller* 1973 a; *Stimann* 1988; *Klautke/Köhler* 1991; *Kattmann* 1993 a; s. Abschnitt 3.5.2). Die verschiedenen Ausprägungen der Umweltethik entsprechen den zugrundeliegenden Sichtweisen der Natur: In der anthropozentrischen Ethik wird die Verfügung über die Natur und die Menschen mit Hilfe der Naturwissenschaften und der Technik gerechtfertigt. In der Ethik *Albert Schweitzers* (1975; 1976) wird mit der »Ehrfurcht vor dem Leben« die Verantwortung des Menschen auf alles Lebendige ausgedehnt. Der Mensch trägt dann Verantwortung nicht nur für sich (Fürsorge), sondern auch für die Mit-Geschöpfe (Obsorge, vgl. *Mertens* 1991, 274 ff.). Wird dagegen der Mensch - scheinbar nach ökologischen Grundsätzen - der Natur untergeordnet, so kann dies - in der sogenannten Öko-Ethik - zu gefährlichen Ansichten führen, wenn z. B. das Töten von Menschen und Tieren ethisch gleichgesetzt wird (vgl. *Wolschke-Bulmann* 1988).

Die Sichtweise der gelebten Natur führt zu einer anthropologisch begründeten Ethik. Die Doppelrolle des Menschen als Teil und Gegenüber der Biosphäre ist der Schlüssel für ein humanes Verständnis der Natur. Wenn der Mensch Teil der Natur ist, so ist sein Umgang mit sich selbst und dem Mitmenschen auch ein Teil des Umgangs mit der Natur (vgl. *Dulitz/Kattmann* 1990; *Kattmann* 1993 a).

4.5.3 Zur Effektivität von Umwelterziehung

Vor 1985 wurden nur wenige empirische Untersuchungen zur Effektivität der Umwelterziehung durchgeführt. Diese betreffen den Lernerfolg hinsichtlich der kognitiven Dimension (vgl. z. B. *Begerow* u. a. 1977, 23 ff.; 1978, 24 ff.; *Eulefeld* u. a. 1979). Seit 1989 trifft sich jährlich eine Arbeitsgruppe »Empirische Forschung im Bereich der Umwelterziehung« im IPN Kiel zum Erfahrungsaustausch (vgl. *Eulefeld/Bolscho/Seybold* 1991; *Eulefeld* 1992). Der Schwerpunkt liegt hier bei der schulischen Umwelterziehung. Allerdings läßt sich bei längerfristigen Beobachtungen z. B. der Einfluß von Massenmedien, Elternhaus und Jugendgruppen nur schwer von dem des Unterrichts trennen.

Artenkenntnisse und Umwelthandeln

Gertrud Scherf (1986) hat an Münchener Grundschulen die Bedeutung pflanzlicher Formenkenntnisse für eine schützende Einstellung gegenüber Pflanzen untersucht. Ihre Ergebnisse bestätigen die von Fachdidaktikern vertretene Auffassung, daß Formenkenntnisse eine wesentliche Voraussetzung für die Entwicklung einer naturschützerischen Einstellung sind (vgl. *Eschenhagen* 1985; *Pfligersdorffer* 1991, 30; *Mayer* 1992, 274; *Zabel* 1993).
Der Zusammenhang zwischen dem Interesse an Tier- und Pflanzenarten und dem Handeln im Natur- und Umweltschutz wurde durch eine Befragung Erwachsener, die sich im Natur- und Umweltschutz engagieren, im Vergleich zu einer Kontrollgruppe untersucht (vgl. *Berck/Klee* 1992; *Klee/Berck* 1992 a; b). Die Anregungsfaktoren »Naturbegegnung« und »Beschäftigung mit Pflanzen und Tieren« nahmen die ersten Plätze ein. Dem drittplazierten Anregungsfaktor »Lesen« kommt heute wohl nicht mehr dieselbe Bedeutung zu wie bei den befragten (älteren) Personen; da das Fernsehen möglicherweise dessen Rolle übernommen hat. Die Autoren haben ein »Siebenschrittemodell: von der Faszination zum Handeln« entwickelt. Erlebnisse mit Pflanzen und Tieren führen danach zur Faszination. Dieser folgt kognitive und emotionale Befriedigung, die zu weiterer Beschäftigung anregt. Dadurch entsteht nach diesem Modell eine positive Einstellung, die eine vertiefte Beschäftigung fördert. Das dadurch entstandene Interesse führt über internalisierte Normen zum Handeln.

Umweltwissen und Umweltbewußtsein

Bei einer Befragung von Grundschulkindern (Klassenstufe 3 und 4) wurde festgestellt, daß Landkinder ein größeres Naturwissen und Handlungswissen als Stadtkinder haben. Stadtkinder nehmen dagegen Umweltprobleme in ihrer Lebenswelt in weitaus höherem Maße wahr (vgl. *Gebauer* 1992).

Kenntnisse über Naturschutz sind bei Schülern der Sekundarstufe I schlechter ausgebildet als Kenntnisse über Umweltgefährdung und Umweltschutz (vgl. *Scherf/Bienengräber* 1988; *Brenner* 1989; *Demuth* 1992). Das ökologische Wissen von Schulabgängern in Salzburg »ist bruchstückhaft, abstrakt und theoretisch sowie gedanklich wenig durchdrungen« (*Pfligersdorffer* 1991, 186). Kenntnisse über ökologische Beziehungen befähigen die Schüler kaum zu einem angemessenen Umwelthandeln (vgl. *Gehlhaar* 1990).

Durch Freilandunterricht lassen sich nach einer Untersuchung bei Schülern des 6. Schuljahrgangs zwar die Kenntnissse gegenüber einer Kontrollgruppe mit Normalunterricht steigern, jedoch kaum das Interesse an biologischen Sachverhalten (vgl. *Starosta* 1991, 428). Ergebnisse eines Forschungsprojekts über biologische Schülerinteressen an Grund- und Realschulen der Kurpfalz belegen, daß Schüler zwar ein hohes Spontaninteresse an Umweltfragen haben und sich durch Umweltprobleme stark betroffen fühlen, aber deren Behandlung im Unterricht zu Interessenabfall führt. Das Beispiel einer Biologie-AG zeigte, daß Schüler unter bestimmten Bedingungen für Naturschutzaktivitäten zu begeistern sind, jedoch besteht aus der Sicht der Schüler eine deutliche Trennung zwischen »normalem Unterricht« und solcher Projektarbeit. Es gibt eine Diskrepanz zwischen den in den Lehrplänen genannten Zielen und Themen und der Schulwirklichkeit (vgl. *Löwe/Gscheidle* 1988).

Rolf Langeheine und *Jürgen Lehmann* untersuchten die Bedeutung der Erziehung für das Umweltbewußtsein durch Befragung von Schülern und Erwachsenen im Alter von 16 bis 40 Jahren in Schleswig-Holstein und Berlin. Bezogen auf die Wirkungen der Umwelterziehung in der Schule (1986, 125 ff.) stellten sie fest, daß diese fast ausschließlich die Aneignung ökologischen Wissens betreffen. Ein wesentlicher Einfluß geht von der Höhe des schulischen Abschlusses und damit von der Dauer der Schulzeit aus. Die Schüler erhielten durch die Schule Anregungen zur verstärkten Nutzung ökologischer Bücher und Veranstaltungen. Auf Gefühle gegenüber der Umweltzerstörung und ökologisches Handeln im eigenen Haushalt (z. B. Energiesparen, Mülltrennung) wirkt sich die Schulbildung nach den Ergebnissen der Untersuchung nicht aus, dagegen ist ein mittelbarer Einfluß auf das verbal-öffentliche Handeln (z. B. Wahlen, kommunale Aktivitäten) erkennbar. Die Art und Weise, wie die Heranwachsenden die Natur erlebten, beeinflußt dagegen ihre

späteren Gefühle, ihr Handeln und auch den Umfang ihres ökologischen Wissens. Dies gilt im besonderen für das großstädtische Milieu. Der familiale Einfluß auf das ökologische Handeln im eigenen Haushalt war vor allem bei den Probanden in Berlin ausgeprägt.
Die *Ängste* Jugendlicher vor Umweltzerstörung wurden in einer Reihe von Arbeiten untersucht. Jugendliche sehen deutlich pessimistischer in die Zukunft als Erwachsene; die Angst Jugendlicher vor der Umweltzerstörung steht an erster Stelle oder rangiert gleich hinter Atomkrieg und Tod der Eltern (vgl. *Fischer* 1985; *Petri* u. a. 1986; *Unterbruner* 1991). Ein Vergleich von Schülern der 10. Klassen in Berlin-West und Berlin-Ost ergab, daß die Bedeutung des Bereiches »Umwelt/Natur« von beiden Schülergruppen sehr ähnlich eingeschätzt wird. Hinter Frieden, Gesundheit und Liebe/Freunde nimmt sie am vierthäufigsten den 1. Rang ein, danach folgen Glück, Wohlstand und Erfolg. Allerdings nimmt bei den Westberliner Schülern der Bereich »Umwelt/Natur« etwas häufiger den 1. Rang ein (vgl. *Teutloff/Schubert* 1992).
In einer Untersuchung von *Ulrike Unterbruner* (1991) sind die Umweltängste der Kinder durch selbstgemalte Bilder eindrucksvoll belegt. Im Unterricht müßte mehr auf die Sensibilität der Kinder geachtet werden. Die Kinder dürfen nicht mit einer »Katastrophenpädagogik« konfrontiert und mit ihren Umweltängsten allein gelassen werden, weil sie diese dann verdrängen (vgl. *Brucker* 1993, 23 ff.). Es muß ihnen vielmehr Mut gemacht werden, die Realität gemeinsam anzusehen und auszuhalten. Dies ist in einem Unterricht möglich, in dem Wissen, Emotionen und Handeln gleichermaßen ernst genommen werden (vgl. *Unterbruner* 1991; *Gebhard* 1992 b; *Rost* u. a. 1992).

Praxis der Umwelterziehung an den Schulen

Die gegenwärtige Praxis der schulischen Umwelterziehung wurde in den Jahren 1982 bis 1986 an ausgewählten Schulen von 10 Bundesländern durch Befragungen von Lehrern für 10 verschiedene Fächer untersucht (vgl. *Eulefeld/Bolscho/Rost/Seybold* 1988). Pro Halbjahr wurden im Durchschnitt 0,53 Themen je Fach und Klasse unterrichtet. In manchen Fächern nehmen bestimmte Themen deutlich den ersten Rangplatz ein: im Biologieunterricht »Ökosysteme«, in Chemie »Luft«, in Erdkunde »Umweltprobleme in anderen Ländern«, in Physik »Energie«, in Religion »globale Umweltprobleme«. Es gibt eine Gruppe von Fächern, in der die Inhaltsaspekte breit streuen: Sachunterricht, Technik, Politik/Wirtschaft und Hauswirtschaft. Das Spektrum der erfaßten 379 Umweltthemen umfaßt alle zentralen Bereiche heutiger Umweltproblematik. Der Biologieunterricht stellt mit knapp einem Viertel aller

Themen (23,5 %) den Hauptanteil unter den 10 untersuchten Schulfächern. Mehr als die Hälfte der Themen wurde in Einzelstunden behandelt, Projekte sind die Ausnahme. In der Untersuchung wurden drei Behandlungstypen unterschieden (s. Abb. 4-2). Nach der angestrebten handlungs- und situationsorientierten Unterrichtsform (Typ 1) wurden nur 15 % der Umweltthemen in allen Fächern behandelt, der Biologieunterricht hatte hier mit 36 % seiner Themen den höchsten Anteil von allen Fächern. Die verbal-problemorientierte Behandlung (Typ 2) hatte einen Anteil von 46,5 % im Durchschnitt der 10 Fächer, die Unterschiede zwischen den Fächern sind hier gering. Bei mehr als einem Drittel (38,5 %) der Themen wies der Unterricht im Durchschnitt der Fächer nicht die genannten Merkmale auf. Der Biologieunterricht ist hier mit 14 % seiner Themen am geringsten vertreten.

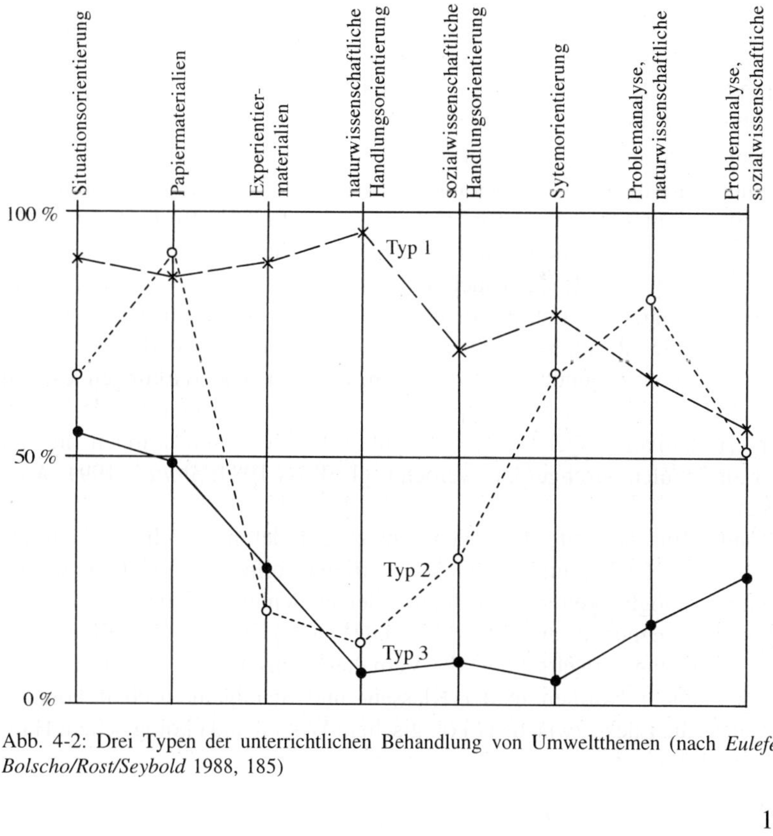

Abb. 4-2: Drei Typen der unterrichtlichen Behandlung von Umweltthemen (nach *Eulefeld/Bolscho/Rost/Seybold* 1988, 185)

In der Untersuchung wurden auch die Ausstattung der Schulen und personenbezogene Merkmale der Lehrenden untersucht. Lehrer sehen die Stoffülle der Lehrpläne als bedeutsames Merkmal der Rahmenbedingungen an.
Die Untersuchungen wurden inzwischen unter besonderer Berücksichtigung von Modellschulen fortgeführt (vgl. *Rode/Seybold* 1992). Die hohen Werte der Modellschulen zeigen, daß durch solche bildungspolitischen Maßnahmen wesentliche Verbesserungen der Umwelterziehung an allen Schulen erreicht werden könnten. Weitere Untersuchungen zeigen nämlich, daß insbesondere Freilandunterricht aufgrund der Unterrichtsorganisation, der Ausstattung der Schulen und der Ausbildung der Lehrer gegenwärtig nur sehr selten durchgeführt wird (vgl. *Pfligersdorffer* 1991, 185).

Für die *Unterrichtspraxis* ergeben sich aus den Untersuchungen vor allem folgende Konsequenzen (vgl. *Langeheine/Lehmann* 1986, 133 f.;*Kyburz-Graber* 1988; *Gehlhaar* 1990, 87 ff.; *Pfligersdorffer* 1991, 186 ff.): Umwelterziehung an den Schulen dient noch zu sehr der Vermittlung von isoliertem, meist technisch orientiertem Faktenwissen. Ein fächerübergreifender Unterricht könnte das Denken in Wechselbeziehungen fördern.
Handlungsorientierte Unterrichtsformen (z. B. Projekte) müßten hinzutreten; es sollte mehr an außerschulischen Lernorten unterrichtet werden. Das in der Schule vermittelte Wissen des einzelnen bewirkt für sich genommen kein umweltgerechtes Verhalten. Der maßgebliche Einfluß von Vorbildern und des gesellschaftlichen Umfeldes auf das Umweltverhalten ist zu beachten und möglichst zu nutzen. Das gilt auch für die Vorbildwirkung des Verhaltens und der Einstellungen von Lehrpersonen. Als Voraussetzung für die Umwelterziehung in der Schule müßten schon im Elternhaus schonende Verhaltensweisen den Lebewesen gegenüber geübt werden. Erzieherische Wirkungen können von der Arbeit in Jugendgruppen, Naturschutz treibenden Vereinen und Bürgerinitiativen ausgehen. Dasselbe gilt für Umweltschutzaktionen, die von oder an Schulen durchgeführt werden (vgl. *Weiss* 1984; *Stottele* 1991; *Klee* 1992).
Besonders für die weiterführenden Schulen gilt, daß man sich mehr auf das ökologische Handeln und Fühlen konzentrieren sollte. Es genügt nicht, über Handlungsmöglichkeiten von Bürgern, Gemeinden und Staaten zu reden; die eigene Schule muß als eigenständiger Haushalt begriffen werden. Eine jahrelange Einübung umweltschonender Verhaltensweisen mit der Herausbildung entsprechender Normen in der Klassen- und Schulgemeinschaft könnten vielleicht die Lücke zwischen ökologischem Wissen und ökologischem Handeln überbrücken.

4.5.4 Umwelterziehung als Unterrichtsprinzip und Bereich des Biologieunterrichts

Auch wenn Probleme der Umwelterziehung im Fach Biologie allein behandelt werden, muß der pädagogische Gesamthorizont der Umwelterziehung im Blick bleiben. Wird Umwelterziehung aber nur als »Unterrichtsprinzip« betrieben, so besteht die Gefahr, daß keine der Lehrpersonen sich für die Behandlung konkreter Probleme zuständig fühlt (s. auch Abschnitte 4.1, 4.2 und 4.3). Aus diesem Grunde sollte die Umwelterziehung sowohl Unterrichtsprinzip als auch Gegenstand von Unterrichtsfächern sein. Es ist allerdings darauf zu achten, daß die Themenauswahl zwischen den Fächern koordiniert wird, damit die Schüler einerseits das Gesamtanliegen übersehen und zum anderen keine unnötigen Wiederholungen auftreten, die bei den Schülern einen »Überdruß« entstehen lassen könnten. Es wurde auch schon diskutiert, Umwelterziehung als Unterrichtsfach einzuführen. Dies ist abzulehnen, weil dadurch die fächerverbindende Wirkung dieses wichtigen Themenkreises verlorenginge.

Für die Lehrplanarbeit hat eine Experten-Konferenz in diesem Sinne gefordert:

»- Neben Umwelterziehung in allen Fächern als Prinzip sollte durch konkrete Zuweisung von Zeit, Themen und Methoden in Zentrierungsfächern fächerübergreifende Umwelterziehung ermöglicht werden. Zentrierungsfächer sind in jedem Falle je ein Fach aus dem naturwissenschaftlich-technischen und dem sprachlich-gesellschaftlichen Bereich. Die Fachlehrpläne sollten aufeinander abgestimmt werden. In Frage kommen zunächst vor allem Sachunterricht und Biologie/Geographie. (vgl. *Eulefeld/Puls* 1978) Der Unterricht in den Zentrierungsfächern sollte durch komplementäre Gebiete aus Geschichte, Gestaltung, Mathematik, Chemie, Physik, Literatur ergänzt werden.

- Richtlinien und Lehrpläne sollten vorsehen, daß lokale und überlokale (regionale, nationale und globale) Umweltthemen gleichgewichtig behandelt werden.

  Für den lokalen Bereich sollten Anleitungen zur Auswahl, Planung und Durchführung von projektartigem Unterricht in die Lehrpläne aufgenommen werden.

  Art und Umfang der Lehrplanaussagen über allgemeine überregionale Umweltfragen sollten sicherstellen, daß der Unterrichtsanteil zu allgemeinen Themen nicht denjenigen der lokalen Arbeiten übertrifft« (*Eulefeld/Kapune* 1978, 31).

Die interdisziplinäre Unterrichtsplanung und -durchführung bereitet bei unserem Schulsystem große Schwierigkeiten. Die Themen der Lehrpläne in den Schulfächern sind kaum aufeinander abgestimmt. Die einzelnen Fächer werden meist von verschiedenen Lehrkräften unterrichtet. Eine Teamarbeit unter den Lehrenden einer Klasse ist bei der derzeitigen Stundenbelastung der einzelnen Lehrpersonen kaum zuzumuten. Der einzelnen Lehrkraft bereitet es große Probleme, einen Überblick darüber zu bekommen, was verschiedene Fächer zur Erklärung bestimmter Umweltthemen beitragen können. Bei einer Kooperation mehrerer Lehrkräfte in einem projektartigen Unterricht müssen die Hindernisse der Institution Schule mit den genau festgelegten Stundenplänen, den 45-Minuten-Unterrichtsstunden, den Fachräumen usw. überwunden werden (vgl. *Eulefeld* u. a. 1981, 65; *Fels* 1981; *Schmack* 1982).
Bei der Revision der Lehrpläne wird der fächerübergreifende Unterricht neuerdings stärker berücksichtigt. Zum Themenkanon einer Klassenstufe gehören meist ein bis zwei fächerübergreifende Themen, die oft aus dem Bereich des Umweltschutzes stammen. Die einzelnen Bundesländer haben z. T. lehrplanbezogene Unterrichtshilfen erstellt.
Für die Integration verschiedener Fachaspekte in der Umwelterziehung werden folgende Vorschläge gemacht (vgl. *Bolscho/Eulefeld/Seybold* 1980, 22 ff.):

- *Fachspezifisch-koordinative Verknüpfung*: Der Unterricht geht in hohem Maße von einem Fach aus. Es findet eine lockere Koordination mit anderen Fächern statt. Beispiele: Nutzung und Schutz der Umwelt (*Zabel* u. a. 1980); Umwelt Luft (*Rodi* u. a. 1991).
- *Thematisch-systematische Verknüpfung*: Diese Art von Unterricht ist bei Themen angebracht, die nicht größtenteils von einem Fach bearbeitet werden können. Die systematische Erschließung des Themas ist maßgebend. Der Unterricht wird in zeitlicher Folge in den einzelnen Fächern durchgeführt (vgl. *Schmidt-Sinns* 1974).
  Beispiele: »Kläranlage« (*Menrad* u. a. 1979), »Der Mensch verändert den Kreislauf des Wassers« (Planungsgruppe 1976).
- *Problemorientierte Verknüpfung*: Der Unterschied zur thematisch-systematischen Verknüpfung besteht darin, daß hier ein Thema nicht systematisch bearbeitet wird, sondern daß ein Problem des Verhältnisses Mensch-Umwelt im Mittelpunkt steht. Hier ist es erforderlich, für den größten Teil der Bearbeitung Erklärungsmuster und Medien verschiedener Fächer zur Verfügung zu haben.
  Beispiele: Wasserverschmutzung (*Eulefeld* u. a. 1979), Schutz des Waldes (*Kyburz-Graber* 1981), Waldsterben (*Lammert* 1984; *Tendel* 1984).

4.5.5 Zur Behandlung von Themen der Umwelterziehung im Biologieunterricht

Umweltrelevante Themen werden im Rahmen des Fachunterrichts meist kursartig behandelt. Die systematische, auf bestimmte Unterrichtsziele ausgerichtete Verlaufsplanung hat zur Folge, daß die Aktivitäten der Schüler weitgehend vorbestimmt sind. Selbständig durchzuführende Experimente, Gruppenarbeit und Diskussionen geben dem Schüler einen gewissen Aktionsraum. Ein projektartiger und handlungsorientierter Unterricht trägt sicherlich mehr zur Einstellungs- und Verhaltensänderung bei als ein kursartiger (s. Kapitel 8). Er ist optimal fächerübergreifend - evtl. in Arbeitsgemeinschaften - durchzuführen und braucht wegen der Offenheit der Unterrichtsgestaltung eine intensive Vorbereitung. Im Idealfall können Lehrer und Schüler versuchen, gemeinsam eine Umweltschutzaktion zu planen, durchzuführen und auszuwerten. Die Schüler sollten dabei zunehmend an der Festlegung der Handlungsziele beteiligt werden. Der Unterricht sollte möglichst häufig außerhalb des Klassenraums stattfinden, so daß Schüler und Lehrer mit konkreten Umweltproblemen in der Umgebung des Schulortes vertraut werden (vgl. *Brucker* 1986; s. Kapitel 13). Dabei können Tatsachen aufgedeckt werden, die den Erwachsenen und den mit der Thematik befaßten Behörden bis dahin weitgehend unbekannt sind: Schüler kartieren z. B. wilde Mülldeponien, messen die Kohlenstoffmonooxidbelastung an Straßenkreuzungen oder richten einen Lehrpfad ein (vgl. *Menesini/Seybold* 1978; *Winkel* u. a. 1978; *Seybold* 1979; *Begerow* u. a. 1980; *Bolscho/Eulefeld/Seybold* 1980; *Klein* 1981).

Folgende Arbeitsweisen und Handlungsmuster sind für einen handlungsorientierten Umweltschutzunterricht besonders bedeutsam: Sammeln von Presseberichten; Erkundigungen und Befragungen; Beobachtungen, Untersuchungen und Messungen an Ort und Stelle sowie Planspiele und Rollenspiele (Umweltspiele; vgl. *Hübner* 1981; *Halbach/Lehmann/Schilke* 1982; *Eschenhagen/Kattmann/Rodi* 1985, 328 ff.; *Bartel/Bartel* 1990). Folgende Erfahrungsmöglichkeiten könnten den Unterricht bereichern: sinnliche Wahrnehmung, Spiel, ästhetische Betrachtung, Darstellen, praktische Anwendung (vgl. *Eulefeld/Kapune* 1979, 173; *Winkel* 1987; *Gärtner* 1991, 65).
Von den methodischen Großformen sind neben dem Projekt auch Exkursionen hervorzuheben.

Für den Biologieunterricht werden für die einzelnen Altersstufen Themen vorgeschlagen, die sich an der Autökologie der Organismen und danach an

Ökosystemen sowie Humanökologie orientieren (vgl. Rahmenplan des VDBiol 1973; 1987; *Eschenhagen/Kattmann/Rodi* 1991; 1992):

Klassen 1-4:	Pflanzen und Tiere in ihren Lebensräumen; Mensch, Gesundheit, Umwelt;
Klassen 5-6:	Angepaßtheit einzelner Arten, Wechselbeziehungen zwischen zwei Arten, Artenschutz, Biotopschutz;
Klassen 7-8:	Ausgewählte Ökosysteme, Eingriffe des Menschen;
Klassen 9-10:	Humanökologie;
Klassen 11-13:	Vertiefte, quantitative Erfassung von Ökosystemen unter Einschluß von Populationsökologie und Evolution.

Für die Vernetzung und Abstimmung biologischer und geographischer Fragestellungen auf den Klassenstufen der Sekundarstufe I haben *Günter Eulefeld* und *Willi Puls* (1978) einen ausführlichen Themenkatalog vorgeschlagen.

Literatur

Altenkirch 1977; *Altner* 1991; *Auer* 1984; *Bade* 1986; *Barney* 1980; *Bartel/Bartel* 1990; *Beer/de Haan* 1984; 1987; *Begerow* u. a. 1977; 1978; 1980; *Berck/Klee* 1992; *Bleckmann/Berck/Schwab* 1980; *Bolscho/Eulefeld/Seybold* 1980; *Brenner* 1989; *Brucker* 1986; 1993; *Bruns* 1969; *Brunz/Nottbohm* 1988; Bundesminister 1989; 1991; *Calließ/Lob* 1987; *Cornell* 1991; *Cube/Storch* 1988; *Demuth* 1992; *Drutjons* 1986; 1987; 1988 a; b; DGU u. a. 1990; 1992; *Dulitz/Kattmann* 1990; *Engelhardt* 1980; 1993; *Engels-Wilhelmi* 1993; *Erdmann/Kastenholz* 1992; *Eschenhagen* 1981 b; 1985; 1989 b; *Eschenhagen/Kattmann/Rodi* 1985; 1991; 1992; *Eulefeld* 1979; 1991; 1992; 1993; *Eulefeld* u. a. 1979; 1980; 1981; *Eulefeld/Bolscho/Seybold* 1979; 1991; *Eulefeld/Bolscho/Rost/Seybold* 1988; *Eulefeld/Kapune* 1978; 1979; *Eulefeld/Puls* 1978; *Fels* 1981; *Fingerle* 1984; *Fischer* 1985; *Gärtner* 1991; *Gebauer* 1992; *Gebhard* 1992 b; *Gehlhaar* 1990; *Göpfert* 1988; *Grupe* 1977; *Habrich/Köhler* 1979; *Halbach/Lehmann/Schilke* 1982; *Hedewig/Vogt* 1992; *Hellberg-Rode* 1991; *Hübner* 1981; *Jäkel* 1992; *Janßen* 1978; 1988; *Janßen/Trommer* 1988; *Jonas* 1985; *Kaiser/Bardl* 1989; *Kattmann* 1980 a; 1993 a; *Killermann* 1993; *Klautke/Köhler* 1991; *Klee/Berck* 1992 a; b; *Klein, K.*, 1981; *Kuhn/Probst/Schilke* 1986; Kultusministerkonferenz 1980; *Kyburz-Graber* 1981; 1988; *Lammert* 1984; *Langeheine/Lehmann* 1986; *Leser* 1991; *Löwe* 1992; *Löwe/Gscheidle* 1988; *Markl* 1986; *Mayer, J.*, 1992; *Menesini/Seybold* 1978; *Menrad* u. a. 1979; *Mertens* 1991; *Meyer-Abich* 1986; *Michelsen/Siebert* 1985; *Petri* u. a. 1986; *Pfeifer* 1980; *Pfligersdorffer* 1991; Planungsgruppe 1976; *Preuß* 1966; *Quitzow* 1988 b; Rahmenplan VDBiol 1973; 1987; *Riedel/Trommer* 1981; *Rode/Seybold* 1992; *Rodi* u. a. 1991; *Rost* u. a. 1992; *Schaefer* 1975; *Scharf* 1986; 1988; *Scherf* 1986; *Scherf/Bienengräber* 1988; *Schmack* 1982; *Schmidt-Sinns* 1974; *Schweitzer* 1975; 1976; *Seidel/Berner* 1987; Sekretariat KMK 1987; *Seybold* 1979; *Seybold /Bolscho* 1993; *Starosta* 1991; *Stichmann* 1985; 1988; *Stottele* 1991 a; b; 1993; *Strey* 1986; 1989; *Tendel* 1984; *Teutloff/Schubert* 1992; *Teutsch* 1981; 1985; *Trommer* 1983 f.; 1988; 1990 a; 1992; *v. Uexküll/Kriszat* 1956; UNESCO 1979; 1987; *Unterbruner* 1986; 1991; *Wagenschein* 1988; *Weiss, J.*, 1983; 1984; *Winkel* 1978 a; 1987; *Winkel* u. a. 1978; *Wolschke-Bulmann* 1988; *Zabel* 1991 a; 1993; *Zabel* u. a. 1980; *Zacharias/Kattmann* 1981; *Zöller* 1973 a; *Zucchi* 1992

5 Schülerinnen und Schüler

5.1 Die Schüler als Mittelpunkt des Unterrichts

Die Schülerinnen und Schüler stehen im Zentrum allen schulischen Unterrichts, also auch des Biologieunterrichts (vgl. Friedrich Verlag 1984). Diese Auffassung bringt *Gerhard Schaefer* (1971 a) zum Ausdruck, wenn er in seinem »Didaktischen System« den Parameter »Adressatenfragen« an die Spitze des Kegels setzt, dessen Basis von acht weiteren Faktoren eingenommen wird (s. Abschnitt 1.2; Abb. 1-1). »Der Schüler gilt als gemeinsamer Bezugspunkt aller weiteren Unterrichtsbedingungen« (*Kattmann/Schaefer* 1974, 10).

Es liegt nahe, von dieser unbestrittenen Grundposition her einen »schülerzentrierten Unterricht« zu fordern. Entsprechende Positionen sind entwickelt und besonders unter dem Stichwort »Offener Unterricht« bekannt geworden (s. Abschnitt 8.2). Auf den ersten Blick wirkt es überraschend, daß sich solche Vorstellungen in der Praxis des Biologieunterrichts bisher wenig durchsetzen konnten und daß auch in den neueren Biologiedidaktik-Büchern den Schülerinnen und Schülern selten ein eigenes Kapitel gewidmet ist. Meist findet man dort nur relativ kurze Ausführungen zu Stichworten wie »Schülerrelevanz«, »(Schüler-)Interesse«, »(Schüler-)Motivation« oder »Schülerorientierung«. Für diese Defizite dürften folgende Gründe maßgeblich sein:

- Unterricht an allgemeinbildenden Schulen ist kein Einzelunterricht, sondern Großgruppenunterricht. Die Interessen der verschiedenen Schüler einer Klasse stimmen nicht überein. Will die Lehrperson die Unterrichtsplanung im Hinblick auf Inhalte und Methoden auf die Wünsche der Lernenden abstimmen, wird sie nur unter großen Schwierigkeiten allen Betroffenen gerecht werden können.
- Die Interessen von Kindern und Jugendlichen sind innerhalb weiter Grenzen beeinflußbar, d. h. auch manipulierbar (vgl. *Drutjons* 1980, 46; *Marek* 1980, 48). Die Zustimmung zu einem Thema kann also in dem einen Fall auf echtem Interesse, in einem anderen auf dem geschickten Arrangement von »Lernausgangssituationen« durch die Lehrkraft beruhen.
- Die Berücksichtigung der Schülerinteressen führt häufig zu sehr komplexen Themenstellungen, denen sich im weiteren Unterrichtsverlauf weder Schüler noch Lehrkräfte voll gewachsen zeigen. Das hat Mißerfolgserlebnisse und eventuell Resignation zur Folge (vgl. *Marek* 1980, 48).

- Viele Inhalte interessieren die Schüler wenig, müssen aber unter Berücksichtigung ihres späteren Erwachsenenlebens als wichtig erachtet werden. In solchen Fällen wird also der Aspekt »Schülerbedürfnisse« durch die Kriterien »Zukunftsbedeutung« und »Gesellschaftsrelevanz« eingeschränkt (vgl. *Marek* 1980, 48).

Durch diese Schwierigkeiten wird das Prinzip der Schülerorientierung zwar relativiert, aber keineswegs aufgehoben. Auch wenn man alle einschränkenden Argumente einkalkuliert, wird man als Kenner der Schulpraxis nicht bestreiten, daß es noch viele Möglichkeiten gibt, im Unterricht den Parameter »Schüler« stärker zu berücksichtigen, als dies häufig der Fall ist. Die zahlreichen Versuche zur Erprobung des Offenen Unterrichts, die zur Zeit unter den relativ günstigen Bedingungen des Primarschulbereichs durchgeführt werden, können auch Lehrkräften im Sekundarbereich Mut machen, ihren Biologieunterricht mehr als bisher an den Schülerinnen und Schülern zu orientieren.

5.2 Zur Frage der Schülergemäßheit des Biologieunterrichts

In älteren biologiedidaktischen Publikationen findet man häufig Hinweise auf die Notwendigkeit eines entwicklungs- oder altersgemäßen Unterrichts (vgl. *Beiler* 1965; *Grupe* 1977). Grundlage solcher Aussagen waren die sogenannten Stufen- oder Reifungslehren der Entwicklungspsychologie, die jeder Altersstufe ein charakteristisches Muster an Bedürfnissen und Fähigkeiten zuordneten. Solche Auffassungen sind inzwischen durch weitaus differenziertere Theorien abgelöst worden.
Auch die drei Lernformen - *enaktive*, *ikonische* und *symbolische* Repräsentation -, die *Jerome S. Bruner* (1970) unterscheidet, sind nicht als Abfolge zu verstehen, als wären sie jeweils nur für bestimmte Lebensphasen bedeutsam. Vielmehr sind alle drei Repräsentationsformen bei Kindern und Erwachsenen nebeneinander vorhanden und nicht auf ein Lebensalter beschränkt. Man kann also höchstens davon ausgehen, daß enaktive (handelnde) und ikonische (bildliche) Repräsentation beim Lernen jüngerer Kinder eine größere Rolle spielen als bei älteren Kindern und Erwachsenen. Das Umgekehrte gilt für die symbolische (sprachliche) Repräsentation.
Nach neueren Theorien sind für die jeweiligen Interessen, die Lernbereitschaft und die Lernfähigkeit eines Menschen die vorangegangenen und gegenwärtigen Umwelteinflüsse viel wichtiger als anlagebedingte Reifungsvorgänge. Das bedeutet natürlich nicht, daß es keine besonderen Sicht- und Erlebenswei-

sen von Kindern in verschiedenen Lebensaltern gibt, die es zu berücksichtigen gilt (vgl. *Winkel* 1985, 55 ff.). In diesem Zusammenhang ist besonders die leblose Dinge und Lebewesen gleichermaßen vermenschlichende Weltsicht des Grundschulkindes zu nennen (vgl. *Gebhard* 1990; 1994).
Allgemeine Aussagen über Gruppen von Menschen sind aber weitgehend fragwürdig geworden. Dadurch wird die tägliche Erfahrung von Lehrpersonen bestätigt, daß es *die* Schülerin oder *den* Schüler gar nicht gibt, sondern daß jede zu unterrichtende Gruppe aus sehr unterschiedlichen Individuen besteht und die Gruppenzusammensetzung von Klasse zu Klasse stark variiert. Den Lehrenden wird dadurch eine große Verantwortung auferlegt: Sie können sich nicht mehr an einem »Durchschnittsbild« der jeweiligen Altersgruppe orientieren, sondern müssen sich darum bemühen, jede einzelne Schülerin und jeden einzelnen Schüler durch differenzierte Lernangebote individuell zu fördern.
Bei der Wahrnehmung dieser Aufgabe können die Biologielehrkräfte auf eine rasch zunehmende Anzahl psychologischer und biologiedidaktischer Untersuchungen über das Verhältnis von Kindern und Jugendlichen zur Natur zurückgreifen. Zwar kann die einzelne Lehrperson aus den Ergebnissen solcher Forschungsarbeiten nur in seltenen Fällen direkte Folgerungen für das eigene unterrichtliche Handeln ableiten (s. Abschnitt 6.3); doch kann sie daraus zumindest Kriterien und Vergleichswerte zur Einschätzung ihrer eigenen Unterrichtsbedingungen und Unterrichtsbemühungen gewinnen.

Das Forschungsfeld »Voraussetzungen des Biologieunterrichts auf seiten der Schüler« kann folgendermaßen untergliedert werden:
- Kognitive Voraussetzungen (Vorstellungen, Kenntnisse und Einsichten der Schüler in Abhängigkeit vom Alter, vom Geschlecht, von sozialen Faktoren u. a.);
- affektive Voraussetzungen (Einstellungen von Schülern zu biologisch bestimmten Problemen, zum Biologieunterricht allgemein, zu Teilgebieten der Biologie);
- psychomotorische Voraussetzungen (Fertigkeiten und Fähigkeiten in Abhängigkeit von verschiedenen Faktoren).

In den letzten Jahren sind umfangreiche Publikationen erschienen, die nicht nur eigene Forschungsergebnisse präsentieren, sondern jeweils den Stand der Forschung in dem betreffenden Sektor darstellen. Hier sind die Studien von *Jürgen Mayer* (1992) zur »Formenvielfalt im Biologieunterricht«, *Ulrich Gebhard* (1994) über »Kind und Natur« und *Bernd Löwe* (1992) zu »Biologieunterricht und Schülerinteresse« zu nennen.

Der Biologieunterricht sollte an die Vorstellungen, die die Schülerinnen und Schüler in den Unterricht mitbringen, anknüpfen und auf diesen aufbauen. Diese Alltagsvorstellungen werden unterschiedlich und z. T. mißverständlich als «pre-» bzw. «misconceptions» bezeichnet. Es sollte im Unterricht nicht darum gehen, die Alltagsvorstellungen einfach zu ersetzen oder abzulösen, da diese Konzepte neben den im Unterricht vermittelten für die Schüler meist ihren eigenen Erklärungswert haben bzw. behalten. Die im Alltag vorherrschenden Vorstellungen können die wissenschaftliche Begriffsbildung aber in denjenigen Fällen behindern, bei denen sie in Spannung oder Widerspruch zu den wissenschaftlichen Vorstellungen stehen (vgl. *Pfundt* 1981 a; *Gerhardt/ Piepenbrock* 1992). Hier sind die unterschiedlichen Vorstellungen bewußt zu machen und zu klären. Dabei spielt die verwendete Sprache eine wichtige Rolle (s. Abschnitt 9.3.2). Zur Frage der Schülervorstellungen gibt es eine umfangreiche, ständig ergänzte Bibliographie (*Pfundt/Duit* 1991).
Wie bereits erwähnt, deuten jüngere Schüler das Naturgeschehen zum Teil zweckgerichtet und anthropomorph (vgl. *Hedewig* 1988 b; *Gebhard* 1990; 1994). Dabei ist bei Primarstufenschülern und auch noch in der Orientierungsstufe zu beachten, daß die Kinder mit animistischen anthropomorphen Vorstellungen zugleich ein positives Verhältnis zur Natur verbinden. Es sollte daher auf unteren Klassenstufen nicht angestrebt werden, derartige Vorstellungen rigoros abzubauen, sondern diese im Gegenteil für erzieherische Ziele zu nutzen (vgl. *Gebhard* 1990; 1994).
Besonders wichtig erscheinen für einen schülerorientierten Unterricht Untersuchungsergebnisse zu affektiven Komponenten, da Unterrichtsatmosphäre und Unterrichtserfolg in hohem Maße von ihnen abhängen. Hier sind vor allem das Interesse der Schüler am Biologieunterricht und ihre Motivation zu nennen, sich mit den verschiedenen Unterrichtsinhalten auseinanderzusetzen.

5.3 Interesse und Motivation

Untersuchungen über den Anteil verschiedener Faktoren am Zustandekommen von Schulleistungen führten zu stark voneinander abweichenden Resultaten; sie stimmen aber darin überein, »daß neben Intelligenz und Vorwissen andere Faktoren, darunter auch solche motivationaler Art, für Schulleistungen von erheblicher Bedeutung sind« (*Knörzer* 1980, 755). Ein wichtiger Grund für Lehrkräfte und Didaktiker, sich besonders mit dem Problem des Interesses zu befassen, liegt auch darin, daß die Motivationsstruktur der Heranwachsenden stärker als die meisten anderen Persönlichkeitsmerkmale durch den

Unterricht selbst beeinflußt werden kann. Einige empirische Untersuchungen im Bereich der Biologiedidaktik haben in diesem Sektor wichtige Fortschritte erbracht (vgl. *Löwe* 1982; 1983; 1984; 1987; 1990; 1992; *Rolbitzki* 1983; *Noll* 1984; *Klein* 1993).
Unbefangene Beobachter stellen immer wieder fest, daß sich kleine Kinder voller Neugier allem zuwenden, was sich bewegt - also vor allem Tieren -, daß aber das Interesse an biologischen Erscheinungen im Laufe der Zeit, besonders während der Schulzeit, deutlich geringer wird. Erhebungen zur Beliebtheit der Schulfächer haben gezeigt, daß die Biologie zu den Fächern mit durchschnittlich mittlerem Beliebtheitsgrad zählt (vgl. *Seelig* 1968; *Grupe* 1977, 134 ff.). Untersuchungen zur Abhängigkeit des Interesses an der Biologie vom Lebens- und Schulalter ergaben, »daß in den Klassenstufen 3 bis 5 nur geringe Alterseffekte auftreten, während ab Klassenstufe 6 bis zur Klassenstufe 8 ... gravierende altersspezifische Veränderungen eintreten« (*Löwe* 1987, 62; vgl. *Hesse* 1984 b). Und zwar nimmt das Biologieinteresse bei Jungen und Mädchen vom 6. Schuljahr an so deutlich ab, daß man von einem »Interessenverfall« und von einem »5.-Klassen-Effekt« spricht. Dieser Effekt tritt unabhängig vom Lebensalter auf, scheint also mit dem Einsetzen des biologischen Fachunterrichts zusammenzuhängen. Nach der Klassenstufe 8 verlangsamt sich die negative Entwicklung, das Interesse an Biologie kann sich sogar am Ende der Sekundarstufe I erhöhen.
Geschlechtsspezifische Unterschiede sind vorwiegend in den Klassenstufen 3 bis 5 und dann wieder in den Klassenstufen 9 und 10 nachweisbar: Die Mädchen sind im Durchschnitt immer etwas mehr am Fach Biologie interessiert; die Unterschiede sind aber nur in den genannten Abschnitten signifikant (vgl. *Löwe* 1987, 62).

Eine Reihe von Erhebungen befaßt sich mit der Frage nach dem Interesse von Schülern an Teilgebieten des Biologieunterrichts. Relativ viele Informationen liegen für die Orientierungsstufe vor (vgl. z.B. *Löwe* 1974; 1976 b; 1992; *Hemmer/Werner* 1976; *Dylla* 1976; *Iwon* 1982). Das spontane Interesse der meisten Schüler dieser Altersstufe richtet sich insbesondere auf zoologische, weniger auf humanbiologische und am wenigsten auf botanische Themen. Eine Untersuchung, die mehrere tausend Schüler der Klassenstufen 5 bis 9 erfaßte, kommt im Hinblick auf die Orientierungsstufe zu entsprechenden Ergebnissen, erweitert diese aber für die höheren Klassenstufen (vgl. *Todt* 1977 b). Das Interesse an der Tierkunde ist nach dieser Untersuchung in den Klassen 5 und 6 sehr hoch, sinkt dann aber bis zum 9. Schuljahr auf ein mittleres Niveau. Die Pflanzenkunde stößt - vor allem bei Jungen - bereits in der Orientierungsstufe auf ein geringes Interesse und wird mit zunehmendem Alter noch weniger beliebt. Das Interesse an Humanbiologie liegt auf einem mittleren Niveau und bleibt über die Klassenstufen hinweg ziemlich gleich groß. Die Mädchen sind in allen drei Bereichen interessierter als die Jungen, am deutlichsten in der Pflanzenkunde, am wenigsten eindeutig in der Menschenkunde. Neuere Publikationen bestätigen diese Erkenntnisse im wesentlichen. Eine interessante Erweiterung ergibt sich durch die Einbeziehung des Themenkomplexes »Mensch und Umwelt«. Das »Umweltinteresse« ist nach diesen Befunden schon im 3. Schuljahr höher als das Interesse an den traditionellen Gebieten des Biologieunterrichts, und es gerät - wie das Interesse an humanbiologischen Themen - nicht »in den Strudel des pubertären Motivationsabfalls« (*Löwe* 1987, 63).

Der einzelnen Biologielehrkraft sind die meisten Unterrichtsinhalte - zumindest in Form von Rahmenthemen - vorgegeben. Innerhalb des durch Richtlinien und Schullehrpläne gesetzten Rahmens besteht jedoch die Möglichkeit zu selbstbestimmter Unterrichtsgestaltung (s. Abschnitt 1.2.3; vgl. *Bolay* 1980, 113), und zwar sowohl im Hinblick auf die Festlegung von Einzelinhalten und Behandlungsaspekten als auch in bezug auf die methodische Ausformung. Insofern können Biologielehrerinnen und -lehrer die Motivation der Schüler für ihren Biologieunterricht stark beeinflussen.
Seit längerem ist bekannt, daß das Interesse der Schüler davon abhängt, unter welchem Aspekt das betreffende Unterrichtsthema behandelt wird. Durch Schülerbefragungen nach dem Abschluß mehrstündiger Unterrichtsreihen zu botanischen Themen stellte *Klaus Dylla* (1973) fest, daß die Schüler der Orientierungsstufe den mikroskopisch-anatomischen und besonders den analytisch-physiologischen Aspekt wesentlich ansprechender finden als den deskriptiv-morphologischen. Die Unbeliebtheit des pflanzenkundlichen Unterrichts mag also darauf zurückzuführen sein, daß häufig gerade in diesem Gebiet die als langweilig empfundene deskriptiv-morphologische Betrachtungsweise vorherrscht. Damit ist bereits angedeutet, daß neben den Inhalten (und Zielen) des Biologieunterrichts auch die Methoden eine wesentliche Rolle für die Motivation der Schüler spielen. Beliebt sind vor allem Arbeitsweisen, die der Eigentätigkeit der Schüler weiten Raum lassen, zum Beispiel Experimentieren, Mikroskopieren, Halten von Pflanzen und Tieren (vgl. *Löwe* 1980; 1983; 1990; *Rolbitzky* 1983; *Hesse* 1984 b; *Meyer* 1987 b, 51 ff.). Auch eine stimmige - oder unpassende - Kombination von Unterrichtsinhalt, Arbeitsweise und Lernort kann einen bestimmenden Einfluß auf das Interesse der Schüler haben (vgl. *Klein* 1993).

Die Befunde einiger Untersuchungen lassen den Schluß zu, daß die Hauptschüler in bezug auf ihre Einstellung zum Biologieunterricht und in bezug auf ihre unterrichtliche Leistung noch stärker von der Art und Weise der Behandlung beeinflußt werden als Realschüler und Gymnasiasten (vgl. *Rolbitzki* 1983; *Etschenberg* 1984).

Die Ergebnisse der Motivationsforschung können die einzelne Lehrkraft nicht der Aufgabe entheben, sich mit dem Interesse der Schüler an der lebendigen Natur und am Biologieunterricht selbst auseinanderzusetzen. Über die Interessen der Schüler wird man als Biologielehrerin bzw. -lehrer dann besonders viel erfahren, wenn es einem gelingt, in der jeweiligen Lerngruppe eine Atmosphäre des Vertrauens zu schaffen (vgl. *Zöller* 1978; 1979) und die Schüler von verschiedenen Seiten kennenzulernen. Besonders günstige Gelegenheiten dazu bieten Phasen der »Freiarbeit« (vgl. *Clausnitzer* 1992) und solche Unternehmungen, bei denen es zu einer engen Zusammenarbeit zwischen Lehrenden und Lernenden kommt, beispielsweise bei der Gestaltung einer Ausstellung, der Einrichtung eines Kleinbiotops auf dem Schulgelände oder der Planung und Durchführung einer längeren Exkursion oder eines Landheimaufenthalts.
Eine gute Gelegenheit, sich Einblick in die Motivationslage der Schüler zu verschaffen, bietet die sogenannte Fünf-Minuten-Biologie, da sie »als thematisch ungebundener Vorspann der thematisch festgelegten Biologiestunde« vorausgeht (*Stichmann* 1970, 111; 1992).
Eine weitere Form einer schülerorientierten Unterrichtsplanung besteht darin, die Schüler vor dem Eintritt in eine Unterrichtseinheit zu befragen, wo ihre Interessenschwerpunkte liegen. In der Literatur wird von ausgefeilten Tests (vgl. *Löwe* 1983) zur Ermittlung der biologischen Interessen der Schüler vor und nach der Durchführung einer Unterrichtseinheit und auch von einfacheren Befragungen zu vorgegebenen Themen berichtet (vgl. *Bittner* 1979; *Krüger/Wagener* 1979; *Marek* 1980 ; s. auch Abschnitt 4.3.5). Die wichtigste Methode in diesem Zusammenhang ist und bleibt jedoch das Gespräch mit den Schülern (vgl. *Hofmeister* u. a. 1982). Eine Reihe von Vorschlägen zur Erkundung der »Ausgangssituation der Schüler« findet sich bei *Gernot Strey* (1982; 1986). Der Autor empfiehlt unter anderem, außer den Schülern auch Familienangehörige und Bekannte zu fragen, welche Vorstellungen und Erwartungen sie mit dem Unterrichtsthema verbinden (1982, 229).
Solche Vorgehensweisen ermöglichen es der Lehrkraft, wenigstens der Mehrheit der jeweiligen Lerngruppe gerecht zu werden. Ausgeprägten Einzelinteressen kann man dadurch Rechnung tragen, daß man den Unterricht

inhaltlich und methodisch differenziert, z. B. durch arbeitsteiligen Gruppenunterricht (s. Abschnitt 8.4), Erkundungsaufträge und freiwillige Hausaufgaben. Je offener der Unterricht angelegt ist, desto stärker wird er vom Interesse der Schüler getragen werden (s. Abschnitt 8.3).

5.4 Motivierung im Unterricht

Im Unterricht kann es niemals nur darum gehen, durch die Inhalts- und Methodenwahl den bereits vorhandenen Interessen der Schüler möglichst weit entgegenzukommen. Häufig wird es die Bedeutsamkeit der Unterrichtsziele erfordern, einen Inhalt zu behandeln, auch wenn (noch) kein Interesse der Schüler dafür vorhanden ist. Aufgabe der Lehrkraft ist es dann, möglichst viele Schüler im Laufe des Unterrichts für den Gegenstand zu motivieren. Unter den verschiedenen Motivationsformen - zum Beispiel Bedürfnis nach Strafvermeidung oder nach Anerkennung, Leistungsmotivation, sachbezogene Motivation - sollte die letztgenannte Form besonders gefördert werden. Nach *Gunter Lind* (1975, 29) ist »sachbezogene Motivation ... nicht in erster Linie instrumental für etwas anderes, sondern von der Sache bestimmt.« In ihr liegt die Möglichkeit, »Lernen zu einer befriedigenden, der Selbstverwirklichung dienenden Tätigkeit werden zu lassen.« Im Vergleich zu anderen Motivationsformen bringt die sachbezogene Motivation die größten Vorteile und die geringsten Gefahren mit sich. »Sie hat keine negativen Konsequenzen für das Sozialverhalten der Schüler« und »macht den Schüler unabhängig von externer Verstärkung« (*Lind* 1975, 28). Es ist anzunehmen, daß die durch sachbezogene Motivation bewirkte Freude am Lernen auch zu höheren Lernleistungen führt.

Im praktischen Unterrichtsvollzug wird die Lehrperson die Inhalte so aufbereiten, daß sie den Schülern als neuartig oder überraschend erscheinen und dadurch deren Aufmerksamkeit und Zuwendung hervorrufen. Es geht darum, eine »Inkongruenz« zu provozieren, d. h. Reizkonstellationen zu bieten, die von den erwarteten Reizen abweichen (vgl. *Lind* 1975, 55). Dabei ist nicht nur die kognitive Dimension (im Sinne eines »kognitiven Konflikts« oder einer »kognitiven Dissonanz«) zu bedenken, sondern auch die affektive Dimension. Der Unterschied zwischen Erwartung und aktueller Wahrnehmung kann mehr oder weniger groß sein. Bei sehr schwacher Inkongruenz reagiert das Individuum gar nicht, bei sehr starker eventuell mit Verwirrung, Abwendung oder gar Flucht. Zur Anregung des im Unterricht erwünschten Erkundungs- und

Lernverhaltens ist eine mittlere Stärke der Inkongruenz besonders geeignet. Die Lehrperson sollte sich darum bemühen, die Unterrichtssituationen so zu gestalten, daß diese das »Inkongruenzoptimum« möglichst vieler Schüler treffen. Würde man beispielsweise eine Klasse der Sekundarstufe I ohne Vorbereitung mit einem aufgeschnittenen Schlachttier konfrontieren, um daran die Anatomie von Säugetieren zu erarbeiten, so würde das sicher einige Schüler nicht motivieren, sondern abschrecken. Würde man die Behandlung des Themas »Vogelflug« mit dem Bild eines fliegenden Vogels einleiten, so wäre das vermutlich ein zu schwacher Lernanreiz; dagegen würde ein Bild eines Menschen mit Flügeln an den Armen, der zu fliegen versucht, wahrscheinlich gerade das rechte Maß an Verfremdung enthalten (vgl. Beispiele bei *Clausnitzer* 1983; *Staeck* 1987; *Etschenberg* 1990 b; *Berck* 1992). In der allgemein- und biologiedidaktischen Literatur findet sich eine Vielzahl an Regeln für die Förderung einer sachbezogenen Motivation, zum Beispiel die folgenden:

- Der Unterricht soll der Erlebnis- und Verstehensebene und den Denkformen der Schüler entsprechen. Zur Erarbeitung der Inhalte sollen möglichst alle Schüler beitragen können.
- Die Schüler sollen möglichst häufig an der methodischen Planung des Unterrichts beteiligt werden und ihre eigenen Ideen im Umgang mit dem Unterrichtsmaterial verwirklichen können (vgl. *Marek* 1980; *Strey* 1982 b; *Meyer* 1987 b 51 ff.).
- Der Unterrichtsinhalt soll den Schülern so vor Augen geführt werden, daß er ihnen fragwürdig oder problemhaltig erscheint, daß sie seine Bedeutung für ihr persönliches Leben erkennen und ihnen das Ziel ihres Lernens bewußt wird (vgl. *Birkenbeil* 1973 ; *Iwon* 1975 ; *Etschenberg* 1979, 80 f.; 1990). Besonders wichtig in diesem Zusammenhang ist der Unterrichtseinstieg (vgl. *Clausnitzer* 1983; *Etschenberg* 1990; *Berck* 1992).
- Die gewählten Unterrichtsmethoden sollen eine weitgehende Eigenaktivität der Schüler ermöglichen. Der Unterricht sollte in bezug auf Methoden und Medien vielseitig und abwechslungsreich gestaltet werden, so daß er einem Nachlassen der Aufmerksamkeit und Lernbereitschaft entgegenwirkt und alle Wahrnehmungs- und Lerntypen anspricht (vgl. *Bolay* 1980; *Iwon* 1989). Besondere Beachtung verdienen die Methodenkonzepte und Sozialformen, die zu einer Binnendifferenzierung der Lerngruppen führen (z. B. Offener Unterricht, Kleingruppenarbeit).
- Arbeitsweise, Lernort und Sozialform sollten so gewählt werden, daß sie zueinander passen und so wechselseitig das Interesse am Unterricht verstärken können (vgl. *Klein* 1993).

- Der Unterricht soll häufig ein Erleben der Natur (z. B. durch Einbeziehen lebender Organismen und Exkursionen) ermöglichen (vgl. *Janßen/Trommer* 1988). Dabei sollte die Lehrperson Angst- und Ekelgefühle einzelner Schüler beachten (vgl. *Schanz* 1972; *Gropengießer/Gropengießer* 1985; *Gebhard* 1994).
- Auf den unteren Schulstufen sollten die Lebewesen nicht nur als Träger von Eigenschaften (Grundphänomenen des Lebendigen) behandelt werden, sondern immer auch als ganze Organismen erkennbar sein.
- Die Lehrkraft soll ihr persönliches Engagement am Unterrichtsgegenstand und ihre eigene Bereitschaft zu ständigem Weiterlernen erkennen lassen (vgl. *Bolay* 1980, 113).

Literatur

Beiler 1965; *Berck, K.-H.,* 1987 b; 1992; *Birkenbeil* 1973; *Bittner* 1979; *Bolay* 1980; *Bruner* 1970; *Clausnitzer* 1983; 1992; *Danneel* 1977; *Drutjons* 1980; *Duit/Jung/Pfundt* 1981; *Dylla* 1973; 1976; *Entrich/Graf* 1984; *Eschenhagen* 1982; 1984; *Eschenhagen/Schilke* 1973; *Etschenberg* 1979; 1983; 1984 a; 1990 b; Friedrich Verlag 1984; 1986; *Gahl* 1973; 1977; *Gebhard* 1990; 1994; *Gerhardt/Piepenbrock* 1992; *Gropengießer, H./Gropengießer* 1985; *Grupe* 1977; *Hedewig* 1988 b; *Hemmer/Werner* 1976; *Henningsen* 1962; *Hesse, M.,* 1984 b; *Hoebel-Mävers* u.a. 1976; *Hofmeister* u.a. 1982; *Iwon* 1975; 1982; 1989; *Janßen/Trommer* 1988; *Kasbohm* 1978; *Kattmann/Schaefer* 1974; *Klein, R. L.,* 1990; 1993 c; *Knörzer* 1980; *Krüger/Wagener* 1979; *Leicht* 1981; 1984; *Lieb* 1982; *Lind* 1975; *Löwe* 1974; 1976 b; 1980; 1982; 1983; 1984; 1987; 1990; 1992; *Marek* 1980; *Mayer* 1992; *Meyer, Hilbert,* 1987 b; *Noll* 1984; *Otto, A.-R.* 1984; *Pfundt* 1981a; b; *Pfundt/Duit* 1991; *Piaget/Inhelder* 1973; 1976; *Rolbitzki* 1982; 1983; *Schaefer* 1971 b; *Schanz* 1972; *Seelig* 1968; *Staeck* 1987; *Stichmann* 1970; 1992; *Strey* 1981 f.; 1982; 1986; *Todt* 1977 a; b; *Weinert* 1986; *Winkel* 1985; *Zabel* 1991 c; *Zöller* 1978; 1979

6 Biologielehrerin und Biologielehrer

6.1 Allgemeines

Im didaktischen System (s. Abschnitt 1.2.1) wird mit der Frage »Wer unterrichtet?« der Sachverhalt angesprochen, daß das Gelingen des Unterrichts in starkem Maße von der Person der Lehrerin bzw. des Lehrers abhängt. Derselbe Unterrichtsinhalt und dieselbe Unterrichtsmethode können bei verschiedenen Lehrpersonen mit ganz unterschiedlichen Effekten verknüpft sein. Hiermit ist also das Problem der Übertragbarkeit und Vergleichbarkeit des Unterrichts verbunden. Dies macht es schwer, die Rolle der Lehrkraft im Biologieunterricht allgemeingültig zu beschreiben. Die Wirksamkeit der Persönlichkeit ist hier ebenso wenig in allgemeine Aussagen zu fassen wie bei den Schülerinnen und Schülern (s. Kapitel 5). Der persönliche Stil, die Art und Weise, wie sich die Lehrperson als Partner angemessen in den Unterrichtsprozeß einbringt, muß daher jeweils selbst erprobt und gefunden werden, wobei die Erfahrungen anderer und allgemeine didaktische Grundsätze eine zwar notwendige, aber nicht hinreichende Hilfe sind.
Da die Lehrpersonen in der Regel bei der Vorbereitung, Durchführung und Auswertung ihres Unterrichts auf sich allein gestellt sind, ist die Gefahr der Isolierung verhätnismäßig groß. Aus diesem Grunde ist die Kooperation mit Kollegen und Eltern äußerst wichtig, um zum Beispiel das eigene Tun eingehender reflektieren und den eigenen Unterricht besser beurteilen zu können (s. Abschnitt 6.4). Hierzu sollten Elternversammlungen sowie Klassen- und Fachkonferenzen stärker genutzt werden, als dies im allgemeinen üblich ist.
In diesem Kapitel werden nur einige Komplexe behandelt, die fachdidaktisch besonders wichtig erscheinen. Dies sind die Qualifikationen von Biologielehrkräften sowie zwei grundlegende unterrichtsbezogene Tätigkeiten von Biologie-Lehrenden, die Unterrichtsplanung und die Beurteilung des eigenen Unterrichts.

6.2 Qualifikationen

Die Qualifikationen zum Lehren von Biologie sind vielfältig in Konzepten zur Lehrerausbildung erörtert worden (vgl. *Rodi* 1975; *Entrich* 1976; 1979; *Raether* 1977; *Eulefeld/Rodi* 1978; *Killermann/Klautke* 1978; *Wagener* 1992).

Einstellungen

im Hinblick auf
den Schüler:

Ein Biologielehrer soll bereit sein, ...
- auf Anliegen, Fragen, Probleme, Vorstellungen und Erfahrungen der Schüler einzugehen,
- Schüler als Diskussionspartner anzuerkennen und ihre Eigeninitiative zu fördern,
- den eigenen Unterricht im Hinblick auf die allgemeinen Lehr- und Lernziele und die Schülerbedürfnisse kritisch zu reflektieren und daraus Konsequenzen zu ziehen.

die Unterrichtssituation:

Ein Biologielehrer soll bereit sein, ...
- zur ständigen Fachkritik, Methodenkritik und Selbstkritik, zum ständigen Lernen und Umlernen,
- zur Zusammenarbeit und zur Auseinandersetzung mit den Kollegen desselben Faches und mit Kollegen anderer Fächer (fächerübergreifende Projekte),
- zur Zusammenarbeit mit Fachleuten (Ärzte, Forst- und Landwirte, Gärtner etc.) außerhalb der Schule, um deren Kenntnisse in den Unterricht einzubringen,
- zur Zusammenarbeit und Auseinandersetzung mit Eltern und Erziehungsberechtigten,
- zur anschaulichen Gestaltung des Biologieunterrichts, z. B. durch außerschulische Erkundungen und Verwendung lebender Objekte, auch wenn dies im Hinblick auf die Vorbereitung persönlichen Einsatz fordert (Sammeln von Objekten, Aufbau von Experimenten, Beschaffung von Medien, Umgang mit Pflanzen und Tieren),
- die Schüler zu angemessenem Verhalten gegenüber Lebewesen anzuleiten.

Biologie als Unterrichtsfach:

- Bereitschaft, die für die Schüler wesentlichen Erkenntnisse der Biologie auszuwählen und sie in sachlich richtiger und einwandfreier Form darzustellen und schülergerecht zu vermitteln.
- Erwartung, daß Biologie aufgrund der Komplexität ihrer Objekte schwierig zu unterrichten ist.
- Bereitschaft, auch komplexe Bereiche im Biologieunterricht zu bearbeiten, die der Kooperation mit anderen Fächern bedürfen (z. B. Themen der Gesundheits-, Sexual-, Umwelt-, Friedenserziehung).
- Bereitschaft, die Erlebnisfähigkeit des Schülers für die belebte Natur (einschließlich des eigenen Körpers) zu wecken und zu fördern.
- Bereitschaft, die eigene existentielle Betroffenheit durch die heutige Situation der Menschheit in der industrialisierten Welt im Unterricht deutlich zu machen.
- Bereitschaft, sich für die Belange der Gegenwart und Zukunft des Menschen und der Natur einzusetzen.

Fähigkeiten und Fertigkeiten

im Hinblick auf
die Unterrichtsgestaltung:

Ein Biologielehrer soll fähig sein, ...
- die Interessenlage der Schüler zu erkennen und darauf im Unterricht einzugehen,
- die Kommunikation mit Schülern anzuregen und auf einem schülergemäßen sprachlichen Niveau zu führen,
- Schülervorstellungen zu erkennen, zu analysieren und den Unterricht entsprechend zu gestalten,
- selbständiges, mitgestaltendes und soziales Lernen der Schüler zu organisieren und zu fördern,
- Gruppenprozesse zu erkennen und zu berücksichtigen,
- Lernsituationen so zu arrangieren, daß eine Vermittlung zwischen individuellen Interessen und aktuellen Erfordernissen für die Umwelt gelingt,
- Richtlinien, Curricula und Medien (z. B. Dias, Filme, Schulbücher) zu beurteilen,
- so zu planen, daß Stoff-, Methoden- und Medienauswahl sinnvoll auf das Erreichen der gesetzten Ziele bezogen sind,
- die pädagogische und psychologische Situation (anthropogene und sozio-kulturelle Voraussetzungen) in einer Klasse zu erfassen und entsprechend zu handeln,
- den eigenen Unterricht kritisch zu beurteilen (Selbstkritik und Erfolgskontrolle) und daraus Konsequenzen zu ziehen,
- ein Thema unter verschiedenen Fragestellungen betrachten und gestalten zu können,
- verschiedene Unterrichtsmethoden und ihre Organisation zu beherrschen; insbesondere Unterrichtsgespräch, erarbeitendes Verfahren, Vortragstechnik, Einsatz von Anschauungsmitteln, Verwendung lebender Objekte, Experimentalunterricht, Gruppenunterricht, Rollenspiel, Projektunterricht, außerschulische Erkundungen.

wissenschaftliche Methoden:

Fähigkeit zum .....
- Betrachten, Beobachten, Protokollieren (Beobachtungsmethodik),
- Vergleichen von Strukturen und Funktionen (vergleichende Methode),
- Übersetzen der Umgangssprache in die Fachsprache und umgekehrt,
- Arbeiten mit Modellvorstellungen und Erkennen der Möglichkeiten und Grenzen von Modellvorstellungen,
- Auswerten empirischer Daten (unter besonderer Berücksichtigung von Experimenten für die wissenschaftliche Fragestellung), einschließlich Methodenkritik,
- wissenschaftlichen Lösen von Problemen (Hypothesenbildung und Hypothesenprüfung), einschließlich Methodenkritik,
- Einbau der Methoden und Erkenntnisse anderer Disziplinen in die Bearbeitung fachlicher Probleme,
- logischen Schließen,
- Verknüpfeng von Erkenntnissen des speziellen Faches mit aktuellen Lebensproblemen.

spezielle Techniken

Fähigkeit zum ....
- Umgang mit Fachliteratur,
- Präparieren,
- Mikroskopieren,
- Zeichnen,
- Experimentieren,
- sachgerechten Experimentieren mit lebenden Organismen,
- Pflanzen- und Tierbestimmen,
- Pflanzen- und Tierhalten,
- Umgang mit technischen Geräten,
- Einrichten und Unterhalten von Biologie-Sammlung und Fachräumen.

Tabelle 6-1: Einstellungen, Fähigkeiten und Fertigkeiten von Biologie-Lehrenden (VDBiol 1978, gekürzt)

Wenn auch der Biologieunterricht der hauptsächliche Bezugspunkt ist, so sind doch mit der Aufgabe, Biologie zu vermitteln, Qualifikationen verbunden, die weit über den Bereich der Schule hinausgehen (vgl. Oldenburger Thesen ... 1991).

Die »Qualifikationen eines Biologielehrers« sind in einem Katalog des VDBiol zusammengestellt worden (vgl. *Eulefeld/Rodi* 1978, 155 ff.; *Wagener* 1992, 27 ff.; revidierte Kurzfassung VDBiol 1983; s. Tabelle 6-1). Darin werden von der Lehrkraft *Kenntnisse* aus den Erziehungswissenschaften, der Fachdidaktik sowie der Biologie und den Nachbardisziplinen gefordert. Diese Dreiteilung legt nahe, daß es die Lehrperson mit drei gleich wichtigen Bezugswissenschaften zu tun habe. *Gerhard Schaefer* (1978 c) beantwortet die Frage »Muß ein Biologielehrer Biologe sein?« selbst für Grundstufenlehrer mit »Ja« und räumt damit der Biologie einen Vorrang ein. Man könnte dagegen mit ebenso guten Argumenten - sogar bezogen auf Gymnasiallehrer - die Bedeutung der Erziehungswissenschaften besonders betonen. Diejenige Bezugswissenschaft, die beide Wissenschaftsbereiche verknüpft, ist jedoch die Biologiedidaktik. Sie hat daher als die eigentliche Bezugswissenschaft für Biologie-Lehrende zu gelten (s. Abschnitt 1.1). Dieses Verständnis erweist sich auch in der Schulpraxis als tragfähig. So beschreibt z. B. *Klaus Dylla* (1986) die Anwendung von Untersuchungsmethoden der Fachdidaktik als »Verwissenschaftlichung« des eigenen Unterrichts.

Die nötigen fachdidaktischen Qualifikationen kommen besonders in den von Biologielehrenden erwarteten *Einstellungen* sowie in den *Fähigkeiten und Fertigkeiten* zum Ausdruck (s. Tabelle 6-1). Dies gilt z. B. für die Bereitschaft, die Schwierigkeiten des Faches Biologie zu akzeptieren und mit diesen angemessen umzugehen. Die Vermittlung von Biologie erfordert eine Breite von Unterrichtsmethoden, wie sie in keinem anderen Unterrichtsfach vorkommt: Das Spektrum reicht von Freilandarbeit und Pflege von Pflanzen und Tieren über Mikroskopieren, naturwissenschaftliches Beobachten und Experimentieren bis zu Textinterpretationen, von der Reflexion naturwissenschaftlicher Erkenntniswege bis hin zum Einstimmen in Naturerleben. Auch das Betreuen biologischer Sammlungen ist für den Unterricht von großer Bedeutung. So hängt der Anteil von Experimenten und Beobachtungen im Biologieunterricht erheblich von der Ausstattung der Schule ab (vgl. *Meffert* 1980, 11 f.).

Darüber hinaus sind mit der Vermittlung von Biologie pädagogische, fächerübergreifende Aufgaben verknüpft, wie es in gleichem Umfang bei keinem anderen Fach der Fall ist: Umwelterziehung, Gesundheitserziehung und Sexualerziehung haben in der Biologie einen Schwerpunkt, und auch in der Friedenserziehung sind biologische Komponenten gefragt (s. Kapitel 4). Diese

Aufgaben erfordern von den Lehrpersonen eine entsprechende positive Einstellung zur Behandlung pädagogischer Fragen und der mit den genannten Erziehungsbereichen verbundenen ethischen Probleme (s. Abschnitt 3.5).
Besondere Anforderungen stellt auch die von Biologie-Lehrenden erwartete Vertrautheit mit Lebewesen und der lebenden Umwelt. Dazu sind nicht nur grundlegende Artenkenntnisse und Fertigkeiten im Bestimmen nötig, sondern auch eine genaue Kenntnis der Schulumgebung und der Umwelt der unterrichteten Schüler. Durch den Umstand, daß viele Lehrkräfte heute entfernt vom Schulort wohnen, wird der Erwerb dieser Kenntnisse behindert (vgl. *Meffert* 1980, 14).
Im Widerspruch zu der durch die Komplexität gegebenen Schwierigkeit des Faches Biologie (vgl. *Schaefer* 1982 b) steht die Tatsache, daß in der Schule Biologie häufig von nicht für dieses Fach ausgebildeten Personen unterrichtet wird (vgl. *Meffert* 1980, 10). Die Auffassung der Biologie als Liebhaberfach, das jeder aus eigener Erfahrung mit Pflanzen und Tieren unterrichten könne, sollte zugunsten eines biologiedidaktisch fundierten Verständnisses überwunden werden.

Aufgrund der vielfältigen Bezüge der Biologie zu anderen Bereichen kann die Frage nach einer günstigen *Fächerkombination* mit anderen Schulfächern nicht eindeutig beantwortet werden. Die häufig empfohlene Kombination Biologie/Chemie ist besonders für den Unterricht in der gymnasialen Oberstufe günstig, während die Bezüge zu Sozialwissenschaften, Geographie, Philosophie und Ethik insbesondere in der Sekundarstufe I für andere Fächerkombinationen sprechen. Lehrpersonen mit einem nicht-naturwissenschaftlichen Fach wird es näher liegen, biologisch bestimmte Themen von verschiedenen Zugangen und Gesichtspunkten her zu vermitteln (vgl. Empfehlungen 1989; *Hedewig* 1990 b).

Literatur

Dylla 1986: Empfehlungen 1989; *Entrich* 1976; 1979; *Eulefeld/Rodi* 1978; *Hedewig* 1990 b; *Killermann/Klautke* 1978; Oldenburger Thesen 1991; MNU-Empfehlungen 1989; *Meffert* 1980; *Raether* 1977; *Rodi* 1975; *Schaefer* 1978 c; 1982 b; VDBiol 1978; 1983; *Wagener* 1992

6.3 Unterrichtsplanung und Unterrichtsentwurf

6.3.1 Zu den Begriffen

Die Bezeichnung »Unterrichtsplanung« wird meist in demselben Sinne verwendet wie das Wort »Unterrichtsvorbereitung«. Beide Ausdrücke kommen in den Titeln verschiedener Bücher zu diesem Themenkreis vor (vgl. *Beckmann/ Biller* 1978; *Chiout/Steffens* 1978; *Dichanz/Mohrmann* 1980; *Meyer* 1981; *Schulz* 1981).

Bei der Vorbereitung von Unterricht ist es nicht damit getan, einen Plan im Sinne einer Gedankenskizze zu entwerfen, sondern es geht zusätzlich um das Bereitstellen von Medien, das Herrichten des Arbeitsraumes, das Erkunden eines Exkursionsortes und viele andere Tätigkeiten. Daneben spielt aber auch das Sich-Einstellen auf den Unterricht eine Rolle, und in einem weiteren Verständnis kann man sogar das bewußte Bemühen um eine gute Atmosphäre in einer Lerngruppe als Bestandteil einer langfristigen Vorbereitung des künftigen Unterrichts betrachten. Im folgenden wird immer dann, wenn von der rein gedanklichen Vorwegnahme von Unterricht die Rede ist, das Wort »Unterrichtsplanung«, sonst die Bezeichnung »Unterrichtsvorbereitung« verwendet. Unter dem Aspekt der Zeitspanne, die die Planung betrifft, lassen sich die lang-, mittel- und kurzfristige Unterrichtsplanung unterscheiden. *Wolfgang Schulz* (1981, 3 ff,) hat hierfür spezielle Termini vorgeschlagen:

- Perspektivplanung: Sie bezieht sich auf lange Zeiträume, vor allem Schuljahre oder Schulhalbjahre bzw. Semester.
- Umrißplanung: Sie betrifft einzelne Unterrichtseinheiten, also im allgemeinen mehrere Unterrichtswochen.
- Prozeßplanung: »Sie legt innerhalb des Umrisses da, wo es nötig erscheint, die Abfolge der Unterrichtsschritte in der Zeit sowie die Kommunikations- und Arbeitsformen im einzelnen fest«.

Ein Unterrichtsplan, der mehrere Bereiche (z. B. Ziele, Inhalte, Evaluation) umfaßt und einen längeren Zeitraum betrifft, wird in der neueren Didaktik als »Curriculum« bezeichnet (s. Abschnitt 1.2.2). Während die Unterrichtsplanung für ein Schuljahr weitgehend durch Richtlinien und Schullehrpläne bestimmt ist, hat die Lehrperson bei der mittel- und kurzfristigen Planung einen relativ weiten Entscheidungsspielraum. Die Restriktionen durch administrative Vorgaben sind häufig viel geringer, als von Lehrkräften angenommen wird. Da die mittel- und kurzfristige Unterrichtsplanung grundsätzlich dieselben Fragen aufwirft, werden diese beiden Formen hier gemeinsam behandelt.

Das fixierte Ergebnis der Unterrichtsplanung, das vor allem in Prüfungssituationen von Bedeutung ist, wird meist als »schriftliche Unterrichtsvorbereitung« bezeichnet. Der Einfachheit und Klarheit halber wird im weiteren der Ausdruck »Unterrichtsentwurf« verwendet.
Der notwendige Vergleich zwischen der Planung und dem tatsächlichen Verlauf des Unterrichts wird in der sogenannten Nachbesinnung geleistet. Die Nachbesinnung geht im allgemeinen direkt in die Planung des weiteren Unterrichts über.

6.3.2 Sinn und Bedeutung

Die Unterrichtsplanung gehört zu den wichtigsten und zeitaufwendigsten Aufgaben aller Lehrenden. Viele Lehrpersonen berichten von der Erfahrung, daß gelegentlich unvorbereitete Unterrichtsstunden gut gelingen; aber sie bestreiten damit nicht die Notwendigkeit einer gründlichen Unterrichtsvorbereitung. Schulischer Unterricht ist prinzipiell zielorientiertes, absichtsvolles Handeln und kann wie jede intentionale Tätigkeit durch Planung optimiert werden. Auch die »offensten« Unterrichtsformen, z. B. das Projekt (s. Abschnitt 8.3.2), führen auf Dauer ohne vorangehende Planung nicht zu den erwünschten Ergebnissen. Diese Aussage wird durch den Hinweis auf die positiven Aspekte eines »Gelegenheitsunterrichts« oder der »Fünf-Minuten-Biologie« selbstverständlich nicht entkräftet (vgl. *Stichmann* 1992).
Damit ist die erste Funktion der Unterrichtsplanung angesprochen: Sie soll die Zielstrebigkeit des Unterrichts sichern und damit seine Effektivität verbessern. Eine zweite wichtige Funktion der Unterrichtsplanung besteht darin, daß sie dem unterrichtenden Lehrer Sicherheit gibt. Zwar wird diese Sicherheit stets nur eine relative sein, denn jede Unterrichtssituation ist geprägt durch viele, nicht einkalkulierbare Unsicherheitsfaktoren; aber jeder Schritt in Richtung auf ein angstfreies, unverkrampftes Lehrerverhalten ist wichtig für das Lernklima und die Lerneffektivität. Schließlich hat die Unterrichtsplanung, besonders in ihrer fixierten Form als Unterrichtsentwurf, eine Legitimationsfunktion (vgl. *Meyer* 1981, 18). Nur auf der Basis schriftlicher Planungsunterlagen läßt sich diskutieren, in welchem konzeptionellen Zusammenhang eine beobachtete Unterrichtsstunde steht und ob es dem Unterrichtenden gelungen ist, die Durchführung des Unterrichts in eine sinnvolle Beziehung zu seinen Intentionen zu bringen. Daß Unterrichtsentwürfe nicht nur als Grundlage von Diskussionen, sondern auch als Grundlage von oft folgenreichen Kontrollen und Beurteilungen verwendet werden, gehört zu den Erfahrungen aller Lehrkräfte.

Wenn die Unterrichtsplanung als wichtiges und unersetzbares Element der gesamten Lehrertätigkeit anerkannt wird, ist es nur folgerichtig, daß sich die Bewertung der Lehrfähigkeit auch auf diesen Bereich erstreckt. Eine oft übersehene Funktion von Unterrichtsplanungen ist die der Dokumentation (vgl. *Dichanz/Mohrmann* 1980). Unterrichtsentwürfe können besonders Lehramtsstudierenden und Berufsanfängern als Hilfsmittel zur eigenen Unterrichtsvorbereitung dienen. Sie bilden die Grundlage für Publikationen und kommen in dieser Form einem größeren Kreis von Lehrern zugute (vgl. z. B. *Killermann* 1980 b; »Unterrichtsmodelle« in biologiedidaktischen Zeitschriften; s. Abschnitt 13.4).

Kritische Äußerungen zur Unterrichtsplanung beziehen sich einmal auf die oben erwähnte Legitimationsfunktion, zum anderen besonders auf zwei Gefahren:

- Planung kann als einengend empfunden werden: Die Lehrperson meint, sich im Unterrichtsverlauf an den fixierten Plan halten zu müssen; der Unterricht bietet keinen Spielraum für spontane Aktivitäten.
- Die Lehrkraft läßt die Schüler weder direkt an der Planung teilhaben, noch berücksichtigt sie in ausreichendem Maße deren Lernvoraussetzungen.

Beide Gefahren sind tatsächlich vorhanden, beruhen aber auf Mißverständnissen von Aufgaben und Grenzen der Unterrichtsplanung. Eine vernünftige Planung ist dadurch gekennzeichnet, daß sie nicht alle Lehrer- und Schüleraktivitäten festlegt, sondern Alternativen aufzeigt und so Möglichkeiten zu mehreren unterrichtlichen Wegen bzw. Umwegen gedanklich vorwegnimmt. Indem der Unterrichtsplan einen Rahmen und wesentliche Linien des Unterrichts vorgibt, ermöglicht er den Lehrenden um so freiere Bewegung innerhalb der gesetzten Grenzen. Im Grunde besteht die »Kunst der Unterrichtsvorbereitung« darin, durch Planung eine größtmögliche Offenheit des Unterrichts zu ermöglichen. Damit ist gleichzeitig gesagt, daß der Unterrichtsverlauf keineswegs vollständig mit dem Unterrichtsentwurf übereinstimmen muß. Starke Abweichungen zwischen Unterrichtsplanung und -verlauf sollten aber zu einer sorgfältigen Nachbesinnung Anlaß geben.

Zu einer guten Unterrichtsplanung gehört auch, daß die Schüler nicht zu Objekten degradiert, sondern als denkende und handlungsfähige Subjekte einbezogen werden. Die Forderung nach sorgfältiger Planung schließt diese Orientierung an den Schülern nicht aus, sondern enthält sie als eines ihrer Kernelemente. Eine wichtige Aufgabe der Allgemeinen Didaktik und der Fachdidaktiken besteht darin, die Möglichkeiten einer stärkeren Beteiligung der Schülerinnen und Schüler an der Unterrichtsplanung aufzuzeigen sowie die Handlungsspielräume bewußt zu machen und möglichst zu erweitern, die für die Lehrkräfte auch innerhalb der institutionellen Begrenzungen bestehen bzw. geschaffen werden können (s. Kapitel 5; vgl. *Schulz* 1981; *Meyer* 1981; 1987 b, 395 ff.).

6.3.3 Inhalte der Unterrichtsplanung

Die Ausführungen im Abschnitt 1.2.1 legen es nahe, der Unterrichtsplanung das »Didaktische System« (nach *Schaefer* 1971 a) zugrundezulegen (s. Abschnitt 1.2.1, Abb. 1-1). Dieses Vorgehen würde gewährleisten, daß kein wichtiger Parameter des Unterrichts vernachlässigt würde und auch die Wechselbeziehungen zwischen den einzelnen Faktoren berücksichtigt würden. Es mag sein, daß sich manche Biologielehrkräfte an diesem System orientieren; aber die bei unterrichtspraktischen Prüfungen vorgelegten Unterrichtsentwürfe lassen eine solche Orientierung selten erkennen. Auch Vorschläge zu einer Unterrichtsplanung, die dem lerntheoretischen Ansatz der »Berliner Schule« (vgl. *Heimann/Otto/Schulz* 1977) folgt und dementsprechend von den Bedingungs- und Entscheidungsfeldern des Unterrichts ausgeht, sind relativ selten (vgl. *Bay/Rodi* 1978, 64 ff.).

Dagegen findet man häufig Unterrichtsentwürfe, die nach dem folgenden (oder einem ähnlichen) Schema aufgebaut sind:
- Formalia: Name der Lehrperson, Schulort, Schule, Klasse bzw. Kurs, Fach, Tag, Stunde;
- Thema der Stunde bzw. Doppelstunde;
- Stellung der Stunde bzw. Doppelstunde im Zusammenhang der Unterrichtseinheit;
- Sachanalyse (oder Sachinformationen);
- Didaktische Überlegungen (oder Didaktische Analyse);
- Methodische Überlegungen;
- Skizze des geplanten Unterrichtsverlaufs;
- Anhang: Arbeitsblätter, Entwurf des Tafelbildes, Literaturverzeichnis, evtl. Sitzplan.

Häufig werden die Unterrichtsziele gesondert aufgeführt, und zwar entweder am Ende der »Didaktischen Überlegungen« (als deren Fazit) oder noch vor der Sachanalyse (zur Hervorhebung).
In diesem Gliederungsschema finden sich Anklänge an einen Vorschlag zur Unterrichtsvorbereitung von *Wolfgang Klafki*, der erstmalig 1958 publiziert und 1962 von *Wolfgang Kramp* aufgegriffen und ausgearbeitet wurde (vgl.

Klafki 1964; *Kramp* 1964). Während die lerntheoretische Konzeption besonders die Wechselbeziehung der Ziel-, Inhalts-, Methoden- und Medienentscheidungen hervorhebt und diese Entscheidungen als prinzipiell gleichrangig anspricht, enthält diese »bildungstheoretische« Konzeption den Primat der inhaltsbezogenen vor den methodenbezogenen Entscheidungen. In den inzwischen vergangenen Jahrzehnten sind die beiden Standpunkte jedoch einander angenähert worden (vgl. *Klafki* 1980 a; b; *Schulz* 1981, 85 f.). Die Tatsache, daß die frühen Veröffentlichungen von *Klafki* und *Kramp* bis heute Auswirkungen zeigen, ist vermutlich darauf zurückzuführen, daß diese Autoren eine Reihe von plausiblen und eingängigen Fragen zur »Didaktischen Analyse« formuliert haben, z. B. die nach der Repräsentabilität, der Gegenwartsbedeutung, der Zukunftsbedeutung und der Zugänglichkeit des Unterrichtsinhalts. Solche Fragen, die zu einer begründeten Auswahl und Behandlung von Unterrichtsthemen führen können, beschäftigten die planenden Lehrkräfte schon immer, und sie sind es wert, auch weiterhin bei jeder Unterrichtsplanung beachtet zu werden.

Im folgenden wird von der Annahme ausgegangen, daß es sinnvoller und erfolgreicher ist, bereits weit verbreitete Strategien der Unterrichtsplanung schrittweise zu optimieren, als ungewohnte neue Strategien zu empfehlen. Unerläßlich ist bei diesem Vorgehen allerdings, die Gefahren zu beachten, die der herkömmlichen Unterrichtsplanung bzw. dem oben dargestellten Gliederungsschema von Unterrichtsentwürfen innewohnen.

Problematisch ist ohne Zweifel die Bezeichnung »Sachanalyse«. Sie könnte zu der Vorstellung führen, »daß es sinnvoll sei, *vor* allen didaktisch-methodischen Betrachtungen die 'reine' Sache zu analysieren« (*Meyer* 1981, 257; vgl. *Staeck* 1987, 245). Dieses Mißverständnis könnte noch dadurch verstärkt werden, daß üblicherweise die Sachanalyse in dem Unterrichtsentwurf vor den »Didaktischen Überlegungen« angeordnet ist. Es besteht die Gefahr, daß dadurch einer »Abbild-Didaktik« Vorschub geleistet wird, die in der allgemeindidaktischen Theorie längst als überholt gilt.

Wie vor allem von der »Berliner Schule« herausgestellt wurde, handelt es sich bei der Unterrichtsplanung einerseits um die Analyse der Bedingungen von Unterricht, andererseits um unterrichtliche Entscheidungen. Als »Bedingungsfelder« werden die »anthropogenen Voraussetzungen« und die »sozial-kulturellen Voraussetzungen« unterschieden. Es wäre durchaus sinnvoll, in die Erörterung der Unterrichtsbedingungen auch Überlegungen zu den wissenschaftlichen Grundlagen einzubeziehen; denn man könnte die zu einem Unterrichtsthema vorliegenden Veröffentlichungen zu den sozial-kulturellen Voraussetzungen seiner Behandlung rechnen. In diesem Sinne empfiehlt *Hilbert Meyer* (1981, 232), auf die herkömmliche Sachanalyse zu verzichten und stattdessen die notwendigen Sachinformationen in einem Abschnitt »Fachliche Vorgaben für die geplante Stunde« darzustellen. Zusammen mit den Abschnitten »Lernvoraussetzungen der Schüler« und »Handlungsspielräume des Lehrers« bildet dieser Abschnitt das Kapitel »Bedingungsanalyse«.

Eine gewisse Gefahr der herkömmlichen Entwurfs-Gliederung liegt auch in der Trennung der auf Ziele und Inhalte bezogenen »Didaktischen Analyse« von den »Methodischen Überlegungen«. Die von *Heimann/Otto/Schulz* (1977) aufgezeigten »Entscheidungsfelder« (Intentionen, Themen, Methoden und Medien) hängen ja eng miteinander zusammen; ihre getrennte Behandlung führt leicht zu einer Vernachlässigung dieses Interdependenzverhältnisses. Viele Unterrichtsentwürfe weisen diese Schwierigkeit deutlich aus: Entweder wird bei den methodischen Überlegungen nicht genügend Bezug auf die didaktischen Erwägungen genommen, oder Bemerkungen zu didaktischen und methodischen Fragen sind durcheinandergewürfelt. Dieser Schwierigkeit tragen viele Autoren von veröffentlichten Unterrichtseinheiten Rechnung, indem sie auf eine Trennung in zwei Kapitel verzichten und stattdessen in einem Abschnitt »Didaktische und methodische Überlegungen« zusammenfassen. *Meyer* (1981, 232) nennt das entsprechende Kapitel »Didaktische Strukturierung« und untergliedert es in die Abschnitte »Lehrziele des Lehrers«, »Hypothesen über die Handlungsziele der Schüler«, »Begründungszusammenhang von Ziel-, Inhalts- und Methodenentscheidungen« und »Vorüberlegungen zur Auswertung«. Mit der Überschrift des zweiten Abschnittes weist der Autor zu Recht darauf hin, daß die Zielvorstellungen der Schüler keineswegs mit den Zielen der Lehrperson übereinstimmen müssen und daß diese gut daran tut, die Vorstellungen der Schüler sehr ernst zu nehmen. Der vierte Abschnitt erscheint deshalb als besonders wichtig, weil der Auswertungs- und Evaluationsaspekt in der Unterrichtsplanung oft zu kurz kommt.

Wie bereits erwähnt, soll den folgenden Abschnitten die eingangs aufgeführte Gliederung von Unterrichtsentwürfen zugrundegelegt werden. Bei den Ausführungen sollten aber die dargelegten Kritikpunkte berücksichtigt werden.

Stellung der Stunde bzw. Doppelstunde im Zusammenhang der Unterrichtseinheit

Dieser Abschnitt des Unterrichtsentwurfs hat in erster Linie die Funktion, die Beobachter des Unterrichts in aller Kürze in den inhaltlichen Kontext des jeweiligen Unterrichtsausschnitts einzuführen. Er hat auch dann eine Bedeutung, wenn neben dem Entwurf für die betreffende Unterrichtsstunde ein Plan für die gesamte Unterrichtseinheit vorliegt; denn deren tatsächlicher Verlauf braucht mit der Planung keineswegs in allen Punkten übereinzustimmen. Insofern stellen die Ausführungen in diesem Abschnitt das Fazit aus dem bisherigen Verlauf der Unterrichtseinheit dar. Für den Unterrichtenden selbst liegt der Wert derartiger Überlegungen darin, daß er sich über Schwächen und Fehler sowohl der mittelfristigen Planung als auch der bisherigen Durchführung des Unterrichts klar wird und daraus Hilfen für das zukünftige Planen und Unterrichten gewinnen kann.

Sachanalyse

Einerseits ist sicher, daß es eine reine, von didaktischen Erwägungen freie Sachanalyse nicht gibt oder nicht geben sollte, andererseits ist es fragwürdig, die didaktischen Fragen zu stellen, ohne die Sachstruktur vorher geklärt zu haben. *Hans K. Beckmann* (1980, 99 f.) beginnt konsequenterweise einen »Fragenkatalog für eine Unterrichtsvorbereitung« mit der Frage »Welche Zielvorstellungen liegen für die Unterrichtseinheit mehr oder weniger vage zugrunde?«, stellt aber sogleich im Anschluß daran die Frage nach den fachlichen Grundlagen des Inhalts. Eine so verstandene Sachanalyse dient folgenden Zielen (vgl. *Leicht* 1981,149 f.; *Staeck* 1987, 245 ff.):

- Kenntnis des den Unterrichtsgegenstand betreffenden Forschungsstandes der Biologie, und zwar in inhaltlicher und methodischer Hinsicht;
- Kenntnisse über die Geschichte der Erforschung des Gegenstandes;
- Überblick über die Teildisziplin der Biologie, der das Unterrichtsthema zugehört, und Einsicht in die Bedeutung des Themas im Rahmen der Biologie;
- Kenntnis außerfachlicher Bezüge des Unterrichtsinhalts.

Die Lehrperson, die eine umfassende Sachanalyse durchführt, gewinnt dadurch einen geschärften Blick für falsche Aussagen, ungerechtfertigte Verallgemeinerungen und unangemessene Vereinfachungen (vgl. *Killermann* 1991, 253). Die Sachanalyse ermöglicht die Formulierung sachentsprechender Unterrichtsziele und die Auswahl exemplarischer Unterrichtsinhalte und -methoden. Sie stellt eine unersetzbare Voraussetzung für die sinnvolle Strukturierung

des Unterrichtsverlaufs dar. Sie ist eine Grundbedingung für einen Unterricht, der die Schüler zu kritischem Fragen anregen soll.
Im praktischen Vollzug der Unterrichtsplanung geht es darum, den in Frage stehenden Gegenstandsbereich möglichst schnell aufzuarbeiten. Ob man dabei von der Primärliteratur oder von wissenschaftlichen Lehrbüchern ausgeht und schließlich bei Schulbüchern ankommt oder den umgekehrten Weg geht, ist nicht wesentlich. Wichtig ist aber, daß man nicht bei Schulbüchern oder gar bei dem in der betreffenden Lerngruppe eingeführten Schulbuch stehenbleibt. Schulbücher können nur eine sehr begrenzte Auswahl an Sachinformationen bieten; diese kann niemals dem Lehrenden die notwendige Übersicht verschaffen und dem Informationsbedürfnis und -anspruch der Lerngruppe gerecht werden. Häufig werfen Texte und Bilder in Schulbüchern Fragen auf, die in diesen selbst nicht beantwortet werden. Hier bieten sich günstige Ansatzpunkte für die tiefergehende Sachanalyse. In einigen Fällen enthalten die Lehrerhandbücher weitere Sachinformationen; meist ist der Lehrende auf die Fachliteratur verwiesen. Sehr hilfreich sind die seit etwa zehn Jahren verbreiteten didaktischen Veröffentlichungen zu verschiedenen Unterrichtsthemen, die neben sogenannten Unterrichtsmodellen auch ausführliche Sachinformationen enthalten (vgl. »Basisartikel« der Themenhefte von biologiedidaktischen Zeitschriften; *Eschenhagen/Kattmann/Rodi* 1989 ff.). Diese Publikationen ermöglichen nicht nur eine relativ einfache Information über den Unterrichtsgegenstand, sondern auch - durch die meist ausführlichen Literaturverzeichnisse - einen vergleichsweise leichten Zugriff auf weiterführende Publikationen. In diesem Zusammenhang sind besonders solche fachwissenschaftlichen Zeitschriften zu nennen, die aktuelle Berichte aus der Forschung in allgemeinverständlicher Form bieten, z. B. »Bild der Wissenschaft«, »Biologie in unserer Zeit«, »Naturwissenschaftliche Rundschau«, »Spektrum der Wissenschaft«, »Umschau in Wissenschaft und Technik«.
Empfehlenswert ist es, einige wichtige Ergebnisse der Sachanalyse in übersichtlicher Form festzuhalten. *Wolfgang Strauß* schlägt vor, im Rahmen einer didaktischen »Feldanalyse« in einem ersten Schritt das Thema der betreffenden Unterrichtseinheit in Unterthemen und diese wiederum in Teilthemen zu untergliedern und dieses Verfahren bis an die »äußeren Fachgrenzen« fortzusetzen, um dann damit zu beginnen, »Situationen, Fragen und Probleme des Alltags zu assoziieren« (*Strauß* 1977; vgl. auch *Strey* 1986; *Wagener* 1992). *Lothar Staeck* (1987, 246) empfiehlt die Erstellung eines »Begriffsnetzes«, das die Struktur des jeweiligen Sachgebietes kennzeichnet. Bei beiden Vorgehensweisen gelangt man zu einer übersichtlichen Darstellung, die es ermöglicht, die Einzelkomplexe des Themas und ihre Verknüpfungen schnell zu erfassen;

beide Verfahren stellen damit eine gute Grundlage für didaktische und methodische Entscheidungen dar.
Für die Erstellung des Unterrichtsentwurfs wird hier empfohlen, den Abschnitt »Sachanalyse« im Vergleich zu den didaktischen und methodischen Überlegungen kurz zu halten. Mit Fakten und Zusammenhängen, die in den gängigen Hochschullehrbüchern der Biologie dargestellt sind, braucht man die Sachanalyse nicht zu belasten; hier genügen Hinweise auf die verwendete Literatur. Wichtig sind dagegen Ausführungen zu Ergebnissen der aktuellen Forschung, soweit sie noch nicht allgemein bekannt sind, im geplanten Unterricht aber eine Rolle spielen sollen.

Didaktische Überlegungen

Die »Didaktische Analyse« (*Klafki* 1964) gilt allgemein als »Kern der Unterrichtsvorbereitung«. Da dieser Teil der Unterrichtsplanung mehr als nur analytische Elemente enthält (siehe oben), wird hier die neutrale Bezeichnung »Überlegungen« gewählt. Dabei geht es um:

- die Ziele (Intentionen) des Unterrichts, also um die Frage »wozu«?
- die Auswahl und Strukturierung der Unterrichtsinhalte, also um die Frage »was«?
- die Begründung der Unterrichtsziele und -inhalte, also um die Frage »warum«?

Da diese Fragen in Wechselbeziehungen zu den Methoden- und Medienfragen (»wie?«) stehen, können die didaktischen Überlegungen nicht streng eingegrenzt oder scharf von den methodischen Überlegungen abgegrenzt werden; realistisch läßt sich lediglich von einer klaren Schwerpunktsetzung sprechen. Es hat sich vielfach bewährt, den didaktischen Erwägungen eine Reihe von Einzelfragen zugrundezulegen, durch die die drei obengenannten Fragen weiter aufgeschlüsselt und damit besser handhabbar gemacht werden. Solche typisch didaktischen Fragen sind (vgl. *Klafki* 1964; 1980; *Kramp* 1964; *Messer/Schneider/Spiering* 1974; *Beckmann* 1980):

- Die Frage nach den anthropologisch-psychologischen Voraussetzungen des Unterrichts bei den Lernenden (Stichworte: Wissen, Können, Einstellungen, Interesse, Lernbereitschaft, Lernfähigkeit, mutmaßliche Erwartungen im Hinblick auf den Unterricht).
- Die Frage nach den soziokulturellen Voraussetzungen des Unterrichts (Stichworte: soziales Umfeld der Schüler und der Schule, ökologisches Umfeld, Klassengröße, »Klassenklima«, Unterrichtszeit, -räume, Medienausstattung der Schule, Bestimmungen der Schulordnung).

- Die Frage nach den intentionalen und inhaltlichen Vorgaben in Richtlinien und Lehrplänen und dem dadurch mitbestimmten Entscheidungsspielraum der Lehrenden.
- Die Frage nach den anthropologisch-psychologischen Voraussetzungen bei der Lehrperson (Stichworte: Einstellung zum Lehrinhalt, Fähigkeit, soziales Lernen zu fördern).
- Die Frage nach den für die Unterrichtseinheit bzw. -stunde festzulegenden Zielen und ihrer Begründung (Stichworte: Zusammenhang mit Inhaltsentscheidungen, Rechtfertigung im Hinblick auf übergeordnete Zielsetzungen für Schule und Biologieunterricht, Möglichkeit der Differenzierung nach Grob- und Feinzielen sowie nach den Zieldimensionen und -stufen; s. Kapitel 7).
- Die Frage nach der Gegenwartsbedeutung des Unterrichtsinhalts (Einzelfragen: Spielt der Inhalt in der Gesellschaft eine wesentliche Rolle, ist er »gesellschaftsrelevant«? Ist er so bedeutsam, daß er eine größere Rolle im Leben der Lernenden spielen sollte, als durch die Analyse der anthropologisch-psychologischen Voraussetzungen erkennbar geworden ist?).
- Die Frage nach der Zukunftsbedeutung des Unterrichtsinhalts (Einzelfragen: Ist die Beschäftigung mit dem Gegenstand eine wichtige Voraussetzung für den weiteren Ausbildungsgang der Lernenden und die Bewältigung zukünftiger Lebenssituationen? Oder sind die an dem Inhalt zu gewinnenden Einsichten, Fähigkeiten oder Haltungen zwar bei der Bewältigung von Lebensnotwendigkeiten entbehrlich, aber für das »Ergreifen freier Lebensmöglichkeiten«, als »Grundlage ... eines menschenwürdigen Daseins in sich selbst wertvoll«? - vgl. *Klafki* 1964, 13; *Kramp* 1964, 41).
- Die Frage nach der Exemplarität der Unterrichtsinhalte (Einzelfragen: Warum wird unter dem Aspekt des exemplarischen Lehrens gerade dieses Thema bzw. der und jener Einzelinhalt ausgewählt? Welches Phänomen, welcher allgemeine Sinn- oder Sachzusammenhang soll durch die unterrichtliche Behandlung erschlossen werden? Welche Bedeutung hat das Beispiel im wissenschaftlichen Zusammenhang; worin liegt seine Fachrelevanz?).
- Die Frage nach der inhaltlichen Strukturierung der Unterrichtseinheit bzw. -stunde (Einzelfragen: Ergibt sich die Abfolge der Teilthemen aus der in der Sachanalyse dargelegten Sachstruktur, oder spielen dabei andere Gesichtspunkte - z. B. psychologische - eine Rolle?).
- Die Frage nach der Zugänglichkeit des Unterrichtsinhalts (Einzelfragen: Ist der Gegenstand für alle Schüler erfaßbar? Welche Möglichkeiten gibt es, ihn für die Schüler fragwürdig zu machen? - s. Abschnitt 3.2.4: Didaktische Rekonstruktion).

Diese Fragen sind weder eindeutig gegeneinander abgrenzbar, noch läßt sich die hier gewählte Reihenfolge überzeugend begründen.
Beispielsweise ergeben sich leicht Überschneidungen zwischen den Aussagen zu den anthropologisch-psychologischen Voraussetzungen und denen zur Gegenwartsbedeutung des Unterrichtsinhalts. Schwierigkeiten bereitet auch die getrennte Behandlung von Unterrichtszielen und -inhalten: Ziele sind nicht unabhängig von Inhalten zu denken, und die Auswahl von Inhalten erfolgt schon unter mehr oder weniger klaren Intentionen (vgl. *Beckmann* 1980, 99). Es besteht sogar die Gefahr, daß die Erörterung der inhaltlichen Strukturierung des Unterrichts starke Anklänge an die Sachanalyse zeigt und die Aussagen zur Zugänglichkeit des Gegenstands einen stark methodischen Einschlag erhalten. Schon diese wenigen Hinweise zeigen, daß man den obigen Fragenkatalog nur als Merkhilfe verstehen sollte, der größere Lücken in den didaktischen Erwägungen vermeiden hilft. Es kann auch nicht darum gehen, in jedem Unterrichtsentwurf jeden der erwähnten Punkte zu berücksichtigen. Ein solches Streben nach Vollständigkeit würde mit Sicherheit dazu führen, den Unterrichtsentwurf mit allgemeinen Aussagen zu befrachten, die die Ziele und Inhalte der betreffenden Stunde oder Doppelstunde nicht zentral betreffen. Aus den genannten Fragen läßt sich auch keinesfalls auf direktem Wege ein Gliederungsschema für diesen Abschnitt des Unterrichtsentwurfs gewinnen.
Die aufgeführten Fragen können dazu dienen, auch ein einfaches und daher sehr übersichtliches Gliederungsschema inhaltlich zu füllen, wie es *Lothar Staeck* (1987, 248 ff.) vorschlägt:
- Begründung der Themenwahl und Zielsetzung
- Lerngruppenspezifische Voraussetzungen und situative Bedingungen
- Festlegung der Konzeption und Struktur der Unterrichtseinheit
- Didaktische Transformation und Reduktion der fachwissenschaftlichen Sachverhalte.

Exkurs: Unterrichtsziele

In den siebziger Jahren ist es üblich geworden, bei der Unterrichtsvorbereitung der Formulierung von Unterrichtszielen besondere Aufmerksamkeit zu widmen (s. Kapitel 7). Diese Betonung, besonders wenn sie sich in dem Voranstellen einer Liste von Zielen vor den übrigen Abschnitten des schriftlichen Unterrichtsentwurfs äußert, erweckt leicht den Anschein, als käme dieses Element der Vorbereitung auf andere Weise zustande als die übrigen Elemente, etwa durch logische Ableitung (Deduktion) aus Richtzielen oder Grobzielen, die in Richtlinien festgeschrieben sind. Tatsächlich bedürfen die Unterrichts-

ziele genauso der sorgfältigen Diskussion und Begründung wie die Inhalte und Methoden. Deshalb wurde die Frage nach den Zielen im obigen Katalog gleichrangig neben die anderen Fragen gestellt. Wenn die Ziele im Unterrichtsentwurf dennoch hervorgehoben werden sollen, dann sollte man sie an das Ende der didaktischen Überlegungen stellen, weil sie sich im wesentlichen aus diesen ergeben. Da auch die Erörterungen zur Methodik Rückwirkungen auf die Intentionen haben können, läßt sich auch der Standpunkt begründen, die Ziele sollten erst nach dem Kapitel »Methodische Überlegungen« aufgeführt werden.
Häufig wird beklagt, daß in den Listen der Unterrichtsziele diejenigen der kognitiven Dimension überwiegen. Es ist leicht auszumachen, daß ein Grund hierfür in der Schwierigkeit besteht, Ziele der psychomotorischen und der affektiven Dimension auf einzelne Unterrichtsstunden zuzuschneiden und zu operationalisieren. Oft führt das Bemühen, das doch zu leisten, zu recht sonderbaren Formulierungen (z. B.: »Die Schüler sollen von der Verschmutzung des behandelten Baches betroffen sein«).
Es empfiehlt sich folgender Ausweg aus dem Dilemma: Man führt in der Liste der Unterrichtsziele nur solche auf, die in der betreffenden Unterrichtseinheit bzw. -stunde mit hoher Wahrscheinlichkeit erreichbar sind, und diskutiert die übrigen - vor allem weiterreichende Intentionen der affektiven Dimension - ausführlich im Text des Abschnitts »Didaktische Überlegungen«.

Exkurs: Methoden als Unterrichtsgegenstände

Gelegentlich treten bei der Unterrichtsplanung bzw. der Erstellung von Unterrichtsentwürfen dadurch Schwierigkeiten auf, daß es in der betreffenden Stunde schwerpunktmäßig um die Einführung in eine Methode geht, beispielsweise das Mikroskopieren. Der Planende ist unsicher, ob die Besprechung dieser Methode nicht in das Kapitel »Methodische Überlegungen« gehört. Da meistens Verfahren im Zusammenhang mit konkreten Unterrichtsinhalten behandelt werden, z. B. Mikroskopieren im Rahmen einer Unterrichtseinheit zum Thema »Vogel« anhand der Untersuchung einer Vogelfeder, stellt sich diese Frage selten in voller Schärfe. Gelegentlich steht aber die Methode eindeutig im Mittelpunkt des Unterrichts, und der Inhalt dient nur als Mittel zum Zweck der Einführung des betreffenden Verfahrens, oder diese Einführung stellt das alleinige Vorhaben der Unterrichtsstunde dar. An solchen extremen Fällen wird deutlich, daß Erkenntnismethoden, Darstellungsweisen oder Verfahren des Umgangs mit Lebewesen selbst Unterrichtsgegenstand werden können. Aber auch im oben dargestellten Normalfall sind Methoden als

Unterrichtsgegenstände (neben weiteren - inhaltlich bestimmten - Unterrichtsgegenständen) zu betrachten. Sie sind selbstverständlich genauso unter didaktischen Kriterien zu untersuchen wie sonstige Unterrichtsinhalte.

Methodische Überlegungen
In diesem Teil der Unterrichtsplanung werden Fragen zu den Methoden (»wie?«) gemeinsam mit Fragen zu den Medien (»womit?«) erörtert. Diese beiden Fragenkomplexe hängen derartig eng miteinander zusammen, daß es wohl kaum sinnvoll ist, sie in getrennten Abschnitten zu behandeln, zumal Medien als »tiefgefrorene Methodenentscheidungen« aufgefaßt werden können (vgl. *Meyer* 1987 a; s. Abschnitt 10.1).
Methodische Entscheidungen müssen auf die Voraussetzungen, Ziele und Inhalte abgestimmt werden. Die methodischen Möglichkeiten (einschließlich Medien) beeinflussen auch ihrerseits die Festlegung von Zielen und Inhalten, vor allem in dem Sinne, daß bestimmte Intentionen nicht verwirklicht werden können, wenn nicht bestimmte Medien vorhanden sind. Diese Überlegung zeigt einmal mehr, daß Unterrichtsplanung kein linear verlaufender Prozeß ist, bei dem zuerst die Zielfragen, dann die Inhalts- und schließlich die Methodenfragen entschieden werden, sondern daß beim Planen die Gedanken ständig zwischen den verschiedenen Faktoren hin- und hergehen.
Die beiden Hauptfragen im Rahmen der methodischen Überlegungen lassen sich - analog zum Vorgehen bei den didaktischen Erwägungen - in mehrere Teilfragen zerlegen (vgl. *Messer/Schneider/Spiering* 1974; *Beckmann* 1980; *Schulz* 1981, 109 ff.):
- Die Frage nach der methodischen Großform der Unterrichtseinheit (s. Abschnitt 8.3).
- Die Frage nach der Gliederung (Artikulation) des Unterrichts (siehe unten).
- Die Frage nach den Sozialformen des Unterrichts (s. Abschnitt 8.4).
- Die Frage nach den Arbeitsweisen (Handlungsmustern) (s. Kapitel 9).
- Die Frage nach dem Einsatz von Medien (s. Kapitel 10).
- Die Frage nach der Sicherung der Unterrichtsvoraussetzungen (Einzelfragen: Welche Maßnahmen sind zu einer optimalen Vorbereitung der Lehrkraft günstig? Muß z. B. eine Exkursion langfristig vorbereitet werden? Muß der Unterrichtsraum hergerichtet werden?).
- Die Frage nach den Hausaufgaben (Einzelfragen: Ist es sinnvoll, eine Hausaufgabe zu stellen? Soll es sich um eine Wiederholungsaufgabe oder um die Vorbereitung auf eine künftige Unterrichtsstunde bzw. -einheit handeln? Wieviel Zeit wird die Hausaufgabe beanspruchen?).

- Die Frage nach der Evaluation des Unterrichts (Einzelfragen: Soll in der zu planenden Unterrichtsstunde eine Lernerfolgskontrolle durchgeführt werden? In welcher Form kann eine künftige Erfolgskontrolle vorbereitet werden? Gibt es Möglichkeiten, den Lehrerfolg der Lehrperson festzustellen? - s. Abschnitt 6.4 und Kapitel 12).

Nicht alle aufgeführten Fragen zur Methodik werden in jedem Unterrichtsentwurf eine Rolle spielen, und die einzelnen Fragen werden in verschiedenen Entwürfen ein sehr unterschiedliches Gewicht haben. Wie bei den didaktischen Überlegungen gilt auch hier, daß der Fragenkatalog nur als Merkhilfe dienen soll und nicht als Gliederungsschema verstanden werden darf. Beim Schreiben von Unterrichtsentwürfen stellt sich die Frage nach einer angemessenen Gedankenfolge in besonderer Schärfe. Das übliche Vorgehen besteht darin, dem beabsichtigten Unterrichtsverlauf zu folgen und einen Unterrichtsschritt nach dem anderen darzustellen. Dabei läuft man Gefahr, den folgenden Gliederungspunkt des Unterrichtsentwurfs (»Skizze des geplanten Unterrichtsverlaufs«) in einer anderen Form vorwegzunehmen. Diese Gefahr läßt sich nur dadurch vermeiden, daß man in diesem Abschnitt den Schwerpunkt auf die Begründung der einzelnen Unterrichtsschritte legt und - wo es möglich ist - jeweils unterschiedliche methodische Varianten aufzeigt und diskutiert. Die Begründungen für methodische Entscheidungen können sich auf die unterschiedlichsten Parameter des Unterrichts beziehen, von den Lernvoraussetzungen der Schüler bis hin zur verfügbaren Unterrichtszeit. Gerade durch diesen Teil des Unterrichtsentwurfs kann es gelingen, alle Ausführungen des Entwurfs zu einer Einheit zu verbinden.
Bei einem zweiten Verfahren behandelt man die methodischen Elemente, die mehrfach in der Stunde bzw. Doppelstunde vorkommen, z. B. Experimente, Folien, Tafelnotizen, Arbeitsblätter, jeweils zusammen. Dadurch wird zwar der »rote Faden« des Unterrichts nicht so deutlich, dafür wird aber der Blick um so stärker auf das Problem der Methoden-Variation gelenkt; beispielsweise wird man schnell gewahr, daß zwei vorgesehene Arbeitsblätter einander sehr ähnlich sind.
Bei einer dritten Vorgehensweise, die wohl in der Praxis relativ selten angewendet wird, orientiert man sich an einer Reihe von Stichworten oder Fragen, z. B. dem oben aufgeführten Fragenkatalog. Dieses Vorgehen führt am sichersten zu einer gründlichen Prüfung aller denkbaren methodischen Möglichkeiten und zur sorgfältigen Begründung der Entscheidungen. Es besteht allerdings die Gefahr, daß man der Vollständigkeit halber auch solche Fragen diskutiert, die in dem betreffenden Unterricht keine Rolle spielen.

Exkurs: Artikulation des Unterrichts

Stufen- oder Artikulationsschemata für den Unterricht spielen schon seit langer Zeit eine Rolle (vgl. *Meyer* 1987 a, 155 ff.; 1987 b, 95 ff.). Besonders einflußreich war *Johann Friedrich Herbart* (1776 bis 1841) mit seiner Theorie der Formalstufen. Nach *Herbart* vollzieht sich der Erkenntnisprozeß in vier Schritten: Klarheit, Assoziation, System, Methode. Einer seiner Schüler *(Wilhelm Rein)* unterscheidet fünf Stufen: Vorbereitung, Darbietung, Verknüpfung, Zusammenfassung, Anwendung. Aus neuerer Zeit ist besonders das Artikulationsschema von *Heinrich Roth* bekannt geworden: Motivation, Schwierigkeiten, Finden der Lösung, Tun und Ausführen, Behalten und Einüben, Bereitstellung, Übertragung, Integration des Gelernten.

Große Bedeutung hat die Stufenfolge des Erkenntnisprozesses in der Konzeption des »Problemorientierten Unterrichts« (vgl. *Fries/Rosenberger* 1981; *Schmidkunz/Lindemann* 1992). Oft werden zwei Hauptstufen unterschieden (Problemgewinnung, Problemlösung), die jeweils wiederum in Unterstufen aufgegliedert sind. Besondere Beachtung verdient dabei der zu wählende *Einstieg*, und zwar sowohl im Hinblick auf die Motivierung der Schüler (s. Abschnitt 5. 4) wie auch bezüglich der Konsequenzen für den nachfolgenden Unterrichtsverlauf (vgl. *Berck* 1992).

Ein »Artikulationsmodell«, das auch im nichtexperimentellen Biologieunterricht anwendbar ist, schlägt *Wilhelm Killermann* (1991, 260 ff.) vor:

- Hinführung, Problemstellung, Motivation
- Meinungsbildung der Schüler, Lösungsplanung
- Erarbeitung, Problemlösung
- Festigung der Unterrichtsergebnisse
- Vertiefung, Ausweitung.

Es wäre verkehrt, wenn man versuchen würde, solche Gliederungsschemata mit allen Schritten auf jede Unterrichtsstunde anzuwenden. Manche Stunden dienen vorwiegend der Erarbeitung eines den Schülern unbekannten Sachverhalts, andere der Übung oder der Verallgemeinerung der im vorangegangenen Unterricht gewonnenen Kenntnisse. Im Laufe einer Unterrichtseinheit werden dann meist alle oben genannten Phasen vorkommen, und gelegentlich läßt sich auch eine Einzel- oder Doppelstunde nach dem vollständigen Schema strukturieren (vgl. Beispiel bei *Killermann* 1991, 263 f.).

Häufig kann man aber den Unterrichtsablauf zumindest in drei Schritte gliedern, von denen der erste der Anknüpfung bzw. der Motivation dient (»Einstieg«), der zweite der Be- oder Erarbeitung des Inhalts und der dritte der Vertiefung und Ergebnissicherung.

Skizze des geplanten Unterrichtsverlaufs (Verlaufsskizze)
Dieser Teil des Unterrichtsentwurfs stellt die Zusammenfassung aller vorangegangenen Überlegungen zur Unterrichtsplanung dar. Während in den anderen Abschnitten des Entwurfs die Begründung von Entscheidungen im Mittelpunkt steht, geht es hier um die Ergebnisse dieser Entscheidungsprozesse. Die Skizze des geplanten Unterrichtsverlaufs ist daher die wesentliche Orientierungshilfe für die Lehrperson während des Unterrichtens. Sie sollte deshalb so gestaltet sein, daß sich diese auch in schwierigen Situationen in ihr zurechtfindet. An diesen Teil des Entwurfs sind daher vor allem zwei Forderungen zu stellen: Er soll prägnant und übersichtlich sein.
Diesen Forderungen wird am besten eine tabellenartige Darstellungsform gerecht. Die Ansichten darüber, welche Gesichtspunkte dabei zu berücksichtigen sind, gehen weit auseinander. Vielfach bewährt hat sich das folgende Schema:

1 Zeit	2 Unterrichts- phasen	3 geplantes Lehrerverhalten	4 geplantes Schülerverhalten	5 Methoden und Medien

Die von einigen Autoren vorgeschlagenen Spalten »Lerninhalte« und »Didaktischer Kommentar« erübrigen sich, wenn ausführliche didaktische und methodische Überlegungen in schriftlicher Form vorliegen. Eine Spalte »Unterrichtsziele« ist nicht empfehlenswert, weil sich im allgemeinen die Ziele nicht einzelnen Unterrichtsschritten zuordnen lassen, sondern meist mehrere Unterrichtsphasen ein und demselben Ziel dienen.

Eine detaillierte *Zeitplanung* ist erforderlich, um zu gewährleisten, daß die wichtigsten Ziele am Ende der betreffenden Stunde oder Doppelstunde erreicht sind. Die Tatsache, daß es kaum einmal gelingt, die Zeitplanung exakt einzuhalten, spricht nicht gegen die grundsätzliche Berechtigung dieser Forderung. Sie macht aber deutlich, daß es sinnlos ist, die einzelnen Unterrichtsschritte auf die Minute genau zu terminieren. Die Zeitplanung soll einerseits das Ausufern einzelner Unterrichtsphasen verhindern, andererseits so offen sein, daß erwünschte Schüleraktivitäten berücksichtigt werden können. Diese Erwägungen führen dazu, daß man den zeitlichen Ablauf der Stunde nur mit runden Zahlen, etwa in Fünf- oder Zehn-Minuten-Schritten, angibt. Als günstig hat sich erwiesen, in der Verlaufsskizze die absoluten Zeiten der jeweiligen

Unterrichtsstunde aufzuführen (z. B. 8.00 Uhr: Einstieg; 8.05 Uhr: Lösungsplanung usw.), da diese Form der Zeitangabe es der Lehrperson erleichtert, während des Unterrichts sehr einfach festzustellen, ob sie die Zeitplanung einigermaßen eingehalten hat.

Im Hinblick auf die zweite Spalte kann hier auf die obigen Ausführungen zur *Artikulation* (Gliederung) des Unterrichts verwiesen werden.

Die beiden Spalten *»Geplantes Lehrerverhalten«* und *»Erwartetes Schülerverhalten«* stellen den Kern der Verlaufsskizze dar. Fragwürdig ist, ob nicht durch die Verteilung auf zwei Spalten der Zusammenhang zwischen Lehrer- und Schüleraktivitäten zerrissen werden könnte. Dieses Bedenken veranlaßt viele Autoren, nur eine Spalte vorzusehen und mit Überschriften wie »Unterrichtsablauf«, »Unterrichtsgeschehen« oder »Unterrichtsschritte« zu versehen. Erfahrungsgemäß bringt dieses Vorgehen die Gefahr mit sich, daß vorwiegend die Tätigkeiten des Lehrers, kaum aber die der Schüler ins Auge gefaßt werden. Die Zweispaltigkeit führt allerdings gelegentlich dazu, daß die »Schülerspalte« wie ein Echo der »Lehrerspalte« erscheint (z. B.: »Die Lehrerin stellt die Aufgabe ...«; »Die Schüler führen die Aufgabe aus«). Derartige Selbstverständlichkeiten sollte man vermeiden. In den meisten Fällen ist es aber möglich und sinnvoll, mehrere unterschiedliche Reaktionen der Schüler vorauszusehen und zu notieren. Die Notwendigkeit, sich bei der Planung über das mögliche Verhalten der Schüler Gedanken zu machen, hat sehr häufig den positiven Effekt, daß man nach Möglichkeiten sucht, durch geeignete Impulse die Lernenden zu aktiver, vielseitiger Auseinandersetzung mit dem betreffenden Problem anzuregen.

Dieser Gedankengang führt zu der Empfehlung, das geplante Lehrerverhalten recht anschaulich darzustellen. Zum Beispiel ist die Aussage »Der Lehrer regt zu einem Unterrichtsgespräch über ... an« zu allgemein; besser wäre die Formulierung eines entsprechenden Denkanstoßes. Derartige konkrete Formulierungen, die man im Unterricht wörtlich verwenden kann, sollten zumindest für die wichtigsten Unterrichtsphasen (»Nahtstellen des Unterrichts«) aufgeschrieben werden. Das ermöglicht dem Unterrichtenden, bei aufkommender Unsicherheit auf die Verlaufsskizze zurückzugreifen und schnell wieder auf sicheren Boden zu gelangen. Die Gefahr eines Mangels an Flexibilität läßt sich dadurch eingrenzen, daß man von vornherein jeweils unterschiedliche Reaktionen der Schüler auf eine Lehreraktivität ins Auge faßt. Zweifellos ist das bei der ruhigen und konzentrierten Planung des Unterrichts leichter möglich als im Unterrichtsvollzug selbst.

Das Bemühen um klare Formulierungen im Hinblick auf das vorgesehene Lehrerverhalten kann dazu beitragen, den Unterricht abwechslungsreich zu gestalten. Beispielsweise kann der planenden Lehrperson auffallen, daß sie dazu neigt, fast ausschließlich Fragen eines bestimmten Typs (z. B. »Wer ...?« »Wie ...?« Wo ...?«) zu stellen. Sie kann dann in Ruhe statt einer Frage einen Denkanstoß formulieren, z. B. eine herausfordernde Behauptung. Vielleicht merkt sie auch, daß sie einmal ganz ohne Worte auskommen und mit einem »stummen Impuls« die erwünschten Reaktionen bewirken kann, etwa durch die wortlose Präsentation eines Objekts, eine Tafelnotiz oder eine Geste.

Die Notizen zu den *Methoden* in der letzten Spalte der Verlaufsskizze dienen in erster Linie dazu, mit einem Blick feststellen zu können, ob es gelungen ist, die Stunde methodisch hinreichend variabel zu gestalten. Wenn beispielsweise in dieser Spalte nur die Worte »Lehrervortrag« und »Unterrichtsgespräch« vorkämen, läge der gegenteilige Verdacht nahe. Selbstverständlich gibt es Unterrichtsstoffe, die nur eine begrenzte Methodenvariation erlauben; aber im Biologieunterricht (besonders dem der Sekundarstufe I) sind solche Inhalte relativ selten, und selbst der sprödeste Stoff läßt mehrere Unterrichtsverfahren zu

Die Angaben zu den *Medien* verhelfen der Lehrperson dazu, jederzeit überprüfen zu können, ob alle Unterrichtshilfen vorhanden und entsprechend der vorgesehenen Nutzung vorbereitet und geordnet sind. Die Auflistung läßt schnell erkennen, ob der geplante Medieneinsatz gut dosiert ist oder ob sehr wenige oder vielleicht sogar zu viele Medien eingeplant sind. Sie gestattet auch, festzustellen, ob der Aufwand der Materialbeschaffung in einem angemessenen Verhältnis zum mutmaßlichen Gewinn steht. Es kommt in der Praxis durchaus vor, daß ein Medium, dessen Herrichtung oder Beschaffung mehrere Stunden in Anspruch genommen hat, im Unterricht nur wenige Minuten lang eine Rolle spielt. In einem solchen Falle sollte man sehr genau überlegen, inwieweit dieses Mißverhältnis zu vermeiden ist. Die Auflistung der Medien erweist sich auch nach dem Ablauf des Unterrichts als nützlich: Sie vereinfacht die Vorbereitung künftiger Unterrichtsvorhaben zu dem betreffenden Thema.

Anhang

Im Anhang werden alle Anlagen zum Unterrichtsentwurf zusammengefaßt, wie z. B. Literaturliste, Arbeitsblätter (mit Eintrag der Aufgabenlösungen), Informationsblätter, Vorlagen für Arbeitstransparente, Sitzplan der Klasse bzw. des Kurses. Ein wichtiges, oft vernachlässigtes Element des Anhangs ist der Entwurf des Tafelbildes. Selbstverständlich verdient es nur dann die Aufmerksamkeit des Lehrers, wenn es im Unterrichtsverlauf eine wesentliche Aufgabe hat. Wenn das der Fall ist, sollte man es sorgfältig planen. Dabei sind vor allem die folgenden Punkte zu bedenken: Anordnung der verschiedenen, im Verlaufe des Unterrichts nacheinander entstehenden Teile des Tafelanschriebs, Plazierung von Skizzen und ihrer Beschriftung, Überschriften, Datum.

6.3.4 Der kurze Unterrichtsentwurf

Wie bereits angedeutet wurde, spielen ausführliche Unterrichtsentwürfe vorwiegend in Ausbildungs- und Prüfungssituationen eine Rolle. Die tägliche Unterrichtsplanung wird sich auf die wichtigsten Punkte beschränken. *Hans K. Beckmann* (1980, 103) empfiehlt die Berücksichtigung der folgenden Fragen:
»- Was will ich unterrichten?
- Warum will ich das unterrichten? ...
- Wie will ich es unterrichten?
- Welche Methode will ich nutzen?
- Welche Hausaufgabe erteile ich?«

Ein anderer Vorschlag lautet, man solle sich bei der Kurzvorbereitung auf die folgenden Fragen konzentrieren: »Was ist gegeben? Was will ich erreichen? Wie gehe ich vor?« *(Messer/Schneider/Spiering* 1974, 62).
Die tägliche Unterrichtsplanung wird zu kurzen Unterrichtsentwürfen führen, die besonders die folgenden Elemente enthalten:
- Formalia
- Unterrichtsziele
- Skizze des geplanten Unterrichtsverlaufs
- Anhang.

Einen sehr kurzen Unterrichtsentwurf - mit nur 5 bis 7 Schritten - schlägt *Arnold Wagener* (1992, 104 ff.) für die tägliche Unterrichtsvorbereitung vor. Als sehr günstig hat es sich erwiesen, die fehlenden Ausführungen zu den didaktischen und methodischen Überlegungen durch kurze Hinweise im Rahmen der Verlaufskizze zu ersetzen. Dabei kann man auf den Vorschlag zurückgreifen, in die tabellenartige Darstellung eine Spalte »Didaktischer Kommentar« einzufügen (vgl. *Heimann/Otto/Schulz* 1977, 47).

Literatur

Bay/Rodi 1978; *Beckmann* 1980; *Beckmann/Biller* 1978; *Berck, K.-H.,* 1992; *Chiout/Steffens* 1978; *Dichanz/Mohrmann* 1980; *Fries/Rosenberger* 1976; *Eschenhagen/Kattmann/Rodi* 1989 ff.; *Heimann/Otto/Schulz* 1977; *Killermann* 1980 b; 1991; *Klafki* 1964; 1980 a; b; *Klautke* 1976; *Kramp* 1964; *Leicht* 1981; *Messer/Schneider/Spiering* 1974; *Meyer, Hilbert,* 1981; 1987 a; b; *Schaefer* 1971 a; *Schmidkunz/Lindemann* 1992; *Schulz, W.,* 1977; 1981; *Staeck* 1987; *Stichmann* 1992; *Strauß* 1977; *Strey* 1986; *Wagener* 1992

6.4 Die Beurteilung des eigenen Unterrichts

Die Selbst-Evaluation, d. h. die Beobachtung, Analyse und Verbesserung ihres eigenen Unterrichts, gehört ohne Zweifel zu den wichtigsten Aufgaben aller Lehrpersonen (s. Abschnitt 12.1). Diese Aufgabe wird auch von jeder Lehrkraft wahrgenommen, allerdings nicht immer mit der notwendigen Intensität und dem erwünschten Bewußtseinsgrad. Gerade viele »routinierte« Lehrkräfte reflektieren die im Unterricht gewonnenen Erfahrungen nur sehr pauschal oder punktuell und verfehlen dadurch das Ziel, den eigenen Unterricht ständig weiterzuentwickeln. Unter den Ursachen für diesen Mangel wird von den Betroffenen die Zeitknappheit besonders häufig erwähnt. Tatsächlich kann keine Lehrkraft, die das volle Stundensoll zu erfüllen hat, jede einzelne Unterrichtsstunde sorgfältig nachbereiten. Es ist aber doch möglich, ab und zu eine lohnende Stunde »nach allen Regeln der Kunst« zu evaluieren. Solche Regeln zur Nachbereitung des Unterrichts sind vielfach publiziert worden (vgl. *Moritz* 1973; *Pankratz* u. a. 1976; *Chiout/Steffens* 1978; *Eschenhagen/Kattmann/Rodi* 1985, 402 f.; *Wagener* 1992, 244 ff.). Die folgenden Gesichtspunkte sollten bei der Analyse des eigenen Unterrichts berücksichtigt werden:

- Entspricht der *Unterrichtsentwurf* den üblichen Anforderungen (s. Abschnitt 6.3)?
- Ist der Unterricht in bezug auf die vorgesehene *Zeiteinteilung* planmäßig verlaufen; sind Abweichungen vom Zeitplan zu rechtfertigen?
- War der Unterricht sinnvoll in *Unterrichtsschritte* (Phasen) gegliedert?
- Waren die *Anforderungen an die Schüler* angemessen; sind diese hinreichend zu eigenen Aktivitäten herausgefordert worden?
- Entsprach der *Methoden- und Medieneinsatz* dem Unterrichtsthema; war er differenziert genug und auf die Fähigkeiten der Schüler abgestimmt?
- Ist es gelungen, die gesetzten *Unterrichtsziele* zu erreichen und die *Unterrichtsergebnisse* zu sichern?
- Haben sich die *Schüler* in bezug auf Arbeitshaltung, Kooperation, Leistungen, Disziplin den Erwartungen entsprechend verhalten?
- Habe ich mich als *Lehrkraft* in bezug auf die Lenkung des Unterrichts, den Umgang mit den Schülern und spezielle erzieherische Maßnahmen (z. B. Lob, Ermahnung) so verhalten, daß eine gute soziale Atmosphäre ermöglicht wurde?

Manchen Lehrpersonen fehlt es an der Bereitschaft oder Fähigkeit, solche Kriterien auf ihren Unterricht zu beziehen. Sie haben zwar in ihrer Ausbildungszeit Regeln für die Unterrichtsanalyse kennengelernt, wenden sie aber in der täglichen Unterrichtspraxis nicht oder nur bruchstückhaft an. Das mag zum

Teil damit zusammenhängen, daß in der Ausbildung die Fremdbeurteilung dominierte und die Selbstbeurteilung zu wenig gefördert und trainiert wurde. Besonders wichtig ist aber, daß nach dem Abschluß der Ausbildung kaum noch Situationen auftreten, in denen das Beobachten und Bewerten von Unterricht systematisch geübt wird. Die wenigen Besuche von Schulaufsichtsbeamten dienen oft mehr der Kontrolle als der Förderung der betroffenen Lehrkraft. Hospitationen unter Kollegen sind außerordentlich selten, und für Eltern und andere Erwachsene ist das Klassenzimmer meist verschlossen. Das für den Lehrerberuf so typische »'Auf-sich-allein-Gestelltsein' und 'Auf-sich-selbst-Zurückziehen' schließt Defizite ein, welche die viel gepriesene Freiheit des Lehrers doch recht fragwürdig machen« (*Chiout/Steffens* 1978, 201).

Eine bisher wenig genutzte Möglichkeit zur Verbesserung des eigenen Unterrichts für den Lehrer liegt darin, die Schüler zu (anonym bleibenden) Äußerungen über den Unterricht anzuregen. *Wolfgang Zöller* (1978) stellt einen Fragebogen mit zwölf vorgegebenen Aussagen zum Lehrerverhalten vor, zu denen sich die Schüler durch Ankreuzen eines Wertes in einer Skala von sieben Schätzwerten äußern können (Beispiele: Der Lehrer »ist freundlich, und man hat leicht Zugang zu ihm«, »er regt seine Schüler zur Selbständigkeit an«). Der Autor berichtet, daß die Schüler »mit großem Ernst« die Gelegenheit wahrnehmen, ihre Meinung offen auszudrücken. Durch entsprechende Befragungen könnten die Lehrenden auch etwas über die Einschätzung der Unterrichtserfolge durch die Schüler erfahren.
Viele Lehrkräfte kompensieren den Mangel an Fremdkritik durch das Bemühen, ihren eigenen Unterricht an veröffentlichten Unterrichtsvorschlägen zu messen und durch Übernahme von ganzen »Unterrichtsmodellen« oder Einzelelementen zu verbessern. Im Fach Biologie zeigt sich dieses Bemühen deutlich in der großen Anzahl der Bezieher fachdidaktischer Zeitschriften. Bei der Durchsicht einschlägiger Publikationen kann man allerdings feststellen, daß nur ganz selten kritische Reflexionen über durchgeführten Biologieunterricht veröffentlicht werden.

Abhilfe in bezug auf die verschiedenen Hindernisse, die einer Unterrichts-Evaluation der Lehrenden entgegenstehen, ist am ehesten von einer verstärkten Kooperation der Lehrpersonen untereinander zu erwarten. Gemeinsame Unterrichtsvorbereitung und gegenseitiges Hospitieren mit anschließender Kritik führen nicht nur direkt zur Optimierung des Unterrichts, sondern schärfen auch den Blick der Beteiligten für die Parameter des Unterrichts und wirken sich dadurch indirekt aus. Wenn sich die Lehrenden gegenseitig ihre Unterrichtsmaterialien zur Verfügung stellen, wenn sie in Arbeitsteilung Medien beschaffen oder entwickeln, profitiert nicht nur jede einzelne Lehrperson für ihren Unterricht, sondern sie gewinnt auch noch Zeit, die sie wiederum in eine gründlichere Vor- und Nachbereitung investieren kann. Gerade in der Biologie, in der die verschiedensten Medien eine so wesentliche Rolle spielen, bieten sich vielfältige Möglichkeiten für eine solche Arbeitsteilung an (z. B. Verantwortung für Vivarien, Schulgarten, Buchbeschaffung, Chemikalienbestellung, Einrichtung und Weiterentwicklung von Karteien; vgl. *Hoebel-Mävers/Bieler* 1978).

Literatur

Chiout/Steffens 1978; *Eschenhagen/Kattmann/Rodi* 1985; *Hoebel-Mävers/Bieler* 1978; *Moritz* 1973; *Pankratz* u. a. 1976; *Wagener* 1992; *Zöller* 1978

7 Unterrichtsziele

7.1 Zum Begriff

Mit Zielen, Intentionen oder Absichten des Unterrichts wird angegeben, was als Ergebnis des Unterrichts erreicht werden soll; es wird also der angestrebte Lernerfolg umschrieben. Je nach den Aspekten, unter denen derartige Ziele betrachtet werden, benutzt man unterschiedliche Bezeichnungen. Alle gebräuchlichen und möglichen Differenzierungen sollen im folgenden unter der Bezeichnung »Unterrichtsziel« zusammengefaßt werden.
Als praktisch bedeutsam hat sich die Abstufung der Ziele nach dem Allgemeinheitsgrad (Abstraktionsgrad) erwiesen (vgl. *Möller* 1973; *Zöpfl/Strobl* 1973, 27). Es werden mehrere Stufen unterschieden: Ziele, die die gesamte Erziehung bzw. Schulbildung umfassen (Leitziele, Funktionsziele, allgemeine Schulziele), solche, die breite Lerngebiete angeben (Richtziele), die eingegrenzte Themen betreffen (Grobziele), und schließlich solche, die sich auf einzelne Lernschritte beziehen (Feinziele). Ob ein bestimmtes Ziel bei dieser Einteilung jeweils als Leitziel, Richtziel, Grobziel oder Feinziel zu gelten hat, läßt sich meist nicht aus der Kenntnis des Einzelziels erkennen, sondern nur aus dem Verhältnis der Ziele verschiedener Abstraktionsstufen zueinander (vgl. *Meyer* 1974, 37 ff.).
Es ist grundsätzlich nicht möglich, speziellere Ziele aus den allgemeineren abzuleiten. Für die Formulierung spezieller Ziele sind vielmehr jeweils weitere Informationen und Entscheidungen nötig, die in den allgemeinen Zielen nicht enthalten sind (vgl. *Blankertz* 1969; *Meyer* 1971; *Schaefer* 1973). Im »Zielebenenmodell« (vgl. *Eigenmann/Strittmatter* 1972) wird diesem Umstand dadurch entsprochen, daß sich die Zielformulierungen auf den drei Ebenen in charakteristischer Weise unterscheiden:

a) Leitideen beschreiben wesentliche Teile des gesellschaftlichen Umfeldes, des ausgewählten Themenbereiches oder der Lernsituation;
b) Dispositionsziele beschreiben angestrebte Verhaltensbereitschaften der Schüler;
c) operationalisierte Lernziele geben detailliert das Schülerverhalten an, das im Unterricht sichtbar werden soll.

Zwei Probleme sind in bezug auf Unterrichtsziele ausführlich in der Literatur behandelt worden: die Taxonomisierung und die Operationalisierung.

7.2 Taxonomisierung

Wie die Taxonomie der Lebewesen, so beruht auch die Taxonomie der Unterrichtsziele auf einer Klassifikation (Einordnung in Gruppen), die möglichst theoretisch begründet und empirisch überprüfbar sein soll.
Eine mögliche Einteilung der Unterrichtsziele ergibt sich aus den Inhalten, die mit den Zielen umschrieben werden. Es wird häufig zwischen Zielen, die fachliche Inhalte (Wissen, Kenntnisse) betreffen (stoffliche Ziele, materiale Lernziele), und solchen unterschieden, die z. T. fächerübergreifende Tätigkeiten, Arbeitsweisen oder Prozesse ansprechen (formale Ziele, instrumentale Lernziele, Prozeßziele, verfahrensorientierte Ziele).

Ein wichtiger Aspekt der Wirksamkeit von Unterrichtszielen ist die *Dimensionierung*. Es können Unterrichtsziele kognitiver, affektiver (emotionaler) und psychomotorischer (pragmatischer) Dimension unterschieden werden (vgl. *Meyer* 1974; *Heimann/Otto/Schulz* 1977, 26 f.). Unterrichtsziele der kognitiven Dimension »beziehen sich auf Denken, Wissen, Problemlösen; auf Kenntnisse und intellektuelle Fertigkeiten.« Unterrichtsziele der affektiven Dimension »beziehen sich auf Veränderungen von Interessenlagen, auf die Bereitschaft, etwas zu tun oder zu denken, auf Einstellungen und Werte und die Entwicklung dauerhafter Werthaltungen.« Unterrichtsziele der psychomotorischen Dimension »beziehen sich auf die manipulativen und motorischen Fertigkeiten eines Schülers« (*Meyer* 1974, 80-82).
Die drei Dimensionen können jedoch kein Einordnungsschema im strengen Sinne liefern, da sie sich gegenseitig nicht ausschließen, sondern in ein und demselben Unterrichtsziel alle Dimensionen kombiniert sein können. Daraus folgt, daß die drei Dimensionen »nicht getrennt voneinander betrachtet werden dürfen. Sinnvoll ist es vielmehr, überall dort, wo in der Lernziel-Formulierung nur eine der drei Dimensionen ausgedrückt wird, nach dem Verbleib der anderen beiden zu fragen« (*Meyer* 1974, 107). Aus demselben Grunde sollte in diesem Zusammenhang nicht von Zielbereichen, sondern stets von *Zieldimensionen* gesprochen werden.

Die Einteilung der Ziele in »Wissen«, »Können« und »Überzeugungen« übergreift die Zieldimensionen (vgl. *Dietrich* u. a. 1979):

- Das *Wissen* beschränkt sich auf die kognitive Dimension; es betrifft biologische Sachverhalte (»Strukturen, Prozesse und Sachverhalte in der lebenden Natur«) sowie Wissen über Methoden und Arbeitsverfahren der Biologie.

- Das *Können* umfaßt im wesentlichen Teile des Wissens sowie Fähigkeiten und Fertigkeiten. Fähigkeiten sind »Leistungsdispositionen«, die Voraussetzung für bestimmte Tätigkeiten sind (zum Beispiel Probleme stellen und lösen, Anwendung von Methoden und Verfahren nach einem Plan, Denken in Zusammenhängen, Auseinandersetzung mit verschiedenen Anschauungen, Darstellung von Sachverhalten in Diagrammen). Fertigkeiten sind durch Übung ausgebildete automatisierte und gefestigte Handlungsabläufe, zum Beispiel Mikroskopieren, Messen, Halten und Pflegen von Pflanzen und Tieren.
- *Überzeugungen* umfassen Wissen, Fähigkeiten sowie das Urteilen aufgrund von Normvorstellungen und Wertorientierungen. Sie betreffen zum Beispiel gesunde Lebensführung, politische Einstellungen, ästhetisches Empfinden und Verantwortung gegenüber der Natur.

Bei dieser Einteilung werden also, ausgehend von rein kognitiven Zielen, zunächst die kognitive und die psychomotorische Dimension und schließlich alle drei Dimensionen miteinander verknüpft.

Ein weiterer Schritt innerhalb der Taxonomisierung von Unterrichtszielen nach der Dimensionierung ist die Über- und Unterordnung der Ziele in einer *Hierarchie,* die gleichzeitig eine begründete Abfolge der Zielarten angeben soll.

Der bekannteste und weitestgehend systematisierte Versuch einer Taxonomie der Unterrichtsziele ist die »Taxonomy of Educational Objectives« (TEO), in der die Unterrichtsziele der *affektiven* und der *kognitiven Dimension* in zwei getrennten Skalen hierarchisiert worden sind (vgl. *Krathwohl u.* a. 1964; *Bloom* u. a. 1972). Das Prinzip der Taxonomisierung ist für die beiden Dimensionen verschieden (s. Tabelle 7-1). Die Unterrichtsziele der kognitiven Dimension werden nach dem Grad ihrer Komplexität angeordnet, die Unterrichtsziele der affektiven Dimension nach dem Grad der Eingliederung in das persönliche Wertsystem (Internalisierung).

Innerhalb der TEO liegt kein Vorschlag zur Taxonomisierung von Unterrichtszielen der *psychomotorischen Dimension* vor. Bekannt geworden ist hier der Versuch, die Ziele dieser Dimension nach dem Grad der erforderlichen Koordination (Automatisierung) anzuordnen (*Dave,* zitiert bei *Möller* 1973, 255 f.; *Meyer* 1974, 106; s. Tabelle 7-1).

Aus den drei Skalen geht nicht hervor, ob die Schüler im Lernprozeß jeweils die einzelnen Stufen nacheinander durchlaufen müssen oder ob einzelne Stufen übersprungen werden können. So ist z. B. fraglich, ob das Bewerten immer erst am Ende eines Lernprozesses stehen soll. Wahrscheinlich kann die TEO nicht

kognitive Dimension (vgl. *Bloom* u.a. 1972)	**affektive Dimension** (vgl. *Krathwohl* u.a. 1972)	**psychomotorische Dimension** (*R. H. Dave*, zit. n.*Meyer* 1974)
1. Kenntnisse 1.1 von konkreten Einzelheiten: Begriffen, einzelnen Fakten 1.2 von Wegen u. Mitteln für den Umgang mit konkreten Einzelheiten: Übereinkünfte, Trends und Abfolgen; Klassifikationen und Kategorien; Kriterien, Methodologie 1.3 der Universalien und Abstraktionen eines Gebiets: Prinzipien, Generalisationen; Theorien, Strukturen	**1. Aufmerksamwerden, Beachten** 1.1 Bewußtsein 1.2 Bereitwilligkeit zum Aufmerksamwerden 1.3 ausgewählte Aufmerksamkeit	**1. Imitation** 1.1 Imitationsimpulse 1.2 beobachtbare Wiederholung
2. Verständnis 2.1 Übertragung 2.2 Extrapolation	**2. Reagieren** 2.1 Einwilligung ins Reagieren; 2.2 Bereitwilligkeit zum Reagieren 2.3 Befriedigung beim Reagieren	**2. Manipulation** 2.1 Befolgen einer Anweisung 2.2 Selektion 2.3 Festigung eines Handlungsablaufes
3. Anwendung	**3. Werten** 3.1 Akzeptieren eines Wertes 3.2 Bevorzugen eines Wertes 3.3 Verpflichtung	**3. Präzision** 3.1 Reproduzieren 3.2 Steuerung
4. Analyse 4.1 von Elementen; 4.2 von Beziehungen; 4.3 von organisatorischen Prinzipien	**4. Organisation** 4.1 Begreifen eines Wertes 4.2 Organisation eines Wertsystems	**4. Handlungsgliederung** 4.1 Sequenz 4.2 Harmonie
5. Synthese 5.1 Schaffen einer einheitlichen Kommunikation; 5.2 Entwerfen eines Plans oder Programms für eine Reihe von Operationen; 5.3 Ableitung einer Reihe abstrakter Beziehungen	**5. Charakterisierung durch einen Wert oder eine Wertstruktur** 5.1 Allgemeine Einstellung 5.2 Charakterisierung	**5. Naturalisierung** 5.1 Automatisierung 5.2 Interiorisierung
6. Beurteilung (Evaluation) 6.1 im Hinblick auf innere Klarheit; 6.2 im Hinblick auf äußere Kriterien		

Tabelle 7-1:Taxonomie der Unterrichtsziele für die drei Zieldimensionen

in diesem streng methodischen Sinne eingesetzt werden. Wohl aber kann sie helfen, darauf zu achten, daß im Unterricht nicht allein Ziele der unteren Stufen angestrebt werden. Auf diese Weise dient sie als (heuristisches und analytisches) Instrument, neue Unterrichtsziele zu finden und den Unterricht auf Ziele verschiedener Stufen auszurichten (vgl. *Meyer* 1974, 112).

Der Deutsche Bildungsrat (1970) formulierte für den kognitiven Bereich folgende *Stufen* von Unterrichtszielen:
1. *Reproduktion*: Wiedergabe von Sachverhalten aus dem Gedächtnis;
2. *Reorganisation*: selbständige Neuordnung bekannter Sachverhalte zu einer neuen, komplexen Struktur;
3. *Transfer*: Übertragen von bekannten Zusammenhängen auf eine Struktur neuer Sachverhalte;
4. *Problemlösen*: Lösen neuartiger Aufgaben bzw. Finden neuartiger Erklärungen für bekannte Sachverhalte; konstruktive Kritik bekannter Lösungsvorschläge.

Die Stufen sind jeweils nur auf dem Hintergrund des vorhergegangenen Lernens und des Wissensstandes der Schüler zu beurteilen. Unabhängig davon sind also einzelne Unterrichtsziele den Stufen nicht zuzuordnen.
In der revidierten Fassung der Einheitlichen Prüfungsanforderungen (1983) sind die Anforderungsbereiche auf drei Stufen reduziert worden, indem die dritte und vierte Stufe zusammengefaßt wurden (s. Abschnitt 12.2.3).

7.3 Operationalisierung

Unterrichtsziele aller Dimensionen sollen möglichst eindeutige Angaben darüber enthalten, was im Unterricht gelernt werden soll. Eine Möglichkeit, dieser Forderung zu entsprechen, ist die Operationalisierung. Ziele gelten danach nur dann als operationalisiert, wenn ein beobachtbares und somit meßbares Schülerverhalten angegeben wird. Vermutete oder subjektiv erschließbare Vorgänge wie »Erkennen« oder »Fühlen« erfüllen dieses Kriterium nicht. Gebräuchlich sind Formulierungen wie »beschreiben«, »nennen«, »erklären«, »vergleichen«, »angeben«. Operationalisierte Lernziele haben daher folgende Teile:
a) Beschreibung des (beobachtbaren) angestrebten Schülerverhaltens;
b) Bezeichnung der Gegenstände oder der Situationen, auf die sich das Verhalten bezieht;
c) Angabe der Beurteilungsmaßstäbe, nach denen das angestrebte Verhalten als erfüllt gilt (vgl. *Mager* 1974).

Diesen Kriterien entspricht zum Beispiel das folgende Unterrichtsziel: Die Schüler sollen von 10 vorgegebenen blühenden Pflanzen der Familien Rosengewächse, Lippenblütler, Kreuzblütler und Schmetterlingsblütler mindestens 8 den genannten Familien richtig zuordnen können.
Unterrichtsziele der kognitiven Dimension lassen sich leichter operationalisieren als die der affektiven Dimension. In einer Untersuchung wurden Lehrpersonen auf das Operationalisieren trainiert. Die danach aufgestellten Ziele wurden mit denjenigen Zielen verglichen, die vor dem Training von denselben Lehrkräften zu denselben Themen formuliert worden waren. »Die Operationalisierung (nach *Mager*) hat die emotional-affektiven, die ethischen und die formalen Ziele stark reduziert« (*Frey/Lattmann* 1971, 124; s. Abb. 7-1).
Eine grundlegende Kritik an der Operationalisierung von Unterrichtszielen besteht darin, daß die so formulierten Ziele in erster Linie an der Überprüfung des Lernerfolges durch meßbares Schülerverhalten orientiert sind, nicht aber an den eigentlich angestrebten Lerndispositionen und Verhaltenstendenzen.

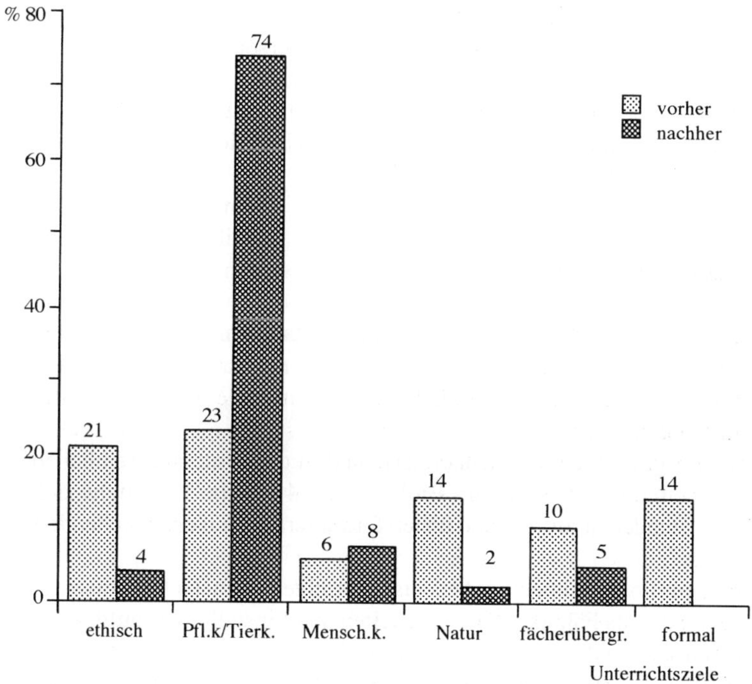

Abb. 7-1: Häufigkeit von Unterrichtszielen vor und nach dem Training in Operationalisierung (nach *Frey/Lattmann* 1971)

7.4 Sinn und Bedeutung, Beispiele

Klar formulierte Unterrichtsziele sind für einen planvoll ausgeführten Biologieunterricht in mehrfacher Hinsicht unerläßlich (s. Abschnitt 6.3.3):
Mit den allgemeinen Schulzielen und den fachbezogenen Zielangaben in den ministeriell erlassenen Richtlinien werden die Anforderungen umrissen, die als *öffentlich-gesellschaftlicher Auftrag* an die allgemeinbildenden Schulen bzw. an den Biologieunterricht zu verstehen sind. Sie können als Grundlage für das Gespräch mit Politikern, Schulaufsichtspersonen und Eltern über die Aufgaben des Biologieunterrichts dienen.
Bei der *Unterrichtsvorbereitung* sollen Unterrichtsziele helfen, die Auswahl der Unterrichtsinhalte und der Arbeitsweisen zu treffen. Eine vorliegende Auswahl von Unterrichtsinhalten und Arbeitsweisen kann jeweils durch die formulierten Unterrichtsziele überprüft werden.
Während der *Unterrichtsdurchführung* können die für Schüler und Lehrer gleichermaßen einsehbar formulierten Unterrichtsziele eine Verständigung über das Vorgehen und die Ausrichtung des gemeinsamen Lernens erleichtern.
In der *Unterrichtsnachbereitung* kann die Lehrperson sich anhand der Unterrichtsziele vergewissern, wie weit sie den Unterricht zielgerecht durchgeführt hat und wo sie die formulierten Ziele aus dem Auge verloren hat. Diese Nachbesinnung kann zur Formulierung neuer Unterrichtsziele für den nachfolgenden Unterricht führen.
Operationalisierte Unterrichtsziele dienen vor allem als Kriterien für die *Kontrolle der Lernergebnisse* (s. Kapitel 12). Mit ihrer Hilfe lassen sich lernzielorientierte (kriterienorientierte) Tests erstellen.

Im Bereich des Biologieunterrichts sind die Rahmenrichtlinien des Landes Hessen (1978) ein Modell für einen Lehrplan, der den angestrebten Unterricht allein durch die Angabe verbindlicher Unterrichtsziele beschreibt (vgl. auch *Astolfi/Coulibaly/Host* 1977).
Für die ausgewählten Themenbereiche sind in den Unterrichtseinheiten der IPN-Einheitenbank Curriculum Biologie (1974 ff.) die Unterrichtsziele jeweils als Stundenziele operationalisiert formuliert und auf entsprechende Tests bezogen.
Die für den Biologieunterricht bedeutsamen allgemeinen Unterrichtsziele sind in Tabelle 7-2 als Fähigkeiten, Fertigkeiten und Einstellungen aufgelistet und entsprechend den Zieldimensionen zugeordnet (vgl. *Kattmann/Schaefer* 1974; *Esser* 1978; *Klopfer,* zitiert in *Falkenhan* 1981, Bd. 1, 316 f).

Allgemeine Fähigkeiten und Fertigkeiten

a) kognitive Dimension
- Beobachten können
- Abstrahieren können
- Transfer vollziehen können
- Systematisieren können (ordnen, klassifizieren, hierarchisieren, Beziehungen erfassen)
- Logisch schließen können
- Probleme lösen können (Probleme stellen oder erkennen, Lösungshypothesen aufstellen, Konsequenzen aus den Hypothesen ableiten, Wege zur empirischen Kontrolle finden)
- Modelle bilden können (Einordnen von Wissen in ein Modell, Herleiten von Hypothesen aus einem Modell, Überprüfen einer Modellvorstellung, Erkennen von Grenzen eines Modells)

b) kognitive und psychomotorische Dimension
- Diagramme anfertigen und lesen können
- Verbalisieren können (sich sprachlich sachgemäß ausdrücken können, Informationen in Sprache umsetzen)
- Informationen beschaffen können
- Umweltbezug herstellen können (Einordnung und Anwendung des Wissens im Zusammenhang des alltäglichen Lebens)
- Experimentieren können (manuell mit Geräten operieren, Versuche planen und durchführen)
- Ökonomisch arbeiten können (zielorientiert handeln, technische Hilfen sinnvoll anwenden, die Zeit sinnvoll einteilen, neue Situationen rasch bewältigen)

Allgemeine Einstellungen

a) affektive Dimension
- Bereitschaft zum ständigen Lernen und Umlernen
- Offenheit zum sinnlichen Erleben
- Bereitschaft zu Kritik und Selbstkritik
- Entscheidungsfreudigkeit (Mut zum Setzen von Prioritäten und Wertungen)
- Bereitschaft zur Objektivität (wahrheitsgemäße Ermittlung und Weitergabe von Sachverhalten)

b) affektive und psychomotorische Dimension
- Bereitschaft und Fähigkeit zum Leben in der Gemeinschaft (Bereitschaft und Fähigkeit zur Mitarbeit, Toleranz gegen Andersdenkende)
- Aufgeschlossenheit für die Belange des eigenen Körpers (Bereitschaft zur Anwendung von Kenntnissen auf Körperpflege und gesunde Lebensführung)
- Bereitschaft und Fähigkeit zur Pflege von Pflanzen und Tieren
- Bereitschaft und Fähigkeit, sich für die Erhaltung der natürlichen Umwelt einzusetzen und verantwortlich zu handeln

Tabelle 7-1: Allgemeine Unterrichtsziele für den Biologieunterricht (nach *Kattmann/Schaefer* 1974 und *Esser* 1978)

Literatur

Astolfi/Coulibaly/Host 1977; *Blankertz* 1969; *Bloom* u. a. 1972; Deutscher Bildungsrat 1970; *Dietrich* u. a. 1979; *Eigenmann/Strittmatter* 1972; Einheitliche Prüfungsanforderungen 1983; *Esser, Hans,* 1978; *Falkenhan* 1981; *Frey/Lattmann* 1971; *Häußler/Lauterbach* 1976; *Heimann/Otto/Schulz* 1977; IPN-Einheitenbank 1974 ff.; *Kattmann/Schaefer* 1974; *Krathwohl* u. a. 1964; *Mager* 1974; *Meyer, Hilbert,* 1971; 1974; *Möller* 1973; Rahmenrichtlinien Hessen 1978; *Schaefer* 1973; *Zöpfl/Strobl* 1973

8 Methodenkonzepte, Großformen, Sozialformen

8.1 Allgemeines

Die Kapitel 8 und 9 behandeln die Probleme der Unterrichtsmethoden im Biologieunterricht. Unter der Bezeichnung »Methoden« werden hier alle »Formen und Verfahren« zusammengefaßt, »in und mit denen sich Lehrer und Schüler die sie umgebende natürliche und gesellschaftliche Wirklichkeit unter institutionellen Rahmenbedingungen aneignen« (*Meyer* 1987 a, 45). Eine bestimmte Methode kann im Unterricht nur wenige Augenblicke lang eine Rolle spielen, sie kann den Unterricht aber auch über mehrere Tage oder gar Wochen bestimmen. *Hilbert Meyer* (1987 a, 109 ff.) unterscheidet dementsprechend fünf Ebenen des methodischen Handelns:

- Handlungssituationen (z. B. Fragen, Antworten, Sich-Melden, »Drankommen«).
- Handlungsmuster (z. B. Lehrervortrag, Diskussion, Experimentieren).
- Unterrichtsschritte (z. B. Einstieg, Ergebnissicherung).
- Sozialformen (z. B. Einzelarbeit, Gruppenunterricht).
- Methodische Großformen (z. B. Kurs, Projekt).

Von dieser Reihe der konkreten Unterrichtsmethoden kann man die sogenannten *Methodenkonzepte* oder *Unterrichtskonzepte* unterscheiden, in denen jeweils eine Reihe unterrichtlicher Prinzipien zu einem theoretischen Konstrukt verbunden sind (z. B. »Offener Unterricht«; vgl. Übersicht bei *Meyer* 1987 a, 210 ff.). In diesem Buch werden nur diejenigen Methoden und Unterrichtskonzepte behandelt, die im Biologieunterricht eine wichtige Rolle spielen oder spielen sollten. Die Methoden der untersten Ebene *(Handlungssituationen)* sind zwar auch für den Biologieunterricht außerordentlich wichtig, sie sind aber nicht spezifisch für dieses Fach, so daß sie hier nicht angesprochen werden. Einige Ausführungen zu den *Unterrichtsschritten* finden sich im Abschnitt 6.3.3, speziell im Exkurs »Artikulation des Unterrichts«.

Wegen ihrer besonderen Bedeutung wird den im Biologieunterricht spezifisch ausgeprägten *Handlungsmustern* ein eigenes Kapitel gewidmet, für die jedoch der Ausdruck »Arbeitsweisen« verwendet wird, da dieser in der Biologiedidaktik weiter verbreitet ist als der Terminus »Handlungsmuster« (vgl. *Bay/ Rodi* 1978; *Killermann* 1991).

Das umfangreiche Repertoire an Unterrichtsmethoden wird im Fach Biologie - wie auch in anderen Fächern - bislang keineswegs optimal genutzt (vgl. *Hage* u. a. 1985; *Iwon* 1989). Obwohl die Stärken und Schwächen der verschiedenen Unterrichtsformen seit langem diskutiert werden und in vielen Fällen auch empirisch nachgewiesen sind, dominieren immer noch die Formen des Darbietens und gemeinsamen Erarbeitens (vgl. *Dietrich* u. a. 1979) , die die traditionelle Dominanz der Lehrperson im Unterricht begünstigen. Ein Beispiel ist das sogenannte gelenkte Unterrichtsgespräch, das häufig auch als fragend-entwickelndes Verfahren bezeichnet wird. Es ist empirisch ermittelt worden, daß diese Methode das am häufigsten angewendete unter allen Handlungsmustern ist, obwohl auch festgestellt worden ist, daß sie nicht besonders effektiv ist (vgl. *Meyer* 1987 b, 282 f., 287). Gelegentlich mag es zwar gelingen, beim gelenkten Unterrichtsgespräch dem Idealbild der »sokratischen Lehrform« (vgl. *Killermann* 1991, 239) nahezukommen; allzu häufig aber degeneriert es zu einem kurzschrittigen Frage- und Antwortspiel, bei dem es nur darum zu gehen scheint, Kenntnisse, die einzelne Schüler schon haben, auch den übrigen zu vermitteln. Dabei geraten stets diejenigen Schüler ins Hintertreffen, die aufgrund ungünstiger häuslicher Verhältnisse oder sonstiger unverschuldeter Defizite nur wenig Vorwissen über den Unterrichtsgegenstand haben, oder solche, die nicht fähig oder bereit sind, die Antworten zu bringen, die die Lehrkraft erwartet. Das fragend-entwickelnde Verfahren kann sicher nicht aus dem Biologieunterricht verbannt werden; aber seine Schwächen können durch kritischere Verwendung verringert, und sein Anteil am gesamten Unterricht sollte eingeschränkt werden (vgl. *Kyburz-Graber* 1988; *Killermann* 1991, 239).

Zu bevorzugen sind alle Methoden, die den Schülern eine selbstgesteuerte, tiefgehende Auseinandersetzung mit den Unterrichtsgegenständen ermöglichen. Einmal sind hier Unterrichtsformen und -verfahren zu nennen, die als typisch naturwissenschaftlich oder biologisch gelten und meist schon seit Jahrzehnten propagiert werden, wie Experimentieren, Mikroskopieren, Halten und Pflegen (s. Kapitel 9). Zum anderen seien hier solche Methoden erwähnt, die zwar nicht naturwissenschaftsspezifisch sind, aber auch im Biologieunterricht einen hohen Stellenwert haben sollten, wie Projekt, Exkursion, Kleingruppenunterricht, Schülerdiskussion, Interview und Befragung, Plan- und Rollenspiel.

Literatur

Bay/Rodi 1978; *Dietrich* u. a. 1979; *Hage* u.a. 1985; *Iwon* 1989; *Killermann* 1991; *Kyburz-Graber* 1988; *Meyer, Hilbert,* 1987 a; b

8.2 Unterrichtskonzepte

Für den Biologieunterricht sind vor allem die Methodenkonzepte »Exemplarisches Lehren und Lernen« (s. Abschnitt 3.2.3), »Entdeckendes Lernen«, »Problemlösender Unterricht«, »Handlungsorientierter Unterricht« und »Offener Unterricht« bedeutsam.

Das Konzept des *Offenen Unterrichts* verdient deshalb besondere Beachtung, weil es die größte Nähe zu den Idealvorstellungen von einem schülerzentrierten Unterricht aufweist (s. Abschnitt 5.1). Seit einigen Jahren wird in vielen Schulen - vor allem im Primarbereich - versucht, es zu realisieren. Das wesentliche Kennzeichen dieses Ansatzes ist die »Offenheit für Interessen von Schülern und Lehrern, die sich besonders in einer Beteiligung der Schüler an Planung und Umsetzung von Unterricht niederschlagen muß« (*Marek* 1980, 47). »Der Prozeß des Lernens steht gleichrangig neben den intendierten Ergebnissen, die Förderung des Einzelnen wird zum 'Klassenziel', und Selbständigkeit wird wichtiger als Anpassung« (*van Dick* 1991, 32). Zu diesem Konzept gehört auch die Öffnung der Schule zu ihrem Umfeld: Schüler und Lehrpersonen arbeiten nicht nur im Schulgelände, sondern auch außerhalb der Schulmauern; Eltern und andere Erwachsene kommen in die Schule und unterstützen Lehrkräfte und Schüler bei ihren Unternehmungen. Eine der wichtigsten Aufgaben der Lehrenden besteht darin, die Schule und ihre Umgebung so zu gestalten, daß sie zu einer anregenden und ergiebigen »Lernumwelt« für jeden einzelnen Schüler werden kann (vgl. *Ramseger* 1992).

Offener Unterricht ist meist durch eine Reihe von Strukturmerkmalen charakterisiert, z. B. einen speziellen Wochenplan, einen den Tagesrhythmus der Schüler berücksichtigenden Stundenplan und das Element der *Freiarbeit.* Auch im Biologieunterricht der höheren Schulstufen gewinnt das Konzept des Offenen Unterrichts an Bedeutung (vgl. *Hoebel-Mävers* u. a. 1976; *Marek* 1980; *Clausnitzer* 1992; *Frank* 1992; *Ellenberger* 1993, 236-261) .

Ein in der Zielrichtung dem Offenen Unterricht ähnliches Konzept ist der *Handlungsorientierte Unterricht* (vgl. *Meyer* 1987 a, 214 ff.; 1987 b 395 ff.). Wie in dem Namen angedeutet ist, geht es bei diesem Ansatz schwerpunktmäßig darum, den Unterricht weitaus häufiger als meist üblich zu produktivem Handeln zu nutzen. »Unterricht sollte so oft wie möglich zu Ergebnissen kommen, die man anfassen oder vorführen kann, die augenblicklich und auch später noch für die Schüler Gebrauchswert haben« (*Meyer* 1987 b, 402). Handlungsprodukte können beispielsweise eine Wandzeitung, ein Plan für eine Exkursion, ein Exkursionsbericht, einige Vogelnistkästen oder ein Teich im Schulgarten sein. Für Biologielehrkräfte ist dieses Konzept attraktiv, weil

es an Vorstellungen anknüpft, die seit der Pädagogischen Reformbewegung, vor allem der »Arbeitsschule« nach *Georg Kerschensteiner,* in der Biologiedidaktik lebendig sind (s. Abschnitt 2.1.4) und weil es sich schrittweise, ohne grundlegende organisatorische Umstellungen, verwirklichen läßt. Bisher gibt es aber offenbar nur wenige Biologielehrkräfte, die in ihrem Unterricht konsequent den Prinzipien des Handlungsorientierten Unterrichts folgen; viele orientieren sich aber an ähnlichen Ideen.
Die Modelle des *Entdeckenden Lernens* und des *Problemlösenden Unterrichts* weisen untereinander und zu dem eben dargestellten Ansatz einige Ähnlichkeiten auf (vgl. z. B. *Klewitz/Mitzkat* 1977 ; *Neber* 1981; *Scholz* 1980; *Lange* 1982; *Lange/Löhnert* 1983; *Wilde* 1984). Eine große Nähe zum Unterricht in den Naturwissenschaften ergibt sich vor allem aus den Übereinstimmungen zwischen Problemlösungsstrategien im allgemeinen und der Sequenz der Schritte eines naturwissenschaftlichen Experiments (vgl. z. B. *Scholz* 1980; *Fries/Rosenberger* 1981; *Schmidkunz/Lindemann* 1992; s. Abschnitt 9.1). Das Experiment »stellt einen besonders differenzierten und anspruchsvollen Typ der Problemlösungsprozesse dar« (*Eschenhagen* 1983, 225). Dementsprechend spielen die beiden Methodenkonzepte im Fach Biologie, und zwar besonders im Experimental- und Freilandunterricht, eine erhebliche Rolle (vgl. *Dietrich* u.a. 1979; *Dylla* 1980; *Clausnitzer* 1983; *Eschenhagen* 1983; *Staeck* 1987; *Starosta* 1990; *Killermann* 1991; *Kurze* 1992).

Literatur

Clausnitzer 1983; 1992; *van Dick* 1991; *Dietrich* u.a. 1979; *Dylla* 1980; *Ellenberger* 1992; *Eschenhagen* 1983 b; *Frank* 1992; *Fries/Rosenberger* 1981; *Hage* u. a 1985; *Hoebel-Mävers* u. a. 1976; *Iwon* 1989; *Killermann* 1991; *Klewitz/Mitzkat* 1977; *Kurze* 1992; *Lange* 1982; *Lange/Löhnert* 1983; *Meyer, Hilbert,* 1987 a; b; *Marek* 1980, *Neber* 1981, *Rumseger* 1992; *Schmidkunz/Lindemann* 1976; *Scholz* 1980; *Starosta* 1990; *Wilde* 1984

8.3 Methodische Großformen

8.3.1 Zum Begriff

Als methodische Großformen (s. Abschnitt 8.1) oder methodische Grundformen (vgl. z. B. *Otto* 1974) werden »jene unterrichtlichen Organisationsschemata« bezeichnet, »die über längere Zeiträume hinweg Arbeits- und Sozialformen des Unterrichts bestimmen« (*Otto* 1974). In der allgemeindidaktischen

Literatur werden vor allem der Lehrgang oder Kurs, das Trainingsprogramm, der Workshop, das Projekt oder Vorhaben, die Exkursion und die Fallstudie genannt (vgl. Übersicht bei *Meyer* 1987 a, 143 f.). Im Biologieunterricht spielen nur der Kurs, das Projekt, die Fallstudie und die Exkursion eine Rolle, wobei die erstgenannte Form stark dominiert.

Der *Kurs oder Lehrgang* ist durch seinen systematischen Charakter und durch planmäßige, stark von der Lehrperson gelenkte Lernprozesse gekennzeichnet. Der Unterricht schreitet zielorientiert von einem Inhalt zum nächsten voran; selbstorganisiertes Lernen der Schüler findet relativ selten und meist nur während kurzer Phasen statt. Die Lebenswirklichkeit, der der Unterricht seine Inhalte entnimmt, wird im allgemeinen nur in sorgsam ausgewählten, oft isolierten Ausschnitten und in zubereiteter Form einbezogen.
Das *Projekt*, das man als einen »Gegenentwurf« zum Lehrgang betrachten kann, soll wegen seiner großen und weiter zunehmenden Bedeutung im Biologieunterricht eingehender behandelt werden (s. Abschnitt 8.3.2).
Fallstudien werden im Fach Biologie bisher nur selten durchgeführt. Ausgangspunkt für Fallstudien sind die Entscheidungen von Menschen in konkreten Situationen (vgl. *Otto* 1977, 168 ff.). Das durch den »Fall« aufgeworfene Problem wird von verschiedenen Seiten beleuchtet (analysiert), unterschiedliche Problemlösungen werden - meist in Kleingruppenarbeit - entwickelt und vergleichend diskutiert. Dabei werden die Bedingungen von Entscheidungen und deren Auswirkungen erfaßt. Im Biologieunterricht eignen sich besonders die Themenbereiche »Umweltschutz« und »Gesundheitserziehung« für Fallstudien (z. B. »Die Gemeinde X baut eine Kläranlage«, »Die Schule Y wird nikotinfrei«). Auch bei der Behandlung ethischer Fragen spielen sie eine erhebliche Rolle (s. Abschnitt 3.5.3).
Exkursionen haben traditionsgemäß einen hohen Stellenwert im Biologieunterricht (s. Abschnitt 8.3.3).

Literatur

Meyer, Hilbert, 1987 a; b; *Otto, G.,* 1974; 1977

8.3.2 Das Projekt

»Ein Projekt stellt den gemeinsam von Lehrern, Schülern, hinzugezogenen Eltern, Experten usw. unternommenen Versuch dar, Leben, Lernen und Arbeiten derart zu verbinden, daß ein gesellschaftlich relevantes, zugleich der indivi-

duellen Bedürfnis- und Interessenlage der Lehrer und Schüler entsprechendes Thema oder Problem innerhalb und außerhalb des Klassenzimmers aufgearbeitet werden kann« (*Meyer* 1987 a, 143 f.). Häufig wird das Projekt durch einen Katalog von Merkmalen gekennzeichnet, zum Beispiel: Bedürfnisbezogenheit, Situationsbezogenheit, gesellschaftliche Relevanz, Interdisziplinarität, kooperative Planung von Lehrenden und Lernenden, kollektive Realisierung, Produktorientiertheit (vgl. *Otto* 1977).
Sehr charakteristisch ist die Schrittfolge der Aufgaben, die sich den Beteiligten bei der Durchführung eines Projekts stellen:

»1. Eine wirkliche Sachlage auswählen, die für die Schüler ein echtes Problem darstellt.
2. Einen gemeinsamen Plan zur Problemlösung entwickeln.
3. Eine handlungsbezogene Auseinandersetzung mit dem Problem herstellen.
4. Die gefundene Problemlösung an der Wirklichkeit überprüfen« (*Hänsel* 1986, 39; vgl. *Bastian/Gudjons* 1990).

Projekte erfüllen also »ihrer Idee nach in anspruchsvoller, ja idealer Form die ... Kriterien und Prinzipien eines Handlungsorientierten Unterrichts« (*Meyer* 1987 b, 334) und anderer aktueller Unterrichtskonzepte (s. Abschnitt 8.2). Es ist daher sehr zu begrüßen, daß die neueren Richtlinien in den meisten Bundesländern Hinweise zum Projektunterricht enthalten (vgl. *Riquarts* 1984; *Purrmann* 1985). Allerdings haben die »Unschärfe der Begriffe Projektunterricht, projektorientiertes Lernen, Projekttag und Projektwoche und die damit einhergehende recht breit variierende Praxis ... bereits zu Warnungen vor einer 'Ausbreitung (der Projektidee) bei gleichzeitiger Reduzierung der Konzeption' geführt« (*van Dick* 1991, 33).

In Projekten, die von Biologielehrkraften initiiert werden bzw. an denen Biologielehrkräfte beteiligt sind, können wohl nur in wenigen Fällen alle aufgeführten Projektmerkmale realisiert werden. Aber es ist wünschenswert, daß diese Vorhaben zumindest die folgenden Kennzeichen aufweisen: starke Berücksichtigung der Schülerinteressen, deutliche Bezogenheit auf außerschulische Situationen, weitgehende Selbstorganisation der Lernprozesse, hoher Anteil von Gruppenarbeit, Handlungsorientierung.
Da das Thema »Projekt« zu den typischen allgemeindidaktischen Themen gehört, zu denen die Fachdidaktiken nur wenig Spezifisches beitragen können, überrascht es nicht, daß in der biologiedidaktischen Literatur nur wenige Beiträge zu grundsätzlichen Aspekten des Projektunterrichts zu finden sind (vgl. *Schoof* 1977; *Eschenhagen* 1990; *Hedewig* 1993). Andererseits gibt es unter den Veröffentlichungen über durchgeführte Projekte sehr viele, die einen

biologischen Schwerpunkt betreffen. Als Projektthemen, die sich für den Biologieunterricht eignen (vgl. auch Beispiele bei *Frey* 1982; *Hänsel* 1986; *Hänsel/Müller* 1988; *Hedewig* 1993 b; *Jüdes/Frey* 1993), seien genannt:

- Themen aus dem Bereich »Gestaltung der Schule und ihrer Umgebung«, wie z. B. Einrichtung von Aquarien oder Terrarien, Gestaltung eines 'grünen Klassenzimmers', Anlage eines Schulgartens, eines Teiches oder einer Wallhecke (vgl. *Grupe* 1977, 279; *Kloehn/Zacharias* 1984);
- Themen aus dem Bereich »Umwelt«, z. B. Anlage eines Waldlehrpfades, Bäume in unserem Stadtviertel, 'Müll' (vgl. *Hollwedel* 1975; *Garbers* u. a. 1977; *Eulefeld* u. a. 1979; *Blume* 1979; *Jäger* 1981; *Kyburz-Graber* 1981; *Göltenboth/Sigloch/Weigold* 1983; *Graf* 1985; *Klahm* 1985; *Verfürth* 1985; *Schmidt* 1992);
- Themen aus dem Bereich »Gesundheit und Krankheit«, z. B. 'Rauchen', 'Suchtgefahren' (vgl. *Garbers* u. a. 1977; *Hahne* u. a. 1981; Friedrich Verlag 1990).

Literatur

Bastian/Gudjons 1988; 1990; *Bayrhuber* u. a. 1994; *Blume, B.*, 1979; *van Dick* 1991; *Eschenhagen* 1990; *Eulefeld* u.a. 1979; *Frey* 1982; Friedrich Verlag 1990; *Garbers* u.a. 1977; *Göltenboth/Sigloch/Weigold* 1983; *Graf, H. U.*, 1985; *Grupe* 1977; *Hahne* u. a. 1981; *Hänsel* 1986; *Hänsel/Müller* 1988; *Hedewig* 1993 b; *Hollwedel* 1975; *Jäger* 1981; *Jüdes/Frey* 1993; *Klahm* 1985; *Kloehn/Zacharias* 1984; *Kyburz-Graber* 1981; 1988; *Meyer, Hilbert,* 1987 a; b; *Otto, G.*, 1977; *Purrmann* 1985; *Riquarts* 1984; *Schmidt, R.*, 1992; *Schoof* 1977

8.3.3 Exkursionen

Zum Begriff

Als Exkursion soll im folgenden jede unterrichtliche Unternehmung bezeichnet werden, die sich außerhalb des Schulgebäudes abspielt. Die Besichtigung einer Kläranlage fällt ebenso unter diesen Begriff wie der Gang über das Schulgelände mit der Absicht, die Früchte einiger Bäume und Sträucher kennenzulernen. Die Lernorte (s. Abschnitte 11.2 und 11.3) sind bei Exkursionen also sehr unterschiedlich.

Wie in anderen Bereichen der Biologiedidaktik gibt es auch in diesem Bereich keine einheitliche, allgemein anerkannte und angewendete Terminologie. Die Bezeichnung »Exkursion« wird nur von wenigen Autoren verwendet (vgl. *Strey* 1973; *Mostler/Krumwiede/Meyer* 1979). Häufiger findet man die Ausdrücke »Unterrichtsgang« (vgl. z. B. *Killermann* 1991; *Grupe* 1977; *Spandl*

1974) oder »Lerngang« (*Hager* 1967) als übergeordnete Bezeichnung. Da einige Didaktiker den Terminus »Unterrichtsgang« aber auch auf einer anderen Ebene der Begriffshierarchie verwenden, nämlich zur Kennzeichnung eines *kurzen* Unterrichts außerhalb des Schulgebäudes, ergeben sich begriffliche Schwierigkeiten. Ähnlich steht es um den Ausdruck »Lehrwanderung«, der gleichzeitig als Oberbegriff und als Bezeichnung für längere Unternehmungen benutzt wird (vgl. z. B. *Odzuck* 1974).
Unter Vermeidung der genannten Schwierigkeiten wird hier das folgende Begriffssystem vorgeschlagen. (Die Bezeichnungen in den Klammern dienen lediglich der Zuordnung zu den in der Literatur gebrauchten Termini.)
Unterscheidung der Exkursionen nach ihrer Dauer:
1. Kurze, d. h. ein- bis zweistündige Exkursion (Unterrichtsgang oder Lerngang),
2. Halb- bis ganztägige Exkursion (Lehrwanderung),
3. Mehrtägige Exkursion (Lehr- oder Studienfahrt, Schullandheimaufenthalt).

Schwierigkeiten ergeben sich bei der Anwendung der vorgeschlagenen Ausdrücke für ausgesprochene Besichtigungen. Hier wird deutlich, daß sich die oben genannten Termini in der Geschichte des Biologieunterrichts und der Biologiedidaktik, in der es bis vor kurzem vorwiegend um Freiland-Exkursionen ging, allmählich entwickelt haben.
Kurze Exkursionen werden meistens Ziele in der näheren Umgebung der Schule betreffen und ein eng begrenztes Thema haben (»gebundene Unterrichtsgänge«, vgl. *Winkel* 1982 b). Es kommt aber durchaus auch vor, daß auf kurzen Exkursionen eine Vielzahl von Inhalten angesprochen wird (»freie Unterrichtsgänge«, vgl. *Winkel* 1982 b). Da die Lehrperson bei jeder Exkursion das Ziel vor Augen haben wird, die Schüler zu Fragen anzuregen, und Schülerfragen auch dann willkommen heißen wird, wenn sie sich nicht auf das eigentliche Exkursionsziel beziehen, läßt sich eine Trennung der beiden Typen in der Praxis kaum durchführen.
Wichtige Beiträge zum Thema »Exkursion« sind unter dem Stichwort »Biologieunterricht außerhalb des Schulgebäudes« zu finden (vgl. *Hedewig/Knoll* 1986; *Kuhn/Probst/Schilke* 1986; *Entrich/Staeck* 1988; *Killermann/Staeck* 1990, 158-208; *Gerhardt-Dircksen/Brogmus/Harting* 1992; s. Abschnitt 11.2).

Sinn und Bedeutung

Es scheint kaum einen Biologiedidaktiker zu geben, der an der Wichtigkeit biologischer Exkursionen zweifelt. Die einschlägigen Veröffentlichungen betonen übereinstimmend, »daß der unterrichtliche und erzieherische Wert der

Lehrausflüge die Mühe und Zeit rechtfertigen, die man dafür aufwendet« (*Grupe* 1977, 245), und daß Exkursionen unersetzliche Elemente des Biologieunterrichts sind.
Durch die Ergebnisse empirischer Untersuchungen wird ihre große Bedeutung bestätigt (vgl. *Thiel/Sibbing* 1983; *Pfligersdorffer* 1984; *Hedewig* 1984 a; *Killermann/Scherf* 1986; *Scherf* 1986; *Rexer/Birkel* 1986; *Starosta* 1990). Bei einem geschickten Arrangement von Exkursionen und einer sinnvollen Kombination mit dem Klassenunterricht lassen sich offenbar gute Lernerfolge im Hinblick auf alle Zieldimensionen erreichen. Manche Untersuchungen erbrachten Hinweise darauf, daß Schüler niedriger Intelligenzstufen durch Exkursionen mehr gefördert werden können, als das durch Klassenunterricht geschehen könnte (vgl. *Pfligersdorffer* 1984,177; *Rexer/Birkel* 1986).
Auch ist zu bedenken, daß manche Erkenntnisse überhaupt nur bei Exkursionen in angemessener Weise gewonnen werden können. Schließlich sollte der Anregungswert von Exkursionen für den vorangehenden und den anschließenden Unterricht berücksichtigt werden.
Besonders wesentlich ist wohl, daß das Lernen in der affektiven Dimension durch Exkursionen stark verbessert werden kann. Alle Lehrenden in Schule und Hochschule, die Erfahrung mit biologischen Exkursionen haben, betonen den hohen Motivationswert dieser Unterrichtsform. Folgende Besonderheiten dürften Exkursionen für die Teilnehmer so attraktiv machen (vgl. *Schurig* 1979, 2-6):

- Exkursionen bringen Abwechslung in den Schulalltag; das wird besonders deshalb positiv eingeschätzt, weil es sich bei ihnen auch heute noch um seltene Ereignisse handelt.
- Exkursionen fördern die Kontakte zwischen den Mitschülern und zur Lehrperson. Hierbei lernen die Schüler die Lehrperson oft von ganz neuen Seiten kennen, weil immer wieder Situationen auftauchen, die von der Lehrkraft vorher nicht geplant werden können.
- Bei Exkursionen werden meist Eigenaktivitäten und spezielle Fähigkeiten der Teilnehmer stärker angesprochen als im sonstigen Unterricht. Charakteristisch für Exkursionen »ist die Integration besonders ursprünglicher und vielseitiger Verhaltensmuster (Erkundungs-, Neugier- und Spielverhalten)« (*Schurig* 1979, 2). Auch das Sammeln kann hier genannt werden.
- Auf vielen Exkursionen werden die Schüler an die Originalobjekte herangeführt. Oft sind ein »handgreifliches Auseinandersetzen« und ein »mehrsinniges Erfassen« möglich. Diese Möglichkeiten motivieren die Schüler stärker als das im Klassenzimmer meist übliche Betrachten zweidimensionaler Abbilder oder die rein verbale Beschäftigung mit den Gegenständen.

- Viele Exkursionen führen die Schüler an Pflanzen und Tiere in ihrem natürlichen Lebensraum und ihren normalen Lebenszusammenhängen heran. Hier bieten sich Chancen zu Eindrücken, gelegentlich sogar zu Erlebnissen, die im Schulalltag, in dem die Objekte lernzielgerecht ausgewählt, präpariert und meist isoliert dargeboten werden, kaum gegeben sind. Lernprozesse auf Exkursionen sind durch Zufälle mitbestimmt und verlaufen daher nicht immer geradlinig, unerwartete Situationen stellen besondere Anforderungen an die Lehrenden (Erkennen von Problemen, Einordnen in größere Zusammenhänge, Transfer). Damit entspricht das Lernen bei Exkursionen eher dem »natürlichen« Lernen außerhalb der Schule oder dem viel propagierten, doch selten realisierten »entdeckenden« Lernen (vgl. Verband Deutscher Schullandheime 1980).

Gegenüber den anderen Exkursionstypen zeichnen sich Besichtigungen dadurch aus, daß die Lehrpersonen meist in ihrer gewohnten Rolle als alleinige Organisatoren der Lernprozesse und als Fachleute vorübergehend von Experten ersetzt werden, die sie auf ihren jeweiligen Arbeitsgebieten an Wissen und Können übertreffen können. Die Lehrpersonen werden selbst zu Lernenden und rücken damit den Schülern näher als im übrigen Unterricht.
Die starke Motivationskraft, durch die sich Exkursionen auszeichnen, wirkt sich auch auf das Lernen in der kognitiven Dimension aus. Vieles spricht dafür, daß ein Großteil der Schwierigkeiten, die sich beim Unterrichten gerade in der Sekundarstufe I ergeben, aus einem Mangel an Motivation resultiert. Es ist evident, welche große Bedeutung dem gezielten Einsatz von Exkursionen unter diesem Aspekt zukommt.
Die Schulwirklichkeit heute trägt dieser Bedeutung der Exkursion sicher nicht genügend Rechnung (vgl. Untersuchungsergebnisse bei *Dumpert* 1976; *Meffert* 1980; *Burk/Claussen* 1981; *Eschenhagen/Längsfeld* 1981; *Meyer* 1986; 1987; *Pfligersdorffer* 1991). Die Gründe für dieses Defizit sind vielfältig: Biologie ist in manchen Bundesländern und Klassenstufen nur noch mit einer Stunde im Wochenstundenplan vertreten; die Unterrichtszeit reicht kaum zum Erreichen der wichtigsten Lehrziele aus; Exkursionen erfordern eine umfangreiche Vor- und Nachbereitung; viele Schulen liegen weit entfernt von lohnenden Exkursionszielen (s. Abschnitt 11.2); viele Klassen sind noch immer sehr groß; manche Lehrkräfte scheuen die auf Exkursionen besonders häufig auftretende Situation, daß sie zugeben müssen, eine Pflanze oder ein Tier nicht zu kennen oder eine Schülerfrage nicht beantworten zu können; viele Lehrende fürchten die bei Exkursionen besonders vielfältigen Ablenkungsmöglichkeiten und die daraus resultierenden Disziplinprobleme.

Der letztgenannte Grund, der für eine Reihe von Lehrpersonen entscheidend sein dürfte, ist wenig überzeugend. Verzichtet man nämlich auf Exkursionen, weil einige Schüler den Unterricht im Freien stören, so verzichtet man damit auch darauf, die Motivationskraft dieser Unterrichtsform denjenigen Schülern gegenüber auszunutzen, die der zusätzlichen Motivation besonders bedürfen. Es wäre interessant und wichtig, einmal systematisch zu erproben, ob man nicht sogenannten schwierigen Schülern und Klassen auf Dauer am besten mit solchen Unterrichtsformen gerecht wird, die man gerade bei diesen meist nicht anzuwenden wagt, weil man Disziplinschwierigkeiten fürchtet (z. B. Gruppenarbeit, Experimentalunterricht, Freilandunterricht). Exkursionen werden nur dann die ihrer Bedeutung entsprechende Rolle spielen können, wenn ihre Durchführung durch schulorganisatorische Maßnahmen erheblich stärker gefördert wird als bisher (vgl. *Werner* 1973, 137).

Zur Durchführung

Exkursionen bedürfen - wie jede andere Unterrichtsform - der sorgfältigen Vorbereitung. Bei Exkursionen hat diese Phase jedoch ein besonderes Gewicht. Im allgemeinen wird der Vorbereitungsaufwand bei Exkursionen pro Zeiteinheit höher sein als beim üblichen Klassenunterricht; denn hier ist eine Reihe zusätzlicher Unsicherheitsfaktoren zu bedenken, angefangen von den Witterungsverhältnissen bis hin zur Frage der Aufsicht.

Im Hinblick auf die Exkursionen kann man die langfristige von der kurzfristigen Vorbereitung unterscheiden.

Die *langfristige Vorbereitung* besteht darin, daß sich die Lehrperson einen Überblick über die Möglichkeiten zu verschaffen versucht, die die Umgebung ihres Schulortes für den Biologieunterricht bietet. Als Ergebnis solcher Bemühungen könnte eine »biologische Standortkartei« entstehen (vgl. *Hoebel-Mävers/Bieler* 1978), die es allen interessierten Lehrenden einer Schule gestattet, für bestimmte Zwecke geeignete Exkursionsorte ohne viel Mühe ausfindig zu machen. Sehr hilfreich ist es, wenn für den Schulort ein »Atlas außerschulischer Lernorte« oder ein »Biologischer Wegweiser« vorliegt (vgl. z. B. Freie und Hansestadt Hamburg 1986; Landesverband Niedersachsen des VDBiol 1990; *Vogt* 1990; s. Kapitel 11.2).

Die langfristige Exkursionsvorbereitung kann die *kurzfristige Vorbereitung* erleichtern, aber nicht ersetzen. Zwar erfordert jede einzelne Exkursion eine ganz spezielle Vorbereitung, aber es können doch einige Fragen genannt werden, deren vorherige Klärung notwendig erscheint, um eine Exkursion erfolgreich durchführen zu können:

- Welche Unterrichtsziele sollen durch die Exkursion angestrebt werden?
- Welcher Exkursionsort eignet sich zum Erreichen der angestrebten Ziele (am besten)?
- Wie lange darf bzw. soll die Exkursion dauern?
- Auf welche Weise ist der Exkursionsort zu erreichen?
- Welche Ausrüstung erfordert der Exkursionsort (Kleidung, Schuhwerk)?
- Was bietet der Exkursionsort an Möglichkeiten zum Erreichen der Unterrichtsziele? (Reicht die eigene Kenntnis des Exkursionsortes aus? Welche Hilfsmittel - Karten, Prospekte, Abbildungen - können das Kennenlernen erleichtern? Welche Teilthemen bieten sich an? Lassen sich bestimmte Haltepunkte vorherbestimmen? Welche Begrenzungen gibt es in bezug auf Naturschutz? Bestehen Ablenkungsgefahren?)
- Mit welchen Arbeitsweisen während der Exkursion können die angestrebten Unterrichtsziele am besten erreicht werden (Demonstration durch Lehrkräfte, Experten, einzelne Schüler, Schülergruppen; Gruppenarbeit, Partnerarbeit, Einzelarbeit)?
- Welche Arbeitsmittel sind notwendig (Notizheft, Arbeitsblätter, Bleistift; Sammelgefäße, Fanggeräte; Lupen, Ferngläser; Werkzeuge, z. B. Spaten, Baumschere; Meßgeräte; Bestimmungsbücher)?
- Was soll von der Exkursion mit nach Hause genommen werden? (Auch lebende Tiere? Lassen sich diese in der Schule leicht halten? Kann man sie später wieder an einem geeigneten Ort aussetzen?)
- Wie soll die Auswertung der Exkursion erfolgen? (Nachbereitung durch die Schüler in Form einer Hausaufgabe? Zusammentragen von Protokollen oder Berichten der Arbeitsgruppen? Ausstellung?).

Die vorbereitenden Überlegungen münden in die notwendigen Vorbereitungsaktionen ein. Häufig wird man in einer privaten *Vorexkursion* den Exkursionsort erkunden müssen, um die Planung mit den Realitäten abzustimmen. Sollen in die Durchführung der Exkursion weitere Personen (Experten) einbezogen werden, so muß man mit diesen genaue Absprachen über die verfügbare Zeit, Schwerpunkte der zu vermittelnden Information und die Methoden der Vermittlung treffen. Weiterhin sollten die Schüler über die thematische Einbindung, den Exkursionsort, organisatorische Maßnahmen und die geplanten Arbeitsformen unterrichtet werden. Manche Exkursionen erfordern die spezielle Vorbereitung einzelner Schüler oder Schülergruppen, z. B. im Hinblick auf die vorgesehene Demonstration bestimmter Objekte.

Bei der *Arbeit am Exkursionsort* sind vor allem folgende Regeln zu beachten:

- Bei Demonstrationen muß sichergestellt sein, daß alle Schüler die wesentlichen Informationen aufnehmen.
  Daraus ergibt sich: Nicht zu viele Informationen vermitteln wollen! An den Haltepunkten die ganze Klasse versammeln und so aufstellen (oder auch hinsetzen lassen), daß alle Schüler die Objekte möglichst »vielsinnig« wahrnehmen können. Keine langen Vorträge halten (lassen), sondern die Schüler zu eigenen Äußerungen anregen. Langsam und laut sprechen (lassen).
- Die »Gliederung« der Exkursion sollte für die Schüler aus dem Exkursionsverlauf deutlich werden.
  Daraus folgt: Die verschiedenen Beobachtungen während der Exkursion sollten zueinander bzw. zu bereits vorhandenen Kenntnissen in Beziehung gesetzt werden, so daß die Schüler nicht durch die Fülle und Mannigfaltigkeit der Eindrücke verwirrt sind (vgl. *Strey* 1973).
- Gruppen-, Partner- oder Einzelarbeit sollten klar strukturiert und motivierend sein.
  Das bedeutet: Die Schüler sollten über die zeitliche Begrenzung der Arbeit informiert sein. Die Arbeitsaufträge müssen verständlich formuliert sein und den Schülern einleuchten. Sie sollten bei sorgfältiger und zügiger Arbeitsweise zu einem deutlichen Erfolg führen.
- Es ist darauf zu achten, daß möglichst wenige Lebewesen vernichtet oder geschädigt werden.
  Das heißt: Pflanzen oder Pflanzenteile, die bearbeitet werden sollen, müssen nicht herausgerissen bzw. abgerissen werden. Kleintiere kann man zwar in vielen Fällen für einige Minuten (höchstens Stunden) zur Demonstration und Bestimmung in Gläsern einsperren, man sollte sie aber möglichst wieder am Fundort aussetzen.
- Ein erstes Zusammentragen von Ergebnissen während der Exkursion sollte einerseits der Abrundung und Sicherung der gewonnenen Einsichten dienen, andererseits den Ausblick auf den folgenden Unterricht eröffnen.
  Daraus ergibt sich: Beobachtungs- und Untersuchungsergebnisse sind zu protokollieren. Fragen, die nicht gleich beantwortet werden können oder sollen, sind zu notieren, so daß sie später behandelt werden können. Es ist zu entscheiden, welche Fundobjekte mit in die Schule genommen werden sollen und welchen Sinn das hat.

Mit dem Eintreffen der Exkursionsgruppe am Schulort ist die Exkursion häufig noch nicht beendet. Ausgeteilte Arbeitsmittel und Bücher müssen eingesammelt und die mitgebrachten Pflanzen und Tiere versorgt werden.

Die eigentliche *Auswertung der Exkursion* wird vor allem darin bestehen, die Ergebnisse in den Ablauf des Unterrichts einzufügen und damit in größere Zusammenhänge zu stellen. Dabei wird es unter anderem um die Fragen nach der Zuordnung der Resultate zu bereits bekannten Inhalten, nach dem Wissenszuwachs durch die Exkursion und nach den spezifischen Möglichkeiten der Exkursion gehen. In vielen Fällen wird die Auswertung auch das Beobachten und Untersuchen der gesammelten Lebewesen, das Herbarisieren mitgebrachter Pflanzen, das Vorführen von Dias vom Exkursionsort, das Gestalten einer Ausstellung oder das Erarbeiten eines Exkursionsberichts umfassen.
Die hier dargestellten »Merkpunkte« für die Vorbereitung und Durchführung von Exkursionen gelten keineswegs für alle denkbaren Exkursionstypen. Beispielsweise erfordert eine »Naturrallye« einige andere Aktivitäten (vgl. *Kowalsky/Möller/Schnell* 1981; *Reese* 1986; *Soine-Wolf/Goppel* 1986; *Bruns/Nottbohm* 1988; *Tausch-Treml/Tempel* 1993).

Beispiele
Aus der Vielzahl sinnvoller Themen für Exkursionen lassen sich Themenkomplexe zusammenstellen, die sich auch im Hinblick auf ihre Zielsetzung einigermaßen deutlich voneinander unterscheiden.Neben denjenigen Exkursionen, die sich leicht einem der genannten Themenbereiche zuordnen lassen, gibt es auch Unternehmungen, die mehrere Themen gleichzeitig betreffen. Dabei handelt es sich meist um mehrtägige Exkursionen (vgl. *Beyer/Hellmessen/Köhler* 1986; *Maier* u. a. 1986).

1. Manche Exkursionen betreffen schwerpunktmäßig einzelne *Pflanzen- und Tierarten oder Pflanzen- und Tiergruppen* (z. B. »Die Rote Waldameise«; »Unsere Nadelbäume«). Aufgabe solcher Exkursionen ist, die Lebewesen möglichst genau kennenzulernen, sie von anderen Arten zu unterscheiden und sie bestimmten Organismengruppen zuzuordnen. Während im Klassenraum häufig nur abgepflückte Pflanzenteile und präparierte Tiere demonstriert werden können, kann man die Lebewesen draußen im natürlichen Zustand beobachten. Im Freiland verknüpfen sich so mit dem Namen und den morphologischen Merkmalen der Organismen Eindrücke von ihrem Verhalten und ihrem Lebensraum. Dadurch wird nicht nur die Motivation der Schüler zum Beobachten verstärkt, sondern auch durch Einsicht in Zusammenhänge das Behalten erleichtert. Auch kann den Schülern auf Exkursionen besonders deutlich werden, daß Pflanzen und Tiere in bestimmten Artenkombinaten vorkommen, die charakteristisch für abgrenzbare Räume mit spezifischen Lebensbedingungen sind.

2. Andere Exkursionen haben speziell die *Angepaßtheit der Organismen* an ihre Umwelt zum Gegenstand (z. B. »Pflanzen im Teich«; »Blüten und ihre Bestäuber«; »Tiere im Schlickwatt«). Die Schüler können bei solchen Exkursionen eine besonders anschauliche Vorstellung von den Zusammenhängen zwischen Bau und Lebensweise der Organismen und den Gegebenheiten der Umwelt gewinnen.
3. Bei einer dritten Gruppe von Exkursionen geht es um die *Bestandsaufnahme* der in einem abgrenzbaren Raum vorkommenden Pflanzen- und Tierarten (z. B. »Vegetation einer Heidefläche«; »Wild eines Gebietes, festgestellt anhand von Spuren und Fährten im Winter«). Besonders wichtig sind in diesem Zusammenhang Vegetationsuntersuchungen, weil sie sehr konkrete Rückschlüsse auf die herrschenden Umweltbedingungen ermöglichen (vgl. z. B. *Hofmeister/Wiencke* 1977; *Gerhardt/Dircksen* 1982, 164 ff.; *Eschenhagen/Kattmann/Rodi* 1991).
4. Während es bei den beiden zuletzt genannten Exkursionsformen in erster Linie um den Lebensraum geht, wird bei den *phänologischen Exkursionen* der Blick auf Erscheinungen gerichtet, die für eine bestimmte Jahreszeit charakteristisch sind. Solche Unternehmungen können sowohl thematisch eng begrenzt sein (z. B. »Die Salweide blüht«) als auch auf »Mannigfaltigkeit« abzielen (z. B. »Eine Parkanlage im Verlauf der Jahreszeiten«; vgl. *Kienert* 1982; *Brogmus/Dircksen/Gerhardt* 1983 f.; *Stichmann* 1984; *Gerhardt-Dircksen/Brogmus/Harting* 1992).
5. In den letzten Jahren haben solche Exkursionen an Bedeutung gewonnen, die speziell der Erkundung von *Einwirkungen des Menschen* auf die Umwelt dienen (z. B. »Ein begradigter Bachlauf«; »Ein entwässertes Moor«; »Ein durch Skipisten veränderter Berghang«; »Waldschäden«, vgl. *Kraft* 1984). Dabei muß es sich nicht immer um negativ einzuschätzende Eingriffe handeln; auch rekultivierte Kiesgruben oder Naturschutzgebiete sind lohnende Ziele. Immer wird es bei diesen Exkursionen darum gehen, die Schüler für Probleme des Landschafts- und Naturschutzes zu sensibilisieren und ihnen Hilfen für ihren eigenen Umgang mit der Natur zu bieten.
6. Schließlich sind Exkursionen zu nennen, die der Besichtigung biologisch interessanter *Einrichtungen* oder Institutionen dienen (z. B. Botanischer oder Zoologischer Garten, Tierpark, Museum; Lehrpfade, Schrebergartenkolonie, Gärtnerei, Bauernhof, Hühnerfarm, Pflanzgarten im Forstbetrieb, Fischereibetrieb, Imkerei, Champignonzucht; Molkerei, Mühle, Zuckerfabrik, Bierbrauerei; Kläranlage, Wasserwerk, Müllkompostierungsanlage; Gewerbeaufsichtsamt, Pflanzenschutzamt, Hygiene-Institut) (vgl. *Berck/Erber/Hahn* 1978; *Mostler/Krumwiede/Meyer* 1979, 223; *Spandl* 1974, 67;

Schroer 1980). Die beiden in dieser Aufzählung zuerst genannten Einrichtungen (Zoo, Botanischer Garten) sind für den Biologieunterricht besonders bedeutsam. In mancher Beziehung, vor allem durch die sichere Verfügbarkeit und Ortsgebundenheit der Tiere und Pflanzen, ähneln diese Einrichtungen den Museen. Daraus ergeben sich auch Ähnlichkeiten im Hinblick auf die Unterrichtsmethoden (s. Abschnitt 11.3).

Literatur

Berck/Erber/Hahn 1978; *Beyer* 1992; *Berck/Erber/Hahn* 1978; *Beyer/Hellmessen/Köhler* 1986; *Bolay* 1976; *Brogmus/Dircksen/Gerhardt* 1983 f.; *Bruns/Nottbohm* 1988; *Burk/Claussen* 1981; *Dumpert* 1976; *Dylla* 1965; *Entrich/Staeck* 1988; *Eschenhagen/Längsfeld* 1981; *Eschenhagen/Kattmann/Rodi* 1991; *Fränz* 1982; Freie und Hansestadt Hamburg 1986; *Gerhardt/Dircksen* 1982; *Gerhardt/Dircksen/Brogmus/Harting* 1992; *Grupe* 1977; *Hager* 1967; *Haller/Probst* 1979; 1981; *Hedewig* 1984 a; *Hedewig/Knoll* 1986; *Hoebel-Mävers/Bieler* 1978; *Hofmeister/Wiencke* 1977; *Kienert* 1982; *Killermann* 1991; *Killermann/Scherf* 1986; *Killermann/Staeck* 1990; *Kirchshofer* 1981; 1982; *Kowalsky/Möller/Schnell* 1981; *Kraft* 1984; *Kuhn* 1975 b; *Kuhn/Probst/Schilke* 1986; Landesverband Niedersachsen VDBiol 1990; *Maier* u. a. 1986; *Meffert* 1980; *Meyer, Hubertus,* 1986; 1987; *Mostler/Krumwiede/ Meyer* 1979; *Oblinger* 1978; *Odzuck* 1974; *Otto* 1974; *Pfligersdorffer* 1984; 1988; 1991; *Rath* 1978; *Reese* 1986 b; *Rexer/Birkel* 1986; *Scherf* 1986; *Schroer* 1980; *Schurig* 1979; *Simonsmeier* 1984; *Soine-Wolf/Goppel* 1986; *Spandl* 1974; *Starosta* 1990; *Stichmann* 1970; 1984; *Strey* 1973; *Tausch-Treml/Tempel* 1993; *Teichert* 1993; *Thiel/Sibbing* 1983; Verband Deutscher Schullandheime 1980; *Verfürth* 1979; 1986; 1987; *Vogt* 1990; *Werner, H.,* 1973; *Winkel* 1977 b; 1982 a; b; 1986; 1990 a

8.4 Sozialformen

8.4.1 Zum Begriff

Schulischer Unterricht vollzieht sich im allgemeinen in Jahrgangsklassen oder Kursgruppen, d. h. in Großgruppen, die durch ihre Heterogenität in bezug auf soziale Herkunft, Interessen, Begabungsschwerpunkte, Lernbereitschaft, Arbeitsgeschwindigkeit und weitere Eigenschaften ihrer Mitglieder gekennzeichnet sind. Diese Heterogenität bedeutet Chance und Gefahr zugleich. Einerseits eröffnet sie den Schülern die Möglichkeit zu vielfältigen Erfahrungen im sozialen Bereich und zu gegenseitiger Förderung, andererseits erschwert sie die Aufgabe der Lehrkraft, allen Schülern zu optimalen Lernerfolgen zu verhelfen.

Das Bemühen, die Vorzüge der Jahrgangsklasse auszunutzen, dabei aber ihre Gefahren zu vermeiden, führt zu Formen der inneren Differenzierung. Unter

den vier Gruppen von Maßnahmen der Binnendifferenzierung, die häufig unterschieden werden (vgl. *Winkeler* 1975, 43) - soziale, thematisch-intentionale, methodische, mediale Differenzierung - ist zweifellos die soziale Differenzierung am bedeutsamsten. Dafür spricht schon die Tatsache, daß die Diskussion um diese Differenzierungsform in der Allgemeinen Didaktik und den Fachdidaktiken - vor allem unter den Stichworten »Gruppenunterricht« und »Sozialformen« - schon sehr lange und intensiv geführt wird. Von den anderen Differenzierungsformen unterscheidet sich die soziale Differenzierung vor allem im Hinblick auf die zugrundeliegenden Zielvorstellungen: Es geht hierbei nicht in erster Linie um das bessere Erreichen von Unterrichtszielen der kognitiven oder der psychomotorischen Dimension, sondern um das soziale Lernen, d. h. den Erwerb von sozialer Kompetenz durch den Umgang mit anderen (vgl. z. B. *Kösel* 1975, 1976). Unter den möglichen Sozialformen können die folgenden vier Haupttypen unterschieden werden:
- Klassenunterricht (Großgruppenunterricht; häufig fälschlich mit Frontalunterricht gleichgesetzt),
- Kleingruppenunterricht (Gruppenarbeit),
- Partnerunterricht (Partnerarbeit),
- Einzelunterricht (Alleinunterricht).

Beim *Klassenunterricht* wird die Gesamtheit aller Schüler als Einheit betrachtet. Meist steht die Lehrperson im Mittelpunkt: Sie stellt den Schülern die Unterrichtsinhalte in der »darbietenden Form« vor oder versucht, diese nach dem »fragend-entwickelnden« Verfahren oder der »aufgebenden Form« mit den Schülern gemeinsam zu erarbeiten (vgl. *Killermann* 1991, 238 ff.). Bei verschiedenen Formen des Unterrichtsgesprächs - vor allem beim freien Gespräch, bei der Diskussion, beim Streitgespräch - tritt die Lehrkraft stärker zurück. Im Extremfall überläßt sie die Leitung des Gesprächs einer Schülerin oder einem Schüler. Diese Situation kann durch die Anordnung des Gestühls im Klassenraum betont werden: Die Tische werden beiseitegeräumt, die Stühle zum Sitzkreis angeordnet. Klassenunterricht ist auch dann gegeben, wenn Schüler für alle einen Vortrag halten oder ein Rollenspiel aufführen.

Beim *Kleingruppenunterricht* wird die Klasse in mehrere Gruppen (meist zu je 3 bis 5 Schülern) aufgelöst, die jeweils für sich arbeiten. Je nach Organisation des Gruppenunterrichts lassen sich folgende Formen unterscheiden:
- Themengleicher Gruppenunterricht (homogener Gruppenunterricht). Alle Kleingruppen bearbeiten dasselbe Thema anhand der gleichen Arbeitsaufträge und Hilfsmittel.

Arbeitsteiliger Gruppenunterricht (heterogener Unterricht in Gruppen). Die Schülergruppen erhalten jeweils unterschiedliche Aufgaben, wobei diese verschiedene Objekte oder ein Objekt betreffen können. Meist wird auch dann von arbeitsteiliger Gruppenarbeit gesprochen, wenn die Aufgaben aller Gruppen gleich sind, sich aber auf unterschiedliche Objekte beziehen (differenzierter Unterricht in Gruppen).
- Gemischt-arbeitsteiliger Gruppenunterricht. Nicht jede Schülergruppe erhält eine eigene Aufgabe; jeder Auftrag wird von mindestens zwei Kleingruppen bearbeitet.
- Wandergruppen-Unterricht. Im Arbeitsraum sind Plätze eingerichtet, auf denen jeweils das Material zur Lösung einer der Gruppenaufgaben bereitsteht. Jede Schülergruppe bearbeitet eine der Aufgaben und geht nach deren Lösung zum nächsten Arbeitsplatz über. Es handelt sich also um eine Form des themengleichen (oder des gemischt-arbeitsteiligen) Gruppenunterrichts, bei der jedes Medium nur in einem Exemplar oder in wenigen Stücken vorhanden zu sein braucht.

Im Vergleich zum Gruppenunterricht ist die *Partnerarbeit* eine einfach zu handhabende Sozialform. Da die meisten in der Schule verwendeten Arbeitstische zwei Schülern Platz bieten, läßt sich diese Form ohne zusätzlichen Organisationsaufwand verwirklichen und deshalb auch für sehr kurze Unterrichtsphasen einsetzen. Partnerarbeit wird einerseits oft als Vorform des anspruchsvolleren Gruppenunterrichts verwendet; sie kann andererseits den Einzelunterricht ersetzen, vor allem dann, wenn ein Medium nicht in der für diese Unterrichtsform notwendigen Anzahl verfügbar ist (Beispiel im Biologieunterricht: Mikroskop). Eine Arbeitsteilung zwischen den Partnern ergibt sich oft zwanglos (vgl. *Hirschmann* 1974).

Einzelunterricht spielte früher in wenig gegliederten Schulen als »Stillarbeit« eine bedeutende Rolle. Heute wird diese Sozialform meistens nur für kurze Unterrichtsabschnitte (z. B. beim Ausfüllen von Arbeitsblättern), bei Tests und Klassenarbeiten und für die Hausaufgaben verwendet. Sie bietet viele Möglichkeiten zu thematischer, methodischer und medialer Differenzierung, die zum Teil über den Unterricht im engeren Sinne hinausgehen (z. B. Aufträge zur Beschaffung von Unterrichtsmaterial oder zur Betreuung von in der Schule gehaltenen Tieren und Pflanzen, Beobachtungsaufgaben, Einzelreferate, Jahresarbeiten).
Viel diskutiert, aber im Biologieunterricht noch wenig erprobt, war zeitweise eine anspruchsvolle Variante der Einzelarbeit, der *Programmierte Unterricht*

(vgl. *Dudel* 1971; *Müller* u. a. 1977; *Schuster* 1981; *Krüger* 1985). Grundlage des Programmierten Arbeitens ist in den meisten Fällen ein Buchprogramm, durch das die Schüler Schritt für Schritt mit dem Unterrichtsinhalt vertraut gemacht werden. Das Programm ist in einzelne »Lerneinheiten« gegliedert, die im allgemeinen jeweils eine Information enthalten, die die Schüler verarbeiten sollen, und eine Aufgabe oder Frage, durch die die Schüler aufgefordert werden, das gerade Gelernte zu reproduzieren oder umzusetzen. In der nächsten Lerneinheit findet sich die richtige Lösung der Aufgabe. Da die Aufgaben fast durchweg sehr einfach sind, erhalten die Schüler bei dieser Selbstkontrolle eine positive Rückmeldung (Verstärkung), was nach der dem Programmierten Unterricht zugrundeliegenden Theorie ihre Motivation zur weiteren Arbeit mit dem Lehrprogramm fördern soll.
Die für verschiedene Schulstufen veröffentlichten Buchprogramme zu biologischen Themen ermöglichen es den Biologielehrkräften, sich ein eigenes Urteil über Möglichkeiten und Grenzen dieser Unterrichtsform zu bilden (vgl. Übersicht bei *Krüger* 1985, 64-67).

8.4.2 Sinn und Bedeutung

Wie für alle Unterrichtsmethoden gilt auch für die Sozialformen der Grundsatz »variatio delectat«. Es kann nicht darum gehen, den bisher dominierenden Frontalunterricht radikal durch eine der anderen Sozialformen zu ersetzen; sinnvoll wäre aber, je nach Unterrichtsinhalt und Klassensituation die verschiedenen Formen im Bewußtsein ihrer Vorzüge und Gefahren variabel einzusetzen.
Eine solche Verwendung der Sozialformen kann dazu beitragen, dem Unterricht etwas von seinem Zwangscharakter zu nehmen, der darin besteht, daß von den Schülern einer Klasse verlangt wird, allesamt zu einer bestimmten Zeit an einem vorgegebenen Thema zu arbeiten und dabei mit einem bestimmten Tempo auf einem exakt vorgeplanten Weg voranzuschreiten. Gruppen-, Partner- und Einzelarbeit ermöglichen eine gewisse Annäherung an die Situationen, in denen Kinder meist vor Beginn ihrer Schulzeit und außerhalb der Schule lernen: allein oder im Kontakt mit wenigen meist vertrauten Personen, getrieben von eigenen Interessen oder Neugier, angereizt durch Erscheinungen der Umwelt oder Fragen anderer Menschen, ohne ständige Kontrolle und ohne Leistungsdruck, in der ihnen gemäßen Geschwindigkeit. Keine der Sozialformen vereinigt in sich alle Merkmale einer »natürlichen« Lernsituation. So ermöglicht die Einzelarbeit zwar die weitestgehende Individualisierung und

Differenzierung, sie birgt aber die Gefahr der Vereinzelung in sich (vgl. *Krüger* 1985, 114 ff.). Die meisten Vorzüge bietet ein arbeitsteiliger Gruppenunterricht, bei dem Schülergruppen langfristig an selbstgewählten Teilthemen in weitgehender Eigenverantwortung arbeiten. Innerhalb solcher Kleingruppen können die einzelnen Schüler Aufgaben erfüllen, die ihren Neigungen und Fähigkeiten entsprechen, und sie können günstigenfalls die Art und Weise und das Tempo ihres Vorgehens selbst bestimmen. Das führt bei vielen Schülern zu mehr Spaß an der Arbeit, zu einem stärkeren Interesse an dem betreffenden Schulfach und zu größerer Selbständigkeit. Die Schüler können hierbei lernen, wie man lernt.

Vor allem aber bietet der Kleingruppenunterricht die Chance, die Schüler in ihrer sozialen Kompetenz zu fördern (vgl. *Staeck*. 1987, 210 f.). Die Schüler können lernen,

- aufeinander (und nicht nur auf die Lehrperson) zu hören,
- miteinander direkt (und nicht nur durch die Lehrperson vermittelt) zu sprechen,
- ihre eigene Meinung zu äußern, mit anderen zu diskutieren, durchzusetzen oder zu revidieren,
- Kritik zu üben und die von anderen geäußerte Kritik zu überprüfen und gegebenenfalls zu akzeptieren,
- Spielregeln des Zusammenarbeitens einzuhalten,
- innerhalb eines Teams eine Aufgabe zu übernehmen und gewissenhaft zu erledigen,
- anderen Schülern zu helfen und sich von anderen helfen zu lassen,
- Spannungen innerhalb einer Gruppe zu erkennen, zu ertragen und zu ihrer Lösung beizutragen,
- Gruppeninteressen gegenüber anderen zu vertreten und dabei die Begrenzung dieser Interessen durch die Ansprüche anderer zu berücksichtigen.

Die bei der Gruppenarbeit gewonnenen Erfahrungen wirken sich auch auf den übrigen Unterricht aus. Zwar werden Schüler, die gelernt haben, sich in einer Kleingruppe zu behaupten, nicht ohne weiteres ihre Verhaltensweisen auf eine Großgruppe übertragen; aber manche »stillen« Schüler gewinnen im Gruppenunterricht so viel Selbstvertrauen, daß sie sich schließlich auch am Klassenunterricht beteiligen.

Gruppenunterricht kann auch über die Schule hinaus wirksam sein. Schüler, die den Wert dieser Sozialform erfahren haben, werden vielleicht auch außerhalb der Schule - bei Hausaufgaben oder außerschulischen Vorhaben - in Gruppen zusammenarbeiten. Mit der Stärkung der Sozialkompetenz trägt der Gruppenunterricht wesentlich zur Vorbereitung der Schüler auf das Erwachse-

nenleben bei, und zwar nicht nur im Sinne einer Anpassung an bestehende Verhältnisse, sondern auch im Sinne einer weiteren Demokratisierung der Gesellschaft.
Als weiterer Vorzug des (arbeitsteiligen) Gruppenunterrichts wird von einigen Autoren hervorgehoben, daß Unterrichtsinhalte schneller erarbeitet werden könnten (vgl. *Kuhn,* 1975 a, 199; *Mostler/Krumwiede/Meyer* 1979, 50). Diese Einschätzung wird bereits durch die Bezeichnung »Arbeitsteilung« nahegelegt. In der Praxis zeigt sich allerdings meist, daß Gruppenarbeit nur dann zu einer Zeitersparnis führt, wenn darauf verzichtet wird, die Ergebnisse der einzelnen Kleingruppen auch allen anderen Schülern der Klasse zugänglich zu machen. Beim üblichen Verfahren (siehe unten), bei dem nach Abschluß der Arbeit in Gruppen die anderen Schüler durch »Gruppenberichte« informiert werden, wird nicht weniger, sondern eher mehr Zeit benötigt als beim Frontalunterricht. Es scheint deshalb richtiger zu betonen, daß beim arbeitsteiligen Gruppenunterricht viele Schüler intensiver arbeiten und deshalb ihre Kenntnisse und Einsichten dauerhafter erhalten bleiben.
Die Möglichkeiten der Arbeitsteilung, die der Gruppenunterricht bietet, werden dann optimal genutzt, wenn die Arbeiten der einzelnen Kleingruppen zur Lösung einer gemeinsamen Aufgabe notwendig sind. So können beispielsweise beim Gesamtthema »Vergleich von Gorilla, Neandertaler, Jetztmensch« im gemischt-arbeitsteiligen Verfahren einige Kleingruppen die Schädel von Gorilla und Neandertaler, andere die von Gorilla und Jetztmensch und die übrigen die von Neandertaler und Jetztmensch miteinander vergleichen (vgl. *Wraage* 1979).
Es ist keineswegs einfach, Gruppen-, Partner- und Einzelarbeit so zu handhaben, daß ihre positiven Seiten voll zur Geltung kommen. Besonders die komplizierteste Form - der längerdauernde arbeitsteilige Gruppenunterricht - birgt eine Reihe von Gefahren in sich. Schwierigkeiten treten vor allem in der letzten Phase der Gruppenarbeit auf, in der die Gruppenergebnisse »zusammengetragen« und im Klassenverband ausgewertet werden. Die hierbei üblichen Schülervorträge erzeugen häufig Langeweile bei den Mitschülern und sind meist wenig effektiv. Da auf eine Würdigung der Gruppenerträge und die Sicherung der Arbeitsergebnisse keinesfalls verzichtet werden kann, muß nach Möglichkeiten gesucht werden, diesen Unterrichtsabschnitt ertragreicher zu gestalten (siehe unten). Weitere Gefahren werden darin gesehen, daß innerhalb der Kleingruppen einzelne Schüler sich auf Kosten der übrigen ausruhen könnten, während andere ständig dominieren, und daß manche Schüler immer eine und dieselbe Funktion ausüben (z. B. die des Protokollanten) und dadurch zu einseitig gefördert werden könnten.

Es sollte bedacht werden, daß solche Probleme überall auftreten, wo Menschen zusammenarbeiten, und daß gerade der Gruppenunterricht die Möglichkeit bietet, die Schüler auch auf diese alltäglichen Schwierigkeiten vorzubereiten. Im übrigen kann die Lehrperson diesen Gefahren begegnen, indem sie während der Gruppenarbeit alle Schüler im Auge behält und bei Fehlentwicklungen in einzelnen Gruppen behutsam lenkend eingreift. Damit nimmt sie eine Aufgabe wahr, die sich ihr sowieso beim Gruppenunterricht stellt: die Schüler zu betreuen, die einer Förderung besonders bedürfen, während des Klassenunterrichts aber zu kurz kommen.

8.4.3 Zur Durchführung

Nicht nur die Wahl der jeweils zu verwendenden Sozialform, sondern auch ihre Handhabung sollte unter der Zielsetzung gesehen werden, die Schüler zu »selbständigem Denken, Urteilen und Arbeiten« und zu »sozialem Verhalten ..., zur Teamarbeit, zur Kooperation« zu erziehen (*Ulshöfer* 1971, 32).
Im *Klassenunterricht* kann diese Zielsetzung dadurch deutlich werden, daß sich die Lehrkraft möglichst weit zurückhält sowie sachorientierte Schüleraktivitäten und Kontakte zwischen den Schülern unterstützt. Im *Einzelunterricht* wird die Lehrperson vor allem durch eine geschickte, differenzierende Aufgabenstellung die Selbständigkeit der Schüler fördern. Beim Partner- und Gruppenunterricht ergeben sich die meisten Möglichkeiten, aber auch die größten Schwierigkeiten.
Üblicherweise verlaufen *Partner- und Gruppenarbeit* in drei *Hauptphasen* (vgl. z. B. *Esser* 1978, 140; *Killermann* 1991, 241; *Staeck* 1987, 213):

- Einführung in das Arbeiten in Gruppen: Das Gesamtthema wird im Klassenunterricht in Unterthemen aufgegliedert, die Schülergruppen bilden sich, die Themen werden den Gruppen zugeordnet, Medien bereitgestellt, die Dauer des Arbeitens in Gruppen wird festgelegt. Bei einfacheren Typen der Partner- und Gruppenarbeit können einzelne dieser Schritte entfallen.
- Arbeit in Gruppen: Die Kleingruppen planen ihre Tätigkeit, verteilen Aufgaben (innerhalb der Gruppen kann es streckenweise zu Einzel- oder Partnerarbeit kommen), die Arbeitsergebnisse werden besprochen und in eine für die dritte Phase geeignete Form gebracht.
- Auswertung der Arbeit in Gruppen: Die einzelnen Kleingruppen stellen ihre Ergebnisse der ganzen Klasse vor, Fragen der Mitschüler werden beantwortet, die Einzelresultate erörtert und zu einem Gesamtbild des behandelten Themas zusammengefügt, der Unterrichtsertrag wird in schriftlicher oder

anderer Form fixiert, weitere Aktivitäten, z. B. eine Ausstellung, werden geplant; einen günstigen Abschluß bildet ein kritischer Rückblick auf die Gruppenarbeit.

Probleme ergeben sich bei Partner- und Gruppenunterricht hauptsächlich im Hinblick auf

- die Dauer der Gruppenarbeitsphase,
- die Formulierung der Arbeitsaufträge für die Kleingruppen,
- die Bildung der Arbeitsgruppen,
- die Beschaffung der Medien,
- die Sicherung der Unterrichtsergebnisse für alle Schüler.

Gruppenunterricht verläuft in vielen Fällen deshalb unbefriedigend, weil die Schüler gleich mit den komplizierteren Typen dieser Sozialform konfrontiert werden. Übernimmt man eine in dieser Hinsicht unerfahrene Klasse, so sollte man in der ersten Zeit möglichst häufig *Partnerunterricht* praktizieren, bei dem das Arbeiten in Gruppen nicht länger als etwa 20 Minuten dauert. Eine Schulstunde kann dann dafür ausreichen, alle drei Phasen (siehe oben) durchzuführen. Die Lehrperson muß vor allem darauf achten, daß die Schüler tatsächlich miteinander und nicht im Grunde für sich allein arbeiten. Günstig wäre, wenn die Aufgabenstellung eine Arbeitsteilung zwischen den Partnern nahelegt. Im allgemeinen werden zuerst alle Partnergruppen dasselbe Thema behandeln. Ein erster Schritt zur weiteren Differenzierung führt zum gemischt-arbeitsteiligen Partnerunterricht: Es werden gleichzeitig zwei oder mehrere Aufgaben bearbeitet; das Zusammentragen der Ergebnisse bekommt dadurch eine neue Qualität, daß die Schüler von Aufgaben und ihren Lösungen erfahren, die sie selbst noch nicht kennen. Wesentlich ist, daß den Schülern die Besonderheiten dieser für sie ungewohnten Arbeitsweise bewußt werden. Sie sollen sich daran gewöhnen, über Vor- und Nachteile der angewendeten Methoden - hier der Sozialformen - nachzudenken und zu diskutieren.

Die Partnerarbeitsphasen sollten nur schrittweise - möglichst unter Verwendung von Doppelstunden - verlängert werden. Der nächste Schritt führt zum themengleichen *Gruppenunterricht mit kurzer Laufzeit.* Man sollte dafür Aufgaben wählen, die eine Zusammenarbeit mehrerer Schüler erfordern. Erst wenn diese Form von den Schülern akzeptiert und beherrscht wird, empfiehlt sich die Einführung in den arbeitsteiligen Gruppenunterricht, und zwar in seiner *gemischt-arbeitsteiligen Variante.* Auch in diesem Fall sollte zunächst nur eine Doppelstunde für den gesamten Ablauf samt der Auswertung angesetzt werden. Für den arbeitsteiligen Unterricht in seiner reinen Form müssen im allgemeinen mehrere Stunden eingeplant werden.

Große Bedeutung kommt der Formulierung der *Arbeitsaufträge* für die Kleingruppen zu; denn ohne eindeutige Zielvorstellungen führt die Gruppenarbeit nicht zu befriedigenden Resultaten. Die Aufgaben müssen so umfassend und klar dargestellt sein, daß die Schüler bei der Arbeit in Gruppen ohne die Lehrperson auskommen können. Das bedeutet aber nicht, daß die Aufgaben von dieser formuliert werden müßten. Auch hier gilt: Zum gewünschten Erfolg führt am besten ein schrittweises Vorgehen. Zuerst wird die Lehrkraft die Arbeitsaufträge selbst festlegen und den Schülern auf vorgefertigten Arbeitsblättern vorlegen. Bei der Besprechung der Arbeitsblätter sollten die Schüler zum Nachvollziehen der Gedanken des Lehrers und zur Kritik herausgefordert werden. Später werden die Aufgaben im Unterrichtsgespräch unter möglichst starker Beteiligung der Schüler entwickelt.

Während bei der Partnerarbeit und einfacheren Formen des Gruppenunterrichts die *Gruppenbildung* meist unproblematisch ist, empfiehlt es sich, bei mehrstündiger arbeitsteiliger Gruppenarbeit auf die Zusammensetzung der Gruppen einige Sorgfalt zu verwenden. Als zu kompliziert erscheint die Orientierung an einem zu diesem Zweck aufgestellten Soziogramm der Klasse (vgl. *Mostler/Krumwiede/Meyer* 1979, 50 f.). Es sollte versucht werden, die Gruppen nach der Aufgliederung des Gesamtthemas in Einzelkomplexe entsprechend den themenbezogenen Interessen der Schüler zu bilden. Meist spielen allerdings in diese Art der Gruppenbildung auch andere Motive hinein, vor allem Freundschaft oder Sympathie. Häufig kommt es vor, daß mehrere Schülergruppen ein bestimmtes Teilthema bevorzugen. Wenn sich die betreffenden Schüler nicht vom Wert der Arbeitsteilung überzeugen lassen, sollte man - falls genügend Arbeitsmaterial vorhanden ist und kein entscheidend wichtiger Komplex unbearbeitet bleibt - den Wünschen der Schüler nachgeben. Meist arbeiten die betreffenden Gruppen besonders sorgfältig, weil sie nicht von der konkurrierenden Gruppe übertroffen werden wollen.
Die sozialen Ziele, die mit der Gruppenarbeit angestrebt werden, legen es nahe, bei der Gruppenbildung darauf zu achten, daß die Schülergruppen in bezug auf die Leistungsfähigkeit ihrer Mitglieder heterogen zusammengesetzt sind. Zu Beginn einer neuen Gruppenarbeitsphase sollten die Gruppen neu gebildet werden. Die Gefahr der Rollenfixierung (der eine Schüler zeichnet grundsätzlich, ein anderer fungiert stets als Referent usw.) muß bei häufigem Gruppenunterricht beachtet werden.

Es mangelt bisher an *Medien,* die speziell für das selbständige Arbeiten von Schülern entwickelt wurden (vgl. *Hirschmann* 1974; *Urschler* 1975). Viele der sowieso in Schulbüchereien und -sammlungen vorhandenen Bücher und Materialien lassen sich aber gut für diesen Zweck verwenden. Zusätzlich sollten die Biologielehrenden geeignete Medien sammeln, z. B. Naturobjekte, Bilder und Zeitungsausschnitte. Gruppenarbeit, die sich über mehrere Schulstunden hinzieht, erweist sich als günstiger Anreiz für die Schüler, selbst Arbeitsmittel zu beschaffen, z. B. aus dem Bücherschrank der Eltern oder aus einer Leihbücherei. Da die verfügbaren Texte meist nicht für Kinder konzipiert sind, haben die Schüler oft Verständnisschwierigkeiten. Hier ergibt sich ein guter Anlaß, den Umgang mit Nachschlagewerken zu üben. Eine reiche Ausstattung des Klassenraums mit Lexika und Übersichtsbüchern kann als eine der wichtigsten Voraussetzungen für erfolgreiche Gruppenarbeit bezeichnet werden. Sie trägt auch dazu bei, daß die Gefahr eines durch das unterschiedliche Arbeitstempo der Gruppen bedingten Leerlaufs verringert wird.

Als schwierigster Teil des Gruppenunterrichts gilt bei vielen Lehrkräften die *Auswertungsphase.* Meistens müssen hierbei Sprecher der Arbeitsgruppen nacheinander über ihr Teilthema referieren (additives Verfahren). Während sich die meisten Lehrenden seit langem scheuen, Vorträge ohne Zuhilfenahme von Medien zu halten, wird den Schülern in dieser Phase häufig zugemutet, längere Schülervorträge ohne Medienunterstützung anzuhören. Es sollten also geeignetere Formen des Vermittelns und Sicherns der Ergebnisse gefunden werden, z. B. die folgenden Verfahren (vgl. *Scheibner* aus *Ulshöfer* 1971, 46):

- Schriftliche Kurzberichte der Kleingruppen, die von den Mitschülern gelesen und im Klassenverband erörtert werden.
- Darstellung der Ergebnisse in Form von Filmen, Dias, Bildern, selbstgefertigten Skizzen oder Demonstrationsversuchen.
- Zusammenfassung in Form von tabellarischen Übersichten, wobei die einzelnen Gruppen verschiedene Zeilen oder Spalten der Tabelle ausfüllen (einbauendes Verfahren). Ein ähnliches Verfahren stellt der »Mosaikunterricht« dar, bei dem Bilder mit Texten, die von Kleingruppen erstellt worden sind, zu einem Gesamtbild oder einer »Mosaiktafel« vereinigt werden (vgl. *Hirschmann* 1975).
- Vereinigung der Gruppenergebnisse in einem Unterrichtsgespräch (verwebendes Zusammenschließen). Dabei können die Schülergruppen als Expertengruppen auftreten, die von den anderen Schülern zu ihrem Spezialgebiet befragt werden (vgl. *Urschler* 1971).
- Fortsetzung der Gruppenarbeit in neuer Zusammensetzung (Gruppenpuzzle). In den neuen Gruppen bringen die Schüler als Experten jeweils das Wissen ein, das sie in der vorhergehenden Gruppenarbeit erworben haben (vgl. *Rottländer* 1992).

8.4.4 Beispiele

Bei der Auswahl von Themen für Gruppenunterricht muß vor allem darauf geachtet werden, daß sich die Themen zwanglos in einigermaßen gleichgewichtige Unterthemen aufgliedern lassen.
Besonders einfach ist die Ausgliederung von Teilthemen beim *Unterricht über Pflanzen- oder Tiergruppen.* Dabei gibt es grundsätzlich zwei Möglichkeiten des Vorgehens:
- Die Merkmale einer systematischen Gruppe werden im Klassenunterricht erarbeitet; anschließend werden einige Variationen des Grundtyps im Gruppenunterricht behandelt.
- Die Schülergruppen untersuchen verschiedene Vertreter der betreffenden systematischen Gruppe; beim Zusammentragen der Ergebnisse werden die Gemeinsamkeiten aller Objekte erarbeitet. Wenn jede Kleingruppe gleichzeitig Vertreter zweier Pflanzen- oder Tiergruppen untersucht, also vergleichend vorgeht, erhöht sich der Reiz des Gruppenunterrichts.

In der Literatur finden sich viele entsprechende Beispiele, u. a. Höhere Pilze, Familien der Blütenpflanzen; Wirbellose Tiere, Wirbeltierklassen, Säugetierordnungen (z. B. anhand von Schädeln).
Ein analoges Verfahren ergibt sich, wenn bei der Betrachtung eines Lebensraums die Angepaßtheit verschiedener Pflanzen oder Tiere erarbeitet wird, wie z. B.: Frühblüher des Laubwaldes, Hochgebirgspflanzen; Tiere des Teiches, Steppentiere, Einzeller in Heuaufgüssen.
In diesem Zusammenhang können auch Untersuchungen an verschiedenen Bodenarten genannt werden (vgl. z. B. *Kuhn* 1975 a, 199).
Schwieriger ist Gruppenunterricht mit einer einzigen *Pflanzen- oder Tierart* durchzuführen. Es besteht die Gefahr, »die natürliche Ganzheit eines Organismus. . . (zu) zerreißen«. »Das könnte z. B. eintreten, wenn eine Gruppe die Wurzel, die zweite den Sproß, die dritte das Blatt und die vierte die Blüte einer Pflanze untersuchen müßte« (*Esser* 1978, 140 f.).
Relativ häufig wird empfohlen, *Versuche zur Pflanzen-, Tier- und Humanphysiologie* in Gruppen durchzuführen (z. B. zu den Themen Photosynthese, Transpiration; Nährstoffe, Verdauung, Atmung, Rauchen, Sinnesorgane; vgl. z. B. *Kasbohm* 1973 b; *Werner* 1976).
Auch im Bereich der *Ökologie und des Umweltschutzes* bieten sich viele Themen für den Gruppenunterricht an, deren Bearbeitung zum Teil im Freiland erfolgen sollte (z. B.: Standortuntersuchungen - Messung von Temperatur, Licht, Luftfeuchtigkeit u. a. - oder Vegetationsuntersuchungen im Wald; Wasserreinigung mit verschiedenen Methoden). Sehr sorgfältig begründete

und ausgeführte Empfehlungen für mehrwöchigen Gruppenunterricht zum Thema »Probleme der Wasserverschmutzung« sind von *Günter Eulefeld* u. a. (1979 a) vorgelegt worden.

Erwähnenswert erscheinen die folgenden Themen, die sich den bisher genannten Gruppen nicht ohne weiteres zuordnen lassen: »Nahrungsketten« (unter Verwendung von Stopfpräparaten aus der Sammlung; vgl. *Denecke* 1973) und »Wanderwege von Zugvögeln« (anhand von Daten zum Wiederfund beringter Vögel; vgl. *Kuhn* 1975 a, 200 f.).

Abschließend seien einige Beispiele für *Sonderaufträge* genannt, durch die man Schülergruppen in häufig ganz unerwarteter Weise aktivieren und fördern kann (vgl. z. B. *Kuhn* 1975 a, 203; *Esser* 1978, 139; *Killermann* 1991, 243; *Stichmann* 1992):

- Beobachten von Vögeln an einem Futterhaus oder in einem Park;
- Durchführen phänologischer Beobachtungen;
- Durchführen und Protokollieren von Langzeitversuchen;
- Fotografieren oder Filmen von Lebewesen;
- Anlegen eines Herbars oder einer Sammlung von Hinterlassenschaften bestimmter Tiere;
- Herstellen einfacher Modelle oder Bildtafeln;
- Beschaffen von Medien für den folgenden Unterricht;
- Gestalten einer Ausstellung;
- Betreuen von Tieren oder Pflanzen in der Schule.

Literatur

Denecke 1973; *Dietrich* u. a. 1979; *Dudel* 1971; *Esser, Hans,* 1978; *Eulefeld* u. a. 1979 a; *Frey, H. D.,* 1980; *Heisterkamp/Timm* 1977; *Hirschmann 1974; 1975; Kasbohm 1973 b; Killermann* 1991; *Kösel* 1975; 1976; *Krüger* 1985; *Kuhn, W.,* 1975 a; *Mostler/Krumwiede/Meyer* 1979; *Müller, J.,* u. a. 1977; *Rottländer* 1992; *Schuster* 1981; *Seger* 1990; *Staeck* 1987; *Stegerer* 1984; *Stichmann* 1992; *Ulshöfer* 1971; *Urschler* 1971; 1975; *Vettiger* 1977; *Werner, E.,* 1976; *Winkeler* 1975; *Wraage* 1979

9 Fachgemäße Arbeitsweisen

9.1 Zum Begriff

Der Begriff »Arbeitsweise« ist in der didaktischen Literatur nicht scharf umrissen. Arbeitsweisen sind »Unterrichtsmethoden«, die der von *Hilbert Meyer* (1987 a, 109 f.) als Handlungsmuster bezeichneten Ebene entsprechen (s. Abschnitt 8.1). Viele Arbeitsweisen sind auf die besonderen Anforderungen des Faches Biologie abzustimmen; daher wird hier von fachgemäßen Arbeitsweisen gesprochen.

In Wissenschaft und Unterricht verwendete Methoden können als Wege beschrieben werden, die entweder zu Erkenntnissen oder zur Veranschaulichung führen. Daher wird im folgenden zwischen »Erkenntnismethoden« und »Darstellungsweisen« unterschieden. Meist sind beide Funktionen von Methoden miteinander verknüpft. Die Unterscheidung gibt also nur an, ob beim Einsatz der Arbeitsweise die angezielte Erkenntnis oder die vermittelte Anschauung im Vordergrund steht; sie ist aber nicht trennscharf.

Die Didaktik der Arbeitsweisen kann nicht überschneidungsfrei von der Frage des Medieneinsatzes behandelt werden, da in der Gestaltung der Unterrichtsmedien methodische Entscheidungen eingeschlossen sind (vgl. *Meyer* 1987 a, 150; s. Abschnitt 10.1). Im folgenden wird bei den Erkenntnisweisen das Arbeiten mit Modellen, bei den Darstellungsweisen das Verwenden von Grafiken mit behandelt, wobei die verwendeten Medien in beiden Fällen den Charakter von Modellen haben (s. Abschnitt 10.4.1).

Zur Arbeitsweise »Spielen« wird auf die erste Auflage der »Fachdidaktik Biologie« (*Eschenhagen/Kattmann/Rodi* 1985, 328-339), auf Beiträge in biologiedidaktischen Zeitschriften (vgl. z. B. *Schilke* 1981; *Schmale/Zöller* 1988; *Jaenicke* 1992) und schulpädagogische Literatur (vgl. z. B. *Meyer* 1987 b, 341-370) verwiesen.

Dem Umgang mit Organismen wird wegen der zentralen Bedeutung für den Biologieunterricht ein eigener Abschnitt gewidmet (s. Abschnitt 9.4).

Literatur

Eschenhagen/Kattmann/Rodi 1985; *Jaenicke* 1992; *Killermann/Staeck* 1990; *Meyer, Hilbert,* 1987 a; b; *Schilke* 1981; *Schmale/Zöller* 1988

9.2 Erkenntnismethoden

9.2.1 Allgemeines

Das Verstehen und Beurteilen biologischer Erkenntnisse setzt die Einsicht in die Voraussetzungen und Bedingungen sowie in den Weg der Erkenntnisgewinnung voraus. Methoden der Biologie können daher nicht nur Hilfsmittel im Biologieunterricht sein, sondern selbst zum Unterrichtsthema gemacht werden. Die unterrichtlichen Erkenntnismethoden stehen in einem inneren Zusammenhang mit den wissenschaftlichen Erkenntnismethoden (s. Abschnitt 3.3.2). Für den Biologieunterricht lassen sich die Methodenfragen in den fachlichen, den fachdidaktischen und den pädagogischen Aspekt aufschlüsseln.

Der *fachliche* Aspekt betrifft die Erkenntnismethoden der Wissenschaft »Biologie« und die Erkenntnisgrundlagen der Naturwissenschaften überhaupt, auf denen das gesamte im Unterricht vermittelte naturwissenschaftliche Wissen beruht (s. Abschnitt 3.3.2).

Mit der Frage, wie Methoden der Biologie im Unterricht zu vermitteln sind, setzt der *fachdidaktische* Aspekt der Methodenfragen ein:

- Die Erkenntnisvermittlung im Biologieunterricht kann wissenschaftliches Vorgehen nicht vollständig nachvollziehen oder vollkommen nachahmen. Ein solcher Versuch wäre zu langwierig und dem Vermögen der meisten Schüler nicht angemessen. Selbst bei guter apparativer Ausstattung einer Schule ist der Unterrichtsprozeß also anders zu gestalten als der Weg wissenschaftlicher Forschung. Dennoch sollten die im Schulunterricht verwendeten Erkenntnismethoden die in der Wissenschaft angewendeten so weit widerspiegeln, daß ein Einblick in Voraussetzungen, Tragweite und Grenzen der wissenschaftlichen Ergebnisse möglich ist. Die fachdidaktische Aufgabe besteht darin, die wissenschaftliche Methodik so in unterrichtliche Arbeitsweisen umzusetzen, daß die Schüler die wesentlichen Parallelen zum wissenschaftlichen Arbeiten erkennen können (s. Abschnitt 3.3.2).
- Die Anwendung *komplementärer Methoden* in der Biologie bedeutet für die Biologielehrenden, daß sie das Schwergewicht ihres Vorgehens nicht einseitig festlegen sollten (s. Abschnitt 3.3.2). Experimentieren gehört beispielsweise zum unverzichtbaren Bestandteil des naturwissenschaftlichen Unterrichts. Als weniger starker Eingriff in die Natur ist aber auch das vorsichtige Beobachten zu pflegen (vgl. *Puthz* 1988). Im Biologieunterricht sollte daher vermehrt zu Freilandbeobachtungen und zur Naturbetrachtung angeregt bzw. angeleitet werden.

- Eine weitere fachdidaktische Aufgabe ist es, die Wechselbeziehungen zwischen wissenschaftlichen Erkenntnismethoden und den Sozialformen zu bestimmen. So ist das Ziel einer wissenschaftlich kritischen Einstellung sicher nicht unabhängig davon, welche Anteile des Unterrichts als selbständige Schülerarbeit gestaltet werden und wie groß die Anteile lehrerzentrierter Vermittlung sind.

Der zuletzt genannte Zusammenhang leitet zum *pädagogischen* Aspekt der Methodenproblematik über. Es geht hier im wesentlichen um die Wechselbeziehungen zwischen den angestrebten Unterrichtszielen und den dazu geeigneten Arbeitsweisen. Das Erreichen ausgewählter pädagogischer Ziele, wie z. B. die Bereitschaft zu verantwortungsvollem Umgang mit der Natur, ist nicht nur abhängig von den gewählten Inhalten (z. B. »Der Wald als Ökosystem«), sondern auch von den gewählten Formen und Prozessen der Vermittlung (z. B. Freilandbeobachtung, Laboruntersuchung, Tafel-Anschrieb) bzw. deren Anteilen am Unterrichtsprozeß.

Die Aufgabe des naturwissenschaftlichen Unterrichts besteht nicht darin, den Schülern naturwissenschaftliche Aussagen als ein feststehendes Tatsachengebäude zu vermitteln. Die Schüler sollen vielmehr einen Einblick gewinnen, wie naturwissenschaftliche Erkenntnisse gewonnen werden und auf welchen Voraussetzungen sie beruhen. Die Kenntnis und Anwendung naturwissenschaftlicher Methoden ist deshalb ein wichtiges Ziel im Biologieunterricht. Die Einsicht in die methodischen Voraussetzungen ermöglicht erst ein Urteilen über Geltung und Tragweite biologisch bestimmter Aussagen.
Vorwiegend induktivistische Vorstellungen vom Erkenntnisprozeß stehen hinter der Beschreibung des Weges vom »Erkunden zum Erkennen«, den *Hans Grupe* den biologischen Methoden in Anlehnung an die »Didaktik des Biologieunterrichts« (*Uhlig/Baer/Dietrich* u. a. 1962) zugrundelegt (vgl. *Grupe* 1977, 231; *Klautke* 1990). Das Erkunden des Erkenntnissubjekts (Wissenschaftler, Schüler) wird als Reaktion auf die Reize (Habitus, Struktur) des Erkenntnisobjekts verstanden (vgl. *Grupe* 1977, 230). Entsprechend wird hier die Art der (Erkundungs-)Methoden von den Objekten mitbestimmt: Unbewegte Objekte können dieser Auffasung nach betrachtet, ihr Bau untersucht werden; bewegte Objekte (Naturvorgänge) dagegen können beobachtet, ihre Funktionen experimentell analysiert werden (s. Abb. 9-1). Der Weg vom Erkunden (methodisch geleitetes Sammeln von »objektiven«, d. h. objektbestimmten, Fakten) zum Erkennen (Gewinnen biologischer Einsichten) wird bei dieser Betrachtung also vom vorgegebenen Objekt her konstruiert.

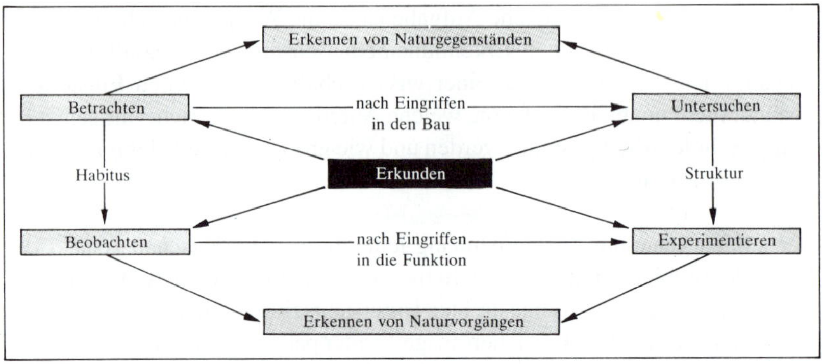

Abb. 9-1: Induktivistisches Vorgehen: Erkunden und Erkennen (nach *Uhlig/Baer/Dietrich* u.a. 1962)

Ein solches Vorgehen muß mit der Einsicht revidiert werden, daß wissenschaftliches Untersuchen, Beobachten und Experimentieren immer schon von Anfang an durch Hypothesen und Theorien (Anschauungen) über den Gegenstand geleitet werden und auf vorhergehenden Erkenntnissen aufbauen. Das Vorgehen sollte also mit der Hypothesenbildung beginnen und den Schülern jeweils ihre Vorannahmen bei Beobachtung und Experiment bewußt machen. In der »Methodik Biologieunterricht« (*Dietrich* u. a. 1979) sind entsprechende Konsequenzen gezogen worden. Bei den wichtigen Methoden der Erkenntnisgewinnung werden statt der vier Methoden des »Erkundens und Erkennens« (Betrachten, Untersuchen, Beobachten und Experimentieren) nur noch zwei grundsätzlich unterschieden: das *Beobachten* und das *Experimentieren.* Diese beiden Methoden werden im Sinne deduktiv-hypothetischen Vorgehens neu definiert (s. Abschnitt 3.3.2), wobei von der Tätigkeit des Subjekts (und nicht von den Eigenschaften der Untersuchungsobjekte) ausgegangen wird. In der Darstellung dieses Buches wird dieser Auffassung gefolgt, indem Betrachten und Beobachten zusammengefaßt sowie Untersuchen als ein Beobachten mit Hilfsmitteln definiert und nur aus praktischen Gründen in einem gesonderten Abschnitt behandelt wird.

Die dem hypothetisch-deduktiven Vorgehen entsprechende Abfolge der Schritte beim Beobachten und Experimentieren im Unterricht ist in Tabelle 9-1 zusammengestellt. Bei diesen Unterrichtsschritten stellt sich jeweils die Aufgabe, den Schülern genügend Informationen für klare Fragestellungen und zum Aufstellen sinnvoller Hypothesen zu geben, ohne den Blick zu sehr einzuengen oder die Ergebnisse von Beobachtungen oder Experimenten vor-

Problemstellung	1. Problemfindung, Formulierung einer Hypothese
Planung	2. Ableiten von empirisch überprüfbaren Folgerungen aus der Hypothese
	3. Ausarbeitung eines Plans zur Durchführung einer Beobachtung bzw. eines Experiments
Durchführung	4. Bereitstellen von Materialien 5. Aufbau der Anordnung zum Beobachten bzw. Experimentieren 6. Durchführung der Beobachtung bzw. des Experiments 7. Protokollieren der Beobachtungs- bzw. Experiment-Ergebnisse
Auswertung	8. Deutung der Ergebnisse 9. Vergleich der Deutung der Ergebnisse mit den Folgerungen aus der Hypothese (Bestätigung oder Widerlegung der Hypothese)

Tabelle 9-1: Schritte der hypothetisch-deduktiven Methode im Unterricht (nach *Dietrich* u. a. 1979, 118 f.; verändert)

wegzunehmen. Auch bei vorgegebenen Experimenten sollten den Schülern die Fragestellung und die jeweils gemachten Vorannahmen (Hypothesen) deutlich gemacht werden.

An einigen Stellen des Unterrichts kann das methodische Vorgehen auch schon in der Sekundarstufe I selbst zum Thema des Unterrichts gemacht werden (»Wie arbeitet ein Naturwissenschaftler?«, vgl. *Palm* 1979). Fragestellung und Hypothesen sind klar zu formulieren. Es sollte deutlich werden, daß vorhergehende Hypothesen durch neue abgelöst werden können und dieser Prozeß nicht durch die Ergebnisse eines Experiments abgeschlossen ist, sondern durch das Aufstellen weiterer Hypothesen fortgesetzt wird und prinzipiell unabgeschlossen bleibt.

Es sollte im Unterricht stets zwischen den Ergebnissen der Beobachtungen oder Experimente und deren Deutung unterschieden werden. Bereits auf den unteren Klassenstufen der Sekundarstufe sollte man auch bei Textanalysen auf den Unterschied zwischen mitgeteilten Beobachtungen oder Versuchsergebnissen und deren Deutung achten (s. Abschnitt 9.2.6).

Literatur

Dietrich u. a. 1979; *Grupe* 1977; *Klautke* 1990; *Palm* 1979; *Puthz* 1988; *Uhlig/Baer/Dietrich* u. a. 1962; s. auch Literatur zum Abschnitt 3.3.2

9.2.2 Beobachten

Zum Begriff

»Mit Hilfe der Beobachtung ermitteln die Schüler Eigenschaften und Merkmale, räumliche Beziehungen oder zeitliche Abfolgen der jeweiligen biologischen Erscheinung, ohne dabei grundlegend verändernde Eingriffe an den Objekten oder Prozessen vorzunehmen« (*Dietrich u.* a. 1979, 114). In diese Definition ist das Untersuchen (als Beobachten mit Hilfsmitteln) mit eingeschlossen.

Viele Biologiedidaktiker (*Linder* 1950,15; *Stichmann* 1970, 137; *Spandl* 1974, 52 ff.; *Grupe* 1977, 232; *Bay/Rodi* 1978, 45; *Staeck* 1987, 218 ff.) unterscheiden zwischen dem Betrachten von ruhenden Objekten (statische Beobachtung im Sinne von *Astolfi/Coulibaly/Host* 1977) und dem Beobachten von Bewegungen und Veränderungen von Objekten (dynamische Beobachtung im Sinne von *Astolfi/Coulibaly/Host* 1977). Zu der räumlichen Komponente beim Betrachten kommt die zeitliche beim Beobachten hinzu. *Wilhelm Killermann* (1991, 200 f.) schließt sich zwar dieser Auffassung an, hält aber die Trennung zwischen Betrachten und Beobachten nicht streng durch. *Hans Esser* (1978, 72) versteht unter Betrachten mehr eine ganzheitliche, den affektiven Bereich ansprechende Schau (spontane Beobachtung im Sinne von *Astolfi/Coulibaly/Host* 1977). *Helmut Sturm* (1974, 339) meint mit Beobachten »ein bewußtes Erfassen von Objekten und deren zeitlichen Veränderungen mit Hilfe der Sinnesorgane unter jeweils bestimmten Gesichtspunkten«. Er schließt bewußt auch die Erfassung von ruhenden Objekten in den Begriff »Beobachten« ein. Bei der Unterscheidung der Erkenntnismethoden wird in diesem Buch von der Tätigkeit des Subjekts, also des Schülers ausgegangen, nicht von den Eigenschaften der Objekte (s. Abschnitt 9.1). Daher werden Betrachten und Beobachten zusammengefaßt (vgl. *Sturm* 1974; *Dietrich* u. a. 1979). Das Untersuchen als Beobachten mit Hilfsmitteln erfordert, vor allem, wenn es um Eingriffe in Bau und Funktion von Organismen geht, eine ausführliche Darstellung und wird daher getrennt behandelt.

Für die Erkenntnisgewinnung sind die Beobachtung und der Vergleich verschiedener Objekte bedeutsam (s. Abschnitt 9.2.3). Aus der vergleichenden Beobachtung heraus werden morphologische Begriffe entwickelt (z. B. Blattstiel, Blattspreite, Blattgrund, Kopf, Rumpf, Schwanz), die für das Kennenlernen und Bestimmen von Pflanzen und Tieren wichtig sind.

Beobachten bezieht sich nicht nur auf den Gesichtssinn. Das Objekt kann mit verschiedenen Sinnen gleichzeitig oder sukzessiv erfaßt werden: Größe, Form, Geruch, Beschaffenheit der Körperoberfläche usw..

Nach der Intensität und Dauer kann man folgende Beobachtungsarten unterscheiden:

Gelegenheitsbeobachtungen sind unterrichtlich nicht eingeplant. Sie erfolgen meist auf Exkursionen.

Beispiel: Einem Schüler fällt auf, wie eine Meise einen Nistkasten anfliegt. Dies gibt Anlaß zu der Frage, wie oft die Jungen gefüttert werden. Der Schüler verweilt so lange in der Nähe des Nistkastens, bis er mit Hilfe seiner Uhr die Häufigkeit des Nistkastenbesuches erfaßt hat.

Kurzzeitbeobachtungen werden in einer Unterrichtsstunde abgeschlossen, zum Beispiel die Beobachtung des Kriechvorganges einer Schnecke auf einer Glasplatte.

Langzeitbeobachtungen bedürfen großer Geduld und wiederholter Anregungen von seiten der Lehrperson (z. B. beim Keimungsvorgang der Bohne).

Sinn und Bedeutung

Beim Beobachten setzen sich die Schüler aktiv mit Gegenständen auseinander. Sie lernen Wesentliches von Unwesentlichem unterscheiden. Durch Vergleich mit anderen Objekten (s. Abschnitt 9.2.3) eignen sie sich Formenkenntnisse an, vor allem dann, wenn sie dazu Nachschlagewerke und Bestimmungsbücher benutzen.

Das Beobachten von lebenden Organismen vermittelt den Schülern die Zusammenhänge von Gestalt und Lebensweise besonders eindringlich. Die Schüler studieren mit allen Sinnen Formen und Vorgänge in der Natur. Die geschulte Beobachtung bringt Ordnung in die verwirrende Mannigfaltigkeit der Umwelterscheinungen. Üben der Beobachtungsfähigkeit ist deshalb zugleich Schulung des Geistes. Erziehung zum genauen Beobachten fördert die Fähigkeit zur Darstellung und Interpretation von Daten. Der stete Umgang mit der Natur schafft Erlebnismöglichkeiten und kann bei den Schülern Freude an der Natur und Mitgefühl für die Lebewesen hervorrufen. Durch den Umgang mit dem Objekt sollten die Schüler aber auch einen emotionalen Abstand zu den Lebewesen erwerben (*Memmert* 1975, 57). Die geschulte Beobachtung ermöglicht die Interpretation von Vorgängen in größeren Zusammenhängen.

Zur Durchführung, Beispiele

Die Schüler müssen das selbständige Beobachten erst allmählich erlernen.Sie sollen erfahren, daß Beobachten nicht bloßes Hinsehen ist, sondern zielgerichtet erfolgen muß. Prinzipiell wird das Beobachten, wie das Experimentieren, nach dem hypothetisch-deduktiven Verfahren durchgeführt (s. Tabelle. 9-1). Dazu wird ein Vorgehen in vier Schritten vorgeschlagen (vgl. *Sturm* 1974):

- Anleitung zum Erkennen und Registrieren von Merkmalen eines Objekts: Dazu werden die Gesichtspunkte für das Erfassen von Merkmalen in Form von mündlichen oder schriftlichen Arbeitsaufgaben bekanntgegeben. Dabei sollten die verschiedenen Sinne angesprochen werden. Das Erkennen von Merkmalen hängt von der Einstellung der Schüler (Motivation) und ihrer Fähigkeit ab, Merkmale aus dem Gesamteindruck herauszulösen.
- Anleitung zum Bewußtmachen der erfaßten Merkmale: Es sind die Fähigkeiten zum Zählen, Messen, Zeichnen und Formulieren zu schulen, damit die Ergebnisse objektiv dokumentiert werden können.
- Anleitung zum Finden von Gesichtspunkten für die Auswahl bestimmter Merkmale: Dazu braucht man Phantasie, Kreativität und Abstraktionsfähigkeit. Der Mensch wendet bei der Betrachtung eines Gegenstandes seine Aufmerksamkeit auf bestimmte Teile und Vorgänge (vgl. *Rodi* 1968 a, 128). Zwar kann man hier nach festen Schemata vorgehen (z. B. Größe, Form), doch müssen die Reihenfolge der Merkmale und ihre Bedeutung jeweils neu bedacht werden.
- Anleitung, die bisher genannten Teilschritte sinnvoll zur Lösung eines naturwissenschaftlichen Problems zu nutzen: Dies ist der schwierigste Teil, da hier ein Mindestmaß an Überblick gefordert wird, das bei weiterem Erkenntnisfortschritt gesteigert werden soll. Das Studium verwandter Vertreter könnte z. B. die Frage ergeben, wie homologe Merkmale innerhalb einer Verwandtschaftsgruppe abgewandelt sind.

Kurzzeitbeobachtungen. Die Beobachtung eines Gegenstandes könnte in einer Unterrichtsstunde folgendermaßen ablaufen (vgl. *Staeck* 1972 a, 129):

- Fragestellung erarbeiten,
- Arbeitsanleitungen austeilen, Zeitbegrenzung angeben (noch besser, aber zeitraubender wäre es, die Arbeitsanleitungen gemeinsam mit den Schülern zu entwickeln),
- Hilfsmittel erklären,
- Hilfsmittel und Beobachtungsobjekte verteilen,
- Beobachtung des Gegenstandes in Partner- oder Gruppenarbeit und Festhalten der Ergebnisse,
- Sammeln der Ergebnisse der einzelnen Gruppen und Festhalten in einem Tafelanschrieb.

Zum Erlernen des Beobachtens werden zunächst Beobachtungsaufgaben gestellt. Sie sollten in kleinen Schritten ganz gezielte, von den Schülern leicht erfaßbare Anleitungen enthalten. Sie bringen Hinweise zum Zählen, Messen und Protokollieren.

Beispiel: Beobachtung einer Weinbergschnecke (*Linder* 1950, 27): »Achte auf ihre Bewegung. In wieviel Minuten vermag das Tier eine Strecke von 10 cm zu durchkriechen? Woraus besteht die Spur, die es hinterläßt? ... Laß eine Schnecke über ein Glas kriechen und beobachte dabei die dunklen Streifen an der Unterseite des Fußes. Wieviel solcher Streifen sind gleichzeitig zu zählen? Zeichne das Bild. Beobachte und beschreibe das Zurückziehen der Schnecke ins Haus und das Wiederherauskommen.«

Die Organisationsform des Unterrichts beim Beobachten hängt von der Größe und der Anzahl der zur Verfügung stehenden Objekte ab. *Helmut Sturm* (1974, 342) macht zur Organisation detaillierte Vorschläge (s. Abb. 9-2).

Viele Beobachtungen lassen sich nicht im Klassenzimmer durchführen, da die Tiere sich dort anders verhalten als in der freien Natur. Man sollte hier die Beobachtungsaufgaben als Vorarbeit für den Klassenunterricht stellen, z. B. (*Linder* 1950, 25): »Welche Haltung nimmt die Katze ein a) wenn sie ruhig dasitzt, b) wenn sie schläft, c) wenn sie auf etwas lauert (achte dabei auf Augen, Ohren und Schwanz!). Veranlasse eine Katze zum Springen und beobachte genau die Körperhaltung vor und während des Sprunges. Mit welchen Beinen schnellt sie sich ab, und wie macht sie dies? Mit welchen Beinen berührt sie wieder den Boden? ... Beobachte die Katze beim Lauern und Anschleichen auf Mäuse oder Vögel und beschreibe genau die Haltung des Körpers ...«

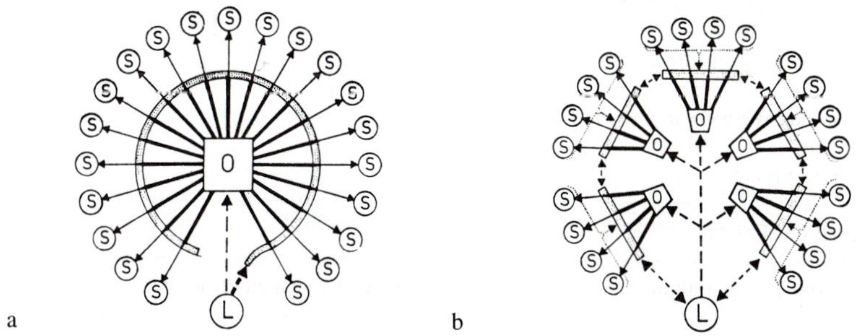

Abb. 9-2: a) Schema einer Beobachtungssituation im gelenkten Frontalunterricht. Der Lehrer (L) hat Objekt (O) und Gesichtspunkte (punktierter Ring) den Schülern (S) vorgegeben. Die Gesichtspunkte wirken wie ein Filter, d. h. von den Merkmalen des Objekts werden nur einige beachtet. b) Schema einer Beobachtungssituation im Gruppenunterricht. Der Lehrer (L) gibt den Schülergruppen gleichartige Exemplare eines Objekts (O). Gesichtspunkte für die Beobachtung (punktierte Flächen) werden von den Gruppen selbst gefunden und anschließend im Plenum diskutiert und verbessert (aus *Sturm* 1974, 342)

Die Notizen der Schüler werden im Klassenunterricht im Gespräch ausgewertet und die Ergebnisse in Form von Sätzen, Tabellen, Skizzen oder Diagrammen festgehalten.

Langzeitbeobachtungen. Die einfachsten über längere Zeit andauernden Beobachtungen betreffen das Eintreten und die zeitliche Aufeinanderfolge von Ereignissen im Jahreslauf (vgl. *Linder* 1950, 15 ff.).

Beispiele: Laubentfaltung; Blühen und Fruchten von Bäumen (alle Schüler sollten dabei einen bestimmten Baum, »ihren Baum«, auswählen); Aufblühzeit von Frühblühern; Eintreffen oder Abreise von Singvögeln; die Wiese im Jahreslauf. Der Lehrer kann als Hilfe ein Arbeitsblatt ausgeben, das die Schüler immer wieder an ihre Aufgabe erinnert. Auch die Zusammenfassung im Unterricht ist bei einheitlicher Darstellung wesentlich leichter (s. Tabelle 9-2).

Such Dir eine bestimmte Pflanze zur regelmäßigen Beobachtung aus! Je das Datum oder die Woche einsetzen! Name: Klasse: Jahr:
Art der Pflanze (auch Sorte) angeben:
Die Knospen beginnen zu schwellen:
Die ersten Blüten entfalten sich:
Hauptblütezeit (alle Blüten sind entfaltet):
Blütenbesuchende Insekten:
Schluß der Blütezeit (Fruchtansätze sichtbar):
Wie war das Wetter während der Hauptblütezeit?
Erste reife Frucht:
Erntezeit der Früchte:
Anfang der Laubentfaltung (einzelne Blattknospen beginnen sich zu öffnen):
Die ersten Blätter sind ganz entfaltet:
Allgemeine Belaubung (die Blätter haben ihre volle Größe erreicht):
Welche Schädlinge hast Du feststellen können?

Tabelle 9-2: Aufgaben zur Langzeitbeobachtung bei Obstbäumen und Beerensträuchern im Jahreslauf (nach *Linder* 1950, 16)

Derartige Beobachtungen bedürfen kaum der Anleitung und nehmen nur wenig Zeit in Anspruch. Sie sind jedoch geeignet, die Aufmerksamkeit der Schüler für lange Zeit auf bestimmte Erscheinungen zu lenken und diese bewußt erfassen zu lassen.
Schwieriger sind Langzeitbeobachtungen, bei denen ein Vorgang kontinuierlich zu verfolgen und aufzuzeichnen ist. Beispiele sind: Keimvorgänge bei Pflanzen (Bohne, Kresse, Mais), Entwicklungsvorgänge bei Insekten. Die Beobachtungen können von einzelnen Schülern zu Hause gemacht werden. Bei noch ungeübten Schülern oder bei empfindlichen Lebewesen empfiehlt es sich aber, die Beobachtungen im Klassenzimmer durchzuführen (s. Abschnitt 9.4). Die Schüler erhalten zu Beginn oder am Ende der Stunde Zeit, an ihrer Aufgabe zu arbeiten. Die Lehrperson hat dadurch die Möglichkeit, die Schüler individuell anzuleiten. Vor der Beobachtung wird eine Tabelle entwickelt, in die die Ergebnisse eingetragen werden. Auch Skizzen sind erwünscht.
Viele Beobachtungen können an lebenden Pflanzen und Tieren und an den Schülern selbst durchgeführt werden, aber auch tote Objekte (wie Stopfpräparate, Einschlußpräparate, Ganzpräparate, Skelette und Skeletteile, Nester, Gewölle, getrocknete Pflanzenteile, Fraßspuren an Ästen und Rinden, Gallen) erhöhen die Anschaulichkeit des Unterrichts.
Komplizierte oder in der Natur nur schwer zugängliche Strukturen und Vorgänge (z. B. Bestäubungsvorgänge, Insektenflug) können auch mit Hilfe von Struktur- und Funktionsmodellen sowie Wandbildern, Fotografien, Dias, Filmen, Skizzen oder Schemata verständlich gemacht werden (s. Kapitel 10; vgl. *Bay/Rodi* 1978).

Literatur

Astolffi/Coulibaly/Host 1977; *Bay/Rodi* 1978; *Dietrich* u. a. 1979; *Dumpert* 1976; *Esser, H.*, 1978; *Grupe* 1977; *Killermann* 1991; *Linder 1950; Memmert* 1975; *Puthz* 1988; *Rodi* 1968 a; *Roth* 1966; *Rüther/Stephan-Brameyer* 1984; *Spandl* 1974; *Staeck* 1972 a; 1987; *Stichmann* 1970; *Sturm* 1974

9.2.3 Vergleichen

Zum Begriff

Das Vergleichen ist ein Verfahren, bei dem mindestens zwei Gegenstände oder Vorgänge einander gegenübergestellt und im Hinblick auf Unterschiede und Ähnlichkeiten erfaßt werden (vgl. *Sturm* 1967, 18).

Folgende Momente sind (nach *Eichberg* 1972, 17) für das Vergleichen von prinzipieller Bedeutung: der Anstoß zum Vergleichen, die Vergleichskategorien, die Vergleichsobjekte, das Vergleichsergebnis.

Der *Anstoß zum Vergleichen* ist häufig eine Fragestellung oder eine Hypothese. In vielen Fällen genügt bereits die Feststellung eines auffälligen Kontrastes zwischen zwei Gegenständen zur Auslösung des Vergleichens.

Die *Kategorien des Vergleichs* ergeben sich aus den Eigenschaften oder Merkmalen, nach denen verglichen wird (z. B. Form, Größe, Farbe, stoffliche Beschaffenheit, Merkmalskombinate). Das Ergebnis eines Vergleichs wird stärker durch die Auswahl der Vergleichskategorien bestimmt als durch die Objekte als solche. Die Vergleichskriterien können bereits zu Beginn des Vergleichens vorliegen oder auch erst im Laufe des Verfahrens entwickelt bzw. ausgeschärft werden.

Die *Objekte* sind die konkreten Träger der Merkmale, aus denen die Vergleichskategorien abstrahiert werden. Häufig stellt eines der Objekte den Ausgangspunkt des Vergleichens dar, weil es bereits vorher bekannt ist. Das hinzutretende zweite Objekt gibt dann den Anstoß zum Herausstellen von Unterschieden und Ähnlichkeiten.

Im *Ergebnis des Vergleichens* liegt die Antwort auf die auslösende Frage vor, die durch das Herausarbeiten von Kategorien präzisiert worden ist. Das Vergleichsergebnis ist meist mehr als eine bloße Zusammenfassung der durch den Vergleich gelieferten Fakten. Es enthält häufig eine Wertung und Deutung, eine Unterscheidung von Wesentlichem und Unwesentlichem.

Bedeutsam erscheint, daß der Vergleich innerhalb einer Gruppe von Objekten etwas anderes leistet als der zwischen verschiedenen Gruppen. Man unterscheidet daher zweckmäßig Innergruppen-Vergleich und Zwischengruppen-Vergleich (auf die biologisch mißverständlichen Termini »innerartlicher« und »zwischenartlicher« Vergleich - vgl. *Sula* 1968; *Memmert* 1975, 32 ff. - sollte man verzichten).

Beim Vergleich von Objekten innerhalb einer Gruppe (z. B. beim Vergleich von Steinfrüchten untereinander) fallen besonders die Unterschiede zwischen den einzelnen Objekten ins Auge. Die ebenfalls erkennbaren Übereinstimmungen sind nicht eindeutig als Merkmale der Gruppe einzustufen; denn es könnte sich auch um Eigenschaften von übergeordneten Gruppen handeln.

Der Vergleich über die Gruppengrenzen hinaus (z. B. Steinfrüchte - Beeren) rückt stärker die allgemeinen Eigenschaften in den Blick und läßt eine Trennung von Merkmalen der engeren Gruppe (z. B.: äußerer Teil der Fruchtwand fleischig, innerer fest) und Merkmalen größerer Gegenstandsgruppen (z. B. Frucht saftig) zu. Will man den Begriff »Steinfrucht« bilden, so tut man gut

daran, zwei Vergleiche innerhalb geeigneter Gruppen anzustellen (mehrere Steinfrüchte untereinander) und zusätzlich einen Vergleich zwischen den betreffenden Gruppen (Steinfrüchte und Beeren) (vgl. *Sula* 1968, 25; *Dietrich* u. a. 1979, 140 ff.).
Eine entsprechende Rolle spielen die beiden Vergleichstypen bei der Begriffsbildung auf höheren Ebenen (z. B. fleischige Schließfrüchte - trockene Schließfrüchte; Schließfrüchte - Streufrüchte).
Durch einen Wechsel der Vergleichsebene, d. h. durch Einbeziehen weiterer Objektgruppen in den Vergleich, kann ein und derselbe Gegenstand für verschiedene Gruppen als typisch dargestellt werden, z. B. die Kirsche als Steinfrucht gegenüber Beerenfrüchten, die Kirsche als fleischige Schließfrucht gegenüber trockenen Schließfrüchten (vgl. *Müller/Kloss* 1990).

Sinn und Bedeutung

Das Vergleichen ist eines der wesentlichen Mittel zur Erkenntnisgewinnung. Jeder Mensch - auch das Kleinkind - wendet es ständig an. Jeder neue Gegenstand, der in den Blick gerät, wird mit bereits vertrauten Objekten in Beziehung gesetzt, die entweder gleichzeitig vorhanden oder nur in der Erinnerung präsent sind. Die Sprache lebt vom Vergleich; bereits einzelne Wörter, vor allem zusammengesetzte Substantive und Adjektive, enthalten Vergleiche (z. B. Zwergbirke, schneeweiß).
In der Biologie, die es mit einer verwirrenden Mannigfaltigkeit auf den verschiedenen Ebenen des Lebendigen zu tun hat, spielt das Vergleichen eine besondere Rolle. Darauf weisen bereits die Bezeichnungen einiger Teildisziplinen hin (z. B.: Vergleichende Morphologie, Vergleichende Entwicklungsgeschichte). Die konsequente Anwendung des vergleichenden Verfahrens ermöglicht einerseits das Ordnen der Vielfalt und führt andererseits zu der Grunderkenntnis, daß alle Organismen in wesentlichen Eigenschaften übereinstimmen (Grundphänomene des Lebendigen).
Sollen die Schüler Begriffe verstehen und dauerhaft behalten, so müssen sie im Vergleichen geübt werden (vgl. *Dietrich* u. a. 1979, 140 ff.). Die grundsätzliche Aufgeschlossenheit und Fähigkeit zu diesem Verfahren bringen die Kinder bereits in die Schule mit. Das jüngere Kind sieht die Gegenstände aber noch undifferenziert und vermag nicht, das Konkret-Individuelle vom Allgemeinen zu unterscheiden. Beim Vergleichen entdeckt es stärker das Unterscheidende als das Gemeinsame von Objekten (vgl. *Eichberg* 1972, 98). Ein konsequentes Üben des Vergleichens in der Schule führt allmählich zu stärkerer Differenziertheit der Auffassung und zum Abstrahieren vom sinnlichen Eindruck der

Gegenstände. »Das Übereinstimmende ... ist ja etwas, was nicht einfach mit einem der ... zu vergleichenden Objekte assoziiert werden kann ...« (*Sturm* 1967, 19). Das Vergleichen erweist sich also als ein Mittel zur Förderung der Abstraktionsfähigkeit der Schüler.

Zwischen Beobachten und Vergleichen besteht eine Wechselwirkung: Wird die Beobachtungsfähigkeit der Schüler entwickelt, so wächst gleichzeitig ihre Fähigkeit, sinnvolle Vergleiche vorzunehmen (vgl. *Eichberg* 1972, 102 ff.); durch das Vergleichen werden die Schüler andererseits zu genauem Beobachten angeregt (vgl. *Rüther/Stephan-Brameyer* 1984).
Helmut Sturm (1967;1974, 343) sieht im Vergleich das beste Mittel, um das selbständige Finden von Gesichtspunkten für das Beobachten zu induzieren. Die Gegenüberstellung von ähnlichen Gegenständen, die sich in einigen Merkmalen deutlich voneinander unterscheiden, lenkt den Blick der Schüler häufig ohne jede weitere Anleitung auf die wichtigen Vergleichskategorien. Auf diese Weise fördert die vergleichende Betrachtungsweise die Selbsttätigkeit und damit die Selbständigkeit der Schüler (vgl. *Weber* 1965, 70). *Josef Sula* (1968, 37) stellt sogar das Verfahren, im Unterricht Begriffe allein mit Hilfe des Betrachtens einzelner Gegenstände - ohne Vergleich - zu bilden, als einen schwerwiegenden Fehler der Lehrperson hin; als Ausnahme läßt er nur den Fall gelten, daß alle Schüler die zu beschreibenden und zu benennenden Merkmale eines Gegenstandes aus ihrer früheren Erfahrung sicher kennen, so daß diese Merkmale am neuen Gegenstand einfach wiedererkannt werden können (vgl. auch *Dietrich* u. a. 1979, 140 ff.).
Schließlich stellt das Vergleichen das entscheidende Verfahren im exemplarischen Unterricht dar. »Individuelle und im eigentlichen Sinne exemplarische Merkmale werden nur im Vergleich sichtbar« (*Memmert* 1975, 32; vgl. auch *Killermann* 1991, 250).

Auch andere Arbeitsweisen der Biologie und des Biologieunterrichts, vor allem Untersuchen und Experimentieren, haben enge Beziehungen zum Vergleichen. So lassen sich die Gewebe und Organe nur durch vergleichendes Untersuchen voneinander abgrenzen und zu Organsystemen zusammenordnen; so baut jeder qualitative Versuch auf dem Vergleich mit einem Kontrollversuch auf; so beinhaltet jedes quantitative Experiment den Vergleich der gewonnenen Resultate. Auch das Arbeiten mit Modellen schließt Vergleiche - zwischen Modell und Original - ein (s. Abschnitt 10. 4).

Zur Durchführung, Beispiele
In der folgenden Darstellung sind Vorschläge aus der biologiedidaktischen Literatur zusammengefaßt (vgl. z. B. *Sturm* 1967; *Killermann* 1991, 251 f.).

Vergleich verschiedener Lebewesen oder ihrer Teile (statisch). Besonders häufig wird der Vergleich zwischen nahe verwandten Pflanzen- und Tierarten empfohlen, z. B. zwischen verschiedenen Arten von Schmetterlingsblütlern, Hund und Wolf, Kaninchen und Hase (vgl. *Klahm* 1982). Dabei werden in erster Linie spezifische Merkmale deutlich.
Durch Einbeziehung von Vergleichsobjekten aus weiteren Verwandtschaftskreisen werden taxonomische Gruppen oder Lebensformtypen charakterisiert, z. B. Molch und Eidechse (Lurch - Kriechtier), Fuchs und Reh (Fleischfresser - Pflanzenfresser).
Bei geschickter Auswahl der Objekte kann den Schülern allmählich klarwerden, daß Ähnlichkeiten zwischen verschiedenen Arten unterschiedliche Erklärungsmuster erfordern (vgl. z. B. *Klein* 1970). Viele Ähnlichkeiten beruhen auf verwandtschaftlichen Beziehungen - die einander ähnlichen Organe, Funktionen, Verhaltensweisen werden als homolog bezeichnet. Andere Ähnlichkeiten lassen sich nur als Angepaßtheit an die jeweiligen Umweltbedingungen deuten - in diesem Falle spricht man von analogen oder konvergenten Strukturen und Funktionen. Ein Vergleich zwischen zwei Arten oder Gruppen kann Anschauung für die Phänomene der Homologie oder der Analogie bieten. So lassen sich zum Beispiel zwischen Hai und Delphin große Ähnlichkeiten (in bezug auf Körpergestalt, Fortbewegungsweise usw.) feststellen, nähere Verwandtschaftsbeziehungen der beiden Arten sind aber eindeutig auszuschließen. Der Vergleich gipfelt hier in der Feststellung, daß es sich um Fische bzw. Säugetiere handelt, die beide demselben Lebensformtyp (schnellschwimmende, räuberisch lebende Meerestiere) zugeordnet werden können (vgl. *Eschenhagen/Kattmann/Rodi* 1992, 1 ff.).
Der Vergleich verschiedener Lebewesen kann sich auf den Gesamtorganismus beziehen, aber auch auf einzelne Organe beschränkt bleiben. Beliebt sind Vergleiche von verschiedenen Blütentypen bei Samenpflanzen, von Gebiß-, Schnabel- und Fußtypen. Letzten Endes geht es auch bei diesen Vergleichen um die Kennzeichnung der gesamten Lebewesen, die hier nur durch ausgewählte Teile repräsentiert werden.
Konsequentes Vergleichen führt zur Erkenntnis der abgestuften Ähnlichkeit zwischen den Organismen und zum hierarchischen Klassifizieren (vgl. *Piaget/Inhelder* 1973; *Laufens/Detmer* 1980).
Spezielle Formen des Vergleichs verschiedener Lebewesen stellen die von

Sturm (1967) genannten Vergleiche zwischen Stammform und Zuchtformen von Kulturpflanzen und Haustieren und zwischen Gliedern stammesgeschichtlicher Ahnenreihen bzw. Stufenreihen dar (vgl. *Sieger* 1979, 54). Da hier das Element der zeitlichen Abfolge eine Rolle spielt, leiten diese Vergleichsformen bereits zu den nächsten Punkten über.

Vergleich von Entwicklungsstadien einer Art. Vergleiche dieser Art sind vor allem dann aufschlußreich, wenn das Ausgangsstadium einer Entwicklung zwar in sich bereits strukturiert ist, die Eigenart seiner Teile aber nur schwer erkennen läßt. Das wohl beste Beispiel ist die Entwicklung einer epigäisch keimenden zweikeimblättrigen Pflanze (etwa der Gartenbohne): Untersucht man allein die Samen, sind die »fleischigen Samenhälften« nur schwer als Keimblätter anzusprechen; läßt man die Samen keimen, so wird ihre Blattnatur offensichtlich. Ähnlich günstige Beispiele sind die verschiedenen Stadien sich entfaltender Baumknospen (vgl. *Sturm* 1967, 20) oder verschiedenaltrige Hühnerembryonen.
Während hierbei die allmähliche Entfaltung bzw. schrittweise Entwicklung veranschaulicht wird, betont der Vergleich der Entwicklungsstadien von Tieren mit Metamorphose (z. B. Schmetterlinge, Frösche) stärker die radikalen Veränderungen von einem Schritt zum nächsten. In jedem Falle regen solche Vergleiche zur Auseinandersetzung mit dem für die Ontogenese charakteristischen Phänomen »Veränderung unter Beibehaltung der Individualität« an.

Vergleich verschiedener Lebewesen unter dynamischem Aspekt. Vergleiche zwischen Organismen betreffen nicht nur morphologisch-anatomische Elemente und damit verknüpfte Funktionen; sie können sich auch auf Abläufe direkt richten, vor allem auf Fortpflanzungs- und Entwicklungsvorgänge und Verhaltensweisen. Unter diesen Aspekten lassen sich wiederum verschiedene Lebewesen vergleichen, beschreiben und nach verschiedenen Systemen ordnen. Der Vergleich von Insekten zeigt die Typen der allmählichen und vollständigen Verwandlung, der Vergleich ausgewählter Pflanzen die Formen ungeschlechtlicher und geschlechtlicher Fortpflanzung. Vergleiche von Tieren untereinander ermöglichen den anschaulichen Erwerb von Begriffen wie »Angeborenes Verhalten«, »Erlerntes Verhalten« und »Einsichtiges Verhalten«; sie führen auch im Bereich der Ethologie zum Aufspüren von Homologien und Konvergenzen. Durch den Vergleich des Verhaltens des Menschen mit dem von Tieren gelingt es besonders gut, den Begriff »Eigenart« herauszuarbeiten, der die spezifischen Eigenschaften einer Organismenart bezeichnet (vgl. *Kattmann/Stange-Stich* 1974; *Kattmann* 1980 a, 134 f.).

Schließlich können auch verschiedene Arten im Hinblick auf das System ihrer Umweltbeziehungen (ökologische Nische) miteinander verglichen werden, wie z. B. Entenvögel, Spechtarten, Wasserwanzen.

Vergleiche von ökologischen Systemen. Bereits die Ausgliederung von Elementen einer Landschaft (See, Wald u. a.) setzt das Vergleichen voraus. Besonders wichtig ist dabei der Vegetationsvergleich, der es sozusagen auf den ersten Blick gestattet, eine gewisse Strukturierung vorzunehmen. Bei näherem Hinsehen kommen Vergleiche zwischen der Fauna verschiedener Lebensräume und Vergleiche zwischen den abiotischen Faktorenkomplexen hinzu (Feuchtigkeit, Bodenbeschaffenheit u. a.).
Im Ökologieunterricht werden Vergleiche häufig begrenzt auf die Wirkung bestimmter Faktoren auf die Zusammensetzung und das Gedeihen der Biozönose (z. B. Vergleich eines Rotbuchenwaldes auf Muschelkalk mit einem auf Buntsandstein). Auch hier läßt sich das Zeitelement berücksichtigen, etwa durch den Vergleich verschiedenaltriger Baumbestände im Hinblick auf den Faktor Licht (vgl. *Drutjons/Dietrich* 1977).
Sehr lohnend und häufig durchgeführt sind Vergleiche zwischen weitgehend naturbelassenen und stark vom Menschen beeinflußten ökologischen Systemen.

Vergleiche zwischen Lebewesen oder deren Teilen mit Bildern oder Modellen. Auf diesem Verfahren beruhen die meisten Bestimmungsmethoden, die in der Sekundarstufe I angewendet werden: Die Schüler vergleichen das zu bestimmende Objekt mit bereitgestellten Photos, Skizzen oder Detaildarstellungen und versuchen, es zu identifizieren.
Auch im übrigen Biologieunterricht werden häufig bildliche Darstellungen oder Modelle zur Veranschaulichung von Sachverhalten verwendet, oft als Ersatz für das nicht zugängliche, zu kleine oder zu große Naturobjekt. Ganz wesentlich ist, die Schüler zu der Einsicht zu bringen, daß Modelle und Modellvorstellungen niemals die Realität in jeder Hinsicht und im Detail repräsentieren, sondern immer unter bestimmmten Aspekten eingeschränkt und vereinfacht. Durch ständiges Üben sollten die Schüler daran gewöhnt werden, Modelle nicht nur auf ihre Möglichkeiten, sondern stets auch auf ihre Grenzen hin einzuschätzen (s. Abschnitt 9.2.7).

Vergleich von Lebewesen oder deren Teilen mit technischen Erzeugnissen. Während es im letzten Abschnitt um Modelle geht, die speziell zum Zwecke der Veranschaulichung biologischer Objekte oder Erscheinungen konstruiert werden, handelt es sich hier um Gegenstände oder Vorgänge der Technik, die zum Vergleich herangezogen werden. Sehr beliebt sind die Vergleiche »Auge - Fotoapparat«, »Herz - Pumpe«. Bei solchen Vergleichen ist der Geltungsbereich deutlich einzugrenzen (Analogmodelle, s. Abschnitt 10.4). Viele der früher häufig benutzten Vergleiche zwischen Lebewesen und technischen Gebilden mit ganz anderen absoluten Größen (z. B. Roggenhalm - Eiffelturm) beruhen auf physikalisch falschen Voraussetzungen und sollten deshalb vermieden werden (vgl. *Sturm* 1967; *Gropengießer* 1993).

Literatur

Dietrich u. a. 1979; *Drutjons/Dietrich* 1977; *Eichberg* 1972; *Eschenhagen/Kattmann/Rodi* 1992; *Gropengießer, H.,* 1993; *Kattmann* 1980 a; *Kattmann/Stange-Stich* 1974; *Killermann* 1991; *Klahm* 1982; *Klein, M.,* 1970; *Laufens/Detmer* 1980; *Leicht* 1981; *Memmert* 1975; *Müller/Kloss* 1990; *Piaget/Inhelder* 1973; *Rüther/Stephan-Brameyer* 1984; *Sieger* 1979; *Sturm* 1967; 1974; *Sula* 1968; *Weber, R.,* 1965

9.2.4 Untersuchen

Zum Begriff

Untersuchen ist ein Beobachten mit Hilfsmitteln. Dabei geht es um die zielgerichtete Erforschung der inneren Zusammenhänge durch Eingreifen in die Objekte (*Grupe* 1977; *Dietrich* u. a. 1979). Entsprechend der Struktur der zu untersuchenden Objekte kann man verschiedene Arten von Untersuchungen unterscheiden: Nachdem man durch Beobachten eines Lebewesens dessen morphologische Strukturen erkannt hat, geht es beim Sezieren um das sachgerechte Auseinandernehmen, wobei es vor allem auf anatomische Zusammenhänge ankommt. Hilfsmittel wie Pinzette, Messer, Schere, Präpariernadel, Lupe, Mikroskop und Mikrotom sowie chemische Substanzen zum Fixieren und Anfärben der Präparate werden verwendet (s. Abschnitt 9.2.5). Aus den anatomischen Untersuchungen lassen sich Schlüsse auf die Funktionen der Organe ziehen, die dann durch Experimente bestätigen werden können (s. Abschnitt 9.2.6). Zur Unterstützung der Untersuchungen können im Unterricht auch anatomische Modelle, Dias oder Abbildungen herangezogen werden.

Bei der Untersuchung von Lebensgemeinschaften und Lebensräumen werden die Lebewesen in ihrer Häufigkeit erfaßt (z. B. pflanzensoziologische und gewässerbiologische Aufnahmen). Die abiotischen Faktoren werden mit Hilfe von Meßgeräten (z. B. Thermometer, Psychrometer, Luxmeter, Anemometer, pH-Meter) untersucht: Temperatur, Luftfeuchtigkeit, Lichtmenge, Windverhältnisse, Bodenfeuchtigkeit, Kalkgehalt, pH-Wert. Die Struktur der Böden wird anhand von Bodenprofilen beschrieben. Untersuchungen zur Umweltgefährdung werden z. B. mit Hilfe von Lärmmessungen, Kohlenstoffmonooxidmessungen, chemischen Wasseranalysen und Bodenanalysen durchgeführt.

Sinn und Bedeutung

Einsichten über den inneren Bau von Organismen sind meist nur durch Zerlegen der Pflanzen oder Tiere möglich. Schon das Zergliedern einer Pflanze wird aber von empfindsamen Kindern als brutaler Eingriff empfunden. Beim Sezieren von Tieren, z. B. Zergliedern von toten Insekten, sind die emotionalen Schranken bei den Schülern noch stärker. Das Präparieren von Tieren sollte daher nicht nur technisch, sondern auch psychologisch vorbereitet werden. Man sollte den Schülern verdeutlichen, daß die Untersuchung nicht aus Freude am Zerstören, sondern aus Notwendigkeit zur Erkenntnisgewinnung vorgenommen wird. Die wenigsten Bedenken gegen ein Sezieren bestehen bei der Untersuchung des inneren Baus von Schlachttieren, da diese nicht getötet werden, um von den Schülern seziert zu werden, sondern um dem Menschen als Nahrung zu dienen.

Durchführung

Das Untersuchen von Lebewesen wird zunächst an Pflanzen geübt. Die Zergliederung von Blüten ist verhältnismäßig einfach und benötigt keinen großen technischen Aufwand. Wie beim übrigen Beobachten werden die Schüler auch beim Untersuchen durch gezielte Aufgabenstellungen zu ihrer Arbeit angeleitet. Mit fortschreitender Übung werden sie immer mehr an der Problemlösung beteiligt (vgl. *Linder* 1950; *Weber* 1976). Das Sezieren von Tieren erfordert großes technisches Geschick. Hier ist es gut, wenn der Lehrer einmal ein Tier vorpräpariert. Untersuchungen an Tieren werden am besten in Gruppenarbeit durchgeführt. Besonders sensible Kinder sollten nicht zum Präparieren gezwungen werden. Sie können die Aufgabe des Protokollführers oder Berichterstatters übernehmen. Tiere dürfen nicht vor den Augen der Schüler getötet werden. Präparieren und Sezieren von höheren Wirbeltieren erscheint aus ästhetischen und ethischen Gründen problematisch und sollte in der Schule nicht durchgeführt werden. Um fachspezifische Arbeitsweisen einzuüben, kann man auf Schlachttiere und deren Organe zurückgreifen: Präparation des Rinderauges, des Schweineherzens, von Schweinefüßen zur Demonstration der Gelenke. Auch die Präparation einer Forelle, eines Karpfens oder eines anderen Fisches ist durchaus möglich.

Je kleiner die Objekte sind, desto schwieriger ist die Präparation und desto mehr Zeit benötigt man zur Einführung in die Technik. In vielen Fällen ist zu fragen, ob die entsprechenden Einsichten in die Anatomie der Lebewesen nicht besser anhand von anatomischen Modellen oder Abbildungen vermittelt werden sollten.
Viele Objekte wird die Lehrkraft für die Untersuchungen in der Arbeitssammlung zum Verbrauchen bereithalten: Zähne, Skeletteile, konservierte Rinderaugen usw..
Der chemische Aufbau von Organismen wird im Unterricht nur an ausgewählten und einfachen Beispielen erarbeitet. Es werden einfache Reagenzglasuntersuchungen durchgeführt (z. B. Nachweis von Stärke, Zellulose, Holz) .

Beispiele
Zerlegen einer Blüte und Erstellen eines Blütendiagramms, innerer Bau von Früchten und Samen unter Einschluß einfacher chemischer Nachweisreaktionen, Aufbau von Stengel, Wurzel und Blatt, Einblick in den Bau von Moosen, Algen und Pilzen, Studieren von Dauerpräparaten.
Untersuchungen von Organen von Schlachttieren unter Einschluß einfacher chemischer Nachweise (z. B. Untersuchung von Knochen), Präparation eines Fisches, Zergliederung von Insekten.
Untersuchung von Lebensgemeinschaften und Lebensräumen: Erfassen wichtiger Organismen, Erfassen von abiotischen Faktoren mit Hilfe von einfachen Messungen (Temperatur, Luftfeuchtigkeit, Bodenfeuchtigkeit, Kalkgehalt, Lichtverhältnisse usw.).

Literatur

Bay/Rodi 1978; *Dietrich* u. a. 1979; *Dumpert* 1976; *Eschenhagen/Kattmann/Rodi* 1991; *Grupe* 1977; *Killermann* 1991; *Linder* 1950; *Weber, R.,* 1976

9.2.5 Arbeiten mit Lupe und Mikroskop

Zu den Begriffen

Die Lupe (das Vergrößerungsglas) ist eine Sammellinse, die eine zwei- bis fünfzehnfache Vergrößerung ermöglicht. Wenn man sie dicht vor das Auge hält, kann man einen Gegenstand sehr nahe an das Auge bringen und sieht ihn trotzdem noch scharf (Nahsichtgerät). Als besonders praktisch erweisen sich für den Unterricht die Fadenzähler (s. Abb. 9-3), die früher zum Zählen der Fäden bei Stoffgeweben benutzt wurden. Sie werden auf das zu untersuchende Objekt gestellt. Man geht mit den Augen so nahe an die Linse heran, bis man das Objekt scharf erkennen kann. Auf höheren Klassenstufen kann die Lupe auch als Meßinstrument eingesetzt werden (vgl. *Lahaune* 1986).

Unter »Mikroskopieren« versteht man das Beobachten von kleinen Objekten mit dem Mikroskop. Kleine Gegenstände (mikros, gr. klein) werden dadurch so vergrößert, daß man sie sehen (skopein, gr. schauen) kann. Beim Lichtmikroskop werden die Objekte mit Lichtstrahlen beleuchtet (Auflicht) oder durchleuchtet (Durchlicht). Durch Linsensysteme werden die Lichtstrahlen so gebündelt, daß sie den betrachteten Gegenstand auf der Netzhaut des Auges bis 1000fach vergrößert abbilden. Beim Elektronenmikroskop werden die Lichtstrahlen durch Elektronenstrahlen ersetzt. Dieses vergrößert bis zu tausendmal stärker. Die Bilder entstehen hier auf Mattscheiben oder Photoplatten (vgl. *Knoll* 1987 b). Wegen der hohen Kosten und der schwierigen Präpariertechnik werden Elektronenmikroskope in der Schule nicht eingesetzt. Es können aber entsprechende Bilder im Unterricht ausgewertet werden.

Durch Lupe, Lichtmikroskop und Elektronenmikroskop wird das Auflösungsvermögen des Auges verbessert: Der normalsichtige Mensch kann aus 25 cm Entfernung 2 Punkte dann gerade noch getrennt sehen, wenn sie ungefähr 0,1 mm auseinander liegen. Mit Hilfe der Lupe sind noch 2 Punkte unterscheidbar, wenn sie 0,01 mm voneinander entfernt sind. Beim Lichtmikroskop brauchen sie nur 0,0002 mm auseinanderzuliegen und beim Elektronenmikroskop nur 0,0000003 mm.

Beim Mikroskopieren werden verschiedene biologische Arbeitsweisen angewendet: Mit dem Mikroskop können unbewegte und bewegte Objekte beobachtet werden - letztere auch in ihrem Verhalten. Man kann aber in Durchsicht nur bei dünnen Schichten Einzelheiten erkennen. Will man die innere Struktur von Lebewesen genauer untersuchen, so müssen sie, sofern sie nicht durchsichtig sind, zunächst durch Schneiden oder Zerzupfen präpariert werden. Viele Objekte werden als Frischpräparate zur Untersuchung vorbereitet, z. B. Blatt-

querschnitte, Blutausstriche. Bei manchen Lebewesen kann man nur Einzelheiten erkennen, wenn man sie vorher fixiert, mit dem Mikrotom geschnitten, gefärbt und eingebettet hat: Dauerpräparate.
Mit Hilfe des Mikroskops können auch Experimente durchgeführt werden. So kann man Veränderungen der Objekte hervorrufen und diese beobachten, z. B. Plasmolyse, Reaktionen von Einzellern auf Reize.

Sinn und Bedeutung
Durch die Lichtmikroskopie wurde im 17. Jahrhundert für die Biologie eine völlig neue Dimension der Organismen entdeckt, die durch die Elektronenmikroskopie seit 1930 erweitert wurde. Viele Lebewesen sind so klein, daß sie überhaupt nur mit Hilfe der Mikroskopie entdeckt und erforscht werden konnten. Auch über Bau und Funktion der großen Organismen erhielt man mit Hilfe der Mikroskopie völlig neue Erkenntnisse. Die Mikroskopie ist eine der wichtigsten biologischen Forschungsmethoden. Sie ermöglicht auch im Biologieunterricht ein problemorientiertes, forschendes Lernen (vgl. *Kurze/Müller/Schneider* 1977). Bestimmte Erkenntnisse können nur mit Hilfe des Mikroskops vermittelt bzw. veranschaulicht werden. Dies gilt zum Beispiel für die Zelltheorie (»Organismen bestehen aus Zellen«, »Zellen sind Elementarorganismen«, »Zellen entstehen aus Zellen«), die das Verständnis der Grundlagen von Fortpflanzung und Entwicklung der Organismen sowie des Baues und der Funktion von Geweben und Organen ermöglicht bzw. wesentlich erleichtert (vgl. *Kästle* 1970; *Bauer* 1978; *Günzler* 1978).
Beim Mikroskopieren in Einzel-, Partner- oder Gruppenarbeit werden verschiedene Lernzieldimensionen angesprochen (vgl. *Günzler* 1978): An mehreren Objekten erfahren die Schüler, daß alle Lebewesen aus Zellen bestehen. In einem zweiten Schritt lernen sie die wichtigsten Bestandteile der Zellen kennen. Das Abstraktions- und Vorstellungsvermögen der Schüler wird geschult. Sie müssen das zweidimensionale mikroskopische Bild in die dreidimensionale Vorstellung vom Realobjekt übersetzen. Dazu sind räumliche Modelle als Vorstellungshilfen nötig (vgl. *Kästle* 1974; 1978; *Bonatz* 1980; *Knoll* 1987 a; *Jungbauer* 1990). Durch den Umgang mit dem Objekt und dem empfindlichen Gerät wird die Feinmotorik der Schüler geschult. Sie lernen dabei, sehr genau auf Details zu achten. Bei der Beschreibung des Gesehenen wird die Ausdrucksfähigkeit geübt. Die Fähigkeit zur exakten Beobachtung wird durch Zeichnen des Gesehenen noch unterstützt (vgl. *Gropengießer* 1987). Vor allem jüngere Schüler mikroskopieren am besten in Partnerarbeit. Sie helfen sich gegenseitig beim Herstellen der Präparate und Einstellen des

Mikroskops. Die gewonnenen Erkenntnisse werden mitgeteilt und ausgetauscht. Die Erfahrung einer völlig neuen Dimension ist für die Schüler ansprechend und anregend. Die Entdeckerfreude kann sich von der Lehrperson auf die Schüler, aber auch von den Schülern auf die Mitschüler übertragen. Viele mikroskopische Präparate (z. B. Diatomeen) sind von großer Schönheit und sprechen die Betrachter auch emotional an (vgl. *Knoll* 1987 a).

Zur Einführung in das Mikroskopieren

Die Auffassungen der Biologiedidaktiker vom richtigen Zeitpunkt der Einführung in das Mikroskopieren gehen weit auseinander.

Einige Autoren lehnen die Einführung des Schüler-Mikroskopierens auf der Klassenstufe 5/6 mit folgenden Bemerkungen ab (vgl. *Kruse* 1976; *Schulte* 1978) :

- Die Schüler sind in der 5. Klasse meist zu einem neuen Klassenverband zusammengefaßt und müssen zunächst eine neue arbeitswillige und disziplinierte Klassengemeinschaft bilden. Eine Voraussetzung für die Einführung in das Mikroskopieren ist eine arbeitsbereite Klassengemeinschaft.
- Die Schüler des 5. Schuljahres werden im Hinblick auf die Arbeitstechnik überfordert. Sie sind nicht fähig, mit Skalpell, Rasiermesser und Mikroskop (selbst bei schwacher und mittlerer Vergrößerung) umzugehen.
- Die Dimension der Zelle wird nur deutbar durch Untersuchungen in drei Schnittebenen. Sind Kinder des 5. Schuljahres überhaupt in der Lage, aus der Untersuchung der einzelnen Präparate ein Bild der mikroskopischen Wirklichkeit zu gestalten?
- Sollten die Schüler nicht zuerst in die Arbeit mit der Lupe eingeführt werden?

Viele Autoren sprechen sich dagegen für den Beginn des Mikroskopierens im 5./6. Schuljahr aus (vgl. *Kästle* 1970; 1974; 1976; Rahmenplan des VDBiol 1973; *Dietle/Stirn* 1973; *Reeh/Kaiser* 1974; *Blum* 1976; *Werner* 1976 a; *Bauer* 1978 b; *Starke* 1978; *Poser* 1982; *Bay/Rodi* 1983). Sie geben dafür folgende Begründungen:

- Die Arbeit mit der Lupe wird bereits im Sachunterricht der Grundschule geübt. Im Biologieunterricht der Orientierungsstufe soll das Mikroskopieren als eine der wichtigsten Arbeitsmethoden an dem grundlegenden Sachverhalt »Lebewesen bestehen aus Zellen« erarbeitet werden.
- Fähigkeiten und Fertigkeiten der Schüler zum Mikroskopieren sind nicht nur im Hinblick auf ihre Altersstufe, sondern auch im Zusammenhang mit ihrem Interesse und ihrer Übung zu sehen.

- Der Zeitaufwand wird durch die interessierte Mitarbeit der Schüler mehr als wettgemacht.
- Das Mikroskopieren soll bei entsprechender Gelegenheit in späteren Unterrichtseinheiten immer wieder geübt werden (z. B. Stärkekörner in Bohnensamen, Fett in der Milch, Zusammensetzung des Blutes, Keimen von Pollen).
- Die Gefahr von Beschädigungen ist bei heutigen Mikroskopen - vor allem bei Verwendung gefederter Objektive und entsprechender Information der Klasse - nicht größer als bei anderen in der Schule verwendeten Geräten.

Unterschiedliche Erfahrungen der Lehrer führten ebenfalls zu verschiedenen Aussagen. Eine vergleichende empirische Untersuchung liegt noch nicht vor (differenzierte Lernerfolgskontrollen finden sich aber bei *Reeh/Kaiser* 1974). Als Kompromiß wird vorgeschlagen, das Thema »Zelle« im 5. Schuljahr nur unter Benutzung der Lupe und ergänzt durch die Mikroprojektion einzuführen (vgl. *Thiessen* 1978). Eine andere Lösung wäre es, erst in der 6. bis 8. Klassenstufe mit dem Mikroskopieren zu beginnen (vgl. *Knoll* 1987 a).
Beobachtungen bei der Einführung des Zellbegriffes im Unterricht der Klassenstufe 5 verschiedener Schultypen haben gezeigt, daß die Schüler durchaus in der Lage sind, die Mikroskope zu bedienen. Schwierigkeiten gibt es vor allem bei der Deutung des Gesehenen. Dazu sind Mikroprojektion, Mikrodias und Modelle als Hilfen sinnvoll (vgl. *Bay/Rodi* 1983).

Zur Durchführung
Lupen oder Fadenzähler sind keine teuren Geräte und sollten bereits für die Primarstufe in einem Klassensatz vorhanden sein (vgl. *Hofmeister/Ellmers/Adam-Vitt* 1987).
Mikroskope sind komplizierte, teure Untersuchungsgeräte, die häufig nicht im Klassensatz zur Verfügung stehen. Billige Geräte haben ein schlechtes Auflösungsvermögen. Man sollte daher für die Arbeit der Schüler einfache und robuste Markenmikroskope beschaffen (vgl. *Blum* 1976; *Werner* 1976 b; *Starke* 1978; *Dietle* 1975; *Kuohn* 1981; *Fleischer* 1981; *Kaufmann* 1990).
Bei der Beschaffung von Mikroskopen für Schulen sollte folgendes beachtet werden:
- Stabiles Stativ,
- genormte Tubuslänge (in der Regel 160 oder 170 mm),
- robustes Triebwerk,
- eingebaute Beleuchtung oder Ansteckleuchte,
- Irisblende,

- zweilinsiger Kondensor mit verstellbarer Kondensorhöhe,
- Objektiv-Vergrößerung (in Revolver eingebaut), z. B. 3-, 10-, 40fach (Numerische Apertur 0,08; 0,25; 0,65),
- Okular 10fach (Gesamt-Vergrößerung daher 30-, 100-, 400fach),
- bei scharfer Einstellung möglichst großer Abstand zwischen Objektiv und Objekt, stark vergrößernde und gut justierte Objektive mit Federung
- Ersatzteile leicht beschaffbar.

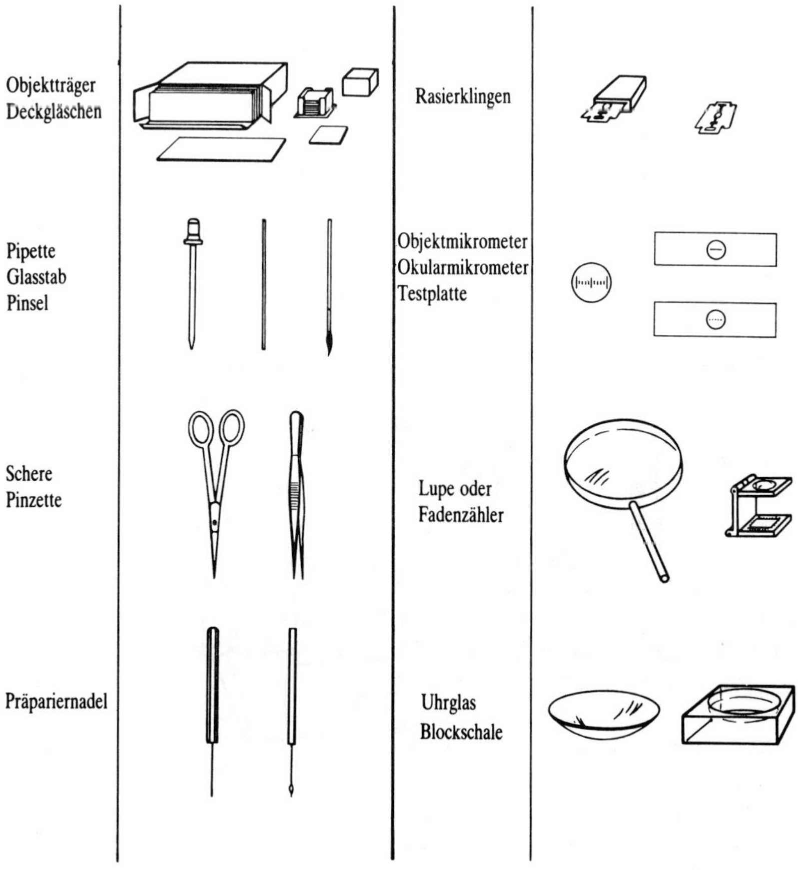

Abb. 9-3: Die wichtigsten Arbeitsgeräte für mikroskopische Untersuchungen (nach *Dietle* 1975, 16, verändert)

Zur Präparation von Pflanzen und Tieren werden vorteilhaft Stereo- oder Präpariermikroskope (Binokulare) verwendet. Sie haben schwache Vergrößerungen (10- bis 30fach), die Arbeit erfolgt bei Auflicht. Durch zwei Objektive und zwei Okulare erhält man einen räumlichen Eindruck. Ein Präpariermikroskop sollte für Demonstrationszwecke an jeder Schule zur Verfügung stehen. Als Präpariergerät sollten Objektträger, Deckgläser, Pinzetten, evtl. Präpariernadeln, Spatel und Rasierklingen, bei denen eine Schneide mit Pflaster beklebt ist, in ausreichender Anzahl vorhanden sein (s. Abb. 9-3).

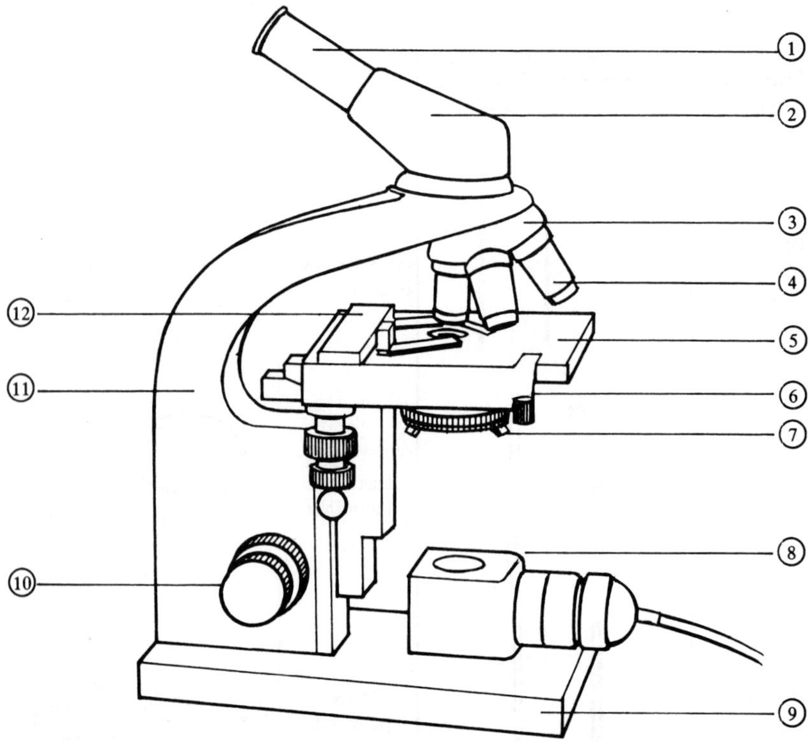

1	**Okular**	5	**Tisch**	9	**Fuß**
2	**Tubus**	6	**Kondensor**	10	**Trieb**
3	**Revolver**	7	**Blende und Filter**	11	**Griff**
4	**Objektive**	8	**Beleuchtung**	12	**Kreuztisch**

Abb. 9-4: Bau des Lichtmikroskops (nach *Schwarzenbach* 1979)

Im Übungsraum sind breite Schülerarbeitstische sowie Strom- und Wasseranschluß für die einzelnen Schülergruppen vorzusehen. Beim Einführen in das Mikroskopieren sollte die Lerngruppe nicht mehr als 20 bis 25 Schüler umfassen (vgl. *Kästle* 1970; *Reeh/Kaiser* 1974). Eventuell müßte die Klasse dafür geteilt werden, oder es müßte für die Zeit der praktischen Arbeit ein zweiter Betreuer gefunden werden. Wenn manche Schüler schon Erfahrung mit dem Mikroskopieren haben, können sie in Partnerarbeit ihrem Mitschüler helfen (für zwei Schüler sollte je ein Mikroskop verfügbar sein).
Für die praktische Arbeit mit dem Mikroskop eignen sich besonders Blockstunden, da die Vorbereitungs- und Aufräumungsarbeiten viel Zeit in Anspruch nehmen. Die Einführung in das Mikroskopieren sollte mit etwa 6 bis 12 Stunden veranschlagt werden (vgl. z. B. *Kästle* 1970; *Reeh/Kaiser* 1974; *Werner* 1976 a; *Drutjons/Klischies* 1987). Für das methodische Vorgehen werden folgende Vorschläge gemacht:

- Kennenlernen und Beschreiben des Mikroskops durch Hantieren (Beleuchtungs- und Objektiveinstellung), Erarbeitung einer beschrifteten Skizze (s. Abb. 9-4);
- Untersuchung eines einfachen Gegenstandes in Auf- und Durchlicht (Haar, Feder, Insektenbein) mit schwächster Vergrößerung (größter Objekt-Objektiv-Abstand, größtes Gesichtsfeld, größte Tiefenschärfe), langsame Steigerung der Vergrößerung;
- Untersuchung pflanzlicher Gewebe mit und ohne Deckglas, Zeichnung eines Gewebes (vgl. *Eschenhagen/Kattmann/Rodi* 1989, 157);
- Studium, evtl. auch Zeichnung einfacher Strukturen pflanzlicher Zellen (vgl. *Poenicke* 1979);
- Erarbeitung der Zelle als räumliches Gebilde mit Hilfe eines räumlichen Zellmodells (vgl. *Kästle* 1974; 1978): Im Mikroskop sieht man in Durchsicht nur einen »optischen Schnitt«;
- Untersuchung tierischer und menschlicher Zellen;
- Vergleich der pflanzlichen und der tierischen Zelle.

Sind in der Schule nur wenige Mikroskope vorhanden oder ist bei den einzelnen Themenkreisen die Zeit zum arbeitsunterrichtlichen Verfahren zu knapp, so können die Objekte durch Mikroprojektion (vgl. *Kruse* 1969), durch Fernsehmikroprojektion oder Dias von mikroskopischen Aufnahmen (Mikrodias) sowie durch Filme von mikroskopischen Aufnahmen veranschaulicht werden. Dabei sollte man aber nicht versäumen, auf die Dimension der entstehenden Projektionsbilder hinzuweisen. Demonstration ist allerdings im Vergleich zur Eigentätigkeit der Schüler nur ein schwacher Ersatz (vgl. *Bay/ Rodi* 1979).

Beispiele
Die Objekte für die Einführung in die Zellenlehre müssen leicht beschaffbar sein, die Zellen und ihre Inhalte müssen groß sein, die Präparate müssen leicht herstellbar sein (vgl. *Schulte* 1975). Zur Hervorhebung der Zellkerne sollte mit Iod-Kaliumiodid-Lösung oder mit Eosin-Lösung angefärbt werden.

Die folgenden Objekte eignen sich für einführende Untersuchungen (vgl. *Eschenhagen/Kattmann/Rodi* 1989):
- Oberhaut der Zwiebelschuppe, Moosblättchen, Wasserpestblättchen, Zellen von Tomaten, Stärkekörner der Kartoffelknolle,
- Fettgewebe (Schwein, vgl. *Thiessen* 1978) und Lebergewebe (Schwein oder Rind, vgl. *Dietle* 1971),
- Mundschleimhaut oder Blutausstrich des Menschen.

Für tiefergehende Behandlung der Zellen- und Gewebelehre eignen sich folgende Objekte (vgl. *Hilfrich* 1976; *Scharl* 1983; *Dieterle* 1993; *Jurcak* 1993):
- einzellige tierische Lebewesen (Heuaufguß),
- einzellige und fädige Pflanzen (Algen),
- Holz und Papier,
- Stengelquerschnitt durch den Kriechsproß des Hahnenfußes,
- Blattflächenschnitt und Blattquerschnitt der Nieswurz oder Schwertlilie,
- Wurzelquerschnitt der Schwertlilie.

Für Untersuchungen zur Physiologie und Genetik, vor allem in der Sekundarstufe II, sind folgende Objekte zu empfehlen:
- Epidermiszellen von Ampelpflanzen mit roter Blattunterseite, z. B. Zebrina pendula oder Rhoeo discolor, und Roter Küchenzwiebel (Plasmolyse, Ionenfallenprinzip),
- Rote Blutkörperchen (Hämolyse),
- Pantoffeltierchen, Augentierchen (Reizerscheinungen),
- Pantoffeltierchen, Wechseltierchen (Stoffwechsel),
- Zellen der Wurzelspitze der Küchenzwiebel (Mitose),
- Speicheldrüsen von Dipterenlarven, z. B. Taufliege (Riesenchromosomen),
- Zellen der Mundschleimhaut des Menschen (Sexchromatin),
- Zellen der Heuschrecken-Hoden (Meiose),
- Froschlaich (Entwicklungsgeschichte) (Naturschutz beachten).

Mit dem Polarisationsmikroskop lassen sich viele Strukturen, z. B. Zellwände, Muskelstränge und Nervenfasern, besser erkennen (vgl. *Probst* 1987).

Literatur

Bauer 1978; *Bay/Rodi* 1978; 1979; 1983; *Beckmann, H.,* 1980; *Blum* 1976; *Bonatz* 1980; *Brilla* 1975; *Dieterle* 1993; *Dietle* 1971; 1975; *Dietle/Stirn* 1973; *Drutjons/Klischies* 1987; *Eschenhagen/Kattmann/Rodi* 1989; *Fleischer* 1981; *Gerhardt-Dircksen* 1985; *Gropengießer, H.,* 1987; *Günzler* 1978; *Hedewig* 1984 b; *Hilfrich* 1975; 1976; *Hofmeister/Ellmers/Adam-Vitt* 1987; *Jungbauer* 1990; *Jurcak* 1993; *Kästle* 1970; 1974; 1978; *Kaufmann, M.,* 1990; *Knoll* 1987 a; b; *Koch* 1972; *Kruse* 1976; *Kuohn* 1981; *Kurze/Müller/Schneider* 1977; *Lahaune* 1986; *Mischke* 1987; *Moisl/Hilfrich/Werner* 1976; *Poenicke* 1979; *Poser* 1982; *Probst* 1987; Rahmenplan VDBiol 1973; *Reeh/Kaiser* 1974; *Scharl* 1983; *Schlüter* 1975; *Schulte, H.,* 1975; 1978 b; *Schürer/Freytag* 1971; *Starke* 1978; *Thiessen* 1978; *Vater-Dobberstein* 1975; *Voßwinkel* 1976; *Werner, H.,* 1976 a; b

9.2.6 Experimentieren

Zum Begriff

Das Experiment - im folgenden auch »Versuch« genannt - wird häufig als eine gezielte »Frage an die Natur« (vgl. *Puthz* 1988) oder als »Fortführung von Beobachtungen unter künstlich veränderten Bedingungen« bezeichnet. Mit diesen Umschreibungen rückt das Experimentieren in die Nähe des Untersuchens; denn auch diese Arbeitsform ergibt sich aus einer Fragestellung und erfordert das Eingreifen des Menschen in Objekte oder Zusammenhänge. Im Unterschied zum Untersucher, der zwar die Gegenstände in ihre Bestandteile zerlegt und die Zustandsformen dieser Teile registriert, verändert der Experimentator die Bedingungen, unter denen die Objekte existieren. Während die Untersuchung mehr die statischen Elemente einer Erscheinung betrifft, richtet sich das Experiment stärker auf die Dynamik der Phänomene, auf Prozesse und Funktionen. Der experimentierende Mensch greift absichtsvoll in den Ablauf von Erscheinungen ein: Er versucht, die einzelnen Faktoren, die einen Vorgang beeinflussen, zu isolieren und systematisch zu variieren, um so die Bedeutung der einzelnen Parameter für die Gesamterscheinung zu bestimmen. Die drei wichtigsten Kriterien des Experiments sind also (vgl. *Pietsch* 1954/55, 197): »Beobachtung unter künstlich hergestellten Umständen«, »Isolation« und »Variation«. Im allgemeinen Sprachgebrauch, auch dem der Lehrer, wird allerdings der Begriff »Experiment« meist weiter gefaßt. Man spricht auch dann von »Experimentieranleitungen«, wenn es sich eigentlich um Arbeitsformen handelt, die nur dem ersten Kriterium genügen, z. B. Nachweisreaktionen von Nährstoffen oder das Aufziehen von Kaulquappen in einem Aquarium. Vom Standpunkt des Schulmethodikers aus können solche Beobachtungen und Untersuchungen mit dem Experiment (i. e. S.) zur »experimentellen Lehrform« zusammengefaßt werden (vgl. *Pietsch* 1954/55).

Von einigen Autoren (vgl. z. B. *Reichart* 1982) wird das Experiment zu den Medien gerechnet oder als Arbeitsmittel bezeichnet. Im Sinne einer dringend notwendigen Vereinheitlichung der didaktischen Terminologie wird hier in Übereinstimmung mit den meisten Biologiedidaktikern (vgl. z. B. *Knoll* 1981) vorgeschlagen, das Experiment zu den Methoden zu zählen und nur die Experimentiergeräte als Medien zu bezeichnen (s. Abschnitt 10.1).
Zum Wesen des Experiments in seiner höchsten Form - des *Forschungsexperiments* - gehört, daß es zur Bestätigung bzw. Falsifikation einer Hypothese dient, die aus einer bestimmten Fragestellung entwickelt wurde (vgl. *Dietrich* u. a. 1979, 113-123). Das Experiment umfaßt also mehrere Einzelschritte von der Problemstellung bis hin zur Auswertung (s. Abschnitte 3.3.2 und 9.2.1 sowie Tabelle 9-1; vgl. auch *Klautke* 1978; *Moisl* 1988).
Die in der *Schule* durchgeführten Versuche unterscheiden sich in verschiedener Hinsicht von den Forschungsexperimenten. Gewisse Einschränkungen ergeben sich bereits aus der Begrenztheit des verfügbaren Materials und der Unterrichtsdauer, durch Sicherheitsvorschriften und die begrenzte Experimentierfähigkeit der Schüler. Entscheidend ist, daß der Lehrkraft (und oft auch den Schülern) im Unterschied zum Forscher das Ergebnis des Experiments bereits vor dem Versuch bekannt ist. »Schulversuche können also nur bestätigenden Charakter haben« (*Mostler/Krumwiede/Meyer* 1979, 217).
Mit dieser Feststellung ist eine Unterscheidung von »Forschungsversuch« und »bestätigendem Versuch« im Biologieunterricht, wie sie z. B. von *Werner Siedentop* (1972, 97 ff.) vorgeschlagen wird, in Frage gestellt. Da aber zwischen einem Experiment, das sich auf der Grundlage selbständiger, oft mühsamer Hypothesenbildung durch die Schüler ergibt, und einem Versuch, der allein zur Bestätigung bereits bekannter Sachverhalte eingesetzt wird, ein gewichtiger Unterschied besteht, empfiehlt es sich, diese beiden Typen auch terminologisch gegeneinander abzugrenzen. Hier werden die Bezeichnungen »entdeckender Versuch« und »bestätigender Versuch« vorgeschlagen (vgl. *Stichmann* 1970, 162; *Killermann* 1991, 212). Objektiv gesehen, bestätigt auch der erste Versuchstyp nur bereits Bekanntes. Für die Schüler, für die dieses Bekannte subjektiv noch Neuland ist, handelt es sich um ein Unternehmen, das dem Forschen des Wissenschaftlers außerordentlich ähnlich ist. Diese Ähnlichkeit, aber auch die Andersartigkeit, wird durch den Terminus »entdeckendes Experiment« treffend zum Ausdruck gebracht.
Neben diesen beiden Versuchstypen kann man aufgrund seiner Stellung im Unterricht und seiner unterrichtlichen Funktion noch den »Einführungsversuch« unterscheiden. So ergibt sich insgesamt die folgende Einteilung (vgl. *Siedentop* 1979; *Werner* 1976; *Moisl* 1988; *Killermann* 1991).

Das *einführende Experiment* dient dem Einstieg in eine neue Fragestellung und wird vom Lehrer so geplant, daß es die Schüler in bestmöglicher Weise auf bestimmte Phänomene aufmerksam macht und sie zum weiteren Nachdenken anregt. Das Einführungsexperiment kann den ersten Schritt eines entdeckenden Versuchs darstellen, also dieselbe Funktion wie eine problemhaltige Schülerfrage, Zeitungsnotiz oder Beobachtung haben, die zur Hypothesenbildung und zu den folgenden Schritten anregt.
In den meisten Fällen wird es sich beim Einführungsversuch um eine Demonstration durch den Lehrer handeln; es kommen aber durchaus auch einfache Schülerversuche in Frage, z. B. Versuche zur Erhöhung der Pulsfrequenz bei Anstrengungen oder zum Verbrauch von Sauerstoff bei der Atmung.

Das *entdeckende Experiment* folgt im Idealfalle den Schritten, wie sie zur Kennzeichnung des Forschungsexperiments bereits dargestellt wurden (s. Tabelle 9-1). In sehr vielen Fällen können bei Schulversuchen nicht alle Schritte von den Schülern selbständig durchgeführt werden. Vor allem wird der Lehrer in bezug auf die Versuchsplanung, speziell das Versuchsmaterial, häufig Hilfen geben müssen.

Das *bestätigende Experiment* hat zwei Aufgaben, nämlich die Bestätigung von Sachverhalten, die den Schülern bereits bekannt sind, und die vertiefende bzw. veranschaulichende Wiederholung. Die zuweilen ebenfalls genannte Aufgabe der »Überprüfung einer theoretisch von der Klasse entwickelten Hypothese« (*Siedentop* 1972, 101) scheint an dieser Stelle jedoch fehl am Platze zu sein; denn die sich an eine Problemstellung anschließende (theoretische) Hypothesenbildung ist ein konstitutives Merkmal des forschenden bzw. entdeckenden Versuchs.
Auch der bestätigende Versuch kann eine Funktion im Rahmen eines umfassenden entdeckenden Experiments erfüllen. Häufig kann man beim Schritt der Auswertung eine vorher entwickelte und bereits auf geeignete Objekte angewendete Versuchsanordnung, durch die eine Bestätigung der Ausgangshypothese erreicht worden ist, auf weitere Objekte anwenden und damit das gewonnene Resultat absichern.

Die drei Haupttypen des schulischen Experiments können in unterschiedlichster Weise durchgeführt werden. Nach dem Zeitaufwand unterscheidet man *Kurzzeitversuche,* die im Verlauf einer Stunde oder Doppelstunde abgeschlossen werden können, und *Langzeitversuche.* Im Vergleich zur Chemie und Physik ist die Biologie durch einen hohen Anteil an Langzeitversuchen gekennzeichnet. Nach den Personen, die das Experiment ausführen, lassen sich *Demonstrationsversuche* und *Schülerversuche* unterscheiden, wobei im ersten Fall meist die Lehrperson der aktive Teil ist, während im zweiten Fall Einzelschüler oder Kleingruppen den Versuch durchführen.

Nach der Nähe zum Objekt lassen sich *Pflanzen- und Tierversuch, Modellversuch* und *Gedankenexperiment* gegeneinander abgrenzen. Modellversuche sind vor allem bedeutsam zur Veranschaulichung der Funktion innerer Organe des Menschen. Gedankenexperimente spielen im Rahmen eines entdeckenden Versuchs eine wichtige Rolle: Auf die Schritte der Problemstellung und der Hypothesenbildung folgt der Schritt der Versuchsplanung, der nichts anderes ist als die gedankliche Vorwegnahme des eigentlichen Versuchs. Man kann aber auch dann von einem Gedankenexperiment sprechen, wenn im Unterricht ein Versuch nicht durchgeführt, sondern nur (durch einen Bericht des Lehrers oder mit Hilfe eines Informationsblattes) theoretisch dargestellt und ausgewertet wird. Im Biologieunterricht der gymnasialen Oberstufe spielt diese Form eine bedeutende Rolle (vgl. *von Falkenhausen* 1976, 127).

Im Hinblick auf den Exaktheitsgrad sind das *qualitative* und das *quantitative Experiment* zu unterscheiden. Bei qualitativen Versuchen geht es allein um die Entscheidung der Frage, ob ein Faktor für eine Erscheinung eine Rolle spielt oder nicht (z. B.: Ist Licht für die Photosynthese notwendig?). Die Antwort besteht in einem klaren »Ja« oder »Nein«, einem eindeutigen »Entweder - oder«. Der quantitative Versuch differenziert stärker: Er liefert mehrere Einzelergebnisse, die sich in Zahl und Maß ausdrücken und miteinander in Beziehung setzen lassen (z. B.: Welche Abhängigkeit besteht zwischen Sauerstoffproduktion und Lichtintensität bei der Photosynthese grüner Pflanzen?). Quantitative Versuche stellen oft hohe Anforderungen an das Versuchsmaterial, die Exaktheit des Arbeitens und das Verständnis der Beteiligten. Sie ergeben sich häufig erst aus qualitativen Experimenten.

Sinn und Bedeutung

Das Experiment ist die charakteristischste Forschungsmethode der Naturwissenschaften. Zwar ist die Biologie keine rein experimentelle Wissenschaft, sondern in einigen Bereichen eine vorwiegend deskriptive oder historisierende Disziplin, aber ihre experimentellen Anteile sind im Laufe ihrer Geschichte immer stärker in den Vordergrund getreten und dominieren zur Zeit eindeutig. Die wichtigsten Erkenntnisse der letzten Jahrzehnte sind auf experimentellem Wege gewonnen oder bestätigt worden. Daraus ergibt sich als unausweichliche Konsequenz für den Biologieunterricht die Aufgabe, den Heranwachsenden ein Verständnis der Eigenart und Bedeutung des Experiments zu vermitteln. Diese Aufgabe ist nur dadurch zu erfüllen, daß die Schüler selbst Versuche durchführen; denn man lernt »Experimentieren nur durch Experimentieren und nicht durch Anweisungen« oder »durch Zuschauen« (*Kerschensteiner* 1959, 126). Selbst *Gerhard Reichart,* der (1982, 195) dazu auffordert, »vor dem Hintergrund der heute veränderten Situation« den Einsatz von Experimenten »zu hinterfragen«, wird wohl nicht so weit gehen wollen, diese Aussage von *Georg Kerschensteiner* grundsätzlich in Zweifel zu ziehen.

Eine wesentliche und immer wieder diskutierte Frage ist, ob sich die naturwissenschaftlichen Unterrichtsfächer gegenseitig in der Vermittlung der experimentellen Arbeitsweise vertreten können, d. h. wie weit die Einsichten, Fähigkeiten, Fertigkeiten und Einstellungen, die beim Experimentieren in einem Bereich gewonnen werden, auf andere Bereiche übertragbar sind. Als Antwort auf diese Frage mag sinngemäß das gelten, was bereits *Kerschensteiner* (1959, 121) in bezug auf die Beobachtungsfähigkeit feststellte: »Aber wir müssen uns ... bewußt bleiben, daß jede einzelne dieser Erfahrungswissenschaften nur jene Beobachtungsfähigkeit steigert, die auf die in dieser Wissenschaft organisierten Tatsachen gerichtet ist.« Ein guter Chemie- und Physikunterricht kann sich zwar sehr günstig für den Biologieunterricht auswirken, weil er den Schülern eine allgemeine Wertschätzung des experimentellen Vorgehens, einen Einblick in den formalen Ablauf eines Experiments sowie gewisse grundlegende Denkverfahren und Handfertigkeiten vermittelt, er wird aber nie das Experimentieren im biologischen Bereich ersetzen können. Das gilt besonders im Hinblick auf solche Versuche, die nur oder fast nur im Biologieunterricht vorkommen, also vor allem Versuche mit lebenden Organismen und typische Langzeitversuche, z. B. zur Entwicklung von Lebewesen unter unterschiedlichen Bedingungen (vgl. z. B. *Berkholz* 1973).

Die hohe Wertschätzung, die dem Experimentieren seit alters von Biologiedidaktikern entgegengebracht wird, resultiert zum Teil daraus, daß diese Arbeitsform eine Reihe weiterer Arbeitsweisen umschließt, z. B. Beobachten, Vergleichen, Beschreiben, Protokollieren, Zeichnen. Der Lehrer, der mit seinen Schülern in geeigneter Weise experimentiert, fördert sie damit gleichzeitig in bezug auf diese Arbeitsformen.

Die große Komplexität des Experimentierens trägt aber auch - zusammen mit anderen Faktoren - dazu bei, daß viele Biologielehrkräfte zu wenig experimentieren (vgl. *Düppers* 1975; *Beisenherz* 1980; *Meyer* 1986; 1987; *Klautke* 1990). Eine solche Vernachlässigung ist nicht zu verantworten; denn diese Arbeitsform ist nicht nur der geeignetste Weg zum Gewinnen naturwissenschaftlicher Kenntnisse, sondern auch in anderer Beziehung besonders wertvoll.

Das richtig verstandene Experimentieren - vor allem im Sinne des entdeckenden Versuchs - beinhaltet ein ständiges Nacheinander und Miteinander von gedanklicher Auseinandersetzung und handelndem Umgang mit den Versuchsobjekten. Es bewirkt deshalb wie kaum eine andere Arbeitsform Lernfortschritte in den verschiedenen Lernzieldimensionen. In der kognitiven Dimension fördert es das zielgerichtete, konsequente, planmäßige Reflektieren ebenso wie das selbständige und kreative Denken (vgl. *von Boetticher* 1978). Die Schüler erkennen durch eigenes Überlegen und Handeln die Wirksamkeit von Naturgesetzen und die Möglichkeit des Menschen, die Natur aufgrund dieses Wissens bis zu einem gewissen Grade zu beherrschen. Neben Einsichten in naturgesetzliche Zusammenhänge gewinnen sie viele Einzelkenntnisse über Objekte, Versuchstechniken und -geräte. Einige didaktische Untersuchungen weisen darauf hin, daß solche Kenntnisse, weil sie durch intensive Auseinandersetzung mit den Gegenständen gewonnen werden, lange im Gedächtnis bleiben (vgl. *Kasbohm* 1973 b; 1975; 1978).
Die Fortschritte in der kognitiven Dimension sind eng gekoppelt mit solchen in der affektiv-emotionalen Dimension. Die Schüler erfahren beim Experimentieren, daß nur ausdauernde und zielstrebige Bemühungen, sorgfältiges und gewissenhaftes Arbeiten zum Erfolg führen. Sie können sich durch eigenes Tun davon überzeugen, daß es in vielen Situationen ohne intensive Zusammenarbeit in Gruppen, in denen sich jeder einzelne auf die anderen verlassen kann, nicht geht. Angesichts der oben erwähnten Schwierigkeiten beim Experimentieren werden die Schüler einerseits zur Einsicht in die Begrenztheit des eigenen Wissens und Könnens gelangen; andererseits werden sie auch - bei angemessener Gestaltung des Experimentalunterrichts durch die Lehrperson - Vertrauen in die eigenen Fähigkeiten gewinnen. Das alles kann insgesamt zu einer positiven Einschätzung des Faches Biologie und damit zu einer Erhöhung der Motivation für die künftige Beschäftigung mit der lebendigen Natur und mit Problemen der Biologie führen.
Experimenteller Unterricht kann schließlich in besonders günstiger Weise dazu beitragen, wesentliche psychomotorisch-pragmatische Unterrichtsziele zu erreichen. Bei der Realisation der Versuchsplanung müssen Geräte ausgewählt, zusammengestellt und gehandhabt werden. Die Auswertung der Experimente erfordert häufig den Einsatz besonderer Hilfsmittel und Techniken. In keinem anderen Fach bieten sich wohl so vielfältige Möglichkeiten der »technischen Erziehung« (*Pietsch* 1954/55) wie in der Biologie. Hier sei nur an die Vielzahl und Verschiedenartigkeit der Arbeitsgeräte des Biologen erinnert: von der Pinzette und dem Mikroskop bis hin zum Spaten und Fernglas.
Ob der Experimentalunterricht die dargestellten Erwartungen erfüllt, hängt

entscheidend von der Auswahl der Experimente und ihrer Durchführung ab (vgl. *Stawinski* 1986). Grundsätzlich läßt sich sagen, daß die positivsten Wirkungen von entdeckenden Versuchen erwartet werden können, sofern sie entsprechend den Voraussetzungen der beteiligten Schüler eingesetzt werden. Gerade das konsequente Durchlaufen der Einzelschritte des Experiments bietet die Gewähr dafür, daß die Schüler allseitig gefördert werden.
Einführungsversuche dagegen werden vorwiegend die Beobachtungsfähigkeit und die damit verbundene Denkfähigkeit sowie die Motivation der Schüler beeinflussen, während Bestätigungsversuche, vor allem in der Form von Schülerversuchen, in erster Linie die Handfertigkeit der Schüler steigern.

Zur Durchführung, Beispiele

Im folgenden wird unterschieden nach Regeln, die für alle Versuche gelten, und Hinweisen, die für einzelne Typen zutreffen. Selbstverständlich sind bei allen Versuchen die Sicherheitsbestimmungen zu beachten (vgl. die Erlasse der Bundesländer zur Sicherheit im naturwissenschaftlichen Unterricht; speziell zur Mikrobiologie *Lucius* 1993). Ferner sei auf die zahlreichen für den Biologieunterricht erschienenen Experimentierbücher hingewiesen (vgl. *Eschenhagen/Kattmann/Rodi* 1985, 471-476).
Allgemeine Regeln:

- *Je einfacher der Versuch ist, desto besser.*
  Das bedeutet: Wenn mehrere Versuchsanordnungen zur Verfügung stehen, die das gewünschte Resultat in der notwendigen Klarheit erbringen, so ist diejenige Anordnung zu wählen, die den geringsten Aufwand erfordert.
  Eine Einschränkung erfährt diese Aussage durch die übergeordnete Forderung, bei gleichwertigen Möglichkeiten denjenigen Versuchsaufbau zu wählen, den Schüler von sich aus vorschlagen.
- Wenn möglich, sollen *Kontrollversuche* durchgeführt werden.
  Das heißt: In einem Parallelversuch wird der zu untersuchende Faktor weggelassen (Blindversuch). Soll zum Beispiel. mit Hilfe der Fehling'schen Probe nachgewiesen werden, daß Stärke durch Speichel zu einem reduzierenden Zucker abgebaut wird, so wird geprüft, ob nicht auch eine Aufschwemmung von Stärke in Wasser (ohne Speichel) die betreffende Reaktion ergibt. Bei Nachweisversuchen wird auch die Reaktion der nachzuweisenden reinen Substanz mit dem Reagenz geprüft (meist als Vorversuch). Will man beispielsweise Stärke in einer Kartoffelknolle nachweisen, so testet man vorher Stärkemehl, das als solches bekannt ist, mit Iod-Kaliumiodid-Lösung.

- Der *Versuchsaufbau* soll für alle Schüler gut *überschaubar* sein.
  Das heißt: Die Einzelteile der Versuchsapparatur sollen möglichst groß sein; ihre Bedeutung im Ganzen des Versuchs muß erkennbar sein (sorgfältige Beschriftung, flankierende Tafel- oder Folienskizze); bei Demonstrationsversuchen ist für eine geeignete Beleuchtung und Hintergrundgestaltung zu sorgen; evtl. muß die Sitzordnung der Klasse variiert werden.
- Der *Ablauf* des Experiments soll *kritisch reflektiert* werden.
  Das bedeutet: Den Schülern sollen die Hauptschritte des Experimentierens bewußt gemacht werden. Führt ein Versuch nicht zum Erfolg, so werden die Fehlerquellen diskutiert und möglichst ergründet. Wenn möglich, wird der Versuch mit verbesserten Methoden wiederholt.
- Der Versuchsablauf soll von den Schülern *protokolliert* werden.
  Daraus folgt: Die Schüler haben auch nach dem Ablauf des Unterrichts die Möglichkeit, das durchgeführte Experiment gedanklich nachzuvollziehen. Das wird ihnen vor allem durch einfache Skizzen des Versuchsaufbaus erleichtert, die sie selbst entworfen oder von einer Zeichnung der Lehrperson übernommen haben. Wesentlich ist auch eine Gliederung des Protokolls entsprechend den Schritten des Versuchs (vgl. *Wagener* 1982; 1992).
- Experimente sollten möglichst so durchgeführt werden, daß sie eine *innere Differenzierung* zulassen.
  Das heißt: Die Klasse sollte, sofern es sich von der Sache her anbietet, in Kleingruppen mit unterschiedlichen Experimentieraufgaben aufgegliedert werden (arbeitsteiliges oder gemischt-arbeitsteiliges Verfahren)

Hinweise zu Versuchen mit Tieren:
- Zu den Versuchen dürfen nur solche Tiere herangezogen werden, die nicht aufgrund der geltenden Naturschutz- und Artenschutzbestimmungen besonders geschützt sind (vgl. *Krischke* 1987 b; Naturschutzrecht 1991). Die Experimente müssen so ausgewählt und durchgeführt werden, daß die verwendeten Tiere nicht geschädigt werden. Das gilt auch für die Behandlung der Tiere nach Beendigung des Versuchs (vgl. *Pommerening* 1977; *Rupprecht* 1979; *Schaaf* 1986; *Krischke* 1987 b; *Puthz* 1988).
  Das heißt: Es sind alle Versuche zu unterlassen, deren Durchführung den Versuchstieren Schmerzen oder sonstigen Schaden zufügt.
- Wegen der individuellen Reaktionen der Versuchstiere sollten Tierversuche möglichst in mehreren parallelen Ansätzen ausgeführt werden.
- Es ist zu bedenken, ob die verwendeten Versuchstiere bei den Schülern Ekel- oder Angstgefühle hervorrufen können (vgl. *Schanz* 1972; *Berkholz* 1973; *Gropengießer/Gropengießer* 1985 b).

Das bedeutet: Es hat keinen Sinn, Schüler dazu zu zwingen, Versuche mit Tieren durchzuführen, die sie nicht mögen (z. B. mit Regenwürmern, Nacktschnecken, Spinnen). Es kann aber sehr nützlich sein, Schüler mit solchen Tieren freiwillig experimentieren zu lassen und dabei das Ziel zu verfolgen, Ekel- oder Angstgefühle bei allen Schülern abzubauen.

Zuweilen können *Modellversuche* an die Stelle des lebenden Originals treten (s. Abschnitt 9.2.7).

Hinweise zu Langzeitversuchen:

- Versuchsaufbauten bei Langzeitversuchen sollen so aufgestellt werden, daß sie von allen Schülern der betreffenden Klasse häufig betrachtet werden können.

  Das heißt: Falls die Klasse einen eigenen Raum hat, sollen die Versuche in diesem Zimmer angesetzt werden. Findet der Unterricht in einem Spezialraum statt, sollen die Experimente jeweils in den Biologiestunden kurz gezeigt werden, es sei denn, daß sich seit der letzten Stunde nichts verändert hat.
- Über die Versuchsergebnisse ist ein für alle Schüler nachvollziehbares Protokoll zu führen.

  Das heißt: Eine Gruppe besonders interessierter Schüler stellt die im Laufe der Versuchsdauer gewonnenen Ergebnisse in einem Protokoll zusammen, das für die ganze Klasse sichtbar ausgehängt wird.
- Während des Versuchsablaufs werden die Ergebnisse ab und zu mit der ganzen Klasse besprochen.

  Daraus folgt: Bei dem Bemühen, das Interesse der Schüler an dem Langzeitversuch dauerhaft aufrechtzuerhalten, geht es darum, den rechten Mittelweg zwischen zu seltener und zu häufiger Beschäftigung mit dem Experiment zu finden. Wesentlich ist vor allem, daß bei jedem Betrachten des Versuchsaufbaus deutliche Veränderungen gegenüber dem letzten registrierten Zustand festzustellen sind. Günstig ist, wenn jedem einzelnen Schüler ermöglicht wird, die Resultate durch eigenes Beobachten zu gewinnen.

Literatur

Baer 1981; *Beisenherz* 1980; *Berkholz* 1973; v. *Boetticher* 1978; *Düppers* 1975; *Dietrich* u. a. 1979; *Eschenhagen/Kattmann/Rodi* 1985; *v. Falkenhausen* 1976; *Gropengießer, H./Gropengießer* 1985; *Hafner* 1978; *Kasbohm* 1973 b; 1975; 1978; *Kerschensteiner* 1959; *Killermann* 1991; *Klautke* 1978; 1990; *Knoll* 1981; *Krischke* 1987 b; *Lucius* 1993; *Meyer, Hubertus,* 1986; 1987; *Moisl* 1988; *Mostler/Krumwiede/Meyer* 1979; Naturschutzrecht 1991; *Palm* 1979 b; *Pietsch* 1954/55; *Pommerening* 1977; *Puthz* 1988; *Reichart* 1982; *Rupprecht* 1979; *Schaaf* 1986; *Schanz* 1972; *Siedentop* 1972; *Stawinski* 1986; *Stichmann* 1970; *Wagener* 1982; 1992; *Werner, E.,* 1976

9.2.7 Arbeiten mit Modellen

Neben Beobachtung und Experiment gilt das Arbeiten mit Modellen als weitere Erkenntnismethode, da diese als Mittel eingesetzt werden können, um neue Erkenntnisse zu gewinnen (s. Abschnitt 10.4). Beim Beobachten und Experimentieren tritt hier das Modell an die Stelle des originalen Objekts (*Modellmethode*, vgl. *Dietrich* u. a. 1979, 123 ff.). Im weiteren Sinne kann zum Arbeiten mit Modellen auch das methodisch überlegte Verwenden bzw. Anfertigen von Diagrammen gerechnet werden (s. Abschnitt 10.3.5).
Wann im Unterricht Modelle und wann Originale (Lebewesen) eingesetzt werden, muß jeweils didaktisch sorgfältig abgewogen werden. Keinesfalls können Modelle die Originale völlig ersetzen (gegen *Reichart* 1982). Dies gilt auch für die Beschreibung und Analyse von Prozessen mit Hilfe mathematischer Modelle (z. B. *Computersimulation*, s. Abschnitt 10.10.2).

Das Vorgehen nach dem hypothetisch-deduktiven Verfahren ist beim Arbeiten mit Modellen prinzipiell das gleiche wie bei den sonstigen Beobachtungen und Experimenten (s. Tabelle 9-1). In der Phase der »Planung« wird die Modellbildung vollzogen, in der »Durchführung« der Bau des Modells und das Experimentieren mit dem Modell. In der Phase der »Auswertung« sind der Vergleich zwischen Modell und Original zu ziehen sowie die Schlußfolgerungen vom Modell auf das Original. Besonders diese letzte Phase muß sorgfältig durchgeführt werden, damit die am Modell gewonnenen Ergebnisse in ihrer Tragfähigkeit zur Erklärung des Originals richtig eingeschätzt werden können (vgl. *Pawelzig* 1981).
Um eine Verwirrung der Schüler zu vermeiden, müssen Stärken und Schwächen der verwendeten Modelle erörtert werden. Hier kommt es wesentlich darauf an, die Bezüge zwischen Original und Modell genau zu erfassen. Vor der Durchführung von Modellversuchen sind daher Original und Modell gegenüberzustellen. Dabei sollte deutlich werden, daß mit einem Modell die Wirklichkeit nicht einfach nachgebildet, sondern im Sinne der Theorie (Hypothese) über das Original konstruiert wird (s. Abschnitt 10.4).
Als Modell wird also ein theoriegerechtes Bild des Originals konstruiert, das der Wirklichkeit nur in derselben Weise entsprechen kann, wie es die zugrundeliegende Theorie tut. Bei Modellversuchen sollte daher grundsätzlich die Begrenztheit der Aussagekraft der verwendeten Modelle und der mit ihnen durchgeführten Experimente diskutiert werden. Dabei sind die von der Theorie gesetzten Beschränkungen (Abstraktionen und Vereinfachungen) besonders zu beachten. Das heißt: Den Schülern soll klar werden, warum man statt der

Realobjekte Modelle einsetzt, inwieweit die Modelle die Realität repräsentieren und in welchen Punkten sie von der Realität abweichen. Dadurch soll vermieden werden, daß sich die Schüler falsche Vorstellungen von Objekten oder Vorgängen machen. Es wird angestrebt, daß die Schüler die Modellbildung als ein Mittel erkennen, sich die komplexe Realität geistig verfügbar zu machen.
Wenn möglich, sollten zur Verdeutlichung eines Phänomens verschiedene Modellversuche eingesetzt werden. Da kein Modell (und keine Modellvorstellung) das Original optimal repräsentiert, können verschiedene Modellversuche ein vielseitigeres und damit umfassenderes Bild vermitteln als nur ein Experiment.

Die meisten käuflichen Modelle dienen als Erklärungs- oder als Demonstrationsmodelle. Für die Verwendung vor der Klasse sind sie aber mit einem Vergrößerungsmaßstab von 4:1 bzw. 5:1 meist zu klein. Selbsthergestellte Demonstrationsmodelle sollten sehr groß sein und das Wesentliche deutlich hervorheben. Eine konsequente Farbgebung von einander entsprechenden Teilen hilft, das Wesentliche zu erfassen

Literatur

Dietrich u. a. 1979; *Eschenhagen* 1981 a; *Gropengießer, H.,* 1981; *Killermann/Stohr* 1980; *Meyer, Hubertus,* 1990; *Müller, J.,* 1974; *Pawelzig* 1981; *Reichart* 1982; *Wenk/Trommer* 1978; s. auch Literatur zu Abschnitt 10.4.

9.2.8 Analysieren von Texten

Zum Begriff

Als Texte werden gesprochene oder geschriebene Sätze bezeichnet. Textanalysen werden im Unterricht zweckmäßigerweise an geschriebenen Texten durchgeführt. Auch in den Naturwissenschaften spielen Texte eine wichtige Rolle, und zwar für die Dokumentation der wissenschaftlichen Arbeiten, die Diskussion der Ergebnisse (wissenschaftliche Originaltexte) und bei der Vermittlung der wissenschaftlichen Erkenntnisse an eine breitere Öffentlichkeit (Lehrbuchtexte, populärwissenschaftliche Texte).

Sinn und Bedeutung von Textanalysen
Im Biologieunterricht sollen Texte zu Versuchen (Versuchsberichte und Versuchsanleitungen) von den Schülern verstanden und sachgemäß umgesetzt werden.
Wissenschaftliche Originaltexte und gute populärwissenschaftliche Texte können vor allem dazu dienen, einen Einblick in dasjenige wissenschaftliche Arbeiten zu geben, das durch eigenes Beobachten und Experimentieren nur schwer zugänglich ist (z. B. Arbeiten mit kompliziertem apparativen Aufwand, Feldbeobachtungen, Ausgrabungen, Forschungsreisen). Texte zur Geschichte der Biologie vermitteln darüber hinaus Erkenntniswege der Biologie (s. Abschnitt 3.4).
Nicht vergessen werden sollte die motivierende Wirkung von anschaulich schildernden oder problemhaltigen Texten, die kontrovers zu diskutieren sind.

Zur Durchführung
Bei Texten, die die persönliche Sichtweise des Autors oder gegensätzliche Gesichtspunkte behandeln, sollte die Textanalyse möglichst zu Schülerdiskussionen führen. Die Aufgabe der Lehrperson ist es dann, sich bei der Leitung des Gesprächs zurückzuhalten und dafür zu sorgen, daß der Text selbst zum Sprechen kommt. Dies geschieht durch Nachfragen, Verstärken von diesbezüglichen Schüleraussagen und Vermeiden von Beurteilungen einzelner Schüleräußerungen oder Textaussagen.
Textanalysen können in die folgenden Schritte untergliedert werden, wobei mit entsprechender Übung einzelne Schritte zusammengefaßt werden können:

a) *Fragen nach (vermutlich) unbekannten Wörtern, Klären von im Text verwendeten Fachwörtern.* Da in Textanalysen ungeübte Schüler nur bemüht sind, den allgemeinen Sinn eines Textes zu erfassen, ist ein Nachfragen der Schüler und notfalls der Lehrkraft nach den für das genaue Verständnis wichtigen Begriffen unbedingt notwendig. Falls ein Originaltext solche Termini enthält, mit denen im Unterricht nicht weitergearbeitet wird, empfiehlt es sich, diese bereits im vervielfältigten Text durch eine Fußnote oder durch eine in eckige Klammern gesetzte Erläuterung zu erklären.

b) *Informationsfragen.* Mit diesem Schritt werden wichtige Informationen und Zusammenhänge erarbeitet, die direkt dem Text zu entnehmen sind. Auf diese Weise wird vor der Weiterarbeit gesichert, daß alle Schüler die Hauptaussagen des Textes erfaßt haben.

c) *Nachvollziehen des Gedankenganges des Textes.* Dieser Schritt ist bei verschiedenen Arten von Texten unterschiedlich zu gestalten.
Bei Versuchsanleitungen ist der Text z. B. durch die praktische Umsetzung (Versuchsaufbau, Durchführung, Beachten der Versuchsbedingungen) nachzuvollziehen.
Bei anderen Texten können die folgenden Formen sinnvoll sein: Erstellen einer kurzen schriftlichen Zusammenfassung durch die Schüler; Gliedern eines längeren Textes in Abschnitte; Finden von Überschriften für die einzelnen Abschnitte des Textes; bei einem klar gegliederten Text (etwa bei einer klassisch aufgebauten wissenschaftlichen Arbeit): Formulieren der wichtigsten Schritte und Folgerungen des Textes in eigenen Worten.

d) *Unterscheidung von Beobachtung und Deutung.* Für eine kritische Einstellung und ein eigenständiges Beurteilen eines Textes ist es wichtig, zwischen den nachprüfbaren Beobachtungen und Versuchsergebnissen einerseits sowie den Deutungen und Urteilen eines Autors andererseits zu unterscheiden. Diese Aufgabe stellt sich besonders bei populärwissenschaftlichen Texten. Einfach, aber eindrücklich kann der Unterschied zwischen Beobachtungen und Deutungen herausgearbeitet werden, indem die Schüler in Einzelarbeit alle diejenigen Teile eines Textes unterstreichen, die ihrer Meinung nach Deutungen enthalten. Da die Deutungen von verschiedenen Schülern unterschiedlich klar erkannt werden und es zudem Grenzfälle gibt, müssen kontroverse Meinungen über die Anteile von Beobachtung und Deutung diskutiert werden.

e) *Nennen und Erörtern der Vorannahmen (Hypothesen) des Autors.* Anhand der formulierten oder der versteckt im Text enthaltenen Hypothesen, die vom Verfasser vorausgesetzt werden, wird der theoretische, geschichtliche oder weltanschauliche Zusammenhang hergestellt, in dem ein Text steht. Es wird geprüft, ob die Folgerungen des Textes schlüssig und widerspruchsfrei sind (nicht, ob man anderer Meinung ist!). Danach wird erörtert, ob und wie die Hypothesen die Fragestellung und die Ergebnisse des Verfassers beeinflussen.

f) *Vergleich des Textes mit gegenteiligen Auffassungen.* Die Aussagen eines Textes können mit dem Vorwissen der Schüler oder aber mit einem parallel bearbeiteten Text in Widerspruch stehen. In beiden Fällen ist wichtig, die Texte zunächst in ihrer eigenen Argumentation zu verstehen, bevor sie anhand abweichender Anschauungen beurteilt werden. Schüler der höheren Klassenstufen (Klassenstufe 9/10 und Sekundarstufe II) können auf diese Weise Teile von wissenschaftlichen Kontroversen in der Diskussion nachvollziehen.

g) *Texteinordnung.* Beim Vergleich von Texten unterschiedlicher literarischer Form bzw. mit unterschiedlichen Argumentationsebenen werden die Texte jeweils als ganze anhand ihrer Merkmale charakterisiert und in eine Kategorie eingeordnet (z. B. naturwissenschaftlicher Sachtext - Propagandatext - religiöser Lehrtext).

Eine interessante Variante der Textarbeit schildert *Elke Rottländer* (1992). Sie kombiniert Textarbeit mit Gruppenarbeit im »Gruppenpuzzle«. Diese Methode erlaubt es, mehrere Texte nebeneinander zu behandeln, wobei in einer ersten Phase jede Gruppe nur je einen Text analysiert. Aus diesen Gruppen bilden sich »Experten« für den jeweiligen Text. Dann werden die Gruppen neu zusammengesetzt, wobei die Experten jeweils ihren Text in den neuen Gruppen vertreten (vgl. Abschnitt 8.4).

Beispiele

Für die Sekundarstufen gibt es mehrere themenübergreifende Textsammlungen (vgl. *Berck* 1975 a; *Bäuerle/Hornung* 1976 ff.; *Knodel* 1984; *Falkenhan/ Müller-Schwarze* 1981; *Berck* u. a. 1986).

Zur Textanalyse sind besonders Texte zum Verhalten der Tiere geeignet, wie sie in populärwissenschaftlichen Schriften zu finden sind. Bei der Unterscheidung von Beobachtung und Deutung (s. oben) sind hier vor allem anthropomorphisierende Interpretationen tierlichen Verhaltens zu beachten. Hierzu eignen sich auch Texte aus *Brehms* Tierleben (vgl. *Friedmann* 1981). Besonders ergiebig sind Erlebnis- und Forschungsberichte, beispielsweise von Anthropologen über Entdeckungen zur Abstammung des Menschen (z. B. *Robert Broom,* zitiert bei *Kattmann/Pinn* 1984). Daneben können Texte aus dem Alltag analysiert werden, die einen Bezug zur Biologie haben, um eine Hilfe zum Verstehen und kritischen Umgang zu geben (z. B. Texte von Werbeanzeigen, Beipackzettel zu Medikamenten).

In der Sekundarstufe II sollen die Schüler mit geeigneten Quellentexten den Gang der Forschung und Forschungsdiskussionen nachvollziehen können (vgl. *Fels* 1967; *Knoll* 1979; *Kattmann/Pinn* 1984; *Rimmele* 1984; *Stripf* u. a. 1984; DIFF 1985 ff.; 1990; *Quitzow* 1986; 1990). Die Methode der Textanalyse eignet sich auf dieser Schulstufe besonders zur Klärung von Methodenproblemen in der Wissenschaft (vgl. *Beyer/Kattmann/Meffert* 1980; *Schrooten* 1981 b; *v. Falkenhausen* 1989).

Texte sind außerdem zur Auseinandersetzung mit philosophischen, weltanschaulichen und ethischen Fragen unerläßlich, um Positionen und Fälle zu verdeutlichen (vgl. *Kattmann* 1971 b; 1972; *Süßmann/Rapp* 1981; *Birnbacher/Hötzel* 1982; *Birnbacher/Wolf* 1988; *Bade* 1989; *Dulitz/Kattmann* 1990; *Erhard* u. a. 1992). Hier ist es besonders nützlich, Texte unterschiedlicher Kategorien nacheinander zu behandeln und dann zu vergleichen und einzuordnen (vgl. *Böhne-Grandt/Weigelt* 1990).

Es lohnt auch, Texte von Unterrichtsmedien untersuchen zu lassen, um den Schülern den Umgang mit diesen zu erleichtern oder sie auch kritisch gegenüber diesen Medien einzustellen. So ist es empfehlenswert, bestimmte Passagen des Schulbuches analysieren zu lassen (vgl. *Marquardt/Unterbruner* 1981; s. Abschnitt 10.9). Desgleichen kann der Kommentartext zu einem Unterrichtsfilm vervielfältigt und die Aufgabe gestellt werden, das im Kommentar Ausgesagte mit dem im Film Gezeigten zu vergleichen.

Literatur

Bade 1989; *Bäuerle/Hornung* 1976 ff.; *Berck, K.-H.,* 1975 a; *Berck* u. a., 1986; *Beyer/Kattmann/Meffert* 1980; *Birnbacher/Hötzel* 1982; *Birnbacher/Wolf* 1988; *Böhne-Grandt/Weigelt* 1990; DIFF 1985 ff.; 1990; *Dulitz/Kattmann* 1990; *Erhard* u. a. 1992; *Falkenhan/Müller-Schwarze* 1981; *v. Falkenhausen* 1989; *Fels* 1967; *Friedmann* 1981; *Kattmann* 1971 b; 1972; *Kattmann/Pinn* 1984; *Knodel* 1984; *Knoll* 1979; *Marquardt/Unterbruner* 1981; *Quitzow* 1986; 1990; *Rimmele* 1984; *Rottländer* 1992; *Schrooten* 1981 b; *Stripf* u. a. 1984; *Süßmann/Rapp* 1981

9.3 Darstellungsweisen

9.3.1 Allgemeines

Darstellungsweisen sind nicht scharf von den Erkenntnismethoden abzugrenzen, da mit jeder vermittelten Anschauung selbstverständlich auch ein Erkenntnisgewinn verbunden sein soll (s. Abschnitt 9.2). Dennoch bildet bei den Darstellungsweisen der mediale Aspekt den Schwerpunkt, d. h. die Art und Weise bzw. die Form, in der die Vermittlung stattfindet. Insofern besteht zwischen den Darstellungsweisen und den Medien eine besonders enge Verbindung (z. B. bei der Verwendung von Sprache und von Diagrammen, s. Abschnitt 10.1). Die unterrichtsmethodischen Überlegungen zu den Darstellungsweisen betreffen jedoch - anders als bei den Medien - nicht in erster Linie die Eigenschaften der Unterrichtsmittel selber, sondern die Tätigkeiten der Lehrenden und Lernenden. Somit stehen die unterrichtlichen Prozesse (Arbeitsweisen) im Vordergrund der Betrachtung.

9.3.2 Verwenden von Sprache

Alltagssprache - Fachsprachen - Unterrichtssprache

Die emotionalen und sozialen Funktionen von Sprache werden zuweilen gegenüber den sachbezogen informationellen übersehen:

- Sprachen dienen nicht nur der Verständigung zwischen Menschen, sondern auch der *Abgrenzung*. Die spezifische Sprache, die ein Wissenschaftler verwendet, grenzt ihn nicht nur gegenüber den Laien, sondern auch gegen Wissenschaftler anderer (nah verwandter) Sparten ab.
- Sprache kann auch zur Einschüchterung des Gegenübers verwendet werden: Fachsprache taugt besonders gut zum *Imponieren.*
- Sprachen dienen der *Verständigung* zwischen Menschen. Diese Aufgabe ist angesichts der anderen genannten Funktionen keineswegs selbstverständlich. Als Verständigungsmittel liefert Sprache die nötige Anschauung, um das Gemeinte zu verstehen.

Die Sprachen, mit denen in den Wissenschaften geredet und geschrieben wird, erscheinen dem Laien häufig unverständlich und fremd. Schüler empfinden dies kaum anders. Wissenschafts- oder Fachsprachen beruhen auf Übereinkünften der Wissenschaftler der jeweiligen Fachgebiete. Sie unterscheiden sich damit in wesentlichen Punkten von der Alltagssprache (vgl. *Memmert* 1975, 42 ff.; *Werner* 1973, 158 ff.; *Schaefer* 1980, 101). Die spezifische Aufgabe der Fachsprachen besteht in der *Objektivierung*. Das Ausgesagte soll möglichst unabhängig vom Kontext und vom Sprecher - also intersubjektiv - gelten. Definitionen sollen für alle verbindlich sein. Objektivierung bedeutet also zunächst Intersubjektivität, dann aber auch: Verfügbarmachen für den wissenschaftlichen Gebrauch. Fachsprachlich eindeutig definierte Begriffe sind wissenschaftlich leicht handhabbar.

In der Alltagssprache oder Umgangssprache sind die verwendeten Wörter und Sätze meist mehrdeutig. Sie erhalten ihren mehr oder weniger eindeutigen Sinn erst im Kontext des Satzes, der literarischen Form oder der Situation, in der sie formuliert werden, und schließlich durch die Personen, die sie verwenden. Besonders deutlich ist diese Mehrdeutigkeit und Kontextabhängigkeit der Alltagssprache dadurch, daß Wörter im übertragenen Sinne gebraucht werden können (z. B. »Feuer« des Herzens).

In naturwissenschaftlichen Fachsprachen werden dagegen *Eindeutigkeit* und *Situationsunabhängigkeit* (Kontextunabhängigkeit) angestrebt: Fachwörter sollen auch in unterschiedlichen Zusammenhängen zuverlässig ein und denselben Begriff bezeichnen; Fachwörter und Fachaussagen sollen so normiert und formalisiert werden, daß sie für alle möglichen Situationen verwendbar sind, auf die sie überhaupt zutreffen. Wo es möglich und sinnvoll ist, führt dies zur Überführung der Fachaussagen in mathematische Symbolsysteme (Mathematisierung, s. Abschnitt 9.3.6).

Naturwissenschaften erfassen u. a. Bereiche, die unserer Sinneswahrnehmung nicht unmittelbar zugänglich sind und damit häufig der in Alltagssprache gefaßten Wirklichkeit nicht entsprechen. Für diese Sachverhalte müssen folglich neue Begriffssysteme geschaffen werden (vgl. *Pfundt* 1981 b).

Trotz der aufgeführten Eigenschaften sind Fachsprachen nicht unabhängig von der Alltagssprache, sondern setzen diese voraus. Sie wurzeln in dieser, indem aus ihr immer wieder Vorstellungen und Bezeichnungen entnommen und im Sinne der Fachaussagen normiert werden. Fachsprachen weichen dabei von den durch die Alltagssprache geprägten Vorstellungen ab, engen diese ein oder gehen über diese hinaus. Alltagssprache und Fachsprache haben gemeinsam, daß sie zur Verständigung dienen sollen. Damit ist aber auch die Fachsprache, trotz der angestrebten Personenunabhängigkeit, an das Verstehen der Adressaten gebunden. Wie die Alltagssprache wird die Fachsprache »dann daraufhin beurteilt, ob der Schreiber/Sprecher den Adressaten seine Ergebnisse und Erfahrungen deutlich verständlich machen kann und ob diese dann mit den eigenen Erfahrungen und Ergebnissen der Leser/Hörer übereinstimmen bzw.

sich vereinbaren lassen« (*Hilfrich* 1979, 154; vgl. *Spanhel* 1980). Fachsprachen sind also gruppenspezifische »Umgangssprachen« der Wissenschaftler. Sie sind Soziolekte der jeweiligen Wissenschaftlergemeinschaft.

Unterricht ist kein einfaches Abbild von Wissenschaft. Sprache im Biologieunterricht ist daher auch nicht das reduzierte Abbild der biologischen Fachsprache, die als Soziolekt der Wissenschaftler nicht einfach übernommen werden kann. Bei der Vermittlung wissenschaftlicher Aussagen an die Öffentlichkeit (Popularisierung) und im Unterricht ist es unerläßlich, die jeweilige Fachsprache mit einer den Adressaten adäquaten Alltagssprache zu verbinden. *Unterrichtssprache* hat die Funktion, zwischen dem Soziolekt der Wissenschaftler und der allgemeinen Umgangssprache zu vermitteln (vgl. *Priesemann* 1971). Alltagssprache ist dabei durch Elemente der Fachsprache zu ergänzen, Fachsprache teilweise in Alltagssprache zu übersetzen. Alltagssprachliche Elemente der Fachsprache sind besonders auf die mit ihnen vermittelten Vorstellungen zu hinterfragen (vgl. *Hilfrich* 1979; *Knoll* 1979; *Kattmann* 1992 e; f). Fachsprache ist im Unterricht als Mittel der Verständigung und Anschauung zu nutzen. Die Bildung einer angemessenen Unterrichtssprache ist eine eigenständige fachdidaktische Aufgabe (vgl. *Schaefer/Loch* 1980; *Entrich/Staeck* 1992).

Begriffslernen und Sprache

Es ist klar zwischen sprachlicher Vermittlung und den gedachten Begriffen als kognitiven Konstrukten zu unterscheiden. »Begrifflich« heißt nichts anderes als »gedanklich«. Begriffe werden sprachlich durch ihren Namen (Wörter, Begriffs-Symbole) sowie Definitionen oder Umschreibungen vermittelt. Zwischen der Verwendung von Sprache und der Begriffsbildung besteht daher ein enger Zusammenhang. Unterrichtssprache bestimmt das Biologielernen wesentlich mit: »Nur durch die Sprache können wir von Gegenständen und Erscheinungen der Natur, dem konkret Gegebenen, zur Abstraktion, d. h. von der Anschauung zu Begriff und Urteil gelangen. Daher ist tätiger Umgang mit den Sachen und ständige Beobachtung der Erscheinung eng mit der Pflege sprachlichen Ausdrucks verbunden« (*Grupe* 1977, 167).
Die sprachliche Schulung, das genaue und klare Formulieren, kann die Urteilsbildung und das schlußfolgernde Denken fördern. Die Schüler sollen erfahren, daß es in der Biologie Übereinkünfte darüber gibt, welches Wort jeweils zur Benennung eines Begriffes benutzt wird. Sie sollen lernen, Fachwörter in ihrer Bedeutung zu erkennen und sie zutreffend zu benutzen. Fachtermini, mit deren Hilfe eindeutige Vorstellungen vermittelt werden, sind Hilfen zum Lernen und

keine Hindernisse. Dies belegen u. a. Untersuchungen zur logischen Verknüpfung von Begriffen und zu Begriffsnetzen (vgl. *Müller* 1968; 1989; *Brehme/Domhardt/Lepel* 1984; *Graf* 1989 a; b; *Müller/Kloss* 1990; *Bretschneider* 1992; *Brezmann* 1992).
Vielfach wird beklagt, daß der Biologieunterricht mit Begriffen überladen und die Verwendung der entsprechenden Fachtermini zudem uneinheitlich sei. Es wird daher vorgeschlagen, zentrale Begriffe insbesondere aufgrund von Häufigkeitsanalysen auszuwählen und überflüssige Termini nicht mehr zu verwenden (vgl. *Berck* 1986; *Graf* 1989 a; *Berck/Graf* 1992). Dabei sollten Fachbegriffe oder gar nur deren Namen aber nicht isoliert betrachtet werden. Namen und Begriffe werden erst dann wirklich bedeutsam, wenn der sprachliche und begriffliche Kontext über bloße Definitionen hinaus hergestellt und die mit der Fachsprache verknüpften Vorstellungen erkannt werden.

Schülervorstellungen und Sprache

Es kommt im Biologieunterricht darauf an, an die im alltäglichen Sprachgebrauch sichtbar werdenden Erfahrungen und Vorstellungen der Schüler auch sprachlich anzuknüpfen. Fachsprache kann hier sinnvoll nur insoweit verwendet werden, als es gelingt, die mitgeteilten Begriffe und Sachverhalte auf Vorwissen zu beziehen und auf dem Hintergrund eigener Erfahrungen zu verstehen (s. Abschnitt 5.3). Auf diese Weise wird vermieden, daß Fachwörter unverstanden nachgesprochen werden, weil sie nicht mit konkreter Anschauung verbunden worden sind.
Dem Aufdecken von Zusammenhängen zwischen Alltagserfahrungen und Fachsprache dienen u. a. Untersuchungen zum Verhältnis des logischen Kerns zum assoziativen Umfeld eines Begriffes (vgl. *Schaefer* 1980; 1983; 1992). Es zeigt sich, daß unterschwellige affektive Faktoren, die im assoziativen Umfeld erfaßt werden, die mit einem Fachbegriff gegebenen Vorstellungen stark beeinflussen können.
Auf unteren Klassenstufen ist an die Sichtweise der Kinder anzuknüpfen, mit der die Umwelt beseelt und vermenschlicht wird, um emotionale Beziehungen nicht zu beschädigen bzw. zu fördern (vgl. *Gebhard* 1990; 1994). Auf höheren Klassenstufen der Sekundarstufe I sollten biologiefachliche Aussagen aber mit besonderer Sorgfalt formuliert werden, wenn die Gefahr besteht, daß menschliches Erleben und Handlungsweisen unreflektiert auf das Naturgeschehen übertragen werden.
Finale Ausdrucksweisen sind häufig uneindeutig und verführen leicht dazu, zweckgerichtete Faktoren und planvolles Handeln anzunehmen. »Jeder Satz,

der sich auf Lebewesen bezieht und die Wörter 'damit', 'weil' oder 'um zu' enthält, sollte kritisch geprüft werden« (*Eschenhagen* 1976, 6), und zwar darauf, ob die Aussagen eindeutig und ausschließlich die biologische Bedeutung einer Struktur oder eines Prozesses beschreiben (funktionale Erklärung) oder ob sie die Annahme zwecktätiger und zielgerichteter Faktoren nahelegen (teleologische Erklärung), die lediglich beim Denken (des Menschen) anzunehmen sind (s. Abschnitt 3.3.2).

Anthropomorphe Deutungen sind besonders dann bei der Beschreibung tierlichen Verhaltens zu vermeiden, wenn damit Charaktereigenschaften, menschliche Motive oder Bewertungen des Handelns einhergehen: »Der böse Löwe - das arme Zebra« (*Dylla/Schaefer* 1978, 67 ff.; vgl. *Friedmann* 1981).

Die *Personifizierung* von biologischen Strukturen oder Prozessen kann besonders auf unteren Klassenstufen zu falschen Vorstellungen führen. Hierzu gehören Wendungen wie »Die Natur als Erfinder« oder Mutation und Selektion als »Konstrukteure des Artenwandels« (*Konrad Lorenz;* vgl. *Eschenhagen* 1976, 6). In der Humanbiologie ist darauf zu achten, daß nicht einzelne Körperteile personifiziert werden. Die Personifizierung kann schon allein darin bestehen, daß Organe grammatikalisch als Subjekte in den biologischen Aussagen auftreten und somit als Handelnde erscheinen: Nicht das Auge sieht, sondern der Mensch sieht *mit* den Augen.

Der Einfluß der Namen auf die Begriffsbildung

Die Aufgabe der Fachsprache, Sachverhalte und Begriffe durch Aussagen und Termini möglichst genau zu bezeichnen, wird im Unterricht oft dadurch erschwert, daß die Fachwörter mit unpassenden Vorstellungen verbunden sind, nicht eindeutig verwendet werden oder das Gemeinte nur ungenau erfassen. Es ist also nicht verwunderlich, daß hieraus entsprechende Unklarheiten und Lernschwierigkeiten bei den Schülern resultieren (vgl. *Pfundt* 1981 a). Die Beziehungen zwischen der verwendeten Sprache und dem Lernen von Begriffen sind daher genau zu untersuchen. Hier führt die Frage weiter, welche Anschauungen die Fachwörter (Namen) selbst vermitteln. Fachsprache stammt aus und gründet letztlich immer in Umgangssprache. Im Unterricht sind die umgangssprachlichen Elemente von Fachsprache besonders zu beachten.

Die Fachsprache enthält aus der Umgangssprache übernommene euphemistische Umschreibungen (z. B. »Artenschwund« statt »Ausrottung von Arten«) und vom Nützlichkeitsstandpunkt geprägte Wendungen (z. B. »Unkräuter« statt »Wildkräuter«), die den gemeinten Erscheinungen nicht gerecht werden (vgl. *Friedmann* 1981; *Gigon* 1983; *Trommer* 1990 b).

Im Sinne der Eindeutigkeit werden Fachwörter in einer gegenüber dem Alltagsgebrauch des Wortes *eingeengten Bedeutung* verwendet. Die stets mitschwingende anschauliche Alltagsbedeutung kann die fachliche Begriffsbildung behindern. So können die Schüler die Unterscheidung von Reiz und Erregung in der Sinnesphysiologie schon deshalb schwer nachvollziehen, weil mit der Bezeichnung »Reiz« unmittelbar die Alltagsvorstellungen von »Schönheit«, »Gereiztheit« und damit eben auch von »Erregung« verknüpft sind.

Fachwörter machen gegenüber ihrer Verwendung in der Alltagssprache notwendigerweise einen *Bedeutungswandel* durch. Sind die Namen oder Bezeichnungen ungünstig gewählt, so muß direkt gegen die Alltagsbedeutung gelernt werden. Dies gilt z. B. für den Terminus »ökologische Nische«, dessen räumliche Deutung regelmäßig zu falschen Vorstellungen bei den Lernern führt. Fachsprache enthält darüber hinaus zahlreiche, ursprünglich der Umgangssprache entnommene *Metaphern*, die in ihrer Bedeutung über das fachlich Gemeinte hinausgehen und häufig zu unangemessenen Vorstellungen verleiten (z. B. die Metaphern vom »Kampf ums Dasein« und der »Vererbung«). Solche begrifflichen Fehldeutungen belegen die »Macht der Namen«: Termini und Metaphern können durch das Mitschwingen ihrer umgangssprachlichen Bedeutung auf das Gelernte einen stärkeren Einfluß haben als das mit dem Fachbegriff Gemeinte (vgl. *Kattmann* 1992 f).
Wie andere Sprachen prägt auch die Fachsprache die Inhalte und Bedeutung des Ausgesagten, indem sie Begriffe benennt oder verschweigt. Nicht nur ob, sondern auch wie ein Begriff benannt wird, hängt vielfach von den in einer Wissenschaft *herrschenden Konzepten* ab. Ein Beispiel für ein herrschendes Konzept ist das der »Anpassung« bzw. »Angepaßtheit« der Organismen an ihre Umwelt (zur Unterscheidung vgl. *Schrooten* 1981 a). Die herrschende Vorstellung führt zu Fehlbezeichnungen und Mißkonzepten wie »Fehlanpassungen« und »Voranpassung« oder »Präadaptation« (vgl. *Kattmann* 1992 f).
Fachwörter passen - auch aus *historischen Gründen* - manchmal schlecht zu dem bezeichneten Begriff, so daß die Wortbedeutung keinen oder nur einen geringen Aufschluß über das Gemeinte gibt (z. B. »Vakuole«). Derartige Fachwörter können nur wie Vokabeln gelernt werden und werden dann meist falsch angewendet. Häufig enthalten die Namen aber auch die wissenschaftsgeschichtlich ursprünglichen, aber heute überholten Vorstellungen. Am Beispiel der Zellenlehre läßt sich gut zeigen, wie unter diesen Umständen widersprüchliche Vorstellungen in den Köpfen der Schüler bestehen bleiben können (vgl. *Kattmann* 1993 b).

Die mit der Fachsprache transportierte Bedeutung der Namen kann das Verständnis des fachlich Gemeinten fördern oder behindern. Entsprechend sind Fachwörter eine Lernhilfe, wenn sie die zutreffenden Vorstellungen vermitteln; sie sind ein Lernhindernis, wenn sie Mißverständnisse auslösen. Das Finden und Benutzen angemessener Termini sind daher wesentliche Teile einer fachgemäßen Begriffsbildung, bei der die für den Unterricht geeigneten Namen sorgfältig anhand eines Kriterienkataloges auszuwählen sind (vgl. *Kattmann* 1993 b).
In vielen Fällen wird man aber nicht darum herumkommen, ungünstig geprägte, jedoch gebräuchliche Fachwörter in den Unterricht einzuführen, und zwar auch dann nicht, wenn diese mißverständlich oder irreführend sind. Dies gilt z. B. für die Bezeichnung »ökologische Nische«. Es muß daher versucht werden, den Begriff anders zu umschreiben, nämlich als das »Gefüge der Umweltbeziehungen einer Art« oder kurz die »Art-Umwelt«. »Aus Gründen der Ökonomisierung und Effektivierung des Unterrichts sollten von vornherein Namen verwendet werden, die den Schülern die Sache möglichst unmittelbar geben und damit Umschreibungen überflüssig machen. Ist die sachliche, begriffliche und terminologische Klärung pädagogisch richtig durchgeführt worden und wird den Schülern *erst dann* das übliche (in diesem Fall ungeschickt gewählte) Fachwort mitgeteilt, können ernsthafte Schwierigkeiten vergleichsweise leicht vermieden werden« (*Weninger* 1970, 407). Lehrpersonen und Schüler sollen auf diese Weise fähig werden, kritisch mit der Fachsprache umzugehen.

Zur Durchführung
Sprache ist im Unterricht nach wie vor das bedeutendste *Medium*. Sie nimmt als Schüler- oder Lehreräußerung den weitaus größten Teil der Unterrichtsdauer ein. Die einzig wirklich sprachfreie Arbeitsweise ist der stumme Impuls, und das auch nur dann, wenn er ohne geschriebenen Text auskommt. Es lohnt sich, auf Sprach- und Textelemente bei anderen Medien und Darstellungsweisen besonders zu achten: z. B. auf den Kommentar und die Einblendungen bei Ton- bzw. Stummfilmen oder auf die Beschriftung bei Zeichnungen und Folien. Im Biologieunterricht sind also methoden- und adressatenspezifische Sprachformen zu entwickeln und zu üben.

Das eigene Reden sollte die Lehrperson dadurch kontrollieren, daß sie wesentliche Fragen sowie kurze *Vorträge* und die zu erarbeitenden Merksätze vor dem Unterricht schriftlich formuliert. Dadurch kann sie deren sachliche Richtigkeit prüfen und deren Verständlichkeit abschätzen.

Im *Unterrichtsgespräch* ist jeweils durch Nachfragen oder durch gegenseitige Korrektur und Hilfe der Schüler selbst zu sichern, daß die Bedeutung der verwendeten Fachwörter klar ist. Dabei sollte auf die Ausdrucksweise der Schüler eingegangen werden. Man wird zwar auf genaue Formulierungen achten, aber vermeiden, daß lediglich diejenige Formulierung aus den Schülern herausgefragt wird, die die Lehrperson im Sinn hat. Soweit es sachlich vertretbar ist, sollte man eine nicht so elegante, aber schülergemäße Formulierung übernehmen.

Wenn das Miteinandersprechen durch emotionale Befangenheit eingeschränkt ist, kann Gruppenarbeit das freie Reden fördern, besonders dann, wenn gesprächauslösende Medien verwendet werden (z. B. Bilder, Situationskarten; vgl. *Seger* 1990; *Fahle/Oertel* 1994; s. Abschnitt 4.3.2).

Die sprachliche Ausdrucksfähigkeit der Schüler kann durch das Formulieren von *Merksätzen,* das Zusammenfassen der Ergebnisse einer Stunde und das *Protokollieren* (s. Abschnitt 9.3.3), vor allem aber durch kurze (5 bis 10 Minuten dauernde) *Schülervorträge* geübt werden. Der Vortragstext sollte nicht auswendig gelernt, sondern anhand von Stichwörtern vorgetragen werden. Den Schülern sollten dabei Hilfen gegeben werden, die an das freie Sprechen und genaue Formulieren heranführen. Dazu gehören das übersichtliche Notieren der Stichwörter, die Gliederung der Aussagen und das Hervorheben des Wesentlichen. Das eigene Formulieren kann hier dadurch gefördert werden, daß man die Schritte der *Textanalyse* entsprechend anwendet (s. Abschnitt 9.2.8).

Das *Begriffslernen* besteht im Biologieunterricht wesentlich im Klassifizieren, Vernetzen durch Begriffsbeziehungen und Definieren (vgl. *Müller/Kloss* 1990; *Heinzel* 1990; *Berck/Graf* 1992, 79 f.; *Brezmann* 1992). Dabei spielt die Methode des Vergleichens eine führende Rolle (vgl. *Sula* 1968, s. Abschnitt 9.2.3). Verfahren, die in der Begriffsforschung zur Überprüfung des Begriffslernens angewendet werden, eignen sich im Unterricht zur Aneignung und Festigung, wenn sie von den Schülern selbst durchgeführt werden. So bilden die Lerner nach der Mapping-Methode aus vorgegebenen Termini und Relationen »Begriffsnetze« (sogenannte Maps, vgl. *Graf* 1989 a; b). Assoziationstests können zur Motivation, Definitionstests zum logisch korrekten Formulieren und Multiple-choice-Tests zum tiefergehenden, differenzierenden Verständnis der Begriffe beitragen, wenn die jeweiligen Lösungen eingehend besprochen werden (vgl. *Schaefer* 1992).

Den Schülern soll dabei auch deutlich werden, daß sowohl die Sprache wie die Sachverhalte häufig einer starren Festlegung und überschneidungsfreien, exkludierenden Begriffsbildung entgegenstehen (vgl. *Schmidt* 1992). Widersprüchliche Konzepte und unterschiedliche Betrachtungsweisen können durch das Kennenlernen verschiedener wissenschaftsgeschichtlicher Konzepte bewußt gemacht werden (vgl. *Kattmann* 1993 b).

Literatur

Bauer, E. W., 1981 b; *Berck, H.,* 1986; *Berck/Graf* 1987; 1992; *Brehme* 1976; *Brehme/Domhardt/Lepel* 1984; *Bretschneider* 1992; *Brezmann* 1992; *Carl* 1981; *Dylla/Schaefer* 1978; *Entrich/Staeck* 1992; *Erber, D.,* 1983; *Eschenhagen* 1976; *Fahle/Oertel* 1994; *Friedmann* 1981; *Gebhard* 1990; 1994; *Gigon* 1983; *Graf, D.,* 1989 a; b; c; *Grupe* 1977; *Hedewig* 1988 b; *Heinzel* 1990; *Hilfrich* 1979; *Kattmann* 1992 e; f; 1993 b; *Gropengießer/Kattmann* 1994; *Knoll* 1979; *Lepel/Kattmann* 1991; *Memmert* 1975; *Müller, Johannes,* 1968; 1989; *Müller/Kloss* 1990; *Oehmig* 1990; *Pfundt* 1981 a, b; *Pfundt/Duit* 1993; *Priesemann* 1971; *Schaefer* 1980; 1983; 1992; *Schaefer/Loch* 1980; *Schmidt, E.,* 1992; *Schrooten* 1976;1981 a; *Seger* 1990; *Spanhel* 1980; *Sula* 1968; *Trommer* 1990 b; *Weninger* 1970; *Werner, H.,* 1973

9.3.3 Protokollieren

Zum Begriff

Ein Protokoll ist - in der ursprünglichen Bedeutung des Wortes - eine Niederschrift von Verhandlungen, die deren Verlauf und Inhalt festhält und im allgemeinen von den Beteiligten unterzeichnet wird. Häufig wird zwischen wörtlichen Protokollen, Verlaufsprotokollen und Ergebnisprotokollen unterschieden. Moderne Techniken (Tonband, Video) haben die Möglichkeiten des genauen Fixierens von Verhandlungen, Diskussionen u. a. stark erweitert.
Protokollieren kann neben dem Aufschreiben eine Reihe anderer Techniken umfassen, z. B. das Zeichnen und das Anfertigen von Tabellen und Diagrammen. Im Biologieunterricht spielen besonders das Beobachtungs- und Versuchsprotokoll sowie das Stundenprotokoll eine Rolle.

Sinn und Bedeutung

Das Protokollieren im Biologieunterricht dient in erster Linie als Gedächtnishilfe und damit auch der Evaluation des Unterrichts. Anhand der Protokolle lassen sich frühere Unterrichtssituationen rekonstruieren und auf Fehler und Schwächen hin überprüfen. So verhelfen zum Beispiel Stundenprotokolle der Lehrperson dazu festzustellen, ob die Artikulation ihres Unterrichts so deutlich war, daß sie auch von den Schülern erkannt wurde, und ob die angestrebten Unterrichtsziele wirklich erreicht worden sind.

Die Schüler lernen bei der Protokollführung eine Arbeitsweise kennen, die in den Naturwissenschaften als unentbehrliches Mittel zur Erkenntnisgewinnung und -sicherung gilt. Sorgfältige Protokollführung trägt zum Gelingen von Beobachtungen und Experimenten bei und erhöht damit die Freude am Unterricht und die Motivation für künftige ähnliche Aktivitäten. Regelmäßiges Protokollieren von Beobachtungs- und Experimentierphasen veranlaßt die Schüler zum genauen Nachdenken über die Einzelschritte des Vorgehens, zu exakter Planung und gewissenhafter Durchführung ihrer Aufgaben; es fördert ihre Fähigkeit zu angemessener schriftlicher oder graphischer Darstellung (vgl. *Dietrich* u. a. 1979, 158).
Besonders wichtig sind Protokolle von Langzeitbeobachtungen oder -versuchen, weil nur auf diese Weise die Erinnerung an sämtliche Phasen des Gesamtablaufs gesichert werden kann.
Durch die Übung im Protokollieren werden die Schüler auch auf Situationen des Lebens außerhalb der Schule und als Erwachsene vorbereitet.

Zur Durchführung

Je früher die Schüler sich daran gewöhnen, wichtige Vorgänge protokollarisch festzuhalten, und je systematischer die Übung im Protokollführen gestaltet wird, desto günstiger ist es. Viele Kinder lernen bereits während ihrer Grundschulzeit, wie man Beobachtungen, kleine Experimente und einfache Langzeitversuche in kurzen Texten, Zeichnungen oder Tabellen darstellt. Häufig kennen sie beim Eintritt in das 5. Schuljahr auch schon ein Gliederungsschema, das man einem Beobachtungs- oder Versuchsprotokoll zugrundelegen kann (z. B.: Unsere Frage - unsere Vermutungen - der Versuch - die Ergebnisse - die Antwort auf die Frage).
In den höheren Schulstufen können anspruchsvollere Schemata verwendet werden:

»1. Ziel- (Aufgaben-, Problem-)stellung
2. Theoretische Überlegungen (Hypothesen, Vermutungen)
3. Gedankliche Planung zur Durchführung des Experiments, einschließlich der Geräte, Materialien und Bedingungen, evtl. Skizze der Experimentieranordnung
4. Darstellung der Durchführung des Experiments
5. Erfassen und Notieren der Ergebnisse und Meßwerte
6. Auswertung der Ergebnisse, Ziehen von Schlußfolgerungen, weiterführende Fragen und Probleme« (*Dietrich* u. a. 1979, 159).

Werner Siedentop (1972, 50) unterscheidet nur vier Hauptpunkte :
- Ziel,
- Beobachtung (genaue Schilderung des Versuchsablaufs, Tatsachenfeststellung),
- Deutung (gedankliche Verknüpfung der Tatsachen),
- Bestätigung (durch weitere Beobachtungen oder Versuche).

Die beiden Vorschläge stimmen darin überein, daß ein Versuchsprotokoll neben den Ergebnissen auch die Schritte enthalten muß, die zur Versuchsdurchführung hin- und von ihr weiterführen (vgl. auch *Drews* 1971).
Der Lehrer sollte bewußt Situationen schaffen, in denen die Schüler solche Schemata anwenden können. Am Anfang empfiehlt es sich, kurze Beobachtungs- oder Versuchsphasen vorzusehen und dabei die Gliederungspunkte für das Protokoll den Schülern ständig zugänglich zu halten, zum Beispiel durch einen Tafelanschrieb oder ausgeteilte Arbeitsblätter (vgl. *Mitsch* 1971; *Wagener* 1992; 122 f.). Wenn die Schüler mit dieser Art der Protokollführung vertraut sind, sollte man ihnen ermöglichen, das Schema selbständiger und freier zu handhaben.
Die Protokollführung muß immer wieder zum Gesprächsthema gemacht werden. Anhand der von Schülern oder Schülergruppen erstellten Protokolle werden positive Ansätze gewürdigt und Verbesserungsmöglichkeiten herausgestellt. Bei Langzeitbeobachtungen und -versuchen sollte schon vor dem Beginn über die beste Form des Protokollierens diskutiert werden. Man kann zum Beispiel ein großformatiges Protokollblatt an der Wand des Klassenraumes anbringen, in das die Beobachtungen - für die Schüler deutlich sichtbar - in übersichtlicher Art und Weise eingetragen werden.
Auch das Protokollieren des Verlaufs einer ganzen Unterrichtsstunde sollte zuerst mit der ganzen Klasse geübt werden. Die große Schwierigkeit liegt darin, die wesentlichen Elemente des komplexen Unterrichtsgeschehens zu erkennen und in angemessener Kürze und Klarheit darzustellen. Wenn alle Schüler oder mehrere Schülergruppen eine bestimmte Stunde protokollieren, lassen sich bei der Besprechung im Vergleich der verschiedenen Produkte die wichtigsten Fehlerquellen erfassen (vgl. *Siedentop* 1972, 84): Weiterführung von Gedankengängen, die im Unterricht nur angeklungen sind, persönliche Interpretationen von Aussagen, Vorwegnahme von Ergebnissen, Abschreiben aus Büchern.
Nach solchen gemeinsamen Übungen, die gezielt an geeigneten Beispielen vorgenommen werden, sollte man dazu übergehen, die Protokollführung einzelnen Schülern oder Kleingruppen turnusmäßig zu übertragen. Die Protokolle werden grundsätzlich verlesen, kritisiert und verbessert. Die Bedeutung

des Protokollierens für Schüler und Lehrpersonen sollte dadurch betont werden, daß die »verabschiedeten« Protokolle in eine Mappe abgeheftet werden, die im Verlauf des folgenden Unterrichts immer wieder zu Rate gezogen wird.

Beispiel für das Protokollieren einer Langzeitbeobachtung
Aufgaben- bzw. Fragestellung: Wie entwickeln sich Mehlwürmer weiter?
Vermutung: Mehlwürmer sind Larven, sie werden zu Puppen und schließlich Käfer.
Durchführung: Am 09. 07. 1981 werden 50 Mehlwürmer in eine Glasschale (Durchmesser 12 cm, Höhe 6 cm) gesetzt, die bis zur halben Höhe mit Weizenkleie gefüllt ist. Das Gefäß wird mit einer Glasplatte zugedeckt und in den Sammlungsraum gestellt.

Beobachtungen:

Datum	Anzahl der Larven	Anzahl der Puppen	Anzahl der Käfer	Sonstige Beobachtungen
09.7.	50	0	0	
16.7.	39	9	0	2 tote Larven, leere Larvenhäute (entfernt)
23.7.	18	28	0	2 weitere tote Larven (entfernt)
30.7.	13	21	11	1 tote Puppe (entfernt)
06.8.	7	10	27	1 tote Larve, Käfer zum Teil weißlich, zum Teil bräunlich, zum Teil schwarz

Auswertung: Entsprechend der Vermutung machen Mehlkäferlarven eine vollständige Verwandlung durch. Die Puppenzeit dauert mindestens 14 Tage.

Literatur

Dietrich u. a. 1979; *Drews* 1971; *Esser, Hans,* 1978; *Mitsch* 1971; *Ruppolt* 1966/67; *Siedentop* 1972; *Wagener* 1992

9.3.4 Zeichnen

Zum Begriff
Beim Zeichnen im Biologieunterricht handelt es sich um eine vereinfachende bildnerische Darstellung von Objekten oder Zusammenhängen ohne Anspruch auf künstlerische Qualität. Zeichnungen werden im Unterricht von der Lehrperson und von den Schülern angefertigt.
In diesem Buch werden die »zeichnerische Darstellung« (Zeichnung, Skizze) und die »graphische Darstellung« (Diagramm, s. Abschnitt 9.3.5) voneinander unterschieden (vgl. *Grupe* 1977, 283 ff.). Zeichnerische Darstellungen können nach ihrem Schematisierungsgrad noch weiter aufgegliedert werden. So werden »Skizze«, »Schema« und »Symbol« unterschieden (vgl. *Spandl* 1974; *Baer/Grönke* 1981). Die Skizze definiert *Oskar P. Spandl* als »Zeichnung, die das Erscheinungsbild des originalen Objekts mehr oder weniger vereinfacht wiedergibt«. Beim Schema wird auf das Erscheinungsbild des Gegenstandes weitgehend zugunsten bestimmter Merkmale verzichtet; es ist nach *Spandl* nicht mehr »erscheinungsaffin«, sondern »merkmalsaffin«. Das Symbol wird als »inaffin« bezeichnet, weil hierbei von der Erscheinungsform und den Merkmalen natürlicher Objekte ganz abgesehen wird und bestimmte Zeichen an deren Stelle treten, »zum Beispiel Punkte, Linien oder Flächen« (*Spandl* 1974, 105). Zweifellos gibt es zwischen Skizze und Schema fließende Übergänge, so daß die Zuordnung einer vorliegenden Darstellung in vielen Fällen schwerfallen dürfte (vgl. z. B. Pictogramme bei Hinweisschildern und »ikonische Darstellungen« in Diagrammen; s. Abb. 10-6 b). Symbole werden meistens in Diagrammen verwendet, und es ist deshalb gerechtfertigt, sie dieser Gruppe zuzuordnen (s. Abschnitt 9.3.5). Wegen dieser Abgrenzungs- und Einordnungsschwierigkeiten soll hier auf eine stärker differenzierende Nomenklatur verzichtet werden.

Sinn und Bedeutung
Das Zeichnen im Biologieunterricht dient vor allem dazu, das Betrachten und Beobachten von Naturobjekten und die geistige Verarbeitung von Unterrichtsinhalten zu vertiefen. Eine Skizze an der Wandtafel, auf einer Folie oder einem Arbeitsblatt lenkt die Aufmerksamkeit der Schüler oft schneller und sicherer auf das Wesentliche eines Phänomens als jeder mündlich oder schriftlich gegebene Hinweis. Eine Zeichnung, die nach und nach mit der Klasse erarbeitet wird, läßt den Schülern die Strukturierung des Unterrichts deutlich werden. Während der Entstehung bzw. Vervollständigung der Skizze haben die Schüler

genügend Zeit zum Beobachten und Mitdenken. Rückfragen können durch Abänderung der Zeichnung, durch Zusatzskizzen oder durch Farbgebung bestimmter Einzelteile geklärt werden. Wenn in schematischen Skizzen verschiedener Tiere oder Pflanzen einander entsprechende Organe immer mit derselben Farbe dargestellt werden (z. B. bei Blüten Kelchblätter grün, Kronblätter rot, Staubblätter gelb usw.), gewinnen die Schüler ein anschauliches Bild von Bauplänen und deren Varianten.

Die Lehrperson, die selbst an der Tafel oder am Arbeitsprojektor zeichnet, demonstriert den Schülern einerseits, daß sie bereit ist, selbst das zu tun, was sie von ihnen verlangt, andererseits zeigt sie ihnen auch häufig die Grenzen ihrer eigenen Fähigkeiten. Das ist besonders für solche Schüler wichtig, deren Zeichentalent noch wenig entwickelt ist und die deshalb oft nur zögernd ans Zeichnen herangehen.

Die Aufgabe, selbständig ein Objekt zeichnerisch darzustellen, veranlaßt die Schüler zum genauen Beobachten des Gegenstandes und zum Erfassen seiner Formmerkmale und Lagebeziehungen. Das Zeichnen bietet auch solchen Schülern eine geeignete Ausdrucksmöglichkeit, die Schwierigkeiten haben, sich sprachlich zu äußern (vgl. *Borsum* 1987). Zeichnen dient aber nicht nur dem Erarbeiten von Unterrichtsinhalten, sondern bildet auch die Grundlage für deren weitere Verarbeitung. Die selbstgeschaffenen »Bilder stellen leicht lesbare Unterlagen für die rationale Verarbeitung des durch Beobachtungen gewonnenen Materials dar« (*Mertlich* 1970, 73).

Schließlich ist das Zeichnen auch ein hervorragendes Mittel zur Sicherung und dauerhaften Einprägung von Unterrichtsergebnissen (vgl. z. B. *Nordsieck* 1968).

Der Lehrperson geben Schülerzeichnungen eine zusätzliche Möglichkeit der Lernerfolgskontrolle: An deren Sachangemessenheit und Exaktheit kann sie erkennen, ob die Schüler die Unterrichtsinhalte wirklich verarbeitet haben. Bei der Beurteilung der Zeichenleistungen sind die manuellen Fähigkeiten der einzelnen Schüler in Rechnung zu stellen. Nicht der ästhetische Eindruck einer Zeichnung ist maßgeblich, sondern deren sachliche Richtigkeit.

Den höchsten Wert hat sicher die von Schülern selbst beim Beobachten eines Objekts angefertigte Zeichnung. Weniger wertvoll ist das Abzeichnen, sei es von einer Tafelskizze, sei es nach Vorlagen auf Wandbildern oder in Büchern. Doch kann es durchaus sinnvoll sein, Übungen im Abzeichnen dafür zu benutzen, den Schülern allmählich Mut zum freien Zeichnen zu machen. Sogar das vielgeschmähte Durchzeichnen (Abpausen) von Bildern zur Anreicherung einer Biologiemappe kann, wenn es in diesem Sinne toleriert wird, positiv wirken. Allerdings sollte die kostbare Unterrichtszeit grundsätzlich nicht zum

Durchzeichnen und nur selten zum reinen Abzeichnen oder zum farbigen Ausmalen einer vorgegebenen Umrißskizze verwendet werden.

Zur Durchführung
Die folgenden Regeln gelten vorwiegend für zeichnerische Darstellungen, lassen sich aber großenteils auch auf graphische Darstellungen übertragen.

- Zeichnungen sollen eher zu groß als zu klein sein.
- Zeichnungen sollen nur mit Bleistift ausgeführt werden, so daß ein Verbessern möglich ist. Der erste Entwurf wird am besten mit sehr feinen Strichen angelegt; erst später wird mit kräftigen Strichen in klarer Linienführung nachgearbeitet. In manchen Fällen sind Hilfslinien sinnvoll (s. Abb. 9-5).
- Farben werden nur in Ausnahmefällen und nur in den unteren Klassenstufen zur möglichst naturgetreuen Nachbildung von Objekten verwendet; später dienen sie der schematischen Hervorhebung von Einzelheiten oder der Kennzeichnung einander entsprechender Objektteile.
- Zeichnungen sind stets mit einer Überschrift oder Unterschrift zu versehen.
- Zeichnungen sollten in der Regel Größenangaben enthalten, aus denen die Originalgröße der gezeichneten Gegenstände zu ersehen ist.
- Ebenso wichtig wie die Zeichnung selbst ist deren Beschriftung. Die Hinweisstriche sollen keine Pfeilspitze aufweisen (Pfeile werden in Diagrammen allein zur Kennzeichnung von Strömen und Relationen verwendet; s. Abschnitt 9.3.5). Hinweisstriche sollen sich nicht überschneiden und gerade sein, möglichst horizontal verlaufen und eine übersichtliche Anordnung der Bezeichnungen (Namen) ermöglichen.

Falls die Beschriftung sehr umfangreich ist, so daß sie über die Zeichnung selbst dominiert, empfiehlt es sich, an die Hinweisstriche nur Zahlen oder Buchstaben zu schreiben und diese in einer Legende zu erläutern.

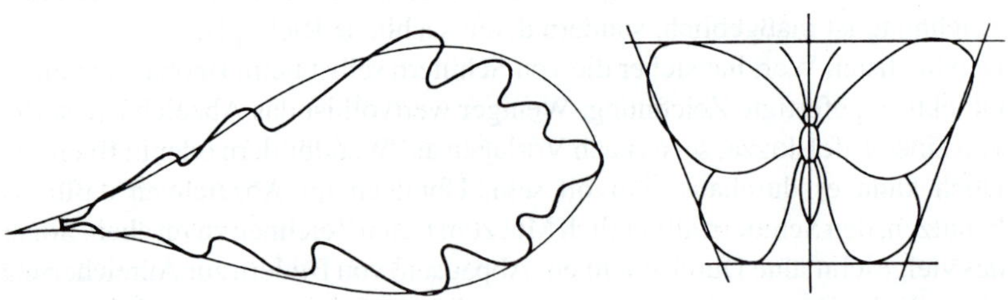

Abb. 9-5: Beispiele für Zeichnen mit Hilfslinien (aus *Baer/Grönke* 1981, 289)

Das biologische Zeichnen muß regelrecht geübt werden. Die beste Methode besteht darin, daß alle Schüler ein Objekt genau betrachten und jeder für sich eine Skizze davon anfertigt. In einem zweiten Schritt dürfen dann mehrere Schüler den Gegenstand an die Wandtafel zeichnen. Auch Arbeitsfolien kommen in Frage, doch ist in diesem Falle die Tafel günstiger, weil sie es meist zuläßt, mindestens vier großformatige Skizzen simultan zu betrachten. Diese Zeichnungen werden im Klassenverband miteinander verglichen und beurteilt. Die gelungenste Zeichnung wird ausführlich besprochen; ihre Stärken werden nicht nur genannt, sondern auch begründet. Schließlich erhalten die Schüler genügend Zeit, um noch einmal eine Skizze nach dem Muster der Tafelzeichnung zu entwerfen. Diese Aufgabe kann dadurch erschwert werden, daß die Tafelskizzen zugedeckt oder weggewischt werden.
Das hier vorgeschlagene Verfahren kostet zwar viel Zeit, führt aber - konsequent angewendet - bald zu einer so großen Sicherheit bei den meisten Schülern, daß man es stufenweise abkürzen und schließlich durch das direkte freie Zeichnen nach dem Objekt ersetzen kann.
Wie dieses Verfahren muß auch der Schwierigkeitsgrad der Zeichenaufgabe schrittweise den wachsenden Fähigkeiten der Schüler angepaßt werden. Besonders einfach ist die zeichnerische Darstellung flacher Gebilde, zum Beispiel von Blättern, Federn oder Schmetterlingen mit ausgebreiteten Flügeln. Auch Körperteile, die weniger flach sind, sich aber weitgehend in einer Ebene erstrecken, sind relativ leicht zu zeichnen, beispielsweise Arm- und Beinskelette von Wirbeltieren. Schwieriger ist die Darstellung von Schnitten durch Gegenstände, weil hier bereits ein höherer Grad der Abstraktion erforderlich ist. Längsschnitte (z. B. durch einen Zahn oder eine Blüte) sind meist einfacher darzustellen als Querschnitte (z. B. Blütendiagramme). Räumliche perspektivische Darstellungen spielen im Biologieunterricht nur eine geringe Rolle (z. B. beim Zeichnen einer Pflanzenzelle).
Besondere Sorgfalt sollte - unter Anwendung spezieller Methoden - auf das Üben des Zeichnens mikroskopisch kleiner Objekte verwendet werden (vgl. *Siedentop* 1972, 77 f.; *Poenicke* 1979; *Gropengießer* 1987).

Für das Zeichnen der Lehrpersonen gelten viele der obengenannten Regeln für Schülerzeichnungen sinngemäß (vgl. *Wohlfahrt* 1974; *Lisse* 1974; *Bauer* 1976; 1981 a;). Viele Lehrkräfte haben Hemmungen, vor der Klasse auf Wandtafel oder Folie frei zu zeichnen. Da gerade diese Lehreraktivitäten sehr wertvoll sein können, um beispielsweise die Schüler an der Entwicklung einer Zeichnung teilnehmen zu lassen, und auch mittelmäßige Lehrerzeichnungen noch positive Aspekte bieten, muß man versuchen, solche Hemmungen zu überwinden. Für das freie Zeichnen gibt es einige Hilfsmittel. Dazu können folgende Möglichkeiten genannt werden:

- Bei der Unterrichtsvorbereitung übt man das Anfertigen der vorgesehenen Skizzen, am besten unter Annäherung an die Bedingungen des Ernstfalles (Wandtafel, Folie).
- Die Zeichnung wird vor dem Unterricht bereits in ihren komplizierteren Teilen fertiggestellt und im Unterricht nur vervollständigt.
- Man markiert auf einer Folie oder der Wandtafel die wichtigsten Punkte der Skizze und verbindet vor den Augen der Schüler diese Punkte zum vollständigen Tafelbild. Unter gewissen Umständen kommt auch das Vorzeichnen der Skizze mit dunkler Farbkreide auf der dunklen Tafel und ein späteres Nachzeichnen der nur aus der Nähe sichtbaren Zeichnung in Frage (vgl. *Mostler/Krumwiede/Meyer* 1979, 244).

Vielfältig sind die Möglichkeiten, im Unterricht vorgefertigte Abbildungen einzusetzen, sei es in Form von Arbeitsfolien oder Arbeitsblättern, sei es in Verbindung mit einer Hafttafel aus Filz oder einer Stahl- bzw. Magnettafel. Besonders viele Variationen läßt die Verwendung des Arbeitsprojektors zu (s. Abschnitt 10.5.6). Die unverkennbaren Vorzüge der Tageslichtprojektion verführen manche Biologielehrkraft dazu, Tafelskizzen stets durch weitgehend vorgefertigte Folien zu ersetzen. Im Hinblick auf die spezifischen Werte des Zeichnens im Biologieunterricht ist eine einseitige Bevorzugung von vorgefertigten Folien jedoch nicht zu rechtfertigen.

Literatur

Baer/Grönke 1981; *Bauer* 1976; 1981 a; *Borsum* 1987; *Christow* 1971; *Gropengießer, H.,* 1987; *Grupe* 1977; *Gürtler/Werner* 1966; *Henes* 1972 ff.; *Honomichl/Risler/Rupprecht* 198; *Lisse* 1974; *Mertlich* 1970; *Mostler/Krumwiede/Meyer* 1979; *Nordsieck* 1968; *Poenicke* 1979; *Siedentop* 1972; *Spandl* 1974; *Steiner* 1982; *Wohlfahrt* 1974

9.3.5 Verwenden von Diagrammen

Zum Begriff
Im Zusammenhang mit den biologischen Methoden werden hier unter Diagrammen nur diejenigen graphischen Darstellungen (Graphen) verstanden, in denen mathematische und logische Größen bzw. Operationen (Relationen, Mengen, Anzahlen und Ausmaße) abgebildet werden. Vereinfachende Skizzen (Schemata), wie Blütendiagramme oder Körperumrisse von Lebewesen, werden hier nicht berücksichtigt (s. Abschnitt 9.3.4).

Sinn und Bedeutung von Diagrammen
Diagramme sind als mathematische Abbildungen immer zugleich bildliche Modelle. Ihr Einsatz gleicht daher dem Arbeiten mit *Modellen* (s. Abschnitte 9.2.5 und 10.4).
Die in den Diagrammen enthaltene *Mathematisierung* dient dazu, Zusammenhänge und Strukturen herauszustellen sowie Beobachtungen und Versuchsergebnisse sinnvoll zu ordnen (s. Abschnitt 9.3.6). Die Darstellung soll dabei helfen, Gleichartiges leichter zu erkennen und Verschiedenartiges leichter zu unterscheiden. Durch die Darstellung werden Beobachtungen und Versuchsergebnisse aber nicht nur veranschaulicht, sondern zum Teil auch interpretiert (z. B. durch das Konstruieren einer Kurve aufgrund von Meßergebnissen). In der ordnenden, verdeutlichenden und interpretierenden Funktion liegt die entscheidende didaktische Aufgabe von Diagrammen. Diagramme sollten daher stets so angelegt sein, daß sie direkt von den Schülern ohne Rückgriff auf einen erläuternden Text »gelesen« werden können. Dazu müssen die verwendeten Symbole (z. B. Pfeile, Kästen, Wörter) eindeutig festgelegt sein.

Zur Durchführung, Beispiele
Damit Diagramme die angeführten Aufgaben optimal erfüllen können, muß die Art der jeweiligen Darstellung stets sorgfältig ausgewählt werden. So kann verhindert werden, daß ungewollt - allein durch die Form des gewählten Diagrammtyps - Unterschiede oder Gemeinsamkeiten vorgetäuscht werden, die in der Sache gar nicht vorhanden sind. Daher wird bei den folgenden Beispielen stets auf den speziellen Anwendungsbereich der jeweils behandelten Diagramme hingewiesen (vgl. *Astolfi/Coulibaly/Host* 1977; *Leicht* 1981, 107 ff.). Wenn die Lehrperson die Diagramme konsequent verwendet, kann

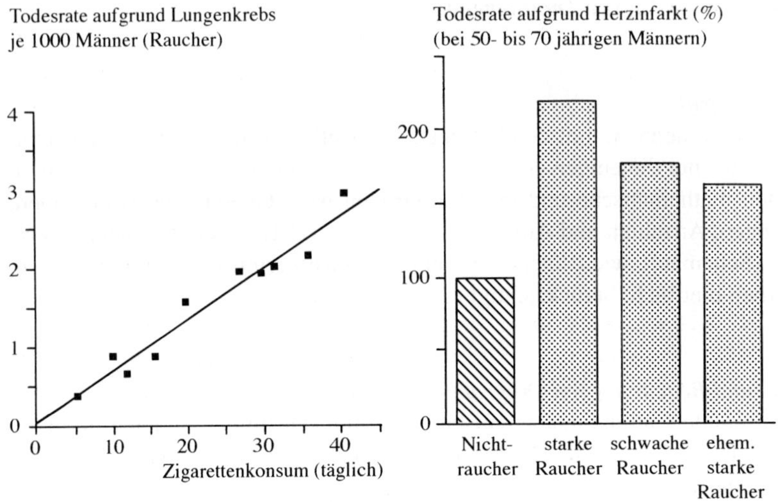

Abb. 9-6: a) Punktdiagramm und Kurvendiagramm. Abhängigkeit der Todesrate aufgrund von Lungenkrebs vom Zigarettenkonsum. Als Kurve ist die Regressionsgerade gezeichnet.
b) Säulendiagramm. Todesraten aufgrund von Herzinfarkt bei Männern. Die Nichtraucher sind gleich 100 % gesetzt (nach *Kattmann/Rüther* 1990).

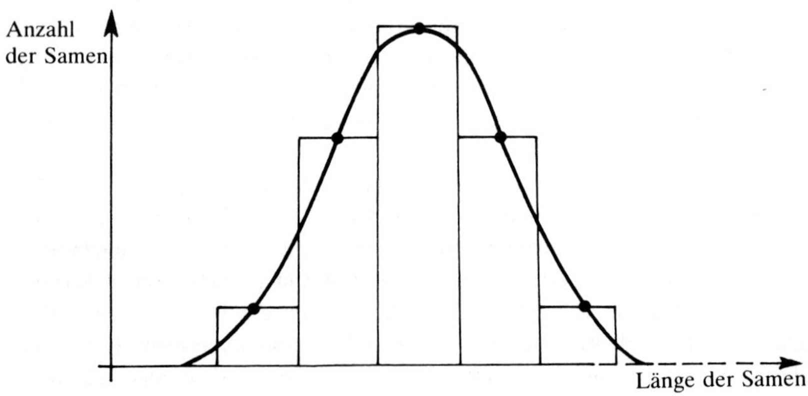

Abb. 9-7: Überführen eines Säulendiagramms in ein Kurvendiagramm (Normalverteilung von Samenlängen)

deren Bedeutung von den Schülern erkannt werden, und diese können die Diagramme dann gezielt in eigenen Arbeiten anwenden (z. B. bei Protokollen, Hausaufgaben). Das Interpretieren von Diagrammen lernen die Schüler wohl am besten, indem sie diese selbst anfertigen. Dabei sollen sie auch entscheiden und rechtfertigen können, welchen Diagrammtyp sie jeweils zur Darstellung wählen.

Darstellung von Anzahlen, Ausmaßen und Anteilen. Bei der grafischen Darstellung von Meßwerten sollten die diskrete bzw. die stete Verteilung der Werte beachtet werden.
Beim Eintragen von Meßwerten in ein Achsenkreuz ergibt sich zunächst ein *Punktdiagramm*. Dieses ist zugleich die ohne weitere Interpretation gültige Darstellung. Die Bedeutung der Achsen muß dabei präzis definiert werden (Angabe der Größen und Dimensionen).
Bei kontinuierlichen Messungen und bei mathematischen Funktionen kann aus den Meßwerten ein *Kurvendiagramm* konstruiert werden (z. B. eine Wachstumskurve oder bei statistischen Erhebungen eine Regressionsgerade; s. Abb. 9-6 a). Die mit der Kurve gegebene Interpretation muß mit den Schülern diskutiert werden.
Stets sollten das Eintragen der ermittelten Meßwerte und das Zeichnen des Kurvenbildes unterschieden werden:

- Werden die Messungen in der Auswertung im Sinne eines gesetzmäßig ablaufenden Prozesses oder einer regelhaften Verteilung gedeutet (stete Verteilung), so wird durch das Kurvenbild meist eine mathematische Funktion abgebildet (z. B. Proportionalität durch eine Gerade, Normalverteilung durch die Gaußsche Glockenkurve; s. Abb. 9-7). Die eingezeichneten Verbindungen zwischen den Meßpunkten stellen Interpolationen dar, die als wahrscheinliche Ergebisse nicht vorgenommener Messungen gelten können.
- Ist eine solche Deutung nicht möglich (diskrete Verteilung), so ist die Darstellung als Punktdiagramm oder Säulendiagramm angemessen, da eine Kurvenlinie einen kontinuierlichen Prozeß nur vortäuschen kann. Im Punktdiagramm ist das Zeichnen von Verbindungslinien zwischen den Meßwerten daher in diesem Fall zu vermeiden.

Für die Darstellung und die Interpretation von Zahlenwerten ist ein *Säulendiagramm* immer dann besser geeignet als ein Kurvendiagramm, wenn die den Werten zugrundeliegenden Messungen nicht kontinuierlich erfolgten oder durch diese unterschiedliche Stichproben bzw. nur bestimmte Ausschnitte aus einer größeren Gesamtheit erfaßt werden (s. Abb. 9-6 b).

Für die Darstellung können sowohl senkrechte wie auch waagerechte Säulen gewählt werden. Bei kontinuierlicher Skala werden die Säulen eng aneinandergerückt (sogenanntes Histogramm, s. Abb. 9-7).
Eine besondere Form eines waagerecht angelegten Säulendiagramms (Histogramms) ist das Altersklassendiagramm einer Bevölkerung (sogenannte Alterspyramide). Der Nullpunkt liegt bei dieser Darstellung in der Mitte, die Säulen sind nach links und rechts für die Geschlechter getrennt gezeichnet. Diese Art der Darstellung eignet sich immer dann zur Veranschaulichung, wenn Werte zweier verschiedener Gruppen einander gegenübergestellt werden sollen, wie z. B. beim Vergleich der Geschlechtsgruppen; von Daten aus verschiedenen Jahren, Jahreszeiten oder Regionen.
Zur Darstellung von Anteilen an einer Gesamtheit eignet sich besonders das *Kreissektorendiagramm,* in dem die Größe jedes Anteils in den entsprechenden Winkelanteil an 360° und somit in einen Kreisausschnitt umgesetzt wird (s. Abb. 9-8).

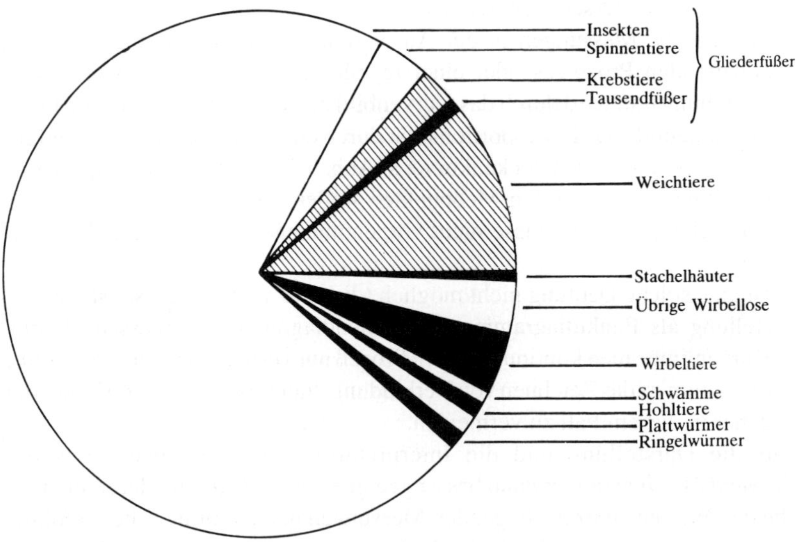

Abb. 9-8: Kreissektorendiagramm. Anteile von Tiergruppen an der Gesamttierartenanzahl

Darstellung von logischen Klassen. Klassifizieren nennt man das Ordnen einer Anzahl von Gegenständen nach bestimmten Kriterien (Merkmalen). Zur Darstellung eignen sich die aus der Mengenlehre bekannten Diagramme: das *Mengen-Diagramm nach Venn* (Venndiagramm, s. Abb. 9-9 a) und das *Mengen-Diagramm nach Caroll* (Carolldiagramm, s. Abb. 9-9 b).
Die Aufgliederung einer Gesamtmenge kann außerdem in einem Baum binärer Entscheidungsschritte *(Dendrogramm)* dargestellt werden (s. Abb. 9-9 c), wie er den meisten Bestimmungstabellen zugrundeliegt. Derartige Dendrogramme werden in Ähnlichkeitsanalysen sehr häufig benutzt. Sie werden oft sogar in Lehrbüchern als »Stammbäume« bezeichnet. Das ist jedoch nicht richtig. Dendrogramme geben nichts weiter an als die Entscheidungsschritte bei der Klassifikation. Sie enthalten lediglich Angaben über die Ähnlichkeit zwischen Gruppen, die mit Hilfe bestimmter Klassifikationskriterien ermittelt wird.
Stammbäume enthalten dagegen stets eine Zeitleiste und zusätzliche Hypothesen über den Verlauf der Stammesgeschichte, sie sollen also Teile rekonstruierter Phylogenese abbilden. Um Verwechslungen zu vermeiden, sollten Dendrogramme nur dann verwendet werden, wenn die einzelnen Entscheidungsschritte mit dem Diagramm von den Schülern selbst konstruiert oder zumindest nachvollzogen werden sollen. Die Reihenfolge der Entscheidungsschritte legt man in der Richtung am besten von oben nach unten fest. Bei Stammbäumen verläuft dagegen die Zeitachse in der üblichen Darstellung von unten nach oben. Mit der Darstellung eines Stammbaums wird vorausgesetzt, daß zwischen den Stammeslinien genetische Isolation herrscht (es treten ausschließlich Aufspaltungen auf, keine Verschmelzungen). Stammbäume dürfen daher nur für Evolutionsprozesse oberhalb des Artniveaus gezeichnet werden. Für Rassen (Unterarten) und Entwicklungen innerhalb sogenannter kultureller Evolution (z. B. Entwicklung von Geräten) ist die Stammbaumdarstellung nicht angebracht, da hier die einzelnen Entwicklungslinien informationell (genetisch bzw. traditiv) nicht voneinander isoliert sind.

Darstellung von Relationen. Relationen sind regelmäßig vorhandene Beziehungen zwischen Gegenständen oder Größen. In konkreten Systemen sind sie empirisch feststellbar. Solche Zuordnungen können auch Merkmale betreffen, die sich nicht gegenseitig ausschließen. Diese können gut durch ein *Koordinationsdiagramm* (s. Abb. 9-10 b) oder auch als Tabelle veranschaulicht werden. Bei Mehrfachzuordnungen ist das Koordinationsdiagramm, bei einfachen die Tabellenform vorzuziehen. Beziehungsgefüge werden häufig durch *Pfeildiagramme* dargestellt. So lassen sich die im Koordinationsdia-

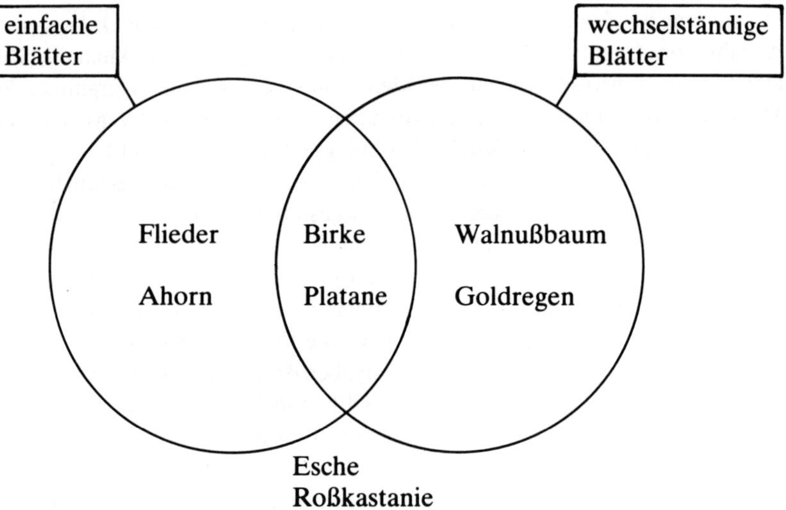

a

Blattgliederung / Blattstellung	einfach	zusammengesetzt
wechselständig	Birke Platane	Walnußbaum Goldregen
gegenständig	Flieder Ahorn	Esche Roßkastanie

b

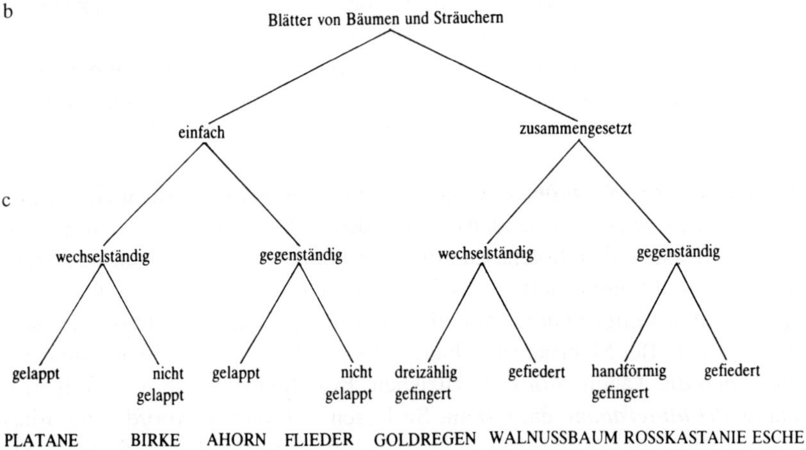

c

Abb. 9-9: Diagramme zur Darstellung von Mengen und Klassen (Ordnen von Bäumen und Sträuchern). a) Venndiagramm; b) Caroll'sches Diagramm; c) Dendrogramm

gramm (s. Abb. 9-10 b) erfaßten Zuordnungsrelationen auch im Pfeildiagramm abbilden (s. Abb. 9-10 a). Die Pfeile können in den Diagrammen alle möglichen Relationen repräsentieren. Es ist jedoch sorgfältig darauf zu achten, daß innerhalb ein und desselben Pfeildiagramms die Pfeile immer nur ein und dieselbe Art der Relation abbilden. In einer Nahrungskette und einem Nahrungsnetz wird durch die Pfeile stets die Relation »... werden gefressen von ...«

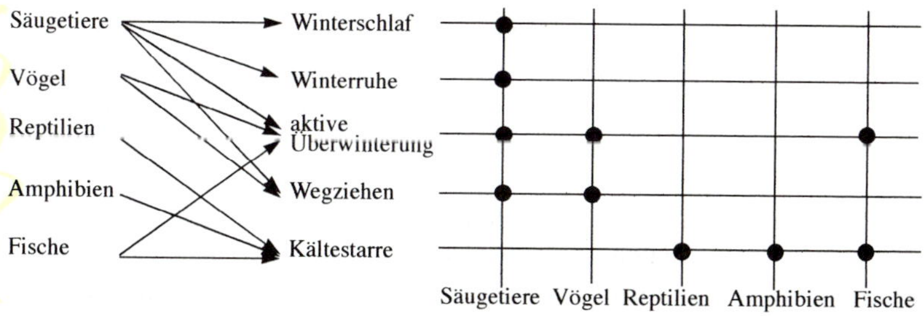

Abb. 9-10: Diagramme zur Zuordnung (Verhalten von Tieren im Winter).
a) Pfeildiagramm. Jeder Pfeil bedeutet die Relation: »Unter den ... gibt es Tiere, die überwintern durch ...«; b) Koordinationsdiagramm

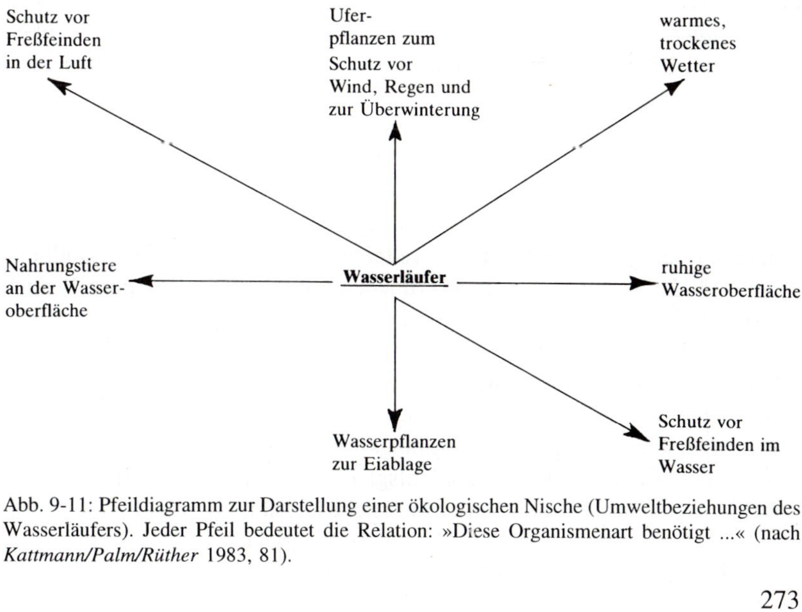

Abb. 9-11: Pfeildiagramm zur Darstellung einer ökologischen Nische (Umweltbeziehungen des Wasserläufers). Jeder Pfeil bedeutet die Relation: »Diese Organismenart benötigt ...« (nach *Kattmann/Palm/Rüther* 1983, 81).

symbolisiert (vgl. *Eschenhagen/Kattmann/Rodi* 1991, 107). Im Rangordnungsdiagramm steht jeder Pfeil für die Relation »... dominiert über ...« . Im Diagramm der ökologischen Nische bedeuten alle Pfeile dagegen »Das Lebewesen ... benötigt ...« (s. Abb. 9-11). Die in den Diagrammen verwendeten Bezeichnungen und Texte sollten sprachlich zu der mit den Pfeilen symbolisierten Relation passen. Derartige Pfeildiagramme können dann direkt gelesen, d. h. in sprachliche Formulierungen umgesetzt werden (s. Abb. 9-10 a und Abb. 9-11).
Wechselbeziehungen (Hinrelation und Rückrelation) sollten nicht als Doppelpfeil (Pfeil mit zwei Spitzen), sondern durch zwei entgegengesetzte Pfeile (Hin- und Rückpfeil) gezeichnet werden. Nur auf diese Weise werden wirklich zwei getrennte Relationen abgebildet. Der Doppelpfeil sollte den Fällen vorbehalten werden, wo ein und dieselbe Relation auf zwei Partner oder Größen einwirkt, z. B. beim Oszillieren zwischen zwei Zuständen (Mesomeriepfeil in der Chemie). Der Doppelpfeil kann allerdings auch stehen, wenn mehrere Relationen, die gleichzeitig wirken und eng gekoppelt sind, wirklich zu einer einzigen zusammengefaßt werden sollen (z. B. symbiotische Wechselbeziehung zwischen zwei Lebewesen).
Relationspfeile werden auch in Blockdiagrammen verwendet, und zwar vor allem für die zeitliche Abfolge (s. unten, Abfolgediagramme, Abb. 9-13 b).

Darstellung von Prozessen. Prozesse werden meist in Form von *Blockdiagrammen* dargestellt. In diesen sind Blöcke (Kästchen, Ovale, Rhomben etc.) durch Pfeile verbunden. Hinter dieser Form verbergen sich aber zwei verschiedene Darstellungsweisen.
Im ersten Diagrammtyp symbolisieren die Pfeile die zeitliche Folge. Sie verbinden die in den Blöcken stehenden Zustände, Handlungen oder Prozesse. Sie haben also die Bedeutung der Relation: »darauf folgt ...«. Zur Unterscheidung von dem folgenden Blockdiagrammtyp werden sie hier *Abfolgediagramme* genannt. (Der im Hinblick auf den weiteren Diagrammtyp mißverständliche Name »Fließdiagramm« wird hier vermieden.) Auf diese Weise kann z. B. auch die (idealisierte) Handlungskette bei der Stichlingsbalz dargestellt werden (s. Abb. 9-13 b).
Mit weiter differenzierten Abfolgediagrammen werden vor allem Programme tierischen Verhaltens abgebildet (vgl. *Miram* 1980). Bei den Blöcken wird dabei unterschieden zwischen »Anfangs-« und »Endgliedern« (Kästen mit abgerundeten Ecken, Ovale), »Befehlsgliedern« (eckige Kästen) und »Entscheidungsgliedern« (Rhomben). Eine solche Darstellung zeigt für die Abfolge in der Handlungskette der Stichlingsbalz dreierlei (s. Abb. 9-13 c): Es wird

nur das Programm für einen der Partner abgebildet. Das des anderen kann analog formuliert werden. Das Verhalten des einen Partners ist jeweils ein Entscheidungsglied im Programm des anderen. Durch »unzuverlässiges« Reagieren oder durch Störversuche kann die lineare Abfolge zur zyklischen werden (Phasen werden wiederholt).

Im zweiten Typ des Blockdiagramms symbolisieren die Pfeile keine Relationen, sondern Flüsse (Informationsströme, Masseströme, Energieströme). Daher heißen derartige Blockdiagramme auch *Flußdiagramme*. Die Blöcke repräsentieren Teile des abgebildeten Systems: bei technischen Systemen Apparate (Bauteile), bei Biosystemen z. B. Organe, Organismen oder Organismengruppen.

Im einfachsten Fall symbolisieren die Pfeile ausschließlich Informationsströme. Ein Beispiel hierfür ist das Reiz-Reaktionsdiagramm. Der Organismus (gezeichnet als Block) wird dabei als »black box« angesehen. Die Informationsströme, die eingehenden Reize (»input«) und die erfolgenden Reaktionen (»output«) werden entsprechend als Pfeile gezeichnet. In der Sekundarstufe I ist es günstig, die Pfeile für Reize und die für Reaktionen zu unterscheiden. Dies kann dadurch geschehen, daß der Reaktionspfeil gepunktet wird (vgl. *Meyer* 1979). Außerdem wird meist das aufnehmende Sinnesorgan als Halbkreis oder als nach innen gerichtetes Dreieck symbolisiert. In die »black box« können auch die Informationsströme im Organismus eingetragen werden (s. Abb. 9-12).

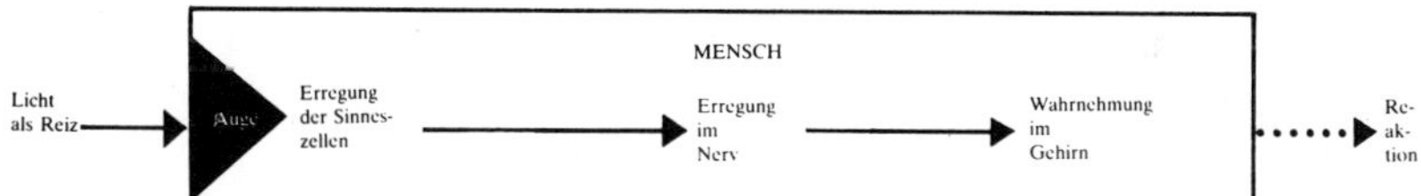

Abb. 9-12: Reiz-Reaktionsdiagramm für die Sinneswahrnehmung (nach *Kattmann/Palm/Rüther* 1982, 133). Im einfachsten Fall wird die Darstellung der Informationsströme im Organismus weggelassen. Ergänzt werden kann die Darstellung des Informationsstromes von der Wahrnehmung bis zum Erfolgsorgan. Das Erfolgsorgan kann dann als nach außen gerichtetes Dreieck gezeichnet werden.

Durch das Hintereinanderschalten mehrerer Reiz-Reaktionsdiagramme können Handlungsketten, die zwischen mehreren Individuen ablaufen, dargestellt werden (s. Abb. 9-13 d).

a

b

c

Stichlingsmännchen

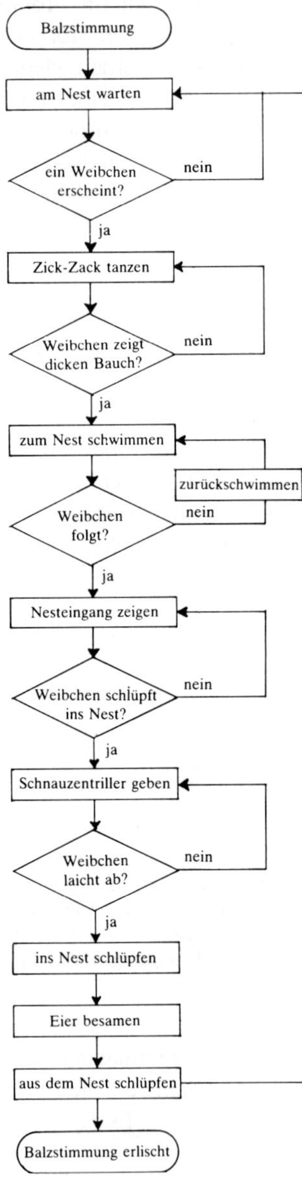

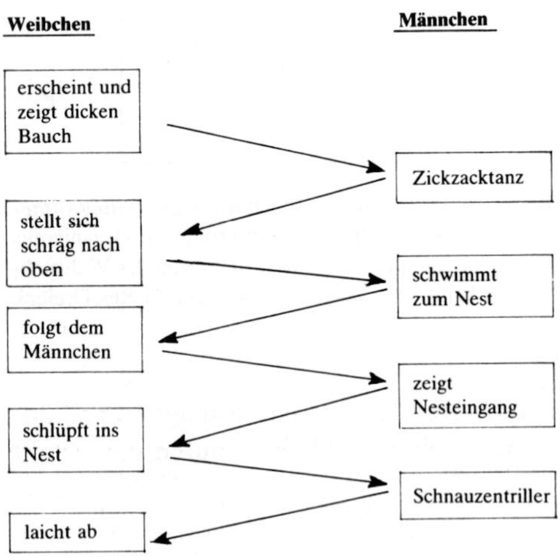

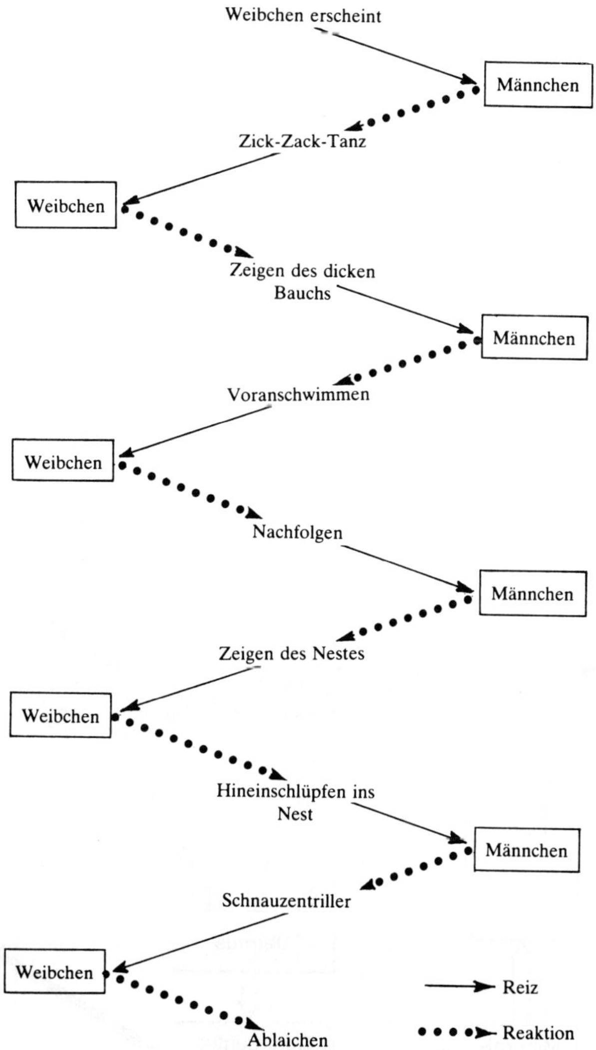

d

Abb. 9-13: Abfolgediagramme und Flußdiagramm (in den Darstellungen ist davon abgesehen, daß das Balzverhalten des Stichlings nicht so eindeutig fixiert ist, wie es die isolierte Handlungskette nahelegt). a) Bildliches Diagramm (nach *Tinbergen* 1952). b) Abfolgediagramm. Jeder Pfeil bedeutet die Relation: »darauf folgt ...«. c) Differenziertes Abfolgediagramm (Programm). Ovale Kästen: Anfangs- bzw. Endglied; eckige Kästen: Befehlsglieder; Rhomben: Entscheidungsglieder. Das Verhaltensprogramm des Weibchens (s. Abb. b) kann in gleicher Weise dargestellt werden. d) Flußdiagramm (nach *Kattmann/Palm/Rüther* 1983). Die vom Reiz-Reaktionsschema abgeleitete Darstellung (s. Abb. 9-12) zeigt das Ineinandergreifen von Reaktionen und Auslösern deutlicher als das üblicherweise verwendete Abfolgediagramm (s. Abb.b).

Sehr *komplexe Block- und Flußdiagramme* sind in der Kybernetik zur Darstellung bestimmter Typen von Regelprozessen üblich (s. unten). Desgleichen können derartige Diagramme zur Darstellung von Stoffkreisläufen (Energieströmen und Biomasseströmen) in der Ökologie verwendet werden. In diesen komplexen kybernetischen und ökologischen Diagrammen sollten die Pfeile entsprechend den unterschiedlichen Strömen differenziert gezeichnet werden: Informationsströme als einfache Pfeile; Masseströme und Energieströme als breite Pfeile: Masseströme als nicht ausgefüllte Pfeile; Energieströme als breite ausgefüllte (schwarze, an der Tafel: weiße) Pfeile; Energieströme, die an Masseströme gekoppelt sind (z. B. Biomasseströme), als graue (an der Tafel: schraffierte) Pfeile. Bei der Darstellung der Blöcke im Ökosystemdiagramm empfiehlt sich eine Differenzierung der organismischen Teile (Produzenten, Konsumenten, Reduzenten), bei denen die Blöcke abgerundet werden, von den nichtlebenden Teilen (Detritus, Nährstoffvorräte etc.), die als (eckige) Kästen gezeichnet werden (s. Abb. 9-14).

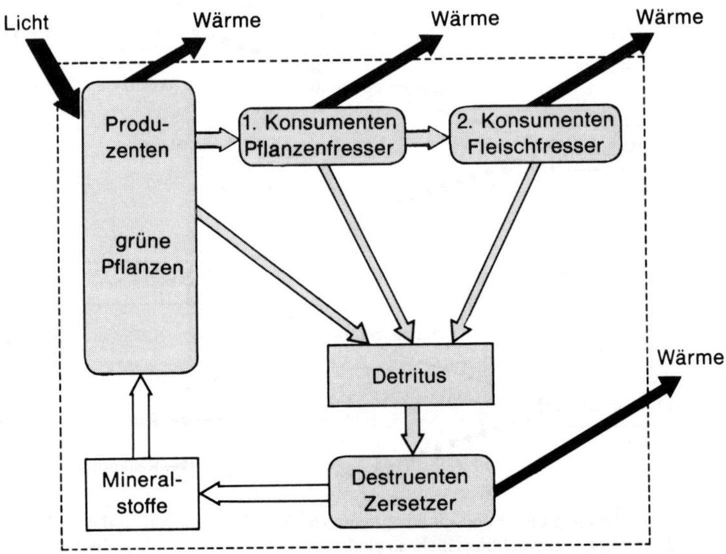

Abb. 9-14: Komplexes Flußdiagramm. Modell des Stoffkreislaufs und des Energieflusses in Ökosystemen (zur Differenzierung der Pfeile und Kästen s. Text; aus *Eschenhagen/Kattmann/Rodi* 1991, 73)

Darstellung von Regelungssystemen. Unter Regelung wird ein Verhalten verstanden, bei dem ein System sich selbst so steuert, daß nach einer Einwirkung der vorherige Zustand mindestens einer Größe (»Normalzustand«) annähernd oder vollständig wiederhergestellt wird (vgl. *Hassenstein* 1977). Kybernetisch definiert, ist Regelung die Selbststeuerung mit negativer Rückwirkung (»Regelkreis«, vgl. *Schaefer* 1972 b).

In der Biologie gibt es hauptsächlich drei Bereiche, in denen Regelungsprozesse beschrieben werden:

- bei der Steuerung des Verhaltens;
- bei der Regulation des Stoff- und Energiewechsels;
- bei der Regulation des ökologischen Gleichgewichts und des Populationswachstums.

Ziel der Regelkreisdarstellung ist es meist, möglichst alle Regelungsphänomene zu beschreiben. Diese kybernetischen Diagramme stellen die Strukturübereinstimmungen von Systemen heraus, deren Elemente dennoch ganz verschieden sein können. Die kybernetischen Diagramme beschreiben also die den verschiedenen Systemen zugrundeliegenden allgemeinen Strukturen und machen so das Verhalten dieser Systeme auf einer abstrakten Ebene vergleichbar. Darin liegt ihre hauptsächliche didaktische Funktion (vgl. *Schaefer* 1972 a; b; 1978; *Bayrhuber* 1974; *Högermann* 1989 b; *Kattmann* 1990).

Von verschiedenen Autoren wurden jedoch z. T. sehr unterschiedliche Regelkreis-Diagramme vorgeschlagen (vgl. *Eschenhagen/Kattmann/Rodi* 1985, 261 ff.). Die wesentlichen Unterschiede beruhen darauf, daß die Diagramme an verschiedenen Spezialfällen der Regelung entwickelt wurden und daher nur diese völlig zutreffend abbilden. So zeigt sich bei der Anwendung kybernetischer Diagramme sehr bald ein grundsätzliches Problem: Die an technischen Systemen gewonnenen kybernetischen Vorstellungen werden häufig unkritisch auf Steuerungs- und Regulationsvorgänge bei Organismen und anderen Biosystemen übertragen, ohne daß dabei die Grenzen und die Angemessenheit der Übertragung genügend beachtet werden. Insbesondere wurde auch versucht, ganz verschiedenartige Vorgänge mit ein und demselben Diagrammtyp zu beschreiben, obgleich dieser Voraussetzungen enthält, die für einen Teil der Regelungsprozesse gar nicht zutreffen. In diesen Fällen wird also eine Strukturgleichheit von Systemen suggeriert, die gar nicht oder nicht vollständig vorhanden ist.

Die meisten *Regelkreisdiagramme* sind Flußdiagramme, also Blockdiagramme, deren Blöcke »Bauglieder« und deren Pfeile »Ströme« symbolisieren (s. oben). Diese Diagramme setzen in ihrer Symbolik also immer die Existenz von Baugliedern im Regelungssystem voraus.

Dennoch ist in der fachwissenschaftlichen und fachdidaktischen Literatur häufig der Versuch zu finden, derartige Regelkreis-Flußdiagramme auf Vorgänge in Ökosystemen anzuwenden. Die Autoren übersehen dabei, daß die in ihren Diagrammen vorausgesetzten Bauteile (Glieder) und auch getrennte Informationsbahnen (also von Masse- und Energieströmen getrennte Informationsströme, Nebenströme) in Ökosystemen nicht vorhanden sind (vgl. *Schaefer/Bayrhuber* 1973).
Um diese Gefahr zu vermeiden, ist bei der Verwendung aller Regelkreis-Diagramme besonders deren *Anwendungsbereich* genau zu beachten.
Dabei zeigt sich, daß alle Flußdiagramme - einschließlich der an technischen Modellen entwickelten eigentlichen kybernetischen Darstellungen - nur Spezialfälle beschreiben, da sie *Ströme* von Informationen sowie von Energie bzw. Masse abbilden.
Allgemeine Regelkreisdiagramme bilden dagegen *Relationen* ab (Abfolgediagramme, Pfeildiagramme, s. unten).

Flußdiagramme sind für die Zwecke des Biologieunterrichts von mehreren Autoren in unterschiedlicher Weise entwickelt worden (vgl. *Eschenhagen/Kattmann/Rodi* 1985, 263 ff.). Von diesen wird das *Diagramm von Hassenstein* (1977) besonders häufig verwendet (s. Abb. 9-15).
Während die Informationsübertragungs- und Reaktionsmechanismen in diesem Diagramm differenziert erfaßt werden, wird die Regelgröße einfach als eine Zustandsgröße behandelt, die auf einem bestimmten Wert konstant oder annähernd gleich zu halten ist. Diese Beschreibung paßt gut für Verhaltensreaktionen (Gleichgewichtsregulation, Pupillenregelkreis, Orientierungsreaktionen; vgl. z. B. *Probst* 1973), weniger gut jedoch für physiologische Regelungsprozesse. So wird bei der Wärmeregulation die Zustandsgröße »Temperatur« in das Diagramm eingesetzt (s. Abb. 9-15 b). Die Regelung erfolgt jedoch über Wärmezuströme und Wärmeabströme. Mit der statisch gedachten Zustandsgröße wird also die Dynamik der Regelung bei physiologischen Prozessen nicht erfaßt.
Für die Regelung des Stoff- und Energiewechsels sollte daher prinzipiell von den Verhältnissen bei Durchflußsystemen ausgegangen werden (vgl. *Kattmann* 1980 c; 1990). In einem Durchflußsystem kann sich allein durch Wechselwirkungen zwischen den Größen ein Fließgleichgewicht einstellen. Das System der Wechselwirkungen in einem solchen Durchflußsystem kann in technischen Systemen oder im Organismus durch Rückkoppelungsmechanismen ergänzt werden. Ein solches Kombinat aus Fließgleichgewicht und homöostatischer Regelung durch Rückkoppelungsmechanismen (Servomechanismen) wird als

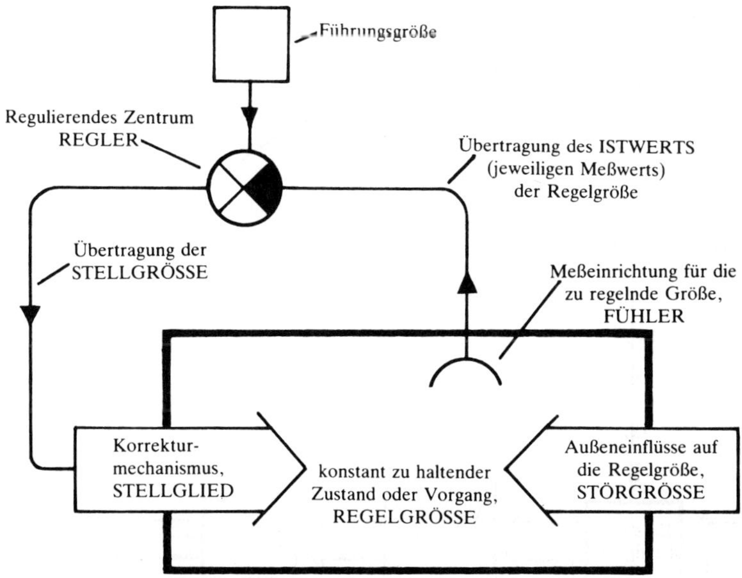

a

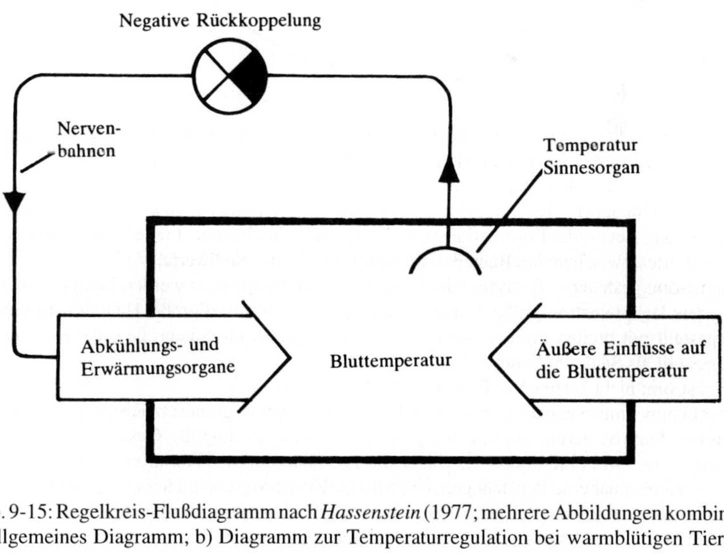

b

Abb. 9-15: Regelkreis-Flußdiagramm nach *Hassenstein* (1977; mehrere Abbildungen kombiniert) a) allgemeines Diagramm; b) Diagramm zur Temperaturregulation bei warmblütigen Tieren

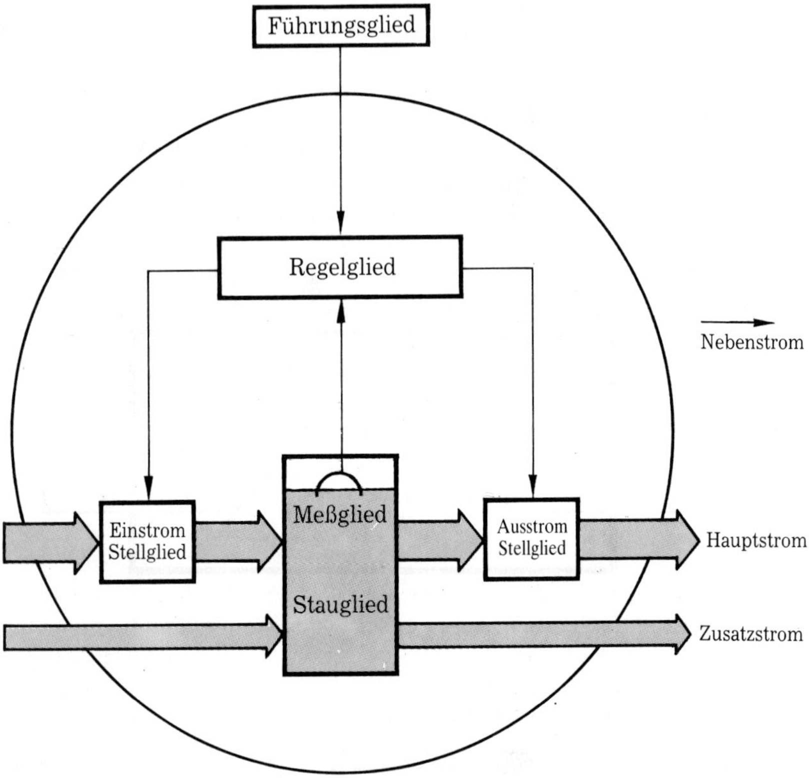

Abb. 9-16: Flußdiagramm des homöostatisch gesicherten Fließgleichgewichts (nach *Kattmann* 1980 c). Die Terminologie richtet sich im wesentlichen nach den von *Gerhard Schaefer* (1972 a) systematisch gewählten Bezeichnungen. Es werden unterschieden:

- Bauteile (»Glieder«): Meß-, Regel-, Stau-, Führungs-, Stellglieder (dargestellt als Blöcke);
- Nebenstrom: steuernder Informationsstrom (dargestellt durch dünne Pfeile), der Informationen über »Werte« zwischen den Bauteilen überträgt: Ist-, Soll-, Stellwerte;
- Hauptstrom: gesteuerter Energie- oder Massestrom. Im Hauptstrom werden Flußgrößen unterschieden: Haupteinstromgröße, Einstromstellgröße, Ausstromstellgröße, Hauptausstromgröße (dargestellt mit breiten Pfeilen) sowie eine Zustandsgröße: die Staugröße (oder Regelgröße) (dargestellt als Säule im Stauglied);
- Zusatzstrom: nicht gesteuerter Energie- oder Massestrom.

Die Rückkoppelungsmechanismen können das Durchflußsystem grundsätzlich an zwei Stellen beeinflussen: durch Steuerung der Einstromgröße bzw. der Ausstromgröße. Gesteuert werden durch die Stellglieder zwei Flußgrößen des Hauptstromes: Einstrom- und Ausstromstellgröße. Gemessen und annähernd konstant gehalten wird die Zustandsgröße im Stauglied: die Staugröße. Das homöostatisch gesicherte Durchflußsystem befindet sich immer dann im Fließgleichgewicht, wenn die Werte der Gesamteinstromgröße und der Gesamtausstromgröße gleich sind.

»homöostatisch gesichertes Fließgleichgewicht« bezeichnet (*Kattmann* 1980 c; 1990). Dem entspricht das für dieses Regelungssystem entwickelte Flußdiagramm (s. Abb. 9-16). Wesentlich in der Darstellung des Diagramms ist der das System in einer Richtung durchfließende Hauptstrom. So bleibt auch in der Regelkreisdarstellung die Vorstellung vom Fließgleichgewicht erhalten.
Während bei allen von technischen Regelungssystemen abgeleiteten Regelkreisdiagrammen davon ausgegangen wird, daß Einflüsse auf die Regelgröße »Störgrößen« darstellen (s. Abb. 9-15), veranschaulicht das Diagramm des homöostatisch gesicherten Fließgleichgewichts, daß in Biosystemen die Einströme und Ausströme als solche keine Störungen sind, sondern daß sie im Gegenteil zur Erhaltung des organismischen Fließgleichgewichts unbedingt notwendig sind (vgl. die Anwendungen des Diagramms bei *Hedewig* 1990, 22; *Kattmann/Rüther* 1991, 86 ff.). Grundlegend ist dabei, daß den Schülern nicht ein statisches, sondern ein dynamisches Bild der Vorgänge im Organismus vermittelt wird. Andere Regelkreisblockdiagramme sollten daher für Regelungen des Energie- und Stoffwechsels nur dann verwendet werden, wenn auf die Darstellung des Fließgleichgewichts kein Wert gelegt wird.

Allgemein anwendbare Beschreibungsformen für Regelungsprozesse sind die anschaulichen Abfolgediagramme nach *Hardin* (1966). Mit ihnen werden Prozesse beschrieben, bei denen nach einer Abweichung der Regelgröße vom »Normalzustand« dieser wiederhergestellt wird. Die einzelnen Prozesse sind durch die Relation »darauf folgt ...«, hier in der Regel durch eine Kausalbeziehung, verbunden. Dabei können die Einzelprozesse unterschiedlich sein, je nachdem, ob vom Normalzustand nach »oben« oder »unten« abgewichen wird. Daraus ergeben sich zwei Prozeßfolgen, je eine für die beiden »Störungsfälle« (s. Abb. 9-17 a). Dieses Diagramm kann auf alle möglichen Typen und Bereiche von Regelungsprozessen angewendet und dabei sinnvoll differenziert oder erweitert werden. Es lassen sich mit ihm im Bereich des Verhaltens zum Beispiel eine einfache Kompensationsreaktion (z. B. Pupillenregelkreis) oder das komplexe Verhalten einer Eidechse bei der Wärmeregulation beschreiben. Schließlich lassen sich mit demselben Grunddiagramm auch Regelungen von Populationen und ökologischen Gefügen veranschaulichen. Bei der Anwendung des Diagramms auf die Wärmeregulation des menschlichen Körpers wird deutlich, wie das Diagramm für komplizierte Fälle differenziert werden kann (s. Abb. 9-17 b).
Da die Darstellung mit Hilfe des Diagramms durch Angabe der einzelnen Prozeßschritte stets konkret und anschaulich bleibt, eignet es sich sehr gut zur Einführung in die kybernetische Denkweise. Es ist auch sinnvoll, dieses

Diagramm neben den Regelkreis-Flußdiagrammen zu verwenden, da die Schüler durch es dazu angehalten werden, die Einzelprozesse der Regelung jeweils genau zu erfassen und entsprechend auch in das Flußdiagramm einzusetzen. Das Diagramm setzt allerdings voraus, daß auch dann von einem »Normalzustand« gesprochen wird, wenn die Regelgröße, wie häufig in physiologischen und ökologischen Prozessen, periodisch um einen Mittelwert

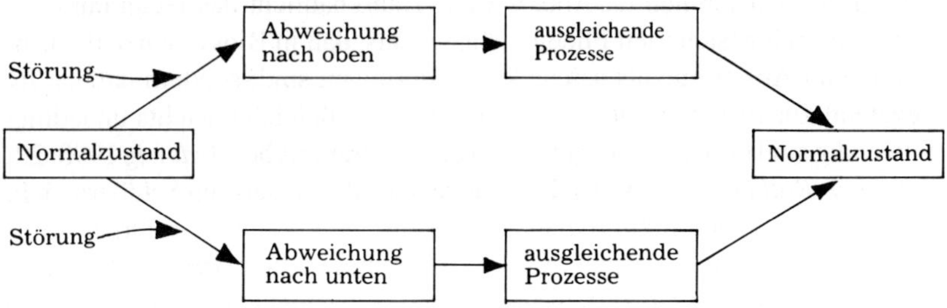

a

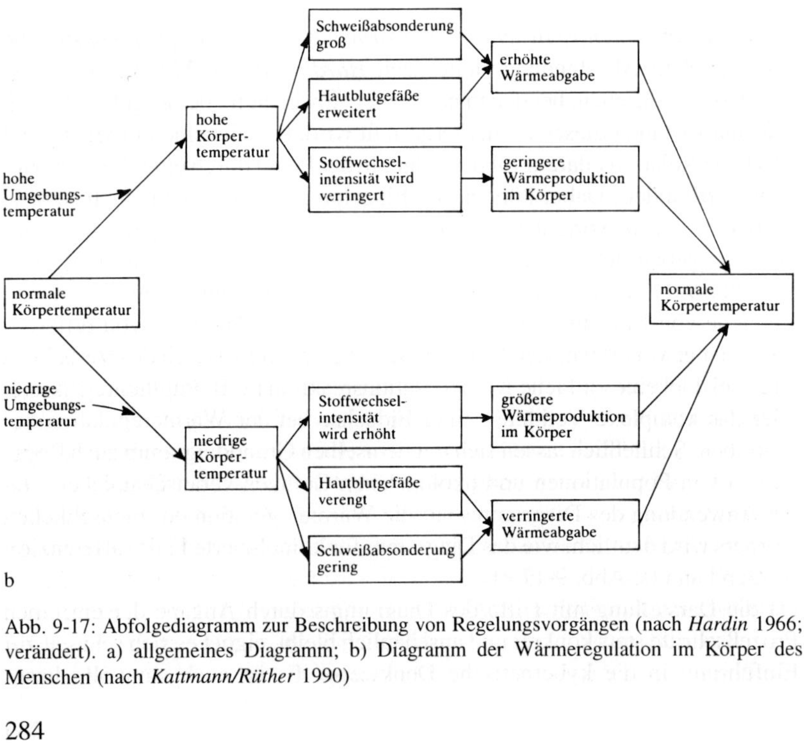

b

Abb. 9-17: Abfolgediagramm zur Beschreibung von Regelungsvorgängen (nach *Hardin* 1966; verändert). a) allgemeines Diagramm; b) Diagramm der Wärmeregulation im Körper des Menschen (nach *Kattmann/Rüther* 1990)

schwankt. Mit der Festlegung auf einen Normalzustand wird im Diagramm also von derartigen periodischen Abweichungen abstrahiert.
Im Vergleich zu den Abfolgediagrammen nach *Hardin* haben die *Pfeildiagramme nach Schaefer* (1972 a; vgl. *Eulefeld/Schaefer* 1978; *Bayrhuber/Schaefer* 1980) stärker abstrahierenden Charakter. Die Pfeile symbolisieren jeweils Kausalbeziehungen zwischen Größen und entsprechen damit der allgemeinsten Definition von Steuerung. Im Pfeildiagramm werden positive (fördernde) und negative (hemmende) Kausalrelationen unterschieden:

- Die fördernde Kausalbeziehung wird durch einen Pfeil mit einem Plus-Zeichen angegeben: A wirkt positiv auf B: je größer A, desto größer B; je kleiner A, desto kleiner B.
- Die hemmende Kausalbeziehung wird durch einen Pfeil mit einem Minus-Zeichen gekennzeichnet: A wirkt negativ auf B: je größer A, desto kleiner B; je kleiner A, desto größer B.

Demnach gibt es drei Typen von Wechselwirkungen zwischen zwei Größen, die als Kreisprozesse dargestellt werden können (s. Abb. 9-18):

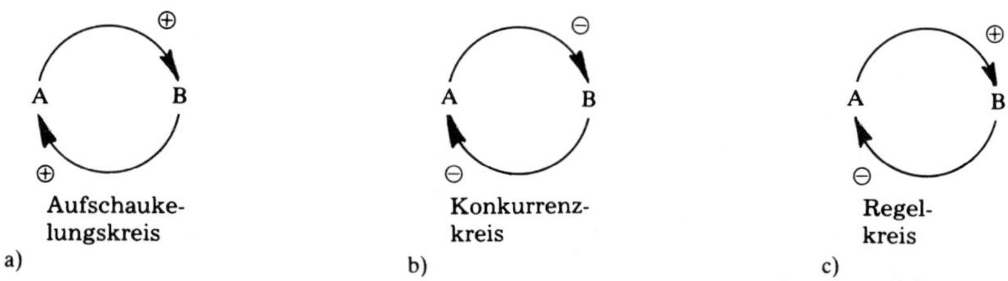

Abb. 9-18: Drei Typen von Kausalkreisen, dargestellt im Pfeidiagramm nach *Schaefer* (1972 a)

1. Das Kombinat zweier positiver Beziehungen: *Aufschaukelungskreis*. Die beiden Größen fördern (verstärken) sich gegenseitig. Mit diesem Kausalkreis können z. B. Wachstumsprozesse beschrieben werden.
2. Das Kombinat aus zwei negativen Beziehungen: *Konkurrenzkreis*. Die beiden Größen hemmen (schwächen) sich gegenseitig. Mit diesem Diagramm können wechselwirkende antagonistische Prozesse beschrieben werden, die zuweilen auch zu einem labilen Gleichgewicht führen können.
3. Das Kombinat aus einer positiven und einer negativen Beziehung: *Regelkreis*. Mit diesem Diagramm können die Regelungen aller Typen beschrieben werden. Diese haben grundsätzlich die Eigenschaft, daß sich zwischen den Größen ein Gleichgewicht einstellen kann.

Der hohe Abstraktionsgrad, der mit dieser Darstellung erreicht wird, zeigt sich besonders deutlich darin, daß auf diese Weise mindestens drei strukturell unterschiedliche Typen von Regelungssystemen völlig gleichartig dargestellt werden:

- Regelungen, die aufgrund von Baugliedern (Rückkoppelungsmechanismen) stattfinden und die üblicherweise mit einem der vorgestellten Regelkreis-Flußdiagramme beschrieben werden, z. B. die Regelung des Wasserstandes im Wasserstandsregelungssystem mit Hilfe von Schwimmern, Ventilen und Hebeln: Die Höhe des Wasserstandes wirkt in diesem Fall über die Bauglieder negativ auf die Größe des Wasserzuflusses (s. Abb. 9-19 a).
- Regelungen in einem einfachen Fließgleichgewicht aufgrund der simultan wirkenden Wechselbeziehungen, z. B. bei einem Wasserdurchflußsystem. In diesem Fall wirkt die Höhe der Wassersäule durch den hydrostatischen Druck positiv auf die Abflußgeschwindigkeit ein, die Abflußgeschwindigkeit negativ auf die Höhe der Wassersäule (s. Abb. 9-19 b).
- Regelungen aufgrund zahlreicher Wechselbeziehungen in einem Stufenbau von Durchflußsystemen, z. B. bei Beziehungen zwischen Populationen in einem Ökosystem. Die Pfeile im Diagramm stehen dabei nicht für simultan wirkende Größen, sondern für solche, die zeitlich aufeinander folgen, also eigentlich eine Prozeßkette oder »Schraube« darstellen (s. Abb. 9-19 c). Die Größe des Hasenbestandes übt erst nach einer zeitlichen Verzögerung eine positive Wirkung auf den Fuchsbestand aus, die dann erst wieder mit einer Verzögerung eine negative Wirkung auf den Hasenbestand haben kann (es wird hier davon abgesehen, ob diese Beziehungen sich für den zitierten Fall tatsächlich ökologisch nachweisen lassen).

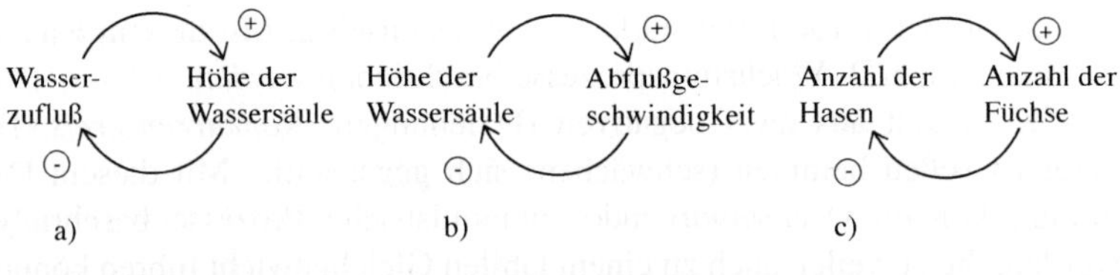

Abb. 9-19: Drei strukturell unterschiedliche Regelungsprozesse werden im Pfeildiagramm nach *Schaefer* gleichartig dargestellt. a) Regelung der Wasserstandshöhe durch Servomechanismen (Schwimmer, Hebel und Ventile (führt zum homöostatischen Gleichgewicht); b) Regelung der Wassersäulenhöhe im Durchflußsystem (führt zum Fließgleichgewicht); c) Regelung der Populationsgrößen. Führt zu zeitlich verschobene Schwankungen im »biologischen Gleichgewicht«.

Die skizzierten Strukturunterschiede werden in der abstrakten Pfeildiagrammdarstellung nicht erfaßt. Dieses hohe Abstraktionsniveau hat Schüler und Lehrpersonen und wiederholt auch die Autoren von Unterrichtseinheiten dazu verführt, die Pfeildiagramme allzu schematisch ohne Rücksicht auf die tatsächlich nachweisbaren Kausalgefüge anzuwenden. Dies gilt ganz besonders im ökologischen Bereich, da hier leicht Kausalbeziehungen postuliert werden, die zwar plausibel erscheinen, aber einer genaueren Prüfung nicht standhalten (vgl. *Palm* 1978; *Dulitz* 1990; *Kattmann* 1990; *Bay/Rodi* 1991, 33 ff.).
Ein im Unterricht häufig verwendetes Beispiel hierfür ist die als Regelkreis dargestellte »Räuber-Beute-Beziehung«. Die Beziehung wird auf diese Weise nicht nur vereinfacht, sondern meist auch falsch dargestellt. Die Räuber wirken nämlich in den meisten Fällen (z. B. Mäusebussarde bei Mäusen, Luchse bei Hasen) nicht hemmend auf das Populationswachstum der Beutetiere zurück. Die ökologischen Beziehungen sind selbst in den einfach erscheinenden Zwei-Partner-Systemen sehr viel komplizierter und vor allem aufgrund von Populationsstrukturen viel variabler und flexibler, als vielfach angenommen wird. Deshalb täuscht die schematische Verwendung von Pfeildiagrammen schon bei »einfachen« Zweipartner-Systemen vor allem den Schülern ein ökologisches Wissen vor, das sie gar nicht haben. Diese Kritik ist nicht dadurch zu entkräften, daß die Pfeildiagramme nur ein vereinfachtes Abbild gäben, aber beliebig weitere Pfeile hinzugefügt werden könnten, um weitere Beziehungen zu berücksichtigen. Der Einwand besteht ja nicht allein darin, daß wichtige Faktoren nicht berücksichtigt werden, sondern daß die in den Diagrammen angenommenen Kausalbeziehungen nicht generell gelten.
Die Schwierigkeiten, mit den Pfeildiagrammen nach *Schaefer* komplexes Systemverhalten zu beschreiben, ergeben sich aus der einfachen Tatsache, daß in den Pfeildiagrammen die einzelnen Relationen stets für sich, also als Einzelrelation zwischen zwei Größen betrachtet werden. Die Pfeile stellen Einzelrelationen dar, die dann zu Kausalkreisen, -ketten oder -netzen zusammengefügt werden. Die eigentliche System-Dynamik kann daher mit den Pfeildiagrammen nicht abgebildet werden. Entsprechend dieser Kritik sollte die Verwendung von Pfeildiagrammen nach *Schaefer* im Unterricht auf bestimmte Fälle beschränkt werden. Die Pfeildiagramme können einfache, relativ unabhängige und stabile Beziehungen abbilden. Sobald aber eine große Anzahl von Relationen sich in einem System dynamisch wechselseitig beeinflußt, können diese Pfeildiagramme die Struktur allenfalls annähernd und nur unter bestimmten, eng begrenzten Bedingungen angeben.
Da es bei vielen Biosystemen unter wechselnden Bedingungen auch einen Wechsel in den Systemrelationen gibt (s. Abschnitt 3.3.2), ist bei der Anwen-

dung von Pfeildiagrammen also besonderer Wert darauf zu legen, vor dem Aufstellen der Beziehungen genau zu klären,

- welche Größen aufeinander bezogen werden sollen (damit die verbalen Aussagen korrekt sind, muß in den Diagrammen genau formuliert werden: Es sind also nicht einfach »Füchse« und »Hasen« aufeinander zu beziehen, sondern deren Anzahlen in einem Gebiet oder deren Bestände),
- unter welchen Rahmenbedingungen die beobachteten oder nur vermuteten negativen oder positiven Kausalbeziehungen gültig sind,
- welche Änderungen der Kausalbeziehungen sich bei Änderung der Rahmenbedingungen im Laufe des Prozesses ergeben könnten,
- welche weiteren Faktoren die angenommenen Beziehungen beeinflussen könnten,
- bei hypothetischen Diagrammen: welche anderen Beziehungen auch noch möglich wären.

Aufgrund der großen Abstraktheit der Pfeildiagramme und der schwierigen Überlegungen, die für eine angemessene Verwendung von Pfeildiagrammen nach *Schaefer* im Unterricht nötig sind, wird empfohlen, diese frühestens in der 8. Klassenstufe einzusetzen.

Da viele Simulationsspiele (vgl. *Dylla/Ruben/Schaefer* 1978; *Trommer* 1978) und auch Computersimulationen zu populationsbiologischen und ökologischen Prozessen auf denselben Vereinfachungen beruhen wie die Pfeildiagramme, sind diesen gegenüber dieselben Einschränkungen angebracht (s. Abschnitt 10.10).

Literatur

Astolfi/Coulibaly/Host 1977; *Bay/Rodi* 1991; *Bayrhuber* 1974; *Bayrhuber/Schaefer* 1980; *Dulitz* 1990; *Dylla/Ruben/Schaefer* 1978; *Eschenhagen/Kattmann/Rodi* 1985; 1991; *Eulefeld/Schaefer* 1978; *Hardin* 1966; *Hassenstein* 1977; *Hedewig* 1990 a; *Högermann* 1989 b; *Kattmann* 1980 c; 1990; *Kattmann/Palm/Rüther* 1982; *Kattmann/Rüther* 1990; 1991; *Leicht* 1981; *Meyer, G.,* 1979; *Miram* 1980; *Palm* 1978; *Probst* 1973; *Schaefer* 1972 a; b; 1978 b; *Schaefer/Bayrhuber* 1973; *Sehmrau* 1980; *Trommer* 1978

9.3.6 Mathematisieren

Zum Begriff
Mathematisieren besteht im Biologieunterricht darin, biologische Aussagen in einem eindeutigen Symbolsystem exakt zu formalisieren. Die bekannteste Form ist die Darstellung quantitativ erfaßbarer Gesetzmäßigkeiten in Zahlen und Größensystemen. Zur mathematischen Formalisierung gehören aber auch die entsprechenden Darstellungen in *Diagrammen* (s. Abschnitt 9.3.5) und die Simulationen mit Hilfe von*Computern* (s. Abschnitt 10.10).

Sinn und Bedeutung des Mathematisierens
Die Schüler sind Mathematisierungen aus dem Physik- und Chemieunterricht gewohnt. Im Biologieunterricht sollte die Mathematisierung aufgrund der besonderen methodischen Voraussetzungen der Biologie (s. Abschnitt 3.3.2) weder im gleichen Ausmaß noch in derselben Weise durchgeführt werden wie im Physik- und Chemieunterricht. Sie hat jedoch auch hier den Sinn, die Aussagen auszuschärfen und damit den Schülern schrittweise nahezubringen: »Wer das bekannte Schubladendenken der Schüler abbauen möchte und eine 'Integration' der Inhalte verschiedener Unterrichtsfächer anstrebt, wird des halb eine sinnvolle und begrenzte Mathematisierung des Biologieunterrichts bejahen. Es ist nicht einzusehen, warum die Schüler das, was sie im Mathematikunterricht gelernt haben, nicht auch im Biologieunterricht einsetzen sollten« (*Weninger* 1981, 158; vgl. *Meyer* 1988). Für den Biologieunterricht können die folgenden Grundsätze herausgestellt werden (*Bantje* 1979, 167 f.):
»Mathematik im Biologieunterricht
- ... darf nicht zu Lasten der biologisch relevanten erkenntnisleitenden Prinzipien und Theorien gehen ...
- ... sollte nicht den Versuch machen, ... etwa mit der Physik zu konkurrieren ... Die biologischen Sachverhalte sind zu komplex.
- ... sollte die Chance nutzen, mathematische Modelle dort einzusetzen, wo sie biologische Zusammenhänge besser überschaubar und plausibel interpretierbar machen können ...
- ... ist notwendig, wo die biologische Fragestellung nach Quantifizierung ruft.«

Mathematisierung sollte also auf diejenigen biologischen Bereiche beschränkt bleiben, in denen sie das Verständnis der Sachverhalte erleichtert, ohne den Blick auf andere Sichtweisen und Darstellungsmöglichkeiten zu verbauen.

Durchführung im Unterricht, Beispiele
Grundlegend für eine sachlich und didaktisch angemessene Mathematisierung ist die Hinführung der Schüler zu einer exakten Formalisierung. Dies gilt auch in jenen Bereichen, in denen eine Mathematisierung üblich ist, aber meist in unbefriedigender Weise durchgeführt wird.
Die übliche Form der *Hardy-Weinberg-Formel*
$AA : Aa : aa = p^2 : 2pq : q^2$
ist zum Beispiel deshalb unkorrekt, weil im ersten Teil nicht Erbanlagenpaare, sondern deren Anzahlen gemeint sind. Anzahlen werden durch den Buchstaben »N« gekennzeichnet, die Erbanlagenpaare müssen daher im Index stehen:
$N(AA) : N(Aa) : N(aa) = p^2: 2pq : q^2$.
Berücksichtigt man, daß nur die fortpflanzungsfähigen (ff) erwachsenen (adulten, ad) Individuen erfaßt werden dürfen, so erhält die Formel die mathematisch korrekte Form (*Weninger* 1981,159 f.):
$N(ff, ad, AA) : N(ff, ad, Aa) : N(ff, ad, aa) = p^2: 2pq : q^2$.

»Wenn komplexe Aufgaben in pädagogisch befriedigender Weise bewältigt werden sollen, sollten sie in einzelne Teilschritte zerlegt, sollten also die Schwierigkeiten isoliert werden. Die Verbalaussagen jedes Teilschrittes sollten mathematisch formuliert und schriftlich festgehalten werden, damit der Gang von Teilschritt zu Teilschritt bis hin zum gewünschten Ergebnis präzise verfolgt und im Gedächtnis behalten werden kann. Die Schüler lernen bei solchen Aufgaben einerseits die Mathematik als machtvolles Hilfsmittel würdigen und sind andererseits mit Hilfe und nur mit Hilfe dieses Mittels in der Lage, sich fruchtbar mit bestimmten biologischen Sachverhalten auseinanderzusetzen« (*Weninger* 1981, 158). Was zum Beispiel bei der genauen Formulierung der *Hardy-Weinberg-Formel* auf den ersten Blick wie ein übertriebener Formalismus aussehen mag, ist in Wirklichkeit die Voraussetzung für eine exakte und klare Einsicht in das Modell der erbkonstanten Bevölkerung, das durch die Formel beschrieben wird.

Eine mathematische Behandlung bietet sich bei den folgenden biologischen Themen besonders an:
- Bereits auf der Sekundarstufe I kann das Prinzip der Oberflächenvergrößerung mit einfachen mathematischen Methoden (Zerschneiden eines Würfels, Berechnung der Oberflächen) veranschaulicht werden (vgl. *Siedentop* 1972, 38). Diese mathematische Bestätigung ist hier auch deshalb angebracht, weil es sich bei der Oberflächenvermehrung um ein bei Organismen vielfach vorzufindendes Prinzip handelt.

- Ebenfalls schon auf der Sekundarstufe I sollte (ohne mathematische Ableitung) ein Verständnis für Normalverteilung und Interpretation der Gaußschen Glockenkurve erreicht werden, um die Variabilität quantitativ erfaßbarer Merkmale in Populationen beschreiben zu können. Auf der Sekundarstufe II können weitere biometrische Methoden angewandt werden (vgl. *Stengel* 1975; *Strick* 1983; *Meyer* 1988).
- In der Sekundarstufe I und II sind die Zahlenverhältnisse der Kombinatorik bei der Anwendung der Mendelschen Regeln von Bedeutung (vgl. *Heiligmann* 1978). Eine wichtige Rolle spielt die Mathematisierung für das Verständnis von Populationsprozessen (vgl. *Timischl* 1979). In der Sekundarstufe II ist besonders eine mathematisch einwandfreie Ableitung und Anwendung der *Hardy-Weinberg-Formel* sinnvoll (vgl. *Schrooten* 1978; *Weninger* 1981). Nach der Ableitung kann das *Hardy-Weinberg Dreieck* als Nomogramm eingeführt und zur weiteren Interpretation genutzt werden (vgl. *Knievel* 1983). Diese Kenntnisse sind dann Voraussetzung dafür, auch Heterozygotenvorteil und Fragen zur populationsgenetischen Wirksamkeit von eugenischen Programmen angemessen zu behandeln (vgl. *Kattmann* 1991 c). Zum Einsatz von Computern in diesem Zusammenhang s. Abschnitt 9.10.
- Zum angemessenen Verständnis von Wachstumsprozessen sollten in der Sekundarstufe II die zugrundeliegenden mathematischen Funktionen besonders behandelt werden (vgl. *Harbeck* 1976). Dies gilt sowohl für das Wachstum von Organismen und die dort zu beobachtende Allometrie wie auch für Bevölkerungswachstum und Populationsdynamik (vgl. *Schaefer* 1976 b; *Bantje* 1979; *Krumwiede* 1988).
- Wenn auch die mathematischen Grundlagen weitgehend nicht zu vermitteln sind, so verhelfen die Konzepte des Fraktals und des kreativen Chaos doch entscheidend zu einem zutreffenden Verständnis der Musterbildung bei Organismen und der möglichen Steuerung durch die Gene (vgl. *Kattmann* 1990, 13; *Schlichting* 1992).

Zur Einführung in die Mathematik gibt es mehrere Lehrbücher für Biologen (vgl. z. B. *Bach* 1989; *Riede* 1992).

Literatur

Bach, G., 1989; *Bantje* 1979; *Harbeck* 1976; *Heiligmann* 1978; *Kattmann* 1991 c; *Knievel* 1983; *Krumwiede* 1988; *Meyer, G.,* 1988; *Nöbauer/Timischl* 1979; *Riede* 1992; *Schaefer* 1976 b; *Schlichting* 1992; *Schrooten* 1978; *Siedentop* 1972; *Stengel* 1975; *Strick* 1983; *Timischl* 1979; *Weninger* 1981

9.3.7 Sammeln und Ausstellen

Zu den Begriffen

Als Sammeln wird das Zusammentragen von Gegenständen bezeichnet. Sammeln gehört zu den ursprünglichsten Tätigkeiten des Menschen (Sammeln von Nahrung) und ist auch Teil des naturwissenschaftlichen Forschens. In Wissenschaft und Unterricht geht es aber nicht nur um das Zusammentragen einer möglichst großen Anzahl von Einzelobjekten, sondern auch um das Ordnen des Sammelgutes nach bestimmten Kriterien. Geordnete Sammlungen, die anderen Menschen zugänglich gemacht werden, heißen Ausstellungen.

Sammeln und Ausstellen sind Tätigkeiten, die eng aufeinander bezogen sind: Das Sammeln dient als Vorbereitung für das Ausstellen, und Ausstellungen sind ohne vorhergehendes Zusammentragen von Gegenständen nicht denkbar. Dieser Abschnitt ist dem Sammeln und Ausstellen in der Schule gewidmet. Ausstellungen, die nicht von Schülern gestaltet werden (z. B. in Museen), werden im Abschnitt 11.3.4 behandelt.

Die Wahl der Sammelobjekte richtet sich nach den Interessen der Schüler und nach den didaktischen Absichten der Lehrkraft, vor allem dann, wenn auf eine geplante Ausstellung hin gesammelt wird.

Nach Art und Zweck der Darstellung kann man die folgenden Typen von Ausstellungen unterscheiden:

Kleinere, regelmäßig wechselnde Ausstellungen können von der Lehrkraft allein oder - besser - durch sie und einige Schüler in Gemeinschaftsarbeit vorbereitet werden. Meist betreffen sie nur ein eng begrenztes Thema.

Beispiele: Ausstellung von Pflanzen für Kennübungen mit Hilfe eines Pflanzentisches; hier wird vor allem Formenkenntnis vermittelt. Ausstellung zum Thema »Luftverschmutzung«, z. B. geschädigte Zweige von Bäumen und Sträuchern, Fotos und Graphiken.

Zu *kleineren Ausstellungen, die längere Zeit ohne Wechsel bestehen bleiben,* sind vor allem Vivarien zu rechnen. Die in ihnen gehaltenen Tiere wecken durch ihr unterschiedliches Verhalten und durch ihre Entwicklung immer wieder neues Interesse bei den Schülern.

In *kleinen Sonderausstellungen* können Ergebnisse der ganzen Schule mitgeteilt werden, die in einer Arbeitsgemeinschaft oder im Projektunterricht zu bestimmten Themen erarbeitet wurden. Wenn im Schullandheim einzelne Gruppen Detailprobleme erforscht haben, ist es sinnvoll, diese den anderen Teilnehmern mit Hilfe kleiner Ausstellungen zugänglich zu machen.

Große Ausstellungen umfassen meist mehrere Räume mit verschiedenen Themen und sind im allgemeinen für die Öffentlichkeit bestimmt. Sie sollen die Eltern und andere interessierte Erwachsene über die biologische Arbeit an der Schule informieren und haben daher ihre besondere Bedeutung anläßlich eines »Tages der offenen Tür«.

Sinn und Bedeutung

Das *Sammeln* ist für den Biologen eine grundlegende Arbeitsweise. Die Biologielehrkraft nutzt mit ihr das Interesse der Schüler am Sammeln für den Lernprozeß im Biologieunterricht. Das wird ihr nur dann voll gelingen, wenn sie den Schülern zu erkennen gibt, daß sie deren Sammeltätigkeit schätzt, und wenn sie im Unterricht genügend Zeit zur Verfügung stellt, daß die von Schülern mitgebrachten Gegenstände betrachtet und besprochen werden können. Durch das Suchen von Naturobjekten, das genaue Beobachten, Vergleichen, Bestimmen und Ordnen werden manuelle und geistige Fähigkeiten der Schüler gefördert. Sammeln ermöglicht ein Einleben in den Formenschatz der Natur, erweitert die Artenkenntnis und bahnt ein Verständnis für Ordnungsprinzipien und systematische Zusammenhänge an. Die Schüler gewinnen zu den von ihnen gesammelten Objekten ein persönliches Verhältnis, da jedes einzelne Stück etwas Besonderes darstellt und ihre Funde oft mit Erlebnissen verknüpft sind.
Über die Förderung biologischer Arbeitsweisen hinaus werden auch allgemeine Eigenschaften gestärkt, wie Aufmerksamkeit, Ordnungssinn, Ausdauer, Gewissenhaftigkeit, Sachlichkeit, Urteilsfähigkeit, Hingabe an eine Aufgabe. Im Normalfall legen Schüler eine Sammlung für sich selbst an; oft stellen sie besonders schöne Sammlungsstücke in ihrem eigenen Zimmer aus. Man kann Schüler aber auch dazu anregen, beim Aufbau einer Arbeitssammlung in der Schule oder bei der Vorbereitung einer Ausstellung mitzuwirken.

Der wesentliche Wert der *Schulausstellung* liegt in der aktiven Mitwirkung der Schüler an ihrer Gestaltung. Dadurch wird das Interesse am Biologieunterricht begünstigt. Die Schüler identifizieren sich mit »ihrer Ausstellung« und sind stolz auf ihr gemeinsames Werk. Durch den regelmäßigen Umgang mit den Ausstellungsobjekten wird auch ein Wissenszuwachs erreicht. Neben den beim Sammeln geübten Arbeitsweisen lernen die Schüler, Ausstellungen zu planen und zu gestalten. Dabei spielen ästhetische Momente eine wichtige Rolle. Die Schüler sind gezwungen, die gewonnenen Erkenntnisse so klar zu formulieren, daß jeder Betrachter ihre Darstellung versteht. Bei der Gestaltung

einer Ausstellung verfolgen Lehrpersonen und Schüler ein gemeinsames Ziel. Dabei ist gegenseitige Hilfe nötig. Durch die Zusammenarbeit wird das persönliche Kennenlernen gefördert.
Aber auch für diejenigen Schüler, die sich nicht an der Vorbereitung beteiligt haben, ist eine Ausstellung von Bedeutung:
- Sie kann den Unterricht vorbereiten, indem sie bestimmte Probleme aufwirft und das Interesse der Schüler an den Unterrichtsinhalten weckt.
- Sie kann der Wiederholung dienen, indem die im Unterricht verwendeten Gegenstände für ein längeres und intensiveres Betrachten für einige Zeit zur Verfügung gestellt werden (vgl. *Sturm* 1972; *Grupe* 1977, 280; *Forster* 1978). Die Schüler können sich zum Beobachten der Objekte beliebig viel Zeit lassen. Außerdem besteht die Möglichkeit des Vergleichens verschiedener Anschauungsmittel zu demselben Thema.
- Sie kann den Unterricht ergänzen, indem zusätzliche Objekte zur Anschauung gebracht werden und dadurch eine Transferleistung gefördert wird.

Umfangreiche empirische Untersuchungen über die Wirksamkeit von Ausstellungen bei Schülern liegen nicht vor. *Sturm* (1972) hat in einigen einfachen Untersuchungen gezeigt, daß Ausstellungen für die Wiederholung und Vertiefung bedeutsam sind.
Trotz der dargestellten Vorzüge werden biologische Ausstellungen in der Schule nur selten durchgeführt. Zur Begründung wird oft angegeben, die zusätzliche Arbeit würde sich nicht lohnen, und zwar besonders dann nicht, wenn ein Museum, ein Zoo oder ein Botanischer Garten in der Nähe sind. Bei dieser Begründung werden die besonderen Funktionen und der spezifische Wert schulischer Ausstellungen nicht beachtet.

Zur Durchführung

Beim *Sammeln* sollten die folgenden Hinweise beachtet werden:
- Wesentlich für den Erfolg der Sammeltätigkeit ist die Berücksichtigung der Naturräume und Jahreszeiten (vgl. *Siedentop/Flindt* 1978).
- Für eine Dauersammlung sollten nur leicht zu bearbeitende, einfach zu konservierende und gut aufzubewahrende Objekte gesammelt werden. Pflanzen sollten frisch in eine Pflanzenpresse eingelegt und nach dem Trocknen sorgfältig aufbewahrt werden. Schädel- und Skeletteile werden von Fleischresten, Vogelnester und Gewölle von Milben und Insekten befreit.
- Pflanzen sollten nicht ausgerissen, sondern sorgfältig abgepflückt oder abgeschnitten werden.

- Bei allen Sammlungsobjekten sollte man den Namen des Objekts, eventuell die Zugehörigkeit zu einer taxonomischen Gruppe (Familie, Ordnung) und zu einer Lebensgemeinschaft, das Funddatum und den Fundort angeben.
- Die Schüler sollten auf keinen Fall zum Töten von Tieren angeleitet werden (z. B. nicht Schnecken, sondern nur leere Schneckenhäuser sammeln).
- Seltene Pflanzen und Tiere dürfen nicht gesammelt werden (Naturschutzbestimmungen beachten).
- Wollen Schüler eine eigene Sammlung anlegen, sollte man sie dazu anhalten, nicht wahllos zu sammeln, sondern sich auf ein Gebiet (z. B. Schnecken oder Muscheln oder Zapfen) zu spezialisieren.

Als Beispiel für die Möglichkeiten, eine Ausstellung durchzuführen, wird hier der Aufbau einer »kleineren, regelmäßig wechselnden Ausstellung« in Gemeinschaftsarbeit einer Klasse gewählt.

In der *Planungsphase* wird das Thema erarbeitet, und es werden Überlegungen angestellt, für wen, an welchem Ort, für welchen Zeitraum und mit welchen Mitteln die Ausstellung vorbereitet werden soll.

Ort der Ausstellung
Ist die Ausstellung nur für eine kleinere Gruppe gedacht, so wird sie im Klassenzimmer aufgebaut. Soll sie für die ganze Schule bedeutsam werden, so wird man sie vor dem Fachraum aufbauen. Noch besser ist eine zentrale Aufstellung in der Eingangshalle. Dort ist allerdings die Überwachung der Ausstellung nicht so gut gewährleistet, es sei denn, der Hausmeister erklärt sich dazu bereit.

Dauer der Ausstellung
Eine Wechselausstellung sollte den Schülern Gelegenheit geben, die Objekte mehrmals in Ruhe anzuschauen. Dazu ist ein Zeitraum von etwa 4 bis 6 Wochen angebracht. Wenn die Ausstellung länger dauert, haben sich die Schüler an sie gewöhnt, und das Interesse läßt nach. Die Dauer der Ausstellung hängt auch von der Wahl der Objekte ab. Blumen eines Pflanzentisches muß man spätestens nach acht Tagen ersetzen, oder man sollte die Ausstellung wechseln. Wenn die Ausstellung für einen längeren Zeitraum bestehen bleiben soll, wird man auch die Darstellung und Beschriftung sorgfältiger wählen als bei einer Kurzzeitausstellung.

Material/Beispiele	Eignung	Anmerkungen
Lebende Objekte		
a) Pflanzen: Topfpflanzen , Schnittpflanzen	gut	Leider bleiben Schnittpflanzen nicht lange frisch und müssen daher bei längerer Ausstellungsdauer regelmäßig ersetzt werden.
b) Tiere: Lurche, Fische Insekten	bedingt	Pflegebedürftigkeit und Unterbringungsschwierigkeiten machen die Tierhaltung oft problematisch.
Präparate		
a) Trockenpräparate:		Empfindlichere Trockenpräparate sollten stets in einem Glaskasten untergebracht sein.
getrocknetes Pflanzenmaterial	gut	
Spuren von Tieren	gut	
trocken präparierte Gliederfüßer	bedingt	
Skelettpräparate	gut	
b) Flüssigkeitspräparate: parasitische Würmer	nicht	Stoß- und Schlagempfindlichkeit sowie oft unästhetisches Aussehen.
c) Kunstharzeinschlüsse: Insekten	gut	Störende Spiegelungs- und Reflexionseffekte müssen vermieden werden.
Modelle		
a) statische Modelle: Blütenmodelle	gut	
b) Funktionsmodelle: Gelenkmodelle	bedingt	Häufige unkontrollierte Anwendung kann zu ensthaften Schäden führen.
Stehbilder		
a) Wandkarten, Wandtafeln	bedingt	Häufig sind diese zu groß oder enthalten u. a. unerwünschte Beiträge.
b) Bilder aus Büchern, Zeitschriften, Photographien	gut	Mindestgröße und optisch guter Aufbau sind Voraussetzung.
c) Schaubilder, Grafiken, Schemata, Tabellen	gut	
optisches Gerät		
a) Lupe	gut	
b) Mikroskop, Mikroprojektor	nicht	Unsachgemäße oder mißbräuchliche Benutzung kann zu ernsthafte n Schäden an diesen teuren Geräten führen.
c) Epidiaskop, Diaprojektor, Filmprojektor	nicht	
akustisches Gerät		
a) Plattenspieler	nicht	Auch bei diesen teuren Geräten ist die Gefahr der Beschädigung zu groß.
b) Kassettenrecorder, Tonband	nicht	

Tabelle 9-5: Die Eignung verschiedener Medien für Ausstellungen (nach *Forster* 1978, 74, verändert)

Unterbringung der Ausstellungsobjekte

Vitrinen sind meist für eine Betrachtung von verschiedenen Seiten gedacht. Dazu eignen sich besonders Präparate und räumliche Modelle. Das Anbringen von größeren Texten ist dort nicht so günstig. Schaukästen mit Glasschiebetüren sind für die Betrachtung von einer Seite zugänglich. Wenn sie im Zusammenhang mit dem Biologieraum oder der Biologiesammlung stehen, können sie von dort aus bedient werden. Die Kombination eines Tisches mit einer Korkstecktafel und evtl. mit einer Neonröhre mit Blendschutz am Oberrand der Korktafel bietet vielfältige Möglichkeiten der Ausstellung. Von Vorteil ist, daß die auf dem Tisch gezeigten Gegenstände von verschiedenen Seiten betrachtet und auch sehr verschiedene Anschauungsmittel verwendet werden können. Lebende Objekte lassen sich leicht versorgen. Nachteilig ist, daß die Objekte nicht geschützt sind. Bei empfindlichen Gegenständen sind ein Hinweisschild oder ein Extrabehälter angebracht. Pflanzenausstellungen können mit tragbaren Pflanzentischen leicht auf- und abgebaut werden (vgl. *Linder* 1950; *Witte* 1967,143 ff.; *Sturm* 1972, 220; *Gleisl* 1978, 244).

Ausstellungsgegenstände

Um eine Ausstellung abwechslungsreich und interessant zu gestalten, empfiehlt sich eine sinnvolle Kombination verschiedener Objekte (s. Tabelle 9-5). Wenn die Ausstellungssbedingungen es zulassen, haben lebende vor toten Organismen und tote Lebewesen vor Nachbildungen den Vorzug. Modelle sind wegen ihrer räumlichen Struktur besser als Skizzen. Funktionsmodelle kommen nur selten in Betracht, können aber sehr attraktiv sein, besonders dann, wenn sie auch in Funktion gezeigt werden können (vgl. *Schulz zur Wiesch* 1972).

Gestaltung der Ausstellung

Oberster Grundsatz für eine Ausstellung ist: Beschränkung statt Fülle. Das Thema der Ausstellung muß durch eine entsprechend große und prägnante Überschrift deutlich sichtbar sein. Es empfiehlt sich, ein Objekt als Blickfang aufzustellen, das durch Farbe, Form, Größe oder Beliebtheit das Interesse auf sich zieht. Auch die vergleichende Gegenüberstellung von Anschauungsmitteln kann einen solchen Anziehungspunkt bilden. Es sollte eine klare Gliederung der Ausstellung erkennbar sein. Unterschiedliche Schriftfarben oder Hintergrundfarben können Hinweise für zusammengehörige Teile geben. Von Schülern erstellte Zeichnungen können die mit den Exponaten verbundenen Aussagen verdeutlichen (vgl. *Borsum* 1987, 44).

Beispiele

Themenvorschläge für die *Sammeltätigkeit* der Schüler:
- Morphologische und systematische Sammlungen:
  Blütenpflanzen im Herbar, Blattformen, Zweige und Knospen, Früchte und Zapfen, Borkenstücke, Holzschliffe, Pilze (Exsikkate), Moose, Flechten, auf Papier aufgezogene Algen;
  Schädel von Schlachttieren und von Wild, Abwurfstangen, Schneckengehäuse, Muschelschalen;
- Sammlungen nach ökologischen Gesichtspunkten:
  Pflanzen mit Insekten- und Windbestäubung, Frühblüher, Ackerwildkräuter; Wasser-, Wiesen-, Schutt-, Waldpflanzen;
  Fraßspuren von Nagern und Insekten, Gewölle;
- geologisch-paläontologisch-bodenkundliche Sammlungen:
  Versteinerungen, Gesteinsarten, Bodentypen;
- anderes Anschauungsmaterial:
  Abbildungen, Berichte, statistische Angaben.

Themenvorschläge für *Ausstellungen*
- Ausstellungen von Pflanzen für Kennübungen nach systematischen oder ökologischen Gesichtspunkten (frische Pflanzen oder Herbarmaterial);
- Tiermonographien, Darstellung von Tiergruppen: Der Maulwurf, Spechte, Nagetiere, Katzen, Insekten;
- Angepaßtheiten bei Tieren: Land-, Flug- und Wassertiere;
- Lebensgemeinschaften: Wiese, Acker, Wald, Gewässer als Lebensraum;
- Vivarien: Kleinsäuger, Fische, Amphibien, Insekten;
- Artenschutz: Nistkastenaktion, Bilder geschützter Pflanzen oder Tiere, Plakate/Poster zum Thema;
- Umweltschutz: Luftreinhaltung, Gewässerschutz, Untersuchung eines Naturschutzgebietes;
- Menschenkunde: Der Sehvorgang, Atmung, Verdauung;
- Gesundheitserziehung. Gefährdung durch Rauchen, Alkohol, Drogen, Herzinfarkt;
- Allgemeine Biologie: Die Zelle, Photosynthese.

Literatur

Borsum 1987; *Brucker/Flindt/Kunsch* 1979; *Forster* 1978; *Gleisl* 1978; *Grupe* 1977; *Kühn* 1981; *Linder* 1950; *Lütke* 1973; *Schulz zur Wiesch* 1972; *Siedentop/Flindt* 1978; *Sturm* 1972; *Witte* 1967

9.4 Pflegen von Pflanzen und Tieren

9.4.1 Zum Begriff

Bei der Pflanzen- und Tierpflege geht es grundsätzlich um eine längerfristige Beschäftigung mit lebendigen Organismen. Im allgemeinen handelt es sich um Individuen in ihrer Ganzheit; nur beim Treiben abgeschnittener Baum- oder Strauchzweige, bei der vegetativen Vermehrung und bei Gewebekulturen pflegt man Teile von Organismen.
Statt des Ausdrucks »Pflege« wird häufig die Bezeichnung »Haltung« gebraucht. Durch die Verwendung des Begriffs »Pflege« soll betont werden, daß es sich in der Schule niemals nur um das Bereithalten oder Bereitstellen von Untersuchungsmaterial handelt bzw. handeln sollte, sondern immer um eine aktive Zuwendung, die von einer bestimmten Einstellung zu Pflanzen und Tieren bestimmt wird (vgl. *Winkel* 1978 a; 1987).
Das Pflegen geht - auch im Bereich der Schule - häufig über in das Vermehren von Lebewesen. Deutlicher gegen das Pflegen abgrenzbar ist das Züchten, also das auf eine Veränderung der Pflanzen oder Tiere gerichtete Vermehren. In der Schule spielt eine solche zielgerichtete Vermehrung vorwiegend im Bereich der Vererbungslehre eine Rolle.
Charakteristisch für das Pflegen ist der Bedarf an geeigneten Behältern bzw. Freiflächen. Der Pflanzenpflege dienen Anzuchtschalen, Blumentöpfe, Zimmergewächshäuser, Freiflächen im Schulgelände und Schulgärten. Für die Tierpflege benötigt man die verschiedensten Vivarien: Käfige, Aquarien, Terrarien, Aquaterrarien, Insektarien (Spezialtypen: Bienenkästen, Formicarien für Ameisen). »Werden an einer Schule Tiere an einer separaten Örtlichkeit (Freigehege, Tierraum) für den Einsatz im Unterricht aller Klassen gehalten, kann man diese Einrichtung als Schulzoo bezeichnen« (*Verfürth* 1987 a, 105; vgl. 1986). Die bisher vorliegenden Berichte über Erfahrungen mit Schulzoos klingen vielversprechend (vgl. *Peukert* u. a. 1987).

9.4.2 Sinn und Bedeutung

Das Pflegen von Pflanzen und Tieren kann als die charakteristischste - wenn auch nicht als die wichtigste - Arbeitsweise des Biologieunterrichts bezeichnet werden. Beobachten, Untersuchen oder Experimentieren, die Durchführung von Exkursionen oder die Behandlung von Filmen haben auch in anderen

Fächern eine wesentliche Bedeutung; aber in keinem anderen Fach gibt es Elemente, die der Pflanzen- und Tierpflege auch nur annähernd vergleichbar sind. Eine Grundaufgabe des Biologieunterrichts besteht darin, den Schülern ein unmittelbares, tätiges Umgehen mit Pflanzen und Tieren zu ermöglichen. Die Erfüllung dieser Aufgabe wird dadurch erschwert, daß viele Lebewesen in der freien Natur nur zu bestimmten Zeiten und an bestimmten (oft vom jeweiligen Schulort weit entfernten) Orten zu finden sind. Dadurch ist es gerade im Biologieunterricht sehr schwierig, den beiden berechtigten Forderungen - Auseinandersetzung mit den Objekten selbst und langfristige Planung - gerecht zu werden. Hier bietet sich oft das Pflegen von Lebewesen als Ideallösung an (vgl. z. B. *Bunk/Tausch* 1980). Die Pflanzen- und Tierpflege dient gleichzeitig dem Bestreben, die Umwelt der Schüler mit Lebendigem anzureichern. Immer stärker wird (auch von Nichtbiologen) die Verarmung der natürlichen Umwelt in Stadt und Land empfunden. Immer deutlicher muß deshalb die Forderung erhoben werden, daß die Schule auch in dieser Hinsicht eine gewisse Ausgleichsfunktion übernimmt. Eine Schule, deren Gelände mit verschiedenartigen Bäumen und Sträuchern bepflanzt ist und in der ständig Pflanzen und Tiere gepflegt werden, kann auch in einer biologisch wenig anregenden Umgebung den Schülern wichtige Erfahrungen vermitteln, die im außerschulischen Bereich nicht mehr oder nur in eingeschränktem Ausmaß gewonnen werden können.

Tiere und Pflanzen, die für die Behandlung im Unterricht bereitgehalten werden, fordern spezifische Pflegemaßnahmen. Weil sie auf Gedeih und Verderb ihrem Pfleger ausgeliefert sind, verpflichten sie Lehrer und Schüler zu intensiver Zuwendung (vgl. *Hemmer* 1977). Es ist ein weiteres Ziel der Pflanzen- und Tierpflege in der Schule, den Schülern die Ansprüche der verschiedenen Tiere und Pflanzen deutlich werden zu lassen. Hier ist eine besonders günstige Gelegenheit, durch direkte Erfahrung Einblick in die Lebensgewohnheiten von Organismen zu gewinnen. Die Motivation zum Gewinnen solcher Einsichten ist stark, denn gerade dort, wo sich ein Mensch verantwortlich fühlt für ein anderes Lebewesen, wird er bestrebt sein, diesem das Leben in Gefangenschaft erträglich zu machen.

Die Pflanzen- und Tierpflege bietet viele Möglichkeiten, Fragen der Beziehung zwischen verschiedenen Lebewesen und zwischen Lebewesen und unbelebter Umwelt zu behandeln. Sie dient damit der zur Zeit von vielen Biologiedidaktikern als besonders wichtige Aufgabe des Biologieunterrichts angesehenen Förderung des Verständnisses ökologischer Zusammenhänge. Bei der Pflege von Tieren können die Schüler zudem Beobachtungen anstellen, die wesentliche ethologische Einsichten vermitteln.

Eine pädagogisch bedeutsame Frage ist, ob die Schüler durch das Pflegen von Tieren und Pflanzen emotional so beeinflußt werden können, daß sie allmählich eine fürsorgliche Haltung allem Lebendigen, also auch dem Mitmenschen gegenüber, gewinnen. Zu diesem schwierigen Problem gibt es verständlicherweise keine stichhaltigen, statistisch abgesicherten Aussagen. Die Erfahrung lehrt, daß sich unmenschliches Verhalten Menschen gegenüber durchaus mit »Tierliebe« vertragen kann. Andererseits ist nicht anzunehmen, daß tierliebe Menschen mehr als andere zu Gleichgültigkeit oder gar Grausamkeit gegen Mitmenschen neigen. Es ist wohl kaum zu bestreiten, daß sich Kinder bei der selbständigen Betreuung von Tieren und Pflanzen in verantwortlichem Handeln üben und daß sich diese Übung positiv auf Einstellungen und Haltungen auswirken kann. Auch soziales Verhalten wird durch das Pflegen gefördert, etwa dann, wenn eine Schülergruppe die Verantwortung für ein Vivarium übernommen hat und sich nun darum bemüht, die beste Form der Pflege zu finden.
Gesunde Pflanzen und gut gepflegte Vivarien bieten einen ästhetischen Anblick und können auch vielen an der Pflege nicht Beteiligten Freude bereiten. Die Lehrperson sollte auch diese Komponente der Pflege von Lebewesen bedenken.

Schließlich hat das Pflegen von Pflanzen und Tieren ein unmittelbar pragmatisches Ziel. Durch die in der Schule gewonnenen Erfahrungen und Erkenntnisse sollen die Schüler in die Lage versetzt werden, gefundene oder gekaufte Pflanzen und Tiere, die sie zu Hause halten, sachgemäß zu behandeln (vgl. *Stephan* 1970, 529). Unter den Händen von Kindern sterben auch heute noch Tausende von Tieren, weil zwar ein Interesse für diese Tiere vorhanden ist, aber das Wissen um deren Lebensansprüche und die Ausdauer und Übung für eine lang anhaltende Pflege fehlen. Wenn die Kinder in der Schule erleben, wie Tiere gehalten werden müssen, die sie gern auch zu Hause halten, wenn sie lernen, wie ein Vivarium eingerichtet wird und wie mühsam es ist, Tiere ihrer Art entsprechend zu behandeln, werden sie vielleicht in Zukunft darauf verzichten, jedes interessante Tier mit nach Hause zu nehmen, oder sie werden in der Lage sein, die mitgenommenen Tiere angemessen zu pflegen. Solche Erfahrungen können auch dazu beitragen, daß sie später als Erwachsene Tier- oder Pflanzenpflege als Hobby betreiben.
In bezug auf einige der genannten Funktionen können außerschulische Einrichtungen, zum Beispiel Botanische Gärten und Schulbiologiezentren, das Pflegen von Lebewesen in den einzelnen Schulen ersetzen (s. Abschnitte 11.2. und 11.3).

9.4.3 Zur Durchführung, Beispiele

Das Pflegen von Pflanzen und Tieren in der Schule ist eine besonders komplexe und verantwortungsvolle Aufgabe, die im Vergleich zu anderen Arbeitsformen des Biologieunterrichts an viele *Voraussetzungen* gebunden ist.

- Gesetzliche Regelungen müssen beachtet werden (vor allem Naturschutz-, Tierschutz- und Pflanzenschutzbestimmungen und Erlasse zur Tierhaltung in der Schule; vgl. *Clausnitzer* 1982; *Gospodar* 1983; *Pauksch* 1987; *Winkel* 1987; *Wagener* 1992, 174 f.).
- Es müssen geeignete Flächen im Freien bzw. Räume im Schulgebäude vorhanden sein, die eine artgemäße Unterbringung der Lebewesen gestatten, ohne daß diese das sonstige Geschehen in der Schule negativ beeinflussen , wie z. B. durch Geräusche oder Gerüche.
- Ohne eine Mindestausstattung mit technischen Hilfsmitteln (z. B. Vivarien mit Zubehör) ist eine artgemäße Unterbringung von Pflanzen und Tieren nicht möglich.
- Die Pflege erfordert ständig den Einsatz von Mitteln (z. B. für Blumenerde, Düngemittel, Einstreu, Futter).
- Es muß sichergestellt sein, daß die Lebewesen auch während der Ferienzeiten angemessen betreut werden (durch den Hausmeister, die Lehrpersonen oder freiwillig helfende Schüler).
- Es muß geklärt sein, was mit Tieren geschehen soll, die nach einer gewissen Zeit der Pflege in der Schule nicht weiter verwendet werden können (vor allem in der Schule geborene Jungtiere).

Diese starke Voraussetzungsgebundenheit ist sicher mit dafür verantwortlich, daß keineswegs an allen Schulen Pflanzen und Tiere gepflegt werden. Nach einer umfangreichen Erhebung von *Klaus Dumpert* (1976, 103) werden an 49% bis 65% der bundesdeutschen Schulen irgendwelche lebenden Organismen gehalten, und zwar »am häufigsten ... Blütenpflanzen ..., dann andere Pflanzen, Fische, Amphibien, Einzeller, Insekten, Säuger, Vögel, Reptilien, Mollusken, Krebse und schließlich andere ... Wirbellose«. Nach einer weiteren Untersuchung scheint eine positive Korrelation zwischen der Häufigkeit der Tier- und Pflanzenhaltung und der Medienausstattung der Schulen zu bestehen (vgl. *Meffert* 1980,12; s. auch Abschnitt 10.2).

Für die *Auswahl der Pflanzen und Tiere* gilt, daß Lebewesen, die in der Schule gepflegt werden, biologisch vielseitig interessant sein, sich leicht und billig auch in größerer Anzahl halten lassen sollen, nicht zu hohe Ansprüche an die Pflegefähigkeit und Pflegezeit des Betreuers stellen dürfen, nicht viel Platz und möglichst keine Spezialräume erfordern sollen und den Schulbetrieb nicht durch laute Geräusche oder unangenehmen Geruch stören dürfen (vgl. *Winkel* 1970 a, 26). Im einzelnen ist die Auswahl von den Zwecken abhängig, zu denen die Lebewesen gehalten werden sollen. In vielen Fällen geht es vorwiegend um das Bereithalten von Pflanzen und Tieren zur Demonstration bestimmter Bau- und Funktionsmerkmale oder zur Durchführung physiologischer und ethologischer Experimente (vgl. *Bunk/Tausch* 1980). In anderen Fällen ist der Hauptzweck die Anreicherung der Schule mit Lebendigem, an dem sich alle Mitglieder der Schule erfreuen können. Im allgemeinen wird man anstreben, diese beiden Zwecke miteinander zu verbinden, z. B. indem man die Tiere aus »Schau-Vivarien« unter speziellen Fragestellungen in den Biologieunterricht einbezieht und außerdem durch eine sorgfältige Beschriftung dafür sorgt, daß mit dem Betrachten dieser Tiere auch ein möglichst großer Lerneffekt verbunden ist, oder indem man die »Versuchstiere« gelegentlich auch für die Schulöffentlichkeit ausstellt (s. Abschnitt 9.3.7). Im folgenden soll vorwiegend von den Organismen die Rede sein, die im Hinblick auf bestimmte Ziele des Biologieunterrichts gehalten werden können.

Bei *Pflanzen* tut man gut daran, solche Arten zu bevorzugen, an denen man im Laufe der Zeit deutliche Veränderungen beobachten kann oder die charakteristische biologische Erscheinungen deutlich zeigen. Ideal wäre ein Sortiment zur Erarbeitung folgender Sachverhalte (vgl. *Verfürth* 1987 a, 119):

- *Geschlechtliche und ungeschlechtliche Fortpflanzung* bei Samenpflanzen (Heranziehen rasch keimender und wachsender Pflanzen aus Samen; Vermehrung durch Knollen, Zwiebeln, Ausläufer, Ableger, Stecklinge).
- *Unterschiedliche Ansprüche von Pflanzen an ihre Umwelt* (z. B. Feuchtigkeit, Mineralsalze, Wärme, Licht).
- Typische *physiologische Leistungen* von Pflanzen (z. B. Wassertransport in Gefäßen, Photosynthese, Phototropismus).
- Erscheinungen der *Vererbung* (Variabilität, Mutanten, vgl. *Winkel* 1975).
- *Metamorphosen der Grundorgane* (z. B. Sproßachse als Windesproß oder Knolle, Blatt als Ranke oder Dorn, Wurzel als Knolle oder Luftwurzel).

Besonders die Erscheinungen der letzten Gruppe lassen sich auch gut an freilebenden oder leicht beschaffbaren Pflanzen demonstrieren. Viele der für den Unterricht benötigten Pflanzen sollten im Schulgelände oder im Schulgarten angepflanzt werden (s. Abschnitt 11.2.2).

Zur Haltung in der Schule werden die in Tabelle 9-6 aufgeführten Arten besonders empfohlen (vgl. *Bay/Brenner* 1984; *Winkel* 1990 b; *Winkel/Fränz* 1990). Außer Pflanzen (und Tieren) eignen sich auch manche *Pilze* zur Kultivierung (vgl. *Reiß* 1987).

Art	Verwendungszweck	Literatur
Brutblatt (Bryophyllum)	Vegetative Vermehrung (Blatt-Brutpflanzen) Sukkulenz	*Fränz* 1983
Fleißiges Lieschen	Stecklingsvermehrung, Nachweis des Wassertransports in Gefäßen	*Strotkoetter* 1969; *Dietle* 1970; *Noack* 1985
Ampelpflanze (Tradescantia)	Stecklingsvermehrung, Plasmaströmung in Staubfadenhaaren	*Strotkoetter* 1969; *Fränz* 1981; 1983
Buschbohne und Feuerbohne	Epigäische bzw. hypogäische Keimung, Wachstum, Blühen, Selbstbestäubung, Fruchtbildung	*Weber* 1973
Gartenkresse	Keimung, Versuche zu verschiedenen Tropismen	*Schwarz* 1979
Mimose	Seismonastie	*Winkel* 1977 a
Venusfliegenfalle	zum Insektenfang umgewandelte Blätter, Haptonastie	
Kakteen Wolfsmilcharten	Angepaßtheit an Trockenheit, Sukkulenz, Konvergenz	*Fränz* 1981; 1983
Grünlilie	Vegetative Vermehrung (Tochterpflanzen an Ästen des Blütenstandes)	*Fränz* 1981; 1983
Wasserpest	Photosyntheseversuche	*Baer* 1981

Tabelle 9-6: Für den Biologieunterricht empfohlene Pflanzenarten

In der Auswahl von *Tieren* ist man erheblich stärker eingeschränkt als bei der Pflanzenauswahl. Grundsätzlich sollte es unterlassen werden, in der Schule ausländische Arten zu halten, deren Vermehrung unter Gefangenschaftsbedingungen noch nicht im großen Maßstab gelungen ist (vgl. *Pauksch* 1987). Diese Regel sollte auch für diejenigen Arten gelten, die in ihren Heimatländern noch nicht zu den seltenen Arten zählen. Damit scheiden viele Tiere aus, die sich bei Hobby-Tierhaltern zur Zeit großer Beliebtheit erfreuen, vor allem viele exotische Vögel, Reptilien, Amphibien und Fische.
Die Tatsache, daß einige der hier angesprochenen Arten in den Elternhäusern der Schüler gehalten werden, kann es allerdings als wichtig erscheinen lassen, die richtige Art und Weise der Pflege in der Schule zu demonstrieren. Unter diesem Aspekt empfiehlt es sich durchaus, einmal eine Griechische Landschildkröte von einem Schüler oder einer Schülerin auszuleihen, um sie in der Schule unter optimalen Bedingungen - aber auch nur, wenn diese Verhältnisse tatsächlich herzustellen sind - einige Wochen lang zu pflegen (vgl. *Verfürth* 1987 b).
Im einzelnen können die in Tabelle 9-7 aufgelisteten Tierarten für die Haltung in der Schule empfohlen werden (vgl. *Bay/Renner* 1984; *Winkel* 1987).

9.4.4 Hinweise zur Tierpflege

Die folgenden Hinweise lassen sich leicht auch auf die Pflanzenpflege übertragen. Dem Anfänger sei empfohlen, mit einfachen Möglichkeiten der Tierpflege zu beginnen und erst später zu schwierigeren Formen überzugehen. Besonders ergiebig und relativ einfach ist die Verwendung von Käfigen für Kleinsäuger und von Aquarien für Fische und Wasserinsekten (Larven). Auch die Einrichtung von Insektarien zur Haltung von Grillen, Mehlkäfern oder Stabheuschrecken kann Anfängern uneingeschränkt empfohlen werden.
Käfige für Kleinsäuger werden in Fachgeschäften in verschiedener Größe und Ausstattung angeboten. Grundsätzlich sollte man die Käfige etwas größer wählen, als sie für die betreffende Tierart empfohlen werden; denn es geht in der Schule nicht um Massenhaltung von Tieren unter wirtschaftlichen Bedingungen, sondern darum, den Tieren so günstige Lebensbedingungen zu bieten, daß sie ihr arteigenes Verhaltensrepertoire möglichst uneingeschränkt zeigen. Diesem Ziel dienen auch die sonstigen Pflegemaßnahmen. Zwar wird heute für jede »gängige« Kleinsäugerart ein Standardfutter angeboten, häufig in Form von Preßlingen; aber in fast allen Fällen erweist es sich als günstig, Tieren größere Abwechslung zu bieten, vor allem durch Zufüttern von frischem, vitaminreichem Gemüse und Obst. Über die jeweilige »Idealkost« kann man sich leicht durch Nachschlagen in der Spezialliteratur (z. B. Hefte der »Lehrmeister-Bücherei«) informieren. Auch in bezug auf die Ausstattung des Käfigs mit Spiel- und Bewegungsgeräten und auf die Reinigung sollte man lieber zu viel als zu wenig Aufwand treiben.
Bei der Einrichtung von *Aquarien* (vgl. *Dombrowsky* 1977; *Brucker/Flindt/Kunsch* 1979; *Hähndel* 1979; *Kühn* 1981; *Siemon* 1982 a; b; *Aßmann/Bollmann/Gärtner* 1987) sollte man auf jeden Fall die technischen Hilfsmittel ausnutzen, die Fachgeschäfte bereithalten. Zwar ist es erstrebenswert, ein Kaltwasseraquarium so zu gestalten, daß sich in ihm ein gewisses Gleichgewicht zwischen den Wasserpflanzen als Sauerstoffspendern und den Tieren als Sauerstoffverbrauchern einstellt, aber diese Absicht ist nicht leicht zu verwirklichen. So sollte man zumindest am Anfang eine einfache Belüftungsanlage einbauen. Sehr empfehlenswert ist eine Filteranlage, weil sie es erlaubt, ein Aquarium wochenlang ohne Erneuerung des Wassers in Betrieb zu halten. Allerdings sind gute, leistungsstarke Filteranlagen nicht billig. Da es oft schwierig ist, Aquarien in einem Raum so anzuordnen, daß sie gerade die richtige Menge an Naturlicht erhalten, empfiehlt sich die Anschaffung einer Kunstlichteinrichtung. Als sehr günstig hat es sich erwiesen, die Beleuchtungsanlage mit einer Schaltuhr zu kombinieren, die über Nacht die Beleuchtung

Art	Verwendungszweck, Anmerkungen	Literatur
Säugetiere	Einschränkende Erlasse beachten!	
Meerschweinchen	Nagezähne, Fortpflanzung, Nestflüchter	*Betz/Erber* 1975
Goldhamster und Zwerghamster	Verhalten, Angepaßtheit an Trockengebiete, Fortpflanzung, Nesthocker	*Erber/Schweitzer* 1978 *Krischke* 1984; 1987 a; *Schlitter/Berck* 1987
Hausmaus (Weiße Maus, Farbmaus)	Verhalten, vor allem Lernen, Fortpflanzung, Nesthocker, Kreuzungsexperimente; wegen des unangenehmen Geruchs nur in Sonderräumen halten!	*Winkel* 1970 b; *Ellenberger* 1978; *Schwarberg/Palm* 1978; *Falk* 1985
Rennmaus	Angepaßtheit an Trockengebiete, Verhalten, Fortpflanzung	*Mau* 1978; *Schröpfer* 1978; 1979; 1982; *David* 1992
Vögel	Meist nur als Schauobjekte verwendet; zur Brut sind Sonderräume nötig	
Kanarienvogel, Wellensittich, Zebrafink	Verhalten (Gesang, Sozialverhalten), Brutgeschäft (offenes Nest, Nistkasten, Nistkörbchen)	
Reptilien	Höchstens vorübergehend halten (Naturschutz beachten!)	*Weber* 1991;*Witte* 1991
Amphibien	Bei einheimischen Arten Naturschutzverordnungen beachten!	*Dombrowsky* 1977; *Hemmer* 1978; *Kasbohm* 1973 a;
Grasfrosch, Erdkröte	Verhalten, Laich, Kaulquappen, Übergang zum Landleben	*Gospodar* 1983; *Klahm* 1983; *Bay* 1993 a
Krallenfrosch	Angepaßtheit an das Wasserleben,	*Raether* 1978; 1979
Molche, Axolotl	Verhalten, Aufzucht der Larven	*Gonschorek/Zucchi* 1984
Fische		*Erber* 1971; *Dombrowsky* 1977; *Mohn* 1978; *Pfisterer* 1979; *Zupanc* 1990;
Silberkarausche (Goldfisch)	Fortbewegung, Atembewegungen, Nahrungsaufnahme, physiol. Experimente	*Philipsen* 1986
Stichling	Fortpflanzungsverhalten	
Guppy	Sexualdimorphie, Verhalten, Entwicklung bei lebendgebärenden Fischen	*Berck/Theiss-Seuberling* 1977
Paradiesfisch, Kampffisch	Nestbau, Balz, Brutpflege, Territorialverhalten	*Pfisterer* 1979; 1981; *Bergmann* 1984
Insekten		*Illies* 1974; *Wyniger* 1974; *Teschner* 1979
Riesenschabe	Verhalten, allmähliche Verwandlung	*Eschenhagen* 1971; *Mau* 1979;
Zweifleckgrille, Heimchen	Verhalten. vor allem Lautäußerungen der Männchen, allmähliche Verwandlung	*Bay* 1993 *Bäßler* 1965; *Frings* 1977; 1978
Stabheuschrecke, Gespenstschrecke	Fortbewegung, Verhalten, allmähliche Verwandlung	
Ameisen	Leben in »Staaten«, u. a. soziales Füttern, Kampfverhalten	*Kirchner/Buschinger* 1971; *Hagemann* 1979; *Knoth* 1983; *Tiemann/Hagemann* 1993
Kartoffelkäfer	Vollst. Verwandlung; Schädlichkeit	*Eschenhagen* 1971

Art	**Verwendungszweck, Anmerkungen**	**Literatur**
Mehlkäfer	Vollständige Verwandlung	*Knoll* 1974 b; *Eschenhagen* 1989 a
Kleiner Fuchs, Tagpfauenauge o. andere Tagfalter	Vollständige Verwandlung (Artenschutzverordnung beachten!)	*Dylla* 1967; *Illies* 1974; *Hoehl* 1985;*Lammert/ Lammert* 1987; *Bay* 1993 b
Taufliege, Stubenfliege	Genetik, vollständige Verwandlung	*Kuhn/Probst* 1980; *Entrich* 1990
Gelbrandkäfer	(auch Larven): Schwimmen, Atmen, Beutefang	*Löwe* 1976 a
Libellen	Larven: Atmung, Beutefang	
Eintagsfliegen	Larven: Atmung mit Tracheenkiemen	
Köcherfliegen	Larven: Köcherbau, Köcherformen	
Stechmücken	Larven: Atmung, Entwicklung, Übergang zum Luftleben	*Walter/Wortmann* 1990
Spinnentiere		
Spinnen	Verhalten, Netzbau	*Kattmann* 1989
Krebstiere		
Wasserflöhe, Salzkrebschen	Orientierung, Nahrungsaufnahme, Nahrungsketten, Fortpflanzung	*Hollwedel* 1972; *Müller* 1977 *Hasenkamp* 1978; *Eschenhagen /Bay* 1993
Landasseln	Orientierung, Ernährung	*Clausnitzer* 1981
Flußkrebse	Entwicklung, Fortpflanzung	*Dahms/Schminke* 1987
Vielfüßer	Ernährung, Abwehrverhalten	*Hoebel-Mävers* 1970
Ringelwürmer	Fortbewegung, Ernährung, Verhalten	*Botsch/Brester* 1970; *Kuhn* 1975 b; *Jobusch* 1983; *Klahm/Meyer* 1987
Mollusken		
Weinbergschn., Bänderschnecken, Achatschnecke	Sinnesleistungen, Fortbewegung, Nahrungsaufnahme	*Knoblauch* 1973; *Werner* 1978; *Grothe* 1987; *Kattmann* 1989
Muscheln	Nahrungsaufnahme	*Witte* 1974; *Gaberding/Thies* 1980; *Thies/Gaberding* 1981
Plattwürmer	Sinnesleistungen, Orientierung	*Hellmann/Wingenbach* 1977
Nesseltiere		
Süßw.polypen	Beutefang, Fortpflanzung	*Brauner* 1987; *Eschenhagen* 1993
Einzeller	Organellen, Fortbewegung, Ernährung, Orientierung, Fortpflanzung	*Sieger* 1973; *Dietle* 1975; *Hilfrich* 1976; *Müller* 1977; *Schulte* 1978 b; *Hillen* 1979; *Vater-Dobberstein/Hilfrich* 1982; *Hedewig* 1984 b

Tabelle 9-7: Für den Biologieunterricht empfohlene Tierarten

automatisch für einige Stunden ausschaltet. Futterautomaten gestatten es, ein Aquarium einige Tage lang sich selbst zu überlassen. In vielen Fällen wird es nicht möglich sein, ein Vivarium mit der ganzen Klasse gemeinsam einzurichten - so wünschenswert das auch sein mag. Günstig ist es, wenn die Lehrperson zusammen mit einigen interessierten Schülern den übrigen Schülern demonstriert, welche Einrichtungsgegenstände und Arbeitsschritte zur sachgemäßen Einrichtung notwendig sind. Häufig kommt auch das Herrichten mehrerer Käfige oder Kleinaquarien durch Schülergruppen in Frage.

Die laufende *Betreuung* von Vivarien sollte von regelmäßig wechselnden Schülergruppen vorgenommen werden, die einander nach einem vorher festgelegten »Pflegeplan« ablösen. Beim Aufstellen des Plans sind mehrere, gelegentlich widerstreitende, Forderungen zu berücksichtigen. Zum einen muß eine gute Betreuung der Tiere sichergestellt sein; zum zweiten sollten viele Schüler an der Tierpflege beteiligt werden; zum dritten sollte dafür gesorgt werden, daß die Schüler sich mit ihrer Aufgabe identifizieren und einen gewissen Erfolg ihrer Bemühungen erkennen können. Folgende Lösung wird den verschiedenen Forderungen am ehesten gerecht:
- Die Klasse wird in Pflegegruppen eingeteilt; jede Gruppe umfaßt drei bis vier möglichst unterschiedlich interessierte und erfahrene Schüler.
- Jede Gruppe ist im Laufe des Schuljahres einmal, und zwar drei bis fünf Wochen lang, für die Pflege eines Vivariums verantwortlich.
- Jede Gruppe führt während ihrer Pflegeperiode ein Protokoll über Veränderungen an dem betreffenden Vivarium bzw. an den Tieren. Wenn die Vivarien nicht sowieso in das Unterrichtsgeschehen einbezogen werden, berichtet jede Gruppe mindestens einmal über »besondere Ereignisse« (Geburten, Todesfälle, Krankheiten, Schwierigkeiten bei der Betreuung).

Entscheidend wichtig für die optimale Auswertung von Vivarien und die angemessene Pflege der Vivarientiere ist die *Beschriftung*. Sie umfaßt zum einen die Beschreibung der im Vivarium gehaltenen Tierarten (und evtl. Pflanzenarten), zum anderen Hinweise zu den Haltungsbedingungen und Pflegemaßnahmen. Für die Beschriftung wird am besten fester weißer Karton verwendet, der in Plastiktaschen geschoben wird. Während es günstig ist, alle Angaben zu den Pflegemaßnahmen auf einem Stück Karton zusammenzufassen, empfiehlt es sich, für jede gehaltene Tierart (bzw. Pflanzenart) einen eigenen Bogen zu verwenden. Bei jeder Veränderung in der Besetzung eines Vivariums braucht man dann nur die eine oder andere Artbeschreibung auszuwechseln. So kann man auch die »Steckbriefe der Arten« leicht für eine spätere Verwendung aufheben.

Die Artbeschreibungen können die folgenden Informationen enthalten:
- Eine Abbildung der betreffenden Art, evtl. differenziert nach Weibchen und Männchen, die die wesentlichen Merkmale erkennen läßt,
- eindeutige Namen (deutsch und/oder wissenschaftlich),
- systematische Zugehörigkeit (Familie, Ordnung, Klasse, evtl. Stamm),
- Merkmale (Form, Farbe, Maximalgröße, Geschlechtsmerkmale),
- geographische Verbreitung (evtl. mit Kartenskizze),
- Umweltansprüche (Kennzeichen des Lebensraumes, z. B. in bezug auf Ernährung, Umgebungstemperatur, pH-Wert des Wassers),
- Besonderheiten der Lebensweise (Sozialverhalten, Fortpflanzungsverhalten, Ei- bzw. Jungenanzahl, Höchstalter, Geschlechtsreife),
- Fortpflanzung in Gefangenschaft (Sind Jungtiere in diesem Vivarium geboren? Daten der Eiablage und des Schlüpfens der Jungen bzw. der Geburt).

Die Angaben zur Haltung und Pflege sollten umfassen:
- Wassertemperatur, pH-Wert des Wassers,
- Ernährung (Häufigkeit der Fütterung, Menge des Futters, Art des Futters - Lebendfutter, Trockenfutter),
- Häufigkeit und Art und Weise der Reinigung des Vivariums,
- Technische Einrichtungen (z. B. Angaben zur Beleuchtungszeit pro Tag, zu Art und Leistung der Filteranlage).

Literatur

Aßmann/Bollmann/Gärtner 1987; *Baer* 1981; *Bäßler* 1965; *Bay* 1993 a; b; *Bay/Brenner* 1984; *Berck/Theiss-Seuberling* 1977; *Bergmann, H.-H.,* 1984; *Betz/Erber* 1975; *Bolay/Zucht* 1979; *Botsch/Brester* 1970; *Brauner* 1987; *Brucker/Flindt/Kunsch* 1979; *Bunk/Tausch* 1980; *Clausnitzer* 1981; 1982; *Dahms/Schminke* 1987; *David* 1992; *Dietle* 1970; 1975; *Dombrowsky* 1977; *Dumpert* 1976; *Dylla* 1967, *Ellenberger* 1978; *Entrich* 1990; *Erber, D.,* 1971; *Erber/Schweizer* 1978; *Eschenhagen* 1971; 1989 a; 1993; *Eschenhagen/Bay* 1993; *Esser, Hans,* 1969; *Falk* 1985; *Falkenhan* 1981, Bd. 3; *Fränz* 1981; 1983; *Frings* 1977; 1978; *Gaberding/Thies* 1980; *Gonschorek/Zucchi* 1984; *Gospodar* 1983; *Grothe* 1987; *Hagemann* 1979; *Hähndel* 1979; *Hasenkamp* 1978; *Hedewig* 1984 b; *Hellmann/Wingenbach* 1977; *Hemmer* 1977; 1978; *Hilfrich* 1976; *Hillen* 1979; *Hoebel-Mävers* 1970; *Hoehl* 1985; *Hollwedel* 1972; *Illies* 1974; *Jobusch* 1983; *Kasbohm* 1973 a; *Kattmann* 1989; *Kirchner/Buschinger* 1971; *Klahm* 1983; 1987; *Klahm/Meyer* 1987; *Knoblauch* 1973; *Knoll* 1974 b; *Knoth* 1983; *Krischke* 1984; 1987 a; *Kühn* 1981; *Kuhn, W.,* 1975 b, Bd. I; *Kuhn/Probst* 1980; *Lammert/Lammert* 1985; *Löwe* 1976 a; *Mau* 1978; 1979; 1980; *Meffert* 1980; *Menke* 1975; *Mohn* 1978; *Müller, H.,* 1977; *Müller, M.,* 1977; *Noack* 1985; *Pauksch* 1987; *Peukert* u. a. 1987; *Pfisterer* 1979; 1981; *Philipsen* 1986; *Raether* 1978; 1979; *Reiß* 1987; *Schlitter/Berck* 1987; *Schröpfer* 1978; 1979; 1982; *Schulte, H.,* 1978 b; *Schwarberg/Palm* 1978; *Schwarz, E.,* 1979; *Sieger* 1973; *Siemon* 1982 a; b; *Stephan* 1970; *Stichmann/Ant* 1972; *Strotkoetter* 1969; *Teschner* 1979; *Thies/Gaberding* 1981; *Tiemann/Hagemann* 1993; *Vater-Dobberstein/Hilfrich* 1982; *Verfürth* 1986; 1987 a; b; *Wagener* 1992; *Walter/Wortmann* 1990; *Weber, I.,* 1991; *Weber, R.,* 1973; *Werner, E.,* 1978; *Winkel* 1970 a; b; 1975; 1977 a; 1978 a; 1987; 1990 b; c; *Winkel/Fränz* 1990; *Witte, G. R.,* 1974; 1991; *Wyniger* 1974; *Zupanc* 1990

10 Medien

10.1 Allgemeines

10.1.1 Zum Begriff

Man unterscheidet zwischen Massenmedien, z. B. Zeitung, Rundfunk, Fernsehen (vgl. *Halbach/Maschwitz* 1975; *Halbach/Gahl* 1982), und Unterrichtsmedien. Die letzteren vermitteln Informationen, die im Unterricht für die Lehr- und Lernprozesse relevant sind (z. B. Schulbuch, Arbeitstransparent, Schulfernsehen).

Im Bereich der Mediendidaktik wird der Begriff »Medien« sehr unterschiedlich verwendet (vgl. *Staeck* 1980, 7; *Knoll* 1981, 1; *Hedewig* 1993 a). *Günther Dohmen* (1973, 5) definiert »Medien« allgemein als »Träger und/oder Vermittler von Informationen«. Diese Auffassung ist sehr weit, denn sie betrachtet sogar Lehrpersonen und Schüler, sofern sie Informationen zum Unterricht beisteuern, als Medien. Manche Autoren (vgl. z. B. *Ostertag/Spiering* 1975, 5; *Brucker* 1976) teilen diese weite Auffassung; sie unterscheiden zwischen personalen Medien (Bewegung, Gestik, Mimik und Sprache von Lehrenden, Mitschülern und sonstigen Gesprächspartnern) und apersonalen (nichtpersonalen) Medien. Die meisten Biologiedidaktiker betrachten Lehrpersonen und Schüler als eigenständige Faktoren des Unterrichts (vgl. *Schaefer* 1971 b; *Memmert* 1977, 105; *Staeck* 1980, 26; *Knoll* 1981 b). Lehrpersonen und Schüler werden im folgenden nicht zu den Medien gerechnet.

Die Einteilung der Medien (s. Abb. 10-1) kann nach dem Grad der Abstraktion (Realität, Nachbildung, Abbildung, Schema, Symbol), nach der Sinnesmodalität oder nach der Herstellungs- und Verwendungsart erfolgen (vgl. *Memmert* 1975, 59; 1977, 108; *Ostertag/Spiering* 1975, 5; *Brucker* 1976: *Knoll* 1981). Die Medien sind aber zum Teil so komplex, daß eine eindeutige Systematisierung kaum möglich ist.

Bei der *Informationsvermittlung* unterscheidet man zwischen Primärerfahrung und Sekundärerfahrung. Von Primärerfahrung der »Realität« spricht man, wenn Schüler mit ihren Sinnen unmittelbar oder durch Geräte, die die Leistung der Sinnesorgane erweitern (z. B. Lupe, Mikroskop, Mikroprojektion, Fernglas, Stethoskop, Oszillograph), mittelbar mit den Gegenständen in Kontakt treten (vgl. *Bay/Rodi* 1978). Neben dem visuellen Kanal (Gesichtssinn) und

dem auditiven Kanal (Gehörsinn) spielen im Biologieunterricht der haptische (taktile Sinn, Tastsinn) und der olfaktorische Kanal (Geruchssinn) sowie der Geschmackssinn eine wichtige Rolle.
Bei der Sekundärerfahrung erfolgt die Information nicht unmittelbar vom Naturgegenstand aus, sondern über Nachbildungen, Abbildungen, Schemata

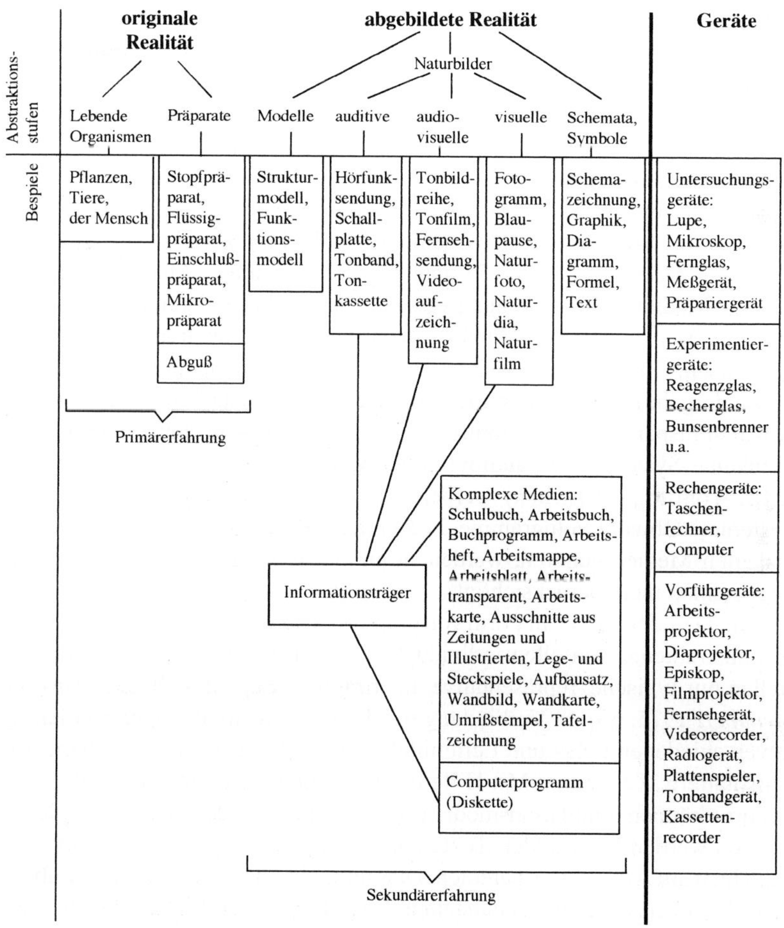

Abb. 10.-1: Übersicht über die Medien des Biologieunterrichts, geordnet nach Stufen der Abstraktion

oder Symbole. Sekundärerfahrung ist meist eine durch die Art der Vermittlungsinstanz - des Mediums - »gefilterte Erfahrung«.
Geräte, mit deren Hilfe Informationen vermittelt werden, spielen im Biologieunterricht eine wichtige Rolle. Untersuchungsgeräte und Experimentiergeräte unterstützen die Gewinnung von Primärerfahrungen.
Das Experiment selbst ist kein Medium, sondern eine Methode zur Erkenntnisgewinnung (s. Abschnitt 9.2.6).
Vorführgeräte (hardware, z. B. Diaprojektor, Filmprojektor, Tonkassetten und Videorecorder, Computer) vermitteln über verschiedene Informationsträger (software, z. B. Diskette, Film, Dia) Sekundärerfahrung. Aufgrund steigender Abstraktion lassen sich die Medien in folgender Abstufung charakterisieren:
Modelle sind (meist plastische) Abbildungen von Naturgegenständen, die verkleinert oder vergrößert sein können. Sie bilden charakteristische Züge des Objekts ab, stimmen aber nie mit ihm überein.
Naturbilder sind zweidimensionale Momentaufnahmen eines Ausschnittes der Wirklichkeit. Sie lassen die Individualität des Objekts noch erkennen. Während *Wolfgang Memmert* (1975, 62) unter der Bezeichnung »Abbildungen« nur visuelle Medien ohne Bewegung versteht, werden bei anderen Autoren (z. B. *Ostertag/Spiering* 1975) darunter sowohl visuelle als auch auditive Medien verstanden. Die auditiven Medien (z. B. Hörfunk, Schallplatten- und Kassettenwiedergabe) werden nur mit dem Gehör, die visuellen Medien (z. B. Arbeitstransparent, Dia, Stummfilm) nur mit dem Gesichtssinn erfaßt. Es sind »Einkanal-Systeme«. Die audiovisuellen Medien (AV-Medien, z. B. Tonbildreihe, Tonfilm, Fernsehen) werden mit zwei Sinnen erfaßt: »Zweikanal-Systeme«. Obwohl Fotogramme, Fotografien, Poster und Wandbilder zu den visuellen Medien gehören, werden sie in Darstellungen über V-Medien im allgemeinen nicht berücksichtigt.
Schemata und Symbole in Form von graphischen Zeichen und Farbdarstellungen abstrahieren von allen individuellen, nebensächlichen Merkmalen und stellen nur typische, repräsentative, übertragbare Züge des Objekts dar (vgl. *Memmert* 1975, 63). In Verbindung mit Texten und Abbildungen werden sie in verschiedenen Lehr- und Lernmitteln verwendet, z. B. Schulbüchern, Arbeitsblättern, Zeitungen. Mit Hilfe des Computers und entsprechender Programme können Simulationsmodelle dokumentiert werden. In den komplexen Medien werden Naturbilder, Texte und Schemata kombiniert verwendet. So kann man auf Arbeitstransparenten, Dias und Filmen Naturgegenstände abbilden, aber ebenso Schemata darstellen. Dasselbe gilt für das Schulbuch.
Ein Kombinat verschiedener Medien zur Erhöhung der Effektivität von Lehr- und Lernprozessen wird als Medienverbundsystem, Multi-Media-System oder

Mehrmediensystem bezeichnet. Folgende Medien können in solchen Systemen miteinander verbunden sein: Schülerbuch, Lehrerband, Arbeitshefte, Experimentalsätze und Experimentalkarteien, Dias, Arbeitstransparente, Wandbilder, Arbeitsstreifen, Schallplatten/Tonkassetten, Videobänder, Lehrprogramme (vgl. z. B. »IPN- Einheitenbank Curriculum Biologie«, »Lehrsystem Klett«, »CVK-Lernsystem«, »Schulfernsehen im Medienverbund des NDR«).

10.1.2 Sinn und Bedeutung

Medien spielen eine entscheidende Rolle für die Gestaltung des Unterrichts (vgl. *Schulz* 1977, 23, 34 ff.). Sie sind nicht nur schmückendes Beiwerk und Ergänzung, sondern konstitutives Element des Unterrichts. Allerdings sollte beachtet werden, daß sich der Medieneinsatz nicht gegenüber anderen Methodenentscheidungen verselbständigt. In diesem Sinne stellt *Hilbert Meyer* (1993, 36 f.) heraus: »Der Begriff Medium ist eine Theoriefalle. Was im Unterricht als Zweck und Mittel zu betrachten ist, ist eine Frage der Perspektive. ... Medien sind keine 'Selbst-Lehrsysteme', die den Lehrer ersetzen, sondern Lehr- und Lernhilfen, die mit möglichst viel methodischer Phantasie verlebendigt werden müssen«. »Unterrichtsmedien sind 'tiefgefrorene' Ziel-, Inhalts- und Methodenentscheidungen. Sie müssen im Unterricht durch das methodische Handeln von Lehrern und Schülern wieder 'aufgetaut' werden« (*Meyer* 1987 a, 150). In diesem Buch wird daher der Umgang mit einigen Medien primär unter methodischem Aspekt (in Kapitel 9) behandelt.

Nach der Funktion im Lernprozeß kann man zwei Gruppen von Unterrichtsmedien unterscheiden (vgl. *Memmert* 1975, 54 ff.; *Knoll* 1981 b, 1):

- Medien, die den Schülern neue bzw. differenziertere Erfahrungen vermitteln, dienen als *»Erfahrungshilfen«* (z. B. lebende Organismen, Dokumentationen, Hilfsmittel zur Beobachtung, Untersuchung und Haltung von Lebewesen).
- Medien, die den Schülern zur Bildung und Festigung einer neuen oder erweiterten Anschauung bzw. Theorie verhelfen, sind *»Anschauungsmittel«* (z. B. Modelle, Schemata, Diagramme, vergleichende Darstellungen). Diese »Anschauungsmittel« im engeren Sinne leisten zweierlei: Sie schaffen durch ihren abstrakten Charakter einen emotionalen Abstand zum realen Objekt bzw. zum aktuellen Problem (distanzierende Funktion), sie isolieren bestimmte Ausschnitte bzw. Aspekte der Wirklichkeit (isolierende Funktion).

Nach der Stellung im Unterricht können vier Funktionen von Medien herausgestellt werden: Motivierung, Informationsvermittlung, Erkenntnis- und Problemerschließung, Steuerung der handelnden Auseinandersetzung mit dem Unterrichtsgegenstand (vgl. *Staeck* 1980, 28).
Zur Motivation werden am besten Naturobjekte oder kurze Filmszenen verwendet. Für die Informationsvermittlung eignen sich vor allem Naturgegenstände, Präparate, AV-Medien, Modelle und auch Texte. Zur Erkenntnis- und Problemerschließung sind Modelle, Schemata, Diagramme und Tabellen besonders wichtig. Zur Steuerung der handelnden Auseinandersetzung mit dem Unterrichtsgegenstand sind Abfolgediagramme und Arbeitsanleitungen bedeutsam.

Während manche Autoren (vgl. z. B. *Huber* 1972; *Stöcker* 1975) der originalen Begegnung mit dem Naturobjekt sehr große Bedeutung beimessen und den AV-Medien nur eine Ersatzfunktion zuschreiben, sind die meisten der Auffassung, daß bei manchen Fragestellungen allein die AV-Medien bestimmte Zugänge und Erkenntnismöglichkeiten erschließen (vgl. *Memmert* 1975; *Werner* 1973; *Bay/Rodi* 1978).
Bei allen Vorteilen, die Nachbildungen, Abbildungen und Schemata für den Erkenntnis- und Lernprozeß haben, sollten die Biologielehrenden eine Gefahr nicht übersehen. Mit der didaktischen Aufbereitung dieser Medien werden gegenüber der Realität Veränderungen vorgenommen und dadurch Vorleistungen für die Erkenntnisgewinnung erbracht. Unwesentliches wird abgetrennt, Wichtiges in der bestmöglichen Perspektive dargestellt. Was in der Natur oft nicht gleichzeitig vorkommt (z. B. Blüten und Früchte, Sommer- und Winterpelz), wird im Medium im nächsten Augenblick gezeigt. Alles erscheint den Schülern als wunderbar geordnet und ist doch in der Natur so nicht zu beobachten.

10.1.3 Der Einsatz von Medien

Für die Behandlung einzelner biologischer Themen steht den Lehrkräften oft eine große Anzahl unterschiedlicher Medien zur Verfügung (s. Abb. 10-1). Folgende Kriterien sind für Auswahl und Einsatz von Medien maßgebend (vgl. *Bönsch* 1972; *Weiß* 1973; *Werner* 1973; *Staeck* 1980):

- Voraussetzungen bei den Lernenden: Ist das Medium im Abstraktionsgrad der Altersstufe angemessen? Haben die Schüler ein entsprechendes Vorwissen?

- Voraussetzungen bei den Lehrenden: Hat sich die Lehrperson vorher gründlich über den sachlichen Inhalt des Mediums informiert und über dessen Einsatz Gedanken gemacht? Ist sie in der Lage, das Medium auch technisch einwandfrei vorzuführen?
- Örtliche und zeitliche Voraussetzungen: Gibt es bei der Beschaffung und Bereitstellung der Vorführgeräte und Informationsträger Schwierigkeiten? Falls z. B. AV-Medien von den Kreisbildstellen geholt werden: Ist eine Vorbestellung sinnvoll, da infolge der auf die Jahreszeiten abgestimmten Lehrpläne an vielen Schulen dasselbe Thema zur gleichen Zeit behandelt wird? Lohnt sich der Zeit- und Kraftaufwand für die Suche, Beschaffung, Vorführung und Rückgabe der Medien im Verhältnis zum Nutzen im Lehr- und Lernprozeß?
- Unterrichtsverfahren und -organisation: Wie wird der Einsatz des Mediums vor- und nachbereitet? In welcher Organisationsform wirkt das Medium am effektivsten?
- Welche Inhalte können mit dem Medium oder den verschiedenen Medien erarbeitet werden?
- Wirksamkeit: Wie wirkt das Medium vermutlich in der kognitiven, pragmatischen und affektiven Dimension im Lernprozeß der Schüler?
- Welche Intentionen werden mit dem Einsatz des Mediums verfolgt?

Für den Einsatz von Medien gibt es verschiedene Konzeptionen (vgl. *Tulodziecki/Zimmermann* 1976, 41 f.; *Staeck* 1980):
Enrichment-Modell. Die Medien dienen zur Bereicherung oder Illustration eines Unterrichts, der didaktisch nur wenig auf sie zugeschnitten ist.
Kontext-Modell. Die Medien werden gezielt als Medienverbundsystem mit entsprechenden Begleitmaterialien für die Lehrkräfte und Arbeitsblättern für die Schüler zur Planung und Durchführung des Unterrichts entwickelt.
Direct-Teaching. Die Medien werden im Zusammenhang mit Begleitmaterialien »selbstlehrend«, d. h. für das Eigenstudium, konzipiert. Die Lehrperson wird entbehrlich (z. B. Fernstudien-, Funkkollegmaterialien, Lehrprogramme).

10.1.4 Zur Effektivität von Medien

Die bisher vorliegenden Untersuchungen zur Effektivität von Medien im Biologieunterricht sind vorwiegend auf Lernerfolge in der kognitiven Dimension gerichtet. Diese Einschränkung ist angesichts der Schwierigkeiten, andere Dimensionen zu erfassen, verständlich.

Da der Untersuchungsplan (das Design) unterschiedlich gestaltet wurde, ist ein Vergleich der Ergebnisse nur bedingt möglich (s. Tabelle 10-1). Einige Autoren haben die Vergleichbarkeit ihrer Untersuchungsgruppen durch Überprüfen der Homogenität getestet. Die Untersuchungen wurden teils im »Labor«, teils im »Klassenverband« durchgeführt. Der Vortest zur Überprüfung des ursprünglich vorhandenen Wissens fand einige Tage oder unmittelbar vor der Präsentation der Medien statt. Der erste Nachtest wurde im Anschluß an die Präsentation, der zweite Nachtest 2 bis 4 Wochen später vorgenommen. Der Lernzuwachs wird verschieden angegeben, und zwar als Vergleichswert zur Kontrollgruppe, die mit 100% gleichgesetzt wird (vgl. *Düker/Tausch* 1957; *Düker* 1971), oder als Differenz der Ergebnisse zwischen Nachtest 1 und Vortest. Als Behaltensleistung wird die Differenz zwischen Nachtest 2 und Vortest angegeben (vgl. *Staeck* 1980, 142 ff.).
Die Ergebnisse der Untersuchungen differieren erheblich (s. Tabelle 10-1). Besonders unterschiedlich war der Effekt des Einsatzes von lebenden Organismen gegenüber verschiedenen anderen Medien. Während bei einer Anzahl von Untersuchungen das lebende Objekt größeren Lernzuwachs bzw. bessere Behaltensleistungen bewirkte (vgl. *Düker/Tausch* 1957; *Leicht/Hochmuth* 1979; *Killermann* 1980 a; *Petsche* 1985), ergab sich bei anderen entweder kein Unterschied (vgl. *Werner* 1973), oder andere Medien rangierten vor dem »realen Gegenstand« (vgl. *Staeck* 1980).
Die umfangreichste Untersuchung führte *Lothar Staeck* (1980) durch. Er verglich in verschiedenen, nach denselben Lernzielen aufgebauten Unterrichtskonzeptionen (Treatments) verschiedene Medienkombinate zum Thema »Regenwurm«. Die Erarbeitung des Lerninhaltes mittels des realen Gegenstandes war sowohl im unmittelbaren Lernzuwachs als auch im längerfristigen Behalten der Instruktion durch das Lernprogramm unterlegen (zur Rangfolge der unterrichtlichen Medien hinsichtlich des Lernzuwachses und der Wirksamkeit auf das längerfristige Behalten s. Tabelle 10-1). Da *Staeck* seine Resultate z. T. mit Besonderheiten der von ihm verwendeten Medien erklärt (das Buchprogramm war am besten auf die Lernziele abgestimmt; im Film paßten die Informationen der unterschiedlichen Kanäle - Bild und Ton - nicht optimal zueinander), sind seine Ergebnisse nur begrenzt übertragbar (vgl. *Eschenhagen/Kattmann/Rodi* 1985, 348 f.).
Die Untersuchungen von *Karin Petsche* (1985) betrafen den Tierkundeunterricht mit den Themen »Polypen«, »Planarien«, »Regenwürmer«, »Krebse« und »Schnecken« in sechs Klassen mit lebenden Organismen (Gruppe I), in sechs Klassen mit toten Organismen (Gruppe II) und in vier Klassen, für die keine Hinweise auf die Unterrichtsgestaltung über den Lehrplan der DDR

Autor	Versuchspersonen	Thema	Medium	Vortest	Nachtest 1	Nachtest 2	Lernzuwachs	Behaltensleistung
Düker/ Tausch (1957)	145 S Kl. 5-7	Meerschweinchen	Tonband				K	
			Tonband und Bild				9,5 %	
			Tonband und Stopfpräparat				20,0 %	
			Tonband und leb. Objekt				40,7 %	
Düker (1971)	202 S Kl. 7	Fischotter	Tonband				K	
			Tonband und Skelett				38 %	
Werner (1973)	63 S	Goldhamster	Tonband	10,29 P	26,26 P		kein Unterschied	
			Tonband und leb. Objekt	10,29 P	25,38 P			
Leicht/ Hochmuth (1979)	312 S Kl. 7-9	Kreuzspinne	Film	6,7 P	15,9 P	13,7 P	9,2 P	7,0 P
			Dias	6,1 P	16,9	13,7 P	10,8 P	7,6 P
Killermann (1980 a)	146 S Kl. 5	Regenwurm	Film		65 %	59 %		
			leb. Objekt		78 %	75 %		
	143 S Kl. 6	Igel	Tonfilm	47,8 %	82,8 %	80,2 %	35,0 %	32,4 %
			Tonband und Stopfräparat	37,9 %	84,3 %	81,7 %	46,4 %	43,8 %
Staeck (1980)	408 S Kl. 7	Regenwurm	Buchprogramm und Wandbild	2,75 P	24,60 P	14,40 P	21,85 P	11,65 P
			Diareihe	3,16 P	23,14 P	12,02 P	19,98 P	9,86 P
			leb. Objekt	2,70 P	21,98 P	11,9 P	19,28 P	9,24 P
			Modell/ Transparent	2,92 P	20,38 P	10,96 P	17,46 P	8,04 P
			Film	3,52 P	20,10 P	12,15 P	16,58 P	9,23 P
			verbal (K)	3,89 P	18,94 P	9,90 P	14,96 P	5,92 P
Petsche (1985)	374 S Kl. 6	Zoologie (s. Text)	leb. Objekte		73,4 %	70,6 %		
			tote Objekte und Filme		66,9 %	61,2 %		
			K (s. Text)		55,0 %	48,9 %		

Tabelle 10-1: Untersuchungen zu Medieneffekten im Biologieunterricht
(K: Kontrollgruppe, P: Punkte, S: Schüler)

hinaus gegeben wurden (Kontrollgruppe). Im Abschlußtest wurde von den Schülern das Arbeiten mit einem bisher nicht behandelten lebenden Organismus (Stabheuschrecke) verlangt. Gruppe I hatte offenbar im Laufe des Versuchszeitraums gelernt, mit lebenden Tieren umzugehen, worauf sich das signifikant bessere Ergebnis zurückführen läßt (s. Tabelle 10-1; vgl. *Petsche* 1985, 151).

Obwohl sich beim Einsatz des Realobjekts die über den visuellen und haptischen Kanal vermittelten Informationen zu einem umfassenden Gesamtbild ergänzen können und dann offenbar auch ein entsprechender Lernerfolg erzielt werden kann, weisen die abweichenden Untersuchungsergebnisse darauf hin, daß der Konkretheitsgrad eines Informationsangebots keine hinreichende Bedingung für den Erfolg des Medieneinsatzes darstellt. Für den Unterricht mit lebenden Pflanzen und Tieren sind Voraussetzungen nötig, die nicht bei allen Adressaten vorhanden sind, sondern erst geschaffen werden müssen. Das betrifft vor allem einen vorwiegend sachbezogenen Arbeitsstil. Bei der Begegnung mit dem lebenden Naturobjekt kann es sonst zu einer emotionalen Blockierung der kognitiven Kapazität kommen (vgl. *Staeck* 1980, 166 f.).

In den genannten empirischen Untersuchungen werden nur Aspekte der kognitiven Dimension erfaßt. Die pragmatische und die affektive Dimension sind aber - vor allem bei der Begegnung mit den Naturgegenständen - besonders bedeutsam. Die Effektivität unterschiedlicher Medien darf daher nicht allein an Ergebnissen kognitiver Leistungstests gemessen werden. In einer Studie mit Schülern der Klassenstufe 5 von Haupt- und Realschulen stellte *Werner Baur* (1985) beim Unterricht über Frösche und Kröten fest, daß Einstellungsänderungen am wirksamsten durch das Treatment »Realobjekt«, weniger wirksam durch das Treatment »Schulbuch« und am wenigsten durch das Treatment »Dia« erreicht wurden. Aufgrund des Mangels an weiteren Untersuchungen ist es sehr schwierig, über die Wirksamkeit unterschiedlicher Medien didaktisch sinnvolle und allgemeingültige Aussagen zu machen.

Literatur

Baur 1985; *Bay/Rodi* 1978; 1979; *Blänsdorf/Dierks* 1978; *Blume/Fels* 1980; *Bönsch* 1972; *Brucker, A.*, 1976; *Dohmen* 1973; *Döring* 1973; *Düker* 1971; *Düker/Tausch* 1957; *Dumpert* 1976; *Eschenhagen/Kattmann/Rodi* 1985; FWU 1992; *Halbach/Gahl* 1982; *Halbach/Maschwitz* 1975; *Hedewig* 1993 a; *Huber* 1972; *Killermann* 1980 a; *Knoll* 1981; *Leicht/Hochmuth* 1979; *Lieb* 1980 a; *Memmert* 1975; 1977; *Meyer, Hilbert,* 1987 a; 1993; *Ostertag/Spiering* 1975; *Petsche* 1985; *Schaefer, G.*, 1971 a; b; *Schulz* 1977; *Staeck* 1980; *Stöcker* 1975; *Tulodziecki/Zimmermann* 1976; *Weiß, H.*, 1973; *Werner, H.*, 1973

10.2 Lebende Organismen

Außer lebenden Pflanzen und Tieren kann auch der Mensch für Beobachtungen und Experimente im Unterricht herangezogen werden. Lebende Objekte sind, wahrnehmungspsychologisch gesehen, als besonders komplex zu bezeichnen, da sie in der Regel mehrere Sinneskanäle beanspruchen. So werden z. B. beim Beobachten eines Meerschweinchens der Gesichts-, der Tast-, der Gehör- und evtl. der Geruchssinn angesprochen. Für die Lebewesen als Medien sind das komplexe, zum Teil schwer faßbare Erscheinungsbild und die Informationsdichte charakteristisch, da der Gegenstand selbst nicht didaktisch aufbereitet werden kann. Die Fülle der Spontaneindrücke und das in der Regel hohe Maß an Zuwendung (z. B. bei Meerschweinchen) oder emotionaler Sperre (z. B. bei Spinnen) können die Informationsaufnahme und -verarbeitung erschweren (s. Abschnitt 10.1).
Als wichtigste Funktionen, die mit dem Einsatz von lebenden Objekten verbunden werden können, sind vor allem in der frühen Sekundarstufe I die Motivierung der Schüler für biologische Fragestellungen sowie die Einstellung Lebewesen gegenüber und das Gewinnen biologischer Grunderfahrungen herauszustellen (vgl. *Staeck* 1980, 40; *Wenske* 1981; *Gehlhaar* 1991; s. auch Abschnitt 9.4). Der Einsatz von lebenden Objekten ist immer dann gegenüber dem aller anderen Medien vorzuziehen, wenn besonders affektive Unterrichtsziele angestrebt werden. Allerdings muß beachtet werden, daß viele Tiere (wie z. B. Katze und Hund) im Klassenzimmer häufig nicht die charakteristischen Verhaltensweisen zeigen. Dann ist ein guter Film dem lebenden Objekt vorzuziehen.
Beim Einsatz von Tieren im Unterricht ist vor allem auf die Bestimmungen des Tierschutzgesetzes zu achten (vgl. *Pommerening* 1977; *Eschenhagen/Kattmann/Rodi* 1991, 5 f.). Tiere dürfen im Unterricht auf keinen Fall unsachgemäß behandelt werden. Bei Exkursionen (s. Abschnitt 8.3.3), darunter Schullandheimaufenthalten und Schulwandertagen, sowie bei der Schulgartenarbeit und sonstigen Freilandarbeit können die Lebewesen in ihrer Umwelt beobachtet und besonders ökologische Fragestellungen behandelt werden (s. Abschnitt 11.2). Im Klassenraum können dagegen vor allem morphologische und physiologische Detailfragen mit entsprechenden Hilfsmitteln geklärt werden, und zwar meist wesentlich besser als im Freien. Außerdem sind im Klassenraum die Beobachtungen leichter zu protokollieren und die Ergebnisse besser zusammenzufassen. Am intensivsten kommen die Schüler mit den lebenden Pflanzen und Tieren in Kontakt, wenn sie diese über einen längeren Zeitraum betreuen (s. Abschnitt 9.4). Die Bedeutung des Unterrichts mit lebenden Pflanzen und

Tieren ist in den letzten 300 Jahren (seit *Johann Amos Comenius)* sehr oft unterstrichen worden. Aus folgenden Gründen bevorzugen viele Schüler Tiere vor den Pflanzen (vgl. *Ruppolt* 1967): Die Tiere bewegen sich; das Beobachten der Verhaltensweisen ist interessant; sie reagieren; man kann mit Tieren Kontakt aufnehmen (affektive Bindung); manche Tiere erscheinen den Schülern als »Persönlichkeiten«; höhere Tiere sind dem Menschen ähnlich; Schüler haben oft mit Tieren schon zu Hause Kontakt gehabt.

Wilfried Stichmann (1970, 140) stellt fest, daß im Biologieunterricht die Arbeit mit Tafel und Kreide, Lehrbuch und Bild, Dia und Film sowie bestenfalls mit Stopf- und Spirituspräparaten gegenüber der Beschäftigung mit lebenden Organismen vorherrscht. Durch eine empirische Untersuchung an 231 Schulen der Bundesrepublik Deutschland konnte *Klaus Dumpert* (1976) die negativen Aussagen von *Stichmann* über den Einsatz von lebenden Pflanzen und Tieren im Unterricht relativieren. *Dumpert* hat belegt, daß seine Stichproben für die allgemeinbildenden Schulen repräsentativ sind. Die wichtigsten Ergebnisse seiner Umfrage sind:

- An 49% bis 65% aller bundesdeutschen Schulen werden lebende Organismen gehalten. Am häufigsten findet man Blütenpflanzen, dann andere Pflanzen, Fische, Amphibien, Einzeller, Insekten, Säuger, Vögel, Reptilien, Mollusken, Krebse und andere Wirbellose.
- 52% der befragten Lehrer geben an, daß sie es für unbedingt notwendig halten, im Biologieunterricht mit lebenden Organismen zu arbeiten; 42% der Lehrer sind der Meinung, daß die Arbeit mit lebenden Organismen zwar nicht notwendig, wohl aber didaktisch nützlich sei.
- Lebende Organismen werden im Biologieunterricht am meisten dafür verwendet, um deren Morphologie zu zeigen. Es folgt dann in abnehmender Häufigkeit ihre Verwendung für die Teildisziplinen Physiologie, Ökologie, Ethologie und Genetik (s. Tabelle 10-2).
- Die meisten der in der Schule gehaltenen Organismen werden aus dem Freiland geholt, ein großer Teil von ihnen wird von Schülern mitgebracht.
- Außerhalb des Klassenraums werden lebende Organismen am häufigsten durch Exkursionen in den Biologieunterricht einbezogen, u. a. bei Klassenausflügen und beim Besuch von Waldlehrpfaden. Der Besuch von Zoos spielt vergleichsweise eine geringe und die Schulgartenarbeit fast gar keine Rolle.
- Unter den Unterrichtsmethoden, die im Zusammenhang mit lebenden Organismen angewendet werden, hat das Stellen von Beobachtungsaufgaben eine besondere Bedeutung. In abnehmender Häufigkeit folgen das Demonstrieren der Lebewesen, das Schüler- und das Lehrerexperiment.

Organismen	**Morphol.**	**Genetik**	**Physiolog.**	**Ethologie**	**Ökologie**
Einzeller	30(±7,8)	4 (±3,3)	18 (±6,5)	3 (±2,9)	10 (±5)
Insekten	39 (±8,2)	10 (±5)	21 (±6,9)	16 (±6,2)	18 (±6,5)
Mollusken	23 (±7,1)	1	9 (±4,9)	5 (±3,7)	9 (±4,9)
Krebse	12 (±5,5)	1	4 (±3,3)	3 (±2,9)	5 (±3,7)
Andere Wirbellose	18 (±6,5)	0	6 (±4)	3 (±2,9)	7 (±4,3)
Fische	34 (±8)	6 (±4)	17 (±6,3)	15 (±6)	15 (±6)
Amphibien	34 (±8)	3 (±2,9)	14 (±5,9)	8 (±4,6)	11 (±5,3)
Reptilien	20 (±6,8)	2	7 (±4,3)	6 (±4)	6 (±4)
Vögel	23 (±7,1)	3 (±2,9)	10 (±5)	8 (±4,6)	10 (±5)
Säugetiere	33 (±8)	5 (±3,7)	16 (±6,2)	20 (±6,7)	13 (±5,7)
Blütenpflanzen	66 (±8)	15 (+6)	43 (±8,4)	6 (±4)	26 (±7,4)
Andere Pflanzen	48 (±8,5)	6 (±4)	26 (±7,4)	4 (±3,3)	20 (±6,7)

Tabelle 10-2: Verwendung von lebenden Organismen im Biologieunterricht. Relative Häufigkeiten der Ankreuzungen auf die entsprechende Frage. Der Wert in Klammern gibt jeweils das Konfidenzintervall an (aus *Dumpert* 1976).

Axel Meffert (1980, 11) gibt an, daß bei 33% von kleineren Schulen mit weniger als 400 Schülern und bei 58% von größeren Schulen Tiere gehalten werden. Bei größeren Schulen ist der Prozentsatz wahrscheinlich deshalb höher, weil die Arbeitsbelastung der einzelnen Lehrkraft beim Betreuen der Tiere sinkt. Die Haltung von Pflanzen liegt im Durchschnitt der allgemeinbildenden Schulen bei 35%. In der Grundschule sind es allerdings 75%. Der relativ hohe Prozentsatz in der Grundschule läßt sich aus den Inhalten des biologisch orientierten Sachunterrichts ableiten. Die Pflege von Pflanzen hat in der Primarstufe einen hohen Stellenwert.

Literatur

Dumpert 1976; *Eschenhagen/Kattmann/Rodi* 1991; *Gehlhaar* 1991; *Meffert* 1980; *Pommerening* 1977; *Ruppolt* 1967; *Staeck* 1980; *Stichmann* 1970; *Wenske* 1981; s. auch Literatur zu Abschnitt 9.4.2

10.3 Präparate von Lebewesen

Präparate sind zur Beobachtung hergerichtete oder konservierte tote Organismen sowie Teile derselben. Im weiteren Sinne können auch Abgüsse hierzu gerechnet werden.
Je nach Herkunft und Beschaffenheit der Organismen(teile) müssen zur unterrichtlichen Verwendung bzw. Präparation verschiedene Vorkehrungen getroffen werden. Teile von Schlachttieren (z. B. Rinderaugen, Schweine- oder Hühnerherzen, Schweinefüße) können frisch im Unterricht verwendet werden. Man kann sie aber auch bis zum Zeitpunkt der Verwendung in der Tiefkühltruhe lagern oder in 70%iger Alkohollösung fixieren. Von Säugern und Vögeln können Stopfpräparate hergestellt werden (Anleitung vgl. *Brucker/Flindt/ Kunsch* 1979).
Knochen, Panzer und Hornteile sind haltbar und unzerbrechlich; sie können daher leicht aufbewahrt und den Schülern zur selbständigen Arbeit in die Hand gegeben werden (z. B. Schädel-Präparate, vgl. *Quasigroch* 1979 b). Skelett- und Hornteile verschiedener Tiere werden auch gern zusammen auf ein Schaubrett montiert, z. B. zum Vergleich von Säuger- und Vogelfüßen und von Vogelschnäbeln.
Fische, Lurche und Würmer bewahrt man am besten in Alkohollösung auf (Flüssigkeitspräparate).
Insekten lassen sich wegen ihres Chitinpanzers als ganze trocknen (Trockenpräparate). Oft werden Entwicklungsstadien von Insekten zusammen mit den getrockneten Futterpflanzen in einem Schaukasten untergebracht.
Verschiedene Objekte können in Gießharz eingebettet und als Einschlußpräparate oder Bioplastiken präsentiert werden.
Aus dem Bereich der Pflanzenkunde sind nur wenige Dauerpräparate für den Unterricht nötig, da frische Pflanzen meist leicht beschafft werden können. Empfehlenswert ist es aber, eine Sammlung von getrockneten Pflanzenteilen (Holzstücke mit Rinde, Zapfen, Früchte und Samen) sowie ein Herbar ausgewählter Pflanzenarten anzulegen (s. auch Abschnitte 9.3.7 und 10.11).
Unter mikroskopischen Dauerpräparaten versteht man fixierte Organismen oder Organismenteile, die - falls nötig - sehr dünn geschnitten, dann meist gefärbt und zwischen Objektträger und Deckglas in Kunstharz eingebettet wurden.
Einige Biologiedidaktiker (z. B. *Haug* 1961, 418) sprechen sich gegen den Einsatz von Tierpräparaten im Unterricht aus und schlagen stattdessen die Verwendung von Dias mit folgender Begründung vor: Tierpräparate seien sehr teuer, sie müßten gut gepflegt werden, Präparate von seltenen Tieren herzustel-

len (sofern sie für die Präparation getötet wurden), widerspreche dem Tier- und Naturschutzgedanken, an Dias könne man die Gestalt der Tiere ebenso gut erkennen wie an Präparaten.
Folgende Gegenargumente können aufgeführt werden: Tierpräparate vermitteln eine räumliche Anschauung, zumal, wenn die Präparate betastet werden können. Größenverhältnisse und Farben sind meist richtig zu erkennen, von verunglückten Tieren kann man Präparate selbst herstellen oder vom Präparator anfertigen lassen.

Literatur

Baer/Grönke 1981; *Brucker/Flindt/Kunsch* 1979; *Haug* 1961; *Quasigroch* 1979 b

10.4 Modelle

10.4.1 Zum Begriff

Das Wort »Modell« ist abgeleitet von der Verkleinerungsform des lateinischen Wortes »modus«, nämlich modulus, was soviel wie Maß, Maßstab oder Art und Weise bedeutet.
Die Definitionen des Begriffes »Modell« stimmen darin überein, daß sie als Gegenbegriff den des *Originals* enthalten: Modelle sind vereinfachte Abbildungen von Originalen. Sie repräsentieren somit ideelle und materielle Realität (vgl. *Halbach* 1977; *Nachtigall* 1978, 132; *Stachowiak* 1980; *Meyer* 1990).
Als Grundlage aller Modelle können die Modellvorstellungen angesehen werden, die wir uns aus denkökonomischen Gründen machen: »So behilft sich das menschliche Bewußtsein damit, Teilbereiche der Wirklichkeit durch Denkmodelle abzubilden, um wenigstens in Teilbereichen erfolgreich denken zu können« (*Steinbuch* 1977, 10).

Der Prozeß der Modellierung setzt stets einen Theoriebezug voraus. Ausgehend von gegenständlicher Realität (*Originalen*), verläuft er über ideelle Realität (*Denkmodelle*) zu gegenständlichen Modellen (*Anschauungsmodellen*; s. Abb. 10-2). Während Originale (wie alle anderen Gegenstände) unendlich viele Eigenschaften haben, bilden Denkmodelle nur diejenigen Eigenschaften ab, die als wesentlich erscheinen. Welche Eigenschaften als wesentlich betrachtet werden, entscheiden die Annahmen (Theorien, Hypothesen), nach

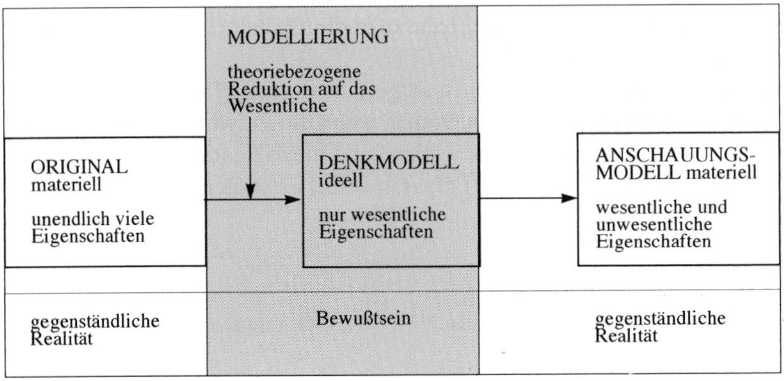

Abb. 10-2: Modellbildung (nach *Steinbuch* 1977, 11; verändert)

denen die originale Wirklichkeit gedeutet wird und die Denkmodelle gebildet werden. Wird ein Denkmodell in ein Anschauungsmodell umgesetzt, so hat dieses als Gegenstand wiederum unendlich viele Eigenschaften. Neben den im Sinne der Modellierung wesentlichen hat es immer auch unwesentliche Eigenschaften, das sogenannte Beiwerk. Modelle sind also niemals Kopien der Originale; ihre Eigenschaften sind nicht mit denen der Originale identisch; sie sind vielmehr theoriebezogene Abbilder von Originalen.
Originale und Modelle können sich hinsichtlich des Substrats (Aufbau aus ganz verschiedenen chemischen Stoffen), der Dimension (Verkleinerung, Vergrößerung) und der Abstraktion (Anzahl wesentlicher Eigenschaften) unterscheiden.

10.4.2 Sinn und Bedeutung

Ein gemeinsames Kennzeichen aller Modelle ist ihr finaler Charakter. Dies gilt in zweierlei Weise: Zum einen wird die Modellierung im Hinblick auf bestimmte Zwecke durchgeführt, zum anderen werden die so gebildeten Modelle zu bestimmten Zwecken eingesetzt (z. B. in der Absicht zu forschen oder zu unterrichten).
Modelle sind also zweckmäßig konstruierte Hilfsmittel bei der Erkenntnisgewinnung und Erkenntnisvermittlung (vgl. *Schulte* 1978 a; *Simon* 1980):
- Als einfache Abbildungen erleichtern sie das Erfassen von Sachverhalten und das Lösen von Problemen (denkökonomische Funktion).

- Als Konstrukte, mit denen als wesentlich angesehene Teile der gegenständlichen Realität erfaßt werden, haben Modelle Hypothesen- und Entwurfscharakter und dienen zur Problemfindung und Problemeingrenzung (heuristische Funktion).
- Als Abbilder sowohl ideeller wie auch gegenständlicher Realität dienen Modelle der Veranschaulichung von Strukturen und Prozessen (Anschauungsfunktion).

Damit Modelle diesen Funktionen genügen können, sind an sie die folgenden Anforderungen zu stellen (vgl. *Stachowiak* 1965, 436; 1980; *Dietrich* u. a. 1979, 124):
- Das Modell muß in den wesentlichen Eigenschaften dem Original entsprechen. Es ist dem Original daher in den Hauptmerkmalen ähnlich (Ähnlichkeit und Entsprechung).
- Das Modell soll einfacher sein als das Original, es soll die wesentlichen Eigenschaften adäquat abbilden (Einfachheit und Adäquatheit).
- Das Modell soll so exakt sein, daß es unter bestimmten Bedingungen Voraussagen über das Original zuläßt (Exaktheit und Fruchtbarkeit).

Der gezielte Einsatz von Modellen zur Erkundung und zum Entdecken wird auch als *Modellmethode* bezeichnet (s. Abschnitt 9.2.7). Zum Umgang mit Modellen gehört dabei die *Modellkritik.* Sie ist besonders wichtig, um die wesentlichen (theoriebezogenen) Eigenschaften der Modelle zu erfassen und so auch die Entsprechung von Modell und Original genau zu erkennen. Da besonders Funktionsmodelle oft die anatomischen oder morphologischen Details der Originale nicht wiedergeben, ist es bei ihnen besonders wichtig, die Teile des Modells mit den entsprechenden Teilen des Originals genau zu parallelisieren und so die Vergleichspunkte zwischen Modell und Original präzise zu bestimmen (vgl. *Bonatz* 1978 a; *Eschenhagen* 1981 a, 19 f.; *Meyer* 1990, 8 f.; s. Abb. 10-5).

10.4.3 Einteilung in Typen, Beispiele

Zur Einteilung in verschiedene Modelltypen gibt es zahlreiche Vorschläge (vgl. *Viebahn* 1976; *Halbach* 1977; 1981).
Grundlegend ist zunächst die bereits erwähnte Unterscheidung zwischen (ideellen) Denkmodellen und (materiellen) Anschauungsmodellen (s. Abb. 10-3).

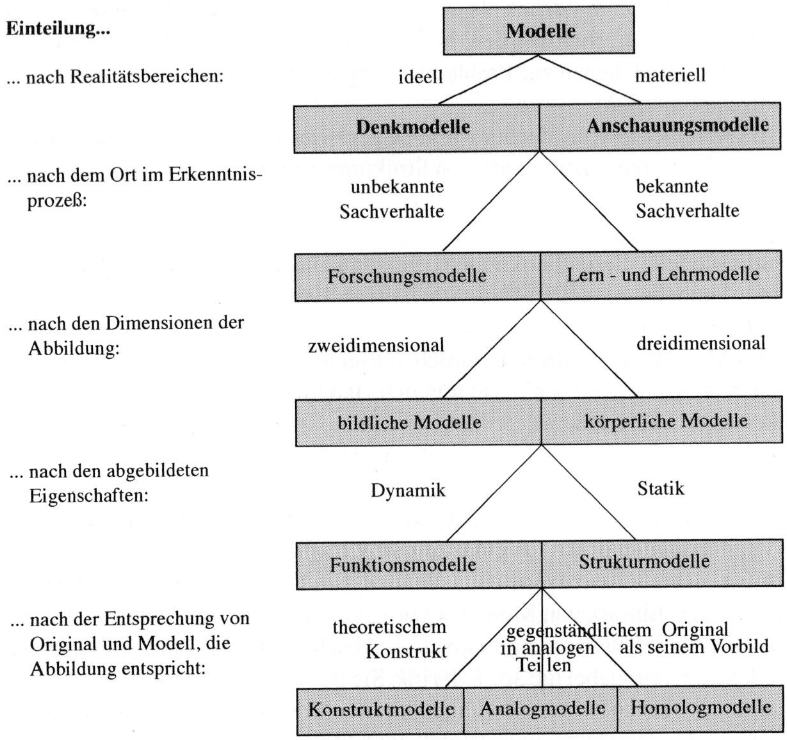

Abb. 10-3 Einteilung von Modellen nach verschiedenen Gesichtspunkten

Zu den *Denkmodellen* zählen vor allem rein mathematische Abbildungen und die damit verbundenen Vorstellungen, z. B. das Modell des »idealen Gases« in der Physik und das der »erbkonstanten Bevölkerung« (vgl. *Weninger* 1981, 185 ff.). Zu den *Anschauungsmodellen* zählen alle gegenständlichen Modelle.

Nach der Funktion im Erkenntnisprozeß kann zwischen *Forschungsmodellen* sowie *Lern-* und *Lehrmodellen* unterschieden werden. Im Biologieunterricht der Schule können Lehr- und Lernmodelle als Mittel
- der Erkundung und des Entdeckens,
- der Erklärung und Bestätigung,
- der Veranschaulichung und Demonstration eingesetzt werden.

Erkundungsmodelle dienen vor allem dem forschenden Lernen (vgl. *Reichart* 1978 a). Wenn die Schüler das Modell selbst in die Hand nehmen und damit umgehen können (visueller und taktiler Kanal), können sie dadurch stark motiviert werden (vgl. *Memmert* 1974). Am intensivsten beschäftigen sich die Schüler mit den Modellen, wenn sie sie selbst herstellen (Anregungen hierzu bei *Linder* 1950; *Bauer* 1978 a; *Erber/Klee* 1988; *Meyer* 1990).

Zu den Anschauungsmodellen werden hier neben den *körperlichen* (dreidimensionalen) Modellen auch zweidimensionale *bildliche* (ikonische und symbolische) Darstellungen gerechnet. Diese werden manchmal zu den Denkmodellen gestellt, obgleich sie an materielle Träger (Kreide, Tafel; Tinte, Papier) gebunden sind.
Zu den bildlichen Modellen gehören auch Diagramme (s. Abschnitt 9.3.5) und Symbolsysteme, die Strukturen oder Funktionen abbilden (z. B. chemische Formeln und Zeichen für Nährstoffe und deren Bausteine; s. Abb. 10-4). Die Zeichen sollten in einer Grafik denselben Abstraktionsgrad haben, und sie sollten eindeutig sein (vgl. *Kattmann* 1983 c; *Müller/Brehme/Lepel* 1985).

Nach der Art der dargestellten Eigenschaften wird zwischen Strukturmodellen und Funktionsmodellen unterschieden.
Strukturmodelle zeichnen sich dadurch aus, daß mit ihnen Baumerkmale möglichst getreu wiedergegeben werden. Es sind meist Modelle der Morphologie und Anatomie (vgl. *Staeck* 1980, 43; *Erber/Klee* 1988). Sie sind häufig zerlegbar. Sie eignen sich zur Darstellung von
- sonst nicht analysierbaren Organen und Organismen (z. B. menschlicher Torso);
- Strukturen, die ohne Zusatzgeräte nicht beobachtet werden können (z. B. Doppelhelix der DNS).

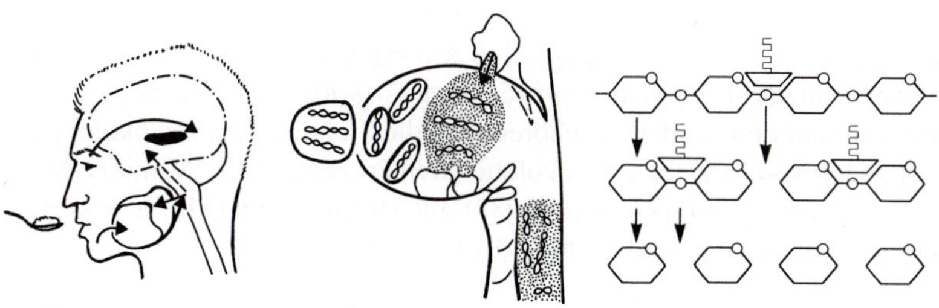

Abb. 10-4: Darstellungsformen von bildlichen Modellen. a) Ikonisches (bildähnliches) Modell: Speichelabsonderung als Reflex; b) vermischtes Modell: Stärkeabbau im Mund; c) symbolisches (Zeichen-)Modell: biochemische Vorgänge beim Stärkeabbau (nach *Müller/Brehme/Lepel* 1985)

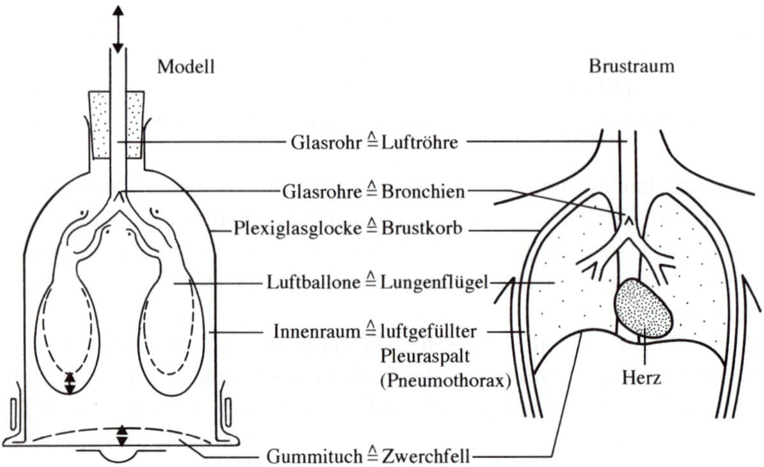

Abb. 10-5: Funktionsmodell. Modell der Zwerchfellatmung nach Donder mit Angabe der Entsprechungen von Modell und Original (nach *Wenk/Trommer* 1978, 199, verändert)

Funktionsmodelle bilden den Verlauf von Prozessen ab. Sie ermöglichen damit die Analyse von Funktionen und Mechanismen. Die anatomischen Verhältnisse werden dabei meist nur ungenau erfaßt (z. B. *Donder*'sches Modell der Atmung, s. Abb. 10-5; Blutkreislauf, vgl. *Gude* 1988; Innenohrfunktion, vgl. *Ronneberger* 1990; Augenmodelle, vgl. *Erber/Klee* 1986). Modelle der DNS ermöglichen die Darstellung der Reduplikation; die *Pfeffer*'sche Zelle ist ein Modell für die osmotischen Vorgänge in der Zelle; mit Kugeln und Wänden mit Poren können molekulare Vorgänge bei der Osmose (als Modell vom Modell der *Pfeffer*'schen Zelle) simuliert werden (vgl. *Gropengießer* 1981; *Bartsch/Rüther/Toonen* 1990); Funktionsmodelle der Wirbelsäule erlauben Angaben über Beweglichkeit und quantitative Aussagen zur Statik der menschlichen Wirbelsäule (vgl. *Schneider* 1981; *Hedewig* 1990).
Zu den Funktionsmodellen gehören auch die Simulationen von ökologischen, populationsbiologischen und evolutionären Prozessen (z. B. Mimikry-Modell, vgl. *Gropengießer/Laudenbach* 1987), auch wenn sie mit Hilfe des *Computers* ausgeführt werden (s. Abschnitt 10.10.3).

Eine weitere Möglichkeit, Modelle zu betrachten und zu ordnen, bezieht sich auf die Art und Weise, in der sie Originale abbilden (Art der Übertragung). Diejenigen Modelle, die einem gegenständlichen Original nachgebildet sind, heißen *Homologmodelle.* Sie geben das Original selten in den Dimensionen,

Organell	Esprechung in einem Unternehmen	Funktion
Membran	Wände, Zäune, Türen	Schutz (Durchflußregulierung)
endoplasmatisches Retikulum	Gänge, Flure	Transport
Kern	Geschäftsleitung	Steuerung und Kontrolle
Nukleolus	Datenverarbeitung	Informationsübergabe und -aufbereitung
Chromosom	Datenbank	genetische Information
Vakuole	Speicherraum, Magazin	Speicherung von Stoffen
Ribosom	Verarbeitung	Proteinsynthese
Mitochondrium	hauseigenes Kraftwerk	Energieumwandlung
Golgi-Apparat	Packraum, Versand	Zusammensetzen von Sekreten

Tabelle 10-3: Analogmodell. Entsprechung von Teilen eines Unternehmens mit den Organellen einer Zelle und deren Funktionen (nach *Cavese* 1978, 183)

meist aber in den Proportionen und damit in der Gestalt wieder. Dies trifft vor allem auf Strukturmodelle zu.

Analogmodelle bilden das Original dagegen nur in einer bestimmten Anzahl von Eigenschaften ab, die sich bei Original und Modell einander zuordnen (analogisieren) lassen, ohne daß im übrigen eine Übereinstimmung (z. B. in der Gestalt) zwischen beiden vorhanden ist. Bei Analogmodellen wird das Anschauungsmodell meist nicht eigens hergestellt, sondern das Original mit einem Gegenstand der vorgegebenen Realität verglichen. Ein Gegenstand wird als das Original einem anderen als dem Modell zugeordnet, wobei Funktionsanalogien betrachtet werden (z. B.: Vergleich des Stempels der Salbeiblüte mit einem Schlagbaum; der Zelle mit einem Unternehmen, s. Tabelle 10-3; der Enzymkinetik mit der Schalterabfertigung, vgl. *Köhler* 1985; eines Lebewesens mit einer Kerzenflamme, vgl. *Kattmann* 1971 b; 1980 c; 1990; *Schaefer* 1977 a; der Nervenzelle mit einem mechanischen bzw. hydraulischen System, vgl. *Poenicke* 1985; *Bauer* 1987). Zu den Analogmodellen gehören auch alle weiteren Vergleiche zwischen biologischen und technischen Systemen (vgl. *Gropengießer* 1993).

Schließlich gibt es Modelle, die kein gegenständliches Original, sondern ein gedachtes Gefüge, also ein theoretisches Konstrukt abbilden. Diese Modelle beruhen also vorwiegend oder ausschließlich auf (theoriegeleiteten) Rekonstruktionen und Konstruktionen (z. B. rekonstruierter Schädel eines Fossils, Abbildung eines Bauplans). Das Original findet sich in der gegenständlichen Realität nicht (s. Abb. 10-6). Das eigentliche Original ist ein denkerisches Konstrukt. Man kann diese Modelle daher als *Konstruktmodelle* bezeichnen.

Abb. 10-6: Konstruktmodell. Mensch mit Facettenaugen und Fliege mit Linsenaugen. Ein Mensch würde ein Facettenauge von etwa 1 m Durchmesser benötigen, wenn dieselbe Winkelauflösung wie bei seinem Linsenauge erreicht werden soll. Ein Linsenauge mit der Winkelauflösung des Auges einer Fliege wäre etwa so groß wie deren Facettenauge (aus *Kirschfeld* 1984).

Modelle kann man nacheinander unter allen genannten Aspekten betrachten und beurteilen. So ist die *Donder*'sche Glocke (s. Abb. 10-5) ein Anschauungsmodell, ein Lern-und Lehrmodell, ein körperliches Modell, ein Funktionsmodell und ein Homologmodell. Das Flußdiagramm eines Ökosystems (s. Abb. 9-15) ist ein Lern- und Lehrmodell, ein Anschauungsmodell, ein bildliches Modell, ein Funktionsmodell und ein Homologmodell. Das Modell eines Menschen mit Facettenaugen (s. Abb. 10-6) ist ein Anschauungsmodell, ein bildliches Modell, ein Strukturmodell, ein Konstruktmodell sowie ein Forschungsmodell und als Abbildung in diesem Buch auch ein Lehr-Lernmodell.

Literatur

Bartsch/Rüther/Toonen 1990; *Bauer, R.,* 1987; *Bay/Rodi/Linhart* 1981; *Bischoff* 1988; *Bonatz* 1978 a; *Cavese* 1978; *Dietrich* u. a. 1979; *Erber/Klee* 1986; 1988; *Eschenhagen* 1981 a; *Gropengießer, H.,* 1981; 1993; *Gropengießer/Laudenbach* 1987; *Gude* 1988; *Halbach* 1977; 1981; *Hedewig* 1990 a; *Högermann* 1986; 1989 a; *Kattmann* 1980 c; 1983 c; 1990; *Killermann/Stöhr* 1980; *Kirschfeld* 1984; *Knievel* 1984 a; *Köhler* 1985; *Linder* 1950; *Meyer, Hubert,* 1990; *Memmert* 1974; *Miram* 1980; *Müller, Johannes,* 1974; *Müller/Brehme/Lepel* 1985; *Müller* u. a. 1977; *Nachtigall* 1972;1978; *Pawelzig* 1981; *Poenicke* 1985; *Reichart* 1978 a;b; 1982; *Ronneberger* 1990; *Schaefer* 1977 a; *Schneider, H.,* 1981; *Schulte, H.,* 1978 a; *Simon* 1980; *Stachowiak* 1965; 1980; *Staeck* 1980; *Steinbuch* 1977; *Strube-Harms* 1984; *Trommer* 1980 c; *Viebahn* 1976; *Weninger* 1981; *Wenk/Trommer* 1978

10.5 Stehbilder

10.5.1 Allgemeines

Während Naturobjekte und viele materielle Modelle dreidimensional sind, werden die Objekte auf Bildern nur in zwei Dimensionen dargestellt. Bei den Stehbildern spielt im Gegensatz zu den Laufbildern auch die Dimension der Zeit keine Rolle.
Im Biologieunterricht sind die folgenden Typen von Stehbildern von Bedeutung:
- naturgetreue Darstellungen (Naturfoto, bildhafte Zeichnung),
- Schemata (vereinfachte Umrißzeichnung, Blütengrundriß, Bauplanzeichnung, Fotogramm),
- Diagramme (Graphen von mathematischen Funktionen, s. Abschnitt 9.3.5),
- geographische Karten (z. B. von Verbreitungsgebieten),
- künstlerische Illustrationen (z. B. Karikatur, Gemälde),
- Stehbildkombinate (z. B. Collagen).

Die genannten Bildtypen können in mehreren der folgenden Gruppen von Stehbild-Medien vertreten sein.

Hinsichtlich der Wirkung von verschiedenen Bildtypen auf das Lernen stellen *Kordula Schneider* und *Ulla Walter* (1992, 327) aufgrund einer empirischen Untersuchung fest: »Entgegen der Meinung vieler Unterrichtender, die Abbildungen müßten so realitätsgetreu wie möglich sein,weisen unsere Untersuchungsergebnisse auf eine andere Möglichkeit hin. Für den Aufbau sowohl kurz- und langfristiger Wissensstrukturen eignen sich alle Bildsorten, die eine Herausforderung an den Lerner darstellen. Dies bedeutet, daß der einfache Bildtypus, bei dem der Leser die Information schnell erfaßt und nur oberflächlich verarbeitet, nicht so häufig eingesetzt werden sollte. ... Hingegen führen komplexe Bildtypen, die einen überwindbaren Lernwiderstand hervorrufen, zu einer intensiven und bewußten Verarbeitung.« Die Autorinnen setzten ausschließlich Schemata ein, wobei die komplexeren Bildtypen logische Verknüpfungen zwischen Einzelbildern in einer Bildfolge erforderten (z. B. vergleichende Bildreihen, Darstellung von Kreisläufen). Sie folgern aus ihren Ergebnissen, daß die Hinführung zu komplexeren Bildtypen stufenweise erfolgen müsse, damit kein zu großer Lernwiderstand auftritt, der zu einem Abbruch der Informationsaufnahme führen könnte.

10.5.2 Dia und Diaprojektor

Unter »Diapositiv« (verkürzt Dia) versteht man ein transparentes Kleinbild, das gerahmt ist und durch einen Diaprojektor vorgeführt wird. Mit Hilfe von polarisiertem Licht, Doppelprojektion und einer Brille ist auch Stereo-Projektion möglich. Dias werden im Unterricht einzeln oder als Diareihen eingesetzt. Die meisten Dias sind Naturfotografien. Der fotografierende Biologe bereitet das Naturfoto bereits im Moment der Aufnahme durch Wahl der Perspektive, des Objektivs und des Bildausschnitts didaktisch auf. Mit Hilfe von Vorsatzlinsen oder Zwischenringen kann man beim Aufnehmen das Objekt vergrößern (Nahaufnahme, Makrofotografie). Das Aufnehmen von Bildern durch das Mikroskop nennt man Mikrofotografie. Durch Nahaufnahmen und Mikrofotografie zeigen sich dem Betrachter morphologische und anatomische Einzelheiten, die normalerweise dem Auge verborgen bleiben. Scheue Großtiere (z. B. Vögel) werden durch Fernrohre beobachtet und fotografiert: Telefotografie. Durch Fotografie von schematischen Abbildungen, Graphen und Tabellen entstehen Schemadias (Zeichendias).

Beim Einsatz im Unterricht sprechen Dias aufgrund ihrer großen Helligkeit und Projektionsgröße in starkem Maße den visuellen Sinneskanal an. Dias ersetzen die Naturobjekte, wenn diese gar nicht oder nicht in dem für die Behandlung notwendigen Entwicklungszustand verfügbar sind. Ihr Einsatz ist mit geringem technischen Aufwand verbunden, denn die neueren lichtstarken Projektoren lassen einen Einsatz bei nur schwach verdunkelten Räumen zu. Die Projektion ermöglicht eine Konzentration der Klasse auf den Unterrichtsgegenstand. Dias können auch Impulse zur selbständigen Erkundung und zum anschließenden Unterrichtsgespräch geben (vgl. *Kattmann/Stange-Stich* 1974, 119). Dabei sollte man den Schülern genügend Zeit für die Betrachtung lassen. Erst soll das Bild, dann sollen die Schüler und zum Schluß soll die Lehrperson sprechen (vgl. *Killermann* 1991). Dias beleben die Erinnerung; so können Eindrücke von einer Exkursion oder einem gezeigten Film wieder aufgefrischt werden. Es sollten in einer Stunde nur wenige Dias (nicht mehr als 10) gezeigt werden (vgl. *Staeck* 1980). Nur so können sie von den Schülern lange genug beobachtet und im Unterrichtsgespräch ausgewertet werden.

Nicht nur die Lehrpersonen, sondern auch die Schüler können durch selbst hergestellte Naturfotografien mit Heimatbezug den Biologieunterricht beleben (vgl. *Heinrich* 1975). Durch gezielte Arbeitsaufträge (z. B. Dokumentation von Langzeitbeobachtungen bei der Entwicklung von Lebewesen oder der

Entwicklung einer Wald-Lebensgemeinschaft im Jahreslauf) wird das entdekkende Herangehen an die Naturobjekte gefördert. Mehr als das Endprodukt sollte dabei der Prozeß des Lernens im Vordergrund stehen. Biologische Arbeitsgemeinschaften sind für dieses Vorhaben besonders geeignet (vgl. *Bay/ Rodi* 1979, 27-29).

Einzeldias werden für Unterrichtszwecke nach unterschiedlichen didaktischen Gesichtspunkten zu Diareihen zusammengestellt.
- In *monographischen Reihen* wird ein Objekt unter verschiedenen Gesichtspunkten betrachtet (z. B. Farnentwicklung, Honigbiene, Gesunde Zähne).
- Bildreihen mit *Übersichtscharakter* stellen einen umfassenderen Problemkreis unter verschiedenen Aspekten dar (z. B. Einheimische Schlangen, Tiere überwintern).
- Für den Einsatz von *Tonbildreihen* (vgl. *Bergmann* 1970; *Bay/Rodi* 1979) werden in der Regel drei Geräte benötigt: ein Diaprojektor, ein Tonbandgerät und ein Steuergerät, das die Koordination von Bild und Ton gewährleistet. Dies macht die Verwendung von Tonbildreihen im Unterricht besonders aufwendig und störanfällig. Der Bildwechsel erfolgt im allgemeinen alle 15 bis 20 Sekunden; damit ist die Präsentationsdauer für viele Schüler zu kurz. Die Bildinformationen werden mit besonderen Erläuterungen, mit Musik oder Naturgeräuschen (z. B. Vogelstimmen) unterlegt. Tonbildreihen sind als »selbstlehrende Medien« zu verwenden. Die Lehrperson hat keine Möglichkeit der didaktischen Gestaltung. Da die Schüler die Darbietung nur passiv aufnehmen können, sollten Tonbildreihen im Unterricht nur selten verwendet werden.

Flache Naturobjekte (z. B. Bandwurmglieder, Blätter, zergliederte Blüten, Früchte, Insektenflügel und -beine, Fingerabdrücke auf Tesafilm) kann man zwischen zwei Digläser bringen und so als *Objektdias* rahmen.
Mikropräparate, die nur eine schwache Vergrößerung benötigen, kann man ebenfalls direkt projizieren (vgl. *Kronfeldner* 1980; *Buschendorf* 1981; *Sturm* 1981).
Mit Hilfe der Diaprojektion lassen sich auch lichtsinnesphysiologische Versuche durchführen: Als *Experimental-Dias* dienen z. B. Bilder, die zu optischen Täuschungen führen, oder Abbildungen farbiger Flächen, die positive bzw. negative Nachbilder erzeugen).
Bringt man statt des Dias eine Küvette in den Strahlengang des Projektors, so kann man damit Kleinlebewesen des Wassers zeigen. Bei einer solchen *Küvetten-Projektion* steht das Bild allerdings auf dem Kopf. Für die Umkehr

des Bildes lassen sich für bestimmte Projektoren Zusatzgeräte beschaffen, die aber sehr teuer sind.
Setzt man an die Stelle der normalen Optik des Diaprojektors einen Mikrovorsatz, so kann man im Unterricht Mikropräparate projizieren. Im Vergleich zu den Mikrodias ist die *Mikroprojektion* aber sehr lichtschwach. Dafür haben die Schüler die Möglichkeit, die Herstellung der Mikropräparate zu verfolgen oder sogar selbst durchzuführen (s. Abschnitt 9.2.5) .

10.5.3 Fotogramme

Fotogramme sind Kontaktabzüge von Objekten auf lichtempfindlichem Papier. Auf diese Weise können vor allem Schattenrisse von flachen Gegenständen hergestellt werden (z. B. von Blättern). Das Objekt wird auf Fotopapier oder Blaupauspapier, das man von einem Architekturbüro erhalten kann, gelegt, mit einer Glasplatte beschwert und belichtet. Das Papier wird anschließend entwickelt und fixiert.
Fotogramme können Schülerzeichnungen teilweise ersetzen. Bei formenkundlichen Themen sollte man diese Möglichkeit des Methodenwechsels gelegentlich nutzen.

10.5.4 Bilder in Büchern und Bildmappen, Einsatz des Episkops

Schulbücher (s. Abschnitt 10.9) sind meist mit vielen bunten Abbildungen ausgestattet, die die Arbeit im Unterricht und das Nacharbeiten zu Hause erleichtern. Mit Hilfe von Buchprogrammen können sich die Schüler in Einzelarbeit mit Hilfe von Text und Abbildungen Kenntnisse in Biologie aneignen (s. Abschnitt 8.4.1).
Zu bestimmten Unterrichtsthemen gestaltete *Bilderhefte* sind besonders auf den unteren Klassenstufen geeignet, die Schüler emotional anzusprechen und sie die veranschaulichten Phänomene selbständig erarbeiten zu lassen(vgl. Beilagen zur Zeitschrift Unterricht Biologie). Auf den Sekundarstufen wird man Bilderhefte oder Einzelbilder aus Bildmappen bei denjenigen Unterrichtsthemen einsetzen, bei denen die affektiv-emotionale Dimension im Vordergrund steht (vgl. *Kattmann* 1978; *Gruen/Kattmann* 1983). Wenn die Abbildung von den Schülern unmittelbar betrachtet wird, wirkt sie intensiver und individueller als beim projizierten Dia.
Will die Lehrkraft die Aufmerksamkeit der ganzen Klasse auf ein Bild konzen-

trieren, so besteht mit Hilfe des Episkops die Möglichkeit, Abbildungen aus Büchern zu projizieren. Die Bilder sind allerdings nicht so hell wie bei der Tageslicht- oder Diaprojektion. Man muß daher vollständig verdunkeln. Mit Hilfe des Episkops kann man auch kleinere flache Naturobjekte farbig projizieren (mit dem Arbeitsprojektor geht dies nicht, s. Abschnitt 10.5.6).
Durch Ordnen von Bildern können sich die Schüler in Einzel- oder Gruppenarbeit im Systematisieren üben, z. B. beim Thema »Verwandtschaft bei Tieren« (Ordnen von Bildern eines Memory-Spiels).
Die Schüler sollten auch dazu angeregt werden, zu Themen, die im Unterricht behandelt werden, Bilder aus Zeitschriften und Illustrierten zu sammeln und im Klassenzimmer aufzuhängen oder ins Arbeitsheft einzukleben.
Bei bestimmten Themen (z. B. Gesundheitserziehung: Rauchen, Drogen usw.) kann man die Schüler zum Herstellen von Collagen anregen (vgl. *Zucchi* 1979). Zeitungsausschnitte oder Bilder aus Illustrierten können im Klassenzimmer an einer »Pinnwand« zu einer »Wandzeitung« zusammengestellt werden.

10.5.5 Poster und Wandbilder

Poster sind große Farbdrucke von Fotos oder Farbbildern. Sie sind gelegentlich biologiedidaktischen Zeitschriften beigelegt.
Die Bezeichnungen »Bildtafel«, »Lehrtafel« und »Wandbild« werden gleichbedeutend gebraucht. Man versteht darunter bis zu 2 x 2 m große farbige Bilder für den Unterricht. Die biologischen Lehrtafeln stellen die Objekte teilweise in ihrer Umgebung dar. Es gibt aber auch monographische Darstellungen von einzelnen Pflanzen und Tieren sowie Schautafeln zur Systematik. Auf demselben Wandbild sind zu einzelnen Arten oft Details schematisch abgebildet.
Im Gegensatz zur Tafelskizze, die im allgemeinen nur für eine Unterrichtsstunde stehenbleibt, sind Wandbild und Poster jederzeit verfügbar und brauchen zur Darbietung keinen technisch-organisatorischen Aufwand. Sie können über mehrere Stunden in der Klasse hängen, so daß man wiederholt auf sie zurückgreifen kann.
Viele von Verlagen angebotene Wandbilder weisen Mängel auf (vgl. *Staeck* 1980). Sie sind mit Details überladen. Die Tafeln sind nicht mit allen Teilen in jeder Altersstufe einsetzbar. Teilausschnitte sind oft für eine genauere Betrachtung in der Klasse zu klein. Abbildungsmaßstäbe sind häufig nicht angegeben. Da man Einzelteile kaum abdecken kann, ist ein entwickelndes Unterrichtsverfahren schwer möglich. Um diese Mängel zu vermeiden, stellt man sich die benötigten Wandbilder am besten mit Hilfe eines Projektors selbst her.

10.5.6 Arbeitstransparente und Arbeitsprojektor

Die Verwendung von Arbeitstransparenten (Folien) und deren Projektion durch ein kombiniertes Spiegel-Linsen-System eröffnet einige neue methodische Möglichkeiten für den Biologieunterricht. »Arbeitsprojektion« (AP) bedeutet, daß die Arbeitstransparente (AT) nicht unverändert projiziert werden, sondern daß mit ihnen durch Zeichnen, Beschriften oder Übereinanderlegen gearbeitet werden kann. Die Möglichkeit der Dynamisierung spielt bei der Verwendung der Arbeitsprojektion eine entscheidende Rolle (vgl. *Witte* 1969, 76; *Knievel* 1986). Durch gezielte Auswahl der Teile von Aufbautransparenten ist ein flexibler, am Lernprozeß orientierter Einsatz möglich (vgl. *Jaenicke* 1986).

Die Arbeitsprojektion heißt auch Overhead-Projektion oder »Rückwärtsprojektion«. Die Lehrperson steht mit dem Gesicht zur Klasse, während sie an dem Transparent arbeitet. Dadurch hat sie einen besseren Kontakt zur Klasse als bei Verwendung der Tafel. Der Ausdruck »Tageslichtprojektion« gibt an, daß man zur Projektion nicht verdunkeln muß; vor allzu großer Helligkeit sollte man aber die Projektionsleinwand abschirmen. Da nicht verdunkelt ist, kann die Lehrkraft während der Erarbeitung mit den Schülern im Gespräch bleiben.

Unter »Folie« im engeren Sinne versteht man ein unbeschriftetes Transparent im DIN A4-Format, das die Lehrperson im Unterricht beschriftet und entsprechend einer Tafel benutzt. Sie kann aber auch Folien bereits zu Hause teilweise vorbereiten und dann im Unterricht ergänzen. Für die vorbereiteten Teile verwendet man am besten Permanent-Filzstifte, für die Ergänzung im Unterricht wasserlösliche Stifte. Nach Abwischen der wasserlöslichen Beschriftung kann die vorbereitete Folie wieder benutzt werden. Bei den meisten Tageslichtprojektoren sind »Lauffolien« angebracht. Das sind Transparentbänder, die mit Hilfe von Rollen über die Projektionsfläche befördert werden und fortlaufend beschriftet werden können. Man kann die zu Hause vorbereitete Folie auch unter die unbeschriftete Lauffolie schieben und dann die Lauffolie mit wasserlöslichen Stiften beschreiben.

Damit die Schüler die Schrift auf den Transparenten noch lesen können, darf sie nicht zu klein (mindestens 5 mm) und nicht zu dünn sein. Um größere Flächen farbig anzulegen, verwendet man am besten farbige, selbstklebende Folien (vgl. *Lauterbach* 1974).

Beschriftete und bebilderte Vorlagen für die Arbeitsprojektion nennt man Arbeitstransparente. Käufliche Arbeitstransparente haben gegenüber den selbst hergestellten die Nachteile, daß sie wesentlich teurer und nicht so gut auf die jeweilige Unterrichtsplanung abgestimmt sind (vgl. *Hintermeier* 1983 a). Die

Lehrkraft sollte sie vor dem Einsatz im Hinblick auf sachliche Richtigkeit und methodische Aufbereitung überprüfen (vgl. *Armbruster/Hertkorn* 1977, 88 ff.; *Staeck* 1980, 57 ff.; *Schminke/Schultz* 1981).
Die meisten käuflichen Arbeitstransparente enthalten schematische Zeichnungen. Es gibt aber auch »Diatransparente«, die Naturobjekte als Fotografien abbilden. Bei kombinierten Systemen werden Naturfoto und Schema vergleichend projiziert.
Um komplexe Sachverhalte darzustellen, verwendet man Aufbautransparente. Auf eine Grundfolie können von den vier Seiten Deckfolien (Overlays) hereingeklappt werden (Klapptechnik). Eine letzte Folie enthält dann oft die Beschriftung.
Das Entwickeln eines neuen Bildes durch Verschieben der Deckfolien ist eine weitere Möglichkeit zur Verwendung von Arbeitstransparenten. Beispiel: Ausgehend von einem allgemeinen Schema einer Blütenpflanze, wird durch Höherziehen von drei Deckfolien mit aufgedruckten Laubblättern die Blüte eingehüllt. Durch Entfernung des Stengels entsteht dann daraus das Bild einer Zwiebel (s. Abb. 10-7). Werden die Deckfolien nicht unmittelbar übereinandergelegt, sondern besteht zwischen ihnen ein Abstand von einigen Zentimetern, so entstehen sogenannte »Schichtmodelle«. Damit kann man sehr gut die verschiedenen optischen Ebenen beim Aufbau der Zelle zeigen. Das dreidimensionale Gebilde wird in mehrere planparallele Ebenen zergliedert, die durch Herauf- oder Herunterbringen der Projektionsoptik des Arbeitsprojektors jeweils scharf eingestellt werden können (vgl. *Wenske* 1973; *Kästle* 1974; 1978).

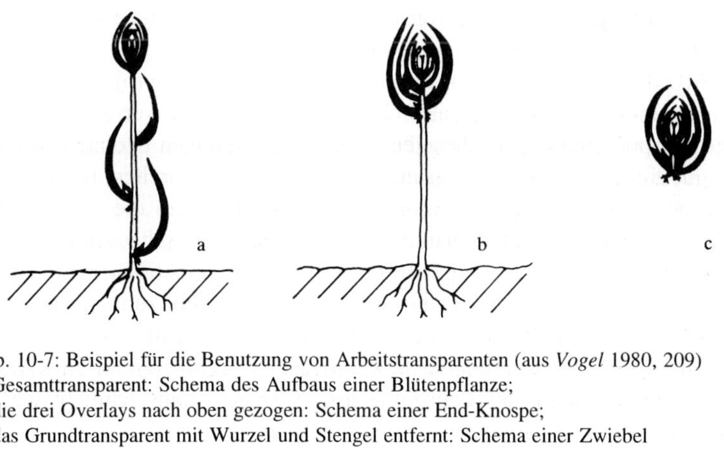

Abb. 10-7: Beispiel für die Benutzung von Arbeitstransparenten (aus *Vogel* 1980, 209)
a) Gesamttransparent: Schema des Aufbaus einer Blütenpflanze;
b) die drei Overlays nach oben gezogen: Schema einer End-Knospe;
c) das Grundtransparent mit Wurzel und Stengel entfernt: Schema einer Zwiebel

Dynamik kann nicht nur über Aufbaufolien suggeriert werden. Oft ist es auch eine gute Hilfe, wenn man schattengebende bewegliche Teile (sogenannte Figurinen) einsetzt, um Zuordnungen flexibel vorzunehmen und schwer zu verstehende Prozesse zu veranschaulichen (z. B. Nahrungsketten und Nahrungsnetze; Antigen - Antikörperreaktionen; Replikation der DNS; Chromosomen im Zellzyklus). Statt der schattengebenden Figurinen werden noch besser transparente farbige Teile verwendet. Ein Nachteil dieses Verfahrens im Vergleich zu den Aufbausätzen besteht allerdings darin, daß die einzelnen Teile sich leicht verschieben, so daß eine Beschriftung erschwert wird (s. Abschnitt 10.5.8).
Werden die Aufbauteile mit einem Druckknopf oder einer Metallklammer drehbar auf der Grundfolie montiert, so kann man damit Funktionsmodelle herstellen (Beispiele: Funktionsmodell des Schlagbaummechanismus bei der Salbeiblüte, vgl. *Bay/Rodi* 1979, 119; Schluckvorgang, Peristaltik, Nahrungstransport und Resorption, Muskelkontraktion, vgl. *Hedewig* 1981 a, 34 ff.). Auf diese Weise erreicht man auf der Leinwand eine starke Vergrößerung von Funktionsmodellen.
Durch die »Technamation« können mit Hilfe der Arbeitsprojektion Kreisprozesse simuliert werden (vgl. *Witte* 1969; 1971-1973; *Armbruster/Hertkorn* 1977, 100). Man verwendet dazu als Pfeile oder »Teile mit Drehbewegung« Polarisationsfolien. Unter der Projektionsoptik wird ein sich im Kreise bewegender Polarisationsfilter angebracht, der dann die Scheinbewegung auf den speziell entwickelten Transparenten hervorruft. Solche Transparente kann man selbst herstellen. Einige werden auch von Verlagen angeboten. Technamation ist in der Anschaffung teuer und nur bei wenigen Themen verwendbar, so daß man zur Darstellung von entsprechenden Vorgängen besser Filme einsetzt (vgl. *Armbruster/Hertkorn* 1977, 101).
Mit Hilfe der Arbeitsprojektion können auch Naturobjekte projiziert werden - wenn sie undurchsichtig sind, als Schattenrisse. Damit wird erreicht, daß eine große Gruppe gleichzeitig dieselben Naturerscheinungen beobachten kann. Sehr gut eignen sich Bewegungsanalysen bei Fischen, Lurchen, Insekten und Würmern. Allerdings muß darauf geachtet werden, daß die ausgestrahlte Wärme die Tiere nicht schädigt und daß diese oft sehr lichtscheu sind und daher der Projektion ausweichen. Mit Hilfe der Schattenrißprojektion von Präparaten (Bioplastiken) lassen sich sehr gut Vergleiche anstellen, zum Beispiel zwischen Fledermausskelett und Vogelflügelskelett. Durch Auflegen von Teilen einer Blüte auf die Projektionsfläche kann man Blütendiagramme entwickeln. Verschiedene Stadien der Laubzersetzung können veranschaulicht werden (vgl. *Moisl* 1981).

Die an die Tafel projizierten Naturobjekte können von Schülern oder der Lehrperson an der Wandtafel im Umriß nachgezeichnet werden. Solche Umrisse eignen sich für die Übertragung in die Hefte der Schüler und dienen dann der Ergebnissicherung.
Mit Hilfe der Tageslichtprojektion lassen sich auch einfache Experimente demonstrieren, wenn die Objekte in Petrischalen gebracht werden, z. B. Diffusionsversuche oder Versuche zur Fotosynthese (vgl. *Brucker* 1975; *Arend/Bäßler/Storrer* 1984; *Storrer/Arend* 1984; *Storrer/Bäßler/Arend* 1984).

Der Arbeitsprojektor ist eines der am vielseitigsten im Biologieunterricht verwendbaren Medien. Durch die Projektion von fertigen, oft sehr komplexen Zeichnungen und umfangreichen Lückentexten besteht aber die Gefahr, daß einige Schüler überfordert werden. Bei einem dosierten Einsatz wird von einem gesteigerten Lernerfolg berichtet (vgl. *Jaenicke* 1986). Durch die Arbeitsprojektion spart man vor allem bei der Ergebnissicherung sehr viel Zeit. Darunter können aber die Spontaneität und die Kreativität der Schüler leiden (vgl. *Rüther* 1980, 203).
Die Wandtafel sollte nicht durch die Arbeitsprojektion ersetzt werden (vgl. *Quasigroch* 1979 a; *Knievel* 1986). Text- und Bildinformation bleiben an der Wandtafel in der Regel für die ganze Stunde sichtbar, während man bei der Arbeitsprojektion normalerweise nicht die Ergebnisse einer ganzen Stunde in einer Übersicht festhalten kann. Durch kombinierten Einsatz von Tageslichtprojektor und Wandtafel kann dieser Mangel behoben werden. An der Wandtafel können auch mehrere Schüler gleichzeitig arbeiten.

10.5.7 Wandtafel

Die im allgemeinen an der Vorderseite des Klassen- oder Fachraums angebrachten dreiteiligen »Altartafeln« oder zweiteiligen »Schiebetafeln« dienen vor allem dazu, den Unterrichtsablauf in Stichworten und Skizzen festzuhalten. Diese Aufzeichnungen können die Schüler jederzeit leicht in ihre Arbeitshefte übernehmen. Die in vielen Räumen an den Seitenwänden vorhandenen starren Tafelflächen eignen sich besonders zum Festhalten von Langzeitbeobachtungen und für Schülerzeichnungen (vgl. *Bauer* 1981 a, 63 f.).
Die Qualität der Tafelarbeit wird wesentlich durch die Exaktheit und Sauberkeit des Tafelanschriebs bestimmt (s. Abschnitt 6.3.3). Farben im Tafelanschrieb dienen gelegentlich der Darstellung realer Gegenstandsfarben, häufiger jedoch als Symbole zur Hervorhebung eines Sachverhaltes. Einfache

Strichzeichnungen, die sich auf das Wesentliche beschränken, sind besonders wertvoll (s. Abschnitt 9.3.4). Malereien an der Wandtafel sind heute im Biologieunterricht nicht mehr üblich. Dafür gibt es Dias oder Bildtafeln.

10.5.7 Aufbausätze

In den letzten 40 Jahren wurden mit Hilfe verschiedener technischer Möglichkeiten Vorschläge zur Entwicklung von zusammensetzbaren Bildern (Aufbausätze) für den Unterricht erarbeitet, mit deren Hilfe man an einer Tafel Strukturen, Funktionen und vor allem Prozesse darstellen kann.
Aufbausätze sind ein geeignetes Mittel, um den Lernprozeß fortschreitend zu dokumentieren. Das Lernen wird durch das manuelle Begreifen und den Wechsel von visueller und verbaler Kommunikation über den Sachverhalt verbessert. Außerdem lassen sich die gewonnenen Erkenntnisse mit Hilfe der Aufbausätze gut sichern, vor allem dann, wenn entsprechende Arbeitsblätter zur Verfügung stehen, die das Aufbaubild festhalten.
Die Erarbeitung braucht nicht allein von der Lehrperson, sondern kann auch von den Schülern (unter mehr oder weniger starker Anleitung) vorgenommen werden. Es handelt sich dabei aber fast immer um Frontalunterricht. Für Gruppenarbeit müßten die Aufbausätze (evtl. in verkleinerter Form) mehrfach vorhanden sein. Beim Zusammentragen der Ergebnisse der Gruppenarbeit könnten die Lösungen dann an der Tafel veranschaulicht werden.
Ursprünglich wurden Aufbausätze von Lehrern selbst hergestellt. Einige der Vorschläge wurden inzwischen weiterentwickelt und werden von Verlagen angeboten (vgl. *Lhotte* o. J.; *Sandrock* 1980).
Zur Beurteilung von Aufbausätzen können die folgenden Kriterien herangezogen werden: Strukturiertheit und Verfügbarkeit des Aufbausatzes; Vielseitigkeit des Einsatzes; Verschiebbarkeit und Austauschbarkeit der Elemente.
Im Biologieunterricht werden vor allem folgende Aufbausätze eingesetzt:
- *Flanell*-Aufbausätze (vgl. *Gehrle* 1964; *Lhotte* o. J.) haben als Unterlage eine Flanelltafel. Die beweglichen Teile werden aus Filz ausgeschnitten, oder es wird auf die Rückseite von Kartonteilen eine rauhe Faserschicht aufgeklebt. Vorteile: Die einzelnen Bilder sind auf der ganzen Fläche frei beweglich. Nachteile: Eine Beschriftung der Flanelltafel ist nicht möglich. Beschriftungskästchen und -pfeile müssen daher ebenfalls vorbereitet werden.
- *Magnet*-Aufbausätze (vgl. *Kirschke* 1972; *Sandrock* 1980): Als Unterlage wird hier eine Stahltafel benutzt. Auf der Rückseite der beweglichen Teile werden selbstklebende Magnethafter angebracht.

Vorteile: Die einzelnen Bilder sind auf der ganzen Tafel verschiebbar, haften gut und ermöglichen einen schnellen Einsatz im Unterricht. Die Beschriftung der Teilbilder ist auf der Tafel jederzeit möglich.
Nachteile: Es muß gewährleistet sein, daß eine Stahltafel oder eine dauermagnetische Tafel im Unterrichtsraum vorhanden ist.

- *Styroporteile* kann man ausschneiden und mit Karton bekleben. Sie haften an der nassen Tafel.
  Vorteile: Sie können leicht selbst hergestellt werden und sind billig.
  Nachteile: Die Styroporteile fallen beim Trocknen der Tafel nach 15 bis 20 Minuten ab.
- Auf dem Arbeitsprojektor kann man mit *zerschnittenen Folien* (Minitransparenten) oder *6 mal 6-Dias* als Aufbausätzen arbeiten.

Literatur

Arend/Bäßler/Storrer 1984; *Armbruster/Hertkorn* 1977; 1978; *Bauer , E. W.,* 1981 a; *Bay/ Rodi* 1979; *Beckmann, H.,* 1970; *Bergmann, E.,* 1970; *Berkholz* 1971; 1978; *Brucker, G.,* 1975; *Buschendorf* 1981; *Christow* 1981; *Fahle/Oertel* 1994; *Gehrle* 1964; *Gruen/Kattmann* 1983; *Hafner, L.,* 1972; *Hedewig* 1981 a; *Heinrich* 1975; *Heißling* 1974; *Hintermeier* 1983 a; *Hirschmann* 1973; *Hüchtker* 1974; *Jaenicke* 1986; *Kästle* 1974; 1978; *Kattmann* 1978; *Kattmann/Stange-Stich* 1974; *Killermann* 1991; *Kirchner/Rüther* 1972; *Kirschke* 1972; *Knievel* 1986; *Kronfeldner* 1980; *Lauterbach* 1974; *Lhotte* o. J.; *Moisl* 1981; *Paprotte* 1980; *Quasigroch* 1979 a; *Rüther* 1980; *Sandrock* 1980; *Schminke/Schultz* 1981; *Schneider/Walter* 1992; *Schwadtke* 1973; *Seger* 1990; *Sommermann* 1980; *Staeck* 1980; *Storrer/Arend* 1984; *Storrer/Bäßler/Arend* 1984; *Sturm* 1981; *Vogel, G.,* 1980; *Wenske* 1973; *Witte, A.,* 1969; 1971-1973; *Zucchi* 1979

10.6 Laufbilder

10.6.1 Film

Im Vergleich zum Dia kommt beim Film die Dimension der Zeit hinzu. Dies ist im Biologieunterricht besonders zur Darstellung von Bewegungs- und Entwicklungsvorgängen bedeutsam. Die Schüler zu einem kritischen Filmverständnis zu führen, ist eine wichtige Aufgabe des Biologieunterrichts.
Die auf einem Film (8 mm oder 16 mm) dargestellten Einzelbilder eines Bewegungsablaufes werden in rascher Folge (16-24 Bilder je s) vorgeführt, so daß beim Betrachter der Eindruck eines kontinuierlichen Bewegungsablaufes entsteht. Im Vergleich zur Herstellung des Dias kann hier der Produzent noch wesentlich stärker gestalterisch eingreifen. Die Lehrkraft muß dies beachten,

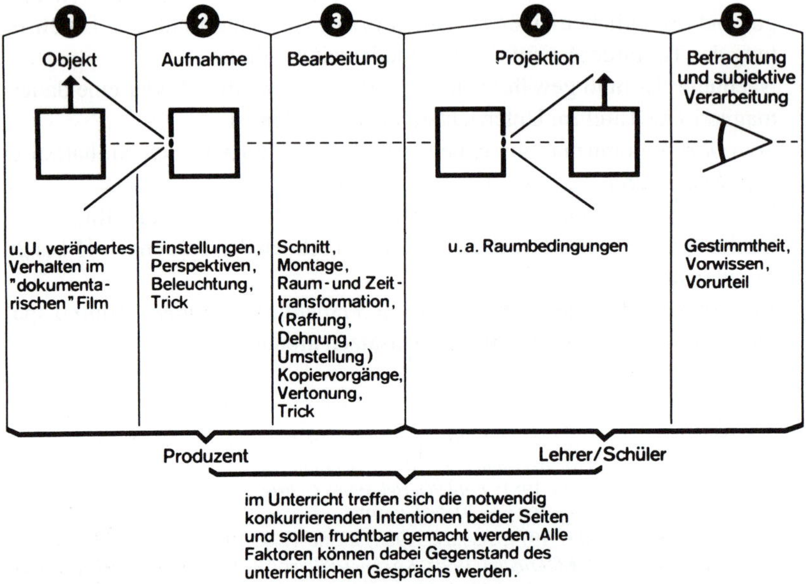

Abb. 10-8: Der Weg vom Objekt bis zur subjektiven Verarbeitung durch den Betrachter am Beispiel Film (aus *Weber* 1979, T. 1, 44)

wenn sie den Schülern einen Film als »Dokumentation der Natur« vorstellt. Abbildung 10-8 zeigt den Weg vom Objekt bis zur subjektiven Verarbeitung durch den Betrachter.

Die räumlichen Dimensionen von Filmen entsprechen denen bei Fotografien (Natur-, Tele-, Nah- und Mikroaufnahmen). Mit Hilfe von Röntgenstrahlen kann man Vorgänge im Inneren des Körpers studieren. Durch Infrarotlicht lassen sich lichtscheue Tiere in ihrem natürlichen Lebensraum beobachten.

Auch die zeitliche Dimension läßt sich im Film variieren. Bei der Zeitraffung wird der natürliche Bewegungsablauf durch den Film beschleunigt. Die Zeitdehnung (Zeitlupe) ermöglicht das Studieren sehr schneller Bewegungen. Durch die Bewegung der Kamera (Perspektive und Schwenk) werden Zusammenhänge leichter erkannt.

Nach der angesprochenen Sinnesmodalität lassen sich folgende Filme unterscheiden:

- Stummfilme sprechen nur den visuellen Kanal an. Man unterscheidet Schwarzweißfilme und Farbfilme.

- Bei Tonfilmen kommt noch der auditive Kanal hinzu (Magnet-Ton oder Licht-Ton). Durch Naturgeräusche wird das Erkennen erleichtert und das Erleben beim Betrachten vertieft. So kommen Farbtonfilme dem unmittelbaren Naturerleben recht nahe.

Die meisten Tonfilme haben zusätzlich noch einen Kommentar. Zur Vertiefung des Eindrucks ist es bedeutsam, daß Bilddokumentation und Kommentar sich verstärken und der Kommentar nicht vom Wesentlichen ablenkt.

An die naturgetreue Darstellung (Wirklichkeitsgehalt) von Naturfilmen müssen höchste Anforderungen gestellt werden, weil der Film in seiner inhaltlichen Verdichtung auf den Schüler vielfach mit stark suggestiver Kraft einzuwirken vermag (vgl. *Stichmann* 1974, 25 f.; *Müller* 1981).
Entsprechend ihrer *Gestaltung* haben Filme eine unterschiedliche Bedeutung. Die Aufgabe der größten Anzahl unserer Filme liegt zwischen Dokumentieren, Lehren und Unterhalten (vgl. *Bauer* 1980). Die folgenden Einteilungskriterien gelten daher nicht streng.
Die Filme der Naturforscher (vor allem Filme zum Verhalten von Tieren; vgl. *Lieb* 1980) sind reine *Dokumentationsfilme,* die Vorgänge in der Natur festhalten. Verhaltensabläufe müssen ohne »Manipulation« durch den Bearbeiter dokumentiert werden können. Sie sind oft für einen Außenstehenden zu langatmig und daher für den Schulunterricht nicht immer brauchbar (vgl. das Angebot des Instituts für den Wissenschaftlichen Film in Göttingen, IWF).
Der *Unterhaltungsfilm* (z. B. für Kinovorführungen) ist lang, spricht in oft sehr kurzen Szenen vielerlei Themen an und hat eine meist auffällige Begleitmusik (z. B. FWU 32 0468, Wiesensommer). Der reine Unterhaltungsfilm wird im Unterricht selten verwendet.
Der *Unterrichtsfilm* ist in seiner inhaltlichen und didaktischen Bearbeitung auf den Unterricht - oft sogar für eine bestimmte Altersstufe - zugeschnitten.
Die bisher genannten Filmtypen werden meist als 16 mm-Filme angeboten.
Der 8 mm-*Arbeitsstreifen* (S 8-Film, single-concept-Film, Kurzfilm, Elementfilm) dient zur Erarbeitung einzelner Teilfragen zu einem Unterrichtsthema. Arbeitsstreifen werden teilweise durch Auswahl von Abschnitten aus 16 mm-Filmen hergestellt. Sie laufen nur wenige Minuten. Naturvorgänge werden meist nur dokumentiert und nicht interpretiert. Es wird im allgemeinen nur der visuelle Kanal zur Information genutzt. Der Arbeitsstreifen ist didaktisch gestaltungsoffen (vgl. *Bay/Rodi* 1979, 107), d. h. er läßt sich auf Grund dieser Merkmale in den verschiedenen Unterrichtsphasen einsetzen
Neuerdings werden vom FWU Unterrichtsfilme als *Videokassetten* angeboten, die Arbeitsstreifen als Arbeitsvideos (vgl. FWU 1992).

Filme der unterschiedlichen Typen spielen im Biologieunterricht eine bedeutende Rolle. 97% der Biologielehrenden, die *Norbert Herrmann* (1969, 35) befragte, befürworteten den Filmeinsatz, und 79% benutzten selbst Filme im Unterricht. Alle Lehrer in der Bundesrepublik Deutschland haben die Möglichkeit, Filme bei den Kreis- und Landesbildstellen auszuleihen; Arbeitsstreifen werden aber im Normalfall nicht verliehen. Filme werden vom Institut für Film und Bild in Grünwald bei München (FWU), vom Institut für den Wissenschaftlichen Film in Göttingen (IWF), vom Institut für Weltkunde in Hamburg (WBF) und von verschiedenen Schulbuch-Verlagen zum Kauf angeboten.

Mit einer guten Ausrüstung und etwas Übung können Lehrkräfte für die Gestaltung des eigenen Unterrichts S 8-Filme oder Videos auch selbst herstellen. Die Produktion von Filmen mit Schülern ist am ehesten in Kursen oder Arbeitsgemeinschaften möglich (vgl. *Müller* 1976). Die aktive Filmarbeit läßt sich (nach *Kleine* 1981) in folgende Phasen einteilen: Festlegung des Themas, Analyse der technischen Möglichkeiten und Probleme, Planung der Filmaufnahmen, Durchführung der Filmaufnahmen, Filmschnitt, Endabnahme des Filmes (s. auch Abb. 10-8).

Der Einsatz von Filmen im Unterricht erfordert eine sorgfältige Vorbereitung. Vor der Verwendung eines Films sollte die Lehrperson sich diesen anschauen und mit Hilfe des Beiheftes - unter Berücksichtigung der Klassensituation und der Unterrichtsziele - prüfen, ob sie ihn ganz oder in Teilen, mit oder ohne Ton vorführen will. Dabei muß sie auch emotionale Aspekte beachten. Die meisten Menschen sprechen auf die Begleitmusik und die Farbe emotional stark an. So wirkt zum Beispiel die Nahrungsaufnahme der Ringelnatter im Farbtonfilm (FWU 32 1285) »brutaler« als bei der entsprechenden Szene im Schwarzweißfilm über die Kreuzotter (FWU 30 0448). Durch Filmdarstellungen können Sympathien ebenso wie Ekelgefühle und andere affektive Barrieren verstärkt werden.

10.6.2 Fernsehsendungen

Das Fernsehbild ist im Normalfall wesentlich kleiner als das Bild der Filmprojektion, aber es ist sehr klar und lichtstark, so daß die Darbietung in einem nur teilweise verdunkelten Raum erfolgen kann. In größeren Unterrichtsräumen sind oft zwei große Fernsehapparate fest montiert. Man kann auch mit einem großen Fernsehapparat und einigen Monitoren arbeiten.

Fernsehsendungen können im Klassenraum direkt übernommen werden; wenn an der Schule eine Fernsehkamera vorhanden ist, kann man Aufnahmen direkt übertragen oder über Aufzeichnungen (mit Hilfe eines Video-Recorders) vorführen. Im Gegensatz zu den Unterrichtsfilmen bringen die Fernsehsendungen meist aktuelle Themen mit Statements von Fachleuten, Diskussionen und Interviews. Im folgenden wird zwischen allgemeinen Fernsehsendungen, Schulfernsehsendungen und in der Schule selbst produzierten Fernsehfilmen unterschieden.

Biologisch orientierte Sendungen der *allgemeinen Programme* werden von Schülern sehr gerne zu Hause angeschaut (vgl. *Graebner* 1969; *Bauer* 1980; *Halbach/Gahl* 1982). Besonders Sendungen über Tiere haben eine sehr hohe Einschaltquote (z. B. »Expeditionen ins Tierreich«). Diese Sendungen sind meist als »Unterhaltungssendungen« konzipiert. Die Schüler verfügen durch regelmäßiges Beobachten dieser Sendungen über eine Fülle von Kenntnissen, die im Unterricht genutzt werden können. Eine Gefahr des »Fernsehkonsums« ohne Möglichkeit der Aussprache besteht darin, daß vor allem jüngere Schüler die Wirklichkeit und die Scheinrealität des Fernsehens nicht mehr voneinander trennen können. Daher ist im Unterricht eine Fernseherziehung nötig, die den Schülern die Herkunft der Erfahrungen bewußt macht und zu kritischem Fernsehen anleitet. Dazu müssen vor allem die in vielen Fernsehfilmen enthaltenen Anthropomorphismen erkannt und abgebaut werden.

Die Schüler sollten lernen,

- täglich nicht stundenlang vor dem Fernsehapparat zu sitzen, sondern gezielt nur wenige, für sie bedeutsame Sendungen auszuwählen,
- den Inhalt des Gezeigten kritisch zu überdenken,
- die Mittel zu verstehen, mit denen Fernsehsendungen wirkungsvoll gestaltet werden.

Für das Fach Biologie ist das Angebot im *Schulfernsehen* in der Bundesrepublik Deutschland verhältnismäßig spärlich. Im Gegensatz zum allgemeinen Fernsehen hat das Schulfernsehen folgende Besonderheiten:

- Schulfernsehen wird während der Unterrichtszeit (oft in Wiederholungen) gesendet. Die Sendungen dürfen aufgezeichnet werden.
- Schulfernsehsendungen orientieren sich in Themenauswahl (z. B. Lebensraum Acker, vgl. *Eschenhagen/Fulda/Jagnow* 1977; Der Hund, vgl. *Breddermann/Fulda* 1977) und Aufbereitung an den Schülern und am Lehrplan. Die Sendereihen bestehen meist aus 5 bis 6 Einzelsendungen von 20 bis 30 Minuten Dauer.

Das Schulfernsehen kann - bei entsprechender Vor- und Nachbereitung durch die Lehrkraft - eine Abwechslung in den Biologieunterricht bringen, zumal die

Sendungen neueres Anschauungsmaterial verwenden und aktuell aufbereitet sind (vgl. *Dearden* 1982).
Ist in der Schule eine Fernsehkamera vorhanden, so können Aufnahmen direkt in die Klasse übertragen oder über ein Videogerät aufgezeichnet und später wiedergegeben werden. Für den Biologieunterricht ergeben sich durch ein solches *schulinternes Fernsehen* folgende Möglichkeiten (vgl. *Bäßler* 1969): Kleine Gegenstände (z. B. kleine Insekten) werden bei entsprechender Einstellung (des Zoom-Objektivs) auf dem Bildschirm stark vergrößert abgebildet und können von der ganzen Klasse gleichzeitig betrachtet werden. Setzt man eine Fernsehkamera auf ein Mikroskop mit entsprechender Beleuchtung, kann man mikroskopisch kleine Lebewesen (vor allem Protozoen) sehr gut zeigen, ohne die Objekte stark zu erwärmen (wie das bei der Mikroprojektion oft geschieht).
Mit Hilfe der Fernsehkamera lassen sich auch Rollenspiele aufzeichnen und kritisch reflektieren.
Zum Einsatz des Fernsehens im Unterrichtsverlauf gilt das beim Abschnitt »Film« Gesagte.

Literatur

Bäßler 1969; *Bauer* 1980; *Bay/Rodi* 1979; *Breddermann/Fulda* 1977; *Burghagen* 1984; *Dearden* 1982; *Ermeling/Stüper* 1971; *Eschenhagen/Fulda/Jagnow* 1977; FWU 1992; *Graebner* 1969; *Halbach/Gahl* 1982; *Herrmann* 1969; *Kleine* 1981; *Könnicke* 1980; *Lieb* 1980 b; *Müller, G. J.*, 1981; *Müller, H.*, 1976; *Stichmann* 1974; *Thies/Gaberding* 1981; *Weber, K.*, 1979

10.7 Auditive Medien

Die auditiven Medien sprechen allein den Gehörsinn (auditiver Kanal) an. Als akustische Eindrücke lassen sich Sprache, Musik und Geräusche unterscheiden. Von den für den Biologieunterricht interessanten Naturgeräuschen (vor allem Tierstimmen) können die für den Menschen nicht hörbaren (z. B. Ultraschall der Fledermäuse) durch Frequenzmodulation in den Hörbereich transformiert werden. Auch bioelektrische Vorgänge kann man durch Übertragung auf einen Lautsprecher hörbar machen (z. B. Phono-Elektrokardiogramm). Zur Speicherung und Wiedergabe akustischer Eindrücke gibt es folgende Möglichkeiten:

- Schallplatte: Dies ist die älteste Art der Tonkonservierung. Von Vogel- und Lurchstimmen sind Schallplatten im Handel erhältlich.

Tonkassette: Im Gegensatz zu den Schallplatten kann man bei Tonkassetten beliebige Stellen leicht auffinden. Mit Hilfe von tragbaren Kassettenrecordern lassen sich vom Stromnetz unabhängig Aufnahmen durchführen.
- Compactdisc (CD): Der Speicherplatz ist größer als bei Schallplatten und Tonkassetten. Die Tonqualität ist besser. Beliebige Stellen lassern sich sehr schnell auffinden. Im Handel sind CDs mit Vogelstimmen erhältlich.

Tonaufzeichnungen spielen zur Dokumentation von Lautäußerungen von Tieren in der bioakustischen Forschung eine sehr wichtige Rolle, z. B. von Vogelstimmen, Lurchstimmen, Geräuschen von Insekten. Diese Aufzeichnungen sind oft sehr lang und didaktisch nicht aufbereitet.

Das Angebot an auditiven Medien für den Biologieunterricht (vgl. FWU 1992) ist gering, da die meisten akustischen Informationen bei den Laufbildern mitgeliefert werden. Nach der Art der Gestaltung unterscheidet man:
- Darstellungen von *Naturgeräuschen*, die für den Unterricht ausgesucht und kommentiert sind haben eine Länge von etwa 10 Minuten (z. B. Laute bei der Fledermaus; Stimmen auf dem Hühnerhof, vgl. *Klahm* 1984).
- Bei *Dokumentationen* (Hörbilder, Features) handelt es sich meistens um Interviews und Gespräche mit Fachleuten (z. B. »Über das Rauchen«).
- *Hörspiele*: bringen eine kontinuierlich aufgebaute Spielhandlung und enthalten im allgemeinen eine Begleitmusik. Diese Form wird vor allem zur Darstellung geschichtlicher Ereignisse in der biologischen Forschung verwendet. Die Länge solcher Hörspiele beträgt etwa 30 Minuten.
- *Schulfunksendungen* sind im Hinblick auf ihre zeitliche Anordnung, ihren Inhalt und ihre Gestaltung auf die Bedürfnisse der Schule abgestimmt. Trotz dieser Abstimmung und der Möglichkeit, die Sendungen für das jeweils laufende Schuljahr aufzuzeichnen, werden Sendungen mit biologischem Inhalt nur wenig genutzt (vgl. *Eschenhagen/Längsfeld* 1981).

Zwar sind für den Menschen im allgemeinen die optischen Eindrücke wichtiger als die akustischen, doch sollten im Biologieunterricht alle geeigneten Möglichkeiten genutzt werden, um den Gehörsinn der Schüler zu verfeinern. Die Eigentätigkeit der Schüler läßt sich am besten fördern, indem man sie zum Aufnehmen von Vogelstimmen oder anderen Naturgeräuschen sowie von Interviews und Geräuschcollagen anregt. Mit Hilfe von selbst auf Kassette aufgenommenen Vogelstimmen können die Schüler auch das Revierverhalten der betreffenden Vogelarten studieren (vgl. *Witte* 1973).

Literatur

Eschenhagen/Längsfeld 1981; FWU 1992; *Hochhold* 1974; *Klahm* 1984; *Schill* 1978; *Witte, A.,* 1973

10.8 Arbeitsblatt, Arbeitsheft und Arbeitsmappe

Arbeitsblätter sind Medien, die zu einzelnen Stunden oder für spezielle Aufgaben einer Stunde ausgegeben werden. Sie werden am besten von der Lehrperson eigens für den Unterricht entwickelt bzw. aus Vorlagen modifiziert. Von Schulbuchverlagen gibt es ein großes Angebot für Kopiervorlagen, die auch in Lehrerhandbüchern meist zahlreich vorhanden sind. Im Gegensatz zum Schulbuch, das meist dem Schulträger gehört, ist das Arbeitsblatt Eigentum der Schüler und kann daher beschrieben werden. Oft werden bei Zuordnungsaufgaben Teile ausgeschnitten und entsprechend aufgeklebt (vgl. *Gebhardt* 1975; *Gehlhaar* 1980; *Hell* 1980).
Ein vervielfältigter Zeitungsabschnitt kann durchgearbeitet und anschließend diskutiert werden. Aus Tabellen können Säulendiagramme erstellt werden. Beobachtungs- und Versuchsanleitungen werden bereitgestellt (Arbeitskarten). Unbeschriftete Abbildungen von komplizierten Sachverhalten werden beschriftet.
In den Arbeitsblättern sind meist Text- und Bildinformationen, Lückentexte oder Zuordnungsaufgaben, unbeschriftete Abbildungen und Arbeitsaufträge miteinander kombiniert (vgl. *Hasselberg/Meyer* 1978; *Brogmus/Dircksen/Gerhardt* 1983 f.). Bei den »biologischen Skizzenblättern« und beim »Kopieratlas Biologie« (vgl. *Henes* 1972 ff.; *Gehendges* 1987 f.) sind nur unbeschriftete Umrißskizzen vorgegeben. Solche Skizzen können vom Lehrer mit Hilfe von »Umrißstempeln« für die Klasse auch selbst hergestellt werden (Anregungen bei *Gürtler/Werner* 1966). Sehr häufig kann man die Arbeitsblätter im Zusammenhang mit einem (identischen) Arbeitstransparent oder mit einem Aufbausatz für die Zusammenfassung und Ergebnissicherung verwenden. Das Beschriften von Skizzen und das Ausfüllen von Lückentexten können auch als Hausaufgabe erfolgen.
Arbeitsblätter haben im Vergleich zu Aufzeichnungen im Arbeitsheft den Vorteil der Zeitersparnis. Allerdings wird durch sie der Unterricht stark gelenkt, vor allem, wenn sie schon zu Beginn des Unterrichts ausgeteilt werden und sehr differenziert angelegt sind. Wenn Texte und Zeichnungen immer vorgegeben werden, üben sich die Schüler zu wenig im selbständigen Arbeiten. Aus diesem Grunde sollten das Ausfüllen von Arbeitsblättern und das Eintragen ins Arbeitsheft im Wechsel angewendet werden.

Im *Arbeitsheft* halten die Schüler die Ergebnisse der Biologiestunden fest und haben damit eine Gedächtnisstütze. Zum Wiederholen sind dagegen Arbeitsblätter mit beschrifteten Skizzen meist besser geeignet als nur Texte.

Wenn Arbeitsheft und Arbeitsblätter im Wechsel verwendet werden, empfiehlt sich, das Heft als eine Sammlung von DIN A 4-Blättern in einem Schnellhefter anlegen zu lassen. Die Blätter sollten numeriert und mit Datum versehen werden. Manche Lehrpersonen lassen statt der Schnellhefter *Arbeitsmappen* führen, in die die Blätter lose eingelegt werden. Die Schüler können dann ihr Material noch leichter nachträglich ergänzen, aber nicht so gut Ordnung halten wie im Hefter.

Volker Längsfeld (1981) schlägt ein »Einheitenheft« vor, in das die Schüler alles Material, das sie selbst gesammelt oder erarbeitet haben, zusammen mit von der Lehrkraft ausgeteilten Arbeitsblättern einkleben bzw. eintragen. Der Autor erwartet, daß die Schüler bei dieser Art der Unterrichtsdokumentation Freude an ihrem eigenen Werk empfinden, sich mit Hilfe des Einheitenhefts besser an den betreffenden Unterricht erinnern und nicht in die Konsumentenrolle hineingeraten, in die sie durch übermäßige Verwendung von Arbeitsblättern so leicht gebracht werden.

Literatur

Brogmus/Dircksen/Gerhardt 1983 f.; *Gebhardt* 1975; *Gehendges* 1987 f.; *Gehlhaar* 1980; *Gürtler/Werner* 1966; *Hasselberg/Meyer* 1978; *Hell* 1980; *Henes* 1972 ff.; *Längsfeld* 1981

10.9 Biologie-Schulbuch

10.9.1 Zum Begriff

Schulbücher sind - im Unterschied zu anderen Büchern - für die Benutzung durch Schüler in unterrichtlichen Zusammenhängen konzipiert. Sie sind jeweils an den Anforderungen bestimmter Schulstufen, oft auch bestimmter Schultypen, orientiert. Biologie-Schulbücher werden auch als Schülerbücher (vgl. *Stichmann* 1970; *Grupe* 1977), Schülerlehrbücher (vgl. *Pfeiffer* 1971), Lehrbücher (vgl. *Siedentop* 1972; *Mostler/Krumwiede/Meyer* 1979; *Killermann* 1991) oder Biologiebücher (vgl. *Koch* 1977 a; b; *Hillen* 1978) bezeichnet. Da der Ausdruck »Schulbuch« die weiteste Verbreitung auch außerhalb des Bereichs der Biologiedidaktik gefunden hat (vgl. »Schulbuchverlag«, Zeitschrift »Blickpunkt Schulbuch«), wird er hier verwendet.

Gegenüber anderen Büchern zeichnen sich Schulbücher durch eine Reihe von Gestaltungsmerkmalen aus, z. B. durch einen hohen Anteil an Abbildungen, Arbeitsanleitungen und die Lehrerbegleittexte. Ein weiteres Charakteristikum von Schulbüchern besteht darin, daß sie vor ihrer Veröffentlichung ein Begutachtungsverfahren durch Einzelgutachter oder Kommissionen durchlaufen müssen, die von den für die Schulbuchgenehmigung zuständigen Ministerien bestellt sind. Durch dieses Verfahren soll vor allem sichergestellt werden, daß die Schulbücher mit den geltenden Richtlinien oder Lehrplänen übereinstimmen. Da die Richtlinien von Bundesland zu Bundesland differieren, sind viele Verlage dazu übergegangen, von ihren Schulbüchern verschiedene Länderausgaben herauszubringen.

Entsprechend der Auswahl der Inhalte und ihrer Anordnung im Buch lassen sich mehrere Typen von Biologie-Schulbüchern ausmachen (vgl. *Maurer* 1978; *Loidl* 1980, 696).

Beim *»systematisch-morphologischen« Typ* orientiert sich die Stoffanordnung am System des Pflanzen- und Tierreichs. Die monographische Betrachtungsweise dominiert; Zusammenfassungen und Verallgemeinerungen dienen vorwiegend der Orientierung im Sinne der Systematik. Allgemeine Zusammenhänge, z. B. ökologischer Art, kommen meist zu kurz. Dieser Schulbuchtyp war bis in die siebziger Jahre vor allem in der Unter- und Mittelstufe des Gymnasiums verbreitet.

Auch der *»Lebensraumtyp«,* der seine größte Bedeutung im Bereich der Hauptschule hatte, spielt heute keine wesentliche Rolle mehr. Wie der systematisch-morphologische Typ bringt auch der Lebensraumtyp die Schwierigkeit mit sich, daß wichtige Aspekte der Allgemeinen Biologie nicht oder nur unter Zwang in das Gliederungsschema (Lebensräume und Jahreszeiten) einzufügen sind und nicht in der wünschenswerten Geschlossenheit behandelt werden können.

Der *»Kennzeichen-des-Lebens-Typ«* ist durch die Stoffanordnung nach Gesichtspunkten der Allgemeinen Biologie charakterisiert. Während dieser Schulbuch-Typ früher nur in der Oberstufe des Gymnasiums eine Rolle spielte, sind ihm heute die meisten Schulbücher zuzuordnen. Zweifellos ermöglicht dieser Typ die größte Variabilität im einzelnen. Er entspricht auch am ehesten Bestrebungen zur Neustrukturierung der Bezugswissenschaft Biologie nach den Teildisziplinen des Faches (z. B. Physiologie, Ethologie, Ökologie).

Innerhalb der Haupttypen lassen sich Untergruppen bilden. Vor allem unterscheiden sich die Bücher dadurch voneinander, daß sie mehr oder weniger gut als *Arbeitsbücher* geeignet sind. Schon bei *Werner Siedentop* (1972, 122 f.) findet sich die Unterscheidung »Systematisches Lehrbuch« und »Methodisches Lehrbuch« (vgl. auch *Kuhn* 1975 a). Mit der Curriculumreform hat das

Gegensatzpaar »Lehrbuch - Arbeitsbuch« an Bedeutung gewonnen. Nach »der landläufigen Meinung« ist das Arbeitsbuch »ein Buch . . ., in das der Schüler hineinschreibt, seien es Merksätze, Lösungen von Aufgaben, die Beschriftung von Skizzen u. ä.« (*Loidl* 1980, 691). Einige dieser Bücher setzen sich aus einem Lehrbuchteil und einem »Arbeitsteil« zusammen, wobei der zweite Teil gelegentlich aus einer Sammlung von Arbeitsblättern besteht. Das entscheidende Kriterium für ein Arbeitsbuch ist seine »Eignung, den Lernprozeß, die 'Arbeit' der Schüler zu fördern und zu stützen« (*Loidl* 1980, 694), unabhängig davon, ob es Leerstellen für Schülereintragungen enthält. Mit Büchern, die ein gesondertes Arbeitsheft für die Schüler umfassen, ist ein fließender Übergang zu Lehr- oder Unterrichtsprogrammen in Buchform geschaffen, die im allgemeinen ebenfalls aus zwei Teilen bestehen: einem Heft mit den Lerneinheiten (mit Sachinformationen und Aufgaben) und einem Heft, in das die Schüler ihre Antworten eintragen sollen. Während aber die üblichen Schulbücher den Schülern gehören oder ihnen für längere Zeit geliehen werden, werden Lehrprogramme meist nur für einzelne Unterrichtseinheiten an die Schüler ausgegeben. Lehrprogramme werden durchweg nur als Ergänzung des eingeführten Schulbuchs, nicht als Schulbuchersatz verwendet.

Durch eine Befragung von Lehrkräften in Österreich wurde belegt, daß die meisten Lehrpersonen von den »Arbeitsteilen« ihres Schulbuches gar keinen Gebrauch machen (vgl. *Loidl* 1980). Dieses Ergebnis mag sich zum Teil aus Mängeln der betreffenden Bücher erklären; wahrscheinlich spielt aber auch eine Rolle, daß gerade engagierte Biologielehrende die Unterrichtsführung selbst in der Hand behalten und nicht an das Schulbuch abgeben wollen.

10.9.2 Sinn und Bedeutung

Die Aussage *Werner Siedentop*s (1972, 124), »für manche Kinder, vielleicht sogar Familien, ist das Lehrbuch die einzige Quelle biologischer Erkenntnis«, dürfte heute nicht mehr zutreffen. Doch ist anzunehmen, daß die Wirkung des Biologie-Schulbuches größer ist als die jedes anderen im Biologieunterricht eingesetzten Mediums. Immerhin ist das Schulbuch das einzige Medium, das den Schülern jederzeit in und außerhalb der Schule zur Verfügung steht. Wie hoch die Bedeutung des Schulbuches eingeschätzt wird, läßt sich daraus ablesen, daß es als einziges Medium einem vom Staat verordneten Genehmigungsverfahren unterzogen wird (vgl. *Marquardt/Unterbruner* 1981, 10).

Das Biologie-Schulbuch kann von Schülern und Lehrkräften in vielfältiger Weise genutzt werden (vgl. *Weber* 1992):

- Zum Lesen und Interpretieren von Texten und zur Besprechung von Abbildungen, Diagrammen oder Tabellen im Klassenunterricht;
- zur Erarbeitung von Inhalten oder Lösung von Aufgaben während des Unterrichts in Form von Einzel-, Partner- oder Gruppenarbeit;
- zur Vorbereitung auf den Unterricht durch alle Schüler in häuslicher Arbeit;
- zur Unterrichtsvorbereitung durch einzelne Schüler oder Schülergruppen (Referate, Versuche, Demonstrationen u. a.);
- als Anregung zur Erkundung der Umwelt oder zur Auswertung weiterer Informationsquellen;
- zur Erfüllung von im Unterricht gestellten Hausaufgaben;
- zur Wiederholung und Festigung erworbener Kenntnisse im Anschluß an den Unterricht;
- zum Nacharbeiten durch Schüler, die Unterrichtssequenzen versäumt haben;
- zur Überprüfung der eigenen Kenntnisse durch die Schüler;
- zum freien Lesen und Betrachten der Bilder;
- als Nachschlagewerk für die Schüler und ihre Angehörigen;
- als Hilfe für die Lehrperson zur Strukturierung von Unterrichtsinhalten;
- zur Unterstützung der fachlichen Vorbereitung der Lehrkraft;
- als Quelle methodischer Anregungen für die Lehrkraft;
- als Ersatz oder Ergänzung für andere Medien des Biologieunterrichts (z. B. Originaltexte, Abbildungen, Arbeitsblätter, Merkhefte).

Die genannten Nutzungsmöglichkeiten sind nicht alle gleichwertig. So wird zum Beispiel das einfache Vorlesen und Besprechen von Schulbuchtexten im Frontalunterricht von den meisten Didaktikern abgelehnt. Doch selbst in diesem eindeutig erscheinenden Fall lassen sich Pro-Argumente finden. Wenn etwa eine Lehrperson das Biologiebuch ab und zu dazu benutzt, um mit den Schülern das im Leben außerhalb der Schule so wichtige Lernen an Texten zu üben, so erfüllt sie damit sicher eine Aufgabe, die nicht nur dem Fach Deutsch, sondern auch den anderen Schulfächern gestellt ist (s. Abschnitt 9.2.8; vgl. *Loidl* 1980, 694; *Marquardt/Unterbruner* 1981, 14).

Auch gegen die Verwendung des Schulbuches durch die Lehrenden zur fachwissenschaftlichen Information oder methodischen Vorbereitung ist nichts einzuwenden, solange das Schulbuch nicht die alleinige Quelle bleibt. Es geht darum, das Schulbuch möglichst vielseitig und variabel einzusetzen und keiner der vielen Nutzungsmöglichkeiten eine Monopolstellung einzuräumen.

Wegen der offensichtlichen Mißbrauchsmöglichkeiten lehnen einige Lehrkräfte jedes Schulbuch ab. Viele der von Schulbuchgegnern angeführten

Argumente sind leicht zu entkräften. So braucht die Lehrperson keineswegs der Stofffülle des Schulbuches zu erliegen, sie braucht sich nicht sklavisch an die Strukturierung und die methodischen Vorschläge des Buches zu halten, sie kann neben den im Buch erwähnten Organismen auch Arten einsetzen, die in der Schulumgebung vorkommen, sie kann die Buchinhalte durch aktuelle Themen ergänzen. Schwerwiegender ist das Bedenken, daß Texte, Abbildungen, Tabellen oder Aufgabenstellungen des Schulbuches die unmittelbare Auseinandersetzung mit den Naturphänomenen erschweren oder gar verhindern könnten. Die üblichen Biologie-Schulbücher bieten ja zu jeder Anregung einer Überlegung auch deren Fortführung und Ergebnis, zu jeder Aufgabe auch deren Lösung. Sie machen damit im Grunde das eigene Nachdenken und Handeln der Schüler überflüssig. Schüler, die mehrmals erfahren haben, daß die Unterrichtsergebnisse im Buch enthalten sind, werden eventuell weniger engagiert mitarbeiten, als wenn der Ausgang ihrer Bemühungen offen ist. Auch wenn die Lehrkraft das Schulbuch während des Unterrichts kaum heranzieht, besteht die Möglichkeit, daß sich einige Schüler bereits vorher informieren und die Unterrichtsresultate vorwegnehmen.
Aus diesem Dilemma ziehen viele Lehrende die Konsequenz, das Schulbuch nur selten und dann meist zur Wiederholung am Ende einer Unterrichtseinheit einzusetzen. Diese Folgerung ist sicher überspitzt; denn es kann durchaus gelingen, Unterrichtsinhalte so zu erarbeiten, daß auch diejenigen Schüler interessiert und gefordert werden, die das betreffende Kapitel im Schulbuch schon durchgelesen haben. In dieser Situation besteht die Aufgabe der Lehrperson darin, Gesichtspunkte einzubringen, die im Buch nicht berücksichtigt sind, und Methoden und Medien einzusetzen, die einem Buch verschlossen sind. Man tut also gut daran, mit dem Schulbuch genauso umzugehen wie mit anderen Medien auch: Man sollte ihm unter Berücksichtigung aller anderen Parameter des Unterrichts - wie Ziele, Inhalte, Methoden - eine angemessene Funktion zuweisen. Damit wird das Schulbuch zu einem Element in einem wohldurchdachten System von Medien, in dem es vor allem »der Präsentation des Gesamtstoffes sowie als Arbeitsmittel, Lieferant zusätzlicher Informationen, Nachschlagewerk und Repetitionsmittel dienen« kann (*Koch* 1977 a, 60; vgl. *Hahn* 1981; *Stawinski* 1982).
In vielen seiner Funktionen kann das Schulbuch von anderen Büchern sinnvoll unterstützt werden. Für die Lehrkraft ist es günstig, wenn sie außer dem in ihrer Klasse eingeführten Schulbuch noch möglichst viele andere Schulbücher zur Unterrichtsvorbereitung heranziehen kann. Auch für die Schüler empfiehlt sich die Bereitstellung weiterer Biologie-Schulbücher. Daneben sollten im Biologieraum oder Klassenzimmer verschiedene Lexika, Nachschlagewerke,

Tier- und Pflanzenbücher, Ökologie-Bücher u. ä. griffbereit ausliegen. Eine solche kleine Handbücherei dient nicht nur der Klärung von Fragen, die im Unterricht aufgeworfen werden, sondern auch dem Einsatz in Partner- oder Gruppenarbeitsphasen, der Vorbereitung von Referaten oder der Beschäftigung von Schülern, die mit einer Stillarbeit früher fertig geworden sind als ihre Mitschüler.

10.9.3 Kriterien zur Beurteilung von Biologie-Schulbüchern

In der biologiedidaktischen Literatur findet sich eine Vielzahl von Einzelforderungen zur Gestaltung von Schulbüchern bzw. von Einzelkriterien zur Beurteilung vorliegender Schulbücher. Diese Kriterien werden von fast allen Autoren angeführt, die sich mit dem Thema befassen (vgl. *Beier* 1971; *Pfeiffer* 1971; *Klautke* 1974; *Koch,* 1977 b; *Hillen* 1978; *Loidl* 1980). Schwierigkeiten bereitet offenbar die Zusammenfassung mehrerer Kriterien zu Gruppen.

Während einige Autoren (vgl. *Klautke* 1974; *Hillen* 1978) nur drei Kategorien unterscheiden (stofflich-inhaltliche, didaktisch-methodische Gesichtspunkte und Ausstattung), finden sich bei anderen bis zu sieben Kriteriengruppen (Aufbau, methodische Gestaltung, Bildausstattung, Textgestaltung, Arbeitsteil, Weltbild, Lehrerbegleitheft; vgl. *Loidl* 1980, 700). Umstritten ist auch die Gewichtung der Einzelkriterien. Die meisten Autoren verzichten auf eine solche Gewichtung; die Versuche, dem Lehrer »Testbogen« zur Beurteilung von Biologiebüchern mit einem Bewertungsschema an die Hand zu geben, unterscheiden sich beträchtlich voneinander (vgl. *Hillen* 1978; *Loidl* 1980).
Allgemein anerkannt ist das Kriterium der *Sachrichtigkeit.* Weit verbreitet ist die Ansicht, daß Sachfehler in Biologie-Schulbüchern der Sekundarstufe I kaum vorkommen (vgl. *Beier* 1971, 22; *Loidl* 1980, 696). Wie jede detaillierte Überprüfung gängiger Bücher - vor allem Erstauflagen - zeigt, kann diese Behauptung nicht aufrechterhalten werden. Die Frage nach der Sachrichtigkeit läßt sich auch keineswegs immer so einfach beantworten, wie das auf den ersten Blick scheint. Besonders in Schulbüchern für niedere Schulstufen spielt das Moment der didaktischen Reduktion eine bedeutende Rolle (vgl. *Weber* 1976; s. Abschnitt 3.2.4), und die Grenze zwischen »vereinfacht« und »falsch« ist oft schwer zu ziehen.
Größere Schwierigkeiten bereitet der Gesichtspunkt der *Inhaltsauswahl.* Bereits beim amtlichen Begutachtungsverfahren wird dafür gesorgt, daß die Schulbuch-Inhalte mit den Forderungen der Richtlinien übereinstimmen. Aber

die inhaltlichen Vorgaben in den Lehrplänen sind meist recht vage, und die Schulbuchautoren müssen sich entscheiden, an welchen Stellen sie Schwerpunkte setzen oder Ausweitungen vornehmen wollen. Das Schulbuch sollte aber auch die inhaltlichen Freiräume, die die Richtlinien lassen, optimal nutzen. Im einzelnen ist zu fragen, ob die gewählten Inhalte die Motivation der Schüler fördern, ob aktuelle Ergebnisse der Wissenschaft berücksichtigt sind, ob die Inhalte geeignet sind, den Schülern neben Grundeinsichten und Lebenshilfen auch Methodenbewußtsein und Methodenbeherrschung zu vermitteln (vgl. *Klautke* 1974).

Wolfgang Kuhn (1975 a, 57) fordert: »Das ideale Schulbuch sollte vornehmlich jene Informationen enthalten, die auf jeden Fall mitzuteilen sind, weil man sie weder erfragen noch im Verlaufe des Unterrichts erarbeiten kann.« Im einzelnen führt er Berichte über die Lebensweise der Tiere und Maß- und Zahlenangaben an. In demselben Sinne nennt *Wilhelm Killermann* (1991, 183) Erlebnisse, Schilderungen, Berichte, Gesetzestexte sowie Zahlenangaben (z. B. Gelegegröße bei Vögeln, Höchstalter von Tieren, Fortbewegungsgeschwindigkeiten, Werte der Schwefeldioxid-Emission einer Stadt).

Die *Anordnung der Inhalte* ist vor allem von der Konzeption bestimmt, die dem Schulbuch zugrunde liegt (siehe oben). Eine Beurteilung der Stoffanordnung läuft daher häufig auf eine Kritik der Konzeption hinaus. Daneben ist zu erwägen, ob komplexe Themen durch vorhergehende Kapitel genügend vorbereitet werden und ob Zusammenhänge zwischen den Teilen des Buches deutlich werden. Wichtig ist schließlich, daß die Abschnitte innerhalb der einzelnen Kapitel logisch aufeinander aufbauen und alle Elemente der Einheiten sinnvoll miteinander verknüpft sind.

Eine *Orientierung an Lernzielen,* wie sie *Siegfried Klautke* (1974) fordert, sollte im Schulbuch erkennbar sein. Fraglich ist allerdings, ob die Unterrichtsziele auch im Schülerbuch (nicht nur im Lehrerbegleitheft) angegeben werden sollen.

Biologie-Schulbücher sollten auch im Hinblick auf ihre *»erziehlichen Wirkungen«* (vgl. *Klautke* 1974) untersucht werden. Die »Transparenz einer Gesinnung« (*Loidl* 1980, 698), das Offenlegen der zugrundeliegenden Weltanschauung ist dafür notwendig. Positiv zu bewerten wären zum Beispiel die Betonung emanzipativer Aspekte, die Förderung demokratischer Haltung, die Ablehnung autoritärer Praktiken, die Unterstützung von Bestrebungen des Natur- und Umweltschutzes (vgl. *Klautke* 1974). Ideologiekritik an Schulbüchern kann auch Elemente eines »heimlichen Lehrplans« zutage fördern, d. h. unbeabsichtigte oder nicht offengelegte mögliche Wirkungen aufdecken (Beispiele bei *Marquardt/Unterbruner* 1981; vgl. auch *Jeske* 1976).

Im *Hinblick* auf die *Bildausstattung* ist zu fragen, ob die Anzahl der Bilder angemessen ist, ob die Abbildungen die Objekte groß und deutlich zeigen und einen hohen Aussagewert haben, ob die unterschiedlichen Abbildungstypen (wie. Fotos, Schemata) sachgemäß eingesetzt sind und ob die Bildlegenden treffend und hinreichend sind.
Eine ganze Reihe wichtiger Anforderungen betrifft die *Textgestaltung*. *Klaus Koch* (1977 b) führt aus, daß Schulbuchtexte die Schüler motivieren müssen, daß ihre Informationsdichte nicht zu groß sein darf, daß sie übersichtlich gegliedert sein sollten; er gibt Hinweise auf eine angemessene Satzlänge und Wortwahl und fordert, daß die Texte Hinweise auf Abbildungen und Zusammenfassungen enthalten sollen.
Die wichtigsten Fragen dürften die nach der Verständlichkeit und der Lernwirksamkeit sein (vgl. auch *Loidl* 1980, 700; *Etschenberg* 1984 b). Analysen verbreiteter Biologie-Schulbücher ergaben, daß die Texte sehr unterschiedliche, aber insgesamt im Vergleich zu Schulbüchern anderer Fächer sehr viele Fachwörter enthalten (vgl. *Berck* 1986; *Graf* 1989 a; b). Nach den Untersuchungen von *Ditmar Graf* steht die »Anzahl biologischer Begriffe ... in einem krassen Mißverhältnis zu der Fähigkeit der Schüler zum Begriffslernen« (1989 b, 219). Der Autor zieht daraus den Schluß, die Anzahl der Fachausdrücke müsse radikal reduziert werden. Auch *Bernd Oehmig* (1990) plädiert nach eigenen empirischen Erhebungen für eine Verringerung der Anzahl an Fachbegriffen, er stellt aber fest, daß für die Lerneffektivität eines Textes weniger die Anzahl der Begriffe als die Gliederung und Gestaltung des Textes, die Qualität der erläuternden Beispiele, die Einfachheit und Eindeutigkeit der Definitionen, die Betonung der wichtigsten Begriffe (»Zielbegriffe«) sowie deren Vernetzung im Buchtext und im Unterrichtsgespräch entscheidend seien.
Diese Ergebnisse werden gestützt durch Untersuchungen zur *Bild-Text-Verschränkung* (vgl. *Schneider/Walter* 1992). Danach ist es für den Lernerfolg wichtig, daß die Informationen in Bild und Text erkennbar strukturiert und so miteinander vernetzt sind, daß die Lerner erst aus Bild und Text zusammen die Gesamtinformation entnehmen können (Komplementariät von Bild und Text).

Als ein wesentliches Element moderner Biologie-Schulbücher gelten *Aufgabenstellungen und Arbeitsanweisungen.* Ihr Wert wird von den meisten Autoren darin gesehen, daß sie die Schüler zu selbständiger Arbeit anregen. Bei genauer Betrachtung solcher Aufgaben stellt man allerdings fest, daß in den wenigsten Fällen die Schüler ganz ohne Unterstützung auskommen können und häufig eine Hilfestellung durch die Lehrperson unumgänglich ist.

Folgende Aufgabentypen lassen sich unterscheiden:

- Aufgaben, die dazu geeignet sind, der Lehrkraft das Unterrichten zu erleichtern, indem sie ihr die Mühe abnehmen, selbst lohnende Aufgaben für die Arbeit im Unterricht oder zu Hause zu entwickeln. Vieles spricht dafür, solche Aufgaben nicht im Schülerbuch, sondern im Lehrerband abzudrucken (vgl. *Hillen* 1978, 369). Die Anordnung in dem allen Schülern verfügbaren Biologiebuch bietet aber den Vorteil, daß die Lehrperson einfach auf den gedruckten Text verweisen kann und die Aufgaben nicht zu diktieren oder in einem Arbeitsblatt zu vervielfältigen braucht.
- Anregungen zur selbständigen Auseinandersetzung der Schüler mit dem Thema. Die Schwierigkeit bei diesem Aufgabentyp liegt in dem Fehlen einer Kontrollmöglichkeit. Wenn im Buchtext keine Antwort auf eine gestellte Frage zu finden ist, können sich die Schüler nicht vergewissern, ob sie eine richtige Vermutung angestellt haben, es sei denn, die Lehrperson schaltet sich ein. Damit wird deutlich, daß die Grenzen zwischen den beiden genannten Aufgabentypen fließend sind.
- Aufgaben, die den Schülern eine selbständige Lernkontrolle ermöglichen. Bei diesem Aufgabentyp ist zu fordern, daß die Antworten bzw. Lösungen im Buch selbst leicht aufzufinden sind. Positiv zu werten ist, wenn solche Kontroll- oder Testfragen in einem Extrateil des Buches zusammengefaßt sind. Günstig wäre es, wenn an anderer Stelle des Buches oder in einem gesonderten »Lösungsheft« oder »Lösungsblatt« alle Antworten aufgeführt wären.

An Arbeitsanleitungen und Aufgabenstellungen sind die folgenden Anforderungen zu stellen (vgl. *Pfeiffer* 1971, 434; *Klautke* 1974):

- Sie sollen klar, eindeutig und motivierend formuliert sein;
- sie müssen alle benötigten Materialien und alle zum Erreichen des Ziels notwendigen Einzelschritte nennen;
- sie müssen ohne Gefahr realisierbar sein und zu eindeutigen Ergebnissen führen;
- der zur Lösung notwendige Aufwand an Zeit, Mühe und Material soll in einem angemessenen Verhältnis zum Ertrag stehen.

Von einigen Autoren wird die Forderung nach einem gesonderten »*Arbeitsteil*« des Schulbuches erhoben, der sich als »selbstlehrendes Medium« und zur Lernkontrolle eignen und eventuell das übliche Merkheft ersetzen könnte (vgl. *Loidl* 1980). Da bisher für den Bereich der Sekundarstufe I kaum Versuche in dieser Richtung unternommen worden sind, erscheint es zur Zeit nicht sinnvoll, dieses Kriterium in die Beurteilung von Schulbüchern einzubeziehen. Wohl aber soll hier betont werden, daß es lohnend erscheint, die Schulbuchentwicklung in diese Richtung voranzutreiben.

Das Vorhandensein eines *Lehrerbegleitheftes* oder *Materialienbandes* gilt als ein weiteres Gütekriterium für ein Biologie-Schulbuch. In der Schulpraxis scheint die Bedeutung des Lehrerbandes noch nicht durchweg hoch genug eingeschätzt zu werden. Dafür spricht die Tatsache, daß manche Verlage auch ohne Lehrerbegleittexte bei ihren Schulbüchern hohe Umsätze erzielen und daß viele Lehrkräfte nur die Schülerbücher, nicht aber die dazu gehörenden Begleitbände beziehen.
Die folgenden Funktionen sollten in einem Lehrerbegleitband berücksichtigt sein:

- Darlegung der didaktischen Konzeption des Schulbuches;
- Erläuterung des Schulbuchaufbaus;
- allgemeine Hinweise zur Benutzung des Schulbuches;
- Hilfen zur Durchführung des Unterrichts zu den einzelnen Schulbuch-Kapiteln, gegliedert in Sachinformationen (falls notwendig), Didaktische Überlegungen, Unterrichtsziele, Hinweise zur praktischen Unterrichtsgestaltung (z. B. mit Lösungen der im Schulbuch gestellten Aufgaben, Kopiervorlagen, Testvorschlägen), Nachweis von Medien und weiterführender Literatur.
  Günstig ist es, wenn in den Lehrerbegleittexten Aufgaben aufgeführt werden, die über die im Schülerband genannten hinausgehen.

Die Effektivität des Schulbucheinsatzes hängt in gewissem Maße auch von der *äußeren Aufmachung und Ausstattung* ab. Als Einzelkriterien können gelten: Format des Buches, Satz- und Schriftbild, Anordnung der Einzelthemen (z. B. auf Doppelseiten), Anordnung von Abbildungen und Textblöcken, Mehrfarbendruck, Farbqualität der Farbabbildungen, Gestaltung des Umschlages und der Titelseite, Papierqualität, Vorhandensein und Qualität eines Inhaltsverzeichnisses sowie eines Sachregisters (vgl. *Klautke* 1974).

Literatur

Beier 1971; *Berck, H.*, 1986; *Etschenberg* 1984 b; *Graf, D.*, 1989 a; b; *Grupe* 1977; *Hahn, M.*, 1983; *Halbfas* 1979; *Hillen* 1978; *Jeske* 1976; *Killermann* 1991; *Klautke* 1974; *Koch, K.*, 1977 a; b; *Kuhn, W.*, 1975 a; *Loidl* 1980; *Marquardt/Unterbruner* 1981; *Martin* 1982; *Maurer* 1978; *Mostler/Krumwiede/Meyer* 1979; *Oehmig* 1990; *Pfeiffer* 1971; *Schneider/Walter* 1992: *Siedentop* 1972; *Stawinski* 1982; *Stichmann* 1970; *Weber, H. E.*, 1976; *Weber, W.*, 1992

10.10 Computer

10.10.1 Zum Begriff

Computer sind Geräte der elektronischen Datenverarbeitung (»Rechner«). Man unterscheidet den Gerätesatz, die Hardware, und die auf Disketten gelieferten Programme, die Software (vgl. z. B. *Koschwitz* 1985, 488; Verein MNU 1985, 236; *Wedekind* 1990, 4; *Kaufmann* 1991).

Allgemein können folgende Funktionen des Computers unterschieden werden (vgl. *Winde* 1985; *Wedekind* 1985; *Facklam* 1988):

- *Rechnen*: Der Computer kann wie der Taschenrechner zur Durchführung von einfachen und komplizierten Rechenoperationen benutzt werden (vgl. *Meyer* 1981).
- *Speichern*: Informationen (z. B. Ergebnisse der Rechenoperationen und Texteingaben) können erfaßt und gespeichert werden.
- *Ordnen*: Die gespeicherten Eingaben können neu sortiert werden, z. B. als Lexikon geordnet nach dem Alphabet oder nach systematischen Gesichtspunkten.
- *Veranschaulichen*: Die Rechenergebnisse können auf dem Bildschirm oder durch einen Ausdruck mit Hilfe von Drucker oder Plotter grafisch dargestellt werden.
- *Programmieren*: Denk- und Rechenoperationen (Algorithmen) können mit Hilfe der jeweiligen Programmiersprache zu Programmen umgesetzt werden (vgl. *Buse* 1985).
- *Komplexe Datenverarbeitung*: Mit Hilfe mathematischer Modelle können große Datenmengen und komplexe Systeme erfaßt sowie deren Verhalten simuliert werden.

10.10.2 Sinn und Bedeutung

Der Computer hat in der biologischen Forschung längst große Bedeutung erlangt und mit ausgewählten Beispielen auch in den Biologieunterricht Eingang gefunden. Chancen und Grenzen des Computereinsatzes sind kritisch abzuwägen (vgl. *Laudenbach* 1986; *Lehmann/Tischer* 1987; *Kähler/Tischer* 1988; *Hiering* 1990 a; *Drews/Trojan* 1991; *Kaufmann* 1991; *Lück* 1992; *Titzmann* 1993). Die traditionellen Arbeitsweisen, wie Beobachten, Untersuchen, Experimentieren, und die traditionellen Medien können durch den

Einsatz von Computern nicht ersetzt, sondern nur ergänzt werden. Als Anforderungen an Computereinsatz sind zu nennen: Fachliche Richtigkeit, Integrierbarkeit in den Lernprozeß, Realitätsnähe, Flexibilität, Anschaulichkeit, Benutzerfreundlichkeit, unterrichtspraktische Aufbereitung (vgl. Verein MNU 1985; *Hiering* 1990 b).

Aus den genannten Funktionen des Computers ergeben sich für den Biologieunterricht vor allem folgende Einsatzmöglichkeiten:

- *Statistik und Datenverarbeitung:* Mit dem Computer können z. B. Mittelwerte und Standardabweichungen berechnet, Meßreihen (T-Test) und die Zusammenhänge (Korrelationen) zwischen zwei Größen erfaßt werden (vgl. *Laudenbach* 1986; *Koschwitz/Wedekind* 1985, 163 ff.; *Graf/Wöllert* 1991, 226 ff.). Es gibt kombinierte Systeme für Textverarbeitung, Tabellenkalkulation und Grafik, so daß die statistischen Ergebnisse unmittelbar in Grafiken veranschaulicht werden können (z. B. durch Berechnung der Regressionsgeraden bei einer Punktgrafik oder das Erstellen einer Wachstumskurve aus Meßergebnissen).
- *Datenbanken, Lexika, Karteien:* Mit Hilfe des Computers lassen sich Daten beschaffen, z. B. neueste Literatur zu bestimmten Gebieten über BIOSIS (Biowissenschaften) und ULIDAT (Umwelt-Literatur-Datenbank), Nahrungsmitteltabellen (NABER, vgl. *Wedekind* 1990, 2). Auch die Teile der Biologiesammlung lassen sich so erfassen und bestimmten Einsatzbereichen zuordnen (vgl. *Terstegge* 1988).
- *Programmierter Unterricht:* Die Programme wurden bisher meist in Buchform verwendet. Sie können aber bei vorhandener Ausstattung besser und billiger mit dem Computer bearbeitet werden, wobei die Verzweigungen und die Vielseitigkeit zunehmen, z. B. durch selbständige Ergänzungen des Benutzers (vgl. *Blankenburg* 1991). Fortschritte in der Technik und die Verfügbarkeit von extrem hohen Speicherkapazitäten (CD-ROM) erlauben zunehmend auch die Einbindung audiovisueller Anschauungsmittel.
- *Meßwerterfassung, -speicherung und -auswertung* zur Versuchsunterstützung: Die Meßdaten von Experimenten lassen sich (auch über längere Zeit) erfassen, zum Vergleichen verschiedener Meßreihen schnell berechnen und speichern sowie durch grafische Darstellung übersichtlich und anschaulich auswerten (vgl. *Wedekind* 1990, 2; *Bube* 1986; *Schulze/Hägerbäumer* 1991, 89 ff.).
- *Simulation:* Unter Simulation versteht man die Abbildung von Prozessen mit Hilfe von mathematischen Modellen (Denkmodellen, s. Abschnitt 9. 4). Das Verhalten von (meist komplexen) Systemen wird mit Hilfe des Computers

nachgebildet. Simulation ist die im Biologieunterricht am meisten genutzte Form des Computereinsatzes (vgl. *Meyer/Meyer* 1975; *Wedekind* 1981; *Winde* 1981; *Göbel/Koblischke* 1981; *Koschwitz* 1985; *Laudenbach* 1986; *Hiering* 1990 a).

Nach den Programmen kann man stochastische und deterministische Simulationen unterscheiden (vgl. *Laudenbach* 1986, 126 ff.). Bei den stochastischen Modellen bestimmt der »Zufall« den Verlauf des simulierten Prozesses, d. h. es ist ein Zufallsgenerator in das Programm eingebaut (z. B. stochastische Genkombinationen oder Begegnungen von Beutegreifern und Beutetieren). Bei den deterministischen Modellen wird der Verlauf durch festgelegte mathematische Funktionen bestimmt. Der im Modell simulierte Prozeß kann ohne Rückkoppelung stattfinden (z. B. Hemmung der direkt benachbarten Sinneszellen bei der lateralen Inhibition) oder mit Rückkoppelung (z. B. beim »ökologischen Gleichgewicht« im Ökosystem See). Im Biologieunterricht wird man nur sehr einfache Programme mit den Schülern selbst entwickeln können (vgl. z. B. *Häfner* 1988). Die Computersimulation hat hier mehrere Vorteile gegenüber anderen Methoden:
- geringer Aufwand (bei vorhandener Ausstattung);
- beliebige Wiederholbarkeit;
- automatische Dokumentation des Verlaufs;
- Ungefährlichkeit;
- keine Beeinträchtigung von Lebewesen durch ein Experiment (Pflanzen, Tiere, Menschen);
- Überschaubarkeit: Die Dimensionen der abgebildeten Realität (schnell - langsam; klein - groß) können beliebig abgeändert werden;
- Vielzahl gleichzeitig erfaßter Faktoren: Die Computersimulation kann komplexe Sachverhalte besonders gut verständlich machen und dadurch das vernetzte bzw. »inklusive Denken« fördern (s. Abschnitt 3.3.2);
- schnelle Rückmeldung: Die Computersimulation ermöglicht in besonderem Maße eine unmittelbare Rückmeldung an den Lernenden. Die handelnde Person erfährt nach kurzer Frist die Wirkungen der vorgenommenen Eingriffe. Der Computer ermöglicht daher in besonderer Weise einen interaktiven Umgang, er ist in großem Umfang »dialogfähig«.

Die mit dem Computer gewonnenen Erfahrungen sind dann besonders wertvoll, wenn sie auf Alltagssituationen übertragen und daher in das Alltagswissen und -handeln integriert werden können. Allerdings erfolgt bei der Entwicklung der Programme eine erhebliche Reduktion gegenüber der Wirklichkeit, um die

Programme für Schüler handhabbar und für Schulcomputer genügend schnell zu machen. Ideal ist es, wenn die Modellbildung mit Hilfe entsprechender Software selbst Teil des Unterrichts wird, so daß Voraussetzungen und Struktur der Modelle in der Entwicklung von den Lernenden erkannt werden (vgl. *Dönhoff* 1993). Leider sind die Lösungswege bei vielen Simulationen schon fest vorprogrammiert. Bei guten Programmen können die Schüler während des Programmablaufs Variablen ändern, neue Parameter einführen und die Auswirkungen ihres Handelns studieren (vgl. *Göbel/Koblischke* 1981). Mit dem Computer durchführbare Planspiele, wie »Ökolopoly« (CoMet) und besonders »Nara - Leben in der Sahelzone« (DIFF 1989), entstehen jedoch erst dann, wenn das Programm nicht jeweils auf dieselbe Lösung zusteuert, sondern verschiedene Ergebnisse zuläßt. Computersimulation kann dann ein wichtiges Hilfsmittel sein, das Handeln gegenüber komplexen Systemen einzuüben und zu reflektieren, und zwar nicht nur im Blick auf die Konsequenzen des eigenen Handelns, sondern auch bezogen auf die Art des jeweils gezeigten Vorgehens. Aus Ergebnissen der Computersimulation ist bekannt, daß die Versuchspersonen z. B. dazu neigen, mit unklaren Zielvorstellungen vorzugehen, ihre Aufmerksamkeit auf wenige, willkürlich gewählte Faktoren zu fixieren und übereilt zu handeln, ohne die Resultate eines Eingriffs abzuwarten (vgl. *Dörner* 1989). Hier kann schon die Problemlösung beim Umgang mit einem einfachen Regelsystem zur Selbstreflektion sowie zum Entwickeln und Einüben geeigneter Handlungsstrategien führen (vgl. Programm »Kühlhaus«, *Reichert/Dörner* 1988).

10.10.3 Beispiele

Schwerpunktmäßig wird der Computer in der Sekundarstufe II verwendet. Er ist aber auch in der Sekundarstufe I bei geeigneten Themen und entsprechenden Programmen einsetzbar (vgl. Niedersächisches Kultusministerium 1991). Voraussetzung dafür ist, daß die Schüler bereits die Wirkungsweise des Computers kennengelernt haben (durch Demonstrationen) und im Umgang mit den an der Schule vorhandenen Computern geübt sind. Geräte und Software zur Meßwerterfassung liefern z. B. die Firmen Phywe (COMEX) und Leybold (CAP). Didaktische Software wird von verschiedenen Schulbuchverlagen, Lehrmittelfirmen und Instituten zu den einzelnen Themen angeboten (z. B. CoMet, MSPI, CVK, Klett, Schlüter, Westermann, IPN, FWU, DIFF).
Für den Biologieunterricht wird der Computereinsatz vor allem für die folgenden Verwendungsweisen und Themengebiete vorgeschlagen (vgl. MNU 1985).

Arbeit mit Datenbanken und Lernprogrammen
Systematik (Sammeln, Vergleichen, Ordnen, Erkennen): Computerdateien zur Unterstützung herkömmlicher Bestimmungsübungen (vgl. Niedersächsisches Kultusministerium 1991).
Umwelt (Datenbanken auswerten): Umweltatlas (vgl. *Tremp/Ziebarth/Schumacher* 1991; *Knutzen* 1993), Gewässersteckbriefe (vgl. *Schorr* 1991), Jahreszeitliche Phänomene (vgl. *Zacharias/Waldow* 1992).
Neurophysiologie (Lehr- und Lernprogramm): Drogen und Nervensystem (vgl. *Blankenburg* 1991).

Meßwerterfassung und -auswertung
Physiologie (Experimente): enzymatische Reaktionen (vgl. *Koschwitz/Wedekind* 1985), humanphysiologische Versuche für die S I (vgl. *Röpke* 1991), Nerven- und Sinnesphysiologie (vgl. Kultusministerium Niedersachsen 1991), Reaktionszeit (vgl. *Koschwitz/Wedekind* 1985; *Emsbach* 1988).
Ethologie (Beobachtungen, Experimente): Dressur von Mäusen (vgl. *Laudien/Freyer* 1987), Verhaltensbeobachtung bei Fischen (vgl. *Händel/Zupanc* 1988).

Arbeit mit Rechenprogrammen und Simulationen
Stoffwechselphysiologie: Osmose (vgl. *Laudenbach* 1986), Steuerungs- und Regelvorgänge beim Energiestoffwechsel (vgl. *Koschwitz* 1983; 1985), Blutzuckerspiegel (vgl. *Koschwitz/Wedekind* 1985; *Graf/Schorr* 1992), enzymatische Reaktionen (vgl. *Wedekind* 1981; *Koschwitz/Wedekind* 1985).
Nerven- und Sinnesphysiologie: nervöse und hormonelle Regelungen (vgl. *Koschwitz/Wedekind* 1985; *Birett* 1987; *Lauenstein/Schrumpf* 1988).
Verhaltenslehre: Kampfstrategien (vgl. *Knauer* 1990; Niedersächsisches Kultusministerium 1991).
Genetik: Mendelsche Regeln (vgl. *Aussen* 1979; *Mendel* 1985; *Laudenbach* 1986; *Schneider* 1986), Genetischer Code (vgl. *Tränkle* 1982), Populationsgenetik (vgl. *Wedekind* 1981; *Wedekind/Wöhrmann* 1983; *Reichart* 1984; *Laudenbach* 1986), Heterozygotenvorteil und Eugenik (vgl. Niedersächsisches Kultusministerium 1991; *Kattmann* 1991 c).
Evolution: Selektion, Gendrift (vgl. *Knauer/Tischer* 1988; Niedersächsisches Kultusministerium 1991), »Blind Watchmaker« (vgl. *Dawkins* 1987; *Dewdney* 1989).
Ökologie: Populationswachstum (vgl. *KoblischkeGöbel* 1983; *Wedekind/Wöhrmann* 1983; *Meyer* 1984; *Koschwitz/Wedekind* 1985; *Birett* 1987; *Aeppli*

1989), Nahrungskette (vgl. *Koschwitz/Wedekind* 1985), Räuber-Beute-Systeme und Konkurrenz (vgl. *Wedekind* 1981; *Meyer/Meyer* 1975; *Winde* 1981; 1985; *Wedekind/Wöhrmann* 1983; *Röpke* 1984; *Koschwitz/Wedekind* 1985; *Kunze* 1988; *Laudenbach* 1986; *Martens* 1986; *Häfner* 1988; Niedersächsisches Kultusministerium 1991; *Pradel* 1992), Ökosysteme: Aquarium (vgl. *Winde* 1981), See (vgl. *Göbel/Koblischke* 1981; *Hilty/Seidler* 1991; *Hiering* 1990 c; 1991), Fluß (vgl. *Schorr* 1991); Müll (vgl. *Heider* 1991).
Umwelterziehung (vgl. *Winde* 1983; *Baumann* 1985; DIFF 1989; *Rode* 1991).
Umgang mit dynamischen Systemen (vgl. *Reichert/Dörner* 1988; DIFF 1989; i. Vorb.; *Heider* 1991; *Dönhoff* 1993).

Literatur

Aeppli 1989; Aussen 1979; *Baumann* 1985; *Birett* 1987; *Blankenburg* 1991; *Bube* 1986; *Buse* 1985; *Dawkins* 1987; *Dewdney* 1989; DIFF 1989; i. Vorb.; *Dönhoff* 1993; *Dörner* 1989; *Drews/Trojan* 1991; *Emsbach* 1988; *Facklam* 1988; *Göbel/Koblischke* 1981; *Graf/Schorr* 1992; *Graf/Wöllert* 1991; *Häfner* 1988; *Händel/Zupanc* 1988; *Heider* 1991; *Hiering* 1990 a; b; c; 1991; *Hilty/Seidler* 1991; *Jaenicke/Kähler/Tischer* 1988; *Kähler/Tischer* 1988; *Kattmann* 1991 c; *Kaufmann* 1991; *Knauer* 1990; *Knauer/Tischer* 1988; *Knutzen* 1993; *Koblischke/Göbel* 1983; *Koschwitz* 1983; 1985; *Koschwitz/Wedekind* 1985; *Kunze* 1988; *Landsberg-Becher* 1988; *Laudenbach* 1986; *Laudien/Freyer* 1987; *Lauenstein/Schrumpf* 1988; *Lehmann/Tischer* 1987; *Lück* 1992; *Martens* 1986; *Mendel* 1985; *Meyer, G.*, 1981; 1984; *Meyer/Meyer* 1975; *Miram* 1990; MNU 1985; Niedersächsisches Kultusministerium 1991; *Pradel* 1992; *Reichart* 1984; *Reichert/Dörner* 1988; *Rode* 1991; *Röpke* 1984; 1987; 1991; *Schneider, E.*, 1986; *Schorr* 1991; *Schulze/Hägerbäumer* 1991; *Terstegge* 1988; *Titzmann* 1993; *Tränkle* 1982; *Tremp/Ziebarth/Schumacher* 1991; *Wedekind* 1981; 1985; 1990; *Wedekind/Wöhrmann* 1983; *Winde* 1981; 1983; 1985; *Zacharias/Waldow* 1992

10.11 Biologiesammlung

10.11.1 Zum Begriff

Die Biologiesammlung stellt die Summe aller Gegenstände dar, die in einer Schule als Medien für den Biologieunterricht bereitgehalten werden. Während die Biologiesammlungen früher tatsächlich vorwiegend gesammelte Naturalien enthielten, umfassen sie heute zusätzlich ein vielfältiges Arsenal an speziell für den Unterricht hergestellten und vom Fachhandel angebotenen Geräten und Anschauungsmaterialien sowie Bücher und Zeitschriften. Zur Biologiesammlung sind auch lebende Pflanzen und Tiere zu rechnen, die im Schulgebäude gepflegt werden (s. Abschnitt 9.4).

Neueinrichtung und Unterhaltung der Biologiesammlungen sind sehr kostspielig. Nach *Mostler/Krumwiede/Meyer* (1979, 259) verkörpert die Sammlung eines vierzügigen Gymnasiums einen Wert von etwa 110 000 bis 120 000 DM und erfordert zu ihrer Erhaltung und Ergänzung einen Aufwand von etwa 2 500 DM pro Jahr. In einigen Ländern der Bundesrepublik gibt es amtliche Richtlinien für die Ausstattung der Sammlungen (vgl. z. B. Hessisches Institut für Bildungsplanung 1981; LEU 1982).
Im allgemeinen ist ein Großteil der Sammlungsgegenstände in einem besonderen Sammlungsraum untergebracht, der von den Fachunterrichtsräumen aus gut zugänglich ist. Meist ist einer der Biologie-Fachlehrer als Sammlungsleiter für die Verwaltung, die Pflege und den Ausbau der Sammlung verantwortlich. Einige Fachdidaktiker (z. B. *Siedentop* 1972; *Baer/Grönke* 1981; *Killermann* 1991) unterscheiden eine Arbeitssammlung von einer Lehr-, Schau- oder Anschauungssammlung. Da auch diejenigen Objekte, die in erster Linie zu Demonstrationszwecken genutzt werden, zur Erarbeitung von Unterrichtsthemen herangezogen werden können und umgekehrt auch »Arbeitsobjekte« zur Demonstration geeignet sind, wird im folgenden auf die Differenzierung des Begriffs »Biologiesammlung« verzichtet.
Neben der schuleigenen Sammlung können Biologielehrer an manchen Orten auf eine »zentrale Mediothek für das Schulfach Biologie« (vgl. *Wagener* 1980) zurückgreifen. Besonders gut ausgebaut und bekannt ist das Schulbiologiezentrum Hannover, das bereits über 30 Jahre lang arbeitet (vgl. *Winkel* 1981).

10.11.2 Sinn und Bedeutung

Ein moderner Biologieunterricht ist ohne eine Sammlung nicht denkbar. Zwar kann der Biologielehrer eine Reihe von Medien direkt der Natur entnehmen oder aus zentralen Mediotheken entleihen; aber diese Medien reichen bei weitem nicht aus und könnten ohne schuleigene Geräte meist auch gar nicht zweckentsprechend eingesetzt werden.
Die größte Bedeutung der Sammlung liegt darin, daß sie dem Lehrer die gerade im Fach Biologie oft sehr schwierige und mühevolle Unterrichtsvorbereitung erleichtert. Während im Freien Pflanzen und Tiere nur zu bestimmten Jahreszeiten und an bestimmten Orten zu finden sind und häufig auch nicht in der benötigten Anzahl zur Verfügung stehen, können in der Sammlung jederzeit genügend Medien bereitgehalten werden, falls der Lehrmitteletat der Schulen das zuläßt (vgl. *Breuer* 1971 b; *Staeck* 1972 b; c). Daß mit dieser ständigen Verfügbarkeit auch gewisse Gefahren verbunden sind, liegt auf der Hand: Der

für die Unterrichtsplanung so wichtige phänologische Aspekt (vgl. *Grupe* 1977, 97) und damit die Unterrichtsziele, die nur durch direkte Naturbegegnung zu erreichen sind, könnten vernachlässigt werden. Eine gut ausgestattete Sammlung ermöglicht es der Lehrperson, einen abwechslungsreichen Unterricht durchzuführen, insbesondere die Schüler zu zielorientierter Selbsttätigkeit anzuregen. Weist die Sammlung große Lücken auf oder ist sie nicht zweckmäßig eingerichtet und geordnet, so wird die Lehrkraft bei der Unterrichtsvorbereitung oder beim Unterricht selbst überfordert, was über kurz oder lang zu einem Qualitätsverlust führen muß.
Im allgemeinen werden die Sammlungsgegenstände zum Unterricht in die Klassen- bzw. Fachräume transportiert. Sehr anregend kann es aber auch sein, wenn den Schülern gelegentlich erlaubt wird, während des Unterrichts den Sammlungsraum zu betreten und dort Anschauungsmaterial für Gruppenreferate zusammenzustellen (vgl. *Denecke* 1973: Nahrungsketten aus der Sammlung). Falls die Sammlungsräume und die Aufbewahrung des Sammlungsgutes es zulassen, sollte man den Schülern auch außerhalb der Unterrichtsstunden die Sammlung zugänglich machen (vgl. *Siedentop* 1972, 110). Ihren Zweck als »schuleigenes Museum« erfüllt die Sammlung aber nur bei entsprechender Beschriftung der Objekte. Eine wesentliche Rolle kann die Sammlung bei der Vorbereitung von Schülerreferaten spielen. Dabei sollten nicht nur die vorhandenen Bücher und Zeitschriften genutzt werden, sondern auch alle geeigneten anderen Gegenstände, z. B. Experimentiergeräte, Modelle und Filme. Auf diese Weise kann vermieden werden, daß Schülervorträge in einem Stil durchgeführt werden, der für Lehrervorträge längst als überholt gilt.
Schließlich ist die Sammlung als Reservoir für die Gestaltung von Ausstellungen bedeutsam (s. Abschnitt 9.3.7). Neben den üblichen themenbezogenen Ausstellungen könnten in einer speziell dafür vorgesehenen Vitrine jeweils »aktuelle Sammlungsstücke« (z. B. neubeschaffte Modelle) zur Schau gestellt werden. Dabei sollte großer Wert auf eine ausführliche Beschriftung gelegt werden, die durchaus auch Angaben über den Sinn der Anschaffung und den Preis enthalten sollte.

10.11.3 Zur Beschaffung der Sammlungsgegenstände

Eine Reihe von Objekten läßt sich durch Sammeltätigkeit der Lehrpersonen und durch spontanes oder angeleitetes Sammeln der Schüler beschaffen (s. Abschnitt 9.3.7). Der Biologe denkt beim Stichwort »Sammeln« oft nur an Naturobjekte oder Teile von ihnen, z. B. Blätter von Pflanzen für Herbarien,

trockene Früchte und Samen, Skeletteile von Wirbeltieren, Schalen bzw. Gehäuse von Muscheln und Schnecken, häufige Insekten zum Präparieren (vgl. *Stichmann* 1981). Zum Sammeln eignen sich aber auch Bilder der verschiedensten Art, Zeitungsausschnitte und Gegenstände des täglichen Bedarfs, die üblicherweise nach der Benutzung weggeworfen werden, z. B. Babykostgläser und Tablettenröhrchen (vgl. *Palm* 1979 a, 17; 1979 c).
Gesammelte oder auf andere Weise beschaffte lebende Pflanzen und Tiere können in der Schule gepflegt und häufig zweifach für den Unterricht genutzt werden: Einmal eignen sie sich zum Einsatz als »Originalobjekte«, zum anderen kann man sie vermehren und dadurch Dauerpräparate gewinnen (z. B. Mikropräparate von Pflanzenteilen, Flüssigkeitspräparate der Entwicklungsstadien von Insekten).
Zur kostenlosen Beschaffung von Sammlungsgegenständen verhelfen manchmal Beziehungen zu bestimmten Personen und Institutionen, z. B. Arzt, Landwirt, Förster, Angler; Schlachthof, Botanischer Garten, Naturkundemuseum. Manche brauchbaren Sammlungsstücke können auch durch Tausch mit anderen Sammlern erworben werden. Weitere Sammlungsgegenstände können von Lehrern und Schülern selbst hergestellt werden, vor allem Arbeitsfolien, Wandbilder (u. a. Collagen), Dias, Fotos, einfache Struktur- und Funktionsmodelle, Experimentiergeräte (vgl. *Baer/Grönke* 1981, 304; *Knoll* 1981 b, Teil »Medienherstellung«). Bei schwierigen Arbeiten empfiehlt sich die Zusammenarbeit mit dem Schulassistenten oder mit Kollegen geeigneter Fächer. Die Herstellung von Medien im Biologieunterricht dient nicht nur dem Ausbau der Sammlung, sondern fördert häufig auch die Motivation der Schüler, besonders wenn sie mit einer Ausstellung der Schülerprodukte verbunden ist.
Die meisten Sammlungsobjekte müssen durch Kauf beschafft werden. Das Angebot an Medien aller Art durch den Fachhandel ist heute so umfangreich und differenziert, daß die Lehrkraft - besonders wenn sie mit der Sammlungsleitung betraut ist - viel Zeit daruf verwenden muß, sich einen Überblick zu verschaffen. Dabei helfen ihr die Kataloge der Lehrmittelfirmen, Lehrmittelausstellungen (z. B. die alle zwei Jahre stattfindende Didacta) und Medien-Besprechungen in einschlägigen Zeitschriften (z. B. »Lehrmittel aktuell«, biologiedidaktische Zeitschriften). Teure Objekte sollte man grundsätzlich erst dann anschaffen, wenn man sich selbst überzeugt hat, daß sie ihren Preis wert sind. Als Kriterien der Beurteilung nennen *Baer/Grönke* (1981, 302) unter anderen die wissenschaftlich einwandfreie Gestaltung (z. B. bei Wandbildern und Modellen), den fachdidaktischen Wert (d. h. lehrzielentsprechende Verwendbarkeit), die Haltbarkeit und die Aufbewahrungs- und Pflegemöglichkeit.

10.11.4 Die Aufbewahrung der Sammlungsgegenstände

Arbeitsgeräte und Kleinmaterialien des täglichen Bedarfs werden am besten in verschließbaren Schränken in den Fachräumen untergebracht. Das gilt vor allem für Filmgerät, Arbeitsprojektor, Dia- und Episkop, Mikroprojektor; Mikroskope und Stereomikroskope, Lupen; Präpariergeräte wie Pinzetten und Präpariernadeln; kleine Glasgeräte wie Blockschalen und Bechergläser. Die in Klassensätzen vorhandenen Geräte sollten jeweils für sich in deutlich gekennzeichneten Behältern aufbewahrt werden. Besonders einfach ist die Unterbringung der Gerätesätze in Kunststoffwannen (Einsätzen), die in verschiedenen Größen vom Lehrmittelhandel angeboten werden (vgl. *Palm* 1979 a, 13 f.). Günstig ist dabei, daß die Behälter aufgrund ihrer normierten Größen gut geordnet und raumsparend in Schränken oder Spezialgestellen aufzubewahren sind. Manche Vorteile bieten selbsthergestellte Behälter für die verschiedenen Gerätesätze, z. B. für Präpariernadeln, Scheren, Skalpelle (vgl. *Hackbarth* 1981, 125). Bei dieser Aufbewahrungsweise kann man jederzeit mit einem Blick überprüfen, ob das Sortiment vollständig ist. Wenn man zusätzlich die Einzelgeräte und ihren Platz im betreffenden Behälter mit Nummern kennzeichnet, verbessert man die Kontrollmöglichkeit noch weiter.
Ähnliche Überlegungen gelten auch für *Naturobjekte,* die in größeren Mengen benötigt werden, z. B. Schädel von Kleinsäugern, Muschelschalen, Fossilien. Diese Gegenstände werden meist im Sammlungsraum aufbewahrt und bei Bedarf in den Fach- oder Klassenraum transportiert. Zur Unterbringung der Objektsätze eignen sich feste Regal- oder Schrankböden besser als Schubladen, es sei denn, man richtet diese so ein, daß sich beim Öffnen und Schließen nichts verschieben kann. Während alle diese Objekte in geschlossenen - eindeutig beschrifteten - Schränken untergebracht werden können, sind für die Aufbewahrung einzelner Präparate und Modelle staubdichte Glasschränke besser geeignet (siehe oben: Sammlung als »schuleigenes Museum«). In diese Dauerausstellung sollten nur gut erhaltene und ästhetisch ansprechende Gegenstände aufgenommen werden; denn unansehnliche Präparate verleiden den Schülern eher die Biologie, als daß sie deren Interesse fördern. Für wechselnde Ausstellungen ist es günstig, wenn ein vom Sammlungsraum zu bedienender Ausstellungsschrank in eine Wand eingebaut ist, so daß die Objekte vom Gang aus betrachtet werden können, ohne daß die Schüler an die evtl. empfindlichen Gegenstände unmittelbar herankommen. In gleicher Weise können auch Aquarien und Terrarien untergebracht werden. Die Unterbringung von Präparaten setzt voraus, daß der Sammlungsraum nicht allzu viel Sonnenlicht erhält. Günstig ist die Anordnung in der »Dunkelzone« oder in Nordexposition.

Die *Beschriftung* der in Glassschränken untergebrachten Objekte ist besonders wichtig. Sie kann entweder am Objekt selbst angebracht oder dem Objekt in Form einer Karte oder eines »Reiters« aus festem Karton beigegeben werden. Wenn im Unterricht die Beschriftung unerwünscht ist, kann man sie zukleben bzw. einfach weglassen. Günstig ist es in jedem Falle, wenn die wichtigsten Elemente der Beschriftung (vor allem Karteinummer, Artname und Geschlechtsangabe) an einer bei normaler Aufstellung nicht sichtbaren Stelle des Präparats angebracht werden.

Für die *Aufbewahrung der audiovisuellen Medien* werden vom Fachhandel verschiedenartige Spezialvorrichtungen angeboten. Gut bewährt sind die Aufhänger für Wandbilder und Landkarten, die an einer festen Wand installiert werden. Die Anordnung der Bilder erfolgt am besten entsprechend dem System der Pflanzen und Tiere bzw. nach den Organsystemen des Menschen. Mehrere Möglichkeiten gibt es für die Aufbewahrung von Dias. Spezielle Diaschränke bieten den Vorteil, daß man vor dem unterrichtlichen Einsatz jedes einzelne Bild gegen die Leuchtwand an der Rückseite des Schrankes leicht betrachten kann. Diese Schränke sind aber sehr teuer, und man muß jeweils zum Unterricht einzelne Bilder zu einer Reihe zusammenstellen. Einfacher ist es, die gekauften Diareihen in ihren Kästen zu lassen und in einen normalen Schrank einzuordnen. Man kann sie auch in Sichtkassetten aufbewahren. Wichtig ist, daß jede Diaserie ihren festen, eindeutig gekennzeichneten Platz hat. Wenig Probleme bietet die Aufbewahrung der Filme. Im allgemeinen besitzen die Schulen vorwiegend S 8-Filme und Videokassetten, die in genormten Kästen geliefert werden. Zu ihrer Unterbringung eignen sich am besten flache Regale oder Schränke. Bei tieferen Schränken empfiehlt sich das Anbringen einer Leiste auf jedem Schrankboden, um ein Wegrutschen der Kästen zu vermeiden. Wenn die Filme nicht nach systematischen Gesichtspunkten, sondern entsprechend den Listen der Lieferfirmen angeordnet werden, ist die Beigabe einer systematischen Übersicht über den Filmbestand wichtig.
Die Aufbewahrungsorte der Sammlungsobjekte sollen nicht nur aus der Beschriftung des Mobiliars hervorgehen, sondern auch ohne Schwierigkeiten aus der *Sammlungskartei zu* ermitteln sein. Sehr vorteilhaft ist die Anlage von zwei gesonderten Karteien. Die eine Kartei sollte nach Objektarten gegliedert sein: Auf einer Karte bzw. mehreren Karten sind sämtliche Mikroskope eingetragen, auf einer anderen alle Stopfpräparate usw.. Diese Kartei ermöglicht einen schnellen Überblick über den Bestand an Medien der verschiedenen Typen und läßt eventuelle Lücken gut erkennen. Die Karteikarten sollten ein mittelgroßes Format haben (DIN A 5) und außer der Karten-Nummer und der

Objekt-Bezeichnung folgende Sparten aufweisen: laufende Nr., Tag des Zugangs, Bezeichnung des Objekts, Preis, Tag des Abgangs, Ursache des Abgangs, Aufbewahrungsort. Die zweite Kartei dient vor allem der Unterrichtsvorbereitung. Sie ist nach Unterrichtsthemen geordnet. Es wird empfohlen, hier neben schuleigenen auch schulfremde Medien aufzuführen, vor allem Filme und Dias aus den Bildstellen (vgl. *Baer/Grönke* 1981, 314). Eine solche Kartei ermöglicht allen Lehrenden (auch neuen) eine schnelle Orientierung (vgl. *Hoebel-Mävers/Bieler* 1978). Es ist selbstverständlich, daß ein und dasselbe Medium in mehreren Karten dieser Kartei auftauchen wird. Wie bei allen Karteien besteht auch hier die Gefahr, daß man bei ihrer Anlage die Themen (Stichwörter) zu umfassend wählt, so daß die Karten bald vollgeschrieben sind und erneuert werden müssen. Beispielsweise ist das Stichwort »Ökologie« sicher zu weit gefaßt; besser sind Stichwörter wie »Wald«, »Parasitismus« , »Nahrungsbeziehungen« .
In Zukunft werden Sammlungskarteien zunehmend mit Hilfe von Computer-Programmen geführt werden (s. Abschnitt 10.10.2; vgl. *Terstegge* 1988).

10.11.5 Zur Pflege der Sammlung

Die Pflege der Sammlungsgegenstände wird durch ihre sachgemäße Unterbringung erheblich vereinfacht: Durch passende Behälter fallen bei Glasmaterial und Geräten nur wenige Bruchschäden und Reparaturen an, dicht schließende Schränke verhindern das Eindringen von Schädlingen und Staub, günstige Lichtverhältnisse bewahren die Präparate vor der Ausbleichung. Gewisse Pflegemaßnahmen sind aber auch bei bestmöglicher Aufbewahrung der Objekte notwendig. Besonders ökonomisch sind vorbeugende Maßnahmen, vor allem Abdunkelung der Räume, Abdichtung undichter Sammlungsschränke, regelmäßige Wartung der Großgeräte und Reinigung der Präparate, regelmäßige Vorbeugungsaktionen gegen Schädlingsbefall. Durch tierische Schädlinge sind die meisten Trockenpräparate gefährdet, z. B. Herbarien, Stopfpräparate, Insektensammlungen, Federn, Nester. Alle diese Gegenstände sollten zweimal pro Jahr gründlich auf Schädlingsbefall hin untersucht und neu desinfiziert werden. Insektenkästen können mit Nexa-Lotte (Mottenschutz-Papier, Celamerck) gegen den Befall durch Insekten geschützt, Stopfpräparate in einem dichten Behälter mit einem Insekten-Sprühmittel behandelt werden. Werden Schädlinge entdeckt, sind diese Bekämpfungsmaßnahmen bis zum dauerhaften Erfolg in kurzen Abständen zu wiederholen. In besonders schwierigen Fällen hilft der Präparator des nächsten Naturkundemuseums.

Schädlingsgefährdete Präparate, die aus Privathand übernommen werden, sollten immer einer »Quarantäne« unterzogen, d. h. unter Abschluß gehalten und vorsorglich mit Schädlingsbekämpfungsmitteln behandelt werden.

10.11.6 Übersicht über die Ausstattung der Biologiesammlung

Für die Ausstattung einer Biologiesammlung sollten die folgenden Gegenstandsgruppen berücksichtigt werden (vgl. *Demel* 1978; *Palm* 1979 a; *Frings/Winkel* 1981; *Wagener* 1992, 168 ff.):
- Grundgeräte (für verschiedene Zwecke), z. B. Brenner mit Zubehör, Heizplatten, Kühlschrank, Wärmeschränke, Zentrifugen, Wasserstrahlpumpen, Eimer, Einweckgläser, Marmeladengläser u. ä., Handwerkszeug
- Meßgeräte (Waagen, Maßbänder, Thermometer, Hygrometer, pH-Meter)
- Stativmaterial
- Geräte für das Mikroskopieren (einschließlich Lupen)
- Glasgeräte und Laborkleinmaterial
- Spezialgeräte für Physiologie und für Ökologie
- Geräte für Pflanzenpflege
- Geräte für das Sammeln, Präparieren und Pflegen von Tieren, z. B. Netze, Präparierbestecke, Aquarien mit Zubehör
- Chemikalien
- Ganzpräparate und Teilpräparate (einschließlich Skelette)
- Mikropräparate
- Modelle, Spiele
- Projektions- und Tongeräte
- Filme, Videokassetten, Tonkassetten
- Diapositive
- Arbeitstransparente
- Wandbilder, Poster u. ä.
- Computer mit Zubehör
- Computer-Disketten mit Programmen und Dokumenten.

Literatur

Baer/Grönke 1981; *Blänsdorf/Dierks* 1978; *Breuer* 1971 b; *Brucker/Flindt/Kunsch* 1979; *Demel* 1978; *Denecke* 1973; *Frings/Winkel* 1981; *Grupe* 1977; *Hackbarth* 1981; Hessisches Institut 1981; *Hoebel-Mävers/Bieler* 1978; *Killermann* 1991; *Knoll* 1981 b; *Mostler/Krumwiede/Meyer* 1979; LEU 1982; *Palm* 1979 a; c; *Siedentop* 1972; *Staeck* 1972 b; c; *Stichmann* 1981; *Terstegge* 1988; *Wagener* 1980; 1992; *Winkel* 1981

11 Lernorte für den Biologieunterricht

11.1 Biologiefachräume

11.1.1 Allgemeines

Die Effektivität eines auf Beobachtung und Experiment ausgerichteten Biologieunterrichts hängt wesentlich von der Anlage und Ausstattung der Fachräume ab (vgl. *Meffert* 1980; *Stawinski* 1986).
Die Planung und die Erstellung von Biologie-Fachräumen mit bestmöglichen Arbeitsbedingungen bilden ein vielschichtiges Problem, das verschiedene Bereiche der Biologie, Technik, Fachdidaktik und Erziehungswissenschaft berührt.
Für die Anlage und Gestaltung von Biologie-Fachräumen können allgemein folgende Kriterien gelten (vgl. *Büchter* 1972, 4; *Beimdiek/Burgmer/Oberliesen* 1973, 187; *Simon* 1973, 119):
- Wohlbefinden von Lehrern und Schülern in arbeitshygienischer Hinsicht (psychologische und arbeitshygienische Gesichtspunkte);
- optimale Einsatzmöglichkeiten sämtlicher Unterrichtsformen, wie Klassenunterricht, Gruppen- und Einzelarbeit (pädagogisch-soziologische und unterrichtsorganisatorische Fragestellungen);
- Verfügbarkeit der erforderlichen Arbeitsmittel und Möglichkeit zu raschem Methodenwechsel (methodische Überlegungen);
- geeignete Plätze für Schreibarbeit sowie gute Beobachtungsmöglichkeit für Demonstrationsversuche (maximale Entfernung ca. 6 m), gute Lesbarkeit der Tafelschrift (maximale Entfernung 9 m), und gute Sichtbarkeit beim Einsatz audiovisueller Medien bei maximaler Entfernung für das Fernsehbild von ca. 6 bis 7 m (arbeitshygienische Gesichtspunkte);
- geeignete, unfallgesicherte Experimentierplätze für Demonstrations- und Schülerversuche (technische Fragestellungen);
- ausreichende Bewegungsmöglichkeit für Schüler und Lehrkräfte beim Experimentieren und Herausholen von Gerät und Material, z. B. Fahrwege für Ansatztische von 1 m Breite, sowie ausreichende Sicherheit, z. B. Fluchtwege und Vermeidung gegenseitiger Behinderung und Gefährdung der Mitschüler (Sicherheitsvorkehrungen);
- zweckmäßige Aufbewahrung des Experimentiermaterials für Demonstrations- und Schülerversuche (arbeitsökonomische Gesichtspunkte).

In den Fachzeitschriften für Naturwissenschaftsdidaktik wird die Einrichtung der naturwissenschaftlichen Fachräume meist nur allgemein behandelt. Da aber die Einrichtung von Fachräumen von den Arbeitsweisen des jeweiligen Faches abhängig ist und sich die Arbeitsweisen des Faches Biologie stark von denen der anderen naturwissenschaftlichen Fächer unterscheiden, müssen biologische Fachräume anders ausgestattet sein als Physik- und Chemieräume (vgl. *Bay/Rodi* 1978, 17 f.):

- Langzeitbeobachtungen von Pflanzen und Tieren sind in einem Raum, in dem häufig mit Chemikalien gearbeitet wird, nicht ratsam.
- Im Vergleich zu Physik und Chemie wird in Biologie weniger experimentiert, dafür aber mehr beobachtet und untersucht. Man muß Langzeitversuche aufbauen und stehen lassen können. Hierfür sind gesonderte Stellflächen an den Fensterseiten erforderlich.
- Wenn man ein Gespräch führen möchte oder wenn man sich um Naturobjekte gruppieren möchte, sind die für Physik und Chemie fest montierten Schülertische hinderlich. Für Biologie sind bewegliche Tische und fest montierte Energiesäulen erforderlich.

11.1.2 Anzahl, Größe und Ausstattung der Biologie-Fachräume

Insgesamt lassen sich folgende Raumtypen unterscheiden (vgl. *Büchter* 1972, 3; *Hadel* 1972, 327; *Palm* 1979 a, 5 ff.; LEU 1980 f.):

- *Fachunterrichtsräume.* Lehrsaal (Hörsaal, Demonstrationsraum, Vortragsraum), Übungsraum (Praktikumsraum, Gruppenarbeitsraum mit Experimentiertischen, Schülerexperimentierraum, Mikroskopierraum) Lehr-Übungsraum (Großgruppenraum).
- *Hilfsräume.* Vorbereitungsraum, Sammlungsraum (oft in einem Raum vereinigt), Tierhaltungsraum, Werkstatt, Dunkelkammer (Fotolabor), Lehrerstation (Fachbereichsbibliothek).

Aus finanziellen Gründen wird das gesamte Raumprogramm nur an sehr großen Schulen (z. B. fünf- und mehrzügigen Schulen) verwirklicht werden können. Die kleineren Schulen müssen entsprechend den Allgemeinen Schulbaurichtlinien der Bundesländer Abstriche machen.
Die Fensterfront der Biologieräume sollte zum Schutz vor zu starker Besonnung von Pflanzen und Vivarien sowie Dauerversuchen nicht nach Süden, sondern besser nach Osten zeigen. Die Größe der Räume wird durch die Funktion (Lehrsaal, Übungsraum oder Lehr-Übungsraum) und durch die

Richtlinien für die Klassenbildung bestimmt. Für die Jahrgangsstufen 5 bis 10 sind Räume mit maximal 40 Plätzen einzurichten. Die Kultusministerien der Bundesländer haben Richtlinien zur Sicherung der Fachräume, Einrichtungen und Geräte sowie zur Aufbewahrung der Geräte erlassen.

Anzahl der Fachunterrichtsräume je Schule

In kleineren, einzügigen Schulen, vor allem Haupt- und Realschulen, ist bestenfalls ein gemeinsamer naturwissenschaftlicher Fachraum für Physik, Chemie und Biologie vorhanden (vgl. *Breuer* 1971 b, 545). Da ein Fachraum erst optimal genutzt wird, wenn er 26 Stunden in der Woche belegt ist, kann man das auch akzeptieren. Anhand der derzeitig gültigen Lehrpläne (vgl. *Hedewig* 1980 b) läßt sich zeigen, daß für dreizügige Haupt- und Realschulen je ein Biologie-Fachunterrichtsraum und für dreizügige Gymnasien sogar mindestens je zwei Biologie-Fachunterrichtsräume zu fordern sind.

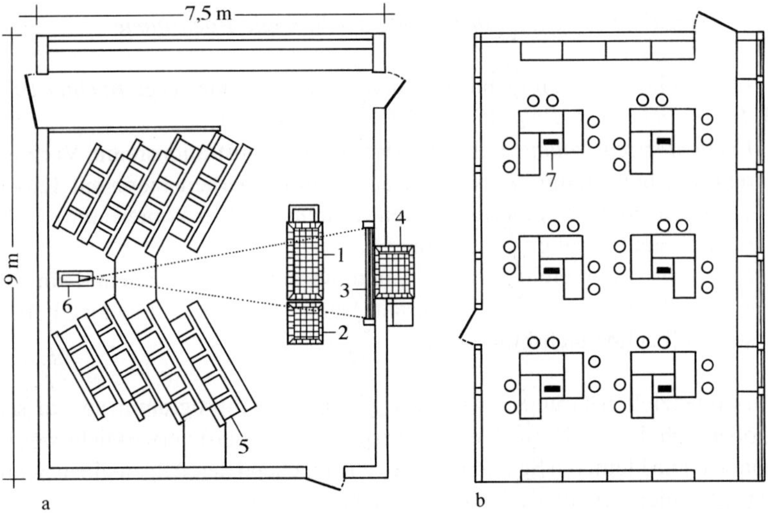

Abb. 11-1: Biologie-Fachräume (nach *Bay/Rodi* 1978, 14, verändert).
a) Lehrsaal. 1 Demonstrationstisch (Fliesen), 2 Ansatzfahrtisch (Fliesen), 3 Doppelschiebetafel und Projektionsleinwand, 4 Abzugsanlage, 5 Hörsaalklappstuhl, 6 Projektionsschränkchen;
b) Übungsraum. Die Anordnung von Arbeitsplätzen um die Energiesäulen (7) ist variabel.

Vergleich der Typen von Biologie-Fachunterrichtsräumen
Der *Lehrsaal* (s. Abb. 11-1 a) hat einen Lehrer-Experimentiertisch, große Tafel- und Projektionsflächen und ansteigendes, fest eingebautes Gestühl. Damit die Entfernung der Schüler zum Experimentiertisch möglichst gering ist, sind die »Tischflächen« des Gestühls sehr schmal.
Vorteile: Der Saal kann auch für eine große Anzahl von Schülern verhältnismäßig klein sein, er ist für den Demonstrationsunterricht optimal ausgestattet.
Nachteile: Arbeiten mit dem Naturobjekt und Schülerexperimente sind nicht möglich.

Der *Übungsraum* (s. Abb. 11-1 b) besitzt Energiesäulen (mit Gas-, Wasser- und Stromanschluß) für Gruppen zu höchstens 6 bis 8 Schülern. Ein Demonstrations-Experimentiertisch fehlt. Für kurze Besprechungen sollte eine kleine Tafelfläche zur Verfügung stehen. Der Fußboden des Raumes steigt nicht an. Die Geräte für die Schülerarbeiten sollten in der Nähe der Schülerarbeitsplätze untergebracht sein. Für Biologie ist es zweckmäßig, wenn die Arbeitstische nicht fest an den Energiesäulen montiert sind. Reine Übungsräume werden vor allem für die praktischen Kurse der Studienstufe an Gymnasien gefordert, in denen bevorzugt Langzeitversuche durchgeführt werden sollen.
Vorteile: Der Raum ist für praktische Schülerarbeiten optimal ausgestattet.
Nachteile: Demonstrationsunterricht ist nur bei kleinen Schülergruppen möglich.

Der *Lehr-Übungsraum* (s. Abb. 11-2) ist ein Kombinat aus Lehrsaal und Übungsraum. Er enthält große Tafel- und Projektionsflächen, einen Demonstrations-Experimentiertisch, fest eingebaute Energiesäulen und Schränke für die Schüler-Arbeitsgeräte. Da im Biologieunterricht nicht nur in Partnerarbeit experimentiert, sondern auch in Gruppenarbeit beobachtet wird, sollten die Tische beweglich sein (vgl. *Leicht* 1971; *Palm* 1979 a, 9).
Vorteile: Alle für den Biologieunterricht wichtigen Unterrichtsformen können im Lehrsaal-Übungsraum durchgeführt werden. Die beweglichen Tische können mit geringem Aufwand während des Unterrichts umgestellt werden, so daß Demonstrationsunterricht, Gruppenarbeit oder Schülerdiskussionen möglich sind. Getrennte Lehr- und Übungsräume sind fast immer gleichzeitig belegt. Dann ist ein Wechsel der Räume, um die Organisationsform zu ändern, kaum möglich.
Nachteile: Der Abstand der Schüler zum Experimentiertisch ist größer als im Lehrsaal, sofern sie an ihren Plätzen bleiben. Die Demonstrationsobjekte und Demonstrationsexperimente müssen dann auf dem Experimentiertisch erhöht aufgebaut werden, wenn der Saal nicht in Stufen ansteigt.

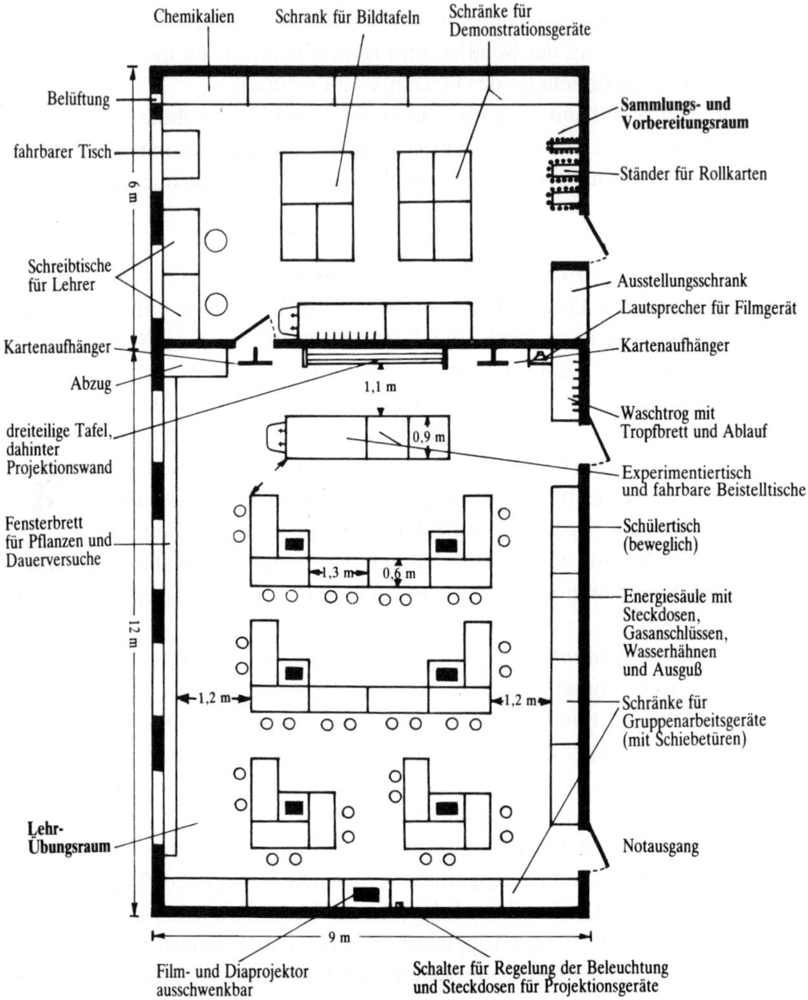

Abb. 11-2: Entwurf für die Ausstattung eines Biologie-Lehr-Übungsraumes mit dem dazugehörigen Vorbereitungsraum. Die Tische sind beweglich und unterschiedlich angeordnet (vordere Reihen für Demonstrationsunterricht, hintere Reihe für Gruppenarbeit (nach *Bay/Rodi* 1978, 15; *Mostler/Krumwiede/Meyer* 1979, 270)

Beispiel für die Ausstattung eines Lehr-Übungsraumes und des zugehörigen Vorbereitungsraumes

Im *Lehr-Übungsraum* sorgt an der Vorderwand eine mehrteilige Schiebetafel für entsprechende Schreibflächen. Hinter der Tafel befindet sich eine Projektionswand, die für Arbeitsprojektion geneigt werden kann. Rechts und links der Tafel sind an der Decke herablaßbare Aufhängevorrichtungen für Karten montiert. Für Versuche mit giftigen oder ätzenden Gasen ist ein Abzug vorhanden. Zum Reinigen der Geräte bei Schülergruppenarbeit ist ein Waschtrog mit Tropfbrett und Ablauf angebracht. An der Stirnseite des Raumes sollten ein Lautsprecher und evtl. auch ein Fernsehapparat fest montiert werden. Der Experimentiertisch muß genügend Abstand zur Tafel und aus Sicherheitsgründen auch zu den ersten Schülertischen haben. Am Experimentiertisch sind eine zentrale Stromabschaltung und der Gashaupthahn für die Energiesäulen der Schüler unterzubringen (vgl. *Flörke* 1978). Die Regelung der Beleuchtung und Verdunkelung kann vom Experimentiertisch aus erfolgen. Fahrbare Tische ermöglichen einen raschen Wechsel der Aufbauten in den Pausen. Die Energiesäulen sind so hoch wie die Schülertische. Werden jedoch vier Tische sternförmig an die Energiesäulen gestellt, so müssen diese die Tische überragen, damit die Strom-, Wasser- und Gasanschlüsse zugänglich bleiben. Sehr geeignet ist die in Abbildung 11-2 dargestellte zweireihige Anordnung der Energiesäulen. Die Schülertische sollten beweglich sein und sich je nach der Unterrichtsform unterschiedlich anordnen lassen. Ein durchgehendes Fensterbrett ermöglicht die Aufstellung von Pflanzen und Vivarien sowie die Durchführung von Langzeitversuchen. An der Rückwand sind in dem mittleren Schrank auf ausschwenkbaren Unterlagen die Projektionsgeräte untergebracht. Steckdosen und Schalter zur Regelung der Beleuchtung und Verdunkelung sind in denselben Schrank eingebaut. Eine unter Putz verlegte Verbindung zu dem Lautsprecher an der Vorderfront ist vorgesehen. An den übrigen Wandflächen sind Schränke für die Schüler-Arbeitsgeräte. Der Wandgang muß als Fluchtweg zu den beiden Türen mindestens 1 m breit sein. Zur Bedienung der Schülergruppen muß dort auch ein fahrbarer Tisch Platz haben.

Ein *Vorbereitungsraum* sollte folgende Einrichtungsgegenstände enthalten:
- Sitz- und Schreibgelegenheit;
- Experimentiertisch mit Ablauf und Tropfbrett zur Vor- und Nachbereitung von Versuchen und Pflanzenausstellungen;
- Stellflächen für fahrbare Tische.

Häufig ist der Vorbereitungsraum in einen Sammlungsraum integriert (s. Abschnitt 10.11).

Weitere *Hilfsräume und Sonderräume.* Es empfiehlt sich, einen getrennten *Tierhaltungsraum* einzurichten, der für die betreuenden Schüler zugänglich ist. Eine Dunkelkammer kann mit den anderen Fächern gemeinsam benutzt werden. Den Biologielehrkräften sollte auch eine Werkstatt zur Herstellung von Versuchseinrichtungen, Käfigen für die Tierhaltung etc. zugänglich sein. An großen Schulen könnten noch ein *Gruppenarbeitsraum* für den naturwissenschaftlichen Bereich mit Büchern für die Schüler und eine *Lehrerstation* mit naturwissenschaftlichen Fachbüchern eingerichtet werden.

Nachträgliche Einrichtung eines Klassenzimmers als Biologiefachraum

Ein Klassenzimmer läßt sich (als Notbehelf) ohne Aufwendung größerer Geldmittel verhältnismäßig leicht in einen Biologiefachraum umwandeln. Eine absolut dicht schließende Verdunkelung muß angebracht werden, damit auch Mikroprojektion möglich ist. An der Rückwand des Raumes sollten mehrere Steckdosen vorhanden sein, an die Projektionsgeräte angeschlossen werden können. Zum Mikroskopieren sollten an den Wänden genügend Stromanschlüsse installiert sein. Nach Möglichkeit sind mindestens an zwei verschiedenen Stellen Waschbecken anzubringen. Im Zimmer müssen auch genügend Schränke für Demonstrations- und vor allem Schülerarbeitsmaterial vorhanden sein. Zum Mikroskopieren sind Verlängerungskabel mit Mehrfach-Tischsteckdosen angebracht. Am Fenster sollte ein breiter Fenstersims für die Unterbringung von Langzeitversuchen vorhanden sein. Das Gestühl kann dem eines normalen Klassenzimmers entsprechen, da dadurch Umstellungen leicht möglich sind. Wenn auch Strom- und Wasserzufuhr in dem Behelfsfachraum nicht optimal gelöst sind, so können doch die wichtigsten biologischen Arbeitsweisen durchgeführt werden, und im Vergleich zum Unterricht im Klassenzimmer werden die Geräte und Anschauungsmaterialien geschont.

Biologieunterricht im Klassenzimmer

Oft muß auch heute noch der Biologieunterricht im Klassenzimmer stattfinden, da die Schulen nicht entsprechend ausgestattet sind. Nach *Axel Meffert* (1980, 12) werden in der Sekundarstufe I an Gymnasien ca. 70%, an Realschulen 59% und an Hauptschulen 33% des Biologieunterrichts im Fachraum unterrichtet. Ein Klassenzimmer, in dem Biologieunterricht durchgeführt wird, sollte verdunkelbar sein und ein bis zwei Waschbecken enthalten. Die Tische können für Partnerarbeit in Hufeisenform aufgestellt werden, so daß in der Mitte ein größerer Platz frei bleibt, von dem aus die einzelnen Arbeitsgruppen bequem mit Materialien versorgt werden können (vgl. *Palm* 1979 a, 13; *Bay/Rodi* 1983). Einfache Versuchsgeräte werden auf einem fahrbaren Tisch, einem Tablett oder in einem Gerätekoffer transportiert. Als Wärmequellen dienen elektrische Kochplatten oder tragbare Kartuschen-Gasbrenner. Für Partner- oder Gruppenarbeit werden die Geräte in Plastikwannen an die Arbeitsplätze verteilt. Auch die meisten Demonstrationsobjekte der Sammlung lassen sich in das Klassenzimmer befördern. Auf einen eigenen Vorbereitungs- und Sammlungsraum kann allerdings auf keinen Fall verzichtet werden.

Literatur

Bay/Rodi 1978; 1983; *Beimdiek/Burgmer/Oberliesen* 1973; *Breuer* 1971 b; *Büchter* 1972; *Flörke* 1978; *Hadel* 1972; *Hedewig* 1980 b; *Heller* 1985; *Hollwedel* 1971; LEU 1980 f.; *Leicht* 1971; *Meffert* 1980; *Mostler/Krumwiede/Meyer* 1979; *Müller, Joachim,* 1981; *Palm* 1979 a; *Simon* 1973; *Staeck* 1972 b; c; *Stawinski* 1984; 1986; *Völcker* 1964

11.2 Einrichtungen für den Unterricht im Freiland

11.2.1 Allgemeines

In der Biologiedidaktik wird großer Wert auf die originale Begegnung mit dem Objekt (Primärerfahrung) und auf Handlungsorientierung gelegt. Bei der Förderung des Umweltbewußtseins spielen außerschulische Lernorte eine sehr wichtige Rolle (s. Abschnitt 4.5; vgl. *Beck* 1984; *Hedewig/Knoll* 1986; *Kuhn/Probst/Schilke* 1986; *Entrich/Staeck* 1988; *Verfürth* 1987 a; *Pfligersdorffer* 1988; *Berck/Starosta* 1990; *Starosta* 1991; Bibliographie: *Teichert* 1993). Freilandunterricht soll vor allem die unmittelbare Begegnung mit der Natur fördern. Die jahreszeitliche Entwicklung von einzelnen Lebewesen und von Lebensgemeinschaften läßt sich am besten durch unmittelbare Beobachtung im Freiland erschließen (vgl. *Kienert* 1982). Folgen von Eingriffen in Lebensgemeinschaften (z. B. Mahd, Düngung, Herbizideinsatz) können in Einrichtungen für den Freilandunterricht an Probeflächen über einen längeren Zeitraum verfolgt werden. Dabei werden auch schädigende Nebenwirkungen deutlich. Die Komplexität ökologischer Zusammenhänge kann durch regelmäßige Freilandarbeit erfaßt und durchschaut werden. Dadurch wird eine wesentliche Grundlage für die Naturschutz- und Umwelterziehung geschaffen (vgl. *Zimmerli* 1980, 14-15).

Um den Lehrern Anregungen für außerschulischen Unterricht zu geben, werden regional Atlanten außerschulischer Lernorte erstellt (vgl. *Vogt* 1990). Die an außerschulischen Lernorten vorzugsweise anzuwendenden Arbeitsweisen sind im Abschnitt 8.3.3 beschrieben. Im folgenden werden nur die didaktisch gestalteten außerschulischen Lernorte behandelt. Nicht dargestellt werden andere naturnahe oder naturferne Biotope (vgl. *Eschenhagen/Kattmann/Rodi* 1991), ebensowenig forschungsorientierte biologische Einrichtungen, wie Hochschulinstitute und Forschungsanstalten und Einrichtungen der Angewandten Biologie (z. B. Land- und Forstwirtschaftsbetriebe, Kläranlagen, Pflanzenschutzämter).

Literatur

Beck 1984; *Burk/Claussen* 1981; *Berck/Starosta* 1990; *Entrich/Staeck* 1988; DGU u. a. 1990; *Eschenhagen/Kattmann/Rodi* 1991; *Hedewig* 1982; *Hedewig/Knoll* 1986; *Kienert* 1982; *Killermann* 1993; *Kuhn/Probst/Schilke* 1986; *Pfligersdorffer* 1988; *Rexer/Birkel* 1986; *Starosta* 1991; *Teichert* 1993; *Verfürth* 1987 a; *Vogt* 1990; *Zimmerli* 1980; s. auch Literatur zu Abschnitt 8.3.3

11.2.2 Schulgelände und Schulgarten

Zu den Begriffen

Unter Schulgelände versteht man den Bereich der Schule mit Schulhaus, Sporthalle, Sportplatz, Pausenhof und den dazwischen liegenden Flächen. Hier soll der Schwerpunkt der Betrachtung auf die »Außenanlagen« gelegt werden. *Rauch* (1981) verwendet den Begriff »Freiräume an Schulen« in seiner doppelten Bedeutung: frei von Unterricht als organisiertem Lernen, frei für Aktivitäten der Kinder. Früher bestanden die Außenanlagen der Schulen oft nur aus einem großen, geteerten, eventuell mit Bäumen umstandenen Schulhof. Heute bemüht man sich, das Schulgelände aufzulockern und in kleinere Flächen zu strukturieren. Das Schulgelände ist oft mit ausländischen Bäumen und Sträuchern bepflanzt; die Grünflächen werden von einem gepflegten Zierrasen eingenommen, der meist nur wenige Grasarten enthält.

Neuerdings wird häufig empfohlen, einen Teil des Geländes als *Naturgarten* anzulegen (vgl. *Schwarz* 1980; 1981; 1983 a; b; *Kloehn/Zacharias* 1984; *Hintermeier* 1983 b; *Lütkens* 1983; *Akkermann* 1985; *Winkel* 1985; *Wessel* 1986; *Heininger* 1986; *Neuhaus/Winkel* 1987; *Nogli-Zadpanah/Probst* 1991; *Schilke/Zacharias* 1992; *Klawitter* 1992). Dort sollten einheimische Bäume

Naturgarten	**Konventioneller Garten**
vorwiegend Lenkung, Eingriffe nicht massiv	stärkere Gestaltung, massive Eingriffe
Beobachten, Überlegen, Pflegen	Pflege nach Schema
Einsatz von wenig Fremdenergie	Einsatz von viel Fremdenergie
kein Einsatz von Gift	regelmäßiger und teils massiver Einsatz von Gift
keine Verwendung von Mineraldünger	Verwendung von Mineraldünger

Tabelle 11-1: Unterschiede zwischen Naturgarten und konventionellem Garten (nach *Salzmann* 1980)

und Sträucher gepflanzt werden. Die Grünflächen bestehen aus einer bunten Blumenwiese. Wo es das Gelände erlaubt, wird auch ein Teich angelegt.
Zwischen dem Naturgarten und dem konventionellen Garten gibt es charakteristische Unterschiede (s. Tabelle 11-1).
An manchen Schulen ist innerhalb des Schulgeländes ein Bezirk als Schulgarten abgegrenzt, der intensiver bearbeitet wird. Dort sind Beete angelegt, die regelmäßig gepflegt werden müssen (vgl. *Bay* 1986). Die Betreuung des Schulgartens erfolgt vor allem durch die Biologielehrkräfte und durch Schüler.
In einigen Städten (z. B. Hamburg, Hannover, Berlin, Leipzig) wurden bereits im letzten Jahrhundert von den Stadtgärtnereien betreute Zentralschulgärten angelegt, die sich zu Schulbiologiezentren entwickelt haben (s. Abschnitt 11.2.6).

Sinn und Bedeutung

Eine sinnvolle Gestaltung des Schulgeländes ermöglicht es, den Unterricht ohne längere Anmarschwege ins Freie zu verlegen (vgl. *Rauch* 1981, 57).
Die Anlage und die Benutzung des *Schulgartens* im engeren Sinn haben sich im Laufe der Geschichte gewandelt (vgl. *Winkel* 1985).
Er geht in seiner Tradition bis auf die Klostergärten (z. B. St. Gallen um 800) zurück. Im 19. Jahrhundert diente der Schulgarten als »Wirtschaftsgarten« der Einführung in landwirtschaftliche Techniken und war daher ein bäuerlicher *Nutzgarten.*
Den zweiten entscheidenden Anstoß erhielt die Gestaltung des Schulgartens Ende des 19. Jahrhunderts durch die Förderung des Biologieunterrichts. Der Schulgarten dient nun vorwiegend als *Biologischer Garten.* In ihm findet der Biologieunterricht von Zeit zu Zeit als Demonstrationsunterricht oder in Gruppenarbeit statt (vgl. *Oberseider* 1981).

Einen weiteren Impuls erhielt die Nutzung des Schulgartens durch die Arbeitsschulbewegung der zwanziger Jahre (s. Abschnitt 2.1.4). Der Schulgarten wird zum *Arbeitsgarten* (vgl. *Schmitt* o. J.). Nach 1945 wurde an die Arbeitsschulbewegung angeknüpft.

In der DDR war der Schulgarten im Rahmen der polytechnischen Erziehung bedeutsam (vgl. *Böhme* 1987; Ministerrat der DDR 1988). So hatte jede Schule einen Schulgarten. In der Grundschule war Gartenarbeit ein Unterrichtsfach. Allerdings wurde der Schulgarten in erster Linie als Nutzgarten bewertet. Es ist zu wünschen, daß die Schulgärten nach der Vereinigung weiterhin gepflegt werden und daß neuere didaktische Gesichtspunkte in die Gestaltung Eingang finden (vgl. *Teutloff* 1991).

Die dauerhafte Betreuung von Lebewesen durch die Schüler kann dazu beitragen, pflegerisches Verhalten einzuüben (vgl. *Falke* 1979; s. Abschnitt 9.4). Als Experimentierfeld ist der Schulgarten geeignet, die Eingriffe des Menschen in den Naturhaushalt zu verdeutlichen (*Steckhan* 1975; *Winkel* 1981; 1985). Beim Einüben naturgemäßer Anbaumethoden lernen die Schüler, wie man diese Eingriffe möglichst gering halten kann.
Affektive und psychomotorische Unterrichtsziele werden im üblichen Unterricht häufig zugunsten der kognitiven vernachlässigt. Bei der Schulgartenarbeit können die drei Lernzieldimensionen miteinander berücksichtigt werden. Die Arbeit im Schulgarten fördert die Zusammenarbeit der Schüler; Konflikte müssen gemeinsam gelöst werden. In manchen Schulen, z. B. Waldorfschulen, betreuen einzelne Schüler in eigener Verantwortung einen Sommer lang einen Beetabschnitt. So wird das Prinzip der Arbeitsschulbewegung »Lernen durch die Hand« verwirklicht (vgl. *Gögler* 1982).

Solche Überlegungen sollten sich heute nicht mehr allein auf den Schulgarten als einen eingegrenzten Teil der Außenanlage an Schulen beziehen, sondern auf das gesamte Schulgelände als »unterrichtsfördernde Gartenanlage«. Häufig entfällt daher eine Trennung in Grünanlagen und Schulgarten (vgl. *Rauch* 1981, 134). Die Schüler wirken dann an der Gestaltung und Pflege eines Teils des Schulgeländes (im Sinne eines Naturgartens) mit. Durch eine gut gepflegte Anlage kann das ästhetische Empfinden der Schüler geschärft werden. Dadurch wird die Bereitschaft gefördert, sich der Natur fühlend, denkend und handelnd zuzuwenden (vgl. HILF 1988; s. Abschnitt 4.5).

Anlage und Pflege von biologisch nutzbaren Teilen des Schulgeländes
Beim Schulneubau wird meist nur auf die Ausstattung der Gebäude geachtet. Für die Flächen zwischen den Gebäuden bleibt kaum Geld übrig. Es ist leider nicht die Regel, daß bei der Planung und Gestaltung der Außenanlagen Fachleute hinzugezogen werden. Wenn ein qualifizierter Garten- oder Landschaftsarchitekt mitwirkt, besteht die Aussicht, daß die Schule ein nach pädagogischen und fachdidaktischen Gesichtspunkten gestaltetes Gelände erhält (vgl. *Rauch* 1981, 55; s. Abb. 11-3). Die Biologielehrkräfte sollten sich bemühen, frühzeitig auf die Planung des Schulgeländes Einfluß zu nehmen. Aber auch bereits vorhandene Schulhöfe können nach modernen Konzeptionen umgestaltet werden, indem Teerflächen aufgebrochen und vor allem in den Randbereichen Busch- und Baumgruppen angelegt werden (vgl. *Rauch* 1981; *Teutloff* 1983; *Köhler* 1987). Der Schulhof sollte als Erholungsfläche ausgestaltet werden. Mehrere kleine Einheiten sind günstiger als eine große Fläche. Innerhalb des Schulgeländes sind Freiluft-Unterrichtsplätze vorzusehen. Für kleinere Gesprächsrunden sollten Sitzgelegenheiten angeboten werden. Die Grundschüler erhalten am Rande des Schulgeländes Spielmöglichkeiten. Zur Durchführung von Festen empfiehlt sich die Anlage eines »Partyplatzes«, eventuell mit Möglichkeiten zum Grillen am Holzfeuer. Schüler sollten dort auch in ihrer Freizeit Gelegenheit zu Sport und Spiel haben.
Bei der Anlage des Schulgeländes sollte man einen »parkähnlichen« Bereich vorsehen, der vor allem für die für den Biologieunterricht wichtigsten einheimischen *Bäume* und *Sträucher* gedacht ist (s. Abschnitt 9.4.2). Die

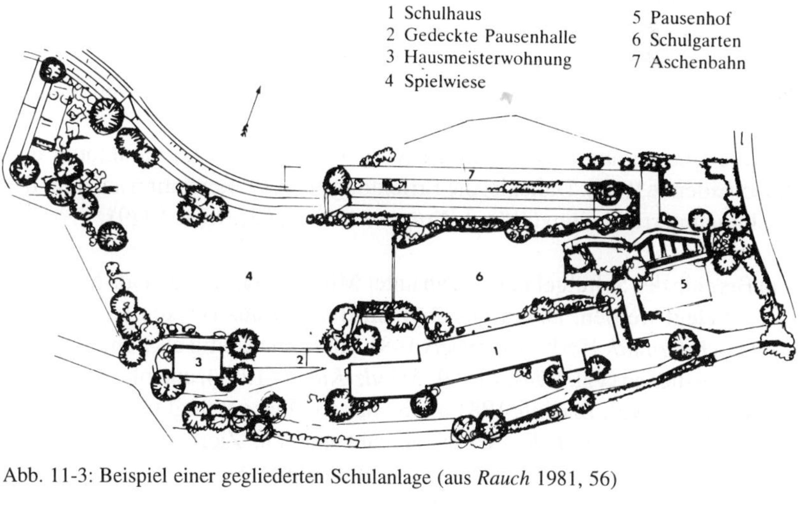

Abb. 11-3: Beispiel einer gegliederten Schulanlage (aus *Rauch* 1981, 56)

wenigen für den Biologieunterricht bedeutsamen ausländischen Arten pflanzt man am besten gesondert an (vgl. *Schad* 1981, 188 f.).

Folgende Bäume und Sträucher können empfohlen werden:

- Einheimische Bäume: Apfel, Kirsche, Eberesche, Linde, Bergahorn, Feldahorn, Spitzahorn, Hainbuche, Birke, Erle, Rotbuche, Eßkastanie, Eiche, Weide, Pappel, Ulme, Esche, Lärche, Fichte, Gemeine Waldkiefer, Latsche, Weißtanne, Eibe.
- Fremdländische Bäume: Robinie, Roßkastanie, Ginkgo, Thuja, Metasequoia, Omorika-Fichte.
- Einheimische Sträucher: Waldrebe, Wildrosen, Felsenbirne, Seidelbast, Pfaffenhütchen, Liguster, Haselnuß, Efeu, Holunder, Schneeball.
- Fremdländische Sträucher: Pfeifenstrauch, Mispel, Zwergmispel, Feuerdorn, Glycinie, Sommerflieder, Flieder, Forsythie, Zaubernuß, Echter Jasmin, Tamariske.

Von einer Baumart, z. B. der Rotbuche, sollten verschiedene Mutanten (z. B. Blutbuche, Hängebuche, schlitzblättrige Buche) angepflanzt werden. Es ist wünschenswert, daß im Schulgelände von jeder Obstart, an die sich eine Unterrichtseinheit anknüpfen läßt, wenigstens ein Baum steht. Am Apfel lassen sich beispielsweise viele Phänomene aufzeigen, wenn fünf bis sechs Sorten und Wildformen sowie die Wuchsformen der verschiedenen Veredelungsunterlagen gepflanzt werden. Dann können die Schüler auch wichtige Arbeiten der Baumpflege kennenlernen sowie »nützliche« und »schädliche« Insekten studieren (vgl. *Becker* 1979). Die Kirsche ist wichtig für das Thema »Von der Blüte zur Frucht«.

Über die Frage, ob man lebende Tiere in Käfigen im Schulgelände halten soll, gehen die Ansichten auseinander (»Schulzoo«, vgl. *Steinecke* 1951 b; *Krüger/Millat* 1962; *Verfürth* 1986; 1987). Reizvoll und wichtig ist zweifellos die Aufstellung eines Honigbienenstandes.

Für die Beurteilung von Wachstumsvorgängen spielen Klimafaktoren eine entscheidende Rolle. Daher ist die Errichtung einer Wetterstation auch für den Biologieunterricht sinnvoll (vgl. *Krüger/Millat* 1962; *Dorst* 1979).

Ein Bereich des Schulgeländes kann unter Mitarbeit der Schüler als *Naturgarten* angelegt werden. Dieser besteht zum Beispiel aus Hecken (vgl. *Denker* 1979; *Wildermuth* 1981; *Holtappels* 1981), die gleichzeitig als Schutzgehölze für Vögel dienen (vgl. *Winkel* 1979 ; *Schulz-Kühnel* 1981), und blumenreichen Dauerwiesen (vgl. *Briemle* 1981 a), die nur spärlich gedüngt und nur ein- bis zweimal im Jahr (mit der Sense) gemäht werden. Zierrasen kann in eine Blumenwiese umgewandelt werden (Anleitungen bei *Salzmann* 1981; *Kloehn/*

Zacharias 1984). Eventuell können Schüler Vergleiche zwischen der Entwicklung einer Dauerwiese und eines Rasens anstellen (vgl. *Stenzel* 1979; *Höppner* 1981). Sand- und Kiesflächen bilden Pionierstandorte. Ein Feuchtgebiet mit einem einige Quadratmeter großen und an der tiefsten Stelle mindestens 1 m tiefen Teich (vgl. *Wildermuth* 1978; *Winkel* 1979; *Zimmerli* 1980) sorgt dafür, daß auch ein sonst in Schulnähe meist nicht vorhandener Feuchtbiotop für den Biologieunterricht verfügbar ist. Wie der Naturgarten der Kantonsschule Solothurn nach vieljährigem Bestehen beweist, macht die Pflege eines Naturgartens wenig Arbeit und erspart damit Kosten (vgl. *Schwarz* 1981; 1983 a; b; *Breitenmoser/Schwarz* 1981; *Oberholzer/Lässer* 1983).
Auf dem Schulgelände können auch Lehrpfade eingerichtet werden, die Lehrern und Schülern Anregungen für den Unterricht geben (vgl. *Rodi* 1986; *Gerhardt-Dircksen* 1991; s. Abschnitt 11.2.4).

Anlage eines Schulgartens

Entschließt man sich zur Anlage eines Schulgartens im engeren Sinne (vgl. *Kilger* 1981; *Fränz* 1982), so sollte dieser nicht vom Schulgebäude aus eingesehen werden können, damit die Schüler in den Klassen nicht abgelenkt werden. Vor allem kleinere Schulgartenbezirke in unmittelbarer Schulnähe - insbesondere, wenn sie einen Teich enthalten - sollten durch einen Maschendraht, besser durch eine Naturhecke, abgegrenzt werden (vgl. *Steinecke* 1951 b; *Zimmerli* 1980, 44). Dadurch wird die Anlage gegen unkontrollierte und unsachgemäße Behandlung durch Menschen und das Eindringen großer Tiere, z. B. Hunde, geschützt. Auch die Betreuung wird erleichtert. Allerdings bringt die Abkapselung auch Nachteile: Der Anblick des Schulgeländes wird durch einen Zaun empfindlich gestört; interessierte Beobachter haben keinen freien Zugang mehr.
Bevor ein Schulgarten eingerichtet wird, müssen folgende Vorbedingungen geklärt werden (vgl. *Winkel* 1979, 9 ff.):

- Einstellung der Schulaufsicht, der Schulträger, der Schulleitung, des Kollegiums, des Fachkollegiums, des Hausmeisters und der Raumpflegerinnen.
- Organisatorische Grundbedingungen: verantwortliche Leitung durch erfahrene Lehrkräfte, Betreuung (auch während der Ferien), Ausbildungs- und Fortbildungsmöglichkeiten für die »Gartenlehrkräfte«.
- Finanzielle Voraussetzungen für die Einrichtung und für die Erhaltung (Kostenübersicht vgl. *Winkel* 1979, 11).
- Möglichkeiten der Unterbringung der Gartengeräte (in einem Schuppen oder einem Abstellraum des Schulhauses).

- Beaufsichtigung und Abgrenzung des Geländes: Besteht die Gewähr, daß die Anlage nicht mutwillig zerstört wird, daß Beschriftungstafeln für Beete und Einzelpflanzen erhalten bleiben?
- Ziel der Schulgartenarbeit: Wird der Schwerpunkt auf einen Lehr-, einen Arbeits- oder einen Liefergarten gelegt? Soll der Arbeitsgarten von einer bestimmten Altersstufe (Primarstufe, Sekundarstufe I oder II) betreut werden? Wird die Arbeit im Schulgarten in den Klassen-Biologieunterricht integriert (dies ist bei den derzeit geringen Stundenanzahlen für den Biologieunterricht und die Festlegungen durch die Lehrpläne kaum mehr möglich), oder wird eine Arbeitsgemeinschaft »Schulgarten« gegründet? Welches Verhältnis zwischen praktischen Pflegearbeiten und unterrichtlicher Auswertung wird angestrebt?
- Inhaltliche Schwerpunkte: Liegt die Hauptbedeutung des Schulgartens auf der Systematik oder der Ökologie?
- Eignet sich der Boden für die Anlage eines Schulgartens?

Es soll hier herausgestellt werden, daß zur Einrichtung und Pflege eines Schulgartens viel Idealismus notwendig ist, da der Schulgarten persönliches Engagement und viel Zeit erfordert. Dies ist wohl auch der Grund, warum in den letzten 30 Jahren nur wenige Schulgärten im engeren Sinne eingerichtet und unterhalten wurden. *Gerhard Winkel* (1979, 8 f.) hat die Schwierigkeiten zusammengestellt:

- Die Schulferien stellen die stärkste Behinderung dar. Man sollte bei dem gesamten Anbauplan auf die Sommerferien Rücksicht nehmen. Schülerferiendienste können eingerichtet werden, die Lehrkraft schaut selber nach dem Rechten, oder ein gutwilliger Hausmeister kann eingeschaltet werden.
- Die Lehrkräfte sind meist für die Schulgartenarbeit weder ausgebildet noch begeistert.
- Eine starke Fluktuation unter den Lehrpersonen verhindert eine erfolgreiche Gartenarbeit.
- Schulgartenarbeit ist wetterabhängig. Das erschwert die Planung.
- Schulgartenarbeit bringt notwendigerweise Schmutz mit sich. Das stört Eltern, Lehrkräfte, Hausmeister und Raumpflegerinnen. Schmutzarbeit wird meist geringer eingestuft als Geistesarbeit.
- Schulgartenarbeit kostet jedes Jahr von neuem Geld für Pflanzen, Dünger und Geräte.

Trotz dieser Schwierigkeiten sollten sich wegen des großen Bildungswerts viele Kollegen für die Anlage und Erhaltung eines Schulgartens einsetzen, zumal oft die Hausmeister die Arbeit gern unterstützen.

Nach dem Zweck kann man im Schulgarten folgende Gebiete unterscheiden (s. Abb. 11-4):
Systematische Beete haben heute nicht mehr dieselbe Bedeutung wie früher, da die Lehrpläne auf allgemeinbiologische und ökologische Fragen mehr Wert legen als auf systematische. Trotzdem sollten zur Einführung in die Systematik wenigstens einige Pflanzenfamilien mit mehreren Beispielen vertreten sein. Dazu eignen sich vor allem Liliengewächse und ihre Verwandten, Hahnenfußgewächse, Rosengewächse, Lippenblütler und Korbblütler.
Auf den *ökologischen Beeten* kann die Angepaßtheit von Pflanzen an Umweltbedingungen dokumentiert werden, z. B. Formen der Trockenangepaßtheit. Auch verschiedene Bestäubungsweisen und Verbreitungsmechanismen sollten veranschaulicht werden.
Auf *Versuchsbeeten* können die Mendelschen Regeln z. B. mit Erbsen oder Wunderblumen demonstriert werden. Auf *Probeflächen* werden ökologische

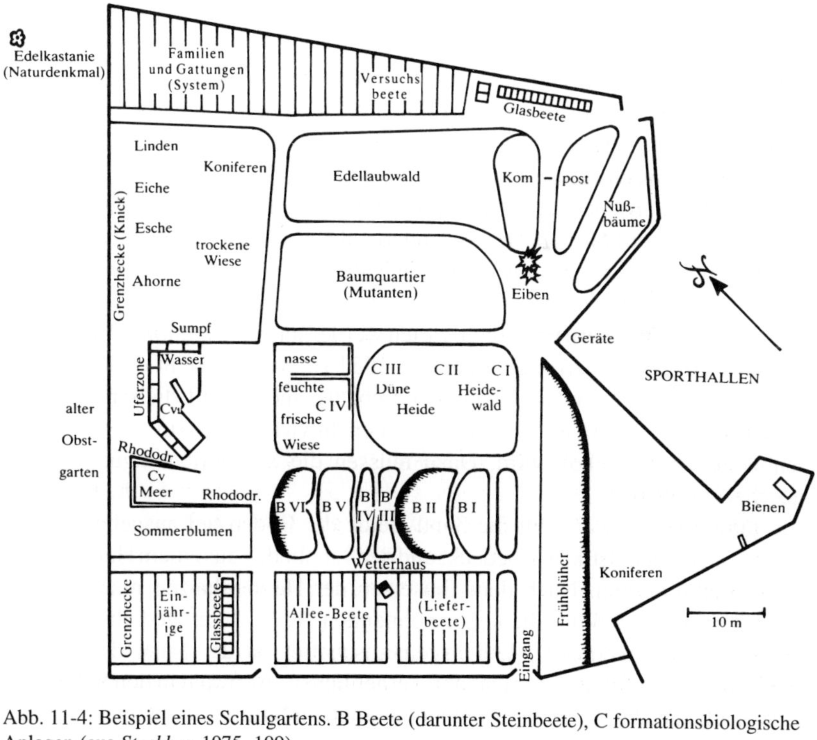

Abb. 11-4: Beispiel eines Schulgartens. B Beete (darunter Steinbeete), C formationsbiologische Anlagen (aus *Steckhan* 1975, 109)

Experimente zu unterschiedlichen Bewirtschaftungsformen durchgeführt: Ein Teil eines mit den gleichen Kulturpflanzen bebauten Beetes wird mit organischem, ein anderer Teil mit mineralischem Dünger behandelt, ein dritter Teil bleibt ungedüngt; die Erträge der drei Teile werden miteinander verglichen. Den Schülern kann dabei die Bedeutung des naturgemäßen Anbaus und der Mischkulturen nahegebracht werden (vgl. *Briemle* 1981 b; *Hedewig* 1986 a; *Klawitter* 1992; *Kreuter* 1992). Für das Verständnis des naturgemäßen Anbaus ist es erforderlich, daß der Kompost auf dem Schulgelände selbst hergestellt wird.

Biologische Schädlingsbekämpfung wird durch Schaffen von Lebensgrundlagen für Schädlingsvertilger mit den Schülern paktiziert (z. B. Bauen von Nistkästen für Vögel und Hartholz-Nisthilfen für solitäre Hautflügler; vgl. *Winkel* 1985; *Eschenhagen/Kattmann, Rodi* 1991, 7 ff.).

Nutzbeete werden zum Kennenlernen wichtiger Nutzpflanzen (Getreide, Kartoffeln, Gemüse, Gewürzpflanzen, Heilpflanzen) und ihrer Pflege angelegt. Ob eigene *Blumenbeete* vorgesehen werden, hängt vom vorhandenen Platz und den für die Pflege zur Verfügung stehenden Arbeitskräften ab. Der Blumenschmuck des Schulhauses kann nach Rücksprache mit der für den Schulgarten verantwortlichen Lehrkraft auch von den bereits besprochenen unterschiedlichen Typen von Beeten geholt werden.

Für morphologisch-anatomische Untersuchungen und Bestimmungsübungen im Klassenunterricht braucht man oft mehrere Exemplare derselben Art, die man am besten auf *Lieferbeeten* gesondert anbaut. Das ist für diejenigen Arten nötig, deren Beschaffung aus der freien Natur nicht oder nur schwer möglich ist.

In den meisten Büchern über Schulgärten werden auch *Formationsbiologische Anlagen* vorgeschlagen (vgl. *Steinecke* 1951 b). Man versteht darunter, daß eine in der freien Natur vorkommende Lebensgemeinschaft (Felsspaltgesellschaft, Kalk-Trockenrasen, Sand-Heide, Feuchtwiese, Teich) in den Schulgartenbereich hereingeholt wird. Dazu müssen die Standortbedingungen erst geschaffen werden.

So muß beispielsweise für die Sand-Heide der Boden tief ausgehoben, die Grube mit einer Plastikfolie bedeckt und der Sandboden aus einem Heidegebiet eingebracht werden. Nach dem Einsetzen der Heidepflanzen muß laufend geprüft werden, daß nur die kennzeichnenden Heide-Arten gedeihen. Wenn daher die entsprechenden Lebensgemeinschaften in der Nähe der Schule vorkommen, sollte man sie nicht unter erheblichem Aufwand in den Schulgarten verpflanzen, es sei denn, sie entwickeln sich im Naturgartenbereich fast von selbst.

Ein Teich mit den entsprechenden Verlandungsgesellschaften bildet allerdings eine derartige Bereicherung des Biologieunterrichts, daß man auf ihn im Schulgelände nicht verzichten sollte, selbst wenn man keinen Schulgarten im engeren Sinne anlegt.

Literatur

Akkermann 1985; *Bay* 1986; *Becker, R.,* 1979; *Böhme* 1987; *Breitenmoser/Schwarz* 1981; *Briemle* 1981 a; b; *Denker* 1979; *Dorst* 1979; *Eschenhagen/Kattmann/Rodi* 1991; *Falke* 1979; *Fränz* 1982; *Gerhardt-Dircksen* 1991; 1993; *Gögler* 1982; *Hedewig* 1986 a; *Heininger* 1986; HILF 1988; *Hintermeier* 1983 b; *Hoff* 1991; *Holtappels* 1981; *Höppner* 1981; *Kienert* 1982; *Kilger* 1981; *Klawitter* 1992; *Kloehn/Zacharias* 1984; *Köhler, T.,* 1987; *Kreuter* 1992; *Krüger/Millat* 1962; *Lütkens* 1983; Ministerrat der DDR 1988; *Neuhaus/Winkel* 1987; *Nogli-Zadpanah/Probst* 1991; *Oberholzer/Lässer* 1983; *Oberseider* 1981; *Rauch* 1981; *Rodi* 1986; *Salzmann* 1980; 1981; *Schad* 1981; *Schilke/Zacharias* 1992; *Schmitt* o. J.; *Schulz Kühnel* 1981; *Schwarz, U.,* 1980; 1981; 1983 a; b; *Steckhan* 1975; *Steinecke* 1951 b; *Stenzel* 1979; *Teutloff* 1983; 1991; *Wessel* 1986; *Wetzlar* 1991; *Wildermuth* 1978; 1981; *Winkel* 1979; 1981; 1985; *Witt* 1983; *Zimmerli* 1980

11.2.3 Schullandheime, Jugendwaldheime, Schulbauernhöfe

Gemeinsam ist diesen Einrichtungen, daß in ihnen durch das ganztätige Zusammenleben von Schülern und Lehrkräften intensiver als in der Schule die Zielsetzungen der Individual- und Sozialerziehung erreicht werden können. Die Lehrpersonen sind frei von schulorganisatorischen Sachzwängen und können leichter fächerübergreifend sowie situations- und handlungsorientiert arbeiten. Gemeinsame Erlebnisse steigern die Motivation der Schüler.
Ein Schullandheimaufenthalt führt an Biotope und Landschaften heran, wie Gebirge, See, Moor, die den Schülern sonst nur schwer zugänglich sind, und erleichtert die Naturbegegnung und den Unterricht am Objekt (vgl. *Winkel* 1986). Im Schulwaldheim lernen die Schüler das Ökosystem Wald kennen und können unter Anleitung eines Försters auch praktische Arbeiten durchführen, z. B. Anziehen und Setzen von Jungbäumen. Auf einem Schulbauernhof verfolgen die Schüler zum Beispiel, sich aktiv beteiligend, die Arbeit des Landwirtes und erleben, wo ihre Nahrung herkommt.

Literatur

Bauer, E. W., 1981 c; *Bolay* 1976; *Soine-Wof/Goppel* 1986; *Thiel/Sibbing* 1983; Verband Deutscher Schullandheime 1980; *Winkel* 1986;

11.2.4 Lehrpfade

Der Naturlehrpfad ist ein Weg, an dem durch Hinweise auf besonders bemerkenswerte Naturerscheinungen aufmerksam gemacht wird (vgl. *Erdmann* 1975; *Stichmann* 1977; *Schroer* 1980; *Wessel* 1980; *Zimmerli* 1980; *Hedewig* 1985; *Knieps* 1990).

Nach der *inhaltlichen Thematik* unterscheidet man Botanische Lehrpfade, (z.B. Baumlehrpfad im Stadtpark), Zoologische Lehrpfade (z. B. Vogellehrpfad), Geologische Lehrpfade, Biotop-Lehrpfade (z. B. Waldlehrpfad), Lehrpfade zur Angewandten Biologie (z. B. Weinlehrpfad, Waldschadenspfad), kombinierte Pfade (Naturlehrpfade, z. B. Geologischer Pfad mit Angaben zu Boden und Vegetation), erweiterte Naturlehrpfade (mit geschichtlichen, heimatkundlichen oder technikgeschichtlichen Objekten).

Nach dem *Typ der Themenauswahl* unterscheidet man Objektlehrpfad (Vorstellung von Einzelobjekten mit vielen Tafeln) und Standortlehrpfad (Charakterisierung eines Gebietes mit wenigen Tafeln).

Nach der *Methode der Darstellung* gibt es Lehrpfade ausschließlich mit Informationstafeln oder Lehrpfade mit Nummern und einer Begleitbroschüre. Manchmal werden nicht immer in der Natur zu beobachtende Erscheinungen in Schaukästen (im Freien oder in Blockhütten) demonstriert. Die Broschüren werden meist am Ausgangspunkt, z. B. einer Jugendherberge oder einem Naturschutzzentrum, angeboten. Schulklassen werden auf den Lehrpfaden geführt oder arbeiten in Gruppen an Aufgaben (vgl. *Hedewig* 1986 b).

Lehrpfade werden meist in Zusammenarbeit von Schulen und Naturkundevereinen, Forst- und Landwirtschaftsämtern, Fremdenverkehrsämtern, Stadt- oder Gemeindeverwaltungen und Landratsämtern eingerichtet. Sie sind pädagogisch besonders bedeutsam, wenn sie an Projekttagen von Lehrkräften und Schülern gemeinsam erstellt werden (vgl. *Wessel* 1980; 1992). Ein Lehrpfad sollte immer wieder ergänzt und verändert werden.

Lehrpfade können folgende Aufgaben erfüllen (vgl. *Hedewig* 1986 b): Sie sollen das Erholungsbedürfnis der Besucher befriedigen und die Bereitschaft zur Beschäftigung mit der Natur und zum Einsatz für den Umweltschutz fördern. Sie sollen die Naturbeobachtung verbessern und Erkenntnisse über die Mannigfaltigkeit der Arten und der Naturerscheinungen vermitteln.

Literatur

Erdmann 1975; *Hedewig* 1985; 1986 b; *Knieps* 1990; *Schroer* 1980; *Stichmann* 1977; *Vogt* 1980; *Wessel* 1980; 1992; *Zimmerli* 1980

11.2.5 Freilandlabore, Schulreservate, Schulwälder

Lebensräume, die meist außerhalb des Schulgeländes liegen, die aber von der Schule aus leicht erreichbar sind, können zu einem *Freilandlabor* ausgebaut werden. So nennt man weitgehend ursprünglich belassene, z. T. nach didaktischen Grundsätzen gestaltete Lebensräume, die für Freilandarbeiten mit Schülern genutzt werden. Sie sollen auf engem Raum unterschiedliche Biotope mit einer artenreichen Pflanzen- und Tierwelt enthalten und mit Einrichtungen versehen sein, die das Arbeiten von Schülern in diesen Biotopen erleichtern (vgl. *Fokken/Witte* 1979; *Hedewig* 1981 b; 1987; *Peukert* 1983).
Freilandlabors werden meist in Zusammenarbeit von Hochschulen, Schulen, Naturschutzbehörden oder privaten Naturschutzverbänden angelegt (vgl. *Zimmerli* 1980; *Hedewig* 1981 b). Voraussetzung ist, daß ein weitgehend naturbelassenes Gelände in Schulnähe vorhanden ist, das in Pacht genommen oder aufgekauft werden kann. Da aus dem Freilandlabor keine Pflanzen und Tiere entfernt werden sollen, ist ein Schutz durch eine Hecke oder einen Zaun sinnvoll. Der Pflanzenbestand mancher Biotope kann durch Anpflanzung von fehlenden Arten aus der Nachbarschaft ergänzt werden. Eine Arbeitshütte mit Arbeitsplätzen, die auch einen abschließbaren Raum für die Aufbewahrung von Geräten (z. B. Meßgeräte, Mikroskope, Ferngläser) und Bestimmungsliteratur enthalten sollte, und eine Trockentoilette sind zu errichten. Für Anfahrtswege muß gesorgt werden. Im übrigen sollte das Areal möglichst in seinem ursprünglichen Zustand erhalten bleiben.
Nach *Hedewig* (1981 b, 51) soll das Freilandlabor folgende Funktionen erfüllen:
- Durchführung von Freilanduntersuchungen durch Schüler unter der Anleitung der Biologielehrkräfte während mehrstündiger Exkursionen;
- Nutzung für die Ausbildung von Biologiestudierenden; hier bieten sich Möglichkeiten für projektorientierte Arbeiten;
- Exkursionen im Rahmen der Lehrerfortbildung zur Demonstration von Möglichkeiten der Freilandarbeit;
- Nutzung durch die Öffentlichkeit als Informationszentrum für angrenzende Naturschutzgebiete und die Naturschutzarbeit überhaupt.

Mit der Nutzung von Freilandlabors können folgende *Ziele* angestrebt werden (vgl. *Hedewig* 1984 a): Die Arbeit im Freilandlabor soll die Besucher für die Beschäftigung mit biologischen Sachverhalten motivieren, ihr Bedürfnis nach selbständiger Arbeit befriedigen, ihre Kenntnisse von Arten und deren Lebensweise erweitern, ihre emotionale Bindung an naturnahe Lebensräume fördern und sie für den Naturschutz motivieren.

Der Begriff »Freilandlabor Natur« kann auch weiter gefaßt werden als in der obigen Definition (vgl. *Zimmerli* 1980). Er umfaßt dann auch Einrichtungen wie Schulreservate, Schulweiher und Naturlehrpfade.
Das *Schulreservat* ist ein abgegrenztes, kleineres oder größeres Stück Land, das den Schulen einer Gemeinde oder eines Bezirks regelmäßig für Beobachtungen, Versuche und Untersuchungen zur Verfügung steht. Das Schulreservat dient in erster Linie erzieherischen Belangen. Die Schulnähe des Reservats hat folgende Vorteile: Der Anmarschweg ist kurz, eine tägliche Beobachtung ist möglich, und die Überwachung des Gebietes ist einfach. Die Nähe zum Schulgelände hat aber auch Nachteile: Der Pausenlärm beeinträchtigt die Arbeit, Tierbeobachtungen können durch ständige Störungen erschwert werden, und das Interesse erlahmt leicht, wenn das Objekt dauernd zur Verfügung steht.

In Zusammenarbeit von Biologielehrkräften und Forstleuten wurden in den letzten 20 Jahren in der Nähe von Schulen auch *Schulwälder* eingerichtet, die unter der Anleitung von Förstern durch die Schüler betreut werden (*vgl. Grupe* 1977; *Wessel* 1980, 40).

Literatur

Fahrenberger 1982; *Fokken/Witte* 1979; *Grupe* 1977; *Hedewig* 1981 b; 1984 a; *Hedewig/ Schaffrath* 1987; *Peukert* 1983; *Wessel* 1980; *Zimmerli* 1980

11.2.6 Umweltzentren

Umweltzentren sind sehr unterschiedliche Einrichtungen, die Umweltbildung vermitteln (s. Abschnitt 4.5). Im weiteren Sinne kann man dazu folgende Typen zählen (vgl. *Kochanek/Pleines* 1991), die hier teilweise gesondert behandelt werden: Umweltzentren, Umweltakademien, Naturschutzzentren, Vogelschutzwarten, Naturparkzentren und Nationalparkhäuser, Naturwissenschaftliche Museen mit Schwerpunkt Ökologie und Umweltschutz, Freiland- bzw. Freilichtmuseen (vgl. *Knauss* 1992), Botanische Gärten und Zoos mit umweltrelevanten Bildungseinrichtungen, Umweltgärten, Biologische Stationen, Ökologiezentren, Schulbiologiezentren, Freilandlabors, Landesschulzentren für die Umweltbildung, Schulbauernhöfe, Jugendwaldheime, Schullandheime und Jugendherbergen mit Umwelteinrichtungen.

Unter inhaltlichen Gesichtspunkten lassen sich folgende Gruppen von Umweltzentren unterscheiden (vgl. *Eulefeld/Winkel* 1986):

- *Umweltzentren mit Schwerpunkt im Erziehungsbereich* sind zum einen Schulbiologiezentren, die Schulen entsprechend den Lehrplänen mit Pflanzen und Tieren versorgen. Sie leihen Geräte aus, halten botanische, zoologische, ökologische Schülerkurse, erarbeiten Unterrichtshilfen und betreiben Lehrerfortbildung, vor allem im Bereich der Umwelterziehung (z. B. Schulbiologiezentrum Hannover). Zum anderen werden zu diesem Typ Umweltzentren und Naturschutzzentren gerechnet, die ihre Aufgabe hauptsächlich in der Organisation von Umwelt- bzw. Naturschutzmaßnahmen sehen. Sie konzentrieren sich meist stärker auf Erwachsene, bieten aber häufig auch Lehrgänge für Schulen an. In Landesschulzentren für Umweltbildung stehen meist Themen der Ökologie und des Umweltschutzes im Vordergrund, wie ökologischer Landbau, Gewässerreinhaltung, naturnahe Waldbewirtschaftung (Haus des Waldes).
- *Umweltzentren mit Schwerpunkt im Informationsbereich* sind Einrichtungen, die Seminare, Symposien, Kolloquien zu Umweltthemen sowie Lehrgänge, Praktika und Exkursionen anbieten und z. T. wissenschaftliche Untersuchungen zu Umwelt- und Naturschutzproblemen durchführen. Sie dokumentieren Daten und Materialien, führen berufliche Fortbildung im Bereich Umwelt- und Naturschutz durch und beraten die Öffentlichkeit in Umweltfragen (z. B. Umweltakademien der Länder, BUND-Naturschutzzentren).
- *Ökozentren* führen Seminare und Einzelveranstaltungen mit praktischen Übungen über Ökologie und Ökonomie, Naturgärten, gesunde Ernährung, ökologisches Bauen, »sanfte Techniken« und »alternative Energien« durch.
- *Naturparkzentren* dienen zur Information der Besucher von Naturschutzgebieten, Nationalparks und Naturparks durch Führungen, AV-Medien, Vorträge und Kurse (vgl. *Janßen* 1984; *Killermann* 1987).
- Bei *Gartenzentren* steht die unmittelbare Anschauung von Pflanzen und Tieren im Mittelpunkt. Es werden Führungen und Vorträge, z. T. auch praktische Arbeiten, durchgeführt (s. auch Abschnitte 11.2.2 und 11.3.2).

Literatur

Engels-Wilhelmi 1993; *Eulefeld/Winkel* 1986; *Janßen* 1982; 1984; *Killermann* 1987; 1993; *Knauss* 1992; *Kochanek/Pleines* 1991; *Reese* 1986; *Weiss* 1983

11.3 Botanische Gärten, Zoos und Naturkundemuseen

11.3.1. Allgemeines

Botanische Gärten, Zoos und Museen sind wissenschaftliche Einrichtungen. Sie betreiben eigene Forschungen, wobei die Botanischen Gärten meist einer Universität angeschlossen sind. Die drei Institutionen haben gemeinsam, daß sie Sammlungen von biologischen Objekten für die Öffentlichkeit ausstellen. Damit ist die Vermittlung von Biologie an ein breites Publikum verbunden, die vom schulischen Biologieunterricht unabhängig ist, aber von diesem genutzt werden kann. In den drei Institutionen arbeiten z. T. hauptamtliche Lehrkräfte, die diese Aufgabe besonders wahrnehmen und entsprechende Bildungskonzeptionen für die Einrichtungen entwickeln (Garten-, Zoo-, Museumspädagogen). Teilweise sind auch eigene Unterrichtsräume eingerichtet, in denen für Besuchergruppen Veranstaltungen durchgeführt werden (Gartenschulen, Zooschulen).

Eine Lehrkraft, die eine der Institutionen mit einer Klasse besuchen will, sollte sich von Mitarbeitern fachlich beraten lassen und überlegen, in welcher Form sie - evtl. in Zusammenarbeit mit den Pädagogen - die Arbeit im Museum, Botanischen Garten oder Zoo gestalten will. Die Schüler sollten im vorhergehenden Unterricht auf den Besuch vorbereitet werden.
Für die methodische Gestaltung gibt es folgende Möglichkeiten:

- Bei der früher allein üblichen *Führung* leitet die Lehrkraft die Klasse frontal an. Die präsentierten Objekte stehen dabei im Mittelpunkt. Ein Thema nach dem anderen wird so an den Ausstellungsstücken erläutert. Meist ergibt sich keine Diskussion und Problematisierung. Die Aktivität der Schüler ist gering, ihre Aufmerksamkeit läßt in der Regel bald nach.
- Bei einem *Trail* steht den Schülern ein kleines thematisches Arbeitsheft zur Verfügung, in das Informationen, Fragen, Aufgaben, Zeichnungen, Spiele eingearbeitet sind. Mit Hilfe von Markierungen finden die Schüler ihren Pfad. Da der Trail sich nicht streng an ein begrenztes Thema hält, ist er für den Einzelbesuch besser geeignet als für den Klassenbesuch.
- *Beim Unterricht mit Arbeitsblättern* werden den Schülern Aufgaben und Zusatzinformationen zu einem bestimmten Themenkreis auf Arbeitsbogen gegeben (vgl. *Dürr/Rodi* 1981; *Erber/Göttert* 1981; *Janßen* 1982). Die Schüler arbeiten etwa 30 Minuten selbständig und erhalten dann Lösungsblätter zur Überprüfung ihrer Arbeit. Daran schließt sich eine Besprechung

der Ergebnisse der einzelnen Gruppen mit der ganzen Klasse an. Für den Einsatz von Arbeitsblättern spricht (vgl. *Winkel* 1978 b, 12): Die Schüler konzentrieren sich auf ein bestimmtes Arbeitsgebiet; die meisten Schüler arbeiten lieber mit Arbeitsblättern, als daß sie an Führungen teilnehmen; die Lehrkraft kann das Erarbeitete besser vertiefen, wenn die Schüler Unterlagen haben. Gegen den ausschließlichen Einsatz von Arbeitsblättern kann eingewendet werden: Die Methode ist einseitig; das Papier könnte für die Schüler wichtiger werden als das Objekt; die Schüler werden sehr stark angeleitet.
- Echter *Arbeitsunterricht* kann in den Einrichtungen nur durchgeführt werden, wenn Arbeitsräume, zusätzliches Informationsmaterial (Studiensammlung und Bücher) und viel Zeit vorhanden sind.

Wie bei allen Exkursionen ist eine Nacharbeit im nachfolgenden Unterricht erforderlich (s. Abschnitt 8.3.3).

11.3.2 Botanische Gärten und Arboreten

Botanische Gärten sind einerseits Stätten der wissenschaftlicher Forschung andererseits zunehmend der Belehrung, Bildung und Erholung für viele Menschen (vgl. *Winkel* 1990 a, 10). Sie haben vor allem folgende Aufgaben: Arbeiten zur Pflanzensystematik, Pflanzengeographie, Vegetationsgeschichte sowie Beiträge zum Artenschutz, Erhalt alter Kultursorten und gefährdeter Arten (z. T. in Samenbanken), zur ökologischen Forschung, Kultivierung potentieller Zimmerpflanzen und Heilpflanzenforschung.
Ein *Arboretum* ist ein unter botanischen Gesichtspunkten angepflanzter Baumbestand.

Botanische Gärten können zu fast allen Bereichen des Pflanzenkundeunterrichts einen Beitrag leisten. Neben gärtnerischen Grundthemen sind für die Schule folgende Fragestellungen besonders bedeutsam (vgl. *Fränz* 1982; *Winkel* 1982 a; 1990 a; *Verfürth* 1987 a): Zimmerpflanzen, Nutzpflanzen und Wildformen, Heil- und Giftpflanzen, Systematik und Morphologie, Ökologie (z. B. Bestäubungsökologie, extreme Angepaßtheiten), Biogeographie, Genetik und Stammesgeschichte. Im Botanischen Garten können Beobachten, Zeichnen und Protokollieren sowie Tasten, Riechen und Schmecken an Beispielen geübt werden. Das Empfinden für die Schönheit der Natur und das Staunen über die Artenvielfalt fördern die Naturverbundenheit (vgl. z. B. *Fränz* 1982; 1985; *Winkel* 1982 a; *Große* 1987; 1993).

11.3.3 Zoologische Gärten und Tierparks

Zoos sind Einrichtungen, in denen einheimische und fremdländische Tiere in Gehegen, die vielfach als naturähnliche Biotopausschnitte gestaltet sind, gehalten und den Besuchern vorgestellt werden. Es besteht keine scharfe Grenze zum *Tierpark*, in dem häufig ausschließlich heimische Tierarten gehalten werden. Zoos und Tierparks haben die Aufgabe, das Bedürfnis vieler Menschen nach Erholung zu erfüllen, zu informieren, dem Artenschutz zu dienen und Forschungsmöglichkeiten für verschiedene Wissenschaften zu bieten (vgl. *Dylla* 1965; *Winkel* 1977 b; *Beyer* 1988; 1992).
In vielen Zoos ist eine Zooschule eingerichtet, und es stehen Arbeitsmaterialien für Schüler zur Verfügung (vgl. *Rath* 1978; *Kirchshofer* 1981; 1982; *Verfürth* 1986; *Haßfurther* 1986; *Hertrampf/Laßke* 1986; *Nittinger/Krull/Rüdiger* 1992; *Pies/Schulz/Hofen* 1992). Manche Tiergärten haben einen »Kinderzoo«, in dem die Kinder frei herumlaufende Tiere streicheln und manchmal füttern dürfen; auf manchen Tieren darf auch geritten werden.
Mit Schulklassen sollte man jeweils nur einzelne Themen behandeln, z. B.: Körperbau, Lebensweise und Umwelt einzelner Arten, Angepaßtheit an die Umgebung in Form, Farbe und Verhalten, natürliche Verwandtschaft, Evolutionshinweise, moderne Zootierhaltung (vgl. *Dylla* 1965; *Kuhn* 1975 b; *Winkel* 1977 b; *Rath* 1978; *Kirchshofer* 1981; 1982; *Verfürth* 1986; 1987 a; *Beyer* 1992; *Nittinger/Krull/Rüdiger* 1992). Durch die unmittelbare Begegnung und das genaue Beobachten können Anthropomorphismen abgebaut und die Verantwortung den Tieren gegenüber kann gefördert werden. Das Interesse für die Tierwelt kann durch die Erlebnisse verstärkt werden.

11.3.4 Naturkundliche Museen und Ausstellungen

»*Museum* ist die Bezeichnung für die Sammlung von Kunstwerken und anderen Gegenständen (z.B. naturwissenschaftlichen und technischen Gegenständen) sowie Bauten, in denen diese untergebracht sind« (Brockhaus-Enzyklopädie 1979). In modernen Naturkundemuseen werden Objekte ausgestellt, die eine Beziehung zur belebten Welt haben (Präparate, Nachbildungen, Modelle) oder von früher lebenden Organismen zeugen (Fossilien). In vielen Museen werden in Aquarien und Terrarien auch lebende Tiere und Pflanzen (im Sinne eines »lebendigen« Museums) gehalten. Damit wird eine Annäherung an Zoo und Botanischen Garten erreicht.
Die für den Biologieunterricht bedeutsamsten *Ausstellungen* sind in natur-

kundlichen Museen untergebracht. Die in der Schule von Lehrkräften und Schülern erstellten Ausstellungen wurden bereits im Abschnitt 9.3.7 besprochen. In größere Städte kommen von Zeit zu Zeit durch Fachleute außerschulischer Institutionen zusammengestellte *Wanderausstellungen*, die auch biologische Themen enthalten können, z. B. aus den Bereichen Gesundheitserziehung (Rauchen und Alkohol), Ökologie und Umweltschutz sowie Tierkunde. Naturkundlich orientierte Vereine organisieren *lokale Ausstellungen*, die jeweils nur einige Tage oder Wochen dauern und auch für Schüler bedeutsam sein können: Kleintierschau, Aquarien- und Terrarienschau, Ausstellung von Insekten, Ausstellung über die Geologie der Umgebung, Präsentation von Naturfotografien.

Nach einer Untersuchung von *Gerhard Winkel* (1978 b, 12) beurteilen 52% der 16-jährigen Besucher die Museen als interessant und besuchenswert, aber nur wenige Schüler besuchen sie regelmäßig (1% sehr oft, 2% oft, 6% öfters, 17% manchmal, 29% selten, 45% nie).

In modernen Museen werden nicht mehr die gesamten Bestände nach taxonomischen Prinzipien in der Schausammlung gezeigt, sondern nur noch eine auf den Besucher zugeschnittene Auswahl. Diese ist oft themenorientiert aufgebaut; Themen der Evolution, der Ökologie und des Umweltschutzes spielen dabei eine besondere Rolle (vgl. *Wiese* 1988). Die Stellung des Menschen in der Natur wird oft zum Leitgesichtspunkt erhoben, z. B. »Mensch und Natur« oder »Landschaft und Mensch«, wodurch Interesse und Aufmerksamkeit gefördert werden können (vgl. *Dürr* 1992).

Für die Präsentation sind folgende Prinzipien bedeutsam (vgl. *Witte* 1986): Das Exponat muß zum Weiterdenken auffordern (es ist z. B. nicht beschriftet, die Lösung kann durch Knopfdruck erfragt werden); es soll zum Anfassen ermutigen (z. B. freistehendes Braunbärpräparat), es soll zu Handlungen und zur Selbsttätigkeit anregen (z. B. Härtebestimmung von Gesteinen mit der Ritzmethode). Viele Besucher wollen bei Pflanzen und Tieren den Zusammenhang von Körperbau, Lebensweise und Umwelt erfahren; so sind Dioramen (räumliche Darstellungen von Biotopen), teils mit Großfotos gestaltet, sehr beliebt. Wenn beschreibende Texte dargeboten werden, müssen sie kurz sein und die Sinnzusammenhänge übersichtlich darstellen (vgl. *Dürr* 1992).

Studiensammlungen ermöglichen Schülern und Studierenden den unmittelbaren Umgang mit den Objekten (vergleichende Betrachtung von Fossilien, Muschelschalen usw.). Sie sind meist nach systematischen Gesichtspunkten aufgebaut. Im Magazin lagern Objekte, die vor allem von Wissenschaftlern unter spezielleren Fragestellungen ausgewertet werden.

Durch den Besuch von Ausstellungen und Museen können Schüler lernen, wie sie sich als Bürger dem »öffentlichen Gut« gegenüber verhalten sollen. Sie werden mit Gegenständen bekanntgemacht, die sich für eine sinnvolle Freizeitgestaltung eignen und die in der Schule nicht vorhanden sind. Für folgende Themen ist das Museum besonders geeignet (vgl. *Rodi* 1975 b; *Winkel* 1978 b; *Feustel* 1981):

- Vergleich von Bau und Funktion (z. B. Angepaßtheit an das Wasserleben: Wal, Delphin, Pinguin),
- Artenfülle und Formenvielfalt (z. B. Vögel, Insekten, Muscheln, Korallen, Schwämme),
- Evolution, bezogen auf taxonomische Gruppen (Pflanzen, Tiere, Mensch),
- ausgestorbene Tiere (z. B. Urvogel, Saurier),
- Biologie interessanter Tiergruppen (z.B. Kloakentiere, Beuteltiere),
- Ökosysteme der Heimat (z. B. See, Fluß, Wald, Feld) und der Fremde (z. B. Tropischer Regenwald, Antarktis),
- Themen aus dem Bereich des Umweltschutzes,
- anthropologische Fragen (z. B. Abstammung, »Rassen« bzw. geografische Variabilität, Naturvölker).

Eine umfangreiche Themenliste mit den in Museen verwendeten Methoden und Arbeitsmaterialien findet sich bei *Erber/Göttert* (1981).
Eine geschickte Einführung kann die Aufgeschlossenheit für das Museum wecken. Der Besuch sollte maximal 60 bis 90 Minuten dauern. Aufgrund fachlicher und didaktischer Vorüberlegungen sollten nur wenige Abteilungen des Museums aufgesucht werden. Da vor den einzelnen Vitrinen meist nicht für eine ganze Klasse Platz ist, empfiehlt es sich, im arbeitsteiligen Gruppenunterricht vorzugehen. Im übrigen gelten für einen Museumsbesuch die im Abschnitt 11.3.1 genannten methodischen Möglichkeiten.

Literatur

Beyer 1988; 1989; 1992; Brockhaus-Enzyklopädie 1979; *Dürr* 1992; *Dürr/Rodi* 1981; *Dylla* 1965; *Erber/Göttert* 1981; *Fahrenberger* 1982; *Feustel* 1981; *Fränz* 1982; 1985; *Große* 1987; 1993; *Haßfurther* 1986; *Hertrampf/Laßke* 1986; *Janßen* 1982; 1984; *Kirchshofer* 1981; 1982; *Knauss* 1992; *Kuhn* 1975 b; *Nittinger/Krull/Rüdiger* 1992; *Pies/Schulz/Hofen* 1992; *Rath* 1978; *Rodi* 1975 b; *Verfürth* 1979; 1986; 1987 a; *Vogt* 1990; *Wessel* 1980; 1992; *Wiese* 1988; *Winkel* 1977 b; 1978 b; 1982 a; 1990 a; *Witte, G. R.,* 1986

12 Evaluation

12.1 Zum Begriff

»Evaluation« bedeutet »Bewertung« oder »Beurteilung«. Im Zusammenhang mit Schule und Unterricht kann man Evaluation durch die folgenden drei Aufgaben charakterisieren (vgl. *Cronbach* in *Wulf* 1972, 42):
- Verbesserung von Curriculum und Unterricht;
- Entscheidung über Schüler, z. B. Einordnung in Klassen oder Leistungsgruppen;
- Administrative Regelungen, z. B. Zuordnung von Lehrern, Entscheidungen über Schultypen.

Evaluation ist auf alle Parameter des »didaktischen Systems« (vgl. *Schaefer* 1971 b) gerichtet, d. h. auf eine Verbesserung des Unterrichts im Hinblick auf Schüler, Lehrende, Ziele, Inhalte, Methoden, Medien, Milieufaktoren. Selbst die Evaluationsinstrumente (z. B. Tests), die im Unterricht eingesetzt werden, müssen ihrerseits einer Bewertung unterzogen werden.
Die meisten Lehrpersonen haben es nur mit zwei Formen der Evaluation zu tun: mit der Bewertung ihres eigenen Unterrichts und mit der Beurteilung und Benotung ihrer Schüler. In diesem Buch werden - unter Vernachlässigung aller anderen Formen, z. B. Lehrplanrevision, Schulbuchzulassungsverfahren - nur diese beiden Möglichkeiten berücksichtigt. Die erstgenannte Form ist ein charakteristisches Beispiel für eine »Selbst-Evaluation« (s. Abschnitt 6.4). Die zweite wird im allgemeinen als »Fremd-Evaluation« gehandhabt. Nur in Ausnahmefällen werden die Lehrkräfte einer Fremd-Evaluation (z. B. durch Kollegen oder Schulaufsichtsbeamte) unterworfen; nur selten werden Schüler an der Messung und Beurteilung ihrer eigenen Leistungen beteiligt (vgl. *Grüninger* 1971; *Liem* u.a. 1981).
Das Schwergewicht fachdidaktischer Publikationen zum Fragenkreis »Evaluation« liegt eindeutig auf dem Thema »Beurteilung von Schülerleistungen«. Das ist insofern verständlich, als die Bewertung von Schülerleistungen zu den ständigen Dienstobliegenheiten der Lehrkräfte gehört und gerade dieser Aufgabenbereich viel Konfliktstoff in sich birgt. Diese Schwerpunktsetzung ist auch deshalb berechtigt, weil die Schülerleistung ein besonders wichtiges Resultat aller unterrichtlichen Bemühungen darstellt.

12. 2 Die Bewertung von Schülerleistungen

12.2.1 Formen der Leistungskontrolle

Das Spektrum der Evaluationsmethoden ist sehr weit; es reicht von der einfachen qualitativen Beschreibung von Unterrichtsergebnissen bis hin zur exakten Messung verschiedener Variablen mit Hilfe vorgegebener Kriterien. Die im Biologieunterricht gebräuchlichsten Formen sind die mündliche Überprüfung, die Kontrolle der Hausaufgaben, schriftliche Erörterungen (Klassenarbeiten) und Tests (vgl. *Wagener* 1992 ff.).

Mündliche Wiederholungen sind bei vielen Biologielehrkräften beliebt, weisen aber beträchtliche Schwächen auf. Vor allem werden nur sehr wenige Schüler erfaßt, die nicht aktiv beteiligten langweilen sich und sind dann häufig auch am weiteren Verlauf des Unterrichts wenig interessiert (vgl. *Mostler/Krumwiede/Meyer* 1979, 52). Ein noch wenig angewendetes *»halbschriftliches« Verfahren* besteht darin, daß die Lehrperson einige mit wenigen Worten zu lösende Aufgaben stellt und alle Schüler die Lösungen aufschreiben (vgl. *Killermann* 1991, 275: Stegreifarbeiten). Die Kontrolle kann dann durch ein Austauschen der Hefte zwischen den Schülern erfolgen.

Die *Überprüfung der Hausaufgaben* stellt ein sehr brauchbares Mittel dar, die Schüler individuell zu fördern (vgl. *Völp/Beier/Schlosser-Drefahl* 1984). Besonders jüngere Kinder sind dankbar, wenn ihre Bemühungen zur Kenntnis genommen und durch ermunternde Randbemerkungen gewürdigt werden. Auch in höheren Klassen der Sekundarstufe I lohnt es sich, die Hefte bzw. Mappen der Schüler ab und zu zu überprüfen, nicht zuletzt deshalb, weil man dabei ein aufschlußreiches Bild des eigenen Unterrichts zu sehen bekommt.

Schriftliche Erörterungen erfordern zu ihrer objektiven Beurteilung einen hohen Aufwand an Zeit und Mühe. Vorwiegend aus diesem Grunde sind sie in den vergangenen Jahrzehnten im Biologieunterricht stark zurückgedrängt worden. Es darf jedoch nicht vergessen werden, daß solche Arbeiten den Schülern die Möglichkeit geben, ein Problem ausführlich und differenziert darzustellen. Die Schwächen, die dem »biologischen Aufsatz« anhaften, lassen sich erheblich mildern, indem man klar umrissene Aufgaben stellt und vor der Beurteilung der Ergebnisse festlegt, was man von den Schülern erwartet (vgl. *Schrooten* 1971; 1974). Diese Form der schriftlichen Arbeit, die bereits wesentliche Züge von Tests zeigt, gehört heute zum Standardprogramm der gymnasialen Oberstufe. Im allgemeinen umfassen solche Klausuren eine Reihe von Aufgaben, die an Arbeitsmaterialien (z. B. Texte, Abbildungen, Tabellen) geknüpft sind und zu denen die Lehrkraft einen Erwartungshorizont aufstellt (vgl. *Hasselberg/Meyer* 1978; *v. Falkenhausen* 1981; *Jaenicke* 1983 ff.). Derartige »materialgebundene« Arbeiten sind im Unterschied zu einfachen Tests gut dazu geeignet, auch Lernerfolge in bezug auf höhere Lernzielstufen (z. B. Rekombination, Transfer bzw. Analyse, Synthese, Bewertung) zu überprüfen. Sie sollten auch auf der Sekundarstufe I mehr als bisher Verwendung finden.

Ein höherer Grad an Objektivität der Beurteilung ist durch *Leistungstests zu* erreichen. Objektivitat - das wichtigste Gütekriterium von Testverfahren - ist dann gegeben, wenn »verschiedene Personen unabhängig voneinander bei der Testdurchführung, bei der Auswertung und Interpretation der Testdaten zu den gleichen Ergebnissen kommen« (*Rapp* 1975, 47 f.). Eine objektive Leistungsbeurteilung ist also »ausschließlich von dem zu beurteilenden Sachverhalt bestimmt« (*Schröder* 1974, 138).
Das objektivste Evaluationsinstrument ist der standardisierte Test. Solche Tests, die an großen Populationen erprobt und geeicht sind, spielen im Biologieunterricht bisher keine Rolle, es sei denn in dem sehr eingeschränkten Bereich des Programmierten Unterrichts.
Die zur Zeit am häufigsten verwendete Form der Leistungskontrolle ist der informelle Test (vgl. z. B. *Rapp* 1970; *Zöller* 1971). Tests dieses Typs werden meist nur in Hinblick auf eine bestimmte Lerngruppe erstellt. Informelle Tests erlauben eine vergleichsweise differenzierte und exakte Feststellung der Leistungen. Differenzierte Aussagen über Leistungen werden in der Testpraxis dadurch erreicht, daß eine Gesamtaufgabe in mehrere klar umrissene Teilaufgaben aufgegliedert wird, die unterschiedliche Leistungen erfordern. Eine exakte Leistungsmessung zeichnet sich dadurch aus, daß »auch geringe Unterschiede der Leistung ... bei der Messung berücksichtigt« werden und daß »Unterschiede im Meßergebnis ... ausschließlich durch Unterschiede in der Leistung verursacht« sind (*Schröder* 1974,140). Die Forderung nach Exaktheit der Leistungsmessung verweist mit besonderer Deutlichkeit auf das Problem der Gewinnung eines geeigneten Maßstabes, mit dem die Leistungen verglichen werden können. Hier zeigt sich, daß auch informelle Tests nur eine eingeschränkte Objektivität der Leistungsbewertung ermöglichen: Der Beurteilungsmaßstab gilt nur innerhalb einer kleinen Gruppe; in einer anderen Klasse oder Schule können dieselben Leistungen mit einem ganz anderen

Maßstab gemessen werden. Wegen der nur relativen Objektivität spricht man auch von »objektivierten« Verfahren.
Sowohl standardisierte als auch informelle Tests sind »normorientiert«, d. h. sie dienen dem Vergleich der Leistung des einen Schülers mit den Leistungen anderer Schüler und ermöglichen die Eingliederung jedes einzelnen Beteiligten in eine Rangfolge. Damit fördern sie das Konkurrenzdenken mit allen seinen unerwünschten Folgen. Um diese Gefahren zu vermeiden oder zu mildern, werden »kriteriumsorientierte« Tests empfohlen, die nicht in erster Linie der differenzierten Leistungskontrolle, sondern der »Lernsteuerung« dienen (vgl. *Potthoff* 1974, 32). Der Lernerfolg wird allein an dem Kriterium »Erreichung eines gesetzten Unterrichtszieles« gemessen. Deshalb werden solche Tests von manchen auch als »lernzielorientierte« Tests bezeichnet. Diese Art der Evaluation läßt eine abgestufte Benotung der Leistungen nicht zu, dagegen bildet sie eine gute Grundlage für die Beurteilung des Unterrichtserfolgs durch die Lehrkraft selbst: Der beste Unterricht ist der, durch den alle Schüler die Ziele erreicht haben. Trotz seiner offensichtlichen Vorzüge spielt der kriteriumsbezogene Test - zumindest im Biologieunterricht - bisher keine nennenswerte Rolle.

Neben den Leistungskontrollen, die die Praxis der schulischen Evaluation weitgehend bestimmen, sind noch Testverfahren zu nennen, durch die das *Interesse der Schüler* an den jeweiligen Unterrichtsinhalten und die Interessenänderungen durch den Unterricht erfaßt werden sollen (s. Abschnitt 5.4). Noch weniger gebräuchlich sind Verfahren zur Ermittlung der Lernerfolge von Schülern im Hinblick auf die psychomotorische Dimension (Fertigkeiten, Fähigkeiten).

Eine besonders wichtige und folgenschwere Form der Evaluation stellt die *Abiturprüfung* dar. Seit der Neugestaltung der gymnasialen Oberstufe im Gefolge der KMK-Vereinbarung vom 7. Juli 1972 können die Schüler Biologie zum Hauptfach (»Leistungsfach«) wählen. Sie müssen dann in diesem Fach eine schriftliche Prüfung ablegen, deren Ergebnis die Durchschnittsnote des Abiturzeugnisses stark mitbestimmt. Diese wiederum ist zur Zeit - seit der Einführung des Numerus clausus für eine Reihe begehrter Studienfächer - für die Zulassung zum Hochschulstudium von großer Bedeutung.

12.2.2 Sinn und Bedeutung

Während die Bedeutung einer ständigen Selbst-Evaluation der Lehrpersonen allgemein anerkannt ist (s. Abschnitt 6.4), gehen die Ansichten über den Sinn der Evaluation von Schülerleistungen weit auseinander; es gibt kaum ein zweites Thema der Didaktik, das so kontrovers behandelt wird. Der Hinweis auf die Verpflichtung der Lehrpersonen, Schülerleistungen zu messen und zu beurteilen, macht die Frage nach einer Begründung nicht überflüssig, sondern verschärft eher ihre Brisanz. Die Bedeutung, die der Messung und Beurteilung von Schülerleistungen zuerkannt wird, spiegelt sich in der Vielzahl der Bezeichnungen für dieses Phänomen wider: Lernkontrolle, Lernerfolgskontrolle, Leistungskontrolle u. a. m. Wenig treffend erscheint der häufig verwendete Ausdruck »Lernzielkontrolle«. Er signalisiert zwar, daß zwischen den Elementen einer Erfolgskontrolle und den Zielen der vorhergegangenen Unterrichtssequenz ein enger Zusammenhang bestehen sollte. Da aber nicht die Lernziele, sondern der Grad des Erreichens von Zielen kontrolliert wird, sollte die Bezeichnung vermieden werden.

In der didaktischen Literatur findet man eine ganze Reihe von *Erwartungen*, die an die Schülerbeurteilung geknüpft werden. Es dürfte sehr schwierig sein, alle diese Erwartungen durch eine und dieselbe Form der Leistungskontrolle zu erfüllen.
Unumstritten ist die sogenannte *Rückmeldefunktion* für den Lernenden selbst. Durch Lernerfolgskontrollen und Zeugnisse erfahren die Schüler, wie ihre Leistungen eingeschätzt werden. Sie können daraus Konsequenzen für ihr eigenes zukünftiges Lernverhalten ableiten. Es ist ohne weiteres einsehbar, daß diese Funktion durch die übliche Art und Weise der Notengebung nur unvollkommen erfüllt wird: Die Zensuren geben ein viel zu pauschales Bild. Sie müssen ergänzt werden durch Hinweise auf spezifische Stärken und Schwächen der erbrachten Leistungen; denn nur so wird den Schülern ein gezieltes Aufarbeiten ihrer Leistungsdefizite ermöglicht. Von einer derartigen differenzierenden Schülerbeurteilung können wesentliche Anstöße für den Prozeß der Selbstfindung und Verselbständigung der Lernenden erwartet werden. In diesem Sinne verstanden, hat die Beurteilung der Schüler letzten Endes das Ziel, diese schrittweise zur Selbst-Evaluation zu befähigen: Auch in diesem Sektor ihrer Tätigkeit ist es die vornehmste Aufgabe der Lehrperson, sich selbst überflüssig zu machen.
Mit der Rückmeldefunktion eng verknüpft ist die *Anreizfunktion.* Im günstigen Falle würden die positiv beurteilten Schüler gerade durch dieses Urteil in ihren

Lernbemühungen verstärkt werden, während eine negative Beurteilung die betreffenden Lernenden zu größeren Anstrengungen anregt. Sicher wird diese Funktion nur dann zur Geltung kommen, wenn den Lernenden zwar ihre Wissenslücken deutlich gemacht werden, ihre Leistungen aber nicht pauschal abgeurteilt werden. Leistungsbewertungen sollten also möglichst in jedem Falle auch Elemente der Ermutigung enthalten.

Die beiden bisher genannten Funktionen können prinzipiell ebenso gut von kriteriumsbezogenen Tests erfüllt werden wie von den üblichen normorientierten Tests. Auch anonyme Tests und Arbeiten mit gegenseitiger Schülerkontrolle oder Schülerselbstkontrolle haben hier ihren Stellenwert (vgl. *Grüninger* 1971; *Liem* u.a. 1981).

Leistungskontrollen geben auch den *Lehrenden Rückmeldungen* über die Qualität ihres Unterrichts und damit Ansatzpunkte für die Revision ihrer Planung. Der Wert solcher Rückmeldungen wird allerdings durch viele Faktoren eingeschränkt. Die Lehrperson kann nie sicher sein, inwieweit ihre Unterrichtsgestaltung für die Leistungen der Schüler verantwortlich ist und welchen Anteil andere Parameter daran haben, z. B. Vorkenntnisse, selbständiges Nacharbeiten, Hilfen durch die Eltern.

Leistungsmessung und Notengebung haben außerdem eine *Berichtsfunktion;* durch sie erfahren die Eltern etwas über die schulischen Leistungen ihres Kindes. Auch in bezug auf diese Funktion gelten die obigen Aussagen: Je differenzierter der »Bericht« ausfällt, desto gezielter und angemessener kann die Reaktion der Eltern sein.

Ohne Zweifel ist die *Selektions- und Zuteilungsfunktion* der Leistungsbeurteilung für den einzelnen Menschen und die Gesellschaft besonders bedeutsam. Aufgrund der Leistungen werden Kinder bestimmten Schultypen, Klassen oder Kursen zugeordnet und Schulabsolventen in bestimmte Studiengänge oder Berufe gelenkt. Obwohl allgemein bekannt ist, daß man »nur mit großer Vorsicht von der Basis des gegenwärtigen Leistungsstandes eines Schülers Voraussagen für spätere Leistungen machen« kann (*Rapp* 1975, 25), bestimmen Schulleistungen den Lebensweg der meisten Menschen in erheblichem Ausmaß. Daraus muß die Lehrperson vor allem die Konsequenz ziehen, daß sie die positiven Möglichkeiten der Leistungskontrolle optimal nutzt und sich bei der Zensurengebung um größtmögliche Objektivität bemüht.

Die *Disziplinierungsfunktion,* die der Notengebung innewohnt, sei hier nur erwähnt. Auch auf die sehr interessante *Chancenausgleichsfunktion* soll nur kurz eingegangen werden. Üblicherweise wird diese Funktion von der Leistungsbewertung in der Schule nicht wahrgenommen, weil sie dem Prinzip der Objektivität widerspricht. Hier geht es nämlich im Gegenteil darum, mit Hilfe einer »subjektiven« Notengebung zum Ausgleich der durch soziale und genetische Faktoren bedingten Unterschiede zwischen den Schülern beizutragen. Eine so orientierte Schülerbeurteilung wird wohl am häufigsten im Fach Sport praktiziert: Nicht die meßbaren Leistungen allein sind maßgebend, sondern auch das Bemühen, das Bestmögliche aus sich herauszuholen, oder die Fairneß im Mannschaftsspiel. Auch im Biologieunterricht ist es gelegentlich möglich und sinnvoll, Verhaltensweisen der Schüler in die Bewertung einzubeziehen, die nicht »getestet« werden können, z. B. Pflegearbeiten, die Beschaffung von Unterrichtsmaterial oder die Vorbereitung von Versuchen (vgl. *Grupe* 1977, 305; *Wagener* 1992, 196).

Angesichts der vielen Probleme, die mit der auf Leistung basierenden Schülerbeurteilung verbunden sind, stellt sich die Frage nach dem Sinn des *Leistungsprinzips in Schule und Gesellschaft.* In der erziehungswissenschaftlichen Literatur wird diese Frage sehr differenziert diskutiert (vgl. z. B. *Harten-Flitner* 1978). Anscheinend gibt es - bei aller wohlbegründeten grundsätzlichen Kritik - bisher keine sinnvolle und praktikable andere Möglichkeit. Letzten Endes geht es darum, ob die Anwendung eines anderen Prinzips eine gerechtere Zuteilung der in jeder Gesellschaft begrenzt verfügbaren begehrten Positionen gewährleistet. Alle aus der Geschichte bekannten Prinzipien (z. B. das der Zuteilung von Lebenschancen aufgrund des »Standes« der Eltern oder der Zugehörigkeit zu einer bestimmten Schicht des Volkes) führen zu weitaus größerer Ungerechtigkeit und gefährden darüber hinaus die Existenz der Gesellschaft. Offenbar kann das Leistungsprinzip nicht ersetzt werden. Aber es könnte viel von seinen negativen Aspekten verlieren, wenn in der Gesellschaft eine neue Sicht von »Leistung« Platz griffe: wenn mehr nach dem Sinn von Leistungen gefragt würde und Erfolge mit anderen als den bisher gängigen Maßstäben (Einkommen, Vermögen u. ä.) gemessen würden.
Für die Schule hat diese Überlegung eine Reihe von Konsequenzen. Leistung sollte nicht um der Leistung willen gefordert werden, sondern möglichst im Hinblick auf eine den Schülern sinnvoll erscheinende Aufgabe. Bei Gruppenarbeiten sollten die Leistungen aller Kleingruppenmitglieder einheitlich bewertet werden (vgl. *Grupe* 1977, 305). Den Beurteilten sollte die Relativität jeder Leistungsbeurteilung verdeutlicht werden. Sie müssen wissen, daß ihre Leistung zum Zeitpunkt der Leistungskontrolle bewertet wird, nicht ihre Leistungsfähigkeit in dem betreffenden Schulfach für das gesamte Schuljahr. Es sollte ihnen klargemacht werden, daß durch objektivierte Leistungskontrollen, z. B. Tests, meist nur kognitive Elemente evaluiert werden und keine Aussagen über sonstige Fähigkeiten oder gar über die ganze »Persönlichkeit«

möglich sind. Der Wert der Leistungsmessung kann dadurch gesteigert werden, daß im Laufe der Zeit unterschiedliche Evaluationstypen (mündlich, schriftlich; Klassenarbeit, Test) eingesetzt werden. So wird sichergestellt, daß nicht diejenigen Schüler benachteiligt werden, die eine Aversion gegen eine bestimmte Evaluationsform haben.

12.2.3 Zur Durchführung

Informelle Leistungstests

Neben der schriftlichen Abiturprüfung (siehe unten) spielen informelle Tests zur Zeit in der Diskussion unter Biologielehrkräften eine besonders große Rolle. Sie sollen deshalb hier schwerpunktmäßig behandelt werden.
Bei der *Konstruktion* von informellen Tests sollte man die folgenden Gesichtspunkte beachten. Ein solcher Test soll:
- eng auf die Ziele der erfaßten Unterrichtseinheit bezogen sein;
- alle wesentlichen Lerninhalte der Unterrichtseinheit berücksichtigen;
- in bezug auf die Aufgabentypen vielseitig und abwechslungsreich sein;
- im Schwierigkeitsgrad der Lerngruppe angemessen sein;
- Aufgaben unterschiedlichen Schwierigkeitsgrades enthalten;
- den Schülern ermöglichen, den Schwierigkeitsgrad der einzelnen Aufgaben einzuschätzen (durch Angabe der erreichbaren Punktzahl);
- nur Aufgabenformulierungen enthalten, die von allen Schülern verstanden werden können.

Einige dieser Punkte bedürfen im besonderen Maße einer Erläuterung. Die Forderung nach einer Mischung verschiedener Aufgabentypen ergibt sich vor allem aus der Überlegung, daß jede Aufgabenart spezifische Fähigkeiten erfordert und daher unterschiedliche Schülertypen anspricht. Dazu kommt die Erwägung, daß Abwechslung als solche die Schüler motiviert. Testaufgaben, die Bilder enthalten, können einen größeren Lernerfolg anzeigen als rein textliche Aufgaben (vgl. *Schneider/Walter* 1992, 328).

Die für den Biologieunterricht wichtigsten *Aufgabentypen* sollen im folgenden kurz dargestellt werden.

Kurzantwort-Aufgaben
Beispiel: Nenne die fünf Klassen der Wirbeltiere! (5 Punkte)
Erwartet wird: Fische, Lurche, Reptilien, Vögel, Säuger.

Ergänzungsaufgaben

Beispiel: Ergänze den folgenden Text! (1 Punkt)
Mit Iodkaliumiodid-Lösung kann man ... nachweisen.
Erwartet wird: Stärke

Beispiel: Ergänze die Beschriftung der folgenden Abbildung! (2 Punkte)
Erwartet wird: Luftröhre, Lungenflügel

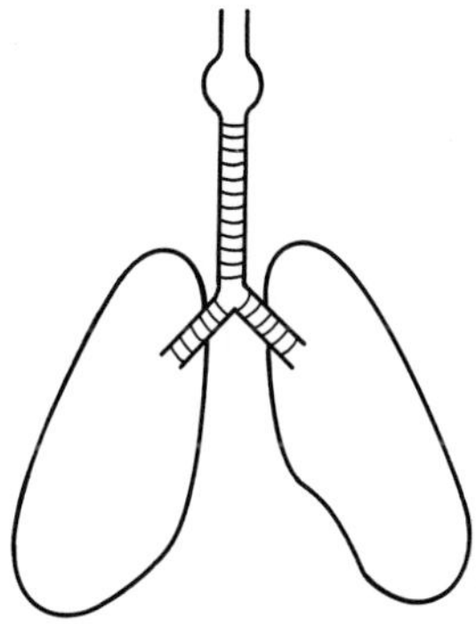

Beispiel: Vervollständige die folgende Zeichnung und beschrifte den eingetragenen Teil der Blüte! (2 Punkte)
Erwartet wird: Einzeichnen des Stempels, Beschriftung mit »Stempel« oder »Fruchtknoten«, »Griffel«, »Narbe«

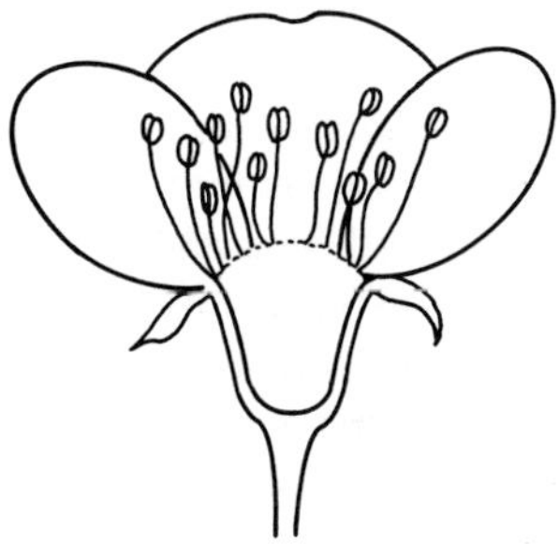

Zuordnungsaufgaben

Beispiel: Ordne die folgenden Pflanzenarten den richtigen Familien zu! Schreibe den richtigen Buchstaben neben die Ziffern! (4 Punkte)

Schmetterlingsblütler	1 ...	a Krokus
Lippenblütler	2 ...	b Leberblümchen
Kreuzblütler	3 ...	c Hornklee
Hahnenfußgewächse	4 ...	d Löwenzahn
		e Weiße Taubnessel
		f Raps

Erwartet wird: 1 c, 2 e, 3 f, 4 b

Es empfiehlt sich, bei solchen Aufgaben in einer der beiden Reihen mehr Elemente als in der anderen aufzuführen. Nur so wird vermieden, daß sich die Zuordnung des letzten Paares von selbst ergibt. Eine andere Möglichkeit wäre, für die Lösung der Aufgabe jeweils einen Punkt weniger zu vergeben, als die Reihe an Elementen enthält.

Beispiel: Ordne die aufgeführten Bezeichnungen den Zeichnungen zu! Verbinde die richtigen Bezeichnungen mit den Skizzen! (3 Punkte)

Blutplättchen
Weißes Blutkörperchen
Rotes Blutkörperchen
Blutzelle

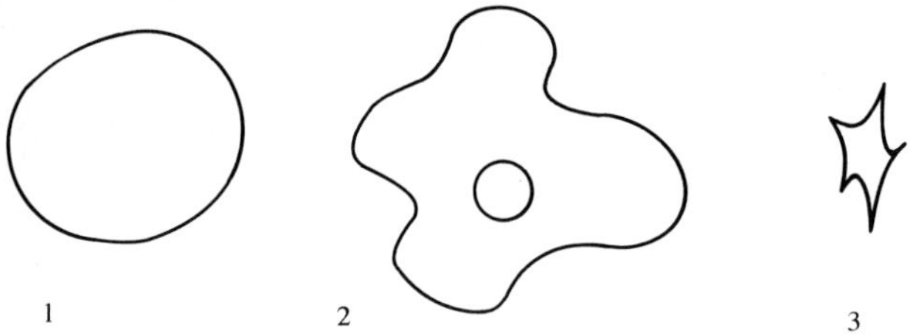

1 2 3

Erwartet wird:
1 Rotes Blutkörperchen, 2 Weißes Blutkörperchen, 3 Blutplättchen

Umordnungsaufgaben

Beispiel: Ordne die folgenden Vorgänge der Eutrophierung eines Gewässers nach ihrer zeitlichen Abfolge! (5 Punkte)

a Mangel an Sauerstoff
b Verstärktes Wachstum von Wasserpflanzen
c Anreicherung des Wassers mit Mineralstoffen
d Sterben von Fischen und anderen Wassertieren
e Absterben von Wasserpflanzen
f Starke Vermehrung von Bakterien

Richtige Reihenfolge: ....

Erwartet wird: c b e f a d

Mehrfach-Wahl-Aufgaben (Multiple-choice-Aufgaben)

Beispiel: Die ausgeatmete Luft enthält einen Stoff in geringerer Menge als die frische Luft. Kreuze diesen Stoff an! (1 Punkt)

1 Stickstoff
2 Sauerstoff
3 Kohlenstoffdioxid
4 Wasserdampf

Erwartet wird: 2

Bei Mehrfach-Wahl-Aufgaben sind u. a. folgende Aspekte zu berücksichtigen:
- Für die Sekundarstufe I wird pro Aufgabe nur eine richtige Antwort vorgegeben, oder es wird jeweils vermerkt, wie viele der zur Wahl gestellten Aufgabenlösungen richtig sind. Andere Verfahrensweisen potenzieren die Schwierigkeiten (vgl. z. B. die Tests in der Mediziner-Ausbildung).
- Es sollten mindestens vier, möglichst fünf Lösungen vorgegeben werden. Sonst ist die Wahrscheinlichkeit, allein durch Raten zum Ziel zu kommen, zu groß. (Aus diesem Grunde werden die »Richtig-Falsch-Aufgaben«, bei denen die Rate-Wahrscheinlichkeit 50% beträgt, hier nicht behandelt.)
- Die vorgegebenen Falschantworten (Distraktoren) dürfen nicht von vornherein als unsinnig zu erkennen sein, wie etwa in dem folgenden Beispiel (vgl. *Schröder* 1974, 148).

  Von welchem Insekt wird die Schlafkrankheit übertragen?
  a Moskito   b Termite   c Tsetsefliege   d Känguruh

Durch einen solchen »Känguruh-Distraktor« wird die Ratewahrscheinlichkeit so erhöht, daß die betreffende Aufgabe mit den anderen Aufgaben des Tests nicht mehr vergleichbar ist. Bei Tests, die mehrfach verwendet werden sollen, empfiehlt es sich, eine *Distraktorenprüfung* vorzunehmen. Dazu listet man die Anzahl der Ankreuzungen auf, die bei einer Durchführung des Tests auf die verschiedenen Lösungen entfallen sind (s. Tabelle 12-1).
Folgende Regeln sind bei der Distraktorenprüfung anzuwenden:
- Neben der richtigen Lösung sollten auch die Distraktoren für die Schüler eine gewisse Attraktivität haben (nicht gegeben bei Aufgabe 1).
- Kein Distraktor sollte mehr als 50% der falschen Ankreuzungen auf sich vereinigen (nicht gegeben bei Aufgabe 2).
- Kein Distraktor sollte weniger als 10% aller falschen Lösungen aufweisen (nicht gegeben bei Aufgabe 3: a ist ein »Känguruh-Distraktor«).

Unter den erfaßten Aufgaben erfüllt nur Nr. 4 alle genannten Anforderungen.

Aufgabe Nr.	Lösung a	Lösung b	Lösung c	Lösung d
1	2	1	25 X	2
2	16 X	8	3	3
3	0	5	7	18 X
4	4	12 X	8	6

Tabelle 12-1: Beispiel für eine Distraktorenprüfung bei Mehrfach-Wahl-Aufgaben. Die richtigen Lösungen sind jeweils angekreuzt.

Als sehr wichtig wird auch angesehen, die Aufgaben eines Tests im Hinblick auf ihren *Schwierigkeitsgrad zu* prüfen. Als Maß für die Schwierigkeit gilt der »Schwierigkeitsindex«, der nach folgender Formel zu berechnen ist:

$$\text{Schwierigkeitsindex S} = \frac{\text{Anzahl der richtigen Lösungen r} \cdot 100}{\text{Anzahl der beteiligten Schüler n}}$$

Für die in Tabelle 12-1 aufgeführten Mehrfach-Wahl-Aufgaben ergibt sich:
1: S = 83,3; 2: S = 53,3; 3: S = 60,0; 4: S = 40,0.
Ein hoher Schwierigkeitsindex entspricht einer leichten Aufgabe, ein niedriger zeigt eine schwierige Aufgabe an. Allgemein wird empfohlen, aus einem überprüften Test alle Aufgaben auszuscheiden, deren Schwierigkeitsindex höher als 80 oder niedriger als 20 ist. In dem oben gewählten Beispiel wäre also die Aufgabe 1 mit S > 80 zu leicht und sollte vermieden werden.

Schriftliche Abiturprüfung

Bis zur Neugestaltung der gymnasialen Oberstufe nach 1972 gab es keine schriftliche Reifeprüfung im Fach Biologie. Hilfestellung für die neue Aufgabe sollen die von der Kultusministerkonferenz vereinbarten »Einheitlichen Prüfungsanforderungen in der Abiturprüfung« (EPA Biologie 1975; 1983) bieten. Sie sollen »sicherstellen, daß durch die Beschreibung der vom Schüler erwarteten Kenntnisse, Fähigkeiten und Fertigkeiten in einem Fach, durch Aussagen über Lernzielstufen, Lernzielkontrolle und Bewertungskriterien, Art und Anzahl der Prüfungsaufgaben und Ablauf der schriftlichen und mündlichen Prüfung künftig eine größtmögliche Einheitlichkeit bei der Abiturprüfung in der neugestalteten Oberstufe erreicht wird« (EPA 1975, 3). Die erste Fassung der EPA Biologie (1975) stieß auf grundsätzliche und in Einzelheiten gehende Kritik (vgl. z. B. *Bayrhuber* 1976; *Schaefer* 1976 c; VDB-Schulkommission 1977). Ein Hauptpunkt der Kritik betrifft den Versuch, Unterrichtsinhalte festzulegen, um auf diesem Wege zu einer Vergleichbarkeit der Prüfungsleistungen zu gelangen. »Eine Festlegung einzelner Themen wird aus pädagogischen Gründen abgelehnt und der Themenraster des 'Normenbuches' für entbehrlich gehalten ... Die zur Erreichung der Qualifikationen geeigneten Themen sowie die weitere Unterrichtsgestaltung sollten Sache der Länder beziehungsweise des einzelnen Lehrers bleiben« (VDB-Schulkommission 1977, 1099).
In der zweiten Fassung der EPA Biologie (1983) ist jede Festschreibung von Einzelinhalten vermieden und dadurch dem Mißverständnis der EPA als »Normenbuch« (vgl. Kritik bei *Westphal* 1976 b) der Boden entzogen worden. Bei

aller Kritik ist unumstritten, daß die Ausführungen zu den Aufgabenarten der schriftlichen Abiturprüfung und zum Bewerten von Prüfungsleistungen sowie die Beispielaufgaben für Grund- und Leistungskurse für die Lehrkräfte sehr hilfreich sind. Man sollte auch nicht übersehen, daß die EPA einen entscheidenden Fortschritt bewirkt haben: Zum erstenmal in der Geschichte des Biologieunterrichts wird das Problem des Anspruchsniveaus von Leistungsanforderungen von Biologielehrkräften differenziert und fundiert diskutiert. Sicher sind auch vor dieser Zeit schon anspruchsvolle Leistungen im Biologieunterricht angeregt und gefordert worden; doch hat die Fixierung von »Lernzielstufen« (Reproduktion, Reorganisation, Transfer, Problemlösendes Denken) bzw. von drei »Anforderungsbereichen« in der neuen Fassung die Diskussion stark angeregt und den Bewußtseinsstand der Biologielehrkräfte im Laufe weniger Jahre erheblich erhöht. Davon zeugen Publikationen mit Beispielaufgaben, die zum Teil auch Analysen und Bewertungen dieser Aufgaben umfassen (vgl. z. B. *Daumer* 1975; *Baumann* 1979; *v. Falkenhausen* 1979; 1980; 1983; *Joschko* 1980; *Ritzer/Ritzer* 1988; *v. Falkenhausen/Döring/Otto* 1990; *Birkner* 1990; *v. Falkenhausen* u. a. 1992).
Die neuen Anforderungen an die Abiturprüfung haben mannigfaltige Auswirkungen auf den gesamten Biologieunterricht. Wenn den Schülern in der Abiturprüfung Leistungen der verschiedenen Anforderungsbereiche abverlangt werden, so ist das nur zu verantworten, wenn auch der zum Abitur hinführende Unterricht und die entsprechenden Klausuren anspruchsvoll sind (s. Abschnitt 12.2.1). Hierzu sind einige publizierte Aufgabensammlungen hilfreich (vgl. *Hasselberg/Meyer* 1978; *Jungwirth* 1979; *Bils/Dürr* 1983; *Jaenicke* 1983 ff.; Unterricht Biologie 1993 ff.). Von diesen Überlegungen wird im weiteren auch der Unterricht der Sekundarstufe I berührt. Sie mögen sich schließlich sogar auf den Bereich der universitären Biologen- und Biologielehrerausbildung auswirken, wo bisher häufig bis in die Abschlußprüfungen hinein lediglich Leistungen der unteren Lernzielstufen erwartet werden.

Literatur

Baumann, K., 1979; *Bayrhuber* 1976; *Bils/Dürr* 1983; *Birkner* 1990; *Daumer* 1975; Einheitliche Prüfungsanforderungen 1975; 1983; *v. Falkenhausen* 1979; 1980; 1981; 1983; *v. Falkenhausen* u. a. 1992; *v. Falkenhausen/Döring/Otto* 1990; *Grüninger* 1971; *Grupe* 1977; *Harten-Flitner* 1978; *Hasselberg/Meyer* 1978; *Jaenicke* 1983 ff.; *Joschko* 1980; *Jungwirth* 1979; *Killermann* 1982; *Knievel* 1979; *Lieb* 1981; *Liem* u. a. 1981; *Miram* 1975; *Mostler/Krumwiede/Meyer* 1979; *Potthoff* 1974; *Rapp* 1970; 1975; *Ritzer/Ritzer* 1988; *Schaefer* 1971 a; b; 1976 c; *Schmidt, E.,* 1974; *Schneider/Walter* 1992; *Schröder, H.,* 1974; *Schrooten* 1971; 1974; *Treitz* 1974; Unterricht Biologie 1993 ff.; VDB-Schulkommission 1977; *Völp/Beier/Schlosser-Drefahl* 1984; *Wagener* 1992; *Westphal* 1976 b; *Wulf* 1972; *Zöller* 1971; 1973 b; 1974 f.

13 Hinweise zur biologiedidaktischen Literatur

In diesem Kapitel werden nur Veröffentlichungen aus der Bundesrepublik Deutschland berücksichtigt, die nach 1980 erschienen sind oder seitdem neu aufgelegt wurden. Ältere, in der 1. Auflage erwähnte Publikationen sind im Gesamtliteraturverzeichnis (s. Kapitel 14) aufgeführt. Für die Hand der Schüler bestimmte Schulbücher und Reihen werden nicht genannt.

13.1 Lehr- und Handbücher

Ellenberger, W. (Hrsg.): Ganzheitlich-kritischer Biologieunterricht. Für das Leben lernen. Berlin: Cornelsen 1993
Die Autoren versuchen, neuere erziehungswissenschaftliche, allgemeindidaktische und fachdidaktische Erkenntnisse für den Biologieunterricht zu nutzen und damit die bestehende Kluft zwischen Theorie und Praxis zu überwinden. Die in den Hessischen Rahmenrichtlinien entwickelten Situationsfelder und die Relevanzkriterien spielen bei der Auswahl der Lerninhalte eine bedeutende Rolle. Das Werk ist folgendermaßen gegliedert:
Grundposition: Ethische, didaktische, pädagogische Grundposition; Wissenschaftsverständnis und Denkmethoden im Biologieunterricht; lernpsychologischer Aspekt des Biologieunterrichts.
Didaktikkonzept: Grundsätzliche Überlegungen und Kriterien zur Auswahl von Lerninhalten, Prinzipien des Biologieunterrichts, Denk- und Arbeitsweisen.
Lernen im Biologieunterricht: Anteilnehmen und Zusammenarbeiten - psychosoziales und affektives Lernen, Lernen durch Handeln, problemlösendes Denken, Lernen und Denken in Strukturen, Innere Differenzierung als Vorstufe zum offenen Unterricht, offener Unterricht, Umwelterziehung, Sexualerziehung, Gesundheitserziehung, AIDS.

Eschenhagen, D./Kattmann, U./Rodi., D. (Hrsg.): Handbuch des Biologieunterrichts, Sekundarbereich I. Köln: Aulis. (seit *1989 erschienen: Bände 1, 2, 5 und 8)*
Das Werk umfaßt acht Bände, in denen alle wichtigen Themen eines zeitgemäßen Biologieunterrichts für die Sekundarstufe I behandelt werden: Phänomen Vielfalt; Lebensformen und Verwandtschaft; Stoff- und Energiewechsel;

Sinnesleistungen - Steuerung - Verhalten; Sexualität - Fortpflanzung - Entwicklung; Vererbung; Evolution; Umwelt. Jeder Band ist in mehrere Hauptkapitel eingeteilt. Diese sind, differenziert nach den Klassenstufen 5/6, 7/8 und 9/10, in einzelne Themenbereiche untergliedert. Die einzelnen Kapitel enthalten die Abschnitte: Sachanalyse, Kriterien der Themenauswahl und Vorschläge zur Unterrichtsgestaltung (mit Didaktischen Überlegungen, Unterrichtszielen, Verlaufsplänen, Experimenten etc.). Das Schwergewicht der Darstellung liegt im didaktisch-methodischen Bereich.

Falkenhan H.-H. (Hrsg.): Handbuch der praktischen und experimentellen Schulbiologie. 8 Bände. Köln: Aulis 1971-1979 (auch Studienausgabe 1981)
Sinn und Zweck des Handbuches ist es, Überblicke zu schaffen, Zusammenhänge transparent zu machen und als Nachschlagewerk zu fungieren.
Bd. 1/I (1979): Voraussetzungen für einen erfolgreichen Biologieunterricht: Die Einrichtung von Unterrichts-, Übungs- und Sammlungsräumen, optische und akustische Hilfsmittel, Polarisationsmikroskopie, mikroskopische Nachweisreaktionen, Modelle und Modellvorstellungen im Biologieunterricht, die Arbeitssammlung des Biologen, die Bücherei des Biologen, Leistungskontrolle;
Bd. 1/II (1978): Besondere Unterrichtsveranstaltungen: Arbeitsgemeinschaft und Kollegstufe, der Programmierte Biologieunterricht, der Schulgarten, das Schullandheim, der Zoo, das naturkundliche Museum. Naturschutz und Naturschutzgesetze.
Bd. 2 (1971): Tierkunde - Pflanzenkunde.
Bd. 3 (1970): Menschenkunde.
Bd. 4/I (1973): Stoffwechsel, Sinnesphysiologie, Ökologie;
Bd. 4/II (1974): Phylogenie, Paläontologie, Verhaltenslehre, Biostatistik;
Bd.4/III (1975): Fortpflanzung und Entwicklung, Arbeitsmittel zur Sexualerziehung, Molekularbiologie und Genetik.
Bd. 5 (1976): Biologische Quellen, Anhang zum Gesamtwerk (Statistischer Wiederholungskurs, die Ausstellung im Dienste der Schulbiologie, lebende Pflanzen und Tiere in der Schule, Schulversuche zum Thema Rauchen, Biologie in der Umgangssprache, Umweltschutz, die Stellung des Experiments im Biologieunterricht).

Killermann W.: Biologieunterricht heute, Donauwörth: Auer, 9. Aufl. 1991
Die Didaktik des Biologieunterrichts wird umfassend, unter Berücksichtigung neuerer Ergebnisse, dargestellt. Neben den wesentlichen fachdidaktischen Grundlagen (Biologie als Wissenschaft, Geschichte des Biologieunterrichts,

der Biologieunterricht der Gegenwart) werden die Unterrichtsinhalte (Lernziele, Schulstufen, Themenauswahl), die Verwirklichung der Lernziele und der Unterrichtsvollzug (Arbeitsweisen, Medien, Unterrichtsformen, Unterrichtseinheiten) detailliert und differenziert beschrieben. In die 9. Auflage wurde ein Kapitel über »Biologie außerhalb des Schulgebäudes - Freilandbiologie« aufgenommen.

Leicht, W. H.: Repetitorium Fachdidaktik Biologie. Bad Heilbrunn: Klinkhardt 1981
In jedem Kapitel des Buches wird eine Frage aufgeworfen, die in Teilfragen aufgeschlüsselt ist und in einer Reihe von Thesen erörtert wird. Folgende Probleme werden dargestellt: Begriffsbestimmung der Fachdidaktik Biologie, Probleme der Zielsetzung, Lernprozesse im Biologieunterricht, Unterricht in Biologie - Planung und Gestaltung.

Staeck, L.: Zeitgemäßer Biologieunterricht. Stuttgart: Metzler, 4. Auflage 1987
Das Buch hat seinen Schwerpunkt in der Biologiedidaktik für den Unterricht in der Sekundarstufe I. Es werden vor allem solche Aspekte berücksichtigt, die in der gegenwärtigen Diskussion um den Biologieunterricht von besonderem Interesse sind: Biologie in den Richtlinien und Lehrplänen der Bundesrepublik, Ansätze zur Erneuerung des Biologieunterrichts, Grundsätze für die Entwicklung moderner Curricula, Probleme der Vermittlung neuerer Themenkreise, die Bedeutung verschiedener Interaktionsformen für einen zeitgemäßen Unterricht, Charakterisierung fachbezogener Arbeitsweisen, Analyse und Funktionsbestimmung von Medien, Planung und Analyse von Unterrichtssequenzen, Hinweise zur Vermeidung typischer Fehler von Lehranfängern. In der 4. Auflage ist die Akzentverschiebung der Umwelterziehung zum Lernen in der Natur nachvollzogen und außerdem ein Kapitel zum Unterricht in der gymnasialen Oberstufe eingefügt.

Strey, G.: Natur in Wissenschaft, Alltag und Unterricht, ein biologiedidaktisches Arbeitssystem. Bad Salzdetfurth: Franzbecker 1986
Das Arbeitsbuch richtet sich außer an Lehrer und Studierende auch an Fachdidaktiker der Hochschulen, und es soll die Zusammenarbeit dieser Gruppen fördern. Zum einen soll es den Biologielehrkräften Anleitung und Hilfe zur Vorbereitung und Begründung didaktischer Zielsetzungen und Auswahl-Entscheidungen und zur Strukturierung von Unterrichtsthemen bis hin zur methodischen Planung geben, zum anderen den Fachdidaktikern zur Entwick-

lung einer entschieden praxisbezogenen Forschung und Theorie dienen. Folgende Themen werden behandelt: Rahmenbedingungen des Biologieunterrichts, Biologiedidaktische Konzepte, ein Arbeitssystem zur Lösung biologiedidaktischer Aufgaben, Regeln und Beziehungen innerhalb des Arbeitssystems, Biologiedidaktische Forschung, offene Fragen.

Verfürth, M.: Kompendium Didaktik - Biologie. Eine Biologiedidaktik für naturnahen Unterricht von der Vorschule bis zur Sekundarstufe II. München: Ehrenwirth 1987
Die »originale Begegnung«, die Hereinnahme der lebendigen Natur in den Unterricht, wird in diesem Buch als Grundprinzip herausgestellt. Die einleitenden Kapitel (Das Schulfach Biologie im Beziehungsgefüge von Fachdisziplin - Didaktik - Unterricht; Curriculare Aspekte des Biologieunterrichts) beleuchten wesentliche Aspekte der Diskussion der letzten Jahrzehnte. Das Kapitel »Wesentliche Grundsätze und Elemente eines naturnahen Biologieunterrichts« (Exemplarisches Lehren und didaktische Reduktion, Differenzierung und soziales Lernen, Bedeutung biologischer Arbeitstechniken, Medien, Biologische Sammlung) leitet zum praxisorientierten Teil über: Lernorte vor der Schultür.

Wagener, A.: Biologie unterrichten. Ein fachdidaktisches Arbeitsbuch. Heidelberg: Quelle & Meyer 1992
Vom Autor werden folgende Themen bearbeitet: Das Fach Biologie im Bildungsauftrag der Schule (mit Schwerpunkten Weltverständnis, Sozialisation und Personalisation), Didaktik der Lehrerausbildung im Fach Biologie, Ziele und Inhalte für das Fachseminar Biologie mit Arbeitsmaterialien, Organisationsformen der Lehrerausbildung, Organisation und fachdidaktische Ausbildung im Vorbereitungsdienst - Beispiel Niedersachsen, Lehr- und Lernmethoden im Vorbereitungsdienst. Das Buch wurde schwerpunktmäßig für Lehrende und Referendare geschrieben, gibt aber auch für die 1. Phase der Lehrerausbildung und die Lehrerfortbildung wertvolle Anregungen.

13.2 Berichtsbände von Tagungen der Sektion Fachdidaktik im VDBiol

Die Sektion Fachdidaktik im VDBiol und ihre Vorläufer führen seit 1969 im zweijährigen Rhythmus Fachtagungen durch. Die Ergebnisse wurden in folgenden Berichtsbänden veröffentlicht:

Biologie und curriculare Forschung (*Rodi* 1975)
Biologielehrerausbildung (*Eulefeld/Rodi* 1978)
Biologiedidaktik als Wissenschaft (*Rodi/Bauer* 1980)
Biologielehrpläne und ihre Realisierung (*Hedewig/Rodi* 1982)
Biologieunterricht in der Diskussion (*Hedewig/Staeck* 1984)
Biologieunterricht außerhalb des Schulgebäudes (*Hedewig/Knoll* 1986)
Biologieunterricht und Ethik (*Hedewig/Stichmann* 1988)
Methoden des Biologieunterrichts (*Killermann/Staeck* 1990)
Sprache und Verstehen im Biologieunterricht (*Entrich/Staeck* 1992)
Interdisziplinäre Themenbereiche und Projekte im Biologieunterricht (*Bayrhuber* u. a. 1994)

13.3 Veröffentlichungen überregionaler wissenschaftlicher Institute

13.3.1 Studienbriefe des Deutschen Instituts für Fernstudien (DIFF) an der Universität Tübingen (Konrad-Adenauer-Str. 40)

Studienbriefe für Biologielehrer der Sekundarstufe I. Grundlagen für den Biologieunterricht (Neufassung 1977-1980)
Bei der Neufassung wurden die didaktischen Anteile des Fernstudienlehrganges in der Reihe »Studienbriefe für Biologielehrer zur Unterrichtspraxis der Sekundarstufe I« untergebracht. Die in den neueren Lehrplänen für das Fach Biologie in der Bundesrepublik Deutschland durchgeführte Strukturierung nach den Prinzipien der Allgemeinen Biologie wurde stärker berücksichtigt. Folgende Blöcke von Studienbriefen liegen vor: Struktur und Funktion der Zelle (A1 bis A7), Stoff- und Energiewechsel (B 1 bis B 14), Vererbung und Evolution (C 1 bis C 11) und Organismen und Umwelt (D 1 bis D 4).

Studienbriefe für Biologielehrer zur Unterrichtspraxis der Sekundarstufe I (1978-1984)
Grundzüge einer Biologiedidaktik der Sekundarstufe I; Konzeptionen zur Behandlung der Photosynthese in der Sekundarstufe I; Schulexperimente zur Photosynthese 5. bis 10. Klasse; Vererbung eines normalen Merkmals beim Menschen; PTH-Schmeckfähigkeit; Vererbung menschlicher Blutgruppen; Ernährungserziehung in den Klassen 5-8; Untersuchung von Nahrungsmitteln; Unterrichtsthema Übergewicht.
Molekularbiologie für Lehrerinnen und Lehrer der Sekundarstufe II (1980-1992)
Grundlagenblock: Einführung in die Molekularbiologie; Aufbaublöcke: Genetische Aspekte; Immunologische Aspekte; Krebs; Eukaryontenzellen; Virologische Aspekte; Gentechnik.
Bau und Funktion der Pflanzen (1987)
Niedere Pflanzen; Höhere Pflanzen.
Immunologie (1991 bis 1993)
Biologische Grundlagen der Immunantwort; Medizinische Bedeutung von Antikörpern; T-Zellen; Allergien; Transplantation; Unterrichtsvorschläge.
Biotechnologie (1989)
Grundlagen; Forschungs- und Anwendungsbereiche; Ausgewählte Experimente für den Unterricht; Reproduktionstechnologien beim Menschen.
Ethologie für Lehrerinnen und Lehrer der Sekundarstufe II (1984 bis 1988)
Einführung; Verhaltensgenetik; Evolution des Verhaltens; Neuroethologie; Hormonelle Grundlagen; Lernen; Gruppenverhalten und agonistisches Verhalten bei Tieren; Ökoethologie.
Verhaltensbiologie für Lehrer der Klassenstufen 5-10 (1985 bis 1988)
Grunderscheinungen des Verhaltens; Lernen; Sozialverhalten; Tierhaltung in der Schule; Wildtierverfolgung und Tierartenschutz.
Evolution der Pflanzen- und Tierwelt (1985 bis 1989)
Homologie und phylogenetische Rekonstruktion; Ursachen und Mechanismen der Evolution; Theoretische Grundlagen der Evolutionsbiologie; Ursprung und frühe Evolution des Lebens; Geschichte der Pflanzen; Geschichte der Tiere; Domestikation von Pflanzen; Domestikation von Tieren.
Evolution des Menschen (1989 bis 1990)
Stellung des Menschen im System der Primaten; phylogenetische Entwicklung der Hominiden; Evolutionsökologie und Verhalten der Hominoiden; Evolution des Verhaltens; Evolution und Erkennen.
Fächerübergreifende Zusammenarbeit zum Thema Evolution (1987)
Materialsammlung; Praxismodell: Evolutionstheorie als Universaltheorie?

13.3.2 Reihen des Instituts für die Pädagogik der Naturwissenschaften (IPN) an der Universität Kiel (Olshausenstr. 62)

IPN-Einheitenbank Biologie. Köln: Aulis (seit 1974)
Die Einheitenbank besteht aus einer Reihe von Unterrichtseinheiten für meistens je 10 bis 15 Stunden, die so konzipiert sind, daß sie flexibel in den Unterricht eingebaut werden können. Zu fast allen Unterrichtseinheiten erscheinen ein Lehrerheft und ein bis mehrere Schülerarbeits- und Testhefte sowie z. T. weitere Medien (Arbeitstransparente, Dias, Filme). Lehrerhefte sind nur beim Verlag mit Schulstempel erhältlich.
Die Themen der bisher erschienenen Unterrichtseinheiten lauten:
Primarstufe: Tiere sind anders. Orientierungsstufe: DER Mensch und DIE Tiere; Die Bewegung unseres Körpers; Nahrungsmittel und Verdauung; Sexualität des Menschen; Atmung und Blutkreislauf; Blätter und Verdunstung; Herbstfärbung und Laubfall; Amseln im Garten; »Zitroneneis mit Erdbeerschaum und Pfefferminzdekor« - Ernährungserziehung (i. Vorb.).
Sekundarstufe I: Biologisches Gleichgewicht; Überwinterung; Thema Luft; Thema Acker; Probleme der Wasserverschmutzung; Schutz des Waldes; Leben an trockenen Standorten; Haut und Gesundheit; Integrierter Pflanzenschutz im Apfelanbau; Leben in der Kälte; Umwelt Luft; Das Getreidefeld (i. Vorb.).
Sekundarstufe II: Kybernetische Biologie.

Die drei folgenden Publikationsreihen werden vom IPN im Eigenverlag publiziert. Die Bände können von dort bezogen werden. Anzeige durch IPN-Informationsblätter. Hier werden nur die biologiedidaktischen Titel aufgeführt.

IPN-Schriftenreihe (seit 1986)
Die Reihe enthält Forschungsberichte und Studien.
Langeheine, R./Lehmann, J.: Die Bedeutung der Erziehung für das Umweltbewußtsein. 1986
Bolscho, D.: Umwelterziehung in der Schule. Ergebnisse aus der empirischen Forschung. 1986
Jüdes, U./Jutzi, K. G./Rohde, R.: Lehrplananalyse Gesundheitserziehung. 1987
Nevers, P./Bayrhuber, H. (Hrsg.): Biotechnik und Schule. 1987
Eulefeld, G. u. a. (Hrsg.): Praxis der Umwelterziehung in der Bundesrepublik Deutschland. 1988
Eulefeld, G. u. a. (Hrsg.): Umweltbewußtsein und Umwelterziehung. 1991

Mayer, J.: Formenvielfalt. 1992
Mayer, J. (Hrsg.): Vielfalt begreifen - Wege zur Formenkunde! 1993

IPN-Materialien (seit 1986)
Die Publikationsreihe enthält Dokumentationen, Literaturübersichten, Informationen über Tagungen, Unterrichtsanleitungen und Untersuchungspläne.
Skaumal, U.: Richtlinien zur Sexualerziehung. 1986
Fluche, C.: Gesundheitserziehung und Gesundheitspflege in amtlichen Verlautbarungen. 1988
Bade, L.: Bioethik. Eine annotierte Bibliographie. 1989
Mayer, J./Mertins, I.: Bibliographie: Unterrichtsmaterialien zur Formenkunde. 1993
Teichert, R.: Zur Freilandbiologie im Unterricht. Eine annotierte Bibliographie. 1993

Probleme und Perspektiven des Sachunterrichts (seit 1991)
Lauterbach, R./Köhnlein, W./Spreckelsen K./Bauer, H. F./Klewitz, E. (Hrsg.):
Wie Kinder Natur erkennen. 1991
Wege des Ordnens. 1992
Brennpunkte des Sachunterrichts. 1993
Lauterbach, R./Köhnlein. W./Koch, I./Kiper, H. (Hrsg.):
Dimensionen des Zusammenlebens. 1993

13.4 Zeitschriften

13.4.1 Zeitschrift für alle Schulstufen

Unterricht Biologie (UB). Velber: Friedrich (seit 1976)
Im Jahr erscheinen 10 Ausgaben. Jedes Heft (im DIN A 4-Format) ist einem bestimmten Thema des Biologieunterrichts gewidmet. Ein Basisartikel liefert die sachlichen und didaktischen Grundlagen für den Themenkomplex. Die Beiträge zum Unterricht sind detailliert ausgearbeitet und enthalten erprobte Unterrichtsvorschläge und Materialien, in jedem Heft für die Primarstufe, Orientierungsstufe, Sekundarstufe I und Sekundarstufe II. Im Magazin werden ergänzend aktuelle Einzelthemen, Tagungsankündigungen, Buchbesprechungen etc. abgedruckt. Außerdem gibt es in kurzen Abständen die Rubriken

»Fachdidaktik« und seit 1993 »Aufgaben pur«. Als Beilage werden häufig vierfarbig gedruckte Arbeitsmittel geliefert (Bilderhefte, Bestimmungshilfen, Poster, Spiele, Transparente). Zusätzlich zu den normalen Themenheften erscheinen einmal im Jahr Doppelhefte, die grundsätzliche didaktische Fragen behandeln, ab 1983 fächerübergreifend für alle pädagogischen Zeitschriften des Friedrich Verlages (Jahreshefte).

13.4.2 Zeitschriften für die Grundschule

Diese Zeitschriften sind nicht biologiedidaktisch orientiert, enthalten aber wertvolle Beiträge auch für die biologischen Teile des Sachunterrichts.

Grundschule. Braunschweig: Westermann (seit 1969).
Die Zeitschrift enthält in den Themenheften folgende Rubriken: Meinungen, Themen, Spektrum, Materialteil, Forum, Magazin.

Grundschul-Zeitschrift. Seelze: Friedrich (seit 1987)
Die einzelnen Hefte haben einen fächerübergreifenden Themenschwerpunkt. Sie sind gegliedert in: Grundschulspiegel, Arbeitsmittel, Grundschulpädagogik, Grundschulunterricht.

Lehrer-Journal - Grundschulmagazin. München: Ehrenwirth/Oldenbourg/ Prögel (seit 1986)
Das seit 1932 herausgegebene »Lehrer-Journal« (Oldenbourg) und das seit 1973 erschienene »Grundschul-Magazin« (Ehrenwirth) sind in dieser Zeitschrift vereinigt. Es erscheinen Themenhefte, die folgendermaßen gegliedert sind: Compacts, Sachunterricht, Mathematik, Sport, Kunst, Medien, Forum, Lehrerfortbildung, Ratgeber, Bücher.

Praxis Grundschule. Braunschweig: Westermann (seit1978)
Die Zeitschrift bietet konkrete Hilfen für schülerorientierten Unterricht, mit kopierfähigen Vorlagen.

Sachunterricht und Mathematik in der Primarstufe (SMP). Köln: Aulis (seit 1976)
Die Ausgaben enthalten folgende Rubriken: Naturwissenschaftlich-technischer Lernbereich, Gesellschaftswissenschaftlicher Lernbereich, Mathematik, Medien, Berichte/Mitteilungen, Buchrezensionen, Zeitschriftenrundschau.

13.4.3. Biologiedidaktische Zeitschriften mit Schwerpunkt Sekundarstufe I bzw. II

Biologen in unserer Zeit. Mitteilungen des Verbandes Deutscher Biologen. Beilage zur Zeitschrift »Biologie in unserer Zeit (seit 1955; bis 1992 Beilage zur Naturwissenschaftlichen Rundschau, Stuttgart: Wissenschaftliche Verlagsanstalt, von 1989 bis 1992 mit dem Obertitel: Biologie heute)
Neben Fragen der Lehrerausbildung werden vor allem auch Probleme der Erneuerung des Biologieunterrichts auf allen Schulstufen (z. B. zur Umwelt- und Gesundheitserziehung) sowie aktuelle fachliche und berufsbezogene Fragen erörtert.

Biologie heute s. Biologen in unserer Zeit

Biologie in der Schule (BioS). Berlin: Pädagogischer Zeitschriftenverlag (seit 1951; vor 1991 im Verlag Volk und Wissen)
Jährlich erscheinen 10 Hefte mit folgenden Rubriken: Allgemeines, Theorie und Praxis des Unterrichts, BioS-Mosaik (Erfahrungen, Berichte, Diskussionen aus Fachkommissionen und Fachzirkeln, außerunterrichtliche Arbeit, Historisches, Weiterbildung - Tagungen - Kurse, Bemerkungen, Funk- und Fernsehen, Rezensionen), Informationen (aktuelle Kurzberichte zu wissenschaftlichen Fragen).

Der Biologieunterricht (BU). Stuttgart: Klett; ab 1984 Velber: Friedrich in Zusammenarbeit mit Klett; 1955 bis 1985)
Die Zeitschrift erschien mit 4 Heften im Jahr. Jedes Heft steht unter einem Themenschwerpunkt. In den Heften sind vor allem Sachinformationen und - weniger häufig - didaktische Hinweise für den Biologieunterricht der Sekundarstufe I und Sekundarstufe II enthalten. In den neueren Heften ist die Aufbereitung für den Einsatz im Unterricht (mit Arbeitsblättern) stärker ausgeprägt.

Mitteilungen des VDBiol s. Biologen in unserer Zeit

Der mathematische und naturwissenschaftliche Unterricht (MNU). Bonn: Dümmler (seit 1974)
Organ des Deutschen Vereins zur Förderung des mathematischen und naturwissenschaftlichen Unterrichts. Jährlich erscheinen 8 Hefte. Die Beiträge betreffen Mathematik, Physik, Chemie, Biologie - vor allem im Blick auf den Unterricht in der Sekundarstufe II.

Naturwissenschaften im Unterricht (NiU). Köln: Aulis (erschien von 1953 bis 1985; bis 1957 unter dem Titel« Naturlehre«, dann bis 1969 »Zeitschrift für Naturlehre und Naturkunde«)
Seit 1977 Teilung in: Naturwissenschaften im Unterricht (Biologie) und Naturwissenschaften im Unterricht (Physik und Chemie); seit 1980 im Format DIN A 4. Bis 1977 wurden in einem Heft fachliche, didaktische und unterrichtspraktische Themen aus dem Bereich der Biologie, Chemie und Physik für die Sekundarstufe I angesprochen. Seit 1977 wurden in jedem Heft von NiU-Biologie unterrichtspraktische Fragestellungen zu verschiedenen Themenbereichen des Biologieunterrichts der Sekundarstufe I behandelt. Ab 1980 gab es auch Themenhefte.

Praxis der Naturwissenschaften (PdN). Köln: Aulis (seit 1952)
Ursprünglich für alle Naturwissenschaften vereint bzw. in drei Teilausgaben gegliedert, ist die Zeitschrift seit 1973 in drei Ausgaben vollständig getrennt. PdN-Biologie bringt vor allem fachliche und unterrichtspraktische Artikel sowie Arbeitsmaterialien für die Sekundarstufe II. Seit 1980 erscheint die Zeitschrift im DIN A 4 Format und seit 1985 nur noch in Themenheften.

Unterricht Biologie s. Abschnitt 13.4.1

13.4.5 Zeitschrift für biologiedidaktische Forschung

Zeitschrift für die Didaktik der Biologie, Chemie und Physik. Kiel: IPN
Die Zeitschrift soll ab 1994 erscheinen und ein Forum für naturwissenschaftliche Forschungsarbeiten werden.

13.5 Bibliographien

Bib report (seit 1974)
Bibliographischer Index Bildungswissenschaften und Schulwirklichkeit. Duisburg: Verlag Pädagogische Dokumentation. Die Zeitschrift erscheint monatlich und bringt die Neuerscheinungen des Vormonats.

Verzeichnis lieferbarer Bücher. Frankfurt am Main: Verlag Buchhändler-Vereinigung GmbH (jährliche Neuauflage).

14 Literaturverzeichnis

Abkürzungen der zitierten *Zeitschriften* (s. auch Abschnitt 13.4):

biol. did.	biologica didactica
BioS	Biologie in der Schule
BU	Der Biologieunterricht
Mitt. d. VDBiol	Mitteilungen des Verbandes Deutscher Biologen
MNU	Der mathematische und naturwissenschaftliche Unterricht
NiU	Naturwissenschaften im Unterricht
NiU-B	Naturwissenschaften im Unterricht - Biologie
PdN-B	Praxis der Naturwissenschaften - Biologie
UB	Unterricht Biologie
WPB	Westermanns Pädagogische Beiträge

Abkürzungen für *Verbände* und *Institute* (s. auch Abschnitt 13.3)

DGU	Deutsche Gesellschaft für Umwelterziehung
FWU	Institut für Film und Bild, München
DIFF	Deutsches Institut für Fernstudien, Tübingen
IPN	Institut für die Pädagogik der Naturwissenschaften, Kiel
HILF	Hessisches Institut für Lehrerfortbildung
LEU	Landesstelle für Erziehung und Unterricht, Stuttgart
VDBiol	Verband Deutscher Biologen

Adl-Amini, B.: Verwissenschaftlichung des Schulwesens und Idee einer Theorie der explikativen Didaktik. In: *Rodi/Bauer* (1980), 21-35

Aeppli, H. M./Egli, M.: Biologiegeschichte am Computer - *Carl Wilhelm von Nägeli*s Gleichgewichte der Konkurrenz. MNU 42 (1989), H. 5, 291-295

Affemann, R.: Erziehung zur Gesundheit. München: Kösel 1978

Akkermann, R.: Schulgärten. Bonn: Deutscher Naturschutzring 1985

Altenkirch, W.: Ökologie. Frankfurt/Berlin/München: Diesterweg/Salle 1977

Altner, G.: Naturvergessenheit. Grundlagen einer umfassenden Bioethik. Darmstadt: Wiss. Buchgesellschaft 1991

Ammon, G.: Gruppendynamik der Aggression. Berlin: 1971

Ant, H./Stipproweit, A. (Hrsg.).: Beiträge zur Geschichte und Didaktik der Biologie: Bd. 1/1985. Frankfurt: Haag + Herchen 1986 a

Ant, H./Stipproweit, A.: Biologieunterricht im Dienste des Nationalsozialismus. 1986 b. In: *Ant/Stipproweit* (1986 a), 31-48

Arber, A.: Sehen und Denken in der biologischen Forschung. rde 110. Reinbek: Rowohlt 1960

Arend, D./Bäßler, U./Storrer, J.: Einsatz von Dia- und Overheadprojektor im experimentellen Biologieunterricht I. PdN-B 33 (1984), H. 3, 91-94

Armbruster, B./Hertkorn, 0.: Arbeitstransparente im Unterricht. Köln: Greven 1977

Armbruster, B./Hertkorn, 0.: Allgemeine Mediendidaktik. Köln: Greven 1978

Arndt, M.: Didaktische Spiele. Stuttgart: Klett 1980

Astolfi, S. P./Coulibaly, A./Host, V.: Ein lernzielorientierter Biologielehrplan für die Klassen 5 und 6. IPN-Arbeitsberichte 27. Kiel: IPN 1977

Aßmann, B./Bollmann, S./Gärtner, H.: Ein Aquarium ist kein Möbelstück. UB 11 (1987), H. 128, 26-28
Auer, A.: Umweltethik. Düsseldorf: Patmos 1984
Aussen, R.: Simulation von Kreuzungsexperimenten mit Hilfe eines Computers. BU 15 (1979), H. 2, 59-66
Ausubel, D. P.: The use of advanced organizers in the learning and retention of meaningful verbal material. Journal of Educational Psychology 51 (1960), 267-272
Bach, G.: Mathematik für Biowissenschaftler. UTB 1501. Stuttgart: Fischer 1989
Bach, K. R.: Die Sexualitäten des Menschen im Biologieunterricht. BioS 40 (1991), H. 5, 177-181
Bachmair, B./Theuring, W.: Einbau von AV-Medien in Curricula. In: *Frey* (1975), Bd. 2, 140-156
Bade, L.: Ethische Aspekte des Naturschutzes. Unterrichtsanregung Sekundarstufe II. UB 9 (1985), H. 108, 37-40
Bade, L.: Ethische Dimensionen des Naturschutzes. PdN-B 35 (1986), H. 2, 19-24
Bade, L.: Ethik und Biologie. Lesehefte Ethik. Stuttgart: Klett 1989
Bade, L.: Bioethik. Eine annotierte Bibliographie. Kiel: IPN 1990 a
Bade, L.: Biotechnik - Chancen und Probleme. UB 14 (1990 b), H. 151, 31-36
Bade, L.: Ehrfurcht vor dem Leben - ein neues Unterrichtsprinzip. PdN-B 41 (1992), H. 3, 43-45
Baer, H.- W.: Biologische Versuche im Unterricht. Köln: Aulis 1981
Baer, H.-W./Grönke, 0.: Biologische Arbeitstechniken. Köln: Aulis, 4. Aufl. 1981
Bak, P./Chen, K.: Selbstorganisierte Kritizität. Spektrum der Wissenschaft (1991), H. 3, 62-71
Bantje, 0.: Schwerpunkte und Grenzen der Mathematisierung des Biologieunterrichts. MNU 32 (1979), H. 3, 166-172
Bär, J.: Wozu und warum piept das Küken? Eine Unterrichtsstunde im 6. Schuljahr. NiU-B 26 (1978), H. 1, 12-16
Barney, G. O. (Hrsg.): Global 2000. Frankfurt: Zweitausendeins 1980
Bartel, A./Bartel, M.: Umweltspiele noch und noch. Freiburg: Herder 1990
Bartsch, A./Rüther, F./Toonen, R.: Die *Pfeffer*sche Zelle: Realität und Modell. UB 14 (1990), H. 160, 34-37
Bastian, J./Gudjons, H. (Hrsg.): Das Projektbuch. Hamburg: Bergmann + Helbig, 2. Aufl. 1988
Bastian, J./Gudjons, H. (Hrsg.): Das Projektbuch II. Hamburg: Bergmann + Helbig 1990
Bäßler, U.: Das Stabheuschreckenpraktikum. Stuttgart: Franckh 1965
Bäßler, U.: Einsatz von Fernsehkameras im Biologieunterricht. BU 5 (1969), H. 3, 85-87
Bauer, E. W.: Zeichnen auf Tafel und Folie. Humanbiologie. Berlin: CVK 1976
Bauer, E. W.: Unterrichtsstunde mit einer 5. Realschulklasse. »Lebewesen sind aus Zellen aufgebaut«. In: *Eulefeld/Rodi* (1978), 213-221
Bauer, E. W.: Grenzen der Schau. In: *Rodi/Bauer* (1980), 187-189
Bauer, E. W.: Schreiben, zeichnen und malen an der Tafel. UB 5 (1981 a), H. 60/61,63-65
Bauer, E. W.: Das Schullandheim. In: *Falkenhan* (1981), Bd. 2, 65-93
Bauer, E. W.: Erzählen, ein didaktisches Relikt? UB 5 (1981 b), H. 60/61, 71-73
Bauer, R.: Analoge Funktionsmodelle im Biologieunterricht. PdN-B 36 (1987), H. 7, 42-46
Bäuerle, D./Hornung, G.: Biologisch sozialkundliche Arbeitshefte. H. 1: Aggression; H. 2: Rangordnung; H. 3: Umwelt; H. 4: Eigentum; H. 5: Mutter-Kind-Beziehung. Opladen: Leske & Budrich 1976 ff.
Baumann, K: Abiturprüfungsaufgaben - eine vergleichende Betrachtung. PdN-B 28 (1979), H. 7, 187-190
Baumann, R.: Tanguland. Ein Lernspiel zur fächerübergreifenden Umwelterziehung. In: Friedrich Verlag (1985), 122-127

Bäumer, Ä.: NS-Biologie. Stuttgart: Hirzel 1990
Bäumer-Schleinkofer, Ä.: NS-Biologie und Schule. Frankfurt: Lang 1992
Baur, W.: Zur Veränderung von Einstellungen durch Unterricht. Eine empirische Untersuchung zur spezifischen Wirkung von Medien im Biologieunterricht. Dissertation Weingarten 1985
Bay, F.: Schulgartenarbeit in der Grundschule. In: *Hedewig/Knoll* (1986) 64-71
Bay, F.: Entwicklung bei Wirbeltieren. 1993 a. In: *Eschenhagen/Kattmann/Rodi* (1993)
Bay, F.: Entwicklung bei Insekten. 1993 b. In: *Eschenhagen/Kattmann/Rodi* (1993)
Bay, F./Brenner, J.: Wir pflegen Pflanzen und Tiere. Studieneinheit zum Sachunterricht. Tübingen: DIFF 1984
Bay, F./Linhart, D.: Einfache, billige Methode zur Gewinnung von Sperma als Anschauungsmaterial für Schüler. PdN-B 23 (1974), H. 11, 302-303
Bay, F./Rodi, D.: Grundzüge einer Biologiedidaktik der Sekundarstufe I. Studienbriefe für Biologielehrer zur Unterrichtspraxis der Sekundarstufe I. Tübingen: DIFF 1978
Bay, F./Rodi, D.: Medien im Unterricht. Studieneinheit Biologie: Fernstudium Erziehungswissenschaft. Tübingen: DIFF 1979
Bay, F./Rodi D.: Einführung in das Mikroskopieren im Biologieunterricht der Hauptschule. Pädagogische Welt 37 (1983), H. 3, 153 f.; 167-171
Bay, F./Rodi, D.: Beziehungen zwischen Beutegreifern und Beutetieren. In: *Eschenhagen/Kattmann/Rodi* (1991), 32-48
Bay, F./Rodi, D./Linhart, D.: Modelle zur Informationsübermittlung im Bienenstock. UB 5 (1981), H. 60/61, 46-50
Bayrhuber, H.: Über den Wert kybernetischer Fragestellungen im Bereich der Biologie. MNU 27 (1974), H. 5, 293-301
Bayrhuber, H.: Das Normenbuch Biologie. In: *Westphal* (1976 a), 55-69
Bayrhuber, H.: Kann Biologieunterricht nach einem systemtheoretischen Ansatz strukturiert werden? In: *Kattmann/Isensee* (1977), 244-258
Bayrhuber, H.: Ethische Fragen der Biotechnik im Biologieunterricht. In: *Hedewig/Stichmann* (1988), 62-74
Bayrhuber, H. : Ethische Analyse der Gentherapie von Keimzellen im Unterricht. In: Friedrich Verlag (1992), 128-131
Bayrhuber, H./Etschenberg, K./Gehlhaar, K.-H./Grönke, O./Kühnemund, H./Mayer, J. (Hrsg.): Interdisziplinäre Themenbereiche und Projekte im Biologieunterricht. Kiel: IPN 1994
Bayrhuber, H./Mayer, J.: Biologieunterricht in den Westdeutschen Bundesländern. In: BioS 39 (1990), H. 11, 408-413; H. 12, 467-476
Bayrhuber, H./Schaefer, G.: Kybernetische Biologie. Unterrichtseinheit für die Sekundarstufe II. IPN-Einheitenbank Curriculum Biologie. Köln: Aulis, 2. Aufl. 1980
Beck, H. (Hrsg.): Umwelterziehung im Freiland. Köln: Aulis 1984
Becker, P. E.: Zur Geschichte der Rassenhygiene. Wege ins Dritte Reich. Stuttgart/New York: Thieme 1988
Becker, R.: Der Kleinst-Apfelbaumgarten. UB 3 (1979), H. 36/37, 19-25
Beckmann, H: Steckmodelle im Biologieunterricht. BioS 19 (1970), H. 4, 147-148
Beckmann, H.: Zur Durchführung obligatorischer mikroskopischer Schülerübungen. BioS 29 (1980), H. 6, 248-250
Beckmann, H.-K: Empfehlungen zur Unterrichtsvorbereitung aus realistischer Sicht. In: *König, E./Schier, N./Vohland, U.* (Hrsg): Diskussion Unterrichtsvorbereitung - Verfahren und Modelle. München: Fink 1980 , 78-105
Beckmann, H.-K./Biller, K. (Hrsg.): Unterrichtsvorbereitung. Probleme und Materialien. Braunschweig: Westermann 1978
Beer, W./De Haan, C. (Hrsg.): Ökopädagogik. Weinheim/Basel: Beltz 1984

Beer, W./De Haan, C.: Ökopädagogik - neue Tendenzen im Verhältnis von Ökologie und Pädagogik. In: *Calließ/Lob* (1987), Bd. 2, 32-42
Beer, W./Schober, F./Wulff, C. (Hrsg.): Die Schöpfung als Supermarkt? Hannover: Buchdruckerwerkstätten 1988
Begerow, G.-G./Linhart, D./Rodi, D./Schneider H.: Luft zum Leben. Beobachtungen und Untersuchungen durch Schüler außerhalb des Klassenzimmers. Stuttgart: Württ. Sparkassen- und Giroverband 1980
Begerow, G.-G./Rodi D./Bay, F./Krieglsteiner, G. J.: Thema Acker. An die IPN-Einheitenbank Curriculum Biologie assoziierte Unterrichtseinheit. Köln: Aulis 1978
Begerow, G.-G./Rodi, D./Linhart, D./Schneider, H.: Thema Luft. An die IPN-Einheitenbank Curriculum Biologie assoziierte Unterrichtseinheit. Köln: Aulis 1977
Beier, W.: Auswahl von Biologiebüchern durch den Lehrer. Blickpunkt Schulbuch, H. 11 (Juli 1971), 20-24
Beiler, A.: Die lebendige Natur im Unterricht. Ratingen: Henn 1965
Beimdiek, D./Burgmer, M./Oberliesen, R.: Konzeptionen naturwissenschaftlicher Unterrichtsräume und deren kritische Bewertung. NiU 21(1973), H. 5, 185-192
Beisenherz, W.: Die Bedeutung des Experimentes im Biologieunterricht der gymnasialen Oberstufe der Sekundarstufe II. PdN-B 29 (1980), H. 7, 216-219
Beisenherz, W.: Entwicklung beim Menschen. In: *Eschenhagen/Kattmann/Rodi* (1993)
Bengtsson, A.: Vom Schulhof zum Spielhof. Wiesbaden/Berlin: Bauverlag 1978
Berck, H.: Begriffe im Biologieunterricht. Versuch einer Entwirrung am Beispiel Sachkunde. Didaktik der Naturwissenschaften 10. Köln: Aulis 1986
Berck, H./Starosta, B.: Lernorte außerhalb der Schule. In: *Killermann/Staeck* (1990), 163-166
Berck, K.-H.: Quellen und Arbeitstexte Biologie. Arbeitshilfen für den Biologieunterricht. Lehrerausgabe. Schülerausgabe. Bonn: Dümmler 1975 a
Berck, K.-H.: Neue Tendenzen im Biologieunterricht - der Einfluß von Curriculum-Theorien. PdN-B 24 (1975 b), H. 7, 169-176
Berck, K.-H.: Fundamentalthemen - notwendiges oder nutzloses Element von Biologiecurricula? MNU 29 (1976), H. 8, 471-474
Berck, K.-H.: Biologiedidaktik - Ein Beitrag zur Ortsbestimmung. In: *Rodi/Bauer* (1980), 86-97
Berck, K.-H. : Aufgaben des Biologieunterrichts - vor einer Gegenreform? PdN-B 36 (1987 a), H. 8, 43-45
Berck, K.-H. : Warum zu wenig Interesse der Schüler am naturwissenschaftlichen Unterricht? MNU 40 (1987 b), H. 7, 387-389
Berck, K.-H.: Der Einstieg in eine Biologiestunde. MNU 45 (1992), H. 1, 44-48
Berck, K.-H./Erber, D./Hahn, H.: Kennzeichen biologiedidaktischer Exkursionen. PdN-B 27 (1978), H. 1, 1-5
Berck, K.-H./Graf, D.: Begriffslernen im Biologieunterricht - Begriffe zur Unterrichtseinheit »Zelle«. MNU 40 (1987), H. 3, 161-168
Berck, K.-H./Graf, D.: Begriffsauswahl und Begriffsvermittlung - Überblick über den Forschungsstand für den Biologieunterricht. In: *Entrich/Staeck* (1992), 76-90
Berck, K.-H./Klee, R.: Interesse an Tier- und Pflanzenarten und Handeln im Natur- und Umweltschutz. Frankfurt: Lang 1992
Berck, K.-H. /Rausch, K. A./Vogel, S./Weiss, J.: Quellen und Arbeitstexte Biologie. Sekundarstufe I. Teil II. Bonn: Dümmler 1986
Berck, K.-H./Theiss-Seuberling, H. B.: Schulversuche mit Guppys (Lebistes reticulatus) zur Erarbeitung grundlegender ethologischer Sachverhalte. MNU 30 (1977), 432-440; 486-493
Berck, K.-H./Weiss, J. (Hrsg.): Naturschutz heute - Naturschutz-Zentrum Hessen 3, Wetzlar: 1984

Berg, J. H. van den: Metabletica. Über die Wandlungen des Menschen. Grundlinien einer historischen Psychologie. Göttingen: Vandenhoeck und Ruprecht 1960

Bergmann, E.: Audiovisuelle Mittel in der modernen Schule. München: Bayerischer Schulbuchverlag 1970

Bergmann, H.-H.: Über die Verwendung des Kampffisches (Betta splendens) im ethologischen Unterricht. BU 20 (1984), H. 2, 42-61

Berkholz, G.: Das Experiment im Biologieunterricht - Tierversuche in der Schule? NiU 21 (1973), H. 12, 541-548

Berkholz, G.: Die Arbeitsprojektion als Hilfsmittel bei der Durchführung von Experimenten im Biologieunterricht. NiU-B 25 (1977), H. 6, 188-191

Berkholz, G.: Das Transparent als unterstützendes Arbeitsmittel bei der Durchführung von Versuchen im Biologieunterricht. NiU-B 26 (1978), H. 12, 382-383

Berkholz, G.: Erziehung zur Tierliebe (Was können Eltern und Schule dafür tun?). NiU-B 28 (1980), H. 3, 84-89

Bertalanffy, L. von: Theoretische Biologie. Bd. I. Berlin: Borntraeger 1932; Bd. II. Bern: Francke, 2. Aufl. 1951

Bertalanffy, L. von: Biophysik des Fließgleichgewichts. Braunschweig: Vieweg 1953

Bertalanffy, L. von: Das biologische Weltbild. Neudruck der 1. Aufl. 1949. Wien/Köln: Böhlau 1990

Bertalanffy, L. von/Beier, W./Laue, R.: Biophysik des Fließgleichgewichts. Braunschweig: Vieweg 1977

Betz, B./Erber, D.: Vergleichende Beobachtungen zum Lernverhalten an Goldhamster, Hausmaus und Meerschweinchen im Hinblick auf die Verwendbarkeit im Biologieunterricht. T. 1 u. 2. PdN-B 24 (1975), H. 3, 57-66; H. 4, 94-100

Beyer, L./Kattmann, U./Meffert, A.: Methodenprobleme bei der Erforschung von Naturvölkern. UB 4 (1980), H. 44, 36-40

Beyer, L./Kattmann, U./Meffert, A. (Hrsg.): Biologie und Gesellschaft. UB 6 (1982), H. 72/73

Beyer, P.-K.: Artenschutz - eine Aufgabe Zoologischer Gärten? PdN-B 37 (1988), H.6, 29-32

Beyer, P.-K.: Biologieunterricht und Umwelterziehung in der Schule im Vergleich zum naturnahen Unterricht im Tierpark. PdN-B 38 (1989), H. 7, 37-40

Beyer, P.-K.: Der außerschulische Lernort Zoo - Didaktische Überlegungen. PdN-B 41 (1992), H. 3, 1-5

Beyer, W./Hellmessen, U./Köhler, K.-H.: Vegetationskundlich-ökologische Untersuchungen an Skipisten im Rahmen einer Alpenexkursion. PdN-B 35 (1986), H. 3, 37-45

Bils, W./Dürr, G.: Übungsaufgaben und Antworten zu Kernthemen des Biologieunterrichts der Sekundarstufe II. Heidelberg: Quelle & Meyer 1983 (2. Aufl. 1989)

Biological Sciences Curriculum Study: Biological Science. An inquiry into life. New York: Harcourt, Brace & World, 3. Aufl. 1973

Birett, H.: Modelle für biologische Prozesse. MNU 29 (1976), H. 2, 103-107

Birett, H.: Mathematische Simulation einer Überfischung. MNU 31 (1978), H. 6, 359-367

Birett, H.: Wachstum, Vermehrung, Sinnesleistungen. Bonn: Dümmler 1987

Birett, H. : Eine schnelle Rechenroutine zur Demonstration der Gendrift. MNU 42 (1989), H. 1, 50-52

Birkenbeil, H.: Zum Problem der Motivation im Biologieunterricht. NiU 21 (1973), H. 2, 86-89

Birkner, C.: Die Konstruktion von Aufgaben für die mündliche Abiturprüfung. PdN-B 39 (1990), H. 5, 39-46

Birnbacher, D./Hoerster, N. (Hrsg.): Texte zur Ethik. dtv 6042. München: Deutscher Taschenbuch Verlag, 4. Aufl. 1982

Birnbacher, D./Wolf, J.-C.: Verantwortung für die Natur. Hannover: Schroedel 1988

Bischof, N.: Das Rätsel Ödipus. Die biologischen Wurzeln des Urkonflikts von Intimität und Autonomie. München: Piper 1985, 2. Aufl. 1991

Bischoff, G.: Ein Herz pocht für den Unterricht. PdN-B 37 (1988), H. 6, 42-43

Bittner, C.: Die Ermittlung von Schülerinteressen zu dem vorgegebenen Thema »Vögel«. NiU-B 27 (1979), H. 8, 233-240

Bittner, C.: »Die duftenden Blumen sind unsere Schwestern, die Rehe, das Pferd, der große Adler - sind unsere Brüder«. Ein Unterrichtskonzept Ökologie für die Sekundarstufe I. UB 7 (1983), H. 82/83, 29-34

Blankenburg, J.: Computer - Nerven. Ein Lehr- und Lernprogramm zum Thema Nervensystem und Drogen. Computer und Unterricht 1 (1991), H. 1, 35-39

Blänsdorf, K./Dierks, W.: Medien und Geräte für den naturwissenschaftlichen Unterricht. IDK-Schriftenreihe. Köln: Aulis 1978

Bleckmann, H./Berck, K.-H./Schwab, C.: Unterrichtseinheit Naturschutz. Bonn: Dümmler 1980

Bloom, B. S., u.a.: Taxonomie von Lernzielen im kognitiven Bereich. Weinheim/Basel: Beltz 1972

Blum, H.: Gedanken und Hinweise zum Mikroskopieren in der Unterrichtsstunde. BioS 25 (1976), H. 9, 393-394

Blume, B.: Landschaftsplanung eines aquatischen Ökosystems. UB 3 (1979), H. 34, 36-44

Blume, D./Fels, G. (Hrsg): Probleme der Mediendidaktik. BU 16 (1980), H. 4

Boetticher, A. von: Experimenteller Unterricht - eine Kompensationsmöglichkeit für Schüler mit geringer Sprachdifferenzierung? NiU-B 26 (1978), H. 6, 177-181

Böhme, W., u. a.: Schulgartenarbeit, methodische Empfehlungen. Berlin: Volk und Wissen 1987

Böhne-Grandt, R./Weigelt, C.: Wissenschaftsrealität und Mythos in biologischen Erkenntniswegen. In: *Killermann/Staeck* (1990), 209-215

Böhnke, H.: Die Behandlung wissenschaftlicher Erkenntnisweisen im Biologieunterricht der gymnasialen Oberstufe. MNU 31 (1978), H. 8, 490-495

Bojunga, W.: Non scholae sed vitae discimus! Einige Gedanken und Grundpositionen zu einer zeitgemäßen Didaktik des Biologieunterrichts auf der gymnasialen Oberstufe. PdN-B 34 (1985), H. 6, 41-45

Bolay, E.: Die Arbeit im Waldschulheim - mit einer Unterrichtseinheit »Vom Samen zum Forst«. BU 12 (1976), H. 3, 67-84

Bolay, E.: Motivation im Unterricht. NiU-B 28 (1980), H. 4, 110-117

Bolay, E./Zucht, B.: Anregungen zur ganzheitlichen Betrachtung von Säugetieren im Rahmen einer Arbeitsgemeinschaft. BU 15 (1979), H. 4, 25-44

Bolscho. D./Eulefeld, G./Seybold, H.: Umwelterziehung. München: Urban & Schwarzenberg 1980

Bonatz, H. H.: Der »bedenkliche Haken« des Atmungsmodelles. 1978 a. In: *Wenk/Trommer* (1978 a), 197-202

Bonatz, H. H.: Seifenschaum als Zellgewebemodell. UB 4 (1980), H. 42, 43-44

Bönsch, M.: Zur Didaktik audiovisueller Mittler. Die Realschule 80 (1972), H. 3, 87-91

Borneff, J./Borneff, M.: Hygiene. Stuttgart: Thieme, 5. Aufl. 1991

Borsum, W.: Die Schülerzeichnung im Sachunterricht. UB 11 (1987), H. 123, 42-44

Botsch, D./Brester, U.: Einige Schulversuche zur Lebensweise der Regenwürmer. NiU 18 (1970), H. 8, 347-350

Brauner, K.: Wir beobachten und züchten Süßwasserpolypen. UB 11 (1987), H. 127, 45-48

Breddermann, D./Fulda, H.: Verhalten des Hundes. Biologie in der Orientierungsstufe. Lehrerhandbuch. Köln: Verlagsgesellschaft Schulfernsehen 1977

Brehme, S.: Die Verwendung von Synonymen im Biologieunterricht. BioS 25 (1976), H. 6, 233-237

Brehme, S./Domhardt, D./Lepel, W.-D.: Begriffe und Begriffssysteme im Biologieunterricht. BioS 33 (1984), H. 6, 224-229
Brehmer, K.: Ethik im Biologieunterricht. PdN-B 42 (1993), H. 3, 41-47
Breitenmoser, U./Schwarz, U: Naturgärten. PdN-B 30 (1981), H. 8, 225-228
Brenner, U.: Umwelt-Umfrage. Hätten Sie's gewußt? natur (1989), H.4, 78-82
Bretschneider, J.: Wie konsequent ist die biologische Fachsprache? In: *Entrich/Staeck* (1992), 140-146
Breuer, K: Gesundheitserziehung im Biologieunterricht. NiU 19 (1971 a), H. 2, 82-89
Breuer, K.: Die Ausstattung der Hauptschulen für den Biologieunterricht. NiU 19 (1971 b), H. 12, 544—548
Brezmann, E.: Die Welt der Begriffe im Biologieunterricht. MNU 45 (1992), H. 8, 498-503
Briemle, H.: Rasen oder Wiese. PdN-B 30 (1981 a), H. 8, 244-246
Briemle, H.: Naturnaher Nutzgarten. PdN-B 30 (1981 b), H. 8, 246-249
Brilla, G.: Zellbiologischer Kurs. In: *Rodi* (1975), 133-137
Brockhaus, W.: Biologie in unserer Zeit. Essen: Neue Deutsche Schule 1958
Brockhaus-Enzyklopädie: Der große Brockhaus. Wiesbaden: Brockhaus, 18. Aufl. 1979
Brogmus, H./Dircksen, R./Gerhardt, A.: Arbeitsblätter zum Thema »Die Natur im Wechsel der Jahreszeiten« (1 bis 10). NiU-B 31 (1983), H. 4, 137-143; H. 7, 227-230; H. 8, 259-262; H. 10, 335-338; 338-343; 32 (1984), H. 1, 1-5; 6-9; H. 4, 113-120; H. 6, 117-183; H. 10, 321-331
Brohmer, P.: Die Deutschen Lebensgemeinschaften. 1936
Brucker, A.: Was ein Lehrer über Medien lernen muß. In: Lehrmittel aktuell 2 (1976), H. 1, 31-33
Brucker, G.: Biologieunterricht - pädagogische Analysen, Texte und Beispiele. Stuttgart: Klett 1980
Brucker, G.: Der Tageslichtprojektor im Einsatz bei experimentellen Untersuchungen zur Fotosynthese. PdN-B 24 (1975), H. 8, 217-218
Brucker, G.: Fach: Biologie. Vom Lernfach zur Integration. Düsseldorf: Schwann 1978
Brucker, G.: Lernen mit Strukturen im Biologieunterricht. biol. did. 2 (1979), H. 1, 17-41
Brucker, G.: Kleinlebensräume einfach untersucht. Praxis Schriftenreihe Bd. 34. Köln: Aulis 1986
Brucker, G.: Ökologie und Umweltschutz. Ein Aktionsbuch. Heidelberg: Quelle & Meyer 1993
Brucker, G./Flindt, R./Kunsch, K: Biologische Techniken. Heidelberg: Quelle & Meyer 1979
Brügelmann, H.: Offene Curricula. Zeitschrift für Pädagogik 18 (1972), H. 1, 95-116
Brüggemann, 0.: Philosophie im biologischen Unterricht. In: *Ballauff, T.* (Hrsg.): Philosophie im mathematischen und naturwissenschaftlichen Unterricht. Heidelberg: Quelle & Meyer 1958, 167-209
Bruner, J. S.: Der Prozeß der Erziehung. Düsseldorf: Schwann 1970
Bruns, H.: Lebensschutz oder Bioprotektion. Biol. Abhandlungen, 1969, H. 32/33, 4 f.
Brunz, M./Nottbohm, G.: Natur gemeinsam erleben. UB 12 (1988), H. 137, 19-21
Bube, W.: Computer im Experiment. Köln: Aulis 1986
Büchter, F. R.: Zur Erstellung naturwissenschaftlicher Unterrichtsräume im Hinblick auf optimale Arbeitsbedingungen in der Klasse 5-10. NiU 20 (1972), H. 1, 3-7
Bund-Länder-Kommission: Bildungsgesamtplan, Band I. Stuttgart: Klett 1973
Bundesminister für Bildung und Wissenschaft (Hrsg.): Umweltbildung in der EG. Studien zu Bildung und Wissenschaft 79. Bonn 1989
Bundesminister für Bildung und Wissenschaft (Hrsg.): Zukunftsaufgabe Umweltbildung. Bildung - Wissenschaft - aktuell 3/91. Bonn 1991
Bundesminister für Jugend, Familie und Gesundheit (Hrsg.): Einstellungen und Praktiken von Eltern im Feld der gesundheitlichen Erziehung ihrer Kinder. Stuttgart: Kohlhammer 1975

Bunk, B./Tausch, J.: Verhaltenslehre. Braunschweig: Westermann 1980

Bünning, E.: Der Lebensbegriff in der Physiologie. Studium Generale 12 (1959), H. 3, 127-133

Burghagen, H.: Neuroethologie des Beutefangs bei Kröten, eine quantitative Filmanalyse. PdN-B 33 (1984), H. 12, 373-384

Burk, K./Claussen, C.: Auswertung einer Umfrage »Lernorte außerhalb der Schule«. Beiträge zur Reform der Grundschule 49. Frankfurt: Arbeitskreis Grundschule e. V. 1981, 164-195

Busche, E./Marquardt, B./ Maurer, M. (Hrsg.): Natur in der Schule. Kritik und Alternativen zum Biologieunterricht. Reinbek b. Hamburg: Rowohlt 1978

Buschendorf, J.: Objektdias im Biologieunterricht. BioS 30 (1981), H. 6, 237-239

Buse, D.: Denken, Sprechen, Programmieren. In: Friedrich-Verlag (1985), 95-98

Calließ, J./Lob, E. (Hrsg.): Praxis der Umwelt- und Friedenserziehung. Düsseldorf: Schwann, Bde. 1 und 2: Grundlagen. Umwelterziehung 1987; Band 3: Friedenserziehung 1988

Carl, H.: Gesundheitserziehung. 1981 a. In: *Falkenhan* (1981), Bd. 4, 175-197

Carl, H.: Die Biologie in der Umgangssprache. 1981 b. In: *Falkenhan* (1981), 425-485

Cavese, J. A.: Lebendige Zelle AG - Ein Modell für die Zelle. In: *Wenk/Trommer* (1978), 182-186

Chiout, H./Steffens, W.: Unterrichtsvorbereitung und Unterrichtsbeurteilung. Frankfurt/M.: Diesterweg, 4. Aufl. 1978

Christow, C. P.: Über eine Untersuchung der Wandtafelarbeit. Die Realschule (1971), 122-126

Chroust, P.: Vom schnellen Tod - »Euthanasie« im Nationalsozialismus. UB 8 (1984), H. 100, 46-50

Clausnitzer, H.-J.: Die Assel im Unterricht. NiU-B 29 (1981), H. 5,129-134

Clausnitzer, H.-J.: Bundesartenschutzverordnung und Biologieunterricht. UB 6 (1982), H. 68, 39-40

Clausnitzer, H.-J.: Die Problemfindungsphase im Biologieunterricht. NiU-B 31 (1983), H. 5, 147-149

Clausnitzer, H.-J.: Freie Arbeit im Biologieunterricht. UB 16 (1992), H. 172, 49 f.

Cornell, J.: Mit Freude die Natur erleben. Mülheim: Verlag an der Ruhr 1991

Cube, F./Storch, V. (Hrsg.): Umweltpädagogik. Heidelberg: Schindele 1988

Czihak, G./Langer, H./Ziegler, H. (Hrsg.): Biologie. Berlin/Heidelberg/New York: Springer 1976 (4. Aufl. 1990)

Dahms, H.-U./Schminke, G.: Flußkrebse für das Schulaquarium. UB 11 (1987), H. 127, 42-43

Danneel, I.: Die Beliebtheit einiger Fachgebiete bei Grundschülern. NiU-B 25 (1977), H. 10, 313-316

Daumer, K.: Lernzielorientierte, taxonomiebezogene Leistungsmessung in der Kollegstufen-Biologie. - Beispiele aus dem Leistungskurs »Genetik«. In: *Daumer, K./Glöckner, W.* (Hrsg.): Der Biologieunterricht in der Kollegstufe. München: Bayerischer Schulbuch-Verlag 1975

Daumer, K: Bericht der Arbeitsgruppe »Lehrpläne für die Sekundarstufe II.« In: *Hedewig/Rodi* (1982), 137-141

David, R. W.: Das Lernverhalten der Mongolischen Rennmaus. UB 16 (1992), H. 172, 34-39

Dawkins, R.: Blind Watchmaker. An application for the Apple Macintosh Computer. New York/ London: Norton 1987

Dearden, M.: Experiment. Beispiele aus der biologischen Forschung. Beiheft zur gleichnamigen Schulfernsehreihe. UB 6 (1982), H. 74, 25-44

Deichmann, U.: Biologen unter Hitler. Frankfurt/New York: Campus 1992

Demel, W.: Grundausstattung für den Biologieunterricht (Vorschlag). In: *Killermann/Klautke* (1978), 313-324

Demuth, R.: Elemente des »Umweltwissens« bei Schülern der Abgangsklassen der Sekundarstufe I. NiU-Chemie 3 (1992), Nr. 12, 36-38

Denecke, W.: Nahrungsketten aus der Sammlung. PdN-B 22 (1973), H. 2, 39-43

Denker, W.: Hecken im Schulgelände. UB 3 (1979), H. 36/37, 68-69

DGU u. a. (Hrsg.): Schulische und außerschulische Lernorte in der Umwelterziehung. Kiel: IPN 1990

DGU/IPN (Hrsg.): Modelle zur Umwelterziehung in der Bundesrepublik Deutschland. Kiel: Band 1: 1989; Band 2: 1990; Band 3: 1991; Band 4: 1992

Deutscher Bildungsrat: Strukturplan für das Bildungswesen. Empfehlungen der Bildungskommission. Bonn: 1970

Deutscher Bildungsrat: Empfehlungen der Bildungskommission zur Förderung praxisnaher Curriculumentwicklung. Bonn: 1974

Dewdney, A. K.: Computer- Kurzweil. Spektrum 1989, H. 9, 6-11

Dichanz, H./Mohrmann, K.: Unterrichtsvorbereitung- Probleme, Beispiele, Vorbereitungshilfen. Stuttgart: Klett 1976; 4. Aufl. 1980

Dick, L. van: Freie Arbeit, Offener Unterricht, Projektunterricht, Handelnder Unterricht, Praktisches Lernen - Versuch einer Synopse. Pädagogik 43 (1991), H. 6, 31-34

Dieterle, A.: Papieruntersuchung mit einfachen Mitteln. UB 17 (1993), H. 187, 50 f.

Dietle, H.: Weitere Versuche mit dem Fleißigen Lieschen. NiU 18 (1970), 310-313

Dietle, H.: Zellen als Bausteine der Lebewesen. Eine einfache Methode zur Darstellung von Leberzellen. Mikrokosmos 60 (1971), 252-255

Dietle, H.: Das Mikroskop in der Schule. Stuttgart: Franckh 1974; 2. Aufl. 1975

Dietle, H./Stirn, A.: Die Zelle im Biologieunterricht. Die Schulwarte 26 (1973), H. 7, 1-16

Dietrich, G.: Der Biologieunterricht in vier Jahrzehnten nach unserer Befreiung. BioS 34 (1985), H. 5, 173-179

Dietrich, G., u. a. (Hrsg.): Methodik Biologieunterricht. Berlin: Volk und Wissen, 2. Aufl. 1979

DIFF (Hrsg.): Modellbildung und Simulation dynamischer Systeme. Lehren und Lernen mit dem Computer 12. Tübingen: i. Vorb.

DIFF (Hrsg.): Evolution der Pflanzen- und Tierwelt. Studienbriefe 02500 bis 02509. Tübingen: 1985 ff.

DIFF (Hrsg.): Fächerübergreifende Zusammenarbeit zum Thema Evolution 1: Materialsammlung. Studienbrief 02540. Tübingen: 1987

DIFF (Hrsg.): Nara - Leben in der Sahelzone. Lehren und Lernen mit dem Computer 5. Modul Nr. 02634. Tübingen: 1989

DIFF (Hrsg.): Evolution des Menschen. Studienbriefe 02510 bis 02515. Tübingen: Deutsches Institut für Fernstudien 1990

Dittmer, I.: Der Film im Naturkundeunterricht. NiU 18 (1970), H. 8, 357-361

Döhl, J.: Altern und Tod. In: *Eschenhagen/Kattmann/Rodi* (1993)

Dohmen, G.: Medienwahl und Medienforschung im didaktischen Problemzusammenhang. Unterrichtswissenschaften 5 (1973), H. 2/3, 2-26

Dombrowsky, S.: Serie Aquaristik: Das Schulaquarium. Die schulbiologische Bedeutung einiger Aquarienfische und -pflanzen. Lurche, Kleinkrebse, Insekten und Weichtiere - ihre Haltung und Pflege in Beobachtungsbecken. Didaktisch-methodische Aspekte der Schulaquaristik. NiU-B 25 (1977), H. 3, 79-85; H. 4, 114-122; H. 6, 167-177; H. 8, 233-235

Dönhoff, H.-U.: Modellbildung und Simulation im Unterricht. In: Friedrich Verlag (1993), 118-120

Döpp-Woesler, A.: Motivation und Realsituationen zum Erlernen gesunder Lebensführung. WPB 30 (1978), H. 2, 67-71

Döring, K. W.: Lehr- und Lernmittel: Medien des Unterrichts. Weinheim/Basel: Beltz 1973

Dörner, D.: Die Logik des Mißlingens. Reinbek: Rowohlt 1989

Dorst, W.: Schüler rüsten ihren Schulgarten aus. NiU-B 27 (1979), H. 10, 296-297

Drews, L./Trojan, K.: Computer im Biologieunterricht - eine Herausforderung. BioS 40 (1991), H. 6, 218-22
Drews, R.: Das Protokollieren im naturwissenschaftlichen Unterricht. PdN-B 20 (1971),111-112
Driesch, H.: Philosophie des Organischen. Leipzig: Quelle & Meyer, 2. Aufl. 1921
Driesch, H.: Das Wunder der Regeneration: In: *Dennert, W.* (Hrsg.): Die Natur, das Wunder Gottes im Lichte der modernen Forschung. Bonn: Athenäum 1957, 131-138
Drutjons, P.: Biologieunterricht. Erziehung zur Mündigkeit. Frankfurt: Diesterweg 1973
Drutjons, P.: Gesellschaftsrelevanz des Biologieunterrichts. 19 Statements. UB 4 (1980), H. 48/49, 28-46
Drutjons, P.: Biologieunterricht 5-10. Weinheim/Basel: Beltz 1982
Drutjons, P.: Umwelterziehung als neuartige Aufgabenstellung des Biologieunterrichts. UB 10 (1986), H. 119, 46-48
Drutjons, P.: Fürsorge für kommende Generationen? Unterrichtsanregung für die Sekundarstufe I. UB 11 (1987), H. 125, 32-37
Drutjons, P. (Hrsg.): Umwelterziehung. UB 12 (1988 a), H. 134
Drutjons, P.: Plädoyer für eine andere Umwelterziehung. UB 12 (1988 b), H. 134, 4-13
Drutjons, P./Klischies, A.: Einführung in die Handhabung des Mikroskops. UB 11 (1987), H. 129, 18-21
Dudel, H.: Ein Vergleich zwischen programmiertem Selbstunterricht (PU) und schulbuchmäßigem Selbstunterricht (SU). MNU 24 (1971), H. 5, 299-303
Duit, R./Jung, W./Pfundt, H. (Hrsg.): Alltagsvorstellungen und naturwissenschaftlicher Unterricht. Didaktik der Naturwissenschaften 6. Köln: Aulis 1981
Düker, H.: Veranschaulichung und Unterrichtserfolg. In: *Döring, K. W.* (Hrsg.): Lehr- und Lernmittelforschung. Weinheim: Beltz 1971, 133-141
Düker, H./Tausch, R.: Über die Wirkung der Veranschaulichung von Unterrichtsstoffen auf das Behalten. Zeitschrift für experimentelle und angewandte Psychologie 4 (1957), H. 4, 384-399
Dulitz, B.: Beutetier-Beutegreifer-Regulation. UB 14 (1990), H. 158, 26-31
Dulitz, B./Kattmann, U.: Bioethik. Fallstudien für den Unterricht. Stuttgart: Metzler 1990
Dulitz, B./Kattmann, U.: Verantwortung für die Biosphäre. Behandlung ethischer Fragen am Beispiel »Vernichtung des Regenwaldes« in der Sekundarstufe II. UB 15 (1991), H. 162, 46-50
Dumpert, K: Eine Umfrage über die Verwendung lebender Organismen im Biologie- und Sachkundeunterricht an Schulen der Bundesrepublik. Teil 1 und 2. PdN-B 25 (1976), H. 3, 57-68; H. 4, 100-104
Düppers, W.: Wie weit ist der Biologieunterricht experimenteller Unterricht? MNU 28 (1975), H. 4, 197-199
Dürr, C.: Biologieunterricht im Museum, Ökologie und Umwelterziehung in Museen im deutschsprachigen Raum. Frankfurt: Haag + Herchen 1992
Dürr, C./Rodi, D.: Erste Schritte in Richtung Museumspädagogik: »Eigentätigkeit« der Besucher der Abteilung Landschaftsgeschichte des Städtischen Museums Schwäbisch Gmünd - Anregung durch Arbeitsblätter. Unicornis 1 (1981), H. 2, 33-34
Dylla, K.: Methoden des Unterrichtens im Zoologischen Garten. BU 1(1965), H. 5, 52-65
Dylla, K.: Schmetterlinge im praktischen Biologie-Unterricht. Köln: Aulis 1967
Dylla, K.: Eine Untersuchung über die Transformierbarkeit moderner biologischer Erkenntnisse in den Unterstufenunterricht. MNU 25 (1972), H. 1, 37-46
Dylla, K.: Zur Motivation der Schüler im Biologieunterricht. I. Beispiele aus der Botanik. II. Beispiele aus der Verhaltenslehre. PdN-B 22 (1973), H. 7, 185-190; 23 (1974), H. 10, 266-273
Dylla, K.: Zur Relevanz der Schülerinteressen für den Biologieunterricht auf der Orientierungsstufe. PdN-B 25 (1976), H. 12, 321-329

Dylla, K.: Zur Mitarbeit von Lehrern in der Curriculumentwicklung (Hessische Curricularreform 1968-1978 - Biologie S I). biol. did. 1 (1978), H. 4, 203-234

Dylla, K.: Ansätze zu einem problemorientierten Biologieunterricht auf der gymnasialen Oberstufe der Sekundarstufe II. PdN-B 29 (1980), H. 2, 42-52

Dylla, K.: Unterrichtspraktische Versuche. Ein Weg zur Verwissenschaftlichung des eigenen Unterrichts. MNU 35 (1986), H. 2, 98-103

Dylla, K./Bojunga, W.-D./Fokken, U./Kästle, G./Zannier, F.: Zur Didaktik eines zeitgemäßen Biologie-Unterrichts - Zur Struktur des Faches. MNU 27 (1974), H. 3, 139-144

Dylla, K./Ruben, G./Schaefer, G.: Darstellung des biologischen Gleichgewichts zwischen Räuber und Beute durch einen einfachen Modellversuch. PdN-B 27 (1978), H. 7, 169-178

Dylla, K./Schaefer, G.: Tiere sind anders. Unterrichtseinheit für die Klassen 4/5 . IPN-Einheitenbank Curriculum Biologie. Köln: Aulis 1978

Ehrnsberger, R.: Entscheidungen im Naturschutz. UB 9 (1985), H. 108, 33-36

Eichberg, E.: Über das Vergleichen im Unterricht. Hannover: Schroedel 1972

Eigenmann, J./Strittmatter, A.: Ein Zielebenenmodell zur Curriculum-Konstruktion (ZEM). In: *Aregger, K./Isenegger, U.* (Hrsg.): Curriculumprozeß. Basel: Beltz 1972, 65-128

Einheitliche Prüfungsanforderungen in der Abiturprüfung, Biologie. Neuwied: Luchterhand 1975; Neubearbeitung 1983

Ellenberger, W.: Angeborenes und erworbenes Verhalten bei Mäusen. Eine Unterrichtseinheit für das 5. Schuljahr. NiU-B 26 (1978), H. 2, 45-59

Ellenberger, W. (Hrsg.): Ganzheitlich-kritischer Biologieunterricht. Berlin: Cornelsen 1993

Empfehlungen zur Arbeit in der gymnasialen Oberstufe. Beschlüsse der Kultusministerkonferenz. Neuwied: Luchterhand 1978

Empfehlungen zur Lehrerausbildung in Mathematik und in den Naturwissenschaften. Biologie heute (1989), Nr. 368, 3 ff.

Emsbach, J.: Informationsverarbeitung im menschlichen Gehirn: Reaktionszeitmesssung und Auswertung mit Hilfe eines Computers. PdN-B 37, 1988, H. 4, 39-46

Engelhardt, W.: Umweltschutz. München: Bayerischer Schulbuchverlag, 4. Aufl. 1980; 6. Aufl. 1993

Engels-Wilhelmi, S. (Hrsg.): Umweltbildung in Deutschland. Adressen, Aufgaben und Angebote von Institutionen und Verbänden. Bonn: Economica 1993

Entrich, H.: Lehrerbildung Biologie. IPN Arbeitsberichte 25. Kiel: IPN 1976

Entrich, H.: Überlegungen zur Situation und zur Reform der Biologielehrerausbildung. In: *Eulefeld/Rodi* (1979), 124-141

Entrich, H.: Die Stubenfliege - ein harmloses Ungeziefer? UB 14 (1990), H. 154, 16-20

Entrich, H./Graf, H. -U.: Untersuchungen zum biologischen Wissen und zur Studienmotivation von Studienanfängern im Fach Biologie. In: *Hedewig/Staeck* (1984), 252-273

Entrich, H./Staeck, L.: Außerschulisches biologisches Arbeiten im Brennpunkt der fachdidaktischen Diskussion. Bremen: Universität 1988

Entrich, H./Staeck, L. (Hrsg.): Sprache und Verstehen im Biologieunterricht. Alsbach: Leuchtturm 1992

Erber, D.: Der Zebrabuntbarsch, ein Fisch für das Aquarium. Teil 1 u. 2. PdN-B 20 (1971), H. 5, 87—93; H. 11, 201-204

Erber, D.: »Fertiges Insekt« oder »Imago«? Ein Beitrag zur Vereinheitlichung biologischer Begriffe. MNU 36 (1983), H. 5, 288-290

Erber, D. /Klee, R.: Zwei Modelle zur Akkommodation des menschlichen Auges. MNU 39 (1986), H. 4, 233-237

Erber, D./Klee, R.: Die Herstellung von Blütenmodellen durch Schüler - eine Hilfe zum Erwerb von Artenkenntnis. MNU 41 (1988), H. 7, 428-432

Erber, D./Göttert, E.: Biologieunterricht im Naturkundemuseum - Eine Untersuchung zum Stand der Museumspädagogik. MNU 34 (1981), H. 3, 130-139
Erber, D./Schweizer, B.: Zum Bauverhalten des Goldhamsters - Versuche zur Ethologie im Unterricht. Goldhamster im Kunstbau - eine Möglichkeit zur besseren Beobachtung seines Verhaltens im Biologieunterricht. MNU 31 (1978), H. 2, 108-112; H. 4, 226-230
Erber, M.: AG-Sitzungsbericht über sexualpädagogische Probleme. NiU-B 25 (1977), H. 2, 58-61
Erber, M.: »Sexualerziehung im Teamwork«. NiU-B 26 (1978), H. 9, 281-287; H. 11, 342-346
Erdmann, K. H./Kastenholz, H.: Umweltverantwortliches Handeln lernen. Ein handlungsleitender Ansatz für die Schulpraxis. In: *Pfadenhauer* (1992), 473-478
Erdmann, W.: Lehrpfade und ihre Gestaltung. Oldenburg: Holzberg 1975
Erhard, R./Güth, U./Rauch, N./Roth, H.J./Wichard, W.: Akzente. Materialien zur Ethik im Biologieunterricht. Köln: Aulis 1992
Ermeling, H./Stüper, F. J.: Erfahrungen mit dem Schulfernsehen. MNU 24 (1971), H. 3, 171-177
Eschenhagen, D.: Die Metamorphose der Insekten unter didaktischem Aspekt. Teil 1 und 2. NiU 19 (1971), H. 10, 450-457; H. 11, 492-494
Eschenhagen, D. (Hrsg.): Biologie in der Grundschule. Wolfenbüttel: Kallmeyer 1973
Eschenhagen, D.: Das Thema Evolution im Unterricht. UB 1976, H. 3, 2-12
Eschenhagen, D.: Zu den Aufgaben der Fachdidaktik. NiU-B 25 (1977), H. 1, 24-26
Eschenhagen, D. (Hrsg.): Säugling und Kleinkind. UB 2 (1978), H. 27
Eschenhagen, D.: Funktionsmodelle - kritisch betrachtet. UB 5 (1981 a), H. 60/61,19-21
Eschenhagen, D.: Ökologieunterricht und Umwelterziehung in der Grundschule. 1981 b. In: *Riedel/Trommer* (1981), 47-69
Eschenhagen, D.: Untersuchung zu Tierkenntnissen von Schülern. UB 6 (1982), H. 68, 41-44
Eschenhagen, D.: Kann und sollte Biologieunterricht »Existenzbiologie« sein? UB 7 (1983 a), H. 85, 51-52
Eschenhagen, D.: Das Konzept »Problemlösender Unterricht« und die Biologiedidaktik. 1983 b. In: *Lange/Löhnert* (1983), 223-233
Eschenhagen, D.: Untersuchungen zu Pflanzen- und Tierkenntnissen von Schülern. In: *Hedewig/Staeck* (1984), 143-156
Eschenhagen, D.: Vermittlung von Pflanzen- und Tierkenntnissen in der Grundschule. Sachunterricht und Mathematik in der Primarstufe 13 (1985), H. 4, 120-126
Eschenhagen, D.: Die Entwicklung von Tieren (Beispiel Mehlkäfer). Sachunterricht in der Primarstufe 17 (1989 a), H. 6, 249-254
Eschenhagen, D.: Anmerkungen zu Konzeptionen der Umwelterziehung. UB 13 (1989 b), H. 144, 43-46
Eschenhagen, D.: Das Projekt, eine auch für den Biologieunterricht wichtige methodische Grundform. In: *Killermann/Staeck* (1990), 40-44
Eschenhagen, D.: Ungeschlechtliche Fortpflanzung bei Tieren. In: *Eschenhagen/Kattmann/Rodi* (1993)
Eschenhagen, D./Bay, F.: Eingeschlechtliche Fortpflanzung bei Tieren. In: *Eschenhagen/Kattmann/Rodi* (1993)
Eschenhagen, D./Fulda, H./Jagnow, G.: Lebensraum Acker.Köln: Schulfernsehen 1977
Eschenhagen, D./Kattmann, U./Rodi, D.: Fachdidaktik Biologie. Köln: Aulis 1985
Eschenhagen, D./Kattmann, U./Rodi, D. (Hrsg.): Handbuch des Biologieunterrichts Sekundarbereich I. Köln: Aulis. Bd. 1: Phänomen Vielfalt 1989; Bd. 2: Lebensformen und Verwandtschaft 1992; Bd. 5: Entwicklung, Fortpflanzung, Sexualität 1993; Bd. 8: Umwelt 1991
Eschenhagen, D./Längsfeld, V.: Biologie in der Grundschule im Lichte der Aussagen von Schülern des 5. Schuljahres. NiU-B 29 (1981), H. 3, 71-77

Esser, Hans: Beobachtungen zur Molchentwicklung. Teil 1-3. PdN 18 (1969), H. 5, 81—92; H. 6, 105-112; H. 7, 123—129

Esser, Hans: Umweltschutz in didaktischer Reflexion. PdN-B 21 (1972), H. 8, 152-155

Esser, Hans: Der Biologieunterricht. Hannover: Schroedel, 3. Aufl. 1978

Esser, Hartmut: Die multi-kulturelle Gesellschaft. Ethnische Konflikte. In: DIFF (Hrsg.): Funkkolleg Humanökologie. Studienbrief 3. Weinheim/Basel: Beltz 1991, 11-46

Esser, J.: Zur Theorie und Praxis der Friedenspädagogik. Wuppertal: Jugenddienst 1973

Etschenberg, K: Zielorientierter Biologieunterricht in der Sekundarstufe I. Hamburg: Sample 1979

Etschenberg, K: Welche biologischen Objekte können Schüler beim Übergang in die Sekundarstufe I benennen? NiU-B 31 (1983), H. 10, 344-351

Etschenberg, K: Lernvoraussetzungen der Schüler für das Fach Biologie in der Sekundarstufe I beim Übergang aus der Grundschule. 1984 a. In: *Hedewig/Staeck* (1984), 129-142

Etschenberg, K: Informationsaufnahme aus Biologiebuchtexten. Eine empirische Untersuchung. NiU-B 32 (1984 b), H. 4, 130-136

Etschenberg, K.: Sexualität und Partnerschaft. UB 10 (1986), H. 119, 2-8

Etschenberg, K.: AIDS - noch (k)eine Seuche wie viele andere. UB 14 (1990 a), H. 152, 4-13

Etschenberg, K.: Formen der Motivierung im Biologieunterricht - Versuch einer Systematisierung und Wertung. 1990 b. In: *Killermann/Staeck* (1990) 45-52

Etschenberg, K.: Sexualerziehung. Basisinformationen. 1993 a. In: *Eschenhagen/Kattmann/Rodi* (1993)

Etschenberg, K.: Sexualität und Gesundheit. 1993 b. In: *Eschenhagen/Kattmann/Rodi* (1993)

Etschenberg, K./Erber, M./Kattmann, U.: Formen partnerbezogener Sexualität. In: *Eschenhagen/Kattmann/Rodi* (1993)

Etschenberg, K./Gerhardt, A.: Was sollen Schüler der Sekundarstufe I im Fach Biologie lernen? Überlegungen aus aktuellem Anlaß. NiU-B 32 (1984), H. 4, 121-127

Eulefeld, G.: Ein ökologisches Strukturierungsprinzip für das Biologie-Curriculum in der Sekundarstufe I. In: *Kattmann/Isensee* (1977), 125-157

Eulefeld, G.: Ökologie und Umwelterziehung im Schulunterricht - ein Beitrag zur Verhältnisbestimmung. Die Deutsche Schule 71 (1979), H. 11, 671-676

Eulefeld, G.: Die DGU als Dienstleistungsunternehmen für die Entwicklung des Umweltbewußtseins. DGU-Nachrichten (1991), Nr. 4

Eulefeld, G.: Empirische Studien im Bereich Umwelterziehung - Voraussetzungen, Zwischenberichte, Ergebnisse. Kiel: IPN 1992

Eulefeld, G.: Umwelterziehung als unverzichtbarer Erziehungsauftrag der allgemeinbildenden Schulen. DGU-Nachrichten (1993), Nr. 7, 8-13

Eulefeld, G., u. a.: Ökologie und Umwelterziehung. Stuttgart/Berlin/Köln/Mainz: Kohlhammer 1981

Eulefeld, G./Bolscho, D./Bürger, W./Horn, K-H.: Probleme der Wasserverschmutzung. IPN-Einheitenbank Curriculum Biologie. Köln: Aulis 1979

Eulefeld, G./Bolscho, D./Puls W. W./Seybold, H.: Umweltunterricht in der Bundesrepublik Deutschland 1980. Köln: Aulis 1980

Eulefeld, G./Bolscho, D./Rost, J./Seybold, H.: Praxis der Umwelterziehung in der Bundesrepublik Deutschland. Kiel: IPN 1988

Eulefeld, G./Bolscho, D./Seybold, H.: Unterrichtsmaterialien zur Umwelterziehung. Bd. 2. Köln: Aulis 1979

Eulefeld, G./Bolscho, D./Seybold, H. (Hrsg.): Umweltbewußtsein und Umwelterziehung. Ansätze und Ergebnisse empirischer Forschung. Kiel: IPN 1991

Eulefeld, G./Kapune, T. (Redaktion): Empfehlungen zur Umwelterziehung. Kiel: IPN 1978

Eulefeld, G./Kapune, T. (Hrsg.): Empfehlungen und Arbeitsdokumente zur Umwelterziehung-München 1978. IPN-Arbeitsberichte 36. Kiel: IPN 1979
Eulefeld, G./Puls, W.: Umwelterziehung in den Schulfächern Biologie und Geographie. NiU-B 26 (1978), 251 f.
Eulefeld, G./Rodi. D. (Hrsg.): Biologielehrerausbildung. Köln: Aulis 1978
Eulefeld, G./ Winkel, G. (Hrsg.): Umweltzentren, Stätten der Umwelterziehung. Kiel: ANL, IPN, SBZ, FEEE 1986
Ewers, M.: Bildungskritik und Biologiedidaktik. Frankfurt: Athenäum 1974
Ewers, M.: (Hrsg.): Naturwissenschaftliche Didaktik zwischen Kritik und Konstruktion. Weinheim/Basel: Beltz 1975
Ewers, M.: (Hrsg.): Wissenschaftsgeschichte und naturwissenschaftlicher Unterricht. Bad Salzdetfurth: Franzbecker 1978
Ewers, M. (Hrsg.): Abhandlungen zur Biologiedidaktik. Bad Salzdetfurth: Franzbecker 1979 a
Ewers, M.: Biologiedidaktik ist nicht »angewandte Biologie«, sondern Sozialwissenschaft. biol. did. 2 (1979 b), H. 2, 117-121
Ewert, J.-P./Kühnemund, H.: Neuroethologie. Ethologie 4. Studienbriefe 02537 und 02536. Tübingen: DIFF 1986
Facklam, B.: Grundbegriffe der Computertechnik. PdN-B 37 (1988), H. 8, 3-4
Fäh, H.: Biologie und Philosophie. Stuttgart: Metzler 1984
Fahle, W.-E./Oertel, G.: »Miteinander reden«. UB 18 (1994), H. 191
Fahrenberger, G.: Der Kleinbildwerfer als vielseitiges Demonstrationsgerät im Biologieunterricht. BU 5 (1969), H. 3, 50-62
Fahrenberger, G. (Hrsg.): Biologieunterricht im Freiland. Lernorte: Freilandlabor, Zoologischer Garten, Botanischer Garten. NiU-B 30 (1982), H. 8
Fahrenberger, G.: Tierjunges - Menschenkind. NiU-B 31 (1983), H. 2, 72-82
Falk, B.: Brutpflege bei Mäusen. UB 9 (1985), H. 102, 15-17
Falke, F.: Gartenarbeiten im Schulgarten. UB 3 (1979), H. 36/37, 12-15
Falkenhan, H.-H. (Hrsg.): Handbuch der praktischen und experimentellen Schulbiologie. Studienausgabe. Köln: Aulis 1981
Falkenhan, H.-H./Müller-Schwarze, D.: Biologische Quellen. In: *Falkenhan* (1981), Band 8, 2-250
Falkenhausen, E. von: Die Stellung des Experimentes im Biologieunterricht. Teil 1-3. PdN-B 25 (1976), H. 2, 50-53; H. 3, 75-78; H. 5,124-128
Falkenhausen, E. von: Anforderungen und Anspruchsniveau im Biologieunterricht der Sekundarstufe II. PdN-B 28 (1979), H. 4, 97-103
Falkenhausen, E. von: Zu den EPA Biologie. PdN-B 29 (1980), H. 3, 86-95
Falkenhausen, E. von: Leistungsmessung im Biologieunterricht. In: *Falkenhan* (1981), Bd. 1, 309-353
Falkenhausen, E. von: Abituraufgaben im Vergleich. PdN-B 32 (1983), H. 3, 81-89
Falkenhausen, E. von: Wissenschaftspropädeutik im Unterricht. Köln: Aulis, 2. Aufl. 1988
Falkenhausen, E. von: Unterrichtspraxis zum wissenschaftspropädeutischen Unterricht. Köln: Aulis 1989
Falkenhausen, E. von: Wissenschaftspropädeutik im Unterricht. BioS 40 (1991), H. 4, 116-120
Falkenhausen, E. von: Richtung. Zum Biologieunterricht in den Neunziger Jahren. Biologie heute (1992), Nr. 385, 5-9
Falkenhausen, E. von/Döring, R./Otto, A.-R.: Abituraufgaben Biologie. Köln: Aulis, 2. Aufl. 1983; 5.Aufl. 1990
Falkenhausen, E. von/Döring, R./Otto, A.-R./Treinies, H.: 50 neue Abituraufgaben Biologie. Köln: Aulis, 3. Aufl. 1992

Fels, G.: Abstammungslehre, dargestellt anhand von Quellentexten. Stuttgart: Klett 1967
Fels, G.: Zur Situation der Sexualerziehung an unseren Schulen. BU 5 (1969), H. 1, 4-21
Fels, G.: Zur Situation der Biologie in der Sekundarstufe II. BU 14 (1978), H. 3, 68-82
Fels, G.: Zur Situation des Ökologieunterrichts. BU 17 (1981), H. 4, S-26
Feuerstein, P.: Biologiegeschichtliche Schülerseminare an der Herzog August Bibliothek, Wolfenbüttel. UB 12 (1988), H. 133, 50-52
Feustel, H.: Biologieunterricht im Naturkundemuseum. In: *Falkenhan* (1981), Bd. 2., 309-322
Figge, P. A. . W./Goede, K./Gottwald, N./Henke, I./Henke, J./Müller, R./Schniebel, J. P.: Betrifft: Sexualität. Materialien zur Sexualerziehung im Medienverbund für Jugendliche, Eltern und Pädagogen. Braunschweig: Westermann 1977
Fingerle, K.: Pädagogische Probleme der Umwelt- und Naturerziehung. In: *Berck/Weiss* (1984), 1-24
Fischer, A.: Zukunft + Politik. In: *Fischer, A./Fuchs, W./Zinnacker, J.:* Jugendliche und Erwachsene '85. Generationen im Vergleich. Leverkusen: Jugendwerk der Deutschen Shell 1985, Band. 1, 105-135
Fleischer, H.: Möglichkeiten zum effektiven Einsatz des Mikroskopierens im Biologieunterricht. BioS 30 (1981), H. 10, 425-433
Fluche, C.: Gesundheitserziehung und Gesundheitspflege in amtlichen Verlautbarungen. Kiel: IPN 1988
Fokken, U./Witte, G.: Freilandlabor und alternativer Biologieunterricht. Sonderheft Naturschutz in Nordhessen, hrsg. vom Naturschutzring Nordhessen. Wetzlar: Naturschutzzentrum Hessen e. V. 1979
Forsberg, B./Meyer, E. (Hrsg.): Einführung in die Praxis der schulischen Gruppenarbeit. Heidelberg: Quelle & Meyer 1976
Forster, H.: Die Schulausstellung. UB 3 (1978), H. 24/25, 73-76
Frank, A.: Offener Unterricht in der Sekundarstufe I. UB 16 (1992), H. 177, 46 f..
Franz, S.: Didaktische Zielsetzung bei der Herstellung von Biologiefilmen des FWU München. In: *Rodi/Bauer* (1980), 190-194
Fränz, D.: Pflegeleichte Topfkulturen in der Schule. MNU 34 (1981), H. 4, 236-243
Fränz, D.: Lernort Botanischer Garten. NiU-B 30 (1982), H. 8, 303-313
Fränz, D.: Welche Pflanzen sollen in einer Schule vorhanden sein? MNU 36 (1983), H. 4, 236-243
Fränz, D.: Unterrichtsgänge in einem Botanischen Schaugarten. Kokospalme - Citrusfrüchte - Banane (Grüne Schule Palmengarten, Frankfurt a. M.). MNU 38 (1985), H. 2, 105-112
Freie und Hansestadt Hamburg, Behörde für Schule und Berufsbildung (Hrsg.): Biologischer Wegweiser für Hamburg und Umgebung. Hamburg 1986
Frey, H.-D.: Methoden des individuellen Lernens. BU 16 (1980), H. 4, 67-80
Frey, K.: Theorien des Curriculums. Weinheim: Beltz 1971
Frey, K. (Hrsg.): Curriculum-Handbuch. 3 Bde. München: Piper 1975.
Frey, K.: Curriculum. In: *Roth* (1976), 76-85
Frey, K.: Die Projektmethode. Weinheim/Basel: Beltz 1982
Frey, K./Lattmann, U. P.: Effekte der Operationalisierung von Lernzielen. Schweizerische Zeitschrift für Psychologie und ihre Anwendungen 30 (1971), 119-127
Freytag, K: Biologische Regelung. In: *Falkenhan* (1981), Bd. 5, 265-272
Friedmann, H.: Sperber und Habicht - heimtückische Meuchelmörder? Literarische Lehrbeispiele zur Entstehung und Wirkung menschlicher Vorurteile. BU 17 (1981), H. 2, 50-77
Friedrich Verlag (Hrsg.): Jahreshefte. Friedrich: Seelze. I: Frieden 1983; II: Schüler 1984; III: Bildschirm 1985; IV: Lernen 1986; VI: Bildung 1988; VIII: Gesundheit 1990; X: Verantwortung 1992; XI: Unterrichtsmedien 1993

Fries, E./Rosenberger, R.: Forschender Unterricht. Frankfurt/M.: Diesterweg, 4. Aufl. 1976; 5. Aufl. 1981

Frings, H.-J.: Die Gespenstschrecke im Unterricht. NiU-B 25 (1977), H. 8, 235-242

Frings, H.-J.: Fortpflanzung und Entwicklung von Gespenstschrecken in der Schülerbeobachtung. NiU-B 26 (1978), H. 2, 33-40

Frings, H. J./Winkel, G.: Zur Ausstattung für den Biologieunterricht. UB 5 (1981), H. 60/61, 74-89

FWU (Institut für Film und Bild): Gesamtkatalog. Grünwald 1992

Gaberding, K-H./Thies, M.: Miesmuscheln im Watt. UB 4 (1980), H. 43, 29-35

Gadermann, U.: AIDS aus biologischer und sozial-ethischer Sicht im Unterricht der Jahrgangsstufe 10. BioS 41 (1992), H. 5, 183-188; H. 6, 211-216

Gahl, H.: Über die Formenkenntnis des Primarschülers und seine Einstellung zum Tier. In: *Schwartz, E.* (Hrsg.): Entdeckendes Lernen im Lernbereich Biologie. Frankfurt: Arbeitskreis Grundschule 1973, H. 16/17, 155-175

Gahl, H.: Über die Quellen von Tierkenntnissen bei Grundschülern. In: Arbeiten zum 70. Geburtstag von Prof. *Dr. H. Desselberger,* Gießen: Institut für Biologiedidaktik der Universität 1977, 89-101

Galinsky, G./Regelmann, J.-P.: Einflußnahme eines politischen Systems auf eine Wissenschaft: *Trofim D. Lyssenko* und die Wirkungen auf die Biologie in der Sowjetunion 1928-1959. BU 20 (1984), H. 4, 65-106

Galtung, J.: Gewalt, Frieden und Friedensforschung. In: *Senghaas* (1971), 45-64

Galtung, J.: Probleme der Friedenserziehung. In: *Wulf* (1973), 124-151

Garbers, A., u. a.: Projektunterricht in der Orientierungsstufe. In: *Kaiser/Kaiser* (1977), 203-213

Gärtner, H.: Lehrplan Biologie. Analyse und Konstruktion. Hamburg: Sample 1977

Gärtner, H.: Umweltpädagogische Sachkompetenz durch ökologisch orientierte Umweltvorsorge. In: *Gärtner, H./Hoebel-Mävers, M.* (Hrsg.): Umwelterziehung - ökologisches Handeln in Ballungsräumen. Hamburg: Krämer 1991, 47-106

Gebauer, M.: Erste Ergebnisse einer Untersuchung zum Einfluß von Umwelterziehung auf das Umweltbewußtsein von Grundschülern. In *Eulefeld* (1992), 135-176

Gebhard, U.: Dürfen Kinder Naturphänomene beseelen? UB 14 (1990), H. 153, 38-42

Gebhard, U.: Nachdenklichkeit und Muße. Gedanken zu einem verantwortbaren Biologieunterricht in den 90er Jahren. Biologie heute (1992 a), Nr. 385, 9-11

Gebhard, U.: Welche Sprache finden Kinder und Jugendliche für die Wahrnehmung der Umweltzerstörung? 1992 b. In: *Entrich/Staeck* (1992), 168-175

Gebhard, U.: Kind und Natur. Opladen: Westdeutscher Verlag 1994

Gebhard, U./Johannsen, F.: Gentechnik als ethische Herausforderung. Anregungen und Materialien für die Sekundarstufe II. Gütersloh: Mohn 1990

Gebhardt, R.: Wie können Arbeitsblätter noch anschaulicher und effektiver gestaltet werden? BioS 24 (1975), H. 8, 320-324

Gedicke, K: Sozialhygiene, 4 Bände. Neuwied/Berlin: Luchterhand 1972-1975

Gehendges, F.: Kopieratlas Biologie. Menschenkunde. Köln: Aulis 1987. Tierkunde und Pflanzenkunde. Köln: Aulis 1988

Gehlhaar, K.-H.: Möglichkeiten der Gestaltung von Arbeitsblättern zur Festigung der Lernergebnisse. BioS 29 (1980), H. 2/3, 63-68

Gehlhaar, K.-H.: Kenntnisse über Organismus-Umwelt-Beziehungen im Biologieunterricht der Klassen 5 - 10 als Beitrag zur Herausbildung eines umweltbewußten Verhaltens der Schüler. In: Karl-Marx-Universität (Hrsg.): Biologiemethodik. Leipzig: 1990, 80-90

Gehlhaar, K.-H.: Arbeit mit dem biologischen Objekt. BioS 40 (1991), H. 9, 335-336

Gehrle, E.-M.: Arbeit mit der Flanelltafel. Donauwörth: Auer 1964

Genschel, R.: Organisches Denken und Biologie-Unterricht. Der Biologe 2 (1932/33), H. 11, 257-261

Gerhardt, A./Dircksen, R. (Hrsg.): Biologieunterricht im Freiland - Das Wattenmeer. NiU-B 30 (1982), H. 5

Gerhardt, A./Piepenbrock, C.: Untersuchungen zu Alltagsvorstellungen von Schülern im Biologieunterricht der Sekundarstufe I - Beispiel Energie. In: *Entrich/Staeck* (1992), 257-266

Gerhardt-Dircksen, A.: Anregungen zu mikroskopischem Arbeiten. PdN-B 34 (1985), H. 7, 51-53

Gerhardt-Dircksen, A.: Der Arbeitslehrpfad auf dem Schulgelände - eine Möglichkeit für freilandbiologischen Unterricht. BioS 40 (1991), H. 6, 232-237

Gerhardt-Dircksen, A. (Hrsg.): Biotope aus zweiter Hand. PdN-B 41 (1992), H. 6

Gerhardt-Dircksen, A. (Hrsg.): Unterricht im Botanischen Garten. PdN-B 42 (1993), H. 4

Gerhardt-Dircksen, A./Brogmus, H./Harting, W.: Blickpunkt Natur. Biologieunterricht rund um die Schule. Köln: Aulis 1992

Gerlach, M.: Einige Vorschläge bei der Anfertigung von Diapositiven. BioS 19 (1970), H. 2/3, 108-109

Gerok, W. (Hrsg.): Ordnung und Chaos in der unbelebten und belebten Natur. Stuttgart: Wissenschaftliche Buchgesellschaft 1989

Gigon, A.: Ausgestorben oder ausgerottet? Beschönigende Begriffe (Euphemismen) in Natur- und Umweltschutz. Natur und Landschaft 58 (1983), H. 11, 418-421

Glatzel, H.: Der gesunde und der kranke Mensch. Stuttgart: Klett 1970

Gleisl, W.: Pflanzenausstellungen - auch für die ästhetische Erziehung zu nutzen. BioS 27 (1978), H. 6, 244-246

Glück, G.: Inhalt und Atmosphäre der Sexualerziehung in der Hauptschule. In: *Kluge* (1981 a), 121-155

Glück, G./Scholten, A./Strötges, G. (Hrsg.): Heiße Eisen in der Sexualerziehung. Weinheim: Deutscher Studienverlag, 2. Aufl. 1992

Göbel, I./Koblischke, A.: Der Computer im Biologieunterricht. UB 5 (1981), H. 60/61, 51-81

Gögler, F.: Altersstufengerechter Gartenbauunterricht. BU 18, (1982), H. 2, 38-41

Göltenboth, F./Sigloch, W./Weigold, H.: Das schulnahe Kleinbiotop. BU 19 (1983), H. 2, 5-22

Gonschorek; R./Zucchi, H.: Über den Einsatz des Axolotls (Ambystoma mexicanum) im Biologieunterricht. BU 20 (1984), H. 2, 28-41

Göpfert, H.: Naturbezogene Pädagogik. Weinheim: Deutscher Studienverlag 1988

Gospodar, U.: Amphibienschutz und Schulbiologie. UB 7 (1983), H. 78, 60-62

Götz, E./Knodel, H.: Erkenntnisgewinnung in der Biologie, dargestellt an der Entwicklung ihrer Grundprobleme. Stuttgart: Metzler 1980

Gould, S. J.: Der falsch vermessene Mensch. Basel: Birkhäuser 1983 (Frankfurt: Suhrkamp 1986)

Graebner, K. E.: Biologieunterricht und Bildschirm. BU 5 (1969), H. 3, 87-95

Graf, D.: Begriffsauszählungen in Biologiebüchern der Sekundarstufe 1. MNU 42 (1989 a), H. 4, 231-239

Graf, D.: Begriffslernen im Biologieunterricht der Sekundarstufe I. Frankfurt: Sample 1989 b

Graf, D.: Anwendung der Mapping-Methode zur Begriffsvermittlung und Begriffsüberprüfung am Beispiel einer Unterrichtseinheit »Ernährung und Verdauung« für die Klassen 5 und 6. MNU 42 (1989 c), H. 7, 427-432

Graf, D./Schorr, E.: Regelkreise - ein neuartiges Computerprogramm im Biologieunterricht. In: *Entrich/Staeck* (1992), 410-412

Graf, D./Wöllert, W.: Die Akzeleration, ein Thema für den Einsatz von Standardsoftware im Biologieunterricht. MNU 44 (1991), H. 4, 226-233

Graf, H.-U.: Schüler entgiften einen Tunnel. UB 9 (1985), H. 106, 38-40

Graf, J.: Lebenskunde. In: *Benze, R./Pudelko,* A. (Hrsg.): Rassische Erziehung als Unterrichtsgrundsatz der Fachgebiete. Frankfurt: 1937

Grimme, L. H.: 10 Jahre European Communities Biologists Association (ECBA) - der Versuch, auf gemeinsamer Basis Biologen Gehör zu verschaffen. In: *Hedewig/Knoll* (1986), 329-333

Grimme, L. H./Schaefer, G.: Health education in school biology. Mitt. d. VDBiol (1983), Nr. 298, 1369-1370

Gronemeyer, M.: Motivation und politisches Handeln. Hamburg: Hoffmann und Campe 1976

Gropengießer, H.: Vom Original zum Modell - Modellentwicklung am Beispiel Osmose. UB 5 (1981), H. 60/61, 28-33

Gropengießer, H.: Mimikry. PdN-B 36 (1987), H. 4, 43-48

Gropengießer, H.: Mikroskopisches Zeichnen und Sehen. UB 12 (1987), H. 129, 48-50

Gropengießer, H.: Biologie und Technik. UB 17 (1993), H. 190, 4-13

Gropengießer, H./Gropengießer, I.: Ekel im Biologieunterricht. UB 9 (1985), H. 106, 40-42

Gropengießer, H./Kattmann, U.: Biologieunterricht 2000. Gedanken für die Zukunft. Biologie heute (1991), Nr. 385, 1-4

Gropengießer, H./Kattmann, U.: Konzepte zur visuellen Perzeption. Schülervorstellungen zum Sehen. In: *Bayrhuber* u. a. (1994)

Gropengießer, H./Laudenbach, B.: Mimikry - Modelle für den Unterricht in der Sekundarstufe II. PdN-B 36 (1987), H. 4, 43-47

Gropengießer, I. (Hrsg.): Gesunde Schule. UB 9 (1985), H. 106

Gropengießer, I.: Gesunde Schule gestalten. In: Friedrich Verlag (1990), 35-38

Gropengießer, I./Gropengießer, H.: Gesunde Schule. Basisartikel. UB 9 (1985), H. 106, 4-14

Große, E.: Nutzung Botanischer Gärten für den Biologie-Unterricht (Botanik-Schule Halle). BioS 36 (1987), H. 10

Große, E.: Naturnaher Unterricht in der Botanik-Schule Halle. BioS 42 (1993), H. 5, 169-177

Grothe, R.: Die Große Achat-Schnecke - Schneckenhaltung in der Schule. UB 11 (1987), H. 127, 48-50

Gruen, E./Kattmann, U.: Gemeinsame Zeichen - Verständigung zwischen Menschen. Ein Bilderheft. UB 7 (1983), H. 82/83, 15-25

Grüninger, W.: Kooperative, objektive Leistungsmessung. BU 7 (1971), H. 1, 27-34

Grupe, H.: Biologie-Didaktik. Köln: Aulis, 4. Aufl. 1977

Gude, R.: Neue Funktionsmodelle zum Thema Blutkreislauf. UB 12 (1988), H. 132, 54-57

Günzler, E.: Zum Thema »Zelle im 5. Schuljahr«. Teil I. NiU-B 26 (1978), H. 7,193-195

Gürtler, A./Werner, E.: Faustskizzen für den naturkundlichen Unterricht. Worms: Wunderlich, 18. Aufl. 1966

Haas, W.: Das Mikroskop im Naturkundeunterricht der Volksschule. Die Schulwarte 17 (1964), 815-822

Habrich, W./Köhler, E.: Stand und Tendenzen einer Umwelterziehung aus geographischer Sicht. Die Deutsche Schule 71 (1979), H. 11, 677-686

Hackbarth, H.: Die Arbeitssammlung. In: *Falkenhan* (1981), Bd. 1, 113-157

Hacker, F.: Aggression. Wien/München/Zürich: Molden 1971

Hadel, W.: Entwurf eines naturwissenschaftlichen Schulpavillons mit zahlreichen Verwendungsmöglichkeiten. NiU 20 (1972), H. 8, 327-330

Haeberle, E. J.: Die Sexualität des Menschen. Berlin: de Gruyter, 2. Aufl. 1985

Hafner, L.: Über Einsatzmöglichkeiten des Overhead-Projektors. PdN-B 21 (1972), H. 3, 51-54

Hafner, L.: Die Stellung des Experimentes im Biologieunterricht. NiU-B 26 (1978), H. 4, 109-112

Hafner, L.: Anmerkungen zur Kritik am gegenwärtigen Biologieunterricht der Sekundarstufe II. MNU 33 (1980), H. 3, 169-172

Häfner, P.: Räuber-Beute-Simulation aus didaktischer Sicht. MNU 41 (1988), H. 8, 491-494
Hage, K./Bischoff, H./Dichanz, H./Eubel, K.-D./Oehlschläger, H.-J./Schwittmann, D.: Das Methoden-Repertoire von Lehrern. Opladen: Leske und Budrich 1985
Hagemann, H.: Ameisen im Unterricht. UB 3 (1979), H. 36/37, 80-85
Hager, P.: Der Lerngang in den Wald. BU 3 (1967), H. 3, 17-34
Hahn, M.: Zum Einsatz von Arbeitsblatt und Schulbuch. NiU-B 31 (1983), H. 5, 165-170
Hähndel, V.: Das Schulaquarium. UB 3 (1979), H. 36/37, 60-65
Hahne, K, u. a.: Thema: Rauchen. Frankfurt: Hirschgraben 1981
Halbach, U.: Modelle in der Biologie. In: *Schaefer/Trommer/Wenk* (1977), 64-84
Halbach, U.: Modelle und Modellvorstellungen in der Biologie. In: *Falkenhan* (1981), Bd. 1, 61-111
Halbach, U./Gahl, H.: Biologie im Fernsehen. Mitt. d. VDBiol (1982), Nr. 285, 1317-1320
Halbach, U./Lehmann, J./Schilke, K. (Hrsg.): Lernspiele in der Umwelterziehung. Weinheim/Basel: Beltz 1982
Halbach, U./Maschwitz, U.: Die Presse als Spiegel des öffentlichen Interesses an der Biologie. Mitt. d. VDBiol (1975), Nr. 212, 1015 f.
Halbfas, H.: Prinzipien zur Gestaltung von curriculumbezogenen Schulbüchern. In: *Frey* (1975), Bd. 2, 149-157
Haller, B./Probst, W.: Botanische Exkursionen. Bd. 1: Exkursionen im Winterhalbjahr; Bd. 2: Exkursionen im Sommerhalbjahr. Stuttgart: Fischer 1979; 1981
Händel, R./Zupanc, G. K. H.: Computereinsatz im ethologischen Praktikum. PdN-B 37 (1988), H. 7, 23-30
Hänsel, D. (Hrsg.) Das Projektbuch Grundschule. Weinheim/Basel: Beltz 1986
Hänsel, D./Müller, H. (Hrsg.): Das Projektbuch Sekundarstufe. Weinheim/Basel: Beltz 1988
Harbeck, G.: Mathematische Modelle für Wachstumsvorgänge. In: *Schaefer/Trommer/Wenk* (1976), 91-110
Hardin, G.: Biology, its principles and implications. San Francisco/London: Freeman, 2. Aufl. 1966
Harten-Flitner, E.: Leistungsmotivation und soziales Verhalten. Weinheim/Basel: Beltz 1978
Hartmann, M.: Die philosophischen Grundlagen der Naturwissenschaften. Jena: Fischer 1948
Hartmann, M.: Allgemeine Biologie. Eine Einführung in die Lehre vom Leben. Stuttgart: Fischer, 4. Aufl. 1953
Hartung, H./Menzel, W.: Wir verleihen den Friedensnobelpreis. Ein Simulationsspiel für die Sekundarstufe I. UB 7 (1983), H. 82/83, 149-155
Hasenkamp, K. R.: Versuche zur Nahrungsaufnahme bei Daphnia pulex. MNU 31 (1978), H. 8, 496-497
Hasselberg, D./Meyer, G.: Biologie - Arbeits- und Testblätter Sekundarstufe II. Köln: Aulis 1978
Hassenstein, B.: Biologische Kybernetik. Heidelberg: Quelle & Meyer, 5. Aufl. 1977
Haßfurther, J.: Möglichkeiten der Umweltbegegnung im Rahmen der Zooschule. In: *Hedewig/Knoll* (1986), 296-298
Haug, K: Naturkunde. In: *Blumenthal, A.* (Hrsg.): Handbuch für Lehrer. Bd. 2. Gütersloh: Bertelsmann 1961, 396-431
Häußler, P./Künzli, R.: Reorganisation naturwissenschaftlicher Inhalte in Hinblick auf eine handlungsorientierte Wissenschaftsvermittlung. In: *Haft, H./Hameyer, U.* (Hrsg.): Curriculumplanung - Theorie und Praxis. München: Kösel 1975, 239-256
Häußler, P./Lauterbach, R.: Ziele naturwissenschaftlichen Unterrichts. Zur Begründung inhaltlicher Entscheidungen. Weinheim/Basel: Beltz 1976
Hedewig, R.: Biologielehrpläne im Wandel. UB 4 (1980 a), H. 48/49, 15-26
Hedewig, R. (Hrsg.): Gesundheitsvorsorge. UB 4 (1980 b), H. 52

Hedewig, R.: Modellversuche auf dem Arbeitsprojektor. UB 5 (1981 a), H. 60/61, 34-36
Hedewig, R.: Das Freilandlabor Dönche in Kassel. biol. did. 4 (1981 b), H. 1, 47-52
Hedewig, R.: Zum Problem der Freilandarbeit im Biologieunterricht. In: *Hedewig/Rodi* (1982), 206-224
Hedewig, R.: Das Schülerinteresse an Freilandarbeit - Ergebnis von Schülerbefragungen nach der Arbeit im Freilandlabor. 1984 a. In: *Hedewig/Staeck* (1984), 157-173
Hedewig, R. (Hrsg.): Einzeller. UB 8 (1984 b), H. 97
Hedewig, R.: Der Naturlehrpfad. Wetzlar: Naturschutzzentrum Hessen 1985
Hedewig, R. (Hrsg.): Ökologischer Landbau. UB 10 (1986 a), H. 115
Hedewig, R.: Die Entwicklung von Fähigkeiten bei fachdidaktischen Exkursionen in einem Waldlehrpfad. 1986 b. In: *Hedewig/Knoll* (1986) 196-211
Hedewig, R.: Biologen als Gesundheitserzieher an Schulen. Mitt. d. VDBiol Nr. 351 (1988 a), 1595-1598
Hedewig, R.: Naturvorstellungen von Schülern - Ergebnisse einer Befragung von Schülern der Jahrgangsstufen 3 bis 10 unterschiedlicher Schulformen. 1988 b. In: *Hedewig/Stichmann* (1988), 212-229
Hedewig, R.: Körpertemperatur und Fieber. UB 14 (1990 a), H. 158, 21-25
Hedewig, R.: Empfehlungen zur Lehrerausbildung. Antwort. Biologie heute (1990 b), Nr. 375, 6 f.
Hedewig, R.: Die Diskrepanz zwischen Wissen und Handeln im Gesundheitsverhalten - Ursachen und Möglichkeiten ihrer Überwindung. BioS 40 (1991), H. 10, 373-378
Hedewig, R.: Zeitgemäßer Biologieunterricht. In: BioS 41 (1992), H. 3, 81-90
Hedewig, R.: Medien im Biologieunterricht. 1993 a. In: Friedrich Verlag (1993), 52-53
Hedewig, R. (Hrsg.): Projekte. UB 17 (1993 b), H. 188
Hedewig, R./Knoll, J. (Hrsg.): Biologieunterricht außerhalb des Schulgebäudes. Köln: Aulis 1986
Hedewig, R./Rodi, D. (Hrsg.): Biologielehrpläne und ihre Realisierung. Köln: Aulis 1982
Hedewig, R./Schaffrath, U.: Freilandlabor Dönche. Kassel: Gesamthochschule 1987
Hedewig, R./Staeck, L. (Hrsg.): Biologieunterricht in der Diskussion. Köln: Aulis 1984
Hedewig, R./Stichmann, W. (Hrsg.): Biologieunterricht und Ethik. Köln: Aulis 1988
Hedewig, R./Vogt, D.: Wahrnehmung und Umwelt. In: *Entrich/Staeck* (1992), 324-329
Hefter, I.: Zur Gesellschaftsrelevanz der Schulbiologie. Gedanken zu einem Transfer in die Unterrichtspraxis. NiU-B 30 (1982), H. 7, 258-261
Heider, T.: Computer-Planspiel: »Wohin mit dem Müll?« Computer und Unterricht 1 (1991), H. 3, 10-15
Heiligmann, W.: Beispiele für die mathematische Behandlung biologischer Probleme. BU 14 (1978), H. 2, 4-13
Heimann, P./Otto, G./Schulz, W.: Unterricht - Analyse und Planung. Hannover: Schroedel, 9. Aufl. 1977
Heininger, J.: Schulgarten. Gedanken zu einem bekannten Thema. PdN-B 35 (1986), H. 2, 31
Heinrich, D.: Dia-Sammlungen für die Behandlung ökologisch/soziologischer Themen, ihre Anfertigung durch Schüler und ihre Nutzung für rationelles Arbeiten. BioS 24 (1975), H. 11, 465-470
Heinzel, I.: Lehren und Lernen am Beispiel des Bildens von Begriffen, Definierens und Beweisens im Biologieunterricht. In: *Killermann/Staeck* (1990), 94-97
Heipcke, K./Messner, R.: Curriculumentwicklung unter dem Anspruch praktischer Theorie. Zeitschrift für Pädagogik 19 (1973), H. 3, 351-374
Heisterkamp, G./Timm, U.: Zusammenhänge zwischen Unterrichtsorganisation und Lernumfang am Beispiel von Biologiestunden. NiU-B 25 (1977), H. 6, 161-166; H. 7, 214-219
Heißing, W.: Der Overhead-Projektor als Experimentiergerät. NiU 22 (1974), H. 10, 424-425

Hell, P.: Das Arbeitsblatt im Biologieunterricht. Päd. Welt 34 (1980), H. 3, 182-187

Hellauer, D.: Telekolleg Biologie. Begleitmaterial. München: Oldenbourg 1969

Hellberg-Rode, G. (Hrsg.): Umwelterziehung, Theorie und Praxis. Münster/New York: Waxmann 1991

Heller, E.: Zur Gestaltung und Nutzung des Fachunterrichtsraumes. BioS 34 (1985), H. 6, 242-244

Hellmann, W./Wingenbach, U.: Reizphysiologische Schulversuche mit Strudelwürmern. PdN-B 26 (1977), H. 7, 178-185

Hemmer, H.: Tierhaltung und Naturschutz in modernen Biologie-Curricula (Sekundarstufe I) - gemeinhin übersehene Aspekte der »Gesellschaftsrelevanz«. MNU 30 (1977), H. 5, 300-302

Hemmer, H.: Kröte und Frosch im Unterricht. Heidelberg: Quelle & Meyer 1978

Hemmer, H./Werner, R.: Zur Relevanz des derzeitigen Biologieunterrichts hinsichtlich der Schülerinteressen. PdN-B 25 (1976), H. 7, 169-174

Henes, E.: Biologische Skizzenblätter, Transparente. Wannweil/Reutlingen: Henes 1972-1976

Henke, J.: Inwieweit kann die gegenwärtige empirische Sexualforschung Entscheidungshilfen zur inhaltlichen Strukturierung eines sexualpädagogischen Curriculum-Projektes leisten? In: *Fischer, W.,* u. a. (Hrsg.): Inhaltsprobleme in der Sexualpädagogik. Heidelberg: Quelle & Meyer 1973, 87-98

Henningsen, J.: Unverstandenes in der Schule. WPB 14 (1962), H. 10, 401-411

Hentig, H. von: Arbeit am Frieden. München/Wien: Hanser 1987

Herder Lexikon der Biologie. Stichwort »Biologie«. Bd. 2. Freiburg: Herder 1984, 14

Herrmann, N.: Der Film und das Lichtbild im Biologieunterricht. BU 5 (1969), H. 3, 35-49

Hertrampf, H. P./Laßke, M.: Biologieunterricht einmal anders - 15 Jahre Zooschule. BioS 35 (1986), H. 12, 485-487

Hesse, M.: Artenkenntnis bei Studienanfängern. BU 19 (1983), H. 4, 94-100

Hesse, M.: »Artenkenntnis« in der Sekundarstufe I (Hauptschule). NiU-B 32 (1984 a), H. 5, 163-165

Hesse, M.: Empirische Untersuchungen zum Biologie-Interesse bei Schülern der Sekundarstufe I. NiU-B 32 (1984 b), H. 10, 344-350

Hessisches Institut für Bildungsplanung und Schulentwicklung. Ausstattungskatalog Hess. Rahmenrichtlinien. Sonderreihe, H. 9. Wiesbaden 1981

Heubgen, H.: Das Problem der Urzeugung. Unterrichtsmodell Sekundarstufe I. UB 6 (1982), H. 75, 38-43

Hiering, P. G.: Computersimulation im Biologieunterricht - Möglichkeiten und Grenzen. 1990 a. In: *Killermann/Staeck* (1990) 59-67

Hiering, P. G.: Ergebnisbericht des Arbeitskreises »Computereinsatz im Biologieunterricht«. 1990 b. In: *Killermann/Staeck* (1990), 68-70

Hiering, P. G.: Der See im Computer. FWU-Magazin (1990 c), H. 3

Hiering, P. G.: Was ist los im See? Computer + Unterricht 1 (1991), H.3, 49-52

HILF (Hrsg.): Erlebnisraum Schulgarten. Fuldatal/Kassel: 1988

Hilfrich, H.-G.: Aufriß eines projektorientierten Unterrichts unter Berücksichtigung der Zellbiologie. In: *Rodi* (1975), 122-126

Hilfrich, H.-G.: Einzeller als Zellmodelle. UB (1976), H. 2, 16-22

Hilfrich, H.-G.: Der Stellenwert und die Bedeutung der sprachlichen Verständigung für den grundlegenden Biologieunterricht. In: *Ewers* (1979 a), 149-163

Hillen, W.: Kriterien für die Auswahl von Biologiebüchern für die Klassen 5/6. NiU-B 26 (1978), H. 12, 366-371

Hillen, W.: Reizphysiologische Versuche am Pantoffeltierchen - Eine Unterrichtseinheit für die Klassenstufe 7 (8). NiU-B 27 (1979), H. 9, 257-269

Hilty, L. M./Seidler, R.: Regelkreise im Ökosystem See. Eine Einführung in die Computersimulation. Computer und Unterricht 1 (1991), H. 3, 26-32

Hinske, M./Weigelt, C.: Unterrichtseinheit »Retortenbaby«. In: *Hedewig/Stichmann* (1988), 136-151

Hintermeier, H.: Selbstgestaltete Overheadfolien als Arbeitshilfe im Biologieunterricht. Pädagogische Welt 37 (1983 a), H. 3, 140-153

Hintermeier, H.: Naturschutz vor der Haustüre: Der Garten als Lebensraum. Eine unterrichtspraktische Handreichung zu einem aktuellen Thema. NiU-B 31 (1983 b), H. 8, 278-287

Hirschfelder, P./Rüther, F./Düning, S.: »Das Herz ist der kleinen Welt Sonne«. UB 8 (1984), H. 100, 20-29

Hirschmann, W.: Verbund zwischen Tageslichtprojektor und Wandtafel. PdN-B 22 (1973), H. 1, 24-25

Hirschmann, W.: Biologie im Zweier-Team. PdN-B 23 (1974), H. 12, 319-322

Hirschmann, W.: Mosaikunterricht im Klassenverband und Zweier-Team, aufgezeigt am Beispiel Höhere Pilze und Wirbeltiere Afrikas. PdN-B 24 (1975), H. 6, 161-163

Hochhold, J. M.: Der Einsatz von Tonbandaufzeichnungen im Biologieunterricht der Sekundarstufe I. PdN-B 23 (1974), H. 10, 264-266

Hoebel-Mävers, M.: Vielfüßer (Myriapoda) im Unterricht. BU 6 (1970), H. 3, 4-24

Hoebel-Mävers, M.: Leitlinienmodell einer Didaktik der Biologie. PdN-B 22 (1973), H. 8, 197-203

Hoebel-Mävers, M., u. a.: Offenes Curriculum als Konstruktion im Handlungsfeld. Ahrensburg: Czwalina 1976

Hoebel-Mävers, M./Bieler: Die biologische Standortkartei - eine didaktische Forderung. PdN-B 27 (1978), H. 12, 309-315

Hoehl, E.: Nachtpfauenaugen im Klassenzimmer. UB 9 (1985), H. 104, 48-49

Hoff, M.: Lernort: Schulgelände. In: *Hellberg-Rode* (1991), 103-128

Hofmeister, H./Ellmers, B./Adam-Vitt, B.: Entdeckungen mit der Lupe, UB 11 (1987), H. 129, 14-17

Hofmeister, H./Miehe, D./Hapke, C./Schilling, B.: Lebendig oder nicht? UB 6 (1982), H. 75, 15-20

Hofmeister, H./Wiencke, C.: Vegetationskundliche Untersuchungen in Wäldern. Unterrichtsmodell Sekundarstufe II. UB 1 (1977), H. 13, 41-45

Högermann, C.: Funktionsmodell zur Wirkungsweise von Enzymen. PdN-B 35 (1986), H. 8, 45-46

Högermann, C.: Biomembranen im Modell. PdN-B 38 (1989 a), H. 2, 24-26

Högermann, C.: Zum Stellenwert der Kybernetik im Biologieunterricht. MNU 42 (1989 b), H. 1, 21-26

Hollwedel, W.: Der Fachraum für den Biologieunterricht. NiU 19 (1971), H. 12, 548-549

Hollwedel, W.: Lebendbeobachtungen an Wasserflöhen. BU 8 (1972), H. 1, 33-42

Hollwedel, W.: Landschaftsökologische Arbeiten mit einer 8. Hauptschulklasse. NiU 23 (1975), H. 10, 447-451

Holtappels, E.: Die Hecke - ein naturnaher Lebensraum. UB 5 (1981), H. 55, 20-24

Homfeldt, H. G. (Hrsg.): Sinnliche Wahrnehmung - Körperbewußtsein - Gesundheitsbildung. Weinheim: Deutscher Studienverlag, 2. Aufl. 1993

Honomichl, K./Risler, H./Rupprecht, R.: Wissenschaftliches Zeichnen. Stuttgart: Fischer 1982

Höppner, H.: Rasen betreten verboten. UB 5 (1981), H. 55, 14-19

Hörmann, M.: Methodik des Biologieunterrichts. München: Kösel, 2. Aufl. 1965

Horn, F.: Standpunkte und ihre Umsetzung in den neuen Lehrplänen für die Klassen 5 bis 10. BioS 36 (1987), H. 6, 209-215

Horn, F.: Erläuterung des Lehrplans Biologie. Berlin: Volk und Wissen 1989
Horn, F.: Organismenreiche im Biologieunterricht. BioS 42 (1993), H. 5, 178-181
Hübner, R.: Umweltschutz und Schule (Literaturzusammenstellung). NiU 22 (1974),181-183; 409-411; 499-501; 23 (1975), 176-181; 316-318
Hübner, R.: Umweltspiele im Überblick. UB 5 (1981), H. 64, 40-41
Hüchtker, R.: Arbeitsmöglichkeiten mit dem Tageslichtprojektor. PdN-B 23 (1974), H. 10, 275-276
Huhse, K.: Theorie und Praxis der Curriculum-Entwicklung. Ein Bericht über Wege der Curriculumreform in den USA mit Ausblicken auf Schweden und England. Institut für Bildungsforschung in der Max-Planck-Gesellschaft. Studien und Berichte 13. Berlin: 1968
Hunger, H.: Sexualität und die Schwierigkeit der Lehrer, ein Schulfach daraus zu machen. Psychologie heute 2 (1975), H. 2, 47-56
Hurrelmann, K.: Neue Gesundheitsrisiken für Kinder und Jugendliche. Pädagogik 43 (1991), H. 3, 6-11
Husslein, A.: Voreheliche Beziehungen.. Wien: Herder 1982
Illies, J.: Wir beobachten und züchten Insekten. Stuttgart: Franckh, 4. Aufl. 1974
IPN Einheitenbank Curriculum Biologie. Köln: Aulis 1974 ff.
Iwon, W.: Motivierung im problemlösenden Unterricht. NiU 23 (1975), H. 12, 531-533
Iwon, W.: Interessen im Biologieunterricht. Eine Befragung der Klassenstufen 5/6 und 9/10. NiU-B 30 (1982), H. 4, 141-142
Iwon, W.: Methodenmonotonie im Unterricht? UB 13 (1989), H. 141, 49
Iwon, W.: Formenlernen in Freiland und Klassenraum. UB 16 (1992), H. 172, 43
Jaenicke, J. (Hrsg.): Materialien zum Kursunterricht Biologie, Teil 1 - 4. Köln: Aulis 1983-1986
Jaenicke, J: Der Arbeitsprojektor - ein Medium unter vielen. PdN-B 35 (1986), H. 8, 25-43
Jaenicke, J. (Hrsg.): Spiele. PdN-B 41 (1993), H. 5
Jaenicke, J./Kähler, H./Tischer, W. (Hrsg.): Computer im Biologieunterricht. PdN-B 37 (1988), II. 8
Jäger, R.: Baggern und Rekultivieren. NiU-B 29 (1981), H. 10, 390-408
Jahn, I.: Grundzüge der Biologiegeschichte. UTB 1534. Jena: Fischer 1990
Jäkel, U.: Umweltschutz. Stuttgart: Klett 1992
Janßen, W.: Definitionen zu den Begriffen Umwelt, Umweltschutz, Lebensschutz. Biologische Abhandlungen Bd. 5 (1978), Nr. 55-58, 18-23
Janßen, W.: Strukturen des Erlebens und Lernens, didaktische Leitlinien für Entwicklung und Einsatz von Arbeitsbögen in naturwissenschaftlichen Sammlungen. In: *Winkel* (1982 a)
Janßen, W.: Naturschutzerziehung im Naturkundemuseum. In: *Berck/Weiss* (1984), 179-193
Janßen, W.: Naturerleben. UB 12 (1988), H. 137, 2-7
Janßen, W. (Hrsg.): Formenkenntnis wozu? UB 17 (1993), H. 189
Janßen, W./Trommer, G. (Hrsg.): Naturerleben. UB 12 (1988), H. 137
Jeske, H.: Zum Weltbild von Biologie-Schulbüchern. Das Argument 1976, 181-199
Jeske, H.: Zum geschichtlichen Verhältnis von Biologie und Gesellschaft am Beispiel der Herausbildung der Zellenlehre. In: *Ewers* (1978 a), 141-164
Jobusch, G.: Attrappenversuche mit Tubifex. PdN-B 32 (1983), H. 1, 21-28
Johannsen, F.: Schöpfungsglaube und Evolutionstheorie. UB 6 (1982), H. 76, 11-14
Johst, V.: Friedenserziehung aus der Sicht der Verhaltensbiologie. BioS 40 (1991), H. 7/8, 257-266; H. 9, 321-326
Jonas, H.: Das Prinzip Verantwortung. Versuch einer Ethik für die technologische Zivilisation. ST 1085. Frankfurt: Suhrkamp 1984
Jonas, H.: Technik, Medizin und Ethik. Frankfurt: Insel 1985
Joschko, K (Hrsg.): Abiturprüfungsaufgaben in der Kollegstufe 1980. Donauwörth: Auer 1980

Jüdes, U./Frey, K. (Hrsg.): Biologie in Projekten. Köln: Aulis 1993
Jüdes, U./Jutzi, K. G./Rohde, R.: Lehrplananalyse Gesundheitserziehung. Kiel: IPN 1987
Jung, W.: Kann man Physik nur historisch »wirklich« verstehen? Der Physikunterricht (1983), H. 3, 5-18
Jungbauer, W. (Hrsg.): Lichtmikroskopie. PdN-B 39 (1990), H. 6
Junge, F.: Der Dorfteich als Lebensgemeinschaft. Unveränd. Nachdruck d. bebilderten Ausg. von 1907. St- Peter-Ording: Lühr & Dircks 1985
Jungwirth, E.: Das israelische Biologie-Abitur. UB 3 (1979), H. 33, 44-46
Jurcak, J.: Unter Lupe und Mikroskop: Jahrringe und Holz. UB 17 (1993), H. 187, 46 f.
Kähler, H. /Tischer, W.: Computer im Biologie-Unterricht. PdN-B 37, 1988, H. 8, 1-2
Kaiser, A./Kaiser, F.-J. (Hrsg.): Projektstudium und Projektarbeit in der Schule. Bad Heilbrunn: Klinkhardt 1977
Kaiser, C./Bardl, K.: Allgemeinbildung und Umwelterziehung in unserem Lande. BioS 38 (1989), H. 5, 174-181
Kanz, H. (Hrsg.): Der Nationalsozialismus als pädagogisches Problem. Frankfurt: Lang, 2. Aufl. 1990
Kasbohm, P.: Haltung und Überwinterung von Fröschen, Weinbergschnecken u. ä. als Demonstrations- und Versuchstiere für den Unterricht. NiU 21 (1973 a), H. 9, 404-406
Kasbohm, P.: Schülergruppenexperimente zur Physiologie des Menschen. PdN-B 22 (1973 b), H. 11, 291-302
Kasbohm, P.: Schülerversuche in der Sekundarstufe I. In: *Rodi* (1975), 116-121
Kasbohm, P.: Zur Rolle empirischer Unterrichtsforschung bei der Entwicklung von Biologie-Curricula. NiU-B 26 (1978), H. 7, 210-217
Kästle, G.: Einführung in die Mikroskopie im 5. Schuljahr. MNU 23 (1970), H. 6, 362-364
Kästle, G.: Möglichkeit zur Erarbeitung einer dreidimensionalen Veranschaulichung von Zellen. PdN-B 23 (1974), H. 12, 324-327
Kästle, G.: Modelle zur Erarbeitung einer dreidimensionalen Vorstellung von Zellen. In: *Wenk/ Trommer* (1978), 174-181
Kattmann, U.: Entwicklung von Biologie-Curricula im IPN Kiel. MNU 14 (1971 a), H. 2, 114-117
Kattmann, U.: Behandlung von Grenzfragen zur Philosophie im Biologieunterricht. MNU 24 (1971 b), H. 5, 261-268; H. 6, 335-342
Kattmann, U.: Biologie und Religion. Frankfurt: Calwer/München: Kösel 1972
Kattmann, U.: Sexualität des Menschen. Bildmappe und didaktischer Kommentar. Fotos von *W. McBride*. Wuppertal: Jugenddienst, 4. Aufl. 1978
Kattmann, U.: Biologie und Rassismus. UB 3 (1979), H. 36/37, 92-95
Kattmann, U.: Bezugspunkt Mensch. Grundlegung einer humanzentrierten Strukturierung des Biologieunterrichts. Köln: Aulis, 2. Aufl. 1980 a
Kattmann, U.: Biologiedidaktik - angewandte Biologie oder angewandte Didaktik? 1980 b. In: *Rodi/Bauer* (1980), 97-111
Kattmann, U.: Fließgleichgewicht und Homöostase. Das homöostatisch gesicherte Fließgleichgewicht. Zur kybernetischen Beschreibung von Biosystemen. MNU 33 (1980 c), H. 4, 202-209; H. 5, 283-289
Kattmann, U.: Biologische Unterwanderung? Genetik als Rechtfertigung völkischer Ideologie. UB 6 (1982), H. 72/73, 35-42
Kattmann, U.: Ist der Mensch zum Frieden fähig? Informationen und Überlegungen zur Aggressionsforschung. UB 7 (1983 a), H. 82/83, 9-14
Kattmann, U.: Wert und Unwert empirischer Untersuchungen für die Verbesserung des Biologieunterrichts. UB 7 (1983 b), H. 85, 41-43

Kattmann, U.: Zeichen für Nährstoffe und deren Bausteine im Biologieunterricht. UB 7 (1983 c), H. 86, 56-57

Kattmann. U.: Geschichte im Biologieunterricht. UB 8 (1984 a), H. 100, 2-12

Kattmann, U.: Annäherung an Darwin. Unterrichtsvorschlag für die Sekundarstufe II. UB 8 (1984 b), H. 100, 36-40

Kattmann, U.: Humanethologie im Unterricht?. Basisartikel. UB 9 (1985), H. 110, 2-13

Kattmann, U.: Biologieunterricht und Ethik. 1988 a. In: *Hedewig/Stichmann* (1988), 47-62

Kattmann, U.: Biologieunterricht und Friedenserziehung. 1988 b. In: *Calließ/Lob* (1988), Band 3, 245-251

Kattmann, U.: Rasse als Lebensgesetz. Rassenbiologie im Unterricht während des Nationalsozialismus. Mitt. des VDBiol Nr. 359 (1988 c), 1662-1664

Kattmann, U.: Wirbellose Vielzeller. In: *Eschenhagen/Kattmann/Rodi* (1989), 99-129

Kattmann, U.: Phänomen Regulation. UB 14 (1990), H. 158, 4-13

Kattmann, U.: Biologieunterricht und Ethik. BioS 40 (1991 a), H. 10, 353-362

Kattmann, U.: Bioplanet Erde. Neue Ansichten über das Leben. UB 15 (1991 b), H. 162, 51-53

Kattmann, U.: Heterozygotenvorteil und Eugenik. Unterrichtsmodell für die Sekundarstufe II. UB 15 (1991 c), H. 167, 32-39

Kattmann, U.: Umwelt und Gene. UB 15 (1991 d), H. 167, 4-13

Kattmann, U.: Evolution im Unterricht. UB 16 (1992 a), H. 179, 44-49

Kattmann, U.: Evolutionstheorie und die Geschichte des Lebens. UB 16 (1992 b), H. 179, 2-11

Kattmann, U.: Originalarbeiten als Quellen didaktischer Rekonstruktion. UB 16 (1992 c), H. 174, 46-49

Kattmann, U.: Anmerkungen zur Wissenschaftssystematik und Wissenschaftsethik der Anthropologie auf dem Hintergrund ihrer Geschichte. 1992 d. In: *Preuschoft/Kattmann* (1992), 127-142

Kattmann, U.: Von der Macht der Namen. Was mit biologischen Fachbegriffen gelernt wird. 1992 e. In: *Entrich/Staeck* (1992), 90-101

Kattmann, U.: Sprache und Begriffe im Biologieunterricht. BioS 41 (1992 f), H. 6, 201-205

Kattmann, U.: Sieben Weisen, die Natur zu verstehen. 1993 a. In: *Seybold/Bolscho* (1993), 47-61

Kattmann, U.: Das Lernen von Namen, Begriffen und Konzepten - Grundlagen biologischer Terminologie am Beispiel »Zellenlehre«. MNU 46 (1993 b), H. 4, 275-285

Kattmann, U.: Soziobiologie - Wissenschaft und Ideologie. UB17 (1993 c), H. 185, 4-13

Kattmann, U./Isensee, W. (Hrsg.): Strukturen des Biologieunterrichts. Köln: Aulis, 2. Aufl. 1977

Kattmann, U./Jungwirth, E.: Beachten logischer Strukturen im Unterricht, UB 12 (1988), H. 139, 42-46

Kattmann, U./Lucht-Wraage, H./Stange-Stich, S.: Sexualität des Menschen. IPN-Einheitenbank Curriculum Biologie. Lehrerheft. Köln: Aulis, 3. Aufl. 1990

Kattmann, U./Palm, W./Rüther, F. (Hrsg.): Kennzeichen des Lebendigen. Lehrerbände. Stuttgart: Metzler 1979

Kattmann, U./Palm, W./Rüther, F. (Hrsg.): Kennzeichen des Lebendigen. Stuttgart: Metzler, 2. Aufl; Band 1. 1982; Band 2. 1983

Kattmann, U./Pinn, H.: Die Suche nach dem »missing link«. Texte zur Erforschung der Stammesgeschichte des Menschen. Textband und Kommentarband. Salzdetfurth: Franzbecker 1984

Kattmann, U./Rüther, F. (Hrsg.): Kennzeichen des Lebendigen Biologie. Stuttgart: Metzler. Bd. 7/8: 1990; 9/10: 1991

Kattmann, U./Schaefer, G.: Die IPN-Einheitenbank Biologie. Einführende Erläuterungen. In: IPN Einheitenbank Curriculum Biologie. Köln: Aulis 1974, 6-30

Kattmann, U./Seidler, H.: Rassenkunde und Rassenhygiene. Velber: Friedrich 1989

Kattmann, U./Stange-Stich, S.: DER Mensch und DIE Tiere. IPN-Einheitenbank Curriculum Biologie. Köln: Aulis 1974

Kattmann, U./Wahlert, G. von/Weninger, J.: Evolutionsbiologie. Köln: Aulis, 2. Aufl. 1981

Kaufmann, M.: Schulmikroskope im Wandel der Zeit. PdN-B 39 (1990), H. 6, 25

Kaufmann, M.: Computereinsatz im Biologieunterricht. PdN-B 40 (1991), H. 2, 40-43

Keckstein, R.: Die Geschichte des biologischen Schulunterrichts in Deutschland. biol. did. 3 (1980), H. 4, 1-99

Kentler, H.: Sexualerziehung. rororo sexologie 8034/8035. Reinbek: Rowohlt 1970

Kerschensteiner, G.: Begriff der Arbeitsschule. München: Oldenbourg 1961

Kettling, A.: Möglichkeiten und Grenzen wissenschaftsorientierten Biologieunterrichts in Klasse 5 und 6 - eine empirische Untersuchung. MNU 40 (1987), H. 4 , 237-243; H. 5 , 288-294

Kienert, W.: Eine Parkanlage im Verlauf der Jahreszeiten. UB 6 (1982), H. 67, 23-28

Kilger, U.: Schul- und Lehrgärten. Freising-Weihenstephan: Gemüsebau TU München 1981

Killermann, W.: Empirische Untersuchungen zur Lerneffektivität von Medien, speziell Unterrichtsfilmen. 1980 a. In: *Rodi/Bauer* (1980), 216-223

Killermann, W. (Hrsg.): Biologie in Unterrichtsmodellen für die Jahrgangsstufen 5-9. Donauwörth: Auer, 2. Aufl. 1980 b

Killermann, W.: Grundfragen des Biologieunterrichts. Pädagogische Welt 37 (1983), H. 3, 130-139

Killermann, W.: Neue Wege der außerschulischen Umwelterziehung in Nationalparks und Naturparks durch Einrichtung von Informationshäusern. In: *Welkinger, F.* (Hrsg.): Verhandlungen Bd. XV. Göttingen: Gesellschaft für Ökologie 1987, 277-282

Killermann, W.: Biologieunterricht heute. Donauwörth: Auer, 9. Aufl. 1991

Killermann, W.: Natur erkennen - Natur erleben, Möglichkeiten biologischer Umweltbildung an außerschulischen Institutionen. In: *Pfadenhauer* (1993), 371-377

Killermann, W./Klautke, S. (Hrsg.): Fachdidaktisches Studium in der Lehrerbildung, Biologie. München: Oldenbourg 1978

Killermann, W./Scherf, G.: Erwerb pflanzlicher Formenkenntnisse mit Hilfe des Unterrichtsganges und Verstärkung der schützenden Einstellung gegenüber Pflanzen durch formenkundlichen Unterricht. In: *Hedewig/Knoll* (1986), 162-172

Killermann, W./Staeck, L.: Methoden des Biologieunterrichts. Köln: Aulis 1990

Killermann, W./Stöhr, E.: Didaktische Vereinfachung, insbesondere Modellmethode im Unterricht. In: *Rodi/Bauer* (1980), 224-230

Kirchner, W./Buschinger, A.: Waldameisen im Unterricht. PdN-B 20 (1971), H. 6, 101-111

Kirchner, W./Rüther, F.: Projektion tierischer und pflanzlicher Objekte mit dem Tageslichtschreiber. NiU 20 (1972), H. 3, 126-128

Kirchshofer, R.: Biologieunterricht im Zoologischen Garten. In: *Falkenhan* (1981), Bd. 2, 271-305

Kirchshofer, R.: Unterrichtsstätte Zoo: Stellenwert der Zoopädagogik. Bedeutung von Zoo-Lehrwegen. NiU-B 30 (1982), H. 8, 286-303

Kirschfeld, K.: Linsen- und Komplexaugen. Naturwiss. Rundschau 37 (1984), H. 9, 352-362

Kirschke, W.: Magnetapplikation für das Stoffgebiet »Genetik im Unterricht der 10. Klasse«. BioS 21 (1972), H. 6, 242

Klafki, W.: Didaktische Analyse als Kern der Unterrichtsvorbereitung. In: Auswahl 1. Hannover: Schroedel, 4. Aufl. 1964, 5-34

Klafki ,W.: Die bildungstheoretische Didaktik. WPB 32 (1980 a), H. 1, 32-37

Klafki, W.: Zur Unterrichtsplanung im Sinne kritisch-konstruktiver Didaktik. In: *König, E./Schier, N./Vohland, U.* (Hrsg.): Diskussion Unterrichtsvorbereitung - Verfahren und Modelle. München: Fink 1980 b, 13-44

Klafki, W.: Grundzüge eines neuen Allgemeinbildungskonzeptes. Im Zentrum: Epochaltypische Schlüsselprobleme. In: Neue Studien zur Bildungstheorie und Didaktik. Weinheim/Basel: Beltz, 3. Aufl. 1993

Klahm, G.: Der Vergleich im Biologieunterricht, exemplarisch dargestellt am Beispiel Feldhase - Wildkaninchen (5. Schuljahr). NiU-B 30 (1982), H. 9, 315-320

Klahm, G.: Hühner verständigen sich durch Laute. Unterrichtsmodell für die Primarstufe (mit Beilage: Stimmen auf dem Hühnerhof, Folienplatte). UB 8 (1984), H. 98, 14-16

Klahm, G.: Vom Laich zum Frosch. UB 7 (1983), H. 78, 13-19

Klahm, G.: Eine Sandgrube wird unter Schutz gestellt. UB 9 (1985), H. 108, 23-25

Klahm, G.: Die Heimtierpflegeschule im Zoo Neunkirchen/Saar. UB 11 (1987), H. 128, 41-43

Klahm, G./Meyer, H.: Der Regenwurm als Kompostierer. UB 11 (1987), H. 127, 16-19

Klausing, 0.: Biologie in der Bildungsreform. Zum Verhältnis von wissenschaftlicher Forschung, akademischer Lehre und schulischer Bildung. Weinheim: Beltz 1968

Klautke, S.: Kriterien zur Beurteilung von Schulbüchern für Biologie. Blickpunkt Schulbuch, H. 16 (Mai 1974), 30-32

Klautke, S.: Didaktische Analyse von Unterrichtseinheiten - unter besonderer Berücksichtigung von curricularen Lehrplänen. BU 12 (1976), H. 3, 85-100

Klautke, S.: Das biologische Experiment - Didaktik und Praxis in der Lehrerausbildung. In: *Killermann/Klautke* (1978), 170-191

Klautke, S.: Für und Wider das Experiment im Biologieunterricht. In: *Killermann/Staeck* (1990), 70-82

Klautke, S./Köhler, K.: Umwelterziehung - ein didaktisches Konzept und seine Konkretisierung. UB 15 (1991), H. 164, 48-51

Klawitter, E.: Der Öko-Schulgarten. Stuttgart: Klett 1992

Klee, R./Berck, K.-H.: Anregungsfaktoren für Handeln im Natur- und Umweltschutz. 1992 a. In: *Eulefeld* (1992), 217-228

Klee, R./Berck, K.-H.: Zur Rolle der Naturschutzverbände in der Umwelterziehung. In: Deutsche Gesellschaft für Umwelterziehung in der BRD. Bd. 4. Kiel: IPN 1992 b, 27-29

Klein, K.: Praktische Umwelterziehung. Heidelberg: Quelle & Meyer 1981

Klein, M.: Zur Einführung des Vergleichens im Biologieunterricht der 5. und 6. Klassen. BioS 21 (1970), H. 10, 425-432

Klein, R. L.: Genetische Manipulation erfaßt alle Lebensbereiche - ein Unterrichtsentwurf. PdN-B 36 (1987), H. 2, 23-41

Klein, R. L.: Untersuchungen über Schülerinteressen bei Pflanzen. In: *Killermann/Staeck* (1990), 255-264

Klein, R. L.: Bauer Piepenbrink und seine Kühe. Unterrichtsanregung für die Sekundarstufe I. UB 17 (1993 a), H. 182, 30-34

Klein, R. L.: Blut für Menschen: von Menschen oder Schweinen oder ...? PdN-B 42 (1993 b), H. 5, 30-37

Klein, R. L.: Über das Interesse an Pflanzen bei Jugendlichen. Eine empirische Studie, dargestellt am Beispiel der Jahrgangsstufe 9 eines Gymnasiums. Frankfurt: Lang 1993 c

Kleine, G.: Schüler produzieren Arbeitsstreifen. UB 5 (1981), H. 60/61, 40-44

Kleine, G./Bergmann, M.: Modell zur hormonellen Regulation. PdN-B 35 (1986), H. 7, 31

Klewitz, E./Mitzkat, H.: Entdeckendes Lernen und offener Unterricht. Braunschweig: Westermann 1977

Klob, W./Lorbeer, W.: Modellbildung in der Populationsökologie. PdN-B 37 (1988), H. 3, 38-46

Kloehn, E./Zacharias, F. (Hrsg.): Einrichtung von Biotopen auf dem Schulgelände. Kiel: IPTS/IPN, 2. Aufl. 1984

Kluge, N. (Hrsg.): Sexualpädagogische Forschung. UTB 1103. Paderborn: Schöningh 1981 a

Kluge, N.: Neuere Forschungsbefunde zur Realisation schulischer Sexualerziehung. 1981 b. In: *Kluge* (1981 a), 157-186

Knauer, B.: Kampfstrategien. Unterrichtsanregung für die Sekundarstufe II. UB 14 (1990), H. 158, 36-42

Knauer, B./Tischer, W.: Unterrichtsbeispiel: Gendrift: PdN-B 37 (1988), H. 8, 5-16

Knauss, I.: Freilandmuseen und deren Beitrag zum Naturschutz und zur Naturschutzbildung. In: *Pfadenhauer* (1992), 479-482

Knieps, E.: Naturlehrpfade. LÖLF-Mitteilungen (1990), H. 1, 36-40

Knievel, F.: Von den Tücken der Klausur. PdN-B 28 (1979), H. 1, 13-21

Knievel, F.: Menschliche Evolution als Menschenwerk. Unterrichtsmaterial für die Sekundarstufe II. UB 7 (1983), H. 88, 45-53

Knievel, F.: Gedanken über Modelle. Entstehung, Bedeutung und Gebrauch. biol. did. 6 (1984 a), H. 3, 4-14

Knievel, F.: Ein Druckfehler bei Mendel. PdN-B 33 (1984 b), H. 10, 289-298

Knievel, F.: Der Arbeitsprojektor: Bedingungen seines Wertes und seines Nutzens. PdN-B 35 (1986), H. 8, 1-24

Knoblauch, H.: Überlegungen und Beobachttungsaufgaben zur Unterrichtseinheit »Die Weinbergschnecke«. NiU 21 (1973), H. 10, 445-452

Knörzer, W.: Lernmotivation. In: Psychologie des 20. Jahrhunderts, Bd. XI: Konsequenzen für die Pädagogik (1). Zürich: Kindler 1980, 751-778

Knoll, J.: Die Gegenstände der wissenschaftlichen Biologie und die Inhalte eines modernen Biologieunterrichts. PdN-B 23 (1974 a), 281-290

Knoll, J.: Sind Mehlwürmer wirklich Würmer? Die Grundschule 6 (1974 b), H. 11, 589-596

Knoll, J.: Die Rolle des Biologieunterrichts im Rahmen des Sexualunterrichts. In: *Kluge* (1975), 108-121

Knoll, J.: Biologielehrer und Sexualerzieher. UB 1 (1977), H. 11, 2-10

Knoll, J.: Wirkungen tiefer Temperaturen. Zur Funktion fachsprachlicher Texte im Biologieunterricht der Sekundarstufe II. UB 3 (1979), H. 40, 32-41

Knoll, J.: Medien, Einleitung. UB 5 (1981 b), H. 60/61, 1-2

Knoll, J.: Mikroskopieren in der Schule. UB 11 (1987 a), H. 129, 4-13

Knoll, J.: Transmissionselektronenmikroskopie. Beihefter UB 11 (1987 b), H. 129

Knoop, H. D.: Sexualerziehung im Teamwork. Gütersloh: Gerd Mohn 1977

Knoop, H. D.: Am Anfang steht der Fragebogen. Von der Fragwürdigkeit eines didaktischen Hilfsmittels für die Sexualerziehung in Sekundarschulen. Schulpraxis 1 (1981), H. 3, 10-14

Knoth, M.: Soziale Verhaltensweisen bei Tieren unter besonderer Berücksichtigung des Sozialverhaltens der Ameisen. BU 19 (1983), H. 1, 50-81

Knutzen, F.: Auswertung biologischer Beobachtungsreihen mit Hilfe von Computerprogrammen. PdN-B 42 (1993), H. 5, 38-40

Koblischke, A./Göbel, J.: Populationsgenetische Modelle mit dem Computer im Unterricht. Log In 3 (1983), H. 1, 21-24

Koch, D.: Einführung in die Mikroskopie. NiU 20 (1972), H. 7, 316-319

Koch, K: Text und Bild in Biologiebüchern. Empirische Untersuchung der Effektivität verschiedener Text- und Bildarten für Arbeitsbücher der Sekundarstufe I. Göppingen: Kümmerle 1977 a

Koch, K.: Kriterien zur Auswahl von Biologiebüchern für einen effektiven Unterricht. UB 1 (1977 b), H. 9, 47-48

Koch, M.: Serie: Wissenschaft und Wahrheit. BioS 41 f. (1992 f.), H. 4 ff.

Koch, R.: Untersuchungen zur Gesundheitserziehung - unter besonderer Berücksichtigung ihrer historischen Entwicklung. Dissertation. Universität Braunschweig 1981

Kochanek, H. M./Pleines, S. (Hrsg.): Umweltzentren in Deutschland. Mülheim/Ruhr: Verlag an der Ruhr 1991

Köhler, H.: Dynamisches Modell der Enzymregulation durch isosterische und allosterische Effektoren. PdN-B 34 (1985), H. 5, 24-34

Köhler, T.: Umgestaltung von Schulgelände. UB 11 (1987), H. 123, 40-41

Könnicke, M.: Über die didaktische Funktion von Unterrichtssendungen des Fernsehens. BioS 29 (1980), H. 1, 33-35

Korbes, F.: Auswahlkriterien für Bildungsinhalte des Biologieunterrichts. BU 12 (1976), H. 3, 33-48

Koschwitz, H.: Energiestoffwechsel. Schulsoftware Biologie. Stuttgart: Klett 1983

Koschwitz, H.: Der Mikrocomputer im Biologieunterricht. MNU 38 (1985), H. 8, 487-501

Koschwitz, H./Wedekind, J.: BASIC-Biologieprogramme. Stuttgart: Teubner 1985

Kösel, E.: Soziale Lernziele in der Schule. Ravensburg: Maier 1975

Kösel, E.: Sozialformen des Unterrichts. Ravensburg: Maier, 5. Aufl. 1976

Kowalsky, T./Möller, A./Schnell, H.-K: Ein Spiel im Wald, die Naturrallye. UB 5 (1981), H. 64, 16-19

Kraft, G.: Waldschäden - bei Exkursionen demonstriert. UB 20 (1984), H. 3, 37-52

Kramp, W.: Hinweise zur Unterrichtsvorbereitung für Anfänger. In: Auswahl 1. Hannover: Schroedel, 4. Aufl. 1964, 35-67

Krathwohl, D. R., u. a.: Taxonomy of educational objectives: handbook II: affective domain. New York: Longman 1964

Kreuter, M.-L.: Der Bio-Garten. München: BLV, 14. Aufl. 1992

Krieglsteiner, G./Rodi, D.: Didaktische Konzeptionen für einen Waldlehrpfad, aufgezeigt am Beispiel Waldlehrpfad Taubental bei Schwäbisch Gmünd. In: *Rodi* (1975), 162-168

Krischke, N.: Soziale Verhaltensweisen adulter Dsungarischer Zwerghamster. UB 8 (1984), H. 98, 46-48

Krischke, N.: Wachstum und Entwicklung von Zwerghamstern. UB 11 (1987 a), H. 128, 18-21

Krischke, N.: Experimente mit Tieren im Biologieunterricht. UB 11 (1987 b), H. 128, 44-46

Kronfeldner, M.: Die Verwendung von Objektdias im Unterricht beim Thema »Verbreitung von Samen und Früchten«. PdN-B 29 (1980), H. 8, 248-249

Krüger, B.: Motivation und Lernerfolg durch programmierten Unterricht im Fach Biologie. Dissertation. Päd. Hochschule Niedersachsen, Abt. Göttingen. 1985

Krüger, B./Wagener, A.: Wild im Wald. UB 3 (1979), H. 39, 14-19

Krüger, K./Millat, U. (Hrsg.): Schulgartenpraxis. Berlin: Volk und Wissen 1962

Krumwiede, D.: Trends im Biologieunterricht der Sekundarstufe II. Versuch eines Überblicks über die Länderrichtlinien. In: *Hedewig/Rodi* (1982), 94-120

Krumwiede, D.: Wachstum. UB 12 (1988), H. 140, 33-37

Kruse, E.: Mikroskopische Untersuchungen im Biologieunterricht. BU 5 (1969), H. 3, 4-26

Kruse, E.: Zurück zu den Grenzen der Möglichkeiten im Biologieunterricht der Sekundarstufe I. Mitt. VDBiol. Nr. 227 (1976), 1077-1078

Kuhn, K./Probst, W.: Biologisches Grundpraktikum. Stuttgart: Fischer. Bd. 1: 4. Aufl. 1982; Bd. 2: 1980

Kuhn, K./Probst, W./Schilke, K.: Biologie im Freien. Stuttgart: Metzler 1986

Kuhn, T. S.: Die Struktur wissenschaftlicher Revolutionen. Frankfurt: Suhrkamp 1967

Kuhn, W.: Die Sonderstellung des Menschen in der lebendigen Natur - ein Beitrag zur Reform des Unterrichts in der Humanbiologie. BU 3 (1967), H. 1, 26-34

Kuhn, W.: Methodik und Didaktik des Biologieunterrichts. München: List, 5. Aufl. 1975 a

Kuhn, W.: Exemplarische Biologie in Unterrichtsbeispielen. München: List. Bd. 1: 4. Aufl. 1975 b; Bd 2: 2. Aufl. 1975 c

Kühn, H. W.: Lebende Pflanzen und Tiere in der Schule. In: *Falkenhan* (1981), Bd. 8, 268-333

Kühne, E./Landsberg-Becher, J.-W./Micheler, A./Pochanke, A.: Wollen wir den perfekten Menschen? Unterrichtsmateralien zur Gentechnik. UB 11 (1987), H. 125, 44-47

Kultusministerkonferenz: Umwelt und Unterricht. Grundsätze und Ziele der Erziehung zu Umweltbewußtsein und Umweltschutz. Anlage IV z. NS. 200, KMK 16./17. 10. 1980

Kunze, A.: Ein Computer läßt leben. In: Das Gleichgewicht der Natur. Aus Forschung und Medizin 3 (1988), H. 1, 77-79

Kuohn, M.: Wir lernen mikroskopieren. Wir fertigen mikroskopische Präparate an. Monatshefte für die Unterrichtspraxis 49 (1981), H. 3, 187-192; H. 4, 251-257

Kursstrukturpläne - Gymnasiale Oberstufe - Aufgabenfeld III.-3. Biologie. Wiesbaden: 1979

Kurze, M.: Aktives Lernen und besseres Verstehen durch problemorientierte Unterrichtsgestaltung. In: *Entrich/Staeck* (1992), 281-289

Kurze, M./Müller, A./Schneider, P.: Mikroskopie. Zellenlehre Kl. 7. BioS 26 (1977), 425-428

Kyburz-Graber, R.: Schutz des Waldes. IPN-Einheitenbank Curriculum Biologie. Köln: Aulis 1981

Kyburz-Graber, R.: Die lehrerzentrierte Unterrichtsstruktur des Gymnasiums als Hindernis für projektorientierten Umweltunterricht. In : *Cube/Storch* (1988), 158-175

Lahaune, G.: Der Gebrauch der Lupe als Meßinstrument im Biologieunterricht. MNU 39 (1986), H. 4, 227-232

Lammert, F. -D. (Hrsg.): Waldsterben. UB 8 (1984), H. 99

Lammert, K./Lammert, F.-D.: Schmetterlinge brauchen Unkraut. UB 9 (1985), H. 104, 13-16

Landesverband Niedersachsen des VDBiol (Hrsg.): Biologischer Wegweiser für Hannover und Umgebung. Hannover: 1990

Landsberg-Becher, J.-W.: Weniger ist oft mehr. Zum Einsatz eines Computers im Biologieunterricht. PdN-B 37 (1988), H. 8, 30-34

Lange, O. (Hrsg.): Problemlösender Unterricht und selbständiges Arbeiten von Schülern. Oldenburg: Zentrum für pädagogische Berufspraxis der Universität 1982

Lange, O./Löhnert, S. (Hrsg.): Problemlösender Unterricht. Ansätze und Fragestellungen. Oldenburg: Zentrum für pädagogische Berufspraxis der Universität 1983

Langeheine, R./Lehmann, J.: Die Bedeutung der Erziehung für das Umweltbewußtsein. Kiel: IPN 1986

Längsfeld, V.: Das Einheitenheft. UB 5 (1981), H. 60/61, 66-70

Laudenbach, B.: Der Computer als Medium im Biologieunterricht. Arbeitsberichte 45. Bremen Wissenschaftliches Institut für Schulpraxis 1986

Laudien, H./Freyer, I.: Belohnungsdressur von Mäusen mit Computerunterstützung. MNU 40 (1987), H. 2, 104-113

Lauenstein, D./Schrumpf, T.: Neurophysiologie. PdN-B 37 (1988), H. 8, 17-26

Laufens, G./Detmer, B.: Untersuchungen zum Verständnis der Wirbeltier-Klassifizierung. BU 16 (1980), H. 2, 28-51

Lauterbach, W.: Arbeitsfolien im naturwissenschaftlichen Unterricht. NiU 22 (1974), H. 11, 502-503

Lehmann, J./Portele, G.: Simulationsspiele in der Erziehung. Weinheim/Basel: Beltz 1976

Leicht, W. H.: Über Fachräume für den naturwissenschaftlichen Unterricht in Hauptschulen. NiU 19 (1971), H. 6, 242-248

Leicht, W. H.: Wissenschaftstheoretische Grundlagen der Biologie und ihre Beziehungen zur Fachdidaktik. In: *Killermann/Klautke* (1978), 35-62

Leicht, W.-H.: Repetitorium Fachdidaktik Biologie. Bad Heilbrunn: Klinkhardt 1981

Leicht, W.-H.: Das Interesse 11- bis 16jähriger Hauptschüler an der Humanbiologie. biol. did. 6 (1984), H. 1, 24-44

Leicht, W.-H./Hochmuth, K: Eine empirische Untersuchung über die Effektivität von Tonfilm und Lichtbild im Biologieunterricht. NiU-B 27 (1979), H. 3, 65-67

Leopold, W.: Am Anfang war die Erde - Plädoyer zur Umweltethik. München: Knesebeck 1992

Lepel, W.-D./Kattmann, U. (Hrsg.): Sprache, Begriffe und Gesetze in der Biologiedidaktik. Oldenburg: Zentrum für Pädagische Berufspraxis der Universität 1991

Leps, G.: Begriff der Biologie -180 Jahre alt. BioS 26 (1977), H. 6, 225-228

Leser, H.: Ökologie wozu? Berlin/Heidelberg: Springer 1991

LEU (Hrsg.): Merkblatt für Bau und Einrichtung von Biologie-Fachräumen. Stuttgart: 1980/81

LEU (Hrsg): Geräteausstattung für den Biologieunterricht. Gymnasium. Stuttgart: 1982

Leuchtenstern, H.: Drogen - Entwicklung in die Sucht? UB 4 (1980), H. 47, 37-41

Lewontin, R. C./Rose, S./Kamin, L. J.: Die Gene sind es nicht ... Biologie, Ideologie und menschliche Natur. München/Weinheim: Psychologie Verlags-Union 1988

Lhotte, R.: Der menschliche Körper. Freiburg/Br.: Istrex o. J.

Libbert, E.: Allgemeine Biologie. Jena: Fischer 1986

Lieb, E.: Anschauungsmittel im Biologieunterricht. BU 16 (1980 a), H. 4, 30-33

Lieb, E.: Möglichkeiten und Grenzen des Einsatzes von ethologischen Filmen im Biologieunterricht. BU 16 (1980 b), H. 4, 34-64

Lieb, E.: Biologie und formale Bildung. PdN-B 30 (1981), H. 5, 129-134

Lieb, E.: Einige Bemerkungen über entwicklungspsychologische Bedingungen des Biologieunterrichts in der Orientierungsstufe. BU18 (1982), H. 1, 32-36

Liem, U., u. a.: Anregungen zur Schülerselbstkontrolle. NiU-B 29 (1981), H. 12, 461-466

Lind, G.: Sachbezogene Motivation im naturwissenschaftlichen Unterricht. Weinheim: Beltz 1975

Linder, H.: Arbeitsunterricht in Biologie. Stuttgart: Metzler 1950

Linder, H.: Leitgedanken zum Unterricht in Biologie in den unteren und mittleren Klassen der höheren Schulen. Eine Methodik auf praktischer Grundlage. Stuttgart: Metzler 1957

Lisse, E.: Lehrerzeichnung im Biologieunterricht? BU 10 (1974), H. 3, 31-45

Litsche, G./Löther, R.: Lehrplandiskussion und Entwicklung der Biowissenschaften. BioS 39 (1990), H. 1, 25-31

Loidl, E.: Schulbücher für den Biologieunterricht. Erziehung und Unterricht 1980, H. 10, 690-702

Lorenz, K.: Durch Domestikation verursachte Störungen arteigenen Verhaltens. Zeitschrift für angewandte Psychologie und Charakterkunde 59 (1940 a), H.1/2, 2-81

Lorenz, K.: Nochmals: Systematik und Entwicklungsgedanke im Unterricht. Der Biologe 9 (1940 b), H. 1/2, 24-36

Lorenz, K.: Über tierisches und menschliches Verhalten II. München: Piper 1965 a

Lorenz, K.: Phylogenetische Anpassung und adaptive Modifikation des Verhaltens. 1965 b. In: *Lorenz* (1965 a), 301-358

Lorenz, K.: Induktive und teleologische Psychologie. 1965 c. In: *Lorenz* (1965), 380-401

Löwe, B.: Wie stark interessieren sich Schüler der Eingangsstufe für die Menschenkunde? PdN-B 23 (1974), H. 1, 16-21

Löwe, B.: Das Tauchverhalten echter Schwimmkäfer (Dytiscidae). Ein Beispiel quantifizierender Schulbiologie. MNU 29 (1976 a), H. 6, 363-371

Löwe, B.: Anmerkungen und ergänzende Hinweise zur Untersuchung von *H. Hemmer* und *R. Werner* über die Relevanz des derzeitigen Biologieunterrichts. PdN-B 25 (1976 b), H. 11, 291-298

Löwe, B.: Empirische Untersuchungen zum kognitiven Lernerfolg und zur Änderung der sachbezogenen Motivation im Biologieunterricht in Abhängigkeit vom Unterrichtsverfahren. In: *Rodi/Bauer* (1980), 231-245

Löwe, B.: Schülerinteressen und Biologieunterricht. PdN-B 31 (1982), H. 2, 33-38

Löwe, B.: Interessenänderung durch Biologieunterricht. Münchner Schriften zur Didaktik der Biologie. Bd. 2. München: Institut für die Didaktik der Biologie der Universität 1983

Löwe, B.: Entwurf eines Modells zur Ableitung schulischer Förderungsmöglichkeiten naturwissenschaftlicher Interessen. biol. did. 6 (1984), H. 1, 11-23

Löwe, B.: Interessenverfall im Biologieunterricht. UB 11 (1987), H. 124, 62-65

Löwe, B.: Biologische Arbeitsweisen im Spiegel der Schülerinteressen. In: *Killermann/Staeck* (1990), 265-279

Löwe, B.: Biologieunterricht und Schülerinteresse an Biologie. Weinheim: Deutscher Studienverlag 1992

Löwe, B./Gscheidle, U.: Verlieren Schüler durch herkömmlichen Unterricht das Interesse an Umweltfragen? In: *Schallies, M.* (Hrsg.): Umweltschutz, Umwelterziehung. Weinheim: Deutscher Studien-Verlag 1988, 164-190

Lucius, E. R.: Mikrobiologie und Bakteriengenetik - Empfehlungen zur Sicherheit. BioS 42 (1993), H. 6, 222-228

Lück, W.: Modellbildung in der allgemeinbildenden Schule. Computer + Unterricht 2 (1992), H. 8, 5-12

Lüke, U.: Evolutionäre Erkenntnistheorie und Theologie. Stuttgart: Hirzel 1990

Lüke, U.: Religiosität - ein Produkt der Evolution? PdN-B 42 (1993), H. 1, 41-45

Lütke, H.: Das Sammeln biologischer Objekte. Das Aufbewahren und Ausstellen biologischer Objekte. In: *Eschenhagen* (1973)

Lütkens, R. (Hrsg.): Naturnaher Garten. UB 7 (1983), H. 79

Lutz-Dettinger, U.: Gesundheitserziehung und Hygiene im Kindergarten, in Schule und Unterricht. Paderborn: Schöningh 1979

Lutzmann, K: Sexualerziehung als Unterrichtsprinzip? Die Deutsche Schule 68 (1976),720-727

Lutzmann, K: Zur Problematik des Unterrichtsprinzips Sexualerziehung. In: *Gamm, H.-J./Koch, F,* (Hrsg.): Bilanz der Sexualpädagogik. Frankfurt: Campus 1977, 94-114

Machnik, A.: Lehrer als Sexualerzieher. WPB 27 (1975), H. 5, 273-276

Mager, R. F.: Lernziele und programmierter Unterricht. Weinheim: Beltz 1974

Maier, J./Feder, J./Fix, H./Urban, W.: Meeresbiologische Exkursion auf die Nordseeinsel Borkum. PdN-B 35 (1986), H. 3, 1-18

Manitz, R.: Informationen über »Vorläufige Lehrplanhinweise für Regelschule und Gymnasium« in Thüringen. BioS 40 (1991), H. 11, 433-435

Marek, J.: Offener Unterricht: Anspruch und Wirklichkeit. UB 4 (1980), H. 48/49, 47-54

Markl, H.: Prinzipien eines modernen Biologieunterrichts. Mitt. VDBiol (1971), Nr. 169, 815-819 (Beilage zu: Naturwiss. Rundschau 24 (1971), H. 4)

Markl, H.: Natur als Kulturaufgabe. Über die Beziehung des Menschen zur lebendigen Natur. Stuttgart: Deutsche Verlagsanstalt 1986

Marquardt, B./Unterbruner, U.: Das Biologieschulbuch als Unterrichtsmedium. UB 5 (1981), H. 60/61, 10-15

Martens, T.: Dichteregulation im Tierreich. UB 10, 1986, H. 112, 48-49

Martin, T.: Erfahrungen und Vorschläge zur Arbeit mit dem Lehrbuch im Biologieunterricht. BioS 31 (1982), H. 1, 16-21

Mau, K. G.: Kriterien einer sachgerechten Tierhaltung in der Schule am Beispiel der Rennmaus (Meriones unguiculatus). NiU-B 26 (1978), H. 1, 1-6

Mau, K. G.: Fortpflanzung und Entwicklung eines Insekts (Zweifleckgrille). UB 3 (1979), H. 32, 18-28

Mau, K.-G.: Tierhaltung in der Schule. UB 4 (1980), H. 41, 44-47

Maurer, M.: Naturverständnis und Weltanschauung in Biologieschulbüchern. In: *Busche/Marquardt/Maurer* (1978), 57-130

Mayer, J.: Formenvielfalt im Biologieunterricht. IPN-Schriftenreihe 132. Kiel: 1992
Mayer, J. (Hrsg.): Vielfalt begreifen - Wege zur Formenkunde! Kiel: IPN 1993
Mayer, J./Mertins, I.: Bibliographie: Unterrichtsmaterialien zur Formenkunde. Kiel: IPN 1993
Mayr, E.: Evolution und die Vielfalt des Lebens. Berlin/Heidelberg: Springer 1979
Mayr, E.: Die Entwicklung der biologischen Gedankenwelt. Vielfalt, Evolution und Vererbung. Berlin/Heidelberg/New York: Springer 1984
Meffert, A.: Zur Situation des Biologielehrers. UB 4 (1980), H. 48/49, 9-14.
Meier, M./Müller, R. (Hrsg.): Schwangerschaft, Geburt, Abtreibung. UB 8 (1984), H. 96
Meißner, O./Zöpfl, H. (Hrsg.): Handbuch der Unterrichtspraxis. Bd. 1. München: Ehrenwirth 1973
Memmert, W.: Selbstgefertigte Modelle im Biologieunterricht. Die Scholle 42 (1974), H. 5, 270-278
Memmert, W.: Grundfragen der Biologiedidaktik. Essen: Neue Deutsche Schule, 5. Aufl. 1975
Memmert, W.: Didaktik in Grafiken und Tabellen. Bad Heilbrunn: Klinkhardt 1977
Memmert, W.: Gesellschaftsrelevanz. UB 4 (1980 b), H. 48/49, 39 f.
Mendel, H. : Computersimulationen zu den Mendelschen Gesetzen. PdN-B 34 (1985), H. 1, 42-47
Menesini, M. M./Seybold, H.: Umweltschutz in der Schule. Köln: Aulis 1978
Menke, H.-J.: Die Entwicklung der Erdkröte - ein Vorschlag für Freilanduntersuchungen mit Schülern. BU 11(1975), H. 2, 80-96
Menrad, H./Mödl, H./Nehring, B./Rodi, D.: Fächerübergreifende Unterrichtseinheit zum Thema »Kläranlage« in der Sekundarstufe I. Freiburger Geographische Mitteilungen 1978, H. 2, Bad Honnef: Bock und Herchen 1979
Mertens, G.: Umwelterziehung. Paderborn: Schöningh, 2. Aufl. 1991
Mertlich, H.: Bildnerische Techniken im Biologieunterricht. NiU 18 (1970), H. 2, 72-80
Messer, A./Schneider, J./Spiering, T.: Planungsaufgabe Unterricht. Ravensburg: Maier 1974
Messner, R.: Fachdidaktik Biologie aus der Sicht des Pädagogen. In: *Rodi/Bauer* (1980), 36-45
Meyer, D./Meyer, G.: Das ökologische Problem der Räuber-Beute-Beziehung simuliert mit Hilfe eines Computerprogramms. BU 11 (1975), H. 2, 4-18
Meyer, G.: Kausalanalyse von ökologischen Beziehungen. UB 2 (1978), H. 21, 18-23
Meyer, G.: Sinnesleistungen und Verhalten von Tieren und Menschen. In: *Kattmann/Palm/Rüther* (1979), Lehrerhandbuch 5/6, 144-170
Meyer, G.: Der Taschenrechner im Biologieunterricht. UB 5 (1981), H.60/61, 58-59
Meyer, G.: Computersimulationen von dynamischen Prozessen in Populationen. UB 8 (1984), H. 89, 44-46
Meyer, G.: Mathematische Aspekte im Biologieunterricht. UB 12 (1988), H. 140, 4-13
Meyer, Hilbert.: Das ungelöste Deduktionsproblem in der Curriculumforschung. In: *Achtenhagen, F./Meyer, H. L.* (Hrsg.): Curriculumrevision. München: Kösel 1971, 106-132
Meyer, Hilbert.: Trainingsprogramm zur Lernzielanalyse. FAT 3101. Frankfurt: Fischer Taschenbuch 1974
Meyer, Hilbert.: Leitfaden zur Unterrichtsvorbereitung. Königstein/Ts.: Scriptor, 4. Aufl. 1981; 11. Aufl. 1991
Meyer, Hilbert.: UnterrichtsMethoden. Frankfurt: Scriptor Bd. I: Theorieband 1987 a (5. Aufl. 1992); Bd. II: Praxisband 1987 b (5. Aufl. 1993)
Meyer, Hilbert.: Das wichtigste Medium im Unterricht ist der Körper des Lehrers. In: Friedrich Verlag (1993), 36-37
Meyer, Hubertus: Experimentelles Arbeiten im Biologieunterricht. In: *Hedewig* (1986), 302-310
Meyer, Hubertus: Experimentelles Arbeiten im Biologieunterricht. Friedrich-Forum 3. Seelze: Friedrich 1987

Meyer, Hubertus: Modelle. UB 14 (1990), H. 160, 4-10
Meyer-Abich, K. M.: Wege zum Frieden mit der Natur. Praktische Naturphilosophie für die Umweltpolitik. dtv 10661. München: Deutscher Taschenbuch Verlag 1986
Michelsen, G./Siebert, H.: Ökologie lernen. Frankfurt: 1985
Ministerrat der DDR, Ministerium für Volksbildung (Hrsg.): Lehrplan Schulgartenunterricht Kl. 1-4. Berlin: Volk und Wissen 1988
Miram, W.: Zur Vereinfachung der Korrektur von Klassen- und Testarbeiten im Fach Biologie. PdN-B 24 (1975), H. 8, 204-212
Miram, W.: Modelle im Biologieunterricht. PdN-B 29 (1980), H. 8, 226-233
Miram, W.: Ein Gedächtnismodell - Computersimulation neuronaler Netzwerke. MNU 43 (1990), H. 4, 218-228
Mischke, H.: Checkliste für ein gutes Schulmikroskop. UB 11 (1987), H. 129, 13
Mischnik, H./Roßbach, M.: Das Sozialverhalten Jugendlicher unter der Bedrohung von AIDS. Berlin: Arno Spitz 1992
Mitsch, E.: Das Versuchsprotokoll im biologischen Praktikum. BU 7 (1971), H. 1, 56-75
Mitscherlich, A.: Die Idee des Friedens und die menschliche Aggressivität. Frankfurt: Suhrkamp 1969
MNU (Hrsg.): Empfehlungen und Überlegungen zur Gestaltung von Lehrplänen für den Computer-Einsatz im Unterricht der allgemeinbildenden Schulen. MNU 38 (1985), H.4, 229-236
MNU (Hrsg.): Empfehlungen zur Gestaltung von Lehrplänen. MNU 44 (1991), H. 6, I-IV
Mohn, E.: Fische im Aquarium. NiU-B 26 (1978), H. 1, 7-11
Mohr, H.: Wissenschaft und menschliche Existenz. Freiburg: Rombach, 2. Aufl. 1970
Mohr, H.: Biologische Erkenntnis. Stuttgart: Teubner 1981
Moisl, F.: Erweiterter Einsatz des Arbeitsprojektors. UB 5 (1981), H. 60/61, 38-39
Moisl, F. (Hrsg.): Experimente. UB 12 (1988), H. 132
Moisl, F./Hilfrich H.-G./Werner, H.: Die Zelle. UB (1976), H. 2, 2-4
Molenda, W.: Mutter-Kind-Beziehung. NiU-B 31 (1983), H. 2, 43-51
Möller, C.: Technik der Lernplanung. Weinheim: Beltz 1973
Moritz, K: Kriterien für die Beurteilung von Unterrichtsstunden in den naturwissenschaftlichen Fächern. Die Schulwarte 26 (1973), H. 2, 53-64
Mostler, G./Krumwiede, D./Meyer, G.: Methodik und Didaktik des Biologieunterrichts. Heidelberg: Quelle & Meyer, 2. Aufl. 1979
Müller, G. J.: Naturfilme im Biologieunterricht. PdN-B 30 (1981), H. 9, 277-284
Müller, H.: Super-8-mm-Arbeitsstreifen im Biologieunterricht. PdN-B 25 (1976), H. 1, 17-22
Müller, H.: Protozoen als Objekte des Biologieunterrichts. NiU-B 25 (1977), H. 10, 297-305; H. 11, 329-337
Müller, Joachim: Die Biologieräume und ihre Ausstattung. In: *Falkenhan* (1981), Bd. 1, 2-11
Müller, Johannes: Zur systematischen Einführung und Verknüpfung biologischer Fachbegriffe im Unterricht der Klassen 5 bis 7. BioS 17 (1968), H. 12, 501-506
Müller, Johannes: Modelle als Erkenntnismittel im Biologieunterricht. BioS 23 (1974), H. 12, 530-537
Müller, Johannes: Allgemeine und besondere Aspekte der Biologiemethodik bei Bildung und Vernetzung von Begriffen. Wiss.Z. Ernst-Moritz-Arndt-Univ. Greifswald 39 (1989), H. 12
Müller, Johannes, u. a.: Zur Führung des Erkenntnisprozesses im Fach Biologie unter den Bedingungen des Einsatzes programmierter Unterrichtsmittel. In: *Walter, K.-H.* (Hrsg.): Programmierung im Unterrichtsprozeß. Berlin: Volk und Wissen 1977
Müller, Johannes/Brehme, S./Lepel, W.-D.: Zur Darstellung biologischer Strukturen und Verallgemeinerungen auf der Grundlage von Lehrplananforderungen. Wiss. Z. Ernst-Moritz-Arndt-Universität Greifswald 34 (1985), H. 3, 34-48

Müller, Johannes/Kloss, A.: Zum Verhältnis von sachlich-stofflichen, logischen und didaktisch-methodischen Strukturen bei der Planung bzw. Realisierung von Lehr- und Lernprozessen im Fach Biologie. In: *Killermann/Staeck* (1990), 118-131
Müller, M.: Experimente mit Kleinkrebsen. Köln: Aulis 1977
Müller, P. (Hrsg.): Verhandlungen der Gesellschaft für Ökologie. The Hague: Junk 1975; 1977
Müller, R.: Medienorientierte Sexualerziehung in der Sekundarstufe I. Kiel: IPN 1979
Müller, W.: Skeptische Sexualpädagogik. Weinheim: Deutscher Studienverlag 1992
Müller-Hill, B.: Tödliche Wissenschaft. Reinbek: Rowohlt 1984
Nachtigall, W.: Biologische Forschung. Aspekte - Argumente - Aussagen. Heidelberg: Quelle & Meyer 1972
Nachtigall, W.: Einführung in biologisches Denken und Arbeiten. Biol. Arbeitsbücher 15. Heidelberg: Quelle & Meyer, 2. Aufl. 1978
Nagel, G.: Leitideen für den Biologieunterricht. BU 14 (1978), H. 3, 26-37
Nath, H.: Zur gegenwärtigen Lage des Biologieunterrichts an den Gymnasien in Schleswig-Holstein. MNU 33 (1980), H. 8, 501-504
NaturschutzR (Naturschutzrecht). dtv. München: Beck, 5. Aufl. 1991
Neber, H. (Hrsg.): Entdeckendes Lernen. Weinheim/Basel: Beltz, 3. Aufl. 1981
Neuhaus, G./Winkel, G.: Unser Schulgarten. Bonn: AID, H. 1185, 1987
Nicklas, H.: Erziehung zur Friedensfähigkeit. Spektrum (1993), H. 6, 106-109
Nicklas, H./Ostermann, Ä.: Überlegungen zur Gewinnung friedensrelevanter Lernziele aus dem Stand der kritischen Friedensforschung. In: *Wulf* (1973), 315-326
Nittinger, H. (Hrsg.): Biologie im Zoo. Hannover: Metzler 1992
Noack, W.: Woher kommen unsere Zimmerpflanzen? UB 9 (1985), H. 103, 14-17
Nöbauer, W./Timischl, W.: Mathematische Modelle in der Biologie. Braunschweig/Wiesbaden: Vieweg 1979
Nogli-Izadpanah, S./Probst, W.: (Wieder-)Belebung eines Gartens. UB 15 (1991), H. 164, 19-22
Noll, A.: Biologie und Schülerinteresse. Frankfurt/Bern/New York: Lang 1984
Nolting, P.: Friedenserziehung ist mehr als Friedenskunde! Eine Analyse friedenspädagogischer Literatur im Lichte moderner Erziehungsziele. Die Deutsche Schule 75 (1983), H. 2, 113-122
Nordsieck, H.: Möglichkeiten und Grenzen des schematischen Zeichnens im Biologieunterricht. BU 4 (1968), H. 3, 57-79
Nuffield Biology. London: Longman. 2. Aufl. 1975
Oberholzer, A./Lässer, L.: Naturgarten. Bern/Stuttgart: Hallwag 1983
Oberseider, H. G.: Der Schulgarten. In: *Falkenhan* (1981), Bd. 2, 97-226
Oblinger, H.: Die geländebiologische Ausbildung von Biologielehrern. In: *Killermann/Klautke* (1978), 201-211
Odum, E. P.: Grundlagen der Ökologie. Bd. 1: Grundlagen. Stuttgart: Thieme 1983
Odzuck, W.: Biologische Lehrwanderungen. PdN-B 23 (1974), H. 6,141-147
OECD (Hrsg.): New thinking in school biology. Paris: OECD Publications 1963
Oehmig, B.: Die Rolle biologischer Fachausdrücke für die Verständlichkeit von Schulbuchtexten. In: *Killermann/Staeck* (1990), 291-295
Oehring, B.: Die Problemgeschichte als Orientierungshilfe der Didaktik - Beispiel Photosynthese. BU 14 (1978), H. 4, 8-68; 2. Teil BU 18 (1982), H. 4, 4-35
Oerter, R.: Moderne Entwicklungspsychologie. Donauwörth: Auer, 15. Aufl. 1975
Oldenburger Thesen, Kasseler Kommentare: Bedeutung der Fachdidaktik. Biologie heute (1991), Nr. 389, 4
Ostertag, H.-P./Spiering. T.: Unterrichtsmedien. Ravensburg: Maier 1975
Otto, A.-R.: Möglichkeiten zur Förderung selbstgeregelten Lernens als Einführung in die Lernweise der gymnasialen Oberstufe. PdN-B 33 (1984), H. 2, 56-64

Otto, G.: Methodische Grundformen der Lehr-Lern-Prozesse auf der Sekundarstufe I (Polyskript). Basel: Institut für Unterrichtsfragen und Lehrerfortbildung 1974
Otto, G.: Das Projekt. In: *Kaiser/Kaiser* (1977), 151-171
Palm, W.: Leserzuschrift zum Heft »Biokybernetik«. UB 2 (1978), H. 26, 47
Palm, W.: Der Biologiefachraum. 1979 a. In: *Kattmann/Palm/Rüther* (1979), Bd. 7/8, 5-27
Palm, W.: Wie arbeitet ein Naturwissenschaftler? 1979 b. In: *Kattmann/Palm/Rüther* (1979), Bd. 5/6, 212-215
Palm, W.: Organisation einer Biologiesammlung. Teil 1 u. 2. Lehrmittel aktuell 5 (1979 c), H. 3, 39-47; H. 4, 24-35
Palm, W.: Der Konflikt zwischen »Mitschuringenetik« und »Weissmannismus-Morganismus« und seine Auswertung im Biologieunterricht. MNU 18 (1965), H. 11, 408-417
Palm, W.: Bedeutende historische Experimente im Biologieunterricht. UB 8 (1984), H. 100, 41-46; UB 9 (1985) H. 101, 46 f.
Pankratz, V., u. a.: Naturwissenschaftlicher Unterricht. Frankfurt.: Diesterweg 1976
Paprotte M.: Selbstgefertigte Medien für den Biologieunterricht, dargestellt an Arbeitstransparenten. BU 16 (1980), H. 4, 88-101
Pauksch, P.: Konflikt zwischen Artenschutz und Heimtierhaltung. UB 11 (1987), H. 128, 36-40
Pawelzig, G.: Den Schülern das Verhältnis von Modell und Wirklichkeit bewußt machen. BioS 30 (1981), H. 12, 525
Petersen, G.: Wissenschaftsgeschichte und Didaktik. In: *Ewers* (1975), 59-103
Petri, H./Boehnke, K./Macpherson, M./Meador, M.: Bedrohtheit bei Jugendlichen. Psychosozial 29 (1986), 62-71
Petsche, K.: Der Einfluß des lebenden zoologischen Originals auf das Aneignungsergebnis der Schüler im Biologieunterricht der Klasse 6. Potsdam: Pädagogische Hochschule. Dissertation 1985
Peukert, D. E.: Anlage eines Freilandlabors als Schulgarten. UB 7 (1983), H. 79, 49-52
Peukert, D. E.: Aggression - Vorurteil - Solidarität. UB 12 (1988), H. 132, 41-43
Peukert, D. E./Mühlenhaupt, A./Borchers, R./Gube, B./Kruse, G.: Der Schulzoo. Lernort für alle Schulstufen. UB 11 (1987), H. 128, 30-35
Pfadenhauer, I. (Hrsg.): Verhandlungen Ges. f. Ökologie, Freising-Weihenstephan: G.f.Ö. Bd. 20: 1991; Bd. 21: 1992; Bd. 22: 1993
Pfeifer, H.: Umwelt und Ethik. Beihefte zu den Veröffentlichungen für Naturschutz und Landschaftspflege in Baden-Württemberg, H. 15 (1980)
Pfeiffer, K: Das Schülerlehrbuch im Biologieunterricht. Lebendige Schule (1971),424-435
Pfister, M.: Tierversuche - Prüfstein unserer Tierschutzethik. UB 10 (1986), H. 111, 35-41
Pfisterer, J.: Schulversuche mit dem Paradiesfisch (Macropodus opercularis) zur Erarbeitung territorialen Verhaltens. MNU 32 (1979), H. 6, 353-361
Pfisterer, J.: Hinweise zu Haltung und Einsatz geeigneter Tiere für Schulversuche zum angeborenen Verhalten. UB 5 (1981), H. 62, 45-47
Pfligersdorffer, G.: Empirische Untersuchung über Lerneffekte auf Biologieexkursionen. In: *Hedewig/Staeck* (1984), 174-186
Pfligersdorffer, G.: Ein Konzept zur methodisch-didaktischen Gestaltung von Freilandunterricht. PdN-B 37 (1988), H. 8, 35-37
Pfligersdorffer, G.: Die biologisch-ökologische Bildungssituation von Schulabgängern. Salzburg: Abakus 1991
Pflumm, W./Wilhelm, K.: Einführung in die Abstammungslehre anhand historischer Texte. BU 20 (1984), H. 4, 5-15
Pfundt, H.: Die Diskrepanz zwischen muttersprachlichem und wissenschaftlichem »Weltbild«: ein Problem der Naturwissenschaftsdidaktik. 1981 a. In: *Duit/Jung/Pfundt* (1981), 114-131

Pfundt, H.: Fachsprache und Vorstellungen der Schüler - dargestellt an Beispielen aus dem IPN-Lehrgang »Stoffe und Stoffumbildungen«. 1981 b. In: *Duit/Jung/Pfundt* (1981), 161-181
Pfundt, H./Duit, R.: Bibliographie Schülervorstellungen und naturwissenschaftlicher Unterricht. Kiel: IPN, 3. Aufl. 1991
Philipsen, M.: Der Goldfisch - ein Haustier aus China. UB 10 (1986), H. 113, 14-16
Piaget, J./Inhelder, B.: Die Entwicklung der elementaren logischen Strukturen. Teil 1. Düsseldorf: Schwann 1973
Piaget, J./Inhelder, B.: Die Psychologie des Kindes. Olten/Freiburg: Walter 1976
Pick, B.: Biologiedidaktik zwischen Fachwissenschaft und Allgemeiner Didaktik. Didaktik der Naturwissenschaften 5. Köln: Aulis 1981
Pies-Schulz-Hofen, R.: Zoopädagogik. BioS 41 (1992), H.10, 334-341
Pietsch, A.: Grundsätzliches zur experimentellen Lehrform im Biologieunterricht. MNU 7 (1954/55), 197-203
Planungsgruppe 2. Ulmer Modell: Unterrichtseinheit »Der Mensch verändert den Kreislauf des Wassers«. Lehren und Lernen 2 (1976), H. 11, 1-44
Poenicke, H.-W.: Mikroprojektion und ein exaktes mikroskopisches Zeichnen ohne Zusatzgeräte. NiU-B 27, (1979), H. 4, 107-110
Poenicke, H.-W.: Mechanische Modelle der Funktion von Nervenzellen mit markloser und markhaltiger Nervenfaser. PdN-B 34 (1985), H. 8, 45-46
Pommerening, R.: Der Tierversuch im Unterricht und das Tierschutzgesetz. NiU-B 25 (1977), H. 8, 242-245
Pommerening, R.: Gesundheitserziehung und Gesundheitsvorsorge. Köln: Aulis 1982
Popper, K. R.: Logik der Forschung. Tübingen: Mohr 1966
Popper, K. R.: Objektive Erkenntnis. Hamburg: Hoffmann und Campe 1984
Poser, G.: Der Einsatz des Mikroskops im 5. Schuljahr - Zellen, Bausteine der Lebewesen. NiU-B 30 (1982), H. 9, 323-333
Potthof, W.: Erfolgskontrolle. Ravensburg: Maier 1974
Pradel, F.: Fressen und gefressen werden - Entwicklung einer Computersimulation. PdN-B 41 (1992), H. 5, 29-37
Preuschoft, H./Kattmann, U. (Hrsg.): Anthropologie im Spannungsfeld. Oldenburg: Bibiotheks- und Informationssystem der Universität 1992
Preuß, G. (Hrsg.): Naturschutz und Schule. Mainz: Ministerium für Unterricht und Kultus, 3. Aufl. 1966
Priesemann, G.: Zur Theorie der Unterrichtssprache. Düsseldorf: Schwann 1971
Probst, W.: Die Pupillenreaktion - ein einführendes Beispiel für biologische Regelung. NiU 21(1973), H. 5, 212-220
Probst, W.: Polarisiertes Licht in der Mikroskopie. UB 11 (1987), H. 129, 44-47
Purrmann, E.: Rechtliche Rahmenbedingungen für Projektwochen. Grundschule (1985), H. 5, 36 f.
Puthz, V.: Experiment oder Beobachtung? Überlegungen zur Erkenntnisgewinnung in der Biologie. UB 12 (1988), H. 132, 11-13
Puthz, V.: Geschichte der Biologie im Gymnasium. Aufgaben und Probleme. MNU 46 (1993), H. 2, 82-89
Quasigroch, G.: Sinnvoller Einsatz technischer Hilfsmittel - ein Erfahrungsbericht über den Umgang mit Medien im Biologieunterricht. NiU-B 27 (1979 a), H. 8, 250-253
Quasigroch, G.: Der Einsatz von Schädelpräparaten. UB 3 (1979 b), H. 31, 43-47
Quitzow, W. (Hrsg.): Naturwissenschaft und Ideologie. Bad Salzdetfurth: Franzbecker 1986
Quitzow, W.: Biologismus in Wissenschaft und Unterricht. UB 12 (1988 a), H. 138, 48-52
Quitzow, W.: Umwelt im Unterricht. 1988 b. In: Friedrich Verlag (1988), 72-77

Quitzow, W.: Intelligenz oder Umwelt. Wissenschaftliche und politische Kontroversen seit der Jahrhundertwende. Stuttgart: Metzler 1990

Raether, W.: Analyse und Entwicklung von Lehrerstudiengängen im Fachgebiet Biologie im Zusammenhang mit der gegenwärtigen Curruculumforschung. Frankfurt: Haag + Herchen 1977

Raether, W.: Xenopus, ein ideales »Schul-Tier«. Teil 1 und 2. PdN-B 27 (1978), H. 7, 178-182; H. 8, 200-206

Raether, W.: Formen des Verhaltens beim südafrikanischen Krallenfrosch Xenopus laevis Daudin und ihre unterrichtliche Bearbeitung. BU 15 (1979), H. 4, 8-24

Rahmenplan des Verbandes Deutscher Biologen für das Schulfach Biologie. Biologen. Mitt. d. VDBiol. (1973), Nr. 192, 923-930; Neubearb. Bremen: VDBiol. 1987

Rahmenrichtlinien Sekundarstufe I. Biologie. Der Hessische Kultusminister 1978

Ramseger, J.: Offener Unterricht in der Erprobung. München: Juventa, 3. Aufl. 1992

Rapp, C.: Informelle objektive Leistungsmessung im Unterrichtsfach Biologie. BU 6 (1970), H. 1, 53-71

Rapp, G.: Messung und Evaluierung von Lernergebnissen in der Schule. München: Klinkhardt 1975

Rath, H.: Biologieunterricht im Zoo Münster. BU 14 (1978), H. 3. 102-107

Rauch, M. (Hrsg.): Schulhof-Handbuch. Langenau-Albeck: Vaas 1981

Reeh, H./Kaiser, W.: Unterrichtseinheit »Lebewesen bestehen aus Zellen«. PdN-B 23 (1974), 37-46

Reese, E.: Aufgaben des Schulbiologiezentrums Hannover. 1986 a. In: *Hedewig/Knoll* (1986), 287-290

Reese, E.: Wir erkunden ein Schullandheim. UB 10 (1986 b), H. 114, 14-17

Regelmann, J.-P.: Lyssenko und Lyssenkoismus - Hintergründe, Ausbreitung und Verfall einer biologischen Irrlehre. PdN-B 33 (1984), H. 1, 1-22

Reich, B./Weber, N. H. (Hrsg.): Unterricht im Dienste des Friedens. Düsseldorf: Schwann 1984

Reichart, G.: Modelle im Unterricht. 1978 a. In: *Wenk/Trommer* (1978), 16-29

Reichart, G.: Ein DNS-Modell zum Selbstanfertigen. Lehrmittel aktuell 4 (1978 b), H. 4, 35-41

Reichart, G.: Medien im Biologieunterricht. PdN-B 31 (1982), H. 7,193-197

Reichart, G.: Perlenspiel und Computer-Simulation zum Hardy-Weinberg-Gesetz. PdN-B 33 (1984), H. 1, 24-26.

Reichart, G./Reichart, N./Trommer, G.: Die Geschichte des Unterrichtsfaches Biologie. In: *Manzmann, A.* (Hrsg.): Die Geschichte der Unterrichtsfächer. München: Kösel 1984

Reichenbach, H.: Der Aufstieg der naturwissenschaftlichen Philosophie. Braunschweig: Vieweg 1968

Reichert, U./Dörner, D.: Heurismen beim Umgang mit einem »einfachen« dynamischen System. Sprache und Kognition 7 (1988), 12-24

Reisse, W.: Verschiedene Begriffsbestimmungen von »Curriculum«: Überblick und Ansätze zur Präzisierung. In: *Frey* (1975), Bd. 1, 46-70

Reiß, J.: Kultivierung des Austernpilzes (Pleurotus ostreatus) im Biologieunterricht. MNU 40 (1987), H. 8, 486-491

Remane, A.: Das biologische Weltbild des Menschen. In: Verhandlungen des Verbandes Deutscher Biologen. Bd. I. Stuttgart: Wissenschaftliche Verlagsgesellschaft 1960, 7-15 (zuerst erschienen in: Naturwiss. Rundschau 13, 1960, H. 5)

Reuter, U./Höcher, G.: Schüler und Gesundheit. Verhalten, Einstellungen, Wissen. Stuttgart: Klett 1977

Rexer, E./Birkel, P.: Größerer Lernerfolg durch Unterricht im Freiland? UB 10 (1986), H. 117, 43-46

Richtlinien und Stoffplänefür die Volsschule in Nordrhein-Westfalen. Biologie. Ratingen/ Düsseldorf. Henn 1963
Richtlinien für die gymnasiale Oberstufe in Nordrhein-Westfalen. Biologie. Köln: Greven 1981
Riede, A.: Mathematik für Biologen. Braunschweig/Wiesbaden: Vieweg 1992
Riedel, W./Trommer, G. (Hrsg.): Didaktik der Ökologie. Köln: Aulis 1981
Rimmele, R.: Die Tänze der Bienen. Experimentelle Ergebnisse, kontroverse Deutungen. Textband. Kommentarband. Bad Salzdetfurth: Franzbecker 1984
Riquarts, K.: Hinweise auf »Projektunterricht« in Lehrplänen und Richtlinien der Länder der Bundesrepublik Deutschland und in Berlin (West). Bildung und Erziehung 37 (1984), H. 1, 37-46
Ritzer, H./Ritzer, A.: Biologie Abitur. Fragen und Antworten. Grundkurs, Leistungskurs. München: Manz 1978; 2. Aufl. 1988
Robinsohn, S. B.: Bildungsreform als Revision des Curriculum. Neuwied: Luchterhand 1969
Rode, H. (Hrsg.): Umwelt. Computer + Unterricht 1 (1991), H. 3
Rode, H./Seybold, H.: Zur Bedeutung von Modellversuchen in der schulischen Umwelterziehung. In: *Eulefeld* (1992), 205-216
Rodi, D.: Die Anschauung als wichtiger Schritt auf dem Weg zur Erkenntnis im naturwissenschaftlichen Unterricht. Die Schulwarte 21 (1968 a), H. 2, 128-136
Rodi, D. (Bearbeiter): Biologie und curriculare Forschung. Köln: Aulis 1975
Rodi, D.: Der Bildungsauftrag eines Naturkundemuseums, aufgezeigt am Bereich Landschaftsgeschichte des Städtischen Museums Schwäbisch Gmünd. In: *Rodi* (1975), 155-162
Rodi D.: Ein Strukturierungsansatz für den Biologieunterricht in der Sekundarstufe I durch das ökologische Konzept. In: *Kattmann/Isensee* (1977), 185-196
Rodi, D.: Schulgartenarbeit in der Hauptschule. In: *Hedewig/Knoll* (1986), 72-78
Rodi, D./Bauer, E. W. (Hrsg.): Biologiedidaktik als Wissenschaft. Köln: Aulis 1980
Rodi, D./Begerow, G.-G./Linhart, D./Schneider, H.: Umwelt Luft. IPN Einheitenbank Biologie. Köln: Aulis 1991
Röhrs, M.: Frieden - eine pädagogische Aufgabe. Braunschweig: Pedersen/Westermann 1983
Rolbitzki, D.: Diagnostik der Lern- und Leistungsmotivation im Biologieunterricht. PdN-B 31 (1982), H. 2, 53-64
Rolbitzki, D.: Empirische Untersuchung zu Leistungsmotivationen und Schulinteressen bei Hauptschülern am exemplarischen Beispiel des Biologieunterrichts. Frankfurt: Lang 1983
Ronneberger, D.: Modelle zur Mechanik des Innenohres. UB 14 (1990), H. 157, 47-50
Röpke, R.: Einsatzmöglichkeiten von Kleincomputern im Biologieunterricht. PdN-B 33 (1984), H.11, 344-347
Röpke, R.: Biologie experimentell. Ein Arbeitsbuch mit Rechen- und Simulationsprogrammen für den Biologieunterricht mit zugehöriger Diskette. Köln: Aulis 1987
Röpke, R.: Meßwerterfassung in der Biologie. Computer + Unterricht 1 (1991), H.4, 32-33
Rost, J./Eigenbrodt, D./Davier, M.v./Senkbeil, M.: Ein Situationsfragebogen zur Erfassung von Bewältigungsstrategien beim Umgang mit bedrohlichen Informationen über die Umwelt. In: *Eulefeld* (1992), 217-228
Roth, H.: Pädagogische Psychologie des Lehrens und Lernens. Hannover: Schroedel 1966
Roth, L. (Hrsg.): Handlexikon zur Erziehungswissenschaft. München: Ehrenwirth 1976
Rottländer, E.: Wissenschaftspropädeutische und fächerübergreifende Behandlung evolutionstheoretischer Fragen im Unterricht. MNU 42 (1989 a), H. 2, 104-108
Rottländer, E.: Zur Diskussion Schöpfungsmodell kontra Evolutionstheorie. PdN-B 38 (1989 b), H. 8, 9-20
Rottländer, E.: Quellenarbeit im Biologieunterricht mit der Methode des Gruppenpuzzles. MNU 45 (1992), H. 2, 82-87; H. 3, 167-172

Rottländer, E./Reinhard, P.: Zur Konzeption eines Fortbildungsprojektes mit fächerübergreifenden Aspekten für Biologielehrer. MNU 41 (1988), H. 3, 172-177
Ruppolt, W.: Das Beobachtungs- und Versuchsprotokoll in Klasse 7. MNU 19 (1966/67), H. 10, 355-361
Ruppolt, W.: Weshalb bevorzugen die Schüler auf der Unter- und Mittelstufe die Tierkunde? MNU 20 (1967), H. 9, 366-370
Rupprecht, R.: Das Tierschutzgesetz. UB 3 (1979), H. 30, 25-32
Rüther, F.: Biologie - Biologiedidaktik - Biologieunterricht. biol. did. 1 (1978), H. 2, 59-67
Rüther, F.: Der Arbeitsprojektor im Biologieunterricht. Didaktische Möglichkeiten und Grenzen. In: *Rodi/Bauer* (1980), 199-206
Rüther, F./Stephan-Brameyer, B.: Die »Beobachtung« im Biologieunterricht der Sekundarstufe I. Empirische Untersuchungen zur Effektivität vergleichender und monographischer Verfahren. In: *Hedewig/Staeck* (1984), 96-113
Sachsse, H.: Naturerkenntnis und Wirklichkeit. Braunschweig: Vieweg 1967
Sachsse, H.: Die Erkenntnis des Lebendigen. Braunschweig: Vieweg 1968
Sackser, D.: Die menschliche Geschlechtlichkeit. Ein mehrfach schulpraktisch erprobtes Unterrichtsmodell für den Biologieunterricht der Klassen 5 und 6. Düsseldorf: Päd. Institut 1978
Sackser, D.: Elternarbeit und Sexualerziehung. WPB 31 (1979), H. 4, 144-148
Salzmann, H. C.: Überlegungen und Argumente zum Thema »Naturgarten«. Zofingen: Schweizerisches Zentrum für Umwelterziehung des WWF 1980
Salzmann, H. C.: Umwandlung des Zierrasens in eine Blumenwiese. Zofingen: Schweizerisches Zentrum für Umwelterziehung des WWF 1981
Sandrock, F.: Das MAM-System Biologie. BU 16 (1980), H. 4, 5-29
Scarbath, H.: Geschlechtserziehung. Heidelberg: Quelle & Meyer 1969
Scarbath, H.: Blinde Flecken in der neueren Sexualpädagogik. Notizen zur humanen Orientierung von Sexualverhalten und Sexualerziehung. WPB 26 (1974), H.7, 351-355
Scarbath, H.: Friedenserziehung. 1976 a. In: *Roth, L.* (1976), 192-197
Scarbath, H.: Sexualerziehung. 1976 b. In: *Roth, L.* (1976), 402-406
Schaaf, R. (Hrsg.): Tierversuche. UB 10 (1986), H. 111
Schad, W.: Bepflanzung. In: *Rauch, M.* (Hrsg.): Schulhof-Handbuch. Langenau-Albeck: Vaas 1981
Schaefer, G.: Probleme der Curriculum-Konstruktion. BU 7 (1971 a), H. 4, 6-17
Schaefer, G.: Fach - Didaktik - Fachdidaktik. MNU 24 (1971 b), H. 7, 390-396
Schaefer, G.: Kybernetik und Biologie. Stuttgart: Metzler 1972 a
Schaefer, G.: Probleme der Regelkreisdarstellung. MNU 25 (1972 b), H. 6, 321-326
Schaefer, G.: Informationstheoretische Bemerkungen zur Ableitung von Unterrichtszielen. PdN-B 22 (1973), H. 1, 1-6
Schaefer, G.: Ökologie - Lehrfach oder Unterrichtsprinzip? In: *Müller, P.* (1975), 269-274
Schaefer, G.: Integrierte Naturwissenschaft oder mehr Biologie? MNU 29 (1976 a), H. 5, 271-276; auch: Mitt. d. VDBiol (1976 a), Nr. 220, 1048-1050
Schaefer, G.: Was ist »Wachstum«? 1976 b. In: *Schaefer/Trommer/Wenk* (1976), 58-90
Schaefer, G.: Die Oberstufenbiologie im Lichte des Normenbuches. MNU 29 (1976 c), H. 2, 65-70
Schaefer, G.: Lebewesen und Modell. 1977 a. In: *Schaefer/Trommer/Wenk* (1977), 86-100
Schaefer, G.: Strukturierung von Biologieunterricht nach systemtheoretischen Gesichtspunkten. 1977 b. In: *Kattmann/Isensee* (1977), 221-236
Schaefer, G.: Inklusives Denken - Leitlinie für den Unterricht. 1978 a. In: *Trommer/Wenk* (1978), 10-29
Schaefer, G.: Kybernetik im Biologieunterricht. UB 2 (1978 b), H. 21, 2-10

Schaefer, G.: Muß ein Biologielehrer Biologe sein? 1978 c, In: *Eulefeld/Rodi* (1978), 24-38
Schaefer, G.: Die Wissenschaftssprache der Biologie im Lichte inklusiven Denkens. In: *Schaefer/ Loch* (1980), 99-134
Schaefer, G: Zur Schwierigkeit des Biologieunterrichts. PdN-B 31(1982 a), H. 10, 289-292
Schaefer, G.: Trends im Biologieunterricht europäischer Länder. 1982 b In: *Hedewig/Rodi* (1982), 19-36
Schaefer, G.: Der Energiebegriff im ökologischen Kontext. PdN-B 32 (1983), H. 7, 197-202
Schaefer, G.: Naturwissenschaftlicher Unterricht auf dem Wege vom exklusiven zum inklusiven Denken. MNU 37 (1984), H. 6, 324-336
Schaefer, G.: Ziele und Tätigkeiten der Commission for Biological Education (CBE) der International Union of Biological Sciences (IUBS). In: *Hedewig/Knoll* (1986), 322-329
Schaefer, G.: Der Biologie-Lehrer als Gesundheitserzieher. Bremen: VDBiol. 1987
Schaefer, G.: Die Entwicklung von Lehrplänen für den Biologieunterricht auf der Grundlage universeller Lebensprinzipien. MNU 43 (1990 a), H. 8, 471-480
Schaefer, G.: Gesundheit - Vorstellungen in verschiedenen Kulturen. 1990 b. In: Friedrich Verlag (1990), 10-13
Schaefer, G.: Begriffsforschung als Mittel der Unterrichtsplanung. In: *Entrich/Staeck* (1992), 128-239
Schaefer, G./Bayrhuber, H.: Analogien und Unterschiede zwischen technischer und biologischer Steuerung. Der Physikunterricht 7 (1973), H. 2, 90-101
Schaefer, G./Loch, W. (Hrsg.): Kommunikative Grundlagen des naturwissenschaftlichen Unterrichts. Weinheim/Basel: Beltz 1980
Schaefer, G./Trommer, G./Wenk, K. (Hrsg.): Wachsende Systeme. Leitthemen 1/76. Braunschweig: Westermann 1976 (jetzt: Köln: Aulis)
Schaefer, G./Trommer, G./Wenk, K (Hrsg.): Denken in Modellen. Leitthemen 2/77. Braunschweig: Westermann 1977 (jetzt: Köln: Aulis)
Schäferhoff, H.: Auf den ersten Blick. Unterrichtsanregung zur Humanethologie in der Sekundarstufe II. PdN-B 42 (1993), H. 1, 36-41
Schanz, E.: Zum Problem kindlicher Abneigung gegenüber Tieren. BU 8 (1972), H. 1, 43-124
Scharf, K.-H.: »Die Kurzhalshypothese«. PdN-B 32 (1983), H. 12, 374-387
Scharf, K.-H. (Hrsg.): Naturschutz in der Schule. PdN-B 35 (1986), H .2
Scharf, K.-H. (Hrsg.): Artenschutz. PdN-B 37 (1988), H. 6
Scharf, K.-H./Stripf, R. (Hrsg.): Evolution - Kreationismus. PdN-B 38 (1989), H. 8
Scharf, K.-H./Tönnies, U.: Serie: Historische Experimente. PdN-B 38 (1989), H. 7, 32-36; H. 8, 44-47; PdN-B 39 (1990), H. 1, 42-46; H. 2, 39; H. 3, 44
Scharl, W.: Mikroskopisches Arbeiten im 9. Schuljahr im Rahmen einer freiwilligen Arbeitsgemeinschaft. BU 19 (1983), H. 4, 5-33
Scheele, I: Von Lüben bis Schmeil. Die Entwicklung von der Schulnaturgeschichte zum Biologieunterricht zwischen 1830 und 1933. Berlin: Reimer 1981
Scherf, G.: Zur Bedeutung pflanzlicher Formenkenntnisse für eine schützende Einstellung gegenüber Pflanzen und zur Methodik des formenkundlichen Unterrichts. München: Münchener Schriften zur Didaktik der Biologie 1986
Scherf, G.: Vom deutschen Wald zum deutschen Volk. Biologieunterricht in der Volksschule im Dienste nationalsozialistischer Weltanschauung und Politik. In: *Dithmar, R.* (Hrsg.): Schule und Unterricht im Dritten Reich. Neuwied: Luchterhand 1989, 217-234
Scherf, G./Bienengräber, B.: Grundkenntnisse über Umweltgefährdung und Umweltschutz bei 9- bis 12-jährigen Schülern (Grund- und Hauptschule). MNU 41 (1988), H. 7, 419-427
Schiffler, H.: Schule und Spielen. Ravensburg: Maier, 2. Aufl. 1979
Schilke, K. (Hrsg.): Spiele im Biologieunterricht. UB 5 (1981), H. 64

Schilke, K./Zacharias, F.: Schulgartenarbeit - Konzeption und Erfahrungen. BioS 41 (1992), H. 6, 216-223
Schill, W.: Studieneinheit Auditive Medien. Medien im Unterricht. Fernstudium Erziehungswissenschaft. Tübingen: DIFF 1978
Schlaegel, J./Schoof-Tams, K./Walczak, L.: Beziehungen zwischen Jungen und Mädchen. Sexualmedizin 4 (1975), H. 4, 206-218
Schlichting, J.: Schöne fraktale Welt - Annäherung an ein neues Konzept der Naturwissenschaften. MNU 45 (1992), H. 4, 202-214
Schlitter, A./Berck, K.-H.: Der Dshungarische Zwerghamster - ein neues Versuchstier für den Biologieunterricht - Lernverhalten. MNU 40 (1987), H. 7, 422-428
Schlüter, W.: Mikroskopie. Köln: Aulis 1975
Schmack, E.: Chancen der Umwelterziehung. Grundlagen einer Umweltpädagogik und Umweltdidaktik. Düsseldorf: Schwann 1982
Schmale, E./Zöller, W. W.: Rollenspiele im Unterricht, dargestellt für das Fach Biologie. PdN-B 37 (1988), H. 8, 41-45
Schmeil, 0.: Über die Reformbestrebungen auf dem Gebiete des naturgeschichtlichen Unterrichts. Stuttgart: 1896
Schmid-Tannwald, I./Urdze, A.: Sexualität und Kontrazeption aus der Sicht der Jugendlichen und ihrer Eltern. Stuttgart: Kohlhammer 1983
Schmidkunz, H./Lindemann, H.: Das forschend-entwickelnde Unterrichtsverfahren. München: List 1976; 3. Aufl. Essen: Westarp 1992
Schmidt, E.: Bilddeutungen als informelle Tests zu morphologisch-anatomischen Übungen. NiU 22 (1974), H. 2, 80-87
Schmidt, E.: Systemimmanente Grenzen exakter Begriffsbestimmungen als Problem der Biologiedidaktik. In: *Entrich/Staeck* (1992), 212-220
Schmidt, H.: Warum singen die Amselmännchen im Frühjahr?. PdN-B 30 (1981), H. 5, 135-139
Schmidt, H.: Der «Piltdown-Mensch». Die Geschichte einer mysteriösen Fälschung. PdN-B 33 (1984), H. 3, 75-86
Schmidt, H.: Die Erde und das Leben. PdN-B 38 (1989), H. 3, 1-7
Schmidt, R.: Erfahrungen mit Projekttagen in der gymnasialen Oberstufe. In: *Entrich/Staeck* (1992), 429-432
Schmidt; R.-B.: Sexualerziehung in der Sekundarstufe I. BioS 42 (1993), H. 3, 102-105
Schmidt-Sinns, D. (Redaktion): Umweltschutz als fächerübergreifendes Curriculum. Schriftenreihe der Bundeszentrale für politische Bildung, Heft 99. Bonn: 1974
Schminke, H. K./Schultz, W.: Arbeitstransparente von Bauplänen der Tiere. UB 5 (1981), H. 60/61, 16-18
Schmitt, C.: Der Biologische Schulgarten. Freising-München: Datterer o. J.
Schneider, E.: Computereinsatz im Grundkurs Genetik. - Ein Programm zur Demonstration der statistischen Natur des 2. Mendelschen Gesetzes. PdN-B 35 (1986), H.2, 27-36
Schneider, H.: Quantifizierender Einsatz von Modellen im Biologieunterricht, aufgezeigt am Beispiel der menschlichen Wirbelsäule. NiU-B 29 (1981), H. 8, 259-263
Schneider, I: »Kindchenschema« - Untersuchung einer Originalarbeit. Unterrichtsmodell für die Sekundarstufe II. UB 9 (1985), H. 110, 23-33
Schneider, K./Walter, U.: Lernfördernde Gestaltung von Bild- und Textmaterialien für den Gesundheitsbereich. Frankfurt: Lang 1992
Schneider, V.: Gesundheit - was ist das heute? 1990 a. In: Friedrich Verlag (1990), 8 f.
Schneider, V.: Motiviert für Gesundheit? Inhalte und Methoden einer schulischen Gesundheitsförderung. 1990 b. In: Friedrich Verlag (1990), 30-33
Scholz, F.: Problemlösender Unterricht. Essen: Neue Deutsche Schule 1980

Schoof, J.: Projektorientierter Unterricht. Beispiel Biologie. Braunschweig: Westermann 1977
Schorr, E.: Gewässersteckbriefe. Computer und Unterricht 1 (1991), H. 3, 22-24
Schramm, E.: Wissenschaftsgeschichte und naturwissenschaftlicher Unterricht. MNU 40 (1987), H. 6, 368-369
Schröder, H.: Leistungsmessung und Schülerbeurteilung. Stuttgart: Klett 1974
Schroer, H. G.: Exkursionsführer Biologie. Köln: Aulis 1980
Schrooten, G: Kausalforschung in der Biologie. BU 4 (1968), H. 1, 4-10
Schrooten, G.: Schriftliche Klassenarbeiten im Wahlpflichtfach Biologie. BU 7 (1971), H. 1, 48-55
Schrooten, G.: Empfehlungen für die schriftlichen Leistungsüberprüfungen im Fach Biologie in der Sekundarstufe II. BU 10 (1974), H. 3, 46-59
Schrooten, G: Der Begriff der »Instinkthandlung« in der Vergleichenden Verhaltensforschung. BU 12 (1976), H. 1, 68-96
Schrooten, G.: Das Hardy-Weinberg-Gesetz - Aussage, Beweis und Bedeutung. BU 14 (1978), H. 2, 26-35
Schrooten, G.: »Anpassung« (»Adaptation«) - ein Beispiel für die Schwierigkeit, biologische Sachverhalte eindeutig auszudrücken. BU 17 (1981 a), H. 3, 56-60
Schrooten, G.: Ethologie 1. (Quellentexte). Klett: Stuttgart 1981 b
Schröpfer, R: Die Mongolische Rennmaus (Meriones unguiculatus) - eine für den Biologieunterricht neue Versuchstierart. PdN-B 27 (1978), H. 4, 85-90
Schröpfer, R.: Die Mongolische Rennmaus (Meriones unguiculatus) im ethologischen Experiment. PdN-B 28 (1979), H. 6, 141-153
Schröpfer, R. (Hrsg.): Säuger. UB 6 (1982), H. 66
Schulte, G.: Ein ökologisches Konzept zur Strukturierung von Biologieunterricht in der Sekundarstufe I. In: *Kattmann/Isensee* (1977), 158-184
Schulte, H.: Präparate zur Einführung in die mikroskopische Arbeit. NiU 23 (1975), H. 3, 127-131
Schulte, H.: Modelle im Biologieunterricht des Sekundarbereichs. BU 14 (1978 a), H. 3, 83-101
Schulte, H.: Zellbiologischer Unterricht und mikroskopische Arbeit im Sekundarschulbereich. Kastellaun: Henn 1978 b
Schulz, I.: Übertragung der vorläufigen Rahmenpläne Biologie auf die Schulen im Ostteil Berlins. BioS 40 (1991), H. 5, 170-172
Schulz, W.: Unterricht - Analyse und Planung. In: *Heimann/Otto/Schulz* (1977), 13-47
Schulz, W.: Unterrichtsplanung. München/Wien/Baltimore: Urban & Schwarzenberg, 3. Aufl. 1981
Schulz-Kühnel, U.: Vogelschutz im Ökogarten. PdN-B 30 (1981), H. 8, 228-235
Schulz zur Wiesch, G.: Der Schaukasten im Dienst des naturwissenschaftlichen Unterrichts. NiU 20 (1972), H. 3, 118-121
Schulze, I./Hagerbäumer, R.: Modellversuch zum Treibhauseffekt. MNU 44 (1991), H. 2, 89-92
Schürer, L./Freytag, K.: Mein Mikroskop. Köln: Aulis 1971
Schurig, V.: Lernziele biologischer Exkursionen. Hamburg: Interdisziplinäres Zentrum für Hochschuldidaktik der Universität 1979
Schuster, M.: Der Programmierte Unterricht. In: *Falkenhan* (1981), Bd. 2, 43-64
Schwab, J. J.: Die Struktur der Wissenschaften. In: *Ford, G. W./Pugno, L.* (Hrsg): Wissensstruktur und Curriculum. Düsseldorf: Schwann 1972, 27-76
Schwadtke, B.: Comics als Unterrichtsmedien im Sexualunterricht. WPB 27 (1975), H. 4, 215-222
Schwarberg, W./Palm, W.: »Wand oder Rand«. Verhaltenslehre - Schülerexperimente in der 7. Klasse mit Rennmäusen und Weißen Mäusen. NiU-B 26 (1978), H. 11, 324-334

Schwarz, E.: Gartenkresse im Unterricht. NiU-B 27 (1979), H. 9, 276-281
Schwarz, U.: Der Naturgarten. Frankfurt: Krüger 1980
Schwarz, U: Schüler legen einen Naturgarten an. PdN-B 30 (1981), H. 8, 250-252
Schwarz, U.: Der Naturgarten. MNU 36 (1983 a), H. 2, 100-103
Schwarz, U.: Anlage eines Naturgartens an der Kantonsschule Solothurn durch Schüler. MNU 36 (1983 b), H. 3, 170-174
Schwarzer, R.: Psychologie des Gesundheitsverhaltens. Göttingen: Hogrefe 1990
Schweitzer, A.: Gesammelte Werke in 5 Bänden. Band 2. München: Beck 1975
Schweitzer, A.: Die Lehre von der Ehrfurcht vor dem Leben. München: Beck 1976
Schwoerbel, W.: Philosophisch-ethische Aspekte des Biologieunterrichts. Lehren und Lernen 8 (1982), H. 11, 60-80
Seelig, G. F.: Beliebtheit von Schulfächern. Weinheim/Berlin/Basel: Beltz 1968
Seger, J.: Schüler lernen von jüngeren Schülern. Interaktionsformen zwischen Schülern durch Bildergespräche. UB 14 (1990), H. 158, 43-45
Sehmrau, W.: Zur Beschriftung von Skizzen, Zeichnungen, Abbildungen und Stempeln. BioS 29 (1980), H. 2/3, 74-76
Seidel, E./Berner, P. (Hrsg.): Environmental Education in the GDR. Berlin: Centre for the Protection and Improvement of the Environment 1987
Seidler, H./Rett, A.: Das Reichssippenamt entscheidet. Rassenbiologie im Nationalsozialismus. Wien/München: Jugend und Volk 1982
Seidler, H./Rett, A.: Rassenhygiene. Ein Weg in den Nationalsozialismus. Wien/München: Jugend und Volk 1988
Sekretariat der Ständigen Konferenz der Kultusminister der Länder in der BRD (Hrsg.): Umwelterziehung in der Schule. Bonn 1987
Sengbusch, P. von: Einführung in die Allgemeine Biologie. Berlin/Heidelberg: Springer, 3. Aufl. 1985
Senghaas, D. (Hrsg.): Kritische Friedensforschung. Edition Suhrkamp 478. Frankfurt: Suhrkamp 1971
Seybold, H.: Interdisziplinäre Ansätze in Curricula zur Umwelterziehung. Die Deutsche Schule 71 (1979), H. 11, 697-708
Seybold, H./Bolscho, D. (Hrsg.): Umwelterziehung: Bilanz und Perspektiven. *Günter Eulefeld* zum 65. Geburtstag. IPN-Schriftenreihe 134. Kiel: 1993
Siedentop, W.: Methodik und Didaktik des Biologieunterrichts. Heidelberg: Quelle & Meyer, 4. Aufl. 1972
Siedentop, W./Flindt, R.: Arbeitskalender für den biologischen Unterricht. Heidelberg: Quelle & Meyer, 3. Aufl. 1978
Sieger, M.: Euplotes - ein neues Anschauungsobjekt für die praktische Schulmikroskopie. NiU 21 (1973), H. 1, 34-45
Sieger, M.: Zeugnisse der Evolution. In: *Kattmann/Palm/Rüther* (1979), Lehrerbd. 9/10, 44-59
Siemon, M.: Aquarien im Unterricht. NiU-B 30 (1982 a), H. 3, 81-93
Siemon, M.: Haltung und Pflege von Aquarien im Unterricht einer 5. Hauptschulklasse. BU 18 (1982 b), H. 1, 37-62
Sigusch, V./Schmidt, G.: Jugendsexualität. Stuttgart: Enke 1973
Simon, H.: Fachunterrichtsraum Biologie (1). BioS 22 (1973), H. 4, 117-128
Simon, H.: Modellmethode und Modellbildung in interdisziplinären Lehrveranstaltungen. In: *Simon, H.* (Hrsg.): Computer-Simulation und Modellbildung im Unterricht. München/Wien: Oldenbourg 1980, 235-266
Simonsmeier, J.: Bericht über eine mehrtägige ökologische Exkursion in die Alpen. BU 20 (1984), H. 1, 4-50

Skaumal, U.: Richtlinien zur Sexualerziehung. Kiel: IPN 1986

Skaumal, U./Plänitz, E.: Materialien zum Thema »Drogen und Suchtprobleme«. Köln: Aulis 1983

Skaumal, U./Staeck, L.: Die Biologielehrpläne für die Sekundarstufe I 1980. Synopse der Lehrpläne der Länder der Bundesrepublik Deutschland. Köln: Aulis 1980

Soine-Wolf, A./Goppel, C.: Waldspiele im Schullandheim. UB 10 (1986), H. 114, 18-22

Sommermann, U.: Der Wald als Ökosystem. (Verwendung desMAM-Lernsets) BU 16 (1980), H. 4, 15-29

Sönnichsen, G.: Die Erneuerung des Biologieunterrichts im Rahmen der modernen Curriculumforschung. Hannover: Schroedel 1973

Spandl, O. P.: Didaktik der Biologie. München: Don Bosco 1974

Spanhel, D.: Die Unterrichtssprache in ihrer Vermittlungsfunktion zwischen Umgangssprache und naturwissenschaftlicher Fachsprache. In: *Schaefer/Loch* (1980), 175-187

Spieß, W.: Wissenschaftspropädeutik: Warnung und Widerruf. Schulpraxis (1982), H. 2-4, 9-13

Springer, M.: Die dem Lehrer auferlegten Verpflichtungen zur Sexualerziehung - Die Diskrepanz zwischen Verordnungen und Wirklichkeit. Sexualpädagogik 6 (1978), H. 2, 18-20

Stachowiak, H.: Gedanken zu einer allgemeinen Theorie der Modelle. Studium Generale 18 (1965), H. 7, 432-463

Stachowiak, H. (Hrsg.): Modelle von Modelldenken im Unterricht. Heilbrunn: Klinkhardt 1980

Staeck, L.: Arbeiten mit dem lebenden Objekt im Biologieunterricht. NiU 20 (1972 a), H. 3, 128-133

Staeck, L.: Die Ausstattung der Hauptschulen für den Biologieunterricht. NiU 20 (1972 b), H. 4, 181-183

Staeck, L.: Medien im Biologieunterricht. Königstein/Ts.: Scriptor 1980

Staeck, L.: Unterrichtsforschung als Aufgabe der Biologiedidaktik. In: *Hedewig/Staeck* (1984), 33-49

Staeck, L.: Zeitgemäßer Biologieunterricht. Stuttgart: Metzler, 3. Aufl. 1987

Staeck, L.: Gesundheitserziehung heute. Überwindung traditioneller Konzepte. In: Friedrich Verlag (1990), 25-29

Staeck, L.: Biologie. In: *Riquarts, K.,* u. a. (Hrsg.): Naturwissenschaftliche Bildung in der Bundesrepublik Deutschland. Bd. III. Kiel: IPN 1991 a, 13-56

Staeck, L.: Situation der Schulbiologie in den Alt-Bundesländern seit Mitte der 80er Jahre. In: BioS 40 (1991 b), H. 7/8, 267 f.

Staeck, L.: Serie: Biologieunterricht in europäischen Staaten. BioS 42 (1993), H. 1 ff.

Starke, K-H.: Einführung in das Mikroskopieren in Klasse 5. NiU-B 26 (1978), H. 5, 135-137

Starosta, B.: Erkundungen der belebten Natur nach dem Prinzip des entdeckenden Lernens. In: *Killermann/Staeck* (1990), 316-326

Starosta, B.: Empirische Untersuchung zur Methodik des gelenkten entdeckenden Lernens in der freien Natur und über den Einfluß der Unterrichtsform auf kognitiven Lernerfolg und Interesse für biologische Sachverhalte. MNU 44 (1991), H. 7, 422-431

Stawinski, W.: Untersuchungen zur Entwicklung von Biologielehrbüchern für die Klassenstufen 4 bis 6 der allgemeinbildenden Schulen in Polen. In: *Hedewig/Rodi* (1982), 37-49

Stawinski, W.: Die Entwicklung von Erhebungsinstrumenten zur Erfassung der Prozesse und Wirkungen von Schülerübungen im Biologieunterricht. In: *Hedewig/Staeck* (1984), 78-95

Stawinski, W.: Research into the effectiveness of student experiments in biology teaching. European Journal of Science Education 8 (1986), H. 2, 213-224

Steckhan, H.: Haben Schulgärten noch eine Chance? In: Stader Jahrbuch 1975, 79-114

Stegerer, A.: Arbeitsteiliger Gruppenunterricht - aufgezeigt am Thema: Welche Aufgaben haben die Schwungfedern beim Fliegen? NiU-B 32 (1984), H. 1, 9-20

Steinbuch, K.: Denken in Modellen. In: *Schaefer/Trommer/Wenk* (1977), 10-17
Steinecke, F.: Methodik des biologischen Unterrichts an höheren Lehranstalten. Heidelberg: Quelle & Meyer, 2. Aufl. 1951 a
Steinecke, F.: Der Schulgarten. Heidelberg: Quelle & Meyer 1951 b
Steiner, G.: Tierzeichnungen in Kürzeln. Stuttgart: Fischer 1982
Steinmetz, H.: Einstiege in Themen der Genetik anhand historischer Quellen. BU 20 (1984), H. 4, 16-32
Stengel, H.: Anleitung zu biometrischen Untersuchungen. Eine Einführung in die Biostatistik. Bonn: Dümmler 1975
Stenzel, A.: Herbizide auf dem Schulrasen. UB 3 (1979), H. 36/37, 74-79
Stephan, J.: Tierhaltung und Tierpflege im Biologie-Unterricht. NiU 18 (1970), 529-534
Stichmann, W.: Didaktik Biologie. Düsseldorf: Schwann 1970
Stichmann, W.: Didaktische und methodische Aspekte der modernen Schulbiologie. In: *Stichmann, W./Krankenkagen, G.* (Hrsg.): Audiovisuelle Medien im Biologieunterricht. Stuttgart: Klett 1974, 9-31
Stichmann, W.: Arbeit auf dem ökologischen Lernpfad. In: *Müller, P.* (1977), 579-584
Stichmann, W.: Die Naturalien-Sammlung. UB 5 (1981), H. 60/61, 60-62
Stichmann, W.: Schulbiologie auf neuen Wegen. In: *Twellmann, W.* (Hrsg.): Handbuch Schule und Unterricht. Band 5,2. Düsseldorf: Schwann 1981, 605-617
Stichmann, W.: (Hrsg.): Jahreszeiten. UB 8 (1984), H. 91
Stichmann, W. (Hrsg.): Naturschutz. UB 9 (1985), H.108
Stichmann, W.: Ethische Aspekte der Umwelterziehung. In: *Hedewig/Stichmann* (1988) 107-115
Stichmann, W.: Die historische Dimension im Biologieunterricht. UB 13 (1989), H. 146, 55-58
Stichmann, W. (Hrsg.): Fünf-Minuten-Biologie. UB 16 (1992), H. 176
Stichmann, W./Ant, H.: Wichtige Tiere für Studium und Unterricht. Hamm: Bergmann 1972
Stipproweit, A./Ant, H.: Friedrich Junge (1832-1905) - Wegbereiter eines ökologisch orientierten Biologieunterrichts. In: *Ant/Stipproweit* (1986 a), 1-30
Stöcker, K: Neuzeitliche Unterrichtsgestaltung. 16. Aufl. 1975
Stöckle, C.: Zeitalter der Gentechnik - ein historischer Überblick. PdN-B 37 (1988), H. 4, 1-4
Storrer, J./Arend, D.: Einsatz von Dia- und Overheadprojektor im experimentellen Biologieunterricht II. PdN-B 33 (1984), H. 8, 249-253
Storrer, J./ Bässler, U./Arend, D.: Einsatz von Dia- und Overheadprojektoren im experimentellen Biologieunterricht III. PdN-B 33 (1984), H. 11, 341-343
Stottele, T.: Ergebnisse von Jugendaktionen für die Öffentlichkeitsarbeit von Umweltverbänden und Umweltschutzinitiativen.1991 a. In: *Pfadenhauer* (1991), 875-881
*Stottele, T.:*Jugendaktionen als Modell handlungsorientierten Lernens. UB 15 (1991 b), H. 167, 40-43
Stottele, T.: Nicht für die Schule, für's Überleben lernen wir. Praxis Geographie 23 (1993), H. 2, 34-38
Strauß, W.: Die »Feldanalyse« als didaktisches Instrument, vorgestellt am Thema »Gehörorgan des Menschen/Hören«. NiU-B 25 (1977), H.4, 97-102
Strauß, W.: Aggression, das unbekannte Phänomen. Forschungsergebnisse und didaktische Analyse. Hamburg: Sample 1980 a
Strauß, W.: Aggressive Interaktionen bei Kindern - ein Vergleich. UB 4 (1980 b), H. 44, 31-35
Strauß, W.: Friedensarbeit im Biologieunterricht. UB 12 (1988 a), H. 133, 42-45
Strauß, W.: Friedenssicherung - ein Thema des Biologieunterrichts? 1988 b. In: *Hedewig/Stichmann* (1988), 118-129
Strey, G.: Die biologische Exkursion. In: *Eschenhagen* (1973)
Strey, G.: Zum Defizit der Biologiedidaktik. NiU-B 28 (1980), H. 6,176-184

Strey, G.: Wissenschaft und Alltag im Biologieunterricht. biol. did. 4 (1981), H. 1, 34-39; H. 2, 22-28; biol. did. 5 (1982), H. 2, 20-27

Strey, G.: Der Erfahrungsbereich der Schüler - und wie man (vielleicht) doch etwas darüber erfährt. NiU-B 30 (1982), H. 6, 229-230

Strey, G.: Natur in Wissenschaft, Alltag und Unterricht. Ein biologiedidaktisches Arbeitssystem. Bad Salzdetfurth: Franzbecker 1986

Strey, G.: Umweltethik und Evolution. Göttingen: Vandenhoeck & Ruprecht 1989

Strick, H. K.: Einführung und Anwendung des Chiquadrat-Tests im Biologieunterricht der Sekundarstufe II. MNU 36 (1983), H. 1, 36-41

Stripf, R.: Lamarck - Cuvier - Geoffroy und der Akademiestreit. UB 8 (1984), H. 100, 30-35

Stripf, R.: Evolution - Geschichte einer Idee. Stuttgart: Metzler 1989

Stripf, R./Pflumm, W./Wilhelm, K./Kattmann, U.: Historische Texte zur Begründung der Systematik und Evolutionstheorie. BU 20 (1984), H. 4, 33-64

Strotkoetter, E.: Die Verwendung einiger Zimmerpflanzen im Biologieunterricht. Z. f. Naturehre. u. -kunde 17 (1969), 218-222

Strube-Harms, U.: Das Modell des Hyperzyklus. Ein Simulationsspiel für den Biologieunterricht. biol. did. 6 (1984), H. 3, 31-43

Sturm, H.: Der Vergleich im Naturkundeunterricht - seine Eigenart und seine Grenzen. Z. f. Naturlehre u. -kunde 15 (1967), H. 1, 18-26

Sturm, H.: Eigenart und Wirksamkeit der biologischen Sammlung. NiU 20 (1972), H. 5, 213-228

Sturm, H.: Beobachtung im Biologieunterricht - ein Versuch zur Begriffsklärung. MNU 27 (1974), H. 6, 339-344

Sturm, H.: Der Dia-Projektor als Vergrößerungsgerät für Naturobjekte. UB 5 (1981), H. 60/61, 36-38

Sturm, H. (Hrsg.): Formenkenntnis. UB 6 (1982), H. 68

Süßmann, G./Rapp, H. R. (Hrsg.): Glaube und Naturwissenschaft. Quellentexte. Göttingen: Vandenhoeck & Ruprecht, 5. Aufl. 1981

Sula, J.: Das Vergleichen und seine Bedeutung für die Bildung elementarer biologischer Begriffe. BU 4 (1968), H. 3, 21-39

Tausch-Treml, S./Tempel, R.: Ökologische Stadterkundung. UB 17 (1993), H. 188, 16-20

Teichert, R.: Zur Freilandbiologie im Unterricht. Eine annotierte Bibliographie. Kiel: IPN 1993

Teschner, D.: Versuche mit Insekten. Heidelberg: Quelle & Meyer 1979

Terstegge, G.: Der Computer ordnet die Sammlung. PdN-B 37 (1988), H. 8, 26-29

Teutloff, G.: Aktion »Grüner Schulhof«. UB 7 (1983), H.79, 53-57

Teutloff, G.: Schulgarten erhalten. BioS 40 (1991), H.5, 182-185

Teutloff, G./Schubert, F.: Mauer im Kopf. Biologieunterricht der DDR im Spannungsfeld von Ideologie und Realität. UB 15 (1991), H. 168, 51-53

Teutloff, G./Schubert, F.: Schüler und Umwelt 1991 - eine vergleichende Untersuchung Ost- und Westberliner Schüler. UB 16 (1992), H.176, 48-49

Teutsch, G. M.: Möglichkeiten und Probleme der Umwelterziehung. Lehren und Lernen 7 (1981), H. 12, 1-20

Teutsch, G. M.: Lexikon der Umweltethik. Göttingen: Patmos 1985

Thiel, W./Sibbing, W.: Empirische Untersuchungen in einem Jugendwaldheim. NiU-B 31 (1983), H. 5, 150-153

Thiel-Ludwig, U.: Unterrichtseinheit: Tierjunges - Menschenkind. Eine vergleichende Untersuchung frühkindlicher Bedürfnisse. PdN-B 29 (1980), H. 6, 172-191

Thies, M./Gaberding, K.-H.: Ein Film für den ökologischen Unterricht. UB 5 (1981), H. 60/61, 22-27

Thiessen, H.: Zum Thema: Zelle im 5. Schuljahr. Teil II. NiU-B 26 (1978), H. 7, 196-207

Tiemann, H./Hagemann, T.: Uneigennütziges Verhalten bei Ameisen. UB 17 (1993), H. 185, 52 f.
Tille, R.: Lehrpläne und Biologieunterricht in der DDR: Erinnerungen und Erfahrungen. (1) bis (4). BioS 41 (1992), H. 10, 321-324; H. 11, 382-386; H. 12, 427-429; BioS 42 (1993), H. 4, 134-140
Timischl, W.: Anwendungen der Mathematik in den Biowissenschaften. Beiträge zum mathematisch-naturwissenschaftlichen Unterricht (1979), H. 36, 42-62
Timmermann, J.: Geschichte des Biologieunterrichts und der Biologiedidaktik. In: *Killermann/ Klautke* (1978), 295-312
Titzmann, M.: Der Computer, nur ein Exot im Biologieunterricht? BioS 42 (1993), H.1, 23-27
Tinbergen, N.: Instinktlehre. Berlin/Hamburg: Parey 1952
Todt, E. (Hrsg.): Motivation. Heidelberg: Quelle & Meyer 1977 a
Todt, E.: Interesse an Biologie. Untersuchungen an Schülern und Schülerinnen der Sekundarstufe I. In: Arbeiten zum 70. Geburtstag von Prof. Dr. *H. Desselberger.* Gießen: Institut für Biologiedidaktik der Universität 1977 b, 205-216
Todt, E./Schütz, G./Moser, A.: Gesundheitsbezogene Interessen in der Sekundarstufe I. Stuttgart: Klett 1978
Tränkle, E.: Der genetische Code. Überprüfung der Optimalform im Computerexperiment. MNU 35 (1982), H. 2, 93-99
Treitz, P.: Informelle Tests zur Leistungsmessung im Biologie-Unterricht der Hauptschule. NiU 22 (1974), H. 10, 454-458
Treml, K. (Hrsg.): Ethnopädagogik. Lernen in/von fremden Kulturen. Zeitschrift für Entwicklungspädagogik (ZEP) 9 (1986), H. 3
Tremp, V./Ziebarth, W./Schumacher, F.: Schüler erforschen ihre Umwelt. Computer + Unterricht 1 (1991), H. 3, 16-21
Trommer, G.: Wer überlebt am Blauen Meer? Simulationsspiel zum Gleichgewicht zwischen Mensch und Biosphäre für die S I und S II. Lehrmittel aktuell 4 (1978), H. 4, 41-52
Trommer, G.: Begrenzte Chance für die Erneuerung des Biologieunterrichts in der reformierten gymnasialen Oberstufe. PdN-B 29 (1980 a), H. 1, 4-10
Trommer, G.: Die Verwirklichung grundlegender Bezugskategorien der Oberstufenreform im Biologieunterricht. PdN-B 29 (1980 b), H. 3, 74-85
Trommer, G. (Hrsg.): Modelle im Unterricht. PdN-B 29 (1980 c), H. 8
Trommer. G.: Zur historischen Entwicklung des Themas »Naturschutz« im Biologieunterricht. Teil 1: MNU 36 (1983), H. 8, 468-474; Teil 2: MNU 37 (1984), H. 1, 16-22
Trommer, G.:»Ausmerze« in der NS-Lebenskunde. PdN-B 32 (1983), H. 4, 121-123
Trommer, G.: Geschoß und Panzerung - ein Kriegsmodell aus der Geschichte des Biologieunterrichts. PdN-B 33 (1984), H. 1, 22-24
Trommer, G.: Zur Kritik am naturgeschichtlichen Unterricht Anfang des 19. Jahrhunderts. Mitt. Technischen Universität Carolo-Wilhelmina zu Braunschweig 21 (1986), H. 2, 20-37
Trommer, G.: Draußen Naturerleben - historische Beispiele. UB 12 (1988), H. 137, 8-12
Trommer, G.: Natur im Kopf. Weinheim: Deutscher Studienverlag 1990 a
Trommer, G.: Zur Rede von Schädlingen im Biologieunterricht. UB 14 (1990 b), H. 154, 52-54
Trommer, G.: »Wilderness« - ein weittragendes Leitbild amerikanischen Naturverständnisses. In: *Pfadenhauer* (1992), 489-494
Trommer, G./Wenk, K (Hrsg.): Leben in Ökosystemen. Leitthemen 1/78. Braunschweig: Westermann 1978 (jetzt: Köln: Aulis)
Tulodziecki, G./Zimmermann, D.: Schulfernsehen und Unterrichtspraxis. Köln: Verlagsgesellschaft Schulfernsehen 1976
Tyler, R. W.: Curriculum und Unterricht. Düsseldorf: Schwann 1973

Uexküll, J. von/Kriszat, G.: Streifzüge durch die Umwelten von Tieren und Menschen - Bedeutungslehre. rde 13. Reinbek bei Hamburg: Rowohlt 1956

Uhlig, A./Baer, H.-W./Dietrich, G., u. a.: Didaktik des Biologieunterrichts. Berlin: Deutscher Verlag der Wissenschaften 1962

Ulshöfer, R.: Kooperativer Unterricht, Bd. I. Stuttgart: Klett 1971

UNESCO (Hrsg.): New trends in Biology teaching. Volume IV. Paris: UNESCO 1977

UNESCO (Hrsg.): Zwischenstaatliche Konferenz über Umwelterziehung Tiflis 1977. München: KG Saur 1979

UNESCO (Hrsg.): Moscow '87. UNESCO-UNEP Environmental Education Newsletter, Vol. XII, No 3, 1987

Unterbruner, U.: Lebendiges Lernen in der Umwelterziehung. Wien: ARGE 1986

Unterbruner, U.: Umweltangst, Umwelterziehung. Linz: Veritas 1991

Unterricht Biologie: Probleme der Sekundarstufe II. UB 4 (1980), H. 48/49, 74-82

Unterricht Biologie: Serie Aufgaben pur. Materialien, Aufgaben und Lösungserwartungen für die Sekundarstufe II. UB 17 ff. (1993 ff.), H. 181 ff.

Urschler, I.: Gruppenarbeit mit Expertenbefragung bei Elfjährigen. NiU 19 (1971), H. 9, 410-412

Urschler, I: Schafft Unterlagen zur Gruppenarbeit. PdN-B 24 (1975), H. 1, 18-24

Vater-Dobberstein, B.: Einführung des Zellbegriffs in der Orientierungsstufe im Rahmen eines projektorientierten Biologieunterrichts. In: *Rodi* (1975), 127-132

Vater-Dobberstein, B./Hilfrich, H.-G.: Versuche mit Einzellern. Stuttgart: Franckh 1982

VDBiol: Qualifikationen eines Biologielehrers. In: *Eulefeld/Rodi* (1978), 155-164

VDBiol: Empfehlungen zur Aus- und Fortbildung von Biologielehrern. Mitt. d. VDBiol (1983), Nr. 300, 1378 f.

VDB-Schulkommission: Empfehlung der VDB-Schulkommission zur Revision der EPA Biologie. Mitt. d. VDBiol (1977), Nr. 233, 1090-1101

Verband Deutscher Schullandheime (Hrsg.): Projektarbeit im Schullandheim, Band 2: Biologie. Regensburg: Walhalla 1980

Vereinbarung zur Neugestaltung der gymnasialen Oberstufe in der Sekundarstufe II vom 7. Juli 1972. Beschlüsse der Kultusministerkonferenz. Neuwied: Luchterhand 1976

Verfürth, M.: Biologieunterricht im Zoo (Beispiel: Zoo Köln). Entwürfe zur mathematisch-naturwissenschaftlich-technischen Unterrichtspraxis 3. Bad Salzdetfurth: Franzbecker 1979

Verfürth, M.: Nistkastenbetreuung - ein Beitrag zum Vogelschutz in der Großstadt. UB 9 (1985), H. 106, 46-47

Verführth, M.: Zooschule, Schulzoo. Ein Vergleich zweier schulbiologisch relevanter Einrichtungen. In: *Hedewig/Knoll* (1986), 267-277

Verfürth, M.: Kompendium Didaktik Biologie. München: Ehrenwirth 1987 a

Verfürth, M.: Mein Wunschtier - eine Schildkröte. UB 11 (1987 b), H. 128, 14-17

Vernadsky s. *Wernadski*

Viebahn, W.: Modell und Biologieunterricht. BioS 25 (1976), H. 1, 1-7

Vilmar, F.: Friedensforschung und Friedenserziehung als politische Bewußtseinsbildung. In: *Wulf* (1973), 65-73

Vogel, C.: Abbau von Anthropomorphismen im Sachunterricht. Sachunterricht und Mathematik in der Grundschule 6 (1978), H. 3, 98-102

Vogel, C.: Humanethologie im Unterricht. Mitt. d. VDBiol (1983), Nr. 275, 1273-1275

Vogel, C.: Rassenhygiene - Rassenideologie - Sozialdarwinismus: die Wurzeln des Holocaust. In: *Friedrich, H./Matzow, W.* (Hrsg.): Dienstbare Medizin. Göttingen: Vandenhoeck & Ruprecht 1992, 11-31

Vogel, G.: Schädelvergleich zur Evolution des Menschen. Herstellung und Verwendung von Overheadprojektorfolien. PdN-B 27 (1978), H. 3, 57-64

Vogel, G.: Das Arbeitstransparent in der Biologielehrerausbildung und im Biologieunterricht. In: *Rodi/Bauer* (1980), 206-213
Vogel, G. (Hrsg.): Der behinderte Mensch. UB 5 (1981), H. 54
Vogel, G./Angermann, H.: dtv-Atlas zur Biologie. Band 1. München: Deutscher Taschenbuch Verlag 1967 (5. Aufl. 1990)
Vogt, D.: Kleiner Wegweiser Naturlehrpfad Neukarthause. Koblenz: 1980
Vogt, D.: Atlas außerschulischer Lernorte im Regierungsbezirk Koblenz (Rheinland-Pfalz). Möglichkeiten der Übertragbarkeit. In: *Killermann/Staeck* (1990), 200-208
Völcker, D.: Richtlinien für die Errichtung und Ausstattung von naturwissenschaftlichen Unterrichtsräumen an Volks- und Realschulen. Z. f. Naturlehre u. -kunde 12 (1964), H. 12, 333-346
Völp, B./Beier, W./Schlosser-Drefahl, G.: Die Bedeutung der Hausaufgaben im Biologieunterricht aus der Sicht der Schüler. NiU-B 32 (1984), H. 4,127-130
Voßwinkel, R.: Die Zelle. Beiträge zum Lernzielkatalog. NiU 24 (1976), H. 9, 402-404; H. 11, 489-493
Vollmer, G.: Was können wir wissen? Stuttgart: Hirzel. Bd. 1: Die Natur der Erkenntnis 1985. Bd. 2: Die Erkenntnis der Natur 1986
Vollmer, G.: Naturwissenschaft Biologie. Aufgaben und Grenzen. Biologie heute (1990), Nr. 371, 3-7; Nr. 372, 1-4
Vorläufiger Rahmenplan für Unterricht und Erziehung in der Berliner Schule, Gymnasiale Oberstufe - Fach Biologie. Berlin: 1977
Wagener, A.: Zentrale Mediothek für das Schulfach Biologie. NiU-B 28 (1980), H. 1, 30-32
Wagener, A.: Experimentieren im Biologieunterricht. NiU-B 30 (1982), H. 12, 425-436
Wagener, A.: Biologie unterrichten. Heidelberg/Wiesbaden: Quelle & Meyer 1992
Wagenschein, M.: Erwägungen über das exemplarische Prinzip im Biologieunterricht. MNU 15 (1962/63), H. 1, 1-9
Wagenschein, M.: Ursprüngliches Verstehen und exaktes Denken. Stuttgart 1965
Wagenschein, M.: Verstehen lernen. Weinheim/Basel: Beltz 1973
Wagenschein, M.: Naturphänomene sehen und verstehen. Stuttgart: Klett 1982
Wahlert, G. von: Die Geschichtlichkeit des Lebendigen als Aussage der Biologie. In: *Kattmann/Isensee* (1977), 46-58
Wahlert, G. von: Evolution als Geschichte des Ökosystems »Biosphäre«. In: *Kattmann/v. Wahlert/Weninger* (1981), 23-70
Wahlert, G. von/Wahlert, H. von: Was Darwin noch nicht wissen konnte. dtv 1619. Stuttgart: Deutsche Verlagsanstalt, 2. Aufl. 1977
Walch, J./Knoll, J.: Die anatomischen Studien von *Leonardo da Vinci*. UB 11 (1987), H. 123, 46-48
Walczak, L./Schlaegel, J./Schoof-Tams, K: Sexualmoral Jugendlicher. Sexuelle Sozialisation in Vorpubertät, Pubertät und früher Adoleszens (II). Sexualmedizin 4 (1975 a), H. 5, 306-325
Walczak, L./Schoof-Tams, K./Schlaegel, J.: Einstellung Jugendlicher zur Sexualität. WPB 27 (1975 b), H. 4, 187-195
Walter, U./Wortmann, U.: Mückenplage. UB 14 (1990), H. 154, 22-24; 33-35
Weber, H. E.: Das Problem der didaktischen Reduktion im Biologieunterricht. BU 12 (1976), H. 3, 4-26
Weber, I.: Saurier und lebende Reptilien. UB 15 (1991), H. 166, 4-13
Weber, K.: Studieneinheit: Film und Fernsehen. Medien im Unterricht. Fernstudium Erziehungswissenschaft. Tübingen: DIFF 1979
Weber, R.: Die vergleichende Betrachtungsweise im botanischen Unterricht. Eine Beispielsammlung. BU 1 (1965), H. 2, 69-84
Weber, R.: Das Bohnenpraktikum. Köln: Aulis 1973

Weber, R.: Biologieunterricht am Naturgegenstand - aber mit bescheidenem Sachaufwand. PdN-B 25 (1976), H. 8, 214-217; H. 9, 248-250
Weber, R.: Anregungen zur Gestaltung des Schulgartens. NiU-B 28 (1980), H. 1, 21
Weber, W.: Das Problem der Zweckmäßigkeit in der organischen Natur und seine Bedeutung für den Biologieunterricht. BU 4 (1968), H. 1, 11-24
Weber, W.: Das Biologie-Schulbuch in der Unterrichtspraxis. Ergebnisse einer Lehrerbefragung. PdN-B 41 (1992), H. 4, 44-46
Wedekind, J.: Unterrichtsmedium Computersimulation. Eine mediendidaktische Standortsbestimmung mit Unterrichtsbeispielen Biologie. Weil der Stadt: Lexika 1981
Wedekind, J.: Lernwege zu neuen Modellen von Natur. In: Friedrich Verlag (1985)
Wedekind, J.: Computer im Biologieunterricht. Biologie heute (1990), Nr. 377, 1-4
Wedekind, J./Wöhrmann, K.: Populationsbiologie. Stuttgart: Ulmer 1983
Weinberg, J.: Didaktische Reduktion und Rekonstruktion. In: *Kahlke, J./Kath, F. M.* (Hrsg.): Didaktische Reduktion und methodische Transformation. Quellenband. Alsbach: Leuchtturm 1984, 217-247
Weinert, F.-E.: Lernen ... gegen die Abwertung des Wissens. In: Friedrich Verlag (1986), 102-104
Weingart, P./Kroll, J./Bayertz, K.: Rasse, Blut und Gene. STW 1022. Frankfurt: Suhrkamp 1992
Weiß, H.: Wesen und Funktion von Unterrichtsmitteln als materiell gegenständliche pädagogische Mittel des Bildungs- und Erziehungsprozesses. BioS 22 (1973), H. 4, 113-117
Weiss, J.: Die pädagogischen Aufgaben des Naturschutzzentrums Hessen. Ein Grundsatzpapier. Naturschutz heute. Naturschutzzentrum Hessen, H. 2. Wetzlar: Naturschutzzentrum Hessen 1983
Weiss, J.: Ermittlungen von naturschutzbezogenen Interessen und Einstellungen bei Mitgliedern naturkundlicher Verbände. In: *Berck/Weiss* (1984), 59-81
Weiss, P. A.: Das lebende System: Ein Beispiel für den Schichten-Determinismus. In: *Koestler, A./Smythies, J. R.* (Hrsg.): Das neue Menschenbild. Wien/München/Zürich: Molden 1970, 13-59
Weninger, J.: Zur Formulierung empirischer Gesetze. MNU 23 (1970), H. 7, 403-408
Weninger, J.: Das Modell der erbkonstanten Bevölkerung. In: *Kattmann/v. Wahlert/Weninger* (1981), 157-193
Wenk, K./Trommer, G. (Hrsg.): Unterrichten mit Modellen. Leitthemen 2/78. Braunschweig: Westermann 1978 (jetzt: Köln: Aulis)
Wenske, E.: Gießharz-Zellmodell für den Polylux. BioS 22 (1973), H. 11, 478-479
Wenske, E.: Unterrichtsmittel mit Naturobjekten. BioS 30 (1981), H. 6, 239-244
Wernadski, W. I.: Einige Worte über die Noosphäre. BioS 21 (1972), H. 6, 221-231
Werner, E.: Der Schülerversuch im Biologieunterricht und seine Möglichkeiten zur Differenzierung. NiU 24 (1976), H. 6, 265-268
Werner, E.: Die Begegnung mit einem Lebewesen als Schülerversuch am Beispiel der Weinbergschnecke. NiU-B 26 (1978), 207-210
Werner, H.: Biologie in der Curriculumdiskussion. München: Oldenbourg 1973
Werner, H.: Einführung in das Mikroskopieren. UB (1976 a), H. 2, 9-15
Werner, H.: Synopse wichtiger Schulmikroskope. UB (1976 b), H. 2, 45-47
Werner, H.: Aufgaben und Probleme fachdidaktischer Forschung in Biologie. In: *Killermann/Klautke* (1978), 81-93
Werner, H.: Fachdidaktik aus der Sicht des Fachdidaktikers. In: *Rodi/Bauer* (1980), 61-85
Wessel, V.: Lehrpfade, von Schülern gestaltet. BU 16 (1980), H. 3, 36-70
Wessel, V.: Einrichtung eines naturnahen Schulgartens durch Schüler einer Hauptschule. In: *Hedewig/Knoll* (1986), 79-87

Wessel, V.: Lehrpfade/Lernpfade, ein Projektangebot. BioS 41 (1992), H. 9, 296-301

Weß, L. (Hrsg.): Die Träume der Genetik. Schriften der Hamburger Stiftung für Sozialgeschichte 6. Nördlingen: Greno 1989

Westphal, W. (Hrsg.): Normiertes Abitur? Braunschweig: Westermann (Köln: Aulis) 1976 a

Westphal, W.: Argumente für Normenbücher, kritisch gesichtet. 1976 b. In: *Westphal* (1976 a), 25-40

Westphalen, K.: Curriculum. In: *Meißner/Zöpfl* (1973), 15-26

Wetzlar, L.: Projekt Schulgarten. In: *Hellberg-Rode* (1991), 61-80

Wiese, V.: Ökologie im Museum, Beiträge zur Didaktik biologisch ausgerichteter Museen mit besonderer Berücksichtigung ökologischer Sachverhalte. Wiesbaden: Hemmen 1988

Wilde, G. (Hrsg.): Entdeckendes Lernen im Unterricht. Oldenburg: Zentrum für pädagogische Berufspraxis der Universität, 2. Aufl. 1984

Wildermuth, H.: Natur als Aufgabe. Basel: Schweizerischer Bund für Naturschutz 1978

Wildermuth, H.: Lebensraum Hecke. UB 5 (1981), H. 55, 25-40

Winde, P.: Modelle im Ökologieunterricht. In: *Riedel/Trommer* (1981) 277-298

Winde, P.: Zur Funktion der Computersimulation in der Umwelterziehung. Log In 3 (1983), H.1, 16-20

Winde, P.: Denkbilder oder neues Begreifen. Bildschirm. In: Friedrich Verlag (1985)

Winde, P./Wenk, K: Energetische Aspekte des Regelkreises. In: *Wenk, K./Trommer, G.* (Hrsg.): Naturerscheinung Energie. Leitthemen 1/77. Braunschweig: Westermann 1977 (jetzt: Köln: Aulis), 218-253

Windrose-Dumont-Time: Biologieunterricht im Fernsehen. PdN-B 19 (1970), H. 4, 76

Winkel, G.: Tierhaltung in der Schule. BU 6 (1970 a), H. 3, 25-33

Winkel, G.: Die Maus als Objekt »forschender Schulbiologie«. BU 6 (1970 b), H. 3, 34-40

Winkel, G.: Vererbung, Variation, Mutation und Züchtung bei Pflanzen. Möglichkeiten der Veranschaulichung im Schulunterricht, aufgezeigt am Demonstrationsmaterial aus dem Schulbiologiezentrum Hannover. BU 11 (1975), H. 2, 97-116

Winkel, G.: Bewegung bei Pflanzen am Beispiel Mimose. UB 1 (1977 a), H. 9, 34-38

Winkel, G.: (Hrsg.): Der Zoo. UB 1 (1977 b), H. 15

Winkel, G. Das Pflegerische als Leitidee der Schule unter besonderer Berücksichtigung des Biologieunterrichts. NiU-B 26 (1978 a), H. 6, 163-170

Winkel, G.: Naturkundemuseum und Schule. UB 3 (1978 b), H. 24/25, 4-15

Winkel, G.: Biologie im Schulgelände. Der Schulgarten im Schulgelände. Ökologische Versuchsgärten. Vogelkunde im Schulgelände. Gewässer im Schulgelände. UB 3 (1979), H. 36/37, 2-3; 4-11; 26-27; 30-33; 48-51

Winkel, G.: Das Schulbiologiezentrum in Hannover. NiU-B 29 (1981), H. 2, 48-52

Winkel, G. (Hrsg.): Pädagogik im Botanischen Garten, im Naturkundemuseum, im Zoo. Hannover: Schulbiologiezentrum 1982 a

Winkel, G. (Hrsg.): Exkursionen. UB 6 (1982 b), H. 67

Winkel, G. (Hrsg.): Das Schulgarten-Handbuch. Velber: Friedrich 1985

Winkel, G.: Biologie im Schullandheim. UB 10 (1986), H. 114, 4-12

Winkel, G.: Heimtiere. UB 11 (1987), H. 128, 4-13

Winkel, G. (Hrsg.): Botanischer Garten. 14 (1990 a), H. 156

Winkel, G.: Pflanzen für die Schule (Beihefter). UB 14 (1990 b), H. 156, 27-30

Winkel, G.: Zimmerpflanzen als Arbeitsmaterial für den Biologieunterricht. UB 14 (1990 c), H. 156, 50-52

Winkel, G.: Biographie des Menschen. UB 16 (1992), H. 177, 4-13

Winkel, G./Fränz, D.: Zimmerpflanzen als Arbeitsmaterial für den Biologieunterricht. UB 14 (1990), H. 156, 50-52

Winkel, G./Gürtler, R. F./Becker, A., u. a.: Unterricht Umweltschutz. Köln: Aulis 1978

Winkeler, R.: Differenzierung. Funktionen, Formen und Probleme. Ravensburg: Maier 1975

Witt, R.: Ökologische Funktion einheimischer Gartensträucher. UB 7 (1983), H. 79, 58-64

Witte, A.: Der Arbeitsprojektor im Biologieunterricht. BU 5 (1969), H. 3, 63-84

Witte, A. (Hrsg.): Handbuch der Arbeitsprojektion. Schwäbisch Gmünd: Lempp 1971-1973

Witte, G. R.: Der Pflanzentisch - eine Möglichkeit, in der Volksschule Formenkenntnisse zu vermitteln. Z. f. Naturlehre u. -kunde 15 (1967), H. 5, 143-151

Witte, G. R.: Über die sozialen Funktionen einiger Froschlurchstimmen und ihre unterrichtliche Erarbeitung. MNU 26 (1973), 366-373

Witte, G. R.: Die Miesmuschel: Möglichkeiten zur Initiierung von Erkenntnis und Lernprozessen durch den Einsatz unterschiedlicher Medien. PdN-B 23 (1974), H. 5, 122-129

Witte, G. R.: Museum zum Anfassen, Museum zum Weiterdenken? In: *Hedewig/Knoll* (1986), 239-247

Witte, G. R.: Lebensraum für Eidechsen. UB 15 (1991), H. 166, 46-48

Wittmann, R./Maas, A./Kiewisch, S.: Die »Metamorphose« der Pflanzen. Unterrichtsmodell Sekundarstufe I. UB 9 (1985), H. 101, 19-23

Wohlfahrt, T. A.: Die Bedeutung der Handzeichnung für Biologen. Mitt. d. VDBiol (1974), Nr. 197, 951-952

Wolschke-Buhlmann, J.: Öko-Ethik, der ideologische Zeigefinger. Wechselwirkungen 37 (1988, H. 5, 10-14

Wraage, J.: Was wissen wir vom Neandertaler? UB 3 (1979), H. 31, 18-24

Wuketits, F. M.: Die Bedeutung des Systemdenkens in der Biologie. BiuZ 9 (1979), H. 3, 73-79

Wuketits, F. M.: Die Systemtheorie des Lebendigen - eine neue Sichtweise der Entwicklung des Lebendigen. MNU 34 (1981), H. 1, 1-7

Wuketits, F. M.: Biologische Erkenntnis: Grundlagen und Probleme. UTB 1232. Stuttgart: Fischer 1983

Wulf, C. (Hrsg.): Evaluation. München: Piper 1972

Wulf, C. (Hrsg.): Kritische Friedenserziehung. Frankfurt: Suhrkamp 1973

Wyniger, R.: Insektenzucht. Stuttgart: Ulmer 1974

Zabel, E.: Zu theoretischen Fragen der Linienführung des Biologieunterrichts unter Berücksichtigung der Beziehungen zwischen Funktion, Ziel und Inhalt. In: *Zabel, E.* (Hrsg.): Auswahl von Vorträgen des III. Symposiums zur Methodik des Biologieunterrichts. Biologische Gesellschaft der DDR:1988

Zabel, E.: Zur Umwelterziehung im Biologieunterricht in den ostdeutschen Bundesländern. BioS 40 (1991 a), H. 2/3, 91-97

Zabel, E.: Zu den Rahmenrichtlinien für den Biologieunterricht in Mecklenburg-Vorpommern. In: BioS 40 (1991 b), H. 7/8, 269-271

Zabel, E. (Hrsg.): Differenzierter Biologieunterricht im Rahmen der Erneuerung der Schule. Alsbach: Leuchturm 1991 c

Zabel, E.: Sippen- (Formen-) Kenntnisse - ein aktuelles Problem biologischer Unterweisungen. BioS 42 (1993), H. 6, 204-210

Zabel, E., u. a.: Nutzung und Schutz der Umwelt. Berlin: Volk und Wissen 1980

Zacharias, F./Kattmann, U.: Das mensch-organisierte Ökosystem. Natur und Landschaft 56 (1981), H. 3, 76-79

Zacharias, F./Waldow, H.-J.: Natur als Zeit-Geschehen. Computer + Unterricht 2 (1992) H. 6, 41-45

Zimmerli, E.: Freilandlabor Natur. Zürich: World Wildlife Fund, 2. Aufl. 1980

Zippelius, H.-M.: Die vermessene Theorie. Braunschweig/Wiesbaden: Vieweg 1992

Zitelmann, A./Carl, T.: Didaktik der Sexualerziehung. Weinheim: Beltz 1970

Zmarzlik, H. G.: Politische Biologie im Dritten Reich. MNU 19 (1966/67), H. 9, 289-298; H. 11, 426

Zöller, W.: Die Erstellung informeller Tests. BU 7 (1971), H. 1, 11-26

Zöller, W.: Einige Gedanken über die Erziehung zu einer neuen Umweltmoral. PdN-B 22 (1973 a), H. 3, 69-72

Zöller, W.: Testähnliche Verfahren zur Ermittlung des Lehr- und Lernerfolges im Biologieunterricht. MNU 26 (1973 b), H. 8, 501-506

Zöller, W.: Über Zweck, Formen und Lernziele von Testaufgaben; mit Beispielen aus Themenbereichen der Mittel- und Oberstufe. Teil 1 u. 2. PdN-B 23 (1974), H. 12, 317-319;PdN-B 24 (1975 a), H. 1,11-16

Zöller, W.: Ein Vorschlag zum Einstieg in den Sexualkundeunterricht bei 16- bis 18jährigen Schülern. 1975 b. In: *Kluge* (1975), 100-107

Zöller, W.: Zur Beobachtung und Beurteilung von Unterricht im affektiven, psychomotorischen und sozialen Lernbereich. biol. did. 1 (1978), H. 2, 79-104

Zöller, W.: Gemeinsam lernen. München: Ehrenwirth 1979

Zöpfl, H./Strobl, P.: Lernziele. In: *Meißner/Zöpfl* (1973), 26-33

Zucchi, H.: Collagen im Umweltunterricht. Ein Vorschlag zur Behandlung des Themas »Ausrottung - Artenschutz«. NiU-B (1979), H. 6, 163-166

Zucchi H.: (Hrsg.): Wiese - Weide. UB 8 (1984 a), H. 93

Zucchi, H.: Aspekte ökologischen Lernens. Natur und Landschaft 59 (1984 b), H. 3, 103-104

Zucchi, H.: Biologiedidaktik und Umwelterziehung. Zeitschrift für angewandte Umweltforschung 5 (1992), H. 3, 410-424

Zupanc, G. K. H.: Fische im Biologieunterricht. Köln: Aulis 1990

Stichwortverzeichnis